BAEDEKER

GROSSBRITANNIEN UND NORDIRLAND

www.baedeker.com

Verlag Karl Baedeker

Top-Reiseziele

Großbritanniens Sehenswürdigkeiten sind zahlreich und über das gesamte Inselreich verstreut. Hier vorab zur besseren Orientierung eine Übersicht über die absoluten Top-Ziele, für deren Besuch man auch größere Umwege in Kauf nehmen kann.

❶ ✶✶ Bath
Ein berühmtes Heilbad mit warmen Quellen, das schon die Römer zu schätzen wussten und das die UNESCO zum Weltkulturerbe erklärt hat.
Seite 195

❷ ✶✶ Cambridge
In der traditionsreichen Universitätsstadt am Ufer des River Cam gibt es mehr als 30 schöne alte Colleges.
Seite 235

❸ ✶✶ Canterbury
Nach Canterbury fährt man hauptsächlich wegen der bedeutenden Kathedrale, die im Mittelalter berühmte Pilgerstätte war.
Seite 243

❹ ✶✶ Channel Islands
Die Kanalinseln liegen vor der Küste der französischen Normandie. Landschaftlich reizvoll und klimatisch vom Golfstrom geprägt – ein beliebtes Reiseziel!
Seite 258

❺ ✶✶ Chester
Chester begeistert auf den ersten Blick: Die Stadt hat einen herrlichen alten Kern mit zahlreichen schönen Fachwerkhäusern.
Seite 265

❻ ✶✶ Cornwall
Cornwall, die Halbinsel im äußersten Südwesten, zieht Scharen von Urlaubern an – zu Recht, denn die Küstenlandschaft und das milde Klima sind herrlich.
Seite 278

❼ ✶✶ Dartmoor
Dartmoor ist eine ungewöhnliche Moorlandschaft, die 1949 zum Nationalpark erklärt wurde. Markenzeichen sind die kleinen, struppigen Dartmoor-Ponys.
Seite 300

❽ ✶✶ Durham
In Durham steht eine der schönsten anglo-normannischen Kathedralen. Sie wurde im 12./13. Jh. in einem einheitlichen Stil gebaut und später kaum verändert.
Seite 318

Top-Reiseziele • INHALT

❾ ★★ Edinburgh
Edinburgh ist nicht nur Schottlands Hauptstadt, sondern auch Kulturhochburg mit diversen Sehenswürdigkeiten. Besonders attraktiv ist die Stadt zur Festivalzeit mit vollem Kulturprogramm.
Seite 321

❿ ★★ Glasgow
Schottlands größte Stadt war einst eine graue Industriemetropole, hat heute aber jede Menge tolle Architektur und Kultur zu bieten.
Seite 349

⓫ ★★ Grampian Mountains
Die fantastische Bergwelt mit weiten Moor- und Heidelandschaften erstreckt sich im mittleren Schottland. Zahlreiche Whisky-Brennereien haben sich hier angesiedelt, sie nutzen das klare Quellwasser.
Seite 370

⓬ ★★ Hadrian's Wall
Über mehr als 110 km Länge errichteten die Römer einen Steinwall gegen die Schotten. Von einigen Forts sind noch Reste erhalten.
Seite 385

⓭ ★★ Lake District
Eine schöne Berglandschaft, die von 16 größeren und kleineren Seen durchsetzt ist – die Schönheit der Gegend hat Dichter inspiriert.
Seite 416

⓮ ★★ Lincoln
Die Kathedrale prägt die Silhouette der alten Bischofs- und Königsstadt Lincoln. Sie ist eine der größten gotischen Kirchen Englands.
Seite 435

⓯ ★★ Liverpool
Heimat der Beatles und eine der nordenglischen Metropolen in neuem Gewand mit saniertem Hafenbereich und interessanten Museen und Galerien
Seite 440

⓰ ★★ London
Weltstadt mit Geschichte und einem quirligen Eigenleben, das jedes Jahr rund 15 Mio. Besucher anzieht
Seite 450

INHALT • **Top-Reiseziele**

⓱ ✶✶ Lough Erne
Eine nordirische Seenlandschaft mit ungezählten kleinen Inseln – ein Paradies für Wassersportler!
Seite 490

⓲ ✶✶ North Wales
Der Nordteil von Wales bietet reichlich Abwechslung: eine herrliche Küste mit dem beliebten Badeort Llandudno, eine unvergleichlich schöne Berglandschaft und natürlich die interessante walisische Kultur.
Seite 532

⓳ ✶✶ Northwest Highlands
Schottlands Norden: das einsame Hochland mit Großbritanniens höchsten Bergen und den stillen Lochs, unter denen Loch Ness wohl am berühmtesten ist.
Seite 543

⓴ ✶✶ Orkney Islands
Die Orkneys vor der schottischen Nordküste sind ein absolutes Top-Ziel für Naturliebhaber und Wanderer.
Seite 568

㉑ ✶✶ Oxford
Wer sich für das traditionelle England interessiert, muss in die weltberühmte Universitätsstadt fahren, aus deren Colleges viel Prominenz hervorgegangen ist.
Seite 573

㉒ ✶✶ Salisbury
Hier ist außer dem hübschen Stadtkern die imposante frühgotische Kathedrale sehenswert, die eine denkbar ungewöhnliche Vorgeschichte hat.
Seite 608

㉓ ✶✶ Shetland Islands
Weitab im Meer liegen die Shetland-Inseln, auf denen aus der berühmten Shetlandwolle die nicht minder berühmten Pullover hergestellt werden.
Seite 616

㉔ ✶✶ South Coast
Die abwechslungsreiche Südküste zieht sich von Dover bis zur »englischen Riviera« und ist bei Wanderern, Badeurlaubern und Seglern beliebt.
Seite 627

㉕ ✶✶ St. Andrews
Die schottische Stadt ist ein Muss für alle Golfer: Hier wurden die Golfregeln für alle Welt festgelegt und hier finden alle fünf Jahre die berühmten »British Open«-Golfmeisterschaften statt.
Seite 652

Top-Reiseziele • INHALT

㉖ ✶✶ Stonehenge
Einer der beeindruckendsten Orte der Insel – ein nach ausgeklügeltem System angelegtes Steinmonument, das viele Rätsel umgibt.
Seite 655

㉗ ✶✶ Stratford-upon-Avon
Die Geburtsstadt von William Shakespeare. Mit diesem Pfund wuchert das Städtchen, und an Shakespeare ist kein Vorbeikommen.
Seite 659

㉘ ✶✶ Warwick
Hier hatten die Grafen von Warwick ihren Sitz und haben der Nachwelt eine wuchtige Burg hinterlassen.
Seite 663

㉙ ✶✶ Weald of Kent
Die Gegend südöstlich von London ist nicht nur landschaftlich sehr reizvoll – hier sind auch etliche bekannte Herrensitze und Gartenanlagen zu besichtigen.
Seite 665

㉚ ✶✶ Wells
Berühmtheit erlangte die Kathedrale von Wells mit ihrer beeindruckenden Westfassade und den einmaligen Bögen in der Vierung.
Seite 669

㉛ ✶✶ Winchester
Ein ausgesprochen hübsches Städtchen am Ufer des River Itchen, eingebettet in eine liebliche südenglische Landschaft
Seite 672

㉜ ✶✶ Windsor
Das größte und älteste noch bewohnte Schloss der Welt ist eine der offiziellen Residenzen der englischen Könige. Die Anlage und das Schloss können das ganze Jahr über besucht werden, sollte es jedoch von der Queen genutzt werden, können sich die Öffnungszeiten kurzfristig ändern.
Seite 676

㉝ ✶✶ York
Die Stadt in Nordengland wartet mit mehreren Sehenswürdigkeiten auf; u.a. steht hier die größte mittelalterliche Kathedrale des Landes.
Seite 685

㉞ ✶✶ Falkirk Wheel
Eine technische Meisterleistung: Falkirk Wheel in Schottland ist der weltweit einzige Rotationshebekran. Er befördert Schiffe von einem Kanal in den anderen.
Seite 190

Lust auf …

… wunderschöne Gärten und Parkanlagen, auf gewaltige Burgen und Schlösser, auf wunderbare Kathedralen, in denen sich jahrhundertealte Baugeschichte widerspiegelt, oder auf Tee, das britischste aller Getränke? Wenn Sie Ihr ganz persönliches Großbritannien-Erlebnis suchen, helfen vielleicht diese Anregungen.

PARKS UND GÄRTEN

- **Kew Gardens** ▶
  In einem der ältesten botanischen Gärten der Welt kann man wunderbare viktorianische Gewächshäuser bewundern.
  Seite 488
- **Eden Project**
  In einer stillgelegten Abraumhalde in Cornwall wurde das weltweit größte Gewächshaus angelegt.
  Seite 159
- **Bodnant Garden**
  Im nordwalisischen Vale of Conwy befindet sich dieser Garten mit seinen Rhododendren und Kamelien.
  Seite 536

BURGEN UND SCHLÖSSER

- **Tower of London**
  Die alte Festung ist wohl eine der berühmtesten Burgen der Welt.
  Seite 463
- **Windsor Castle**
  Die weltweit älteste noch ständig bewohnte Schlossanlage
  Seite 676
- **Warwick Castle**
  Groß und Klein kommen beim Besuch der mächtigen Anlage über dem Avon auf ihre Kosten.
  Seite 664
- ◀ **Caernarfon Castle**
  Der wuchtige Komplex in Wales zählt zu den am besten erhaltenen mittelalterlichen Festungsanlagen.
  Seite 537

Lust auf … • INHALT

KATHEDRALEN
- **Wells Cathedral**
  Die Skulpturengalerie der Westfassade mit mehr als 300 Figuren ist ein Meisterwerk englischer Gotik.
  Seite 669
- **Westminster Abbey**
  Die Krönungskirche des britischen Königshauses ist Touristenmagnet und UNESCO-Weltkulturerbe.
  Seite 474
- **St. Magnus** ▶
  Die Kathedrale in Kirkwall auf den Orkneys ist die abgelegenste Kathedrale Großbritanniens.
  Seite 569

MODERNE KUNST
- **Scottish National Gallery of Modern Art**
  Meisterwerke des 19. und 20. Jh.s in Edinburgh
  Seite 336
- ◀ **Tate Modern**
  Das Ex-Kraftwerk ist das weltweit größte Museum für moderne Kunst.
  Seite 484
- **Baltic Centre**
  Zeitgenössisches in einem früheren Getreidespeicher in Newcastle
  Seite 517

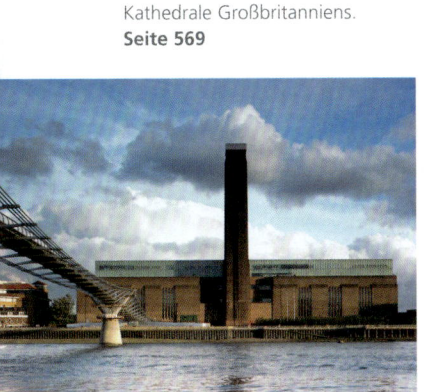

TEE
- **Willow Tea Rooms** ▶
  Die Tea Rooms in Glasgow sind ein Meisterwerk des berühmten Architekten Charles Rennie Mackintosh.
  Seite 356
- **Betty's Tea Rooms**
  Tee trinken in schönstem Art-Deco-Ambiente in York
  Seite 686
- **The Goring Hotel**
  Das Nobelhotel errang 2013 den Titel »Top London Tea Place«.
  Seite 458

INHALT • **Inhaltsverzeichnis**

HINTERGRUND

14 Britain is great

16 Fakten
17 Natur und Umwelt
22 Großbritannien auf einen Blick
24 Bevölkerung
26 Willkommen im Alltag
30 Politik
34 Infografik: Parlament mit Tradition
36 Wirtschaft

40 Geschichte
41 Von der Insel zum Empire
52 Special: Ist das noch zeitgemäß?

56 Kunst und Kultur
57 Stonehenge und Street Art

74 Berühmte Persönlichkeiten

ERLEBEN UND GENIESSEN

92 Essen und Trinken
93 A new star is born
98 Typische Gerichte
102 Special: Nationalgetränk Tee – Very british!

106 Feiertage · Feste · Events
107 What art thou, idle ceremony?
110 Infografik: Mutterland des Fußballs

122 Mit Kindern unterwegs
123 Play, Britannia!

130 Shopping
131 Britain for sale

134 Übernachten
135 It's been a hard day's night
139 Special: Wenn die Nächte unvergesslich sind

140 Urlaub aktiv
141 I'd like to be under the sea
144 Special: Wanderwege – Von Küste zu Küste

TOUREN

152 Touren durch Großbritannien
154 Unterwegs in Großbritannien
155 Tour 1: Englands Südwesten – Cornwall und Devon

London ist Großbritanniens Touristenattraktion Nummer eins.

Scone Palace bei Dundee: Krönungsort der schottischen Monarchen

- 156 ❗ *Special: Grüne Juwelen im Südosten Englands*
- 162 Tour 2: Kultur-Tour durch Mittelengland
- 166 Tour 3: Durch Nordwales
- 169 Tour 4: Tour durch die Nationalparks
- 172 Tour 5: Schottland – Burgen und Whisky
- 175 Tour 6: Nordirland – Städte und Küste

REISEZIELE VON A BIS Z

- 180 Aberdeen
- 184 Anglesey (Insel)
- 188 Antonine Wall
- 189 Arran (Insel)
- 190 ❗ *3D: Falkirk Wheel – Meisterhafte Ingenieurskunst*
- 193 Avebury
- 195 Bath
- 200 ❗ *3D: Royal Crescent – Architektur aus einem Guss*
- 205 Belfast
- 214 Birmingham
- 222 Brighton
- 229 Bristol
- 235 Cambridge
- 243 Canterbury
- 246 ❗ *3D: Canterbury Cathedral – Meisterwerk der Gotik*
- 252 Cardiff · Caerdydd
- 255 Carlisle
- 258 Channel Islands
- 265 Chester
- 270 Chichester
- 273 Chiltern Hills
- 276 Colchester
- 278 Cornwall
- 282 ❗ *Special: Smuggling an Englands Küsten*
- 290 ❗ *Infografik: Auf den Spuren von König Artus*
- 293 Cotswolds
- 296 Coventry
- 300 Dartmoor
- 303 Derby
- 306 Derry
- 310 Dorchester
- 314 Dundee
- 3186 Durham
- 321 Edinburgh
- 328 ❗ *3D: Die Burg mitten in der Stadt*
- 341 Eurotunnel

Ein modernes Rathaus für eine moderne Stadt: die London City Hall

343 Exeter	464 ❗ *3D: London Bridge – Wahrzeichen mit Technik*
347 Fen District	
349 Glasgow	478 ❗ *Infografik: Changing of the Guard*
363 Glastonbury	
366 Gloucester	490 Lough Erne
370 Grampian Mountains	493 Lowlands
380 ❗ *Infografik: The Spirit of Scotland*	503 Manchester
383 Guildford	
385 Hadrian's Wall	
388 Hebrides · Hebriden	
396 Hereford	
398 Hexham	
400 Hull · Kingston-upon-Hull	
403 Isle of Man	
406 Isle of Wight	
411 Isles of Scilly · Scilly-Inseln	
413 King's Lynn	
415 Kintyre	
416 Lake District	
422 Lancaster	
425 Leeds	
430 Leicester	
433 Lichfield	
435 Lincoln	
440 Liverpool	
450 London	

PREISKATEGORIEN
Restaurants
(Preis für ein Hauptgericht)
❻❻❻❻ = über 20 £
❻❻❻ = 15–20 £
❻❻ = 10–15 £
❻ = unter 10 £
Hotels (Preis für ein DZ)
❻❻❻❻ = über 150 £
❻❻❻ = 80–150 £
❻❻ = 40–80 £
❻ = unter 40 £

Hinweis
Gebührenpflichtige Servicenummern sind mit einem Stern gekennzeichnet: *0180....

511	Mid Wales
515	Newcastle-upon-Tyne
520	New Forest
521	Northampton
523	North Devon Coast
526	North East Coast
532	North Wales
543	Northwest Highlands
548	🛈 *Infografik: Schottisches mit Tradition*
557	Norwich
562	Nottingham
568	Orkney Islands
573	Oxford
579	🛈 *Special: Oxbridge-Connection*
587	Peak District
590	Peterborough
592	Plymouth
596	Portsmouth
598	🛈 *3D: HMS Victory – Ein edles Schlachtschiff*
602	Richmond
605	Rochester
608	Salisbury
613	Sheffield
616	Shetland Islands
621	Shrewsbury
625	Southampton
627	South Coast
639	South Wales
649	St. Albans
652	St. Andrews
655	Stonehenge
659	Stratford-upon-Avon
663	Warwick
665	Weald of Kent
669	Wells
672	Winchester
676	Windsor
680	🛈 *Infografik: Hunderennen vs. Pferderennen*
682	Worcester
685	York
696	Yorkshire Dales

Rätselhaftes Stonehenge

PRAKTISCHE INFORMATIONEN

704	Anreise · Reiseplanung
708	🛈 *Infografik: Eurotunnel*
712	Auskunft
713	Elektrizität
713	Etikette
715	Geld
716	Gesundheit
716	Literaturempfehlungen
717	Maße · Gewichte
718	Medien
719	Museen
720	Notrufe · Notdienste
720	Post · Telekommunikation
721	Preise · Vergünstigungen
722	Reisezeit
724	Sprache
731	Toiletten
731	Verkehr
732	🛈 *Infografik: Links vor Rechts*
737	Zeit
738	Register
748	atmosfair nachdenken · klimabewusst reisen **atmosfair**
749	Verzeichnis der Karten und Grafiken
750	Bildnachweis
752	Impressum
756	🛈 *Kurioses Großbritannien*

HINTERGRUND

Dieses Kapitel verrät Wissenswertes über Großbritannien, über Land, Leute und ihre Eigenarten, über Wirtschaft und Politik, über die britische Gesellschaft und ihr Alltagsleben, die Royals und viele andere Besonderheiten.

Britain is great

Die Briten und ihr Inselreich: eine Nation mit nicht weniger als drei Fußballnationalmannschaften, eine Landschaft, die so schön ist, dass man sie in Gartenformat immer wieder nachbildete, Menschen, die sich diszipliniert in einer Reihe anstellen, eine Verfassung, die nirgends geschrieben steht – Großbritannien hat so manche Kuriosität zu bieten.

Großbritannien? Oder das Vereinigte Königreich? Manch einer gerät da ins Schleudern oder sagt einfach nur »England«. Um genau zu sein: Das Vereinigte Königreich umfasst England, Schottland, Wales und Nordirland. Die offizielle Bezeichnung lautet: Vereinigtes Königreich Großbritannien und Nordirland – die Kanalinseln und die Isle of Man gehören nicht dazu. Genau genommen besteht Großbritannien nur aus England, Schottland und Wales und bezeichnet die größte der britischen Inseln; Nordirland und die irische Republik sind die zweitgrößte. Im inoffiziellen englischen Sprachgebrauch heißen das Vereinigte Königreich Großbritannien und Nordirland »Britain«. Im Deutschen wird »Großbritannien« meistens gebraucht, um den gesamten Staat zu bezeichnen. So weit, so gut. Homogen ist das Inselreich jedenfalls keineswegs. Die unterschiedlichen Regionen bringen ihre Identität im Zuge eines Dezentralisierungsprozesses selbstbewusst zum Ausdruck. Engländer, Schotten, Waliser und Nordiren sind zwar unter einer Queen vereint, doch will weder ein Schotte, Nordire oder Waliser nach jahrhundertelangen, unvergessenen Fehden mit einem Engländer verwechselt werden!

Die Tower Bridge – eines der Wahrzeichen der Hauptstadt London

KULTSTÄTTEN, LANDSITZE UND ÜPPIGE GÄRTEN

Ein besonderer Reiz des Vereinigten Königreiches liegt in seinen Kontrasten aus nordischem, keltischem, angelsächsischem und normannischem Erbe. Von steinzeitlichen Kultstätten wie Stonehenge und Callanish geht es über mittelalterliche Trutzburgen und prunkvolle Herrensitze zu den noblen Heilbädern der Highsociety. Wer etwas über die wechselvolle Geschichte des Landes erfahren möchte, kann auf einer Schlössertour König Artus und seiner Tafelrunde nachspüren oder die Schauplätze wilder Clankämpfe aufsuchen. Zudem warten verwunschene Abteiruinen und meisterhafte Kathedralbauten, die kontinentale Stilformen individualistisch interpretieren. Ebenso eindrucksvoll sind im Geburtsland der Industrie aber auch die ältesten Monumente des Maschinenzeitalters. Begegnen Sie auf literarischen Wallfahrtsrouten Sir Walter Scott, William Shakespeare und dem viktorianischen Bestseller-Autor Charles Dickens oder folgen Sie den Spuren wilder Freibeuter, mutiger Schmugglerbanden und eigenwilliger Charaktere wie Lawrence von Arabien, Alfred Hitchcock und Maria Stuart. Natur pur versprechen die entlegenen Moor- und Heideregionen, die atemberaubenden Steilküsten, feinen Sandbuchten und sanft geschwungenen Hügellandschaften, ganz zu schweigen von den bezaubernden Gärten und Parkanlagen. Und schließlich ist britischer Sportsgeist sprichwörtlich – so können Ferien in Großbritannien immer auch Aktivurlaub sein. Die Briten dürfen sich rühmen, Fußball, Golf, Rugby und Kricket erfunden zu haben. Zu den ganz wichtige Daten im Sportkalender gehören im Sommer neben Wimbledon natürlich auch Pferderennen und die bekannten schottischen Highland-Games.

PUBS UND HUMOR

Wer aber die Briten wirklich kennenlernen möchte, geht am besten in einen Pub. Hier trifft man sich bei einem »Pint of Bitter«, zum Schwatz oder zu Spielen wie Snooker und Darts. Pubs stehen für urige Gemütlichkeit, warten mit zahlreichen Biersorten und landestypischen Speisen auf und eignen sich hervorragend, dem oft zitierten Regenwetter zu entfliehen. (Übrigens ist Großbritannien wahrscheinlich das einzige Land, dem man sein Nieselwetter verzeiht, denn welches Schlossgespenst spukt schon gern bei Sonnenschein?) Und last but not least bemerkenswert: die Briten und ihr Humor. Die Fähigkeit, über sich selbst zu lachen, gehört zu den Stärken der Inselnation – subtile Ironie, surreale Wortspiele, banale Witze. Den Deutschen wird nachgesagt, dass sie das mit dem Humor einfach zu ernst nehmen – sollten Sie aber wider Erwarten mit einem trockenen Sinn eben dafür überraschen, werden Sie schnell ins britische Herz geschlossen.

Fakten

Natur und Umwelt

Sie gehören zu unserem Bild von England: die grünen Wiesenlandschaften, die traumhaften Gärten, deren Besuch wahres Glück verspricht, der Vorzeigerasen, Grundlage jeder Golf-, Polo- und Kricketanlage. Die Naturverbundenheit der Briten ist sprichwörtlich, und nicht umsonst hat der zuhauf imitierte Englische Landschaftsgarten seinen Ursprung in der britischen Inselwelt.

Die Inseln Großbritanniens waren noch bis etwa 6000 v. Chr. vom europäischen Kontinent aus zu Fuß zu erreichen, erst dann stieg der Meeresspiegel und setzte die Landverbindung unter Wasser. So erklärt sich auch, dass Landschaftsbild und Tier- und Pflanzenwelt im Wesentlichen denen in Mitteleuropa entsprechen. Nur ist hier alles noch ein bisschen grüner, üppiger und satter – und dafür auch ein bisschen regenreicher.

Als die Insel noch keine war

LANDSCHAFTSFORMEN

Hügellandschaften bestimmen Teile Südenglands, bergige Regionen gibt es in Wales und in Mittel- und Nordengland, wo sich die Penninen oder **Pennines** wie ein Rückgrat bis hoch nach Schottland ziehen. Die Pennines sind das wichtigste Gebirge Englands, sie bestimmen die gesamte nordenglische Landschaft. Zudem haben sie eine wichtige Funktion für die Industrie dieser Region, da hier immense Kohlemengen gespeichert sind; fast alle Städte, die sich im Industriezeitalter zu Großstädten entwickelt haben, liegen im Bereich der Pennines. Großbritanniens höchster Berg ist in Schottland zu finden: Der oft von Wolken verhangene, 1343 m hohe **Ben Nevis**.

Hügel und Gebirge

Geradezu romantische **Flüsse** ziehen sich durch Englands sattgrüne Landschaften. Die **Themse** – mit nur 336 km der längste Fluss Großbritanniens – entspringt in 113 m Höhe in den Cotswolds; verglichen mit dem 1320 km langen Rhein, der in 2345 m Höhe entspringt, sind das nicht gera-

> **? BAEDEKER WISSEN**
> *Ein Name, viele Flüsse*
>
> Wer auf die Karte schaut, wird sehen, dass mehrere Flüsse in England den Namen »Avon« tragen – dahinter verbirgt sich eine Ableitung von dem alten keltischen Wort für »Fluss«. Auf Cornisch heißt Fluss bis heute immer noch »Avon«, auf Walisisch »Afon«.

Souter Lighthouse an der Ostküste Nordenglands

de rekordverdächtige Daten. Andere größere Flüsse sind Severn, Mersey, Humber, Trent, Dee und Derwent.

Küsten

Mit den vielen Buchten, die sich teilweise weit ins Land ziehen, und den breiten Flussmündungen hat Großbritannien eine enorme **Küstenlänge** – die britische Hauptinsel ist etwa 1000 km lang, ihre Küstenlänge beträgt aber nicht weniger als 7500 km! Aufgrund der tiefen Einschnitte ist man an keinem Punkt Großbritanniens weiter als 120 km vom Meer entfernt.

Die Küsten Großbritanniens sind sehr unterschiedlich und größtenteils ausgesprochen attraktiv. An der Westküste und im Norden von Schottland gibt es herrliche **Fjordküsten**, in Südengland einmalig schöne **Klippenlandschaften**, deren unterschiedliche Gesteine in verschiedenen Farben leuchten, im Osten Englands dagegen flache **Marschgebiete**. Wer sich für die Vogelwelt interessiert, kommt vor allem an den Felsküsten voll auf seine Kosten: Abertausende von **Seevögeln** – verschiedene Möwenarten, Seeschwalben, Austernfischer, Basstölpel, Trottellummen, Kormorane – haben hier ihre Brutplätze. Viele vorgelagerte Felseilande sind den Vögeln komplett vorbehalten – sie dürfen meist gar nicht oder nur mit Genehmigung betreten werden, die Vögel können aber von Ausflugsbooten aus beobachtet werden.

Naturschutzgebiete und Nationalparks

Selten gewordenen Pflanzen- und Tierarten wird in Nationalparks und Naturschutzgebieten Rückzugsraum geboten. Als erster Nationalpark des Landes wurde 1951 der **Peak District** in Mittelengland eingerichtet. Heute gibt es weit über 100 Naturschutzgebiete und 15 Nationalparks: Zehn in England (Broads, Dartmoor, Exmoor, der Lake District, der New Forest, Northumberland, die North York Moors, der Peak District, die South Downs und die Yorkshire Dales), drei in Wales (die Brecon Beacons, die Pembrokeshire-Küste und Snowdonia) und zwei in Schottland (Cairngorms und Loch Lomond and the Trossachs).

England

Weite Teile Südenglands sind liebliches Hügelland, das von gemächlich dahinfließenden Flüssen und grünen Weiden und Wäldern durchzogen wird. In Cornwall und Devon im Südwesten liegen die von Heidegebieten bedeckten Hügelregionen **Dartmoor**, **Exmoor** und **Bodmin Moor**; weiter östlich die **Cotswolds**, parallel zur östlichen Südküste verlaufen die **South Downs** und die **North Downs,** nördlich von London erstrecken sich die **Chiltern Hills**. Besonders auf der Halbinsel Cornwall im Südwesten merkt man deutlich den Einfluss des **Golfstroms** – die Vegetation ist üppig, Gemüse- und Blumenanbau sind neben dem Tourismus wichtiger Wirtschaftszweig. Die Wälder Englands sind heute zumeist Forste; ein Großteil des einst nahezu flächendeckenden Waldbestands ist gerodet worden, das Holz wurde für den Schiff- und Hausbau und in der Industrie verwendet. Flache Marschgebiete prägen Lincolnshire im Osten

Natur und Umwelt • HINTERGRUND

Naturräume Großbritanniens

Saftig grüne Hügel im Peak District National Park, Derbyshire

Englands. Die auf über 900 m ansteigenden **Pennines** bestimmen die Landschaften in Mittel- und Nordengland, nordwestlich davon liegen die **Cumbrian Mountains**, die sich bis zur schottisch-englischen Grenze ziehen. Die von zahlreichen kleineren und größeren Seen durchzogenen Cumbrian Mountains sind von grandioser landschaftlicher Schönheit und unter der Bezeichnung **Lake District** zum Nationalpark erklärt. Der Dichter William Wordsworth hat mit seinen Versen den Lake District bekannt gemacht, heute ist er eine attraktive Urlaubsregion. Zwei Superlative hat diese Region zu bieten: Der 17 km lange Lake Windermere ist Englands größter See, der Scafell Pike mit 978 m Höhe Englands höchster Berg.

Wales
Wales ist überwiegend bergig, flach sind nur einige Gebiete in unmittelbarer Küstennähe und in den Mündungsbereichen der Flüsse Severn und Wye. Die **Cambrian Mountains**, die die walisischen Landschaften prägen, steigen am mehrgipfeligen Snowdon auf 1085 m an. Auf den hoch gelegenen Heidegebieten wird Schafzucht betrieben, etwa ein Fünftel der Fläche von Wales wird landwirtschaftlich genutzt.

Schottland
Einzigartige Landschaftserlebnisse bietet Schottland. Das menschenleere Bergland, die stillen Lochs, spektakuläre Fjordlandschaften, Hochmoore und Heideebenen – alles dies lässt Touristen von weit her nach Schottland reisen. Relativ flach ist das südschottische Bergland, Southern Uplands oder **Lowlands** genannt, das allerdings auch bis 843 m ansteigt. Die Highlands nördlich davon werden durch ein tiefes Tal, den Glen More bzw. **Kaledonischen Graben**, geteilt:

Nördlich des Grabenbruchs liegen die **Northwest Highlands**, südlich die **Grampian Mountains** mit dem 1343 m hohen Ben Nevis, Großbritanniens höchstem Gipfel. Im Tal des Kaledonischen Grabens ist auch der berühmteste Loch Schottlands zu finden: **Loch Ness**. Die abgelegenen Gebiete sind noch Lebensraum von Wildkatzen. Ansonsten bestimmen die berühmten **Hochlandrinder** bzw. in den südschottischen Lowlands die Galloways das Bild Schottlands – Rinderrassen, die an das raue Gebirgsklima angepasst sind.

Der relativ kleine Bereich von Nordirland ist landschaftlich ausgesprochen abwechslungsreich. Im Landesinnern gibt es viele Loughs – eine irisch-keltische Bezeichnung für See oder Meeresbucht. Am größten ist **Lough Neagh**. **Lough Erne** mit seinen vielen Einbuchtungen, Halbinseln und Inseln ist wegen seiner landschaftlichen Schönheit ein viel gepriesenes Gewässer. Flache, teilweise sumpfige Ebenen findet man um den Lough Neagh und zur Ostküste hin, auch der größte Fluss Nordirlands, der **River Bann**, durchfließt ebene grüne Flussauen. Ansonsten gibt es in Nordirland eher bergige Regionen. Am bekanntesten und schönsten sind die **Antrim Mountains** im Nordosten, westlich davon – jenseits des River Bann – erstrecken sich die **Sperrin Mountains**. In dem kleinen **Mourne-Gebirge** im Südosten ragt Nordirlands höchster Berg auf, der 852 m hohe Slieve Donard. Die Küsten Nordirlands sind felsig, an vielen Stellen gibt es tiefe, schöne Meeresbuchten. Eine landschaftliche Attraktion ist der **Giant's Causeway** an der Nordostküste, wo Tausende von Basaltstümpfen aus dem Boden ragen.

Nordirland

Um die britische Hauptinsel liegen verstreut zahllose kleinere und größere Inseln – teilweise nur Felseneilande, teilweise große grüne Inseln von außerordentlichem landschaftlichen Reiz. Die **Isle of Wight** unmittelbar vor der Südküste gilt als sehr beliebte Urlauberinsel, durch die milden Winter gedeihen hier sogar Weintrauben, die Römer haben den Weinanbau eingeführt. Der Halbinsel Cornwall sind die kleinen **Scilly-Inseln** vorgelagert – 40 Eilande, 150 Felsformationen und fünf bewohnte Inseln, die vom Golfklima verwöhnt sind, herrliche Sandstrände und damit beste Urlaubsbedingungen bieten. Zu Wales gehört **Anglesey**, ebenfalls eine beliebte Urlauberinsel mit schönen Sandstränden. Vor der Küste der Normandie liegen in einem klimatisch günstigen Gebiet die **Channel Islands**, die Kanalinseln. Der warme Golfstrom sorgt für eine üppige und vielfältige Pflanzenwelt. In öffentlichen Gartenanlagen findet man hier sogar kanarische Dattelpalmen, Washingtonien, Kamelien und Feigen, die eigentlich im südeuropäischen Raum beheimatet sind – für Blumen- und Gartenliebhaber sind die Channel Islands ein Traumziel. Die Jersey- und Guernseykühe sind wegen ihrer fetthaltigen Milch weithin bekannt. Mitten in der Irish Sea zwischen Irland und Nordeng-

Inseln

Großbritannien auf einen Blick

Lage:
Nordwesteuropa
Zwischen 50° und 61° nördlicher Breite sowie 8° und 1° 45' östlicher Breite

Fläche:
244 820 km² Gesamtfläche
Deutschland: 357 020 km²
220 515 km² (britische Hauptinsel)
Größte Nord-Süd-Ausdehnung: **1200 km**
Größte Ost-West-Ausdehnung **600 km**

Inseln:
über 2000 (ca. 100 bewohnt)
7650 km² (Hebriden)
1530 km² (Shetland-Inseln)
1004 km² (Orkney-Inseln)

Küstenlänge:
7500 km

Einwohner: **62,7 Mio.** (2011)
Deutschland: 81,8

Bevölkerungsdichte:
257 Einwohner/km² (2011)
Deutschland: 229 Einwohner/km²

Geringste Entfernung zum europäischen Festland: 33 km

©BAEDEKER

▶ Staat

Parlamentarische Monarchie
Staatsoberhaupt: Queen Elizabeth II. (seit 1952)

▶ Religion

Buddhisten	0,4 %
Juden	0,4 %
Sikhs	0,7 %
andere Religionen	1,1 %
Hindus	1,3 %
Muslime	4,4 %
ohne Konfession	23,2 %
Christen	68,5 %

▶ Bevölkerung

Größte Städte:
London (Greater London: **8,2 Mio.**)
Birmingham (**1 Mio.**)
Leeds (**787 700**)
Glasgow (**588 500**)
Sheffield (**547 000**)

- Engländer — 83,8%
- Schotten — 8,4%
- Waliser — 4,8%
- (Nord-)Iren — 3%

▶ Wirtschaft

Bruttosozialprodukt:
2480 Mrd. £ (2011)

Erwerbstätigkeit:
Dienstleistung **79,5%**,
Industrie **19%**,
Landwirtschaft **1,2%**
Arbeitslosenquote **8,3%** (2011)

▶ Tourismus

30,6 Mio. Besucher (2011)

▶ Wappen/Flagge

Die Flagge des Vereinigten Königreichs, eigentlich eine Königsflagge, ist der »Union Jack«, in dem die Kreuze der Schutzheiligen Englands (St. George), Schottlands (St. Andrew) und Irlands (St. Patrick) kombiniert sind.

▶ Klimastation London

Durchschnittstemperaturen

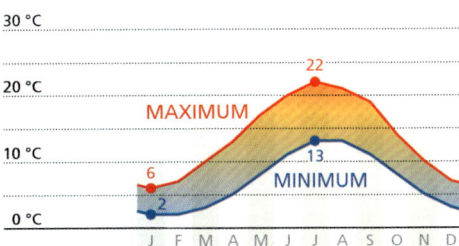

Niederschlag

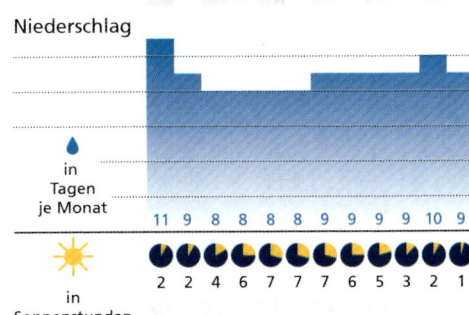

▶ Aufbau des Union Jack

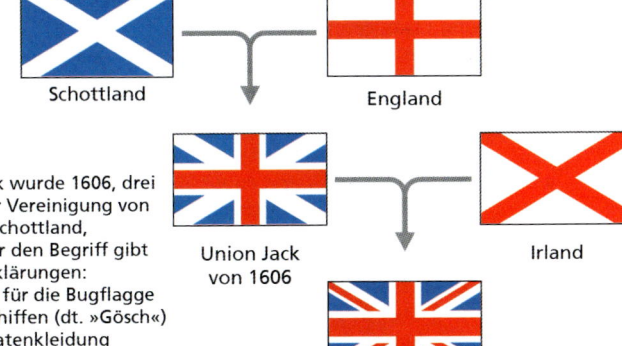

Der Union Jack wurde 1606, drei Jahre nach der Vereinigung von England und Schottland, eingeführt. Für den Begriff gibt es mehrere Erklärungen:
- Bezeichnung für die Bugflagge von Kriegsschiffen (dt. »Gösch«)
- von der Soldatenkleidung (»jack-et«)
- nach König Jakob I.

land liegt die **Isle of Man**, eine sattgrüne Insel, ebenfalls von großer landschaftlicher Schönheit. Das absolute Gegenteil sind die Inselgruppen, die zu Schottland gehören: Die **Inneren und Äußeren Hebriden**, die **Shetlands** und die **Orkney Islands** sind eher karg, wenngleich landschaftlich teilweise atemberaubend schöne Inselwelten des Nordens. Auch hier hat der Golfstrom noch Einfluss, aber natürlich einen vergleichsweise geringen. Immerhin ist aufgrund der fruchtbaren Böden und durch das relativ milde Klima selbst noch auf den Orkney-Inseln eine einträgliche Landwirtschaft möglich. Zerklüftete Felsküsten, sanfte Hügel mit Ackerflächen, Moore und Gras- und Heidelandschaften bestimmen das Bild. Die Shetlands auf Höhe der Südspitze von Grönland sind für ihre Lage erstaunlich unfrostig und haben nur geringe Temperaturschwankungen; allerdings können die Böden hier nicht mehr so gut genutzt weden wie auf den Orkneys. Alle Inseln sind Lebensraum für Seevögel – Papageientaucher, Basstölpel, Trottellummen, Kormorane finden an den meist felsigen Küsten beste Bedingungen.

Bevölkerung

Man kennt die Bilder von den Pferderennen in Ascot, wo sich die Mitglieder des englischen Hochadels ein Stelldichein geben – Damen in ausgefallenen eleganten Kleidern und mit breiten Hüten, Herren im Frack und mit Zylinder.

Klassensystem
Viele der einst starren Klassenschranken sind in den letzten Jahrzehnten wohl gefallen oder doch abgeschwächt worden, vor allem zwischen der **Working Class**, der Arbeiterschicht, und dem breiter werdenden Mittelstand. Aber Angehörige der **Upper Class** schicken ihre Kinder weiterhin auf Privatschulen (z. B. Eton) oder Renommieruniversitäten (Oxford und Cambridge) und treffen sich gern bei Pferderennen wie in Ascot – »class consciousness«, das ausgeprägte Bewusstsein, einer ganz bestimmten Bevölkerungsschicht anzugehören oder aus ihr zu stammen, ist tief verwurzelt und immer noch erkennbar an der Art sich zu kleiden, an der Freizeitgestaltung und am Wohnort. Und so gibt es in jeder Klasse weiterhin eigene Verhaltensnormen, und auch die **Sprache** ist ein Indiz für die Zugehörigkeit zu einer bestimmten Schicht. Während die dialektfreie und korrekte Aussprache des Englischen (Oxford English, Queen's English) als Standesmerkmal höherer Schichten gilt, werden vor allem die Dialekte der industriellen Midlands oder des Nordens (Geordie), aber auch das Londoner Cockney als Zeichen geringerer Bildung diskriminiert. Doch dass Mitglieder der Upper Class, wie 1954 der britische Linguist A. S. C. Ross behaup-

Bevölkerung • HINTERGRUND

Verwaltung Großbritanniens

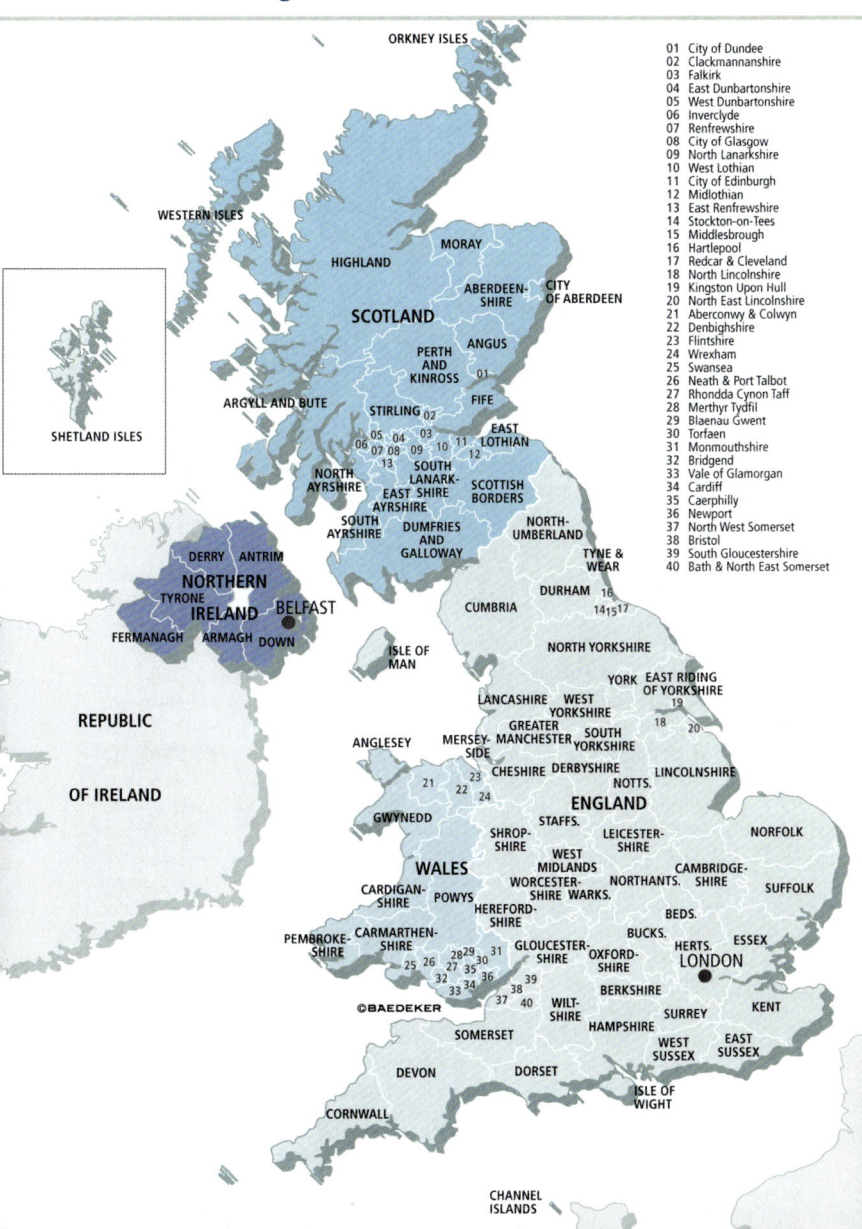

01 City of Dundee
02 Clackmannanshire
03 Falkirk
04 East Dunbartonshire
05 West Dunbartonshire
06 Inverclyde
07 Renfrewshire
08 City of Glasgow
09 North Lanarkshire
10 West Lothian
11 City of Edinburgh
12 Midlothian
13 East Renfrewshire
14 Stockton-on-Tees
15 Middlesbrough
16 Hartlepool
17 Redcar & Cleveland
18 North Lincolnshire
19 Kingston Upon Hull
20 North East Lincolnshire
21 Aberconwy & Colwyn
22 Denbighshire
23 Flintshire
24 Wrexham
25 Swansea
26 Neath & Port Talbot
27 Rhondda Cynon Taff
28 Merthyr Tydfil
29 Blaenau Gwent
30 Torfaen
31 Monmouthshire
32 Bridgend
33 Vale of Glamorgan
34 Cardiff
35 Caerphilly
36 Newport
37 North West Somerset
38 Bristol
39 South Gloucestershire
40 Bath & North East Somerset

Willkommen im Alltag

Wer Großbritannien nicht nur als Tourist erleben möchte, sondern den Alltag der Menschen näher kennenlernen will, der findet unter den Tipps der Baedeker-Redaktion sicherlich etwas für seinen Geschmack.

LONDON MIT ANDEREN AUGEN SEHEN

Einen ganz anderen Blick auf London erhält man bei einem Spaziergang mit »Unseen Tours«, bei der Obdachlose den Besuchern die Stadt aus ihrem Blickwinkel vorstellen. Dabei führen die Touren nicht etwa durch Problembezirke, sondern durch Touristenhochburgen wie die Gegend um die London Bridge, durch Mayfair oder Covent Garden. 2011 erhielt der Veranstalter Sockmobevents den Virgin Holidays Responsible Tourism Award, einen Preis für nachhaltigen und verantwortungsvollen Tourismus.
http://sockmobevents.org.uk, Reservierungen: walk@sockmob events.org.uk, Tel. 07514 26 67 74

DIE WOHNUNG TAUSCHEN

Wem auch eine B&B-Unterkunft nicht nah genug am wirklichen Leben der Menschen ist, kann einfach mit einem Briten Haus oder Wohnung tauschen. Diese »Home Exchange« genannte Form der Unterkunft ist auf der Insel seit Jahren recht beliebt und wird von zahlreichen Agenturen angeboten. Außerdem schont ein Wohnungs- oder Haustausch auch die Urlaubskasse, denn preiswerter als ein Hotel oder Ferienhaus ist es allemal.
www.uk.homelink.org
www.homeexchange.com

DAS KULTURERBE ERHALTEN HELFEN

Der National Trust, die größte britische Denkmal- und Landschaftsschutzorganisation, bietet in seinen Liegenschaften jedes Jahr Hunderte von sogenannten Working Holidays an. Sie dauern zwischen zwei und sieben Tagen, und das Spektrum der angebotenen Tätigkeiten reicht von Trockensteinmauern reparieren, Hecken schneiden und Leuchttürme anstreichen bis zum Vögel zählen im Landschaftsschutzgebiet. Die Kosten für die Teilnehmer sind gering, der Spaßfaktor jedoch ausgesprochen hoch.
www.nationaltrust.org.uk

ZUSEHEN WIE ANDERE ARBEITEN

Einen oft lehrreichen Einblick in die Arbeitswelt vermitteln Werksbesichtigungen, die von vielen britischen Firmen angeboten werden. Es ist interessant zu erfahren, wie das Bier oder der Whisky, den man abends genüsslich im Pub trinkt, hergestellt wird. Und wie viele Personen müssen eigentlich Hand anlegen, bevor die charmante kleine Wedgewood-Vase im Designer-Outlet-Centre landet?
www.uksearchindex.com/funthingstodo-factory.htm

FÜR KOST UND LOGIS KOMMT DER GASTGEBER AUF

Wer im Vereinigten Königreich eine Zeit lang für Kost und Logis arbeiten möchte, kann die Dienste von Firmen wie Workaway in Anspruch nehmen. Sie bringen weltweit Gastgeber und Menschen zusammen, die gerne auf einer Farm, in einem B&B oder in einer Familie helfen möchten. Die Arbeitszeit ist in der Regel nicht sehr lang, der Kontakt zu den Gastgebern aber sehr intensiv und nicht selten entwickeln sich lang anhaltende Freundschaften.
www.workaway.info

HINTERGRUND • Bevölkerung

tete, sich vorwiegend angelsächsischer Wörter bediente, die breite Masse der Bevölkerung dagegen häufig romanische Begriffe (sogenannte Hard Words), die nach dem Einfall der Normannen im Jahr 1066 in das Angelsächsische aufgenommen wurden, verwendet – z. B. »pardon« statt »sorry«, »liberty« statt »freedom«, »toilet« statt »lavatory«, »serviette« statt »napkin« – trifft heute wohl nicht mehr zu.

Nationalitäten Fußballfans wissen Bescheid. Bei Länderspielen kicken Fußballer aus dem United Kingdom nie für Großbritannien, sondern für England, Schottland oder Wales. Schotten und Waliser haben ihre eigene Fußballnationalmannschaft. Sie selbst bezeichnen ihr Land als Schottland oder als Wales und können höchst empfindlich reagieren, wenn man sie als Briten oder gar als Engländer betitelt. 1999 erhielten **Schotten**, **Waliser** und **Nordiren** eigene Länderparlamente, die Nordiren allerdings nur vorübergehend; Schotten, Waliser und Iren haben ihre eigene Geschichte, bewahren zum Teil ihre eigenen Sprachen, in denen eigene Literaturen entstanden sind, und unterscheiden sich in der Mentalität beträchtlich von den Engländern. In wirtschaftlicher und sozialer Hinsicht sind sie gegenüber dem englischen Landesteil immer noch mehr oder weniger benachteiligt, was mit zu Ressentiments gegenüber England und zum Erstarken separatistischer Bewegungen geführt hat. Anders als Schotten und Waliser reden viele **Engländer**, deren Nationalitätenstaat der flächenmäßig größte und bevölkerungsreichste des Vereinigten Königreiches ist, nicht von ihrer eigenen Nation, sondern von Großbritannien und möchten auch als Briten angesprochen werden.

> **BAEDEKER WISSEN**
>
> ? **Very british indeed!**
>
> Was finden Briten eigentlich richtig britisch? Eine Umfrage ergab folgende Rangliste: Fish & Chips, Roastbeef, Yorkshire-Pudding (73 %), Queen Elizabeth II. (64 %), Buckingham Palace (58 %), das britische Frühstück (56 %); auf weiteren Plätzen: diszipliniertes Anstellen und die Abneigung, Fremdsprachen zu lernen.

Schottland Schottland, das etwa ein Drittel der Gesamtfläche von Großbritannien ausmacht, ist der am dünnsten besiedelte Landesteil. Es hat eine eigene Gesetzgebung, Erziehungs- und Kirchensysteme, gibt eigene Banknoten und Briefmarken heraus. Seit 1999 hat Schottland – nach 292 Jahren – wieder ein eigenständiges Parlament mit Sitz in Edinburgh. Trotz der Ölfunde vor Schottland ist der Lebensstandard hier niedriger als in England.

Wales Wales ist historisch schon seit dem Unionsvertrag von 1536 mit England verbunden. Die Waliser fühlen sich ebenfalls wirtschaftlich benachteiligt, besonders durch die aus der Schließung der meisten Kohlengruben resultierende hohe Arbeitslosenzahl. Etwa ein Viertel

Das Pferderennen in Ascot ist Treffpunkt der englischen Society.

der Bevölkerung spricht Walisisch. Seit 1967 ist Walisisch vor Gericht anerkannt, 1972 führte man zweisprachige Straßen- und Ortsschilder ein. Seit 1999 hat Wales ein eigenes Länderparlament.

Nordirland entstand 1921 aus sechs Grafschaften der Provinz Ulster, die nach der Gründung des unabhängigen Irischen Freistaates bei Großbritannien verblieben; seine Bevölkerung besteht aus Protestanten, meist Nachkommen schottischer und englischer Siedler, die im 17. Jh. einwanderten. Die Minderheit der Katholiken wurde lange Zeit von führenden Stellungen ausgeschlossen und auch sozial benachteiligt. Hierin liegen die Wurzeln des 1969 offen ausgebrochenen, von der radikalen katholischen IRA (Irish Republican Army) und der protestantischen, nicht minder terroristischen UDA (Ulster Defence Army) ausgetragenen Nordirland-Konfliktes. Um die Gewaltspirale zu durchbrechen, verständigten sich 1998 die verfeindeten Parteien im Belfaster Friedensabkommen auf eine eigene Regierung für die Krisenprovinz. Das nordirische Parlament wurde allerdings mehrfach suspendiert und wieder eingesetzt – Anlass waren Streitigkeiten über die Entwaffnung bzw. Aktivitäten der IRA. Im Juli 2005 hat die IRA das Ende ihres bewaffneten Kampfes bekanntgegeben, 2007 entwaffnete sie sich offiziell.

<small>Nordirland</small>

Das Ende des britischen Kolonialreichs nach dem Zweiten Weltkrieg veranlasste viele Menschen aus dem New Commonwealth, hauptsächlich aus Indien, Pakistan und der Karibik, nach Großbritannien einzuwandern, zumal der 1948 erlassene British Nationality Act, in dem kein Unterschied zwischen Bürgern des Vereinigten Königreichs und des Commonwealth gemacht wurde, keine Schranken aufbaute und man Arbeitskräfte benötigte. Erst 1971 wurde unter dem Ein-

<small>Einwanderer aus dem Commonwealth</small>

druck neuer Einwanderungswellen ein Gesetz erlassen, das den Visumzwang für Staatsbürger Indiens und einiger afrikanischer Staaten einführte, und 1981 definierte man die Staatsbürgerschaft neu. Dennoch ist die illegale Einwanderung ein großes Problem geblieben. Den andersfarbigen Mitbürgern steht die Bevölkerung oft ablehnend gegenüber, und viele Farbige wohnen aus finanziellen Gründen ghettoähnlich in den heruntergekommenen Vierteln der Städte.

Religion Der anglikanischen Staatskirche (Church of England) gehören ca. 55 % aller Engländer an, während sie in den anderen Landesteilen nur eine untergeordnete Rolle spielt. In Schottland ist die presbyterianische Kirche, die keine Bischöfe kennt, Staatskirche; als unabhängige Kirche existiert sie in Wales und Nordirland – als zweitstärkste Religionsgemeinschaft –, und in England ist sie mit den walisischen Kongregationalisten zur United Reformed Church vereinigt. Katholische Hochburgen sind die Regionen Merseyside, Central Clydeside und Nordirland.

Politik

Großbritannien besitzt unter den großen Demokratien der Neuzeit diejenige mit der längsten Geschichte – und es hat keine in einem einzigen Dokument niedergelegte Verfassung. Dies ist aber ein nur scheinbarer Mangel, denn im Bewusstsein der Öffentlichkeit und der Politiker ist sie gerade darum um so stärker verankert. Dieser Umstand erklärt sich aus dem ausgeprägten historischen Sinn der Briten, die ihre Verfassung als geschichtlichen Prozess begreifen.

Verfassung als Prozess Großbritanniens Weg vom feudalen zum bürgerlich-liberalen Staat war mehr von Reformen als von Revolutionen gekennzeichnet. Infolgedessen bilden keine speziell aufgesetzten Schriften, sondern viele im Laufe der Jahrhunderte entstandene Dokumente und gewohnheitsrechtliche Normen die Grundlagen der britischen Verfassung. Nie hat ein britisches Parlament oder eine andere Versammlung eine Verfassung beschlossen, doch kann das Parlament sie per Gesetz mit einfacher Mehrheit verändern; andererseits gibt es keine Instanz – wie etwa das Bundesverfassungsgericht –, die die Verfassungskonformität von Regierungsakten oder die Einhaltung der Grundrechte überwacht. So betrachtet stünde die britische Verfassung auch heute noch allen – auch bedenklichen – Entwicklungen offen, wäre sie nicht zwei unverrückbaren Prinzipien untergeordnet: der Rechtsstaatlichkeit (Rule of Law) und der Souveränität des Parlamentes. Dennoch mehren sich in letzter Zeit die Stimmen für eine tief greifende Verfassungsreform.

Die grundlegenden Dokumente der britischen Verfassung, die vor allem die »Rule of Law« festschreiben, sind allesamt aus dem Konflikt zwischen der Krone und dem Parlament bzw. dessen Vorgängern entstanden.

Verfassungsgrundlagen

Zu ihnen gehört an erster Stelle die **Magna Charta** von 1215, die John I. auf Druck der Barone hin unterschreiben musste. In ihr verpflichtete sich der Monarch zur Beachtung des überlieferten Rechts (Common Law), erkannte das Recht der Barone an, ihn nötigenfalls mit Gewalt dazu zu zwingen, und garantierte in Artikel 39 den Schutz des Individuums.

Aus der Zeit der Stuarts stammen die **Petition of Right** von 1628, in der Charles I. einen Grundrechtekatalog billigen musste, um Finanzmittel vom Parlament genehmigt zu erhalten, die **Habeas Corpus Akte** von 1679, die vor willkürlicher Verhaftung schützt, und schließlich die **Bill of Rights** von 1689, in der Wilhelm von Oranien verschiedene Grundrechte wie das Recht auf freie Meinungsäußerung oder das Petitionsrecht bestätigte.

Weitere wichtige Verfassungsgrundlagen sind Gesetze zum Wahlrecht (1832 – 1969), die Parliament Acts von 1911 und 1949 zur Reform des Parlaments und das Gesetz über den Beitritt zur EG (1973).

Bedeutende Teile des britischen Verfassungslebens sind nicht schriftlich fixiert, sondern beruhen auf Regeln (Conventions), die sich im Lauf der Zeit als ein System von Zugeständnissen und Übereinkünften herauskristallisiert und somit, wie das **Common Law**, Präzedenzfälle geschaffen haben. Als frappierendstes Beispiel mag gelten, dass kein Gesetz das Amt des Premierministers und das Kabinett geschaffen hat.

Conventions

Die Queen eröffnet eine neue Sitzungsperiode des Parlaments.

Seltenes Ereignis: Die Queen nimmt an der Kabinettssitzung teil.

Die Krone Der Monarch ist Staatsoberhaupt, zugleich Haupt des Commonwealth of Nations und auch Staatsoberhaupt von 16 der 54 unabhängigen Commonwealth-Staaten; pro forma hat der Monarch den Oberbefehl über die Streitkräfte (seit 1960 Berufsarmee). Obwohl theoretisch noch mit großer Macht ausgestattet, ist die Teilnahme an der Regierung aufgrund von »Conventions« weitgehend nur noch formal: Eröffnung, Auflösung und Schließung des Parlaments, formelle Ernennung des Premierministers und der Minister und Genehmigung verabschiedeter Gesetze. Regierungshandlungen der Krone bedürfen der ministeriellen Gegenzeichnung; andererseits hat der Monarch das Recht auf Information über die Kabinettsarbeit, die der Premierminister in einer wöchentlichen Audienz gibt. So hat die Krone vor allem symbolische Bedeutung, die jedoch sehr hoch ist, denn immer noch wird die Verfassungsfiktion von der in ihrer Hand vereinigten Staatsgewalt aufrechterhalten.

Kabinett Die ca. 20 Mitglieder des die britische Politik bestimmenden Kabinetts werden vom Premierminister ernannt. Ihm gehören immer der Schatzkanzler, der Außen-, der Innen- und der Verteidigungsminister sowie der Lordkanzler an; seit Juni 2003 ist allerdings geplant, die 1400 Jahre alte Funktion des Lord Chancellor abzuschaffen, der u. a. als Sprecher des Oberhauses fungiert. 2006 wählte das Oberhaus dann zum ersten Mal einen eigenen Sprecher, den Lord Speaker. Die eigentliche Regierung, inklusive Staatsministern und Parlamentarischen Staatssekretären, umfasst 80 bis 100 Mitglieder.

Politik • HINTERGRUND

Premierminister

Der vom König ernannte Premierminister (Prime Minister) muss Mitglied des Unterhauses sein und ist in der Regel der Führer der bei den Wahlen siegreichen Partei. Er besitzt eine Fülle von Macht. Insbesondere kann er jeden Minister nach eigenem Gutdünken ernennen und entlassen, er kann beim Monarchen – ohne Rücksprache mit dem Kabinett – um Auflösung des Parlaments zum Zweck von Neuwahlen zu einem für ihn günstigen Zeitpunkt nachsuchen und auch wichtige Entscheidungen ohne seine Minister und ohne das Unterhaus fällen, kurz: Er ist die beherrschende Figur der britischen Politik.

Parlament

Das Parlament besteht aus zwei Kammern, dem Unterhaus (House of Commons) und dem Oberhaus (House of Lords; ▶Baedeker Wissen S. 34). Das **Oberhaus** hat heutzutage nahezu keinerlei politische Bedeutung mehr, so dass eigentlich immer das **Unterhaus** gemeint ist, wenn vom »Parlament« die Rede ist. Im 19. Jh. war das Parlament die höchste politische Ins-tanz Großbritanniens. Heute jedoch ist seine umfassende Macht, insbesondere die Regierungskontrolle, Fiktion, denn sie wird mehr und mehr beschnitten durch die Macht des Kabinetts, das über die Unterhausmehrheit die Abläufe im Parlament beherrscht. Man kann dies u. a. daran ablesen, dass über 90 % aller Gesetzentwürfe von der Regierung eingebracht werden.

Unterhaus

Das jeweils auf fünf Jahre gewählte Unterhaus, das Zentrum der politischen Macht, hat derzeit 650 Mitglieder, entsprechend der Anzahl der Wahlkreise (533 in England, 59 in Schottland, 40 in Wales, 18 in Nordirland). Es gilt das Mehrheitswahlrecht, wodurch die beiden großen Parteien eindeutig bevorzugt werden. Gewählt werden kann nur der Kandidat, nicht die Partei. Im Unterhaus sitzen sich die Abgeordneten der Regierungsfraktion und der Opposition (Her Majesty's Opposition) auf aufsteigenden Bänken gegenüber. Auf jeder Seite ist auf dem Boden je eine rote Linie eingezeichnet – nach alter Tradition »zwei Schwertlängen und einen Fuß« voneinander entfernt –, die die Abgeordneten nicht überschreiten dürfen. In den ersten Reihen sitzen die Minister bzw. das Schattenkabinett der Opposition (Frontbenchers), auf den hinteren Bänken die übrigen Parlamentsmitglieder (Backbenchers). Zwischen den Bankreihen steht ein Tisch, an dessen Kopfende der »Speaker« erhöht sitzt. Er ist der zur Neutralität verpflichtete Parlamentspräsident.

Oberhaus

Die Mitgliederzahl des Oberhauses, das politisch kaum noch Bedeutung hat, beträgt z. Zt. 786 Personen. Das House of Lords hat ein einjähriges aufschiebendes Vetorecht gegen bestimmte Gesetzesentwürfe, zwölf seiner Mitglieder (Law Lords) bilden das Oberste Gericht. Eine zeitlich nicht festgelegte endgültige Reform soll die Funktion des Oberhauses jedoch neu regeln.

Das Parlament

Parlament mit Tradition

Das britische Parlament gehört zu den ältesten der Welt. Seit seinen Wurzeln in angelsächsischer Zeit hat es sich im Lauf der Jahrhunderte vom königlichen Beraterstab zur demokratischen Volksvertretung entwickelt. Dieser Tradition entspringen viele Bräuche, die heute noch in den Houses of Parliament zelebriert werden.

▶ **House of Commons (Unterhaus)**
Im Unterhaus sitzen die gewählten Volksvertreter. Zwischen den Bänken der Regierungsparteien und der Opposition ist »Zwei Schwertlängen« Platz. Nicht alle Abgeordneten können sich setzen.

▶ **House of Lords (Ob...**
Das Oberhaus beste...
die berufen werden...
Die Kammer kann G...
verzögern, sie jedoc...
findet die feierliche...
durch den Monarch...

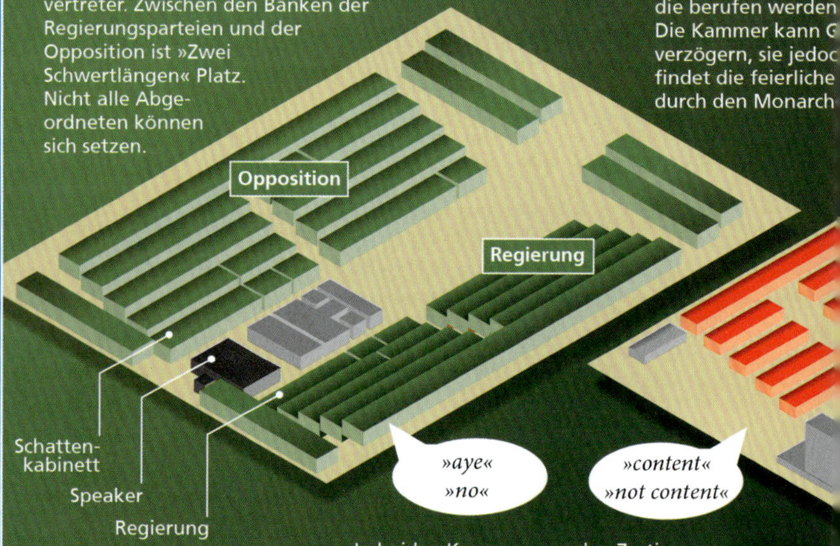

Opposition

Regierung

Schattenkabinett
Speaker
Regierung

»aye«
»no«

»content«
»not content«

In beiden Kammern werden Zustimmung und Ablehnung unterschiedlich zum Ausdruck gebracht.

©BAEDEKER

Serjeant at Arms
Er ist für Sicherheit und Ordnung im Unterhaus verantwortlich. Als einziger Bewaffneter im Haus trägt er ein Schwert. Bei der Parlamentseröffnung bringt er das Zepter (mace) in den Saal.

Black Rod
Er hat im Oberhaus ähnliche Aufgaben wie der Serjeant at Arms im Unterhaus. Er ist immer Mitglied des Hosenbandordens und holt bei der Parlamentseröffnung die Commons ab – die ihm traditionell die Tür vor der Nase zuschlagen.

Catc...
Will e...
steht...
auf i...

Spea...
Er wi...
Unte...
wähl...
reprä...
gege...
und e...

Das Wappen des Parlaments

us)
us adligen Mitgliedern,
teien gibt es nicht.
ze vorschlagen und
cht verhindern. Hier
amentseröffnung
att.

▶ **Von Roben und Ritualen**
Die Kammern des britischen Parlaments blicken auf viele Jahrhunderte voller Geschichte und Tradition zurück.

Lord Speaker
Er wird vom Oberhaus gewählt und hat v.a. repräsentative Aufgaben. Er ist kein Sitzungsleiter im Sinne des Speakers im Unterhaus.

Woolsack
Der Lord Speaker sitzt während der Debatten auf einem mit Wolle der Commonwealth-Staaten gefüllten Kissen. Es wurde im 14. Jh. eingeführt und ist ein Symbol für den damaligen Reichtum Englands durch den Wollhandel.

Judges' Woolsack
Auf diesem größeren Kissen sitzen bei der Parlamentseröffnung die »Senior Judges«, während der Debatten kann jedes Oberhausmitglied darauf Platz nehmen.

he Speaker's Eye
arlamentarier sich zu Wort melden,
uf, damit der Speaker ein Auge
rft.

n den Mitgliedern des
es aus ihrer Mitte ge-
eitet die Debatten und
ert das Unterhaus
r dem Monarchen
Oberhaus.

Dragging the Speaker
Ein frisch gewählter Speaker wird von seinen Parlamentskollegen mit sanfter Gewalt auf seinen Amtsstuhl gezogen, denn er wehrt sich dagegen: Repräsentant des Parlaments beim Monarchen zu sein, war kein begehrter Job.

HINTERGRUND • Wirtschaft

Länderparlamente — Großbritannien wird zentralistisch regiert und verwaltet, allerdings wurde im Zuge der »Devolution« (Dezentralisierung) den Regionen Schottland und Wales, der Hauptstadt London sowie – für kurze Zeit – Nordirland eine Teilautonomie zugestanden. Schottland und Wales haben seit 1999 eigene Länderparlamente, im Mai 2000 fand zum ersten Mal die Direktwahl eines Bürgermeisters für Groß-London statt. Diskutiert wird nun, ob nicht auch für England ein eigenes Parlament geschaffen und Versammlungen für die acht englischen Regionen (zusätzlich zu London) gewählt werden sollen.

Parteien — Seit 1931 bestimmen abwechselnd Konservative und Labour Party das politische Geschehen, da das britische Wahlrecht die großen Parteien krass begünstigt. Seit 2010 regiert eine Koalition aus Konservativen und den Liberaldemokraten, der drittgrößten politischen Kraft des Landes. Es ist die erste britische Koalitionsregierung seit dem Zweiten Weltkrieg. Die übrigen Unterhausparteien sind Regionalparteien.

Internationale Organisationen — Großbritannien ist u. a. Mitglied der Vereinten Nationen (UN) mit einem ständigen Sitz im Weltsicherheitsrat, der Europäischen Union (EU), der Westeuropäischen Union (WEU), des Europarates, der OECD und der NATO.

Wirtschaft

Kein anderes Land der Erde ist so eng mit dem Begriff der Industrialisierung verbunden wie Großbritannien, wo mit der industriellen Revolution gegen Ende des 18. Jh.s die entscheidenden Weichen für eine vollständige Umstrukturierung von Produktions- und Lebensformen gestellt wurden. Doch während Großbritannien vor 100 Jahren hohe Wachstumsraten erzielte und Arbeitskräfte suchte, geriet das Land nach dem Ersten Weltkrieg in eine krisenhafte Situation, die – trotz kurzfristiger Aufschwünge nach dem Zweiten Weltkrieg – bis heute nicht grundlegend gebessert werden konnte.

Nord-Süd-Teilung — Die Schwerindustrie verlor immer mehr an Bedeutung, viele Betriebe waren vollkommen überaltert oder produzierten zu teuer. Darüber hinaus wurde Großbritannien aufgrund einer recht einseitigen regionalen Wirtschaftsentwicklung zu einem Musterbeispiel für die Unterschiede zwischen Zentrum und Peripherie, die sich in einer rasch fortschreitenden **Nord-Süd-Teilung** (North-South Divide) äußern. Zwischen dem wirtschaftlichen Ballungsraum und Bevölkerungszentrum von London und Südostengland einerseits und den wirtschaftsschwachen peripheren Gebieten und altindustriellen Abwanderungsräumen von Nordengland, Schottland, Wales und Nordirland andererseits bestehen gravierende Unterschiede hinsichtlich des Einkommens und Lebensstandards, der Arbeitslosigkeit und der wirtschaftlichen Zukunftsaussichten.

Deutschland ist Großbritanniens wichtigster Handelspartner weltweit (knapp vor den USA). Für Deutschland ist Großbritannien der sechstwichtigste Handelspartner. Die deutschen Investitionen in Großbritannien (u. a. Deutsche Bank, Siemens, Bosch, BMW) sind traditionell höher als die britischen Investitionen in Deutschland (u. a. BP, Shell). *Deutsch-britische Wirtschaftsbeziehungen*

Größtes Wirtschaftszentrum Großbritanniens ist die Hauptstadt London, deren Bedeutung als **Handels- und Dienstleistungszentrum** stetig zunimmt. Hier haben fast alle bedeutenden britischen Unternehmen ihren Sitz, hier finden jährlich über 80 wichtige internationale und nationale Messen und Ausstellungen statt. Darüber hinaus belegt London im halbjährlich veröffentlichten Global Financial Centres Index regelmäßig den ersten Platz. Es ist der weltgrößte **Devisenumschlagplatz**, wo mehr als 520 Banken ihren Sitz haben, einer der wichtigsten Handelsplätze für **Rohstoffe und Edelmetalle** *London*

Bankers Mittagspause in London: Sonne tanken im Park

sowie der bedeutendste **Versicherungsmarkt** der Erde – über 500 internationale Versicherungen haben sich hier angesiedelt. Immer wichtiger wird der **Tourismus** in der Kapitale, die beliebtestes Ziel ausländischer Touristen in Großbritannien ist.

Südengland In Südengland blieben, nachdem die Vorkommen in den Zinn- und Kupferminen Cornwalls erschöpft waren, lange Zeit Landwirtschaft und Fischerei die vorrangigen Arbeitgeber. Auch heute noch spielt im warmen Süden die **Landwirtschaft** eine große Rolle: erzeugt werden u. a. Molkereiprodukte, Getreide, Obst und Gemüse – darunter Hopfen und Gerste für die Brauereien und Äpfel zur Herstellung von Cider – sowie Fleischprodukte (Schaf- und Rinderzucht). In den letzten Jahrzehnten hat sich jedoch der Südosten dieses Landesteils zur **führenden Industrieregion** in England entwickelt. Bristol ist die Heimat von Rolls Royce – heute im Besitz von Volkswagen – und British Aerospace (britische Luft- und Raumfahrtindustrie), in Hampshire stellen die Elektronik- und die Computerindustrie fast die Hälfte aller Arbeitsplätze. Darüber hinaus dominiert hier, mehr noch als in Großbritannien insgesamt, der Dienstleistungssektor,

Schafe sind sehr wichtig für die britische Landwirtschaft.

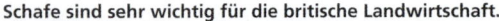

u. a. haben sich in der Nähe Londons zahlreiche Versicherungsgesellschaften niedergelassen. Eine wichtige Position nimmt auch der **Tourismus** ein. Vor allem entlang der Kanalküste von Kent bis Cornwall findet sich die größte Anzahl von Ferienorten, vom einst mondänen Seebad Brighton bis zu malerischen kleinen Fischerhäfen; äußerst beliebte Reiseziele sind ferner Bath mit seinen römischen Bädern und Stonehenge. Allerdings ist trotz des Wirtschaftsbooms ein Ost-West-Gefälle erkennbar: Während in den südöstlichen Grafschaften, die von der Nähe Londons profitieren, die Arbeitslosenquote zu den niedrigsten im Land gehört, erreicht sie in manchen Gegenden Cornwalls im äußersten Südwesten bis zu 20 %.

In Schottland, einst durch Schwerindustrie, Maschinen- und Schiffsbau sowie die Textilindustrie geprägt, sind heute fast drei Viertel aller Arbeitnehmer im Dienstleistungssektor beschäftigt. **Größtes Dienstleistungszentrum ist die schottische Hauptstadt Edinburgh,** das im Banken-, Versicherungs-, Großhandels- und Wirtschaftsberatungswesen in Großbritannien nur von London in den Schatten gestellt wird. Doch es wird auch noch etwas produziert in Schottland. Die Hauptexportgüter sind nun Computer- und Bürotechnologie – mit fast **50 000 Beschäftigten im »Silicon Glen«**, einem 100 km schmalen Landstrich zwischen Edinburgh und Glasgow –, Biotechnologie, Kommunikationstechnologie und (nicht zu vergessen!) Whisky. Eine besondere Rolle spielt ferner die **Erdölindustrie**, seit die Förderung in den frühen 1970er-Jahren vor der Nordostküste Schottlands begann, sowie die Gewinnung von Erdgas. Ein wichtiger Wirtschaftsfaktor für Schottland ist aber auch der Fremdenverkehr. Hauptreiseziele sind Edinburgh und das Hochland mit seinen Burgen, Lochs und Bilderbuchküsten.

Schottland

Die abgelegenen, naturnahen Gebiete von Wales, darunter die Bergwelt von Snowdonia in Nordwales, erleben ebenfalls einen Aufschwung durch den **Tourismus**. Wales hat den Fremdenverkehr bitter nötig; vor allem der Süden, ein altes schwerindustrielles Zentrum Großbritanniens, gilt als wirtschaftliche **Krisenregion**. Darüber hinaus profitiert Wales, wie Schottland, davon, dass die Massenproduktion in der Computerindustrie in die peripheren Wirtschaftsförderungsgebiete verlagert wurde.

Wales

Geschichte

Geschichte • HINTERGRUND

Von der Insel zum Empire

Etwa 300 v. Chr. kamen keltische Brythonen von Frankreich über das Meer nach Großbritannien. Sie konnten nicht ahnen, dass sie einmal dem ganzen Inselreich ihren Namen geben würden. Und dass aus diesem Inselreich zwei Jahrtausende später für 200 Jahre ein Weltreich werden würde. Die Briten von heute blicken jedenfalls auf eine lange und wechselvolle Geschichte zurück.

Die Insellage am Rand des europäischen Kontinents, zu der es ca. 6000 v. Chr. durch den Wiederanstieg des Meeres nach der letzten Eiszeit kam, prägte die Geschichte der Britischen Inseln in doppelter Hinsicht. Aufgrund der Isolierung traten hier wesentliche Faktoren der europäischen Geschichte – agrarische Produktion, römische Eroberung, Feudalismus – erst später auf, und es verstärkte sich die Tendenz zur Durchsetzung politischer Einheit auf einem durch die Natur umgrenzten Gebiet. Andere historische Ereignisse auf den relativ isolierten Britischen Inseln – wie die Verbreitung des Christentums außerhalb des Römischen Reiches (Irland), die höchste Systematisierung des Feudalismus (England, nach 1066), die erste Phase der industriellen Revolution (England/Schottland, um 1760) – hatten Rückwirkungen weit über die Landesgrenzen hinaus. Zudem erhielt die bisherige Randlage innerhalb Europas nach der Entdeckung Amerikas eine neue welthistorische Bedeutung, da England nun ins Zentrum des neuen atlantischen Systems rückte, was eine der Voraussetzungen für den Aufstieg des Landes zur größten See- und Kolonialmacht der Neuzeit bildete.

Auswirkungen der Insellage

FRÜHZEIT UND ANTIKE

25.– 20. Jh. v. Chr.	Errichtung von Stonehenge
300 v. Chr.	Einfall der Brythonen (»Briten«)
55 u. 54 v. Chr.	Cäsar versucht Britannien zu erobern
43 n. Chr.	Römer erobern das südliche England
ab 122 n. Chr.	Bau des Hadrianswalls
410 n. Chr.	Ende der römischen Herrschaft

Bereits in der Altsteinzeit kamen Einwanderer aus Westeuropa über den Kanal oder die Nordsee-Landbrücken auf die Britischen Inseln. Nach 3000 v. Chr. entwickelte sich auf den Kreideböden Südenglands

Steinzeit

Heute wie vor Jahrtausenden: Gewitter über Stonehenge

Die britischen Herrscher

Angelsachsen und Dänen

Alfred der Große	871–899
Eduard der Ältere	899–924
Athelstan	924–939
Edmund	939–946
Edred	946–955
Edwy	955–959
Edgar	959–975
Eduard der Märtyrer	975–978
Ethelred	978–1016
Edmund Ironside	1016
Knut I. der Große	1016–1035
Harold Harefoot	1035–1040
Harthaknut	1040–1042
Eduard der Bekenner	1042–1066
Harold II. Godwinson	1066

Normannische Könige

Wilhelm I. der Eroberer	1066–1087
Wilhelm II. Rufus	1087–1100
Heinrich I. Beauclerc	1100–1135
Stephan von Blois	1135–1154

Haus Anjou-Plantagenet

Heinrich II. Kurzmante	1154–1189
Richard I. Löwenherz	1189–1199
Johann Ohneland	1199–1216
Heinrich III.	1216–1272
Edward I.	1272–1307
Edward II.	1307–1327
Edward III.	1327–1377
Richard II.	1377–1399

Haus Lancaster

Heinrich IV.	1399–1413
Heinrich V.	1413–1422
Heinrich VI.	1422–1461

Haus York

Edward IV.	1461–1483
Edward V.	1483
Richard III.	1483–1485

Haus Tudor

Heinrich VII.	1485–1509
Heinrich VIII.	1509–1547
Edward VI.	1547–1553
Maria I.	1553–1558
Elizabeth I.	1558–1603

Haus Stuart

Jakob I.	1603–1625
Karl I.	1625–1649

Commonwealth und Protektorat

Oliver Cromwell (Lord Protector)
1653–1658
Richard Cromwell (Lord Protector)
1658–1659

Haus Stuart

Karl II.	1660–1685
Jakob II.	1685–1688
Wilhelm III. von Oranien	1689–1702
zusammen mit Maria II.	1689–1694
Anna	1702–1714

Haus Hannover

George I.	1714–1727
George II.	1727–1760
George III.	1760–1820
George IV.	1820–1830
Wilhelm IV.	1830–1837
Victoria	1837–1901

Haus Sachsen-Coburg

Edward VII.	1901–1910

Haus Windsor

George V.	1910–1936
Edward VIII.	1936
George VI.	1936–1952
Elizabeth II. seit	1952

Geschichte • HINTERGRUND

eine jungsteinzeitliche Bauernkultur, deren Spuren u. a. in Windmill Hill bei Avebury gefunden wurden. Träger dieser Kultur waren in erster Linie eingewanderte iberische Völker. Sie entwickelten auch eine erste **Megalithkultur**, die sich durch die Errichtung von Dolmen, imposanten Grabstätten und Menhiren auszeichnete. Zu Beginn der Bronzezeit Anfang des 2. Jt.s v. Chr. erreichten – aus dem Gebiet der heutigen Niederlande kommend – mehrere Wellen der nach glockenförmigen verzierten Tonbechern benannten Glockenbecherkultur Britannien. Diesem Kulturkreis sind auch die gewaltigen kreisförmigen Steinsetzungen zuzuschreiben, darunter **Stonehenge**, das in der Zeit vom 25. – 20. Jh. v. Chr. entstand. Um 1600 v. Chr. bildete sich nach mehreren weiteren Einwanderungswellen die **Wessexkultur** aus, die bereits nachweisbaren Handel mit Zinn bis in den Mittelmeerraum hinein betrieben hat.

Ab dem 5. Jh. v. Chr. wanderten von Frankreich aus keltische Stämme in Britannien ein; zu diesen gehörten auch die Brythonen – die »**Briten**« –, die um 300 v. Chr. einfielen. Die Kelten – erfahrene Krieger, die die Herstellung von Gerätschaften aus Eisen kannten und Hügelfestungen errichteten – lebten in Stammesverbänden ohne eine übergreifende Herrschaft; soweit man weiß, nahm lediglich die Druidenkaste eine höhere Machtposition ein.

Keltische Brythonen

Die Kelten leisteten den Römern, die 55 und 54 v. Chr. unter Julius Cäsar Britannien zu erobern versuchten, erheblichen Widerstand. Erst 43 n. Chr. konnte das südliche England erobert und als **Provinz Britannia** ins Römische Reich eingegliedert werden. Nachdem die Römer auch das nördliche England und Wales unter ihre Herrschaft gebracht hatten, errichteten sie ab 122 n. Chr. zum Schutz gegen die keltischen Stämme im Norden – die Pikten (lat. »die Bemalten«) – zwischen Newcastle und Carlisle den Hadrianswall. Mitte des 4. Jh.s begannen unruhige Zeiten in der römischen Provinz: Grund waren die Einfälle der Pikten und Scoten – die Scoten waren irische Kelten, auf die der Name Schotten zurückgeht. Im Jahr 410 schließlich endete die römische Herrschaft auf der Insel: Die letzten Legionen Roms verließen Britannia, weil sie an anderen Grenzen des niedergehenden römischen Reichs zur letzten Verteidigung des Imperiums benötigt wurden.

Römisches Britannia

Trajan-Statue vor der London Wall

MITTELALTER

ab 449	Germaneneinfall
ab 596	Missionierung Englands
ab 866	Invasion der Dänen
1066	Normannen erobern die Insel
1215	Magna Charta schränkt die Königsmacht ein; Entwicklung des Parlaments
1337/1339–1453	Hundertjähriger Krieg zwischen England und Frankreich

Angelsachsen und Dänen

Ab 449 wanderten – wie in den Geschichtsbüchern zu lesen ist – vom europäischen Festland germanische Stämme (Jüten, Angeln und Sachsen) ein, vor deren Druck die romanisierten und christlichen Briten teils nach Cornwall und Wales, teils nach Gallien zur Halbinsel Armorica, der sie den neuen Namen »Bretagne« gaben, auswichen. Die Erinnerung an die Kämpfe gegen die germanischen Stämme um das Jahr 500 fand ihren Niederschlag im keltischen Sagenkreis (König Artus, Parsifal), den um 1200 die höfische Ritterdichtung verarbeitete. Jüten, Angeln und Sachsen sollen schließlich zu den **Angelsachsen** verschmolzen sein, die vor allem in England zahlreiche Kleinkönigtümer gründeten. Ab 596 begann die systematische Missionierung Englands – erstmals im Auftrag des römischen Papstes. Die politische Zusammenfassung Englands erfolgte in einem ersten Ansatz im 9. Jh., wurde aber durch die massive Invasion der Dänen ab 866 aufgehalten. Die Dänen machten sich zunächst nur das nordöstliche England, den »Danelag«, untertan, ab 1016 jedoch herrschten sie über ganz England. Erst 1042 kam wieder ein angelsächsischer Herrscher auf den englischen Thron.

BAEDEKER WISSEN

? *Eine kleine Schar*

Mittlerweile gehen Wissenschaftler davon aus, dass weit weniger Eroberer vom Festland die Insel überrollten, als Historiker bisher vermutet haben. Bei der Untersuchung von 24 Skeletten auf einem Friedhof, der bisher als angelsächsische Ruhestätte galt, konnte nur in einem Fall die Abstammung des Verstorbenen vom Festland zweifelsfrei belegt werden. Auch konnten Bevölkerungsgenetiker im Erbgut heute lebender Briten kaum genetische Spuren der Invasoren feststellen.

Normannen

1066 wurden die Britischen Inseln ein letztes Mal erobert. Der normannische **Herzog Wilhelm**, der später den Beinamen **»der Eroberer«** erhalten sollte, landete mit einem Heer in England, schlug die Angelsachsen unter Harold II. bei Hastings und ließ sich zum König von England (1066 – 1087) krönen. Wilhelm, der gleichzeitig die Normandie regierte, führte das normannische Feudalsystem mit

Auf dem Teppich von Bayeux wurde die Schlacht bei Hastings verewigt.

starker Königsherrschaft ein – die straffste Form des Feudalismus in Europa – und unterdrückte die Angelsachsen. So mussten die angelsächsischen Adligen ihre Macht und Besitztümer an normannische Barone abtreten, die Bistümer wurden nur an Normannen vergeben. Die herrschende Schicht sprach Französisch und schrieb Latein, während das Angelsächsische zur Sprache der Ungebildeten wurde.

1135 erlosch das Haus Normandie in direkter Linie, und England stürzte in einen Bürgerkrieg, der erst mit der Thronbesteigung Heinrichs II. (1154 – 1189) aus dem Haus Anjou-Plantagenet endete. Heinrich herrschte schließlich über ein großes Reich, das von Ostirland bis zu den Pyrenäen reichte. Aber bereits Johann I. Ohneland (John Lackland; 1199 – 1216), Nachfolger von Richard I. Löwenherz (1189 – 1199), verlor den größten Teil der kontinentalen Gebiete an Frankreich. Daraufhin zwang der Adel den immer mehr absolutistisch auftretenden, nun aber geschwächten König 1215 zum Unterschreiben der Magna Charta Libertatum (»große Urkunde der Freiheiten«), die den Baronen, aber auch den Städten mehr Rechte und Freiheiten gegenüber der Krone sicherte. Aus der anfänglichen Beschränkung der Königsmacht durch die **Magna Charta**, die seit 1217 anerkannte Verfassungsgrundlage Englands ist, entwickelte sich das Parlament, in dem ab 1265 Vertreter des Adels und des Klerus, aber auch der Städte saßen. Anfang des 14. Jh.s entstanden dann die beiden heute noch existierenden Kammern: Im **Oberhaus** (House of Lords) waren Adel und Klerus vertreten, das **Unterhaus** (House of Commons) repräsentierte die Grafschaften und Städte. In der Folgezeit entwickelte sich das Parlament zu einem autonomen politischen

Dynastie Plantagenet

Faktor. Besonders der Hundertjährige Krieg (1337/1339 – 1453) bewirkte durch den steigenden Geldbedarf, u. a. für die neuen Feuerwaffen (seit 1346), eine Stärkung des Parlaments. Der Krieg entbrannte, als Edward III. (1327 – 1377) nach Erlöschen der Linie der Capetinger in Frankreich (1328) Anspruch auf den französischen Thron erhob. In den ersten Kriegsphasen errang England zahlreiche militärische Siege, eroberte West- und Südwestfrankreich und zwang schließlich 1420 die schwache französische Krone zur formellen Anerkennung des englischen Thronanspruchs. In der Folgezeit jedoch verschlechterte sich die Kriegslage für England rapide, und bis 1453 ging der gesamte Kontinentalbesitz, bis auf Calais, das erst 1558 von Frankreich erobert werden konnte, verloren. Aus der Niederlage gegen Frankreich entwickelten sich die **Rosenkriege** (1455 – 1485) – der Bürgerkrieg zwischen der seit 1399 regierenden Dynastie Lancaster, deren Symbol eine rote Rose war, und dem Haus York (weiße Rose) um die Macht im Land, zu dem auch das 1285 eroberte, aber erst 1536 formell ins englische Reich übernommene Wales gehörte. Ab 1461 übernahm York die Landesherrschaft, musste sich jedoch bereits 1485 dem letzten lebenden Lancaster beugen, der als Heinrich VII. (1485 – 1509) die Dynastie der Tudors begründete.

FRÜHE NEUZEIT

1535	Heinrich VIII. erklärt sich zum Oberhaupt der Anglikanischen Kirche
1536	England und Wales bilden eine Union
1587	Hinrichtung von Maria Stuart
1588	Vernichtung der spanischen Armada
1600	Gründung der Ostindiengesellschaft in London
1640 – 1660	Englische Revolution
1688 – 1702	unter Wilhelm III. Beginn der konstitutionellen Monarchie in England
1703	Realunion von England und Schottland

Dynastie Tudor Unter **Heinrich VIII.** (1509 – 1547) löste sich England vom Heiligen Stuhl in Rom. Der Papst hatte sich geweigert, die Scheidung des Königs von seiner Ehefrau Katharina von Aragón und eine Neuvermählung mit Anna Boleyn zu genehmigen; daraufhin gründete Heinrich die **Anglikanische Kirche** und erklärte sich 1535 zu deren Oberhaupt. Als im Jahr 1553 Maria Tudor, verheiratet mit Philipp II. von Spanien und Tochter Katharinas von Aragón, auf den englischen Thron kam, wurde der Katholizismus wieder als Staatsreligion eingeführt und eine blutige Protestantenverfolgung entfesselt. Doch Marias Nachfolgerin Elizabeth I. (1558 – 1603) etablierte erneut die Anglikanische Staatskirche. Elizabeth legte auch durch Intervention in den schottischen Bürgerkrieg zu Gunsten der schottischen Calvinisten die Grundlage zum Bündnis der protestantischen Staaten England und Schottland. Weil mit ihrem Tod das Haus Tudor ausstarb, bestimmte sie testamentarisch Jakob VI. von Schottland als Jakob I. zu ihrem Nachfolger, dessen Thronbesteigung die Personalunion von England und Schottland ermöglichte, die der Auftakt zur späteren Realunion (1703) war.

Jakob I. war der Sohn der katholischen schottischen Königin **Maria Stuart**, die nach ihrer Entthronung nach England geflohen und auf Veranlassung Elizabeths 1587 wegen angeblichen Hochverrats hingerichtet worden war. Diese Hinrichtung löste in Spanien wütende Empörung aus – auch weil die stärkste europäische Macht des 16. Jh.s sich von England u. a. durch die Angriffe des englischen **Weltumseglers Francis Drake** auf spanische Besitzungen in Amerika zunehmend bedroht sah. Der Angriff der als unbesiegbar geltenden spanischen Flotte auf die Britischen Inseln 1588 scheiterte jedoch kläglich, die Vernichtung der Großen Armada leitete sogar den Aufstieg Englands zur Seemacht ein. Im Jahr 1600 wurde in London die Ostindiengesellschaft gegründet, die unter dem Schutz der englischen Marine die Handelsverbindungen in den südostasiatischen Raum ausdehnte, womit auch **Englands Aufstieg zur Kolonialmacht** begann.

Aufstieg zur See- und Kolonialmacht

Unter Jakob I. (1603 – 1625) nahm die Tendenz zur absoluten Monarchie zu, was unter Ausschaltung des Parlaments vor sich ging. Während der Herrschaft Karls I. (1625 – 1649) gab es sogar elf parlamentslose Jahre (1629 – 1640), wodurch schließlich der Konflikt zwischen Krone und Parlament, die Englische Revolution (1640 – 1660), heraufbeschworen wurde. Nachdem die Truppen der Parlamentsanhänger, die von **Oliver Cromwell** angeführt wurden, das königliche Heer in zwei Schlachten besiegt hatten, wurde Karl I. hingerichtet und die Monarchie für beendet erklärt. Cromwell, der als Lord Protector nun eine Diktatur errichtete, hatte jedoch ebenfalls Schwierigkeiten, die Unterstützung des Parlaments zu erlangen. 1660 holten Adel und Parlament Karl II. (1660 – 1685) aus dem Exil zurück, der das Königtum wieder einführte, jetzt aber in der Form einer konstitutionellen bzw. parlamentarischen Monarchie. Als König Jakob II. (1685 – 1688) versuchte, erneut den Absolutismus in England zu etablieren, setzte das Parlament den Monarchen ab und berief dessen Neffen und Schwiegersohn, Wilhelm von Oranien, auf den Thron. Weil diese Revolution unblutig verlief, wurde sie »glorreich« genannt – als **»Glorious Revolution«** ist sie in die Geschichte eingegangen. Mit der »Declaration of Rights«, der Erklärung der Rechte des Parlaments, die Wilhelm III. (1688 – 1702) anerkannte, entstand endgültig die **konstitutionelle Monarchie in England**.

Dynastie Stuart

Im »Act of Settlement« (1701) wurden die Stuarts zu Gunsten des Hauses Hannover von der Thronfolge ausgeschlossen. Königin Anna (1702 – 1714) war die jüngere Tochter von Jakob II., sie war die letzte Regentin aus dem Haus Stuart und zugleich die erste britische Königin. Anna vollendete während ihrer Regentschaft die Angliederung Schottlands. 1707 wurden das englische und das schottische Parlament offiziell vereint; der neue Staat nahm die Bezeichnung Großbritannien an.

NEUZEIT

1769	Erfindung der Dampfmaschine
1790	Erfindung des mechanischen Webstuhls
1756 – 1763	Siebenjähriger Krieg
1775 – 1783	Amerikanischer Unabhängigkeitskrieg
1801	Realunion mit Irland
1806 – 1813	Napoleonische Kontinentalsperre
1899 – 1902	Burenkrieg in Südafrika
1911	Entmachtung des Oberhauses

Dynastie Hannover

Unter Georg I. (1714 – 1727), der seit 1698 Kurfürst von Hannover war, nahm Schatzkanzler Sir Robert Walpole erstmals das Amt des Premierministers ein. Er hatte die Mehrheit des Parlaments hinter sich, und der König hatte ihm sein Vertrauen ausgesprochen. Von diesem Zeitpunkt an war nicht mehr der König, sondern die vom Parlament gewählte Regierung die maßgebliche politische Kraft in Großbritannien.

Aufstieg zur Weltmacht

In der zweiten Hälfte des 18. Jh.s begann in England die **industrielle Revolution** beschleunigt durch die Erfindung der Dampfmaschine (1769) und des mechanischen Webstuhls (1790). Gestützt auf seine **fast absolute Seeherrschaft** stieg England ab Mitte des 18. Jh.s auch zur **stärksten Wirtschafts- und Kolonialmacht der Welt** auf. Im Siebenjährigen Krieg (1756 – 1763) stand England auf preußischer Seite; der Friede von Paris brachte immensen überseeischen Gebietszuwachs: Kanada, Louisiana, Florida sowie französische Besitzungen in Westafrika und Südindien. Indien wurde schnell zur wichtigsten Kolonie im Empire (dem bald auch Australien angehörte), nachdem im amerikanischen Unabhängigkeitskrieg (1775 – 1783) dreizehn **Kolonien** die Freiheit erlangt hatten. In der Phase nach der Französischen Revolution (1789) spielte Großbritannien insgesamt eine konservative Rolle und erwies sich als härtester Gegner Napoleons, dessen **Kontinentalsperre** (1806 – 1813) den englischen Export auf den Kontinent traf. In der Schlacht von Waterloo 1815 schlugen die vereinigten britischen, holländischen und preußischen Armeen unter Wellington und Blücher endgültig Napoleons Truppen.

Im **Viktorianischen Zeitalter** unter Queen Victoria (1837–1901) – seit Heirat Victorias mit Albert von Sachsen-Coburg-Gotha 1840 trug das englische Königshaus dessen Namen – war Großbritannien politisch und wirtschaftlich die erste Macht der Erde. Im Lauf des 19. Jh.s erlangte das Land, das seit 1801 eine Realunion mit Irland bildete, die Herrschaft auch über Hongkong, Burma, Zypern, Ägypten, Sudan, Ostafrika, Südafrika und Rhodesien. 1877 nahm Queen Victoria den Titel »Kaiserin von Indien« an. Im Burenkrieg (1899–1902) in Südafrika ging Großbritannien rücksichtslos gegen die aufständischen Buren vor und löste nach deren Niederlage auch ihre Freistaaten auf.

Dynastie Sachsen-Coburg-Gotha

Großbritannien war nicht auf Allianzen mit anderen Staaten angewiesen. Zum einen war das Land durch seine Insellage geschützt, zum anderen hatte es eine starke Flotte. Als jedoch das Deutsche Kaiserreich Ende des 19. Jh.s mit dem Aufbau einer großen Kriegsflotte begann, musste sich London doch Bündnispartner suchen. 1902 schloss es ein Bündnis mit Japan, 1904 mit Frankreich, 1907 mit Russland.

Außenpolitik

Innenpolitisch entwickelte Großbritannien sich in dieser Zeit zu einem modernen demokratischen Staat. Die alte Aristokratie erlaubte im Lauf des 19. Jh.s nun die schrittweise politische Einbindung des wirtschaftlich aufstrebenden Bürgertums. Und so wurden aus den

Innenpolitik

Britisches Weltreich um 1900

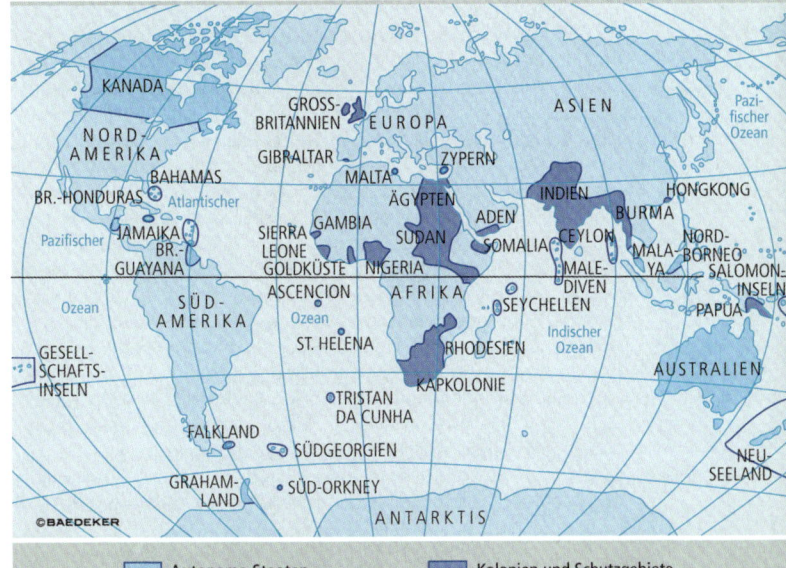

»Tories« und den »Whigs« – Interessenverbände der Oberschicht, die während der »Glorious Revolution« entstanden waren – jetzt **Massenparteien: die Konservativen und die Liberalen**. Die 1906 gegründete sozialistische Labour Party sollte erst nach dem Ersten Weltkrieg eine bedeutenden Rolle spielen. 1911 schließlich entmachtete eine Verfassungsreform das Oberhaus und machte das frei gewählte Unterhaus zur wichtigsten politischen Entscheidungsinstanz im Land.

DIE ÄRA DER WINDSORS

1917	Umbenennung des Königshauses in Windsor während des Ersten Weltkriegs
1921	Irland erlangt die Autonomie
1939–1945	Im Zweiten Weltkrieg bekämpft Großbritannien Nazi-Deutschland
1947	Unabhängigkeit Indiens
1969	Offener Ausbruch des Nordirland-Konflikts
1982	Falkland-Krieg
1997	Hongkong wird an China zurückgegeben
2003	Teilnahme Großbritanniens am Irak-Krieg

Zeit der Weltkriege

Im **Ersten Weltkrieg** (1914–1918) kämpfte Großbritannien auf Seiten seiner Verbündeten Frankreich und Russland gegen die Mittelmächte Deutschland und Österreich-Ungarn. Dabei engagierte sich die traditionell führende Seemacht auch mehr im Landkrieg; 1917 setzte erstmals in der Geschichte das britische Heer Tanks (Panzer) ein, die sich als kriegsentscheidende Waffe erwiesen. Im selben Jahr wurde das **Königshaus** mit seinem nun verhassten deutschen Namen Sachsen-Coburg-Gotha **in Windsor umbenannt** – nach Windsor Castle, der königlichen Sommerresidenz.
Dem **Weltkriegssieger Großbritannien** gelang es zwar, sein Weltreich äußerlich unerschüttert zu behaupten, sein **Empire sogar zu vergrößern**: Ein Teil der deutschen Kolonien gelangte nun in britischen Besitz, außerdem übernahm London die Verwaltung in einigen Teilen des zerfallenen Osmanischen Reiches. So setzte Großbritannien u. a. eine Verwaltung im Nahen Osten ein. Doch schon wenige Jahre nach dem Krieg strebten viele Kolonien nach Unabhängigkeit. 1921 erhielt Irland nach jahrhundertelanger englischer Herrschaft seine Autonomie; nur die sechs Grafschaften von Ulster verblieben als Nordirland bei Großbritannien. Londons Reaktion auf die weiteren Unabhängigkeitsbestrebungen war das Westminster-Statut von 1931, das die spätere Entkolonialisierung und die Umwandlung des Britischen Empire zum Commonwealth vorsah.
Gegen den deutschen Nationalsozialismus, den London als Gefahr unterschätzte, verfolgte Premierminister Neville Chamberlain

Geschichte • HINTERGRUND

(1939 – 1940) eine Politik der Beschwichtigung (Appeasement), die an den territorialen Forderungen Hitlerdeutschlands scheiterte. Im **Zweiten Weltkrieg** (1939 – 1945) gelang es Großbritannien unter **Winston Churchill**, gemeinsam mit Frankreich, den USA und der Sowjetunion die Achsenmächte Deutschland, Italien und Japan zu besiegen. Obwohl Großbritannien auf der Siegerseite stand, verlor das Land am Ende des Krieges seine Weltgeltung. Von nun an bestimmten die USA und die UdSSR das weltpolitische Geschehen.

Die Erschütterungen durch den Zweiten Weltkrieg, vor allem die desolate Wirtschaftslage, führten zur ersten Labour-Regierung mit parlamentarischer Mehrheit (1945 – 1951). Diese Regierung leitete die **Auflösung des Kolonialreiches** – zunächst mit der Unabhängigkeit Indiens (1947) – zur Vermeidung eines sonst drohenden Kolonialkriegs ein. Ab 1957 begann eine bis Mitte der 1960er-Jahre anhaltende zweite große Entkolonialisierungswelle, die vor allem Länder in Afrika betraf. Die Entkolonialisierung dauerte noch bis in die jüngste Vergangenheit: Hongkong, das seit 1843 britische Kolonie war, wurde 1997 als Sonderverwaltungszone an China zurückgegeben. London konnte zwar die meisten seiner ehemaligen Kolonien insgesamt ohne größere Kolonial- und Befreiungskriege in die nationale Unabhängigkeit entlassen, doch verlor Großbritannien in der Nachkriegszeit weiter an industrieller Bedeutung in der Welt und sank, da mit dem Verlust der Kolonien auch Rohstoffquellen und Absatzmärkte fehlten, zu einer industriellen Mittelmacht ab.

Nachkriegszeit

Zu einem der größten innenpolitischen Probleme des Landes wurde der **Nordirland-Konflikt**, der in Nordirland 1969 offen ausgebrochene Bürgerkrieg zwischen den Anschluss an Irland suchenden Katholiken und den zu Großbritannien neigenden Protestanten. In beiden Lagern schreckten Extremisten (katholische IRA und protestantische UDA) nicht vor Terrorakten zurück. 1999 erhielt Nordirland – wie auch Schottland und Wales – ein eigenes Länderparlament. Der nordirischen Regierung wurde die Kompetenz allerdings bereits im Februar 2000 entzogen. 2001 wurde sie wieder eingesetzt, nachdem die IRA mit einer Entwaffnung begonnen hatte, und ein Jahr später nochmals suspendiert, als IRA-Spionage innerhalb der Verwaltung bekannt geworden war. Im Juli 2005 verkündete die IRA das Ende des bewaffneten Kampfes und erklärte, künftig alle Ziele friedlich und mit demokratischen Mitteln erreichen zu wollen. Am 17. Juli 2007 begann die britische Armee mit dem Abzug ihrer Truppen aus Nordirland.
Seit 1931 lösen Labour Party und Konservative einander in der Regierungsverantwortung ab. Von 1979 bis 1990 war **Margaret Thatcher** von der Konservativen Partei erste britische Premierministerin. Unter ihrer Regierung wurden zahlreiche staatliche Unternehmen privatisiert, Sozialleistungen wurden drastisch reduziert und die ge-

Gegenwart

Die Royals

Ist das noch zeitgemäß?

Eine der Grundfesten Britanniens ist ins Wanken geraten: Immer respektloser betrachten viele Briten ihre Royal Family. Laut einer Umfrage glaubt nur noch ein Fünftel von ihnen, dass die Monarchie das 21. Jh. überleben wird (allerdings sprachen sich in derselben Umfrage zwei Drittel gegen eine Republik aus). Auch wenn die glanzvolle Hochzeit von Prince William und Kate Middleton 2011 das Volk wieder etwas milder gestimmt hat – an zwei Fragen entzündet sich dennoch der Unmut: Was tun die Royals eigentlich, und weshalb bekommen sie so viel Geld?

Faktisch ist die Macht des Monarchen tatsächlich sehr beschnitten. Zwar gibt es keinen offiziellen Akt in Großbritannien, der nicht in seinem Namen geschähe und schwört jeder noch so unbedeutende Beamte seinen Eid auf ihn und seine Erben, zwar eröffnet er das Parlament (und verliest die vom Premierminister formulierte Rede) und wird jeden Dienstag um halb sieben vom Premier über die aktuelle politische Lage unterrichtet, zwar ist er nominell **Oberbefehlshaber der Armee** und **Oberhaupt der Kirche**, doch könnte er heute niemals maßgeblich in politische Entscheidungen eingreifen. Andererseits ist der Monarch sicher eine der bestinformierten Persönlichkeiten des Landes und hat einen großen Vorzug gegenüber den Politikern: Er ist nicht dem wankelmütigen Wahlvolk ausgeliefert.

Victoria regierte über 60 Jahre, George II. 26 Jahre, und Elizabeth II. beging 2012 ihr 60-jähriges Thronjubiläum. Der Monarch verkörpert also **Kontinuität** und strahlt **Verlässlichkeit** aus, ein Feld, auf das er sich mehr und mehr in dem Maße verlegte, wie seine tatsächliche politische Macht verging. Wer zum Monarchen hält, steht zu den in der ruhmreichen Geschichte verankerten Werten Albions.

Was tun die Royals?

Bleibt die Frage, was die Windsors denn nun wirklich zu tun haben. Wer es genau wissen will, kann dies täglich in den Zeitungen im Bulletin aus Buckingham Palace nachlesen und wird feststellen, dass die »**Firma**«, wie Prinz Philip seine Familie respektlos nennt, hauptsächlich und nicht nur bei großen Anlässen repräsentiert: Die Queen empfängt die Träger des Order of Merit zum Lunch, der Prinzgemahl eröffnet eine Ausstellung, der Prince of Wales enthüllt ein Denkmal, während Prinzessin Anne ein Gestüt besichtigt und der Herzog von York ein Kriegsschiff inspiziert. Auch die übrigen Mitglieder des engeren Familienkreises – die Kents und die Gloucesters – sind allesamt nicht untätig und nehmen meist mehrere Termine am Tag wahr. Bei solchen Gelegenheiten kann man feststellen, dass die königliche Familie gerade bei den »kleinen« Leuten sehr beliebt ist und jedermann, selbst eingefleischte **Labour-Anhänger**, vor allem der Queen großen Respekt entgegenbringt. Überhaupt ist es zu kurz gedacht, wenn man meint, dass die Linke

Die Hochzeit von Prince William und der beliebten Kate Middleton brachte dem Königshaus wieder positive Schlagzeilen.

der angestammte Feind der Monarchie ist, doch als die Labour-Partei 1997 bis 2007 an der Regierung war, fragte sie unverblümt nach dem Kosten-Nutzen-Effekt des königlichen Rummels.

Was kostet die »Firma«?

Denn tatsächlich kosten die Royals den **britischen Steuerzahler** eine ganze Menge Geld. Die Queen, mit einem geschätzten Privatvermögen von 6,5 Mrd. Pfund die reichste Frau der Welt, zahlt nichts für den Repräsentationsaufwand. Die 400 Angestellten in Buckingham Palace – u. a. ein Lakai, der des Morgens die sieben Corgies der Queen und einen Dackel Gassi führt, oder ein schottischer Pipe Major, der dudelsackspielend unter dem Frühstückszimmer der Königin seine Kreise zieht –, der königliche Zug, die königliche Luftflotte (drei Flugzeuge und zwei Hubschrauber) oder auch die königlichen Paläste: Das alles und noch viel mehr wird aus dem Staatssäckel mit jährlich über 50 Mio. Euro bezahlt. Lediglich die Güter Balmoral und Sandringham betreibt die Queen auf eigene Rechnung, wenn auch unter Weitergabe der Heizkosten an das Umweltministerium. Und Queen Mum hinterließ ihren Nachkommen gar **mehr als 10 Mio. Pfund Schulden**. Kommt die Sprache auf das Geld, fällt die Meinung der Untertanen über ihre erste Familie deutlich aus: Viele wollen ihr jeglichen Zuschuss streichen.

Glück für die Presse

Zu diesen harschen Ansichten hat auch das Ehe- und Liebesleben der Windsors beigetragen, das dem begehrlichen Publikum von den **»Royal Watchers«**, den nur mit der königlichen Familie beschäftigten Journalisten der Massenblätter, bis ins kleinste Detail auf den Frühstückstisch geliefert wird. Vor allem die Prinzen sorgten für Furore: der stocksteife, herzlose Charles malträtierte die zarte, todunglückliche Di, der geläuterte, einst als »Randy Andy« bekannte Andrew ließ sich von Gattin Fergie mit einem ihren

Die Royals

großen Zeh beknabbernden texanischen Millionär vorführen. Die **Queen** erkannte die Gefahr. Nicht zuletzt sie sorgte dafür, dass die Ehen von Andrew und Charles ordnungsgemäß geschieden wurden und setzte selbst ein (bescheidenes) königliches Zeichen, indem sie seit 1994 **einige Steuern** zahlt. Das große Umdenken schien mit dem tragischen Tod von Diana im August 1997 gekommen zu sein. Offenbar überwältigt von der Anteilnahme der Bevölkerung, besannen sich die Royals und wurden mit einem Mal volksnaher. Äußerer Ausdruck der Läuterung war die Heirat des Jüngsten, Edward, mit der bürgerlichen Sophie Rhys-Jones im Juni 1999: Ohne jeglichen militärischen Pomp, sondern mit leutselig lächelnden, im Cut zu Fuß zur Kirche marschierenden Prinzen ging die Royal Wedding in Windsor über die Bühne. **Queen Mum** beging im Juli 2000 ihren **100. Geburtstag** in **volksfestlicher Stimmung**, und als sie am 30. März 2002 starb, hieß es, die beliebteste Großmutter der Welt sei gestorben. Da störte nur, dass ausgerechnet Hoffnungsträgerin Sophie im Frühjahr 2001 auf einen als Scheich getarnten Sensationsreporter hereinfiel und ihre abschätzige Meinung über die politische Klasse kundtat. Doch: Ende gut, alles gut – im April 2005 konnten sich Charles und Camilla endlich das Jawort geben – wenn auch »nur« im Standesamt von Windsor, wohin die Queen sich nicht begab (aber an der Zeremonie in der St. George's Chapel nahm sie teil). Dann stand die nächste Generation parat: Die Hochzeit von Prinz William und Catherine Middleton am 29. April 2011 fand wieder in standesgemäßem Glanze statt und die live aus der mittelalterlichen Westminster Abbey übertragene Zeremonie wurde zu einem weltweiten Medienereignis.

Sie leben weiter

Bis heute sind die Royals aber für viele Briten immer noch **mehr als eine simple Folkloretruppe**, die Steuergelder verprasst und allenfalls noch als Touristenattraktion herhalten kann. Anders als in anderen europäischen Monarchien lebt die britische Krone vom »Ritual der Entrückung«, wie es der deutsche Journalist Bernhard Heimrich formulierte. Wie man als braver Untertan damit umzugehen hat, wusste 1867 schon der Verfassungstheoretiker Sir Walter Bagehot: »Unserer Monarchie muss Ehrerbietung entgegengebracht werden, und wenn wir erst einmal anfangen, zu sehr in ihr herumzuschnüffeln, können wir sie nicht mehr verehren ... Ihr Geheimnis kommt aus ihrer lebendigen Existenz. Wir sollten etwas Geheimnisvolles nicht ans Tageslicht zerren.«

Erinnerung an Queen Mum, die »beliebteste Großmutter der Welt«

Geschichte • HINTERGRUND

Margaret Thatcher (hier mit H. Schmidt) prägte die britische Politik.

werkschaftlichen Rechte beschnitten. Wegen ihrer reservierten Haltung gegenüber dem europäischen Einigungsprozess sowie ihrer harten Linie gegenüber den Gewerkschaften und im **Falkland-Krieg** – 1982 besetzten argentinische Truppen die britischen Falkland-Inseln im Atlantik, nach zehnwöchigen Kämpfen wurden die Invasoren von der britischen Armee geschlagen – erhielt die Premierministerin den Beinamen »Eiserne Lady«.

Nach langer Regierungszeit der Konservativen gelang es der Labour Party 1997, die Parlamentswahlen zu gewinnen. Die in die politische Mitte gerückten Sozialisten erzielten sogar den größten Wahlsieg ihrer Geschichte. Neuer Premierminister wurde der 43-jährige Anwalt **Tony Blair**. 2003 stellte sich die Regierung Tony Blairs auf die Seite der USA und schickte Truppen in den fragwürdigen Krieg gegen den irakischen Diktator Saddam Hussein. Bei den Kommunal- und Regionalwahlen im Mai 2003, den ersten nach dem Start des Irak-Kriegs, musste Tony Blairs Labour Party erhebliche Stimmverluste hinnehmen. Im Mai 2005 gewann Blair zum dritten Mal die Parlamentswahlen, allerdings wiederum mit Stimmverlusten, die ebenfalls auf sein Engagement im Irak zurückgeführt wurden. 2007 trat Blair als Premierminister zurück. Sein Nachfolger, der bisherige Schatzkanzler **Gordon Brown**, wurde am 27. Juni 2007 in sein neues Amt eingesetzt.

Bei der Unterhauswahl 2010 wurde die Konservative Partei unter ihrem Vorsitzenden **David Cameron** stärkste politische Kraft, verpasste aber die absolute Mehrheit. Seit dem 11. Mai 2011 steht er einer **Koalition** aus Konservativen und Liberaldemokraten vor, der ersten britischen Koalitionsregierung nach dem Krieg.

Kunst und Kultur

Stonehenge und Street Art

Von der filigranen Buchmalerei des Mittelalters bis zur grellen Pop-Art des 20. Jh.s, von den sinnenfrohen römischen Bädern bis zum natürlich eleganten Landschaftsgarten, von den rätselhaften Megalithbauten der Steinzeit bis zur mythischen Land-Art unserer Tage – der Kulturbogen auf den britischen Inseln ist weit gespannt.

FRÜHZEIT

Die britischen Inseln waren bereits in der Altsteinzeit von westeuropäischen Einwanderern – Jägern und Sammlern – besiedelt. Geräte bei Clacton-on-Sea zeigen Feuerstein-Abschlag-Techniken. In der Pavilandhöhle in Südwales wurde Elfenbein- und Muschelschmuck gefunden. Während der Jungsteinzeit im 4. Jt. v. Chr. drang vom westeuropäischen Festland die Bauernkultur ein und hinterließ zahlreiche Steingeräte und Tonwaren, die in Töpferzentren produziert und im Tauschhandel vertrieben wurden. In Südengland entstanden etwa ab 3000 v. Chr. »Causeway Camps«, ringförmige Sammellager mit Wall und Graben, die auf Anhöhen errichtet wurden (u. a. Henbury, Devon). Sie wurden wie die Anlage von Windmill Hill bei Avebury (Wiltshire) als Viehkrale interpretiert. In der Nähe der Camps finden sich häufig zwischen 30 und 100 m lange und etwa 3 m hohe »Long Barrows« (Langhügel), Kollektivgräber für eine Sippe oder Herrenschicht.

Erste Zeugnisse

> **BAEDEKER TIPP**
>
> *Burgen reparieren*
>
> Wer sich im Urlaub aktiv betätigen möchte, sollte im Internet unter www.btcv.org nachschauen: Der British Trust for Conservation Volunteers bietet Aktivferien an, in denen man alte Wehrmauern flicken, archäologische Grabungen machen oder nicht mehr komplett erhaltene Gebäude rekonstruieren kann (▶S. 148).

Ungefähr ab 3000 v. Chr. entwickelte sich auf den Orkney-Inseln eine erste Megalithkultur, wie sich anhand umfangreicher Ausgrabungen gut nachvollziehen lässt: Freigelegt wurden **Grabanlagen**, u. a. das Kuppelgrab von Maes Howe, und jungsteinzeitliche Wohnstätten von Skara Brae. In Südwestengland entstanden die ersten Großsteingräber einige Jahrhunderte später bei Severn Cotswolds. In Südwestschottland wurden »Horned Cairns« angelegt, benannt nach dem halbrun-

Megalithkultur

Die Kuppeln des Royal Pavilion in Brighton – erbaut im Regency Style

den Vorhof, der in einen Korridor mit Grabkammern einmündet. Besonders eindrucksvoll ist das Megalithgrab von West Kennet (ca. 3650 v. Chr.) bei Avebury mit einer 13 m langen und 2,5 m hohen Steingalerie. Neben Gräbern hatten auch **Menhire** (vereinzelt gesetzte Steinsäulen) und **Cromlechs** (Steinkreise) kultische Bedeutung.

Bronze- und Eisenzeit

In mehreren Wellen erreichten ab etwa 2200 v. Chr. Vertreter der Glockenbecherkultur von den heutigen Niederlanden aus die britischen Inseln und leiteten zur Bronzezeit über. Die jungsteinzeitliche Tradition mit imposanten Megalithbauten blieb aber bestehen. Dazu zählen die Henge-Monumente in Südengland, kreisförmige kultische Großsteinanlagen, deren Bedeutung bis heute ungeklärt ist. Das eindrucksvollste Beispiel ist **Stonehenge**, das in mehreren Bauphasen zwischen 2500 und 2000 v. Chr. errichtet wurde. Ein weit verzweigter Fernhandel mit Zinn und Gold führte zu Kulturkontakten bis nach Osteuropa und Mykene und prägte in Südengland die hoch entwickelte Wessexkultur. Im 8. und 7. Jh. v. Chr. sind vermehrte Kontakte zum nordeuropäisch-skandinavischen Kulturkreis nachweisbar.

Um 600 v. Chr. brach die Eisenzeit auf den britischen Inseln an. Wallburgen und Waffenfunde lassen kriegerische Auseinandersetzungen vermuten. Die **Kultur der keltischen Einwanderer** vom Kontinent breitete sich in der Zeit vom 4. bis 1. Jh. v. Chr. aus. Neben frühem keltischen Kunsthandwerk mit Flechtwerkmotiven gibt es aus späterer Zeit Schwertscheiden und Bronzespiegel mit stilisierter Kreisornamentik sowie aufwendige Hals- und Armreifen aus tordiertem Gold; viele Funde sind im British Museum in London zu sehen.

Stonehenge wurde vor 4000 Jahren in mehreren Phasen errichtet.

RÖMERZEIT

Trotz der Eroberungsversuche unter Caesar 54 v. Chr. gelang den Römern erst zwischen 43 und 57 n. Chr. die dauerhafte Besetzung Britanniens mit Ausnahme Schottlands. Dank der Zinnvorkommen florierte die römische Provinz Britannia. Im 3. Jh. gab es eine Blütezeit mit verschiedenen Kulturzentren. Auch verweisen viele Ortsnamen mit »chester« auf eine römische Vergangenheit als »castrum«. Zahlreiche römische Landsitze entstanden im klimatisch günstigen Südengland, u. a. der Roman Palace mit bedeutenden Mosaiken in Fishbourne (Sussex). Beeindruckend sind auch die römischen Befestigungsanlagen. Ausgesprochen imposant nimmt sich der Grenzwall gegen die Pikten aus, den Kaiser Hadrian 122 – 128 zwischen Newcastle und Carlisle errichten ließ. Entlang des **Hadrian's Wall** existieren noch Überreste mehrerer Kastelle, die Einblick ins römische Soldatenleben geben. Alltagsgegenstände, Glaswaren, Gold- und Silberschmiedearbeiten aus spätrömischer Zeit (4. Jh.) sind im British Museum in London ausgestellt.

FRÜHMITTELALTER

Mit den Angeln und den Sachsen verbreitete sich germanische Kultur in zwei Phasen: die Frühzeit vom 6. bis 9. Jh. und die Spätzeit nach Abklingen der verheerenden Wikingerüberfälle vom frühen 10. Jh. bis zur normannischen Eroberung 1066. Angelsächsische Siedlungen lassen sich noch heute an den Endungen von Ortsnamen erkennen: »-ham« deutet auf eine flache Weidensiedlung hin, »-ton« auf eine Flusssiedlung, »-ley« auf eine Rodung und »-wick« auf ein Bauerndorf mit Tierbestand. In Schottland florierte im 7. und 8. Jh. die Kunst der Pikten, bis sich Mitte des 9. Jh.s die Herrschaftskultur der irischen Scoten durchsetzte.

Germanische Kultur

In der Architektur der Angelsachsen verbanden sich **keltische und römische Bauweisen**. Von den oft reinen Holzbauten sind fast keine mehr vorhanden. Allerdings basieren die ersten steinernen Kirchen Ende des 6. Jh.s mit einfachem, lang- oder rechteckigem Kirchenschiff, das in einen kurzen rechteckigen Altarraum einmündete, auf dieser Bauweise. Aus dem 7. Jh. sind u. a. erhalten: die Kirchen von Escomb (Durham), Wing (Buckinghamshire), Brixworth (Northamptonshire) sowie St. Lawrence in Bradford-on-Avon (Wiltshire). Aus dem 10./11. Jh. stammen einige Sakralbauten mit eindrucksvollen Westtürmen: Worth (Sussex), Monkwearmouth (Durham), Sompting (Sussex), Earls Barton (Northamptonshire) und Barton-upon-Humber (Humberside); die zwei Letzten mit reicher Steindekoration der Türme und teils Nachahmungen der Holzständerbauweise in Stein.

Architektur

HINTERGRUND • Kunst und Kultur

Skulptur Ab dem späten 7. Jh. entwickelte sich auf den britischen Inseln eine Sonderform der frühmittelalterlichen Plastik: bis zu 5 m hohe **Steinkreuze**, die als Erinnerungsmale, zu Votivzwecken und – seltener – an Weiheplätzen errichtet wurden. Trotz vieler regionaler Varianten lassen sich in Nordengland vor allem Hochkreuze mit Weinrankendekoration und figürlichen, meist biblischen Darstellungen in romanisch-byzantinischem Stil nachweisen; besonders eindrucksvoll sind die Kreuze von Ruthwell, Bewcastle und Hexham. Die um 800 aufgestellten Kreuze von Iona zeigen oft Pflanzenornamente und die typische durchbrochene Ringform im oberen Teil. Die jüngeren Steinkreuze aus der Zeit von 800 bis 1050 stehen unter dem Einfluss der Wikingerkunst (Collingham, Ilkley, Walton, Middleton). Die schottischen Hochkreuze (Hilon of Cadboll, Thornhill, Abercorn) tragen stilisierte Weinranken, die Kreuze der Isle of Man Flechtbandmuster. Nachwirkungen keltischer Ornamentik finden sich auf den Kreuzen in Wales, z. B. am Nevern Celtic Cross (11. Jh.).

Bemerkenswerte **bauplastische Arbeiten** sieht man vereinzelt in angelsächsischen Kirchen: Engelsreliefs in Bradford-on-Avon, Teile einer Kreuzigung in Romsey und Breamore, ein vorzüglicher Fries mit Menschen- und Tierdarstellungen in Breedon-on-the-Hill. Hervorragend war auch das Gold- und Silberschmiedehandwerk. Das berühmte Schiffsgrab von Sutton Hoo (um 625; British Museum, London) barg aufwendig verarbeitete Grabbeigaben aus Gold und Silber. Die piktische Kunst in Schottland brachte vor allem Steinplastik hervor, anfänglich in Stein geschnittene Tiermotive (Stierrelief von Burghhead, Morayshire, 7. Jh.), später Steinreliefs auf Grabplatten mit Kreuzdarstellungen und Rankenwerk (Kreuzstein auf dem Friedhof von Nigg, Ross and Cromarty, spätes 8. Jh.). Piktische Metallkunst von hoher Qualität zeigt der Schatz von St. Ninian's Isle (National Museum of Scotland, Edinburgh).

Buchmalerei Beeinflusst durch die hohe Kunst der irischen Mönche und Buchillustratoren entwickelte sich die Buchmalerei zu wahrer Blüte, die über irische Wandermönche auch das europäische Festland bis ins 10. Jh. hinein künstlerisch befruchtete. Als frühestes Werk gilt das um 680 entstandene **Book of Durrow** (Trinity College, Dublin) mit reicher Ornamentik bei der Gestaltung der Initialen und den Evangelistensymbolen, die an Gold- und Silberschmiedekunst erinnert. Das **Book of Lindisfarne** (um 700; British Museum, London) verbindet Flechtbandornamente, angelsächsische Tier- und Spiralmotive mit naturalistischen, von Italien beeinflussten Evangelistenporträts. In Canterbury wurden im 8. Jh. u. a. der Vespasian Psalter (British Museum, London) und der Codex Aureus (Königliche Bibliothek, Stockholm) geschrieben und ausgeschmückt. Eine erneute Glanzzeit erlebte die Buchmalerei ab der zweiten Hälfte des 10. Jh.s in der Abtei Glastonbury, z. B. mit Dunstan's Classbook (um 950,

Bodleian Library, Oxford), und mit der **School of Illumination in Winchester**. Zu den wertvollsten Handschriften Englands gehört die reich verzierte Aethelwold-Benedictionale (um 975; British Library, London) mit Akanthusmustern und feinen Gewanddrapierungen der Personen, die karolingische Einflüsse verraten.

ROMANIK

Nach der normannischen Eroberung von 1066 wurden die Diözesen neu geordnet und die Bischofssitze in die großen Städte verlegt. Um 1080 setzte eine rege Bautätigkeit ein; zahlreiche Kathedralen und Abteikirchen wurden im **Norman Style**, der **anglonormannischen Variante der Romanik**, verändert oder neu errichtet. Die räumlich großzügig bemessene Domfreiheit (Cathedral Close) hatte zur Folge, dass die meisten Kathedralen frei stehen, von Rasengrün eingefasst, und die Bauten sich anstatt in der Höhe in der Länge ausdehnten.

Kirchen

Im Kirchenbau jener Zeit dominierte der dreischiffige, basilikale Baukörper, der auf lateinischem Kreuzgrundriss hochgezogen wurde. Markante Querhäuser, rechteckige Chöre und mächtige Vierungstürme entstanden, die Westfassade erhielt in der Regel einen doppeltürmigen Abschluss. Charakteristisch ist die **extreme Längsausrichtung** der Kirchenschiffe. Aus den damals üblichen romanischen Tonnengewölben entwickelten sich über Quertonnen die Kreuzgratgewölbe, vielfach gab es aber auch noch hölzerne Flachdecken. Im südlichen Chorschiff der Kathedrale von Durham ist Englands frühestes Kreuzrippengewölbe (ab 1096) und damit der Übergang zur Frühgotik sichtbar. Bauliche Akzente setzen die Abteikirchen von St. Albans (1077 – 1088), Ely (ab 1083), Gloucester (ab 1089), Peterborough (ab 1118), die Kathedralen von Canterbury (ab 1067), Winchester (ab 1079), Chichester (ab 1091), Durham (ab 1093) und Norwich (ab 1096). In den meisten Kirchen zeigen nur noch die Langhäuser anglonormannischen Stil. Norwich bietet, abgesehen vom gotischen Gewölbe, das einheitlichste Bild einer normannischen Kathedrale, Durham beeindruckt durch Größe, Peterborough durch die bemalte Decke von 1220.

Im späten 11. Jh. entstanden die normannischen Militäranlagen Malling Castle in Kent, der White Tower in London und die Burg von Colchester, im 12. Jh. der Wehr- und Wohnturm (Tower keep) von Rochester und die Festungsbauten von Richmond, Scarborough, Dover und Chester. Normannische Bürgerhäuser aus Stein (12. Jh.) sind u. a. noch in der Altstadt von Lincoln zu sehen.

Castles

Mit Portalskulpturen, Friesen und Kapitellen entstand im 12. Jh. wunderbare Baudekoration. Besonders eindrucksvoll sind die zwei expressiven Reliefs der Lazarusgeschichte (1120) in der Kathedrale

Skulptur

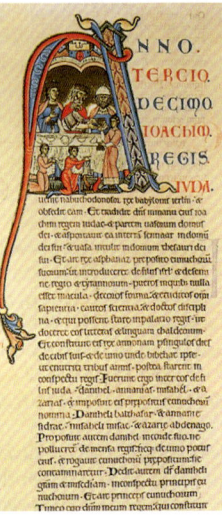

Prachtexemplar: die Winchester-Bibel

von Chichester, das Portal des Priors an der Kathedrale von Ely (um 1135), der Steinfries mit alttestamentarischen Darstellungen und Höllenrachen an der Westfassade von Lincoln (um 1150) und das Westportal der Kathedrale von Rochester (um 1160). Von den vielen normannischen Taufsteinen sei derjenige von Winchester erwähnt, quadratisch mit einem Nikolausrelief, allerdings eine belgische Importware aus schwarzem Tournai-Marmor.

Die irisch-angelsächsische **Buchmalerei** mit ihrem linearen Stil entwickelte sich unter französisch-normannischem Einfluss im 12. Jh. weiter und erreichte einen spannungsvoll-expressiven Stil. Byzantinische Einflüsse wurden in der **Schreibstube von Canterbury** (Lambeth-Bible, Mitte 12. Jh.) und in Winchester aufgenommen. Überragende mittelalterliche Buchmalerei ist in der **Winchester Bible** erhalten: Farbigkeit und Detailfülle der Initialen macht sie zu einem wahren Prachtexemplar.

Von den großartigen romanischen **Wandmalereien** sind nur wenige Überreste erhalten, etwa die Darstellungen in der Krypta der Kathedrale von Canterbury sowie in der Heiliggrabkapelle (spätes 12. Jh.) der Kathedrale von Winchester. Als Besonderheit früher Historienmalerei gilt der gestickte **Teppich von Bayeux** – ausgestellt im Museum von Bayeux, Nordfrankreich – der um 1080 angeblich von Königin Mathilde gefertigt wurde und die Einnahme Englands durch die Normannen unter Wilhelm dem Eroberer schildert (▶Abb. S. 45).

GOTIK

Drei Phasen Die Gotik wird in der britischen Kunstgeschichte in **drei Phasen** unterteilt, die ungefähr mit unseren Begriffen Frühgotik (**Early English Style**, 1180–1250), Hochgotik (Decorated Style, 1250–1350) und Spätgotik (Perpendicular Style, 1350–1530) korrespondieren.

Kathedralen Nach einem Brand wurde der Chor der Kathedrale von Canterbury ab 1175 neu errichtet. Dieser Bau bildete den Auftakt zur Gotik in England. Wie in anderen Ländern auch, war die **französische Kathedral-**

gotik Vorbild. Auch in England übernahm man das gotische Gliederbauprinzip, doch kam es hier bei der Errichtung der Kirchenschiffe niemals zu den extremen Höhen wie in Frankreich. Auch die polygonalen Chorabschlüsse Frankreichs gab es in England nie. Man blieb bei der **anglo-normannischen Raumaufteilung**: breit angelegte Westfassade, gestrecktes Langhaus, ausladendes westliches Hauptquerschiff, Langchor, kürzeres östliches Chorquerschiff, Retrochor mit Lady Chapel (Marienkapelle) als gerader rechteckiger Chorabschluss.

Vierteilige Kreuzrippengewölbe wurden mit Stern-, Netz- und Fächergewölben kombiniert und so die einzelnen Joche in eine ornamentale Deckenstruktur eingebunden. Charakteristisch für die englische Gotik waren **quadratische Kreuzgänge** und das oktogonale Kapitelhaus mit einem einzigen Mittelpfeiler. In der Kathedrale von Salisbury (1220 – 1266) findet der Early English Style seine Vollendung. Daneben sind die frühgotischen Kathedralbauten von Ripon, Chichester, Lincoln, Wells, Peterborough und Worcester bemerkenswert.

Wie die Bezeichnung schon vermuten lässt, zeichnet sich der **Decorated Style** des 13./14. Jh.s durch größere Schmuckfreudigkeit aus, reiches Maßwerk überzieht und verdeckt die Grundstrukturen und ihre Funktion im Bauwerk. Schöne Beispiele aus dieser Zeit sind der **Chor der Westminster Abbey in London**, der Engelschor der Kathedrale von Lincoln, Langhaus und Lady Chapel sowie Westfassade und Kapitelhaus der Kathedrale von Lichfield, Langhaus und Kapitelhaus der Kathedrale von York, die Fassade und der Chorneubau der Kathedrale von Wells, der Chor der Kathedrale von Bristol und der Chor der Kathedrale von Gloucester.

Als Gegenreaktion zum Decorated Style bildet sich im 15. Jh. die strengere senkrechte Linie des **Perpendicular Style** heraus. Das senkrechte Stabwerk besonders bei der Fenstergestaltung ist namengebend für die Epoche. Die drei Hauptwerke dieses Stils sind das Langhausgewölbe der Kathedrale von Winchester, die King's College Chapel in Cambridge und die Henry VII. Chapel in Westminster Abbey.

In **Schottland und Wales** sind keine Bauten entstanden, die mit denen in England vergleichbar wären. Zahlreiche gotische Kirchen wurden im 19. Jh. stark restauriert. Baulich interessant sind in Schottland die Kathedrale St. Machar von Aberdeen, die Kathedrale St. Giles in Edinburgh und die Kathedrale von Glasgow, in Wales die romanisch-gotische Kathedrale St. David's und die spätgotische Kathedrale St. Deiniol von Bangor.

Zwischen 1270 und 1295 wurden zur **Grenzsicherung in Wales** zahlreiche imposante **Burgen** gebaut: Conwy, Caernarfon, Harlech und Caerphilly. Stokesay Castle, Penshurst Place, Bodiam Castle und Tattershall Castle stellen eine bauliche Verbindung von Wehranlage und Herrensitz dar. Einer der schönsten spätgotischen **Landsitze** in Fachwerkbauweise ist Ockwells.

Castles, Landsitze, städtische Architektur

HINTERGRUND • **Kunst und Kultur**

In den **Städten** entstanden öffentliche Versammlungshallen wie Westminster Hall und Guildhall in London, viele weitere Rathausgebäude und Bürgerhäuser in Stein und **Fachwerk** – beispielsweise in **Chester** – sowie die **Collegebauten in Oxford und Cambridge**.

Bauplastik Die herausragenden Arbeiten findet man in den Kathedralen – beeindruckendstes Beispiel ist sicher die **Westfassade der Kathedrale von Wells** mit ihren mehr als 300 Figuren, ähnlich sehenswert die Gewandfiguren der Kathedrale von Salisbury. In Stein gehauene Apostel, Engel, Propheten und Richter schmücken die üppige Westfassade der Kathedrale von Exeter. Chantries, Kapellenstiftungen im Chor, in denen Messen für die Seelen Verstorbener gesungen wurden (= to chant messes), sind von besonderer bildhauerischer Bedeutung – etwa die von Heinrich V. in Westminster Abbey. Ein hervorragendes Beispiel gotischer Grabplastik ist das Grab Heinrichs III., ebenfalls in der Londoner Westminster Abbey.

Meisterwerke der **Holzschnitzkunst** findet man in den **Chorgestühlen**; in der Kathedrale von Exeter beispielsweise gibt es skurrile Miserikordien und einen imposanten eichengeschnitzten Bischofsthron; reich gestaltet sind auch das Chorgestühle von Lincoln, Winchester und Wells. Die Grabfigur des Normannenherzogs Robert in der Kathedrale von Gloucester ist ein bedeutendes Holzbildwerk aus dem späten 12. Jahrhundert.

In **Schottland** Schottland gibt es nur wenige bemerkenswerte Werke mittelalterlicher Skulptur, die Madonnenstatue von Melrose und die Steinbildfriese in Roslin Chapel zeigen französische Einflüsse bzw. das Nachwirken archaischer Figuration. In **Wales** sind nur wenige mittelalterliche Bildhauerarbeiten erhalten. Schöne Grabskulpturen des 13./14. Jh.s sind in Abergavenny, Betws-y-coed und St. Asaph zu sehen.

Malerei Bis zum Ende des 15. Jh.s wurde die **Tradition der Buchmalerei fortgesetzt**. Zu den hervorragenden Illuminationen zählen jene der berühmten Schule von St. Albans unter Leitung des Mönchs Mathew Paris (1236 – 1259). Die gotische Wand- und Tafelmalerei entwickelte sich in England dagegen nur langsam. Bedeutende Leistungen sind auszumachen anhand der **Freskenreste** (13./14. Jh.) an den Langhauspfeilern von St. Albans Cathedral. Die Darstellung der Apokalypse (um 1400) im Kapitelhaus von Westminster Abbey in London entsprach dem internationalen gotischen Stil. Die Grisaillemalereien mit Marienwundern (1470 – 1480) in Eton College zeigen bereits den Übergang zur Renaissancekunst.

Die **Tafelmalerei** erreichte mit dem Westminster Retabel (um 1260, Westminster Abbey) mit seinen Christus- und Apostelndarstellungen einen ersten Höhepunkt, gefolgt von einer neuen Blüte während der Herrschaft des kunstsinnigen Königs Richard II., dessen Porträt (Ende 14. Jh.) in Westminster Abbey zu den **frühesten Bildnissen**

Geschnitztes Chorgestühl in der Kathedrale von Winchester

überhaupt in England zählt. In der Kathedrale von Norwich wird mit dem Norwich Retabel (um 1390) mit seinen Szenen aus der Passion Christi ein weiteres Meisterwerk aufbewahrt.

Einen hohen Standard zeigen auch die Glasmalereien. Vor allem in den **Kathedralen von Coventry und York** haben sich bedeutende Zyklen mittelalterlicher Glasmalerei erhalten.

Glasmalerei

Hoch entwickelt war im Übrigen die englische Stickerei, als »opus anglicanum« wurde sie im 13./14. Jh. europaweit geschätzt. Das Clare Chasuble, das Syon-Pluviale oder das Butler-Bowden-Pluviale sind alle im Victoria and Albert Museum in London zu sehen.

Stickerei

TUDOR-, ELISABETHANISCHER UND JAKOBIANISCHER STIL

Die Übergangszeit von der Spätgotik um 1500 bis zum Beginn des Klassizismus um 1620 brachte in England eine Vielfalt von Stilen hervor, die vom Geschmack der Könige aus der jungen Tudor-Dynastie und von Elizabeth I. und Jakob I. geprägt war. Dabei vermischten sich Formen des spätgotischen Perpendicular Style mit Elementen der italienischen, deutschen und flämischen Renaissance.

Während der Reformationszeit kam der Kirchenbau fast völlig zum Erliegen. Stattdessen sorgte der Reichtum des neugebildeten Hofadels

Architektur

im 16. Jh. für eine **Blüte im Schloss- und Landsitzbau**. Nach dem **Vorbild französischer Herrensitze** (Loire-Schlösser) entstanden viele Dreiflügelanlagen um einen Hof oder auf E-förmigem Grundriss. Fensterreiche, klar gegliederte Fassaden, markante Torhäuser und Flachdächer mit dekorativen Schornsteinen gehören zu den charakteristischen Merkmalen. Hampton Court Palace, Longleat House, Montacute House, Hardwick Hall oder Hatfield House sind Beispiele schöner Landsitze. Die wohlhabenden Kaufleute engagierten sich im bürgerlichen Fachwerkbau. Eindrucksvoll ist das prächtige Tudor House in Southampton. Komplette **Fachwerkensembles** gibt es noch in zahlreichen Städten, u. a. **in Chester und in Stratford-upon-Avon**.

Skulptur Vor allem durch Bildhauer aus Italien, die z. T. in Frankreich geschult waren, kam das Formenvokabular der Renaissance nach England. Hervorragende Beispiele sind die Grabskulpturen (1512 – 1518) Heinrichs VII. und seiner Gemahlin in Westminster Abbey von Pietro Torrigiani (1472 – 1528). Die Abbildfeindlichkeit während der Reformation führte aber um 1550 zum Niedergang der Bildhauerkunst.

Malerei Die Malerei erhielt ebenfalls Impulse vom Kontinent: **Hans Holbein d. J.** (1497 – 1543) arbeitete am Hof Heinrichs VIII. Die Gesichter in seinen Porträts sind naturalistisch gemalt, mit dem er insbesondere den Porträtmaler **Nicholas Hilliard** (1574 – 1619) beeinflusste. In elisabethanischer Zeit verkümmerte das Bildnis zum Kostümstück – mit Ausnahme der wenigen exquisiten Miniaturporträts eben dieses Nicholas Hilliard und seines Nachfolgers Isaac Oliver, der Bildnisse mit geradezu psychologischer Einfühlung schuf.

VOM KLASSIZISMUS ZUR NEOGOTIK

Die auf dem Kontinent aufeinanderfolgenden Stilepochen Manierismus, Barock und Rokoko in der Architektur des 17. und 18. Jh.s gab es in England so nicht. Stattdessen wurde zwischen 1620 und etwa 1750 im **klassizistischen Stil** gebaut, **Vorbild** war der oberitalienische Renaissance-Baumeister **Andrea Palladio** (1500 – 1580), dessen Villen und Paläste mit den klassischen Säulen- und Pilasterordnungen in England nachgeahmt wurden. Die Spätphase des englischen Klassizismus im 18. Jh. wird nach den regierenden Herrschern als **Georgian Style** bezeichnet. Bereits um 1760 zeichnete sich ein Rückfall in Historismen ab. Der **Gothic Revival Style** führte zur Wiederbelebung der Gotik. Der **Regency Style**, so genannt nach der Regentschaft von George IV., der seinen erkrankten Vater vertrat, war ein für die Zeit zwischen 1811 und 1820 typischer Stil; gute Beispiele des Regency Style sind in Brighton und Clifton und in der Anlage des Regent's Park und seiner Umbauung in London zu sehen.

Kunst und Kultur • HINTERGRUND

1616 beginnt mit **Inigo Jones** (1573 – 1652) und seinem Entwurf für die Residenz der Königin in Greenwich, Queen's House, die Epoche des palladianisch geprägten Klassizismus. Von Inigo Jones stammt auch das Banqueting House in Whitehall (London), das als eines der Meisterwerke der englischen Renaissance gilt. Ein Juwel der Schlossarchitektur ist Wilton House bei Salisbury; das strenge klassische Äußere birgt prunkvolle Innenräume, den barocken Interieurs französischer Schlösser ähnlich. **John Webb** (1611 – 1672), ein Schüler von Jones, gestaltete den ersten klassischen Tempelportikus an einem Landsitz (The Vyne, 1654, Hamptonshire) und den Haupttrakt des Palasts von Greenwich (1664 – 1669), heute das Royal Naval College.

Palladianischer Klassizismus

Nach dem **Großbrand von London 1666** gab es mit dem Wiederaufbau ein großes städtebauliches Betätigungsfeld für Christopher Wren (1632 – 1723). Als Architekt von mehr als 50 Kirchen und vielen Profangebäuden wurde er zudem als der bedeutendste Baumeister des Klassizismus bekannt. Herausragend ist **St. Paul's Cathedral** (1675 – 1711) in London, eine Kombination von Zentral- und Langhausbau nach dem Vorbild der Peterskirche in Rom.

Christopher Wren

Während Wren fast ausschließlich für das Königshaus arbeitete, schufen seine Zeitgenossen für private Auftraggeber eher **barocke Landsitze** wie Chatsworth House und Dayton House (William Talman; 1650 – 1719) oder **monumentale Barockresidenzen** wie Blenheim Palace und Castle Howard (John Vanbrugh; 1664 – 1726). Thomas Archer näherte sich in seinem Baustil ebenfalls dem westeuropäischen Barock (Nordfront von Chatsworth House, 1704). **James Gibbs** (1682 – 1754) vertrat dagegen einen strengen, schwerfälligen **Klassizismus**; er entwarf z. B. St.-Martin-in-the-Fields (1720 – 1726). **John Wood d. Ä.** (1704 – 1754) und sein Sohn John (1728 – 1781) prägten die Architektur im Kurort **Bath** mit den ungewöhnlichen Platzanlagen

Wrens Zeitgenossen: Barock bis Neogotik

Wohnanlage »The Royal Crescent« in Bath

wie dem als Rondell angelegten **The Circus** oder dem **Royal Crescent**, wo erstmals separate Bürgerhäuser im Halbrund in eine palastartige Gesamtfassade einbezogen wurden. **Robert Adam** (1728 – 1792) widmete sich vornehmlich der Innenarchitektur und schuf opulente Raumausstattungen. In der zweiten Hälfte des 18. Jh.s setzte die Neogotik mit ihren schlanken, zierlichen Formen neue Akzente, sie hatte in Horace Walpole (1717 – 1797) mit der berühmten Villa von Strawberry Hill (1750 – 1790) und **James Wyatt** (1746 – 1813) mit dem nie vollendeten Herrensitz Fonthill Abbey ihre engagiertesten Vertreter.

Skulptur
Zu Beginn des 17. Jh.s gab es eine Renaissance der Bildhauerei, für die die Namen Epiphanius Evesham (1570 – 1633) und Nicholas Stone (1583 – 1647) stehen. Die Rokoko-Skulptur kam mit dem Franzosen Louis Francois Roubiliac (1702/1705 – 1762) nach England, so erhalten mit dem Nightingale-Monument (1761) in Westminster Abbey. Auch Henry Cheere (1703 – 1781) arbeitete im Rokoko-Stil, sein Sausmarez Monument ist ebenfalls in Westminster Abbey zu sehen. John Flaxman (1755 – 1826) machte neoklassizistische Entwürfe für Wedgwood-Steinzeug und für Lord Nelson's Grabmal in St. Paul's Cathedral.

Landschaftsgärten
William Chambers, der Architekt der Kew Gardens in London, **Lancelot »Capability« Brown**, Schöpfer zahlloser Parkanlagen, und **William Kent** gehören zu den Begründern des englischen Landschaftsgartens.

Kunsthandwerk
Wohnen mit ansprechendem Interieur wurde zu einem zentralen Interesse der Bürgerschichten des 18. Jahrhunderts. Qualitätsmöbel von **Thomas Chippendale** – wie die berühmten Mahagoni-Stühle

Rückkehr zur Gotik: Houses of Parliament

aus seinem Workshop in der St. Martin's Lane in London –, **George Hepplewhite** und **Thomas Sheraton** mit hervorragender Inlay-Technik kamen in Mode.

Was Chippendale für Möbel, war **Josiah Wedgwood** für Porzellan und Keramik. Er entwickelte eigene Pigmentierungen für seine gelbliche »Queensware« und die berühmte »Jasperware« – weiß auf blauem Grund – die vornehmlich zur Keramikherstellung von Reliefs, Medaillons und Vasen diente. Berühmt für feines Porzellan wurden die Manufakturen von Derby, Worcester und Chelsea.

In der ersten Hälfte des 17. Jh.s waren **Peter Paul Rubens** und **Anthony van Dyck** in England tätig und gaben der englischen Malerei neue Impulse. Rubens arbeitete zwischen 1629 und 1630 am Hof Karls I. und bemalte in dieser Zeit die Decke der Banqueting Hall in London. Van Dyck wurde 1632 Hofmaler und brachte die Porträtmalerei zu neuer Blüte. Das **Miniaturporträt** wurde von Samuel Cooper (1608 – 1672) weiter gepflegt. Andere Porträtmaler waren William Dobson, Peter Lely aus Holland und Godfrey Kneller aus Lübeck. Durch diese Maler etablierte sich die **Porträtmalerei** als eine spezifische englische Kunstform; in der zweiten Hälfte des 18. Jh.s erlebte sie durch Thomas Hudson, Joshua Reynolds, George Romney und den Schotten Sir Henry Raeburn eine weitere Blüte. Einer der bekanntesten Porträtisten war **Thomas Gainsborough**, mit vorimpressionistischer Pinselführung schuf er zudem lichtdurchflutete Landschaftsbilder. Ländliches Leben hielten George Morland und George Stubbs fest, der als hervorragender Pferdemaler galt. **William Hogarth** begann als Kupferstecher und war mit seinen satirischen, oft bissigen Darstellungen der damaligen Sitten einer der bedeutendsten Künstler des 18. Jahrhunderts. Ähnlich arbeitete der gebürtige Schotte Gawen Hamilton. In der Nachfolge von Hogarth entfaltete sich die politische Karikatur durch James Gillray und George Cruikshank. **James Gillray** zeichnete zwischen 1779 und 1811 über 1500 »Cartoons«, die vor allem die Franzosen, George III. und die Politiker dieser Zeit aufs Korn nahmen. **George Cruishank** lebte von seinen Illustrationen zu den Werken von Charles Dickens (»Oliver Twist«) und Daniel Defoe (»Robinson Crusoe«). Der Dichter, Maler und Grafiker **William Blake** mit seinen fantastisch-mystischen Illustrationen eigener und fremder Dichtungen (Buch Hiob, Vergil, Dante, Chaucer; »The Songs of Innocence«) kam vom Klassiszismus her.

Malerei

19. JAHRHUNDERT

Die Architektur des 19. Jh.s ist immer noch gekennzeichnet durch das Nebeneinander von Klassizismus, Gothic Revival Style und verschiedenen historisierenden Baustilen in der viktorianischen Epoche. Als

Architektur

bestes Beispiel neogotischer Kirchenbaukunst gilt Truro Cathedral in Cornwall, ab 1880 im anglofranzösischen Gotikstil des 13. Jh.s von J. L. Pearson errichtet. William Butterfield führte in neogotischem Stil All Saints (Margaret Street, London) aus, A. W. N. Pugin war ein bedeutender Architekturtheoretiker der Neogotik und schuf mit St. Augustine in Ramsgate (Kent) seine schönsten neugotischen Kirchen. Im italobyzantinischen Stil erbaute John Francis Bentley die monumentale katholische Kathedrale von Westminster (1903).

Klassizistische **Profanarchitektur** entstand mit der Bank of England in London (John Soane), mit dem British Museum in London (Robert Smirke), mit dem Fitzwilliam Museum in Cambridge (George Basevi), der St. George's Hall in Liverpool (Harvey Lonsdale Elmes) und mit der Town Hall in Leeds (Cuthbert Brodrick). Im Gothic Revival Style entstanden die Bauten von Charles Barry, der die **Houses of Parliament** mit dem Uhrturm **Big Ben** in London entworfen hat. Von Alfred Waterhouse stammt die ebenfalls neogotische Town Hall in Manchester, von William Burges Cardiff Castle (Wales) mit reich verzierten Innenräumen. Einflüsse aus Fernost zeigt der verschwenderisch-dekorative **Royal Pavilion** in Brighton, gebaut von John Nash, der in London auch die klassizistische Regent Street schuf.

Einen Vorgeschmack auf die Architektur des 20. Jh.s lieferten die **Ingenieurbauten der Industriellen Revolution** – Brücken, Schleusen, Fabriken, Glashäuser, Bahnhöfe. Herausragend war der Architekt und Ingenieur Isambard Kingdom Brunel, der mit der Bristol Old Railway Station und der Clifton Suspension Bridge bei Bristol eindrucksvolle Denkmäler gesetzt hat. Joseph Paxton baute zur Weltausstellung in London den Crystal Palace mit Glas und Gusseisen.

Bedeutender Architekt der Viktorianischen Epoche war neben Barry und Paxton insbesondere **George Gilbert Scott**, der zwar auch klassizistische Bauten entwarf, in erster Linie aber zahlreiche neogotische Kirchen und Landsitze errichtete. Die Museumsbauten in South Kensington (London) sind ein weiterer Höhepunkt der historischen Stilmischungen in viktorianischer Zeit, darunter das Victoria and Albert Museum sowie das Natural History Museum. Philipp S. Webb entwarf Landsitze, während Richard Norman Shaw sich im Siedlungsbau mit Stadt- und Landhäusern engagierte (z. B. die Einzelwohnhaus-Siedlung Bedford Park, 1875, London). **Charles Rennie Mackintosh** baute die Glasgow School of Art, eine Kombination aus Jugendstil und Funktionalismus, und hinterließ in Glasgow und Umgebung eindrucksvolle Jugendstilvillen wie Hill House in Helensburgh.

Kunstgewerbe Im Rahmen der Arts and Crafts Movement versuchte **William Morris**, eine Erneuerung des Kunsthandwerks gegen die zunehmend maschinell-industrielle Fertigung durchzusetzen. Der Designer C. Dresser schuf fabrikations- und praxisgerechte Formen aus Metall und Keramik, A. H. Mackmurdo (1851 – 1942) entwarf Textilien, und **Charles Rennie Mackintosh** kreierte Möbel und Innenausstattungen im Jugendstil. William Morris und **Edward Burne-Jones** fertigten hervorragende Glasmalereien im präraffaelitischen Stil.

Einer der größten Landschaftsmaler des 19. Jh.s war **John Constable**, ein Meister von Gemälden, die durch unmittelbare Naturbeobachtung entstanden, und auch die französische Malerei, allen voran Delacroix, stark beeinflussten. Landschaftsimpressionen waren das Markenzeichen der **Bristol School** unter Francis Danby. **William Turner** führte die Landschaftsmalerei fast zur Abstraktion. Von Claude Lorrain beeinflusst, schuf er anfangs teils naturnahe, teils mythologisch-romantische Landschaften, bis sich das Gegenständliche schließlich völlig in Farb- und Lichtfantasien auflöste. Pastorale Landschaften waren das besondere Anliegen von Samuel Palmer, der zur Gruppe der **Shoreham Painter** (Malergruppe in Kent, um 1820 – 1830) zählt. Der Schotte Horatio McCulloch malte überwiegend Szenerien aus dem schottischen Hochland. Die Porträtkunst erlebte mit den locker und feinfühlig gemalten Werken von **Thomas Lawrence** eine Bereicherung. In der Nachfolge der imaginären Bildkunst von Blake und Fuseli schuf **William Dyce** religiös gestimmte Werke.

Malerei

Zu den Gründern und wichtigsten Vertretern der **Pre-Raphaelite Brotherhood** (1848 – 1853), die Inspiration in den einfachen, ernsten Bildern des Spätmittelalters suchten, gehörten Dante Gabriel Rossetti, John Everett Millais, William Holman Hunt, Ford Madox Brown und Edward Burne-Jones. Symbolträchtige, abstrahierende, teilweise auch sehr humorvolle Bilder schufen die »Glasgow Boys«, zu denen Joseph Crawhall, George Henry und Edward A. Hornel gehörten.

Mit seinen von japanischer Druckkunst und vom französischen Rokoko inspirierten Schwarz-Weiß-Zeichnungen, die er mit der Linienführung des Jugendstils verband, war **Aubrey Beardsley** führend im Ästhetizismus. Seine dekadent-dekorativen, fantastisch-bewegten Illustrationen z. B. zur »Salomé« von Oscar Wilde wurden exemplarisch für die viktorianische Kunst des verruchten Fin de Siècle. Der gebürtige Amerikaner **James McNeill Whistler** schuf unter dem Einfluss orientalischer und japanischer Kunst eine dekorativ-farbexpressive Malerei, die in England auf fruchtbaren Boden fiel.

20. JAHRHUNDERT

In den ersten Jahrzehnten des 20. Jh.s wurde nach wie vor in historisierender Manier gebaut. Das Britannica House und die Midland Bank von Edwin Luytens entstanden. In den 1920er- und 1930er-Jahren machten sich Einflüsse des französischen Art déco, des deutschen Expressionismus und Bauhausstils und des niederländischen Funktionalismus (De Stijl) bemerkbar. Nach dem Zweiten Weltkrieg

Architektur

fand der »Brutalismus« Eingang in die englische Architektur, ein von Le Corbusier geprägter Begriff für Bauten aus Sichtbeton, französisch »béton brut«. Das Economist Building und die Robin Hood Gardens in London sind Beispiele dafür. In der Sakralarchitektur sind vor allem die römisch-katholische Kathedrale von Liverpool und Coventry Cathedral als ungewöhnliche Schöpfungen moderner Zentral- und Langhausbauten zu nennen.

In den 1960er-Jahren trat die Gruppe **Archigram** mit futuristisch-technischen Projekten in Erscheinung. Ihre Formensprache beeinflusste später Richard Rogers bei seinem Lloyd's Building in London (1977) und Norman Foster bei den Sackler Galleries (1992), ebenfalls in London. Von **Norman Foster** stammt der Entwurf für das Clyde Auditorium in Glasgow. Andere markante Leistungen der modernen Architektur sind das Fakultätsgebäude für Geschichte in Cambridge von **James Stirling**, nach dessen Plänen auch 1982 – 1987 der Erweiterungsbau der Tate Gallery in London und 1988 deren Dependance im Albert Dock von Liverpool entstand, ferner das Gonville and Gaius College in Cambridge (1959 – 1961) von L. Martin und C. Saint John Wilson und das Imperial War Museum von **Daniel Libeskind** in Manchester. Die Bauten in den **Londoner Docklands** sind unterschiedlich bewertet worden. Der Büroblock One Canada Square von Cesar Pelli oder der postmoderne Wohnsilo The Cascades von Piers Gough gelten als Sinnbild der Thatcher-Ära. Nicht unumstritten ist der **Millennium Dome** (1999) in Greenwich, ein auf etwa 1,2 Mrd. Euro veranschlagtes Prestigeprojekt zum Jahrtausendwechsel, das mit seiner Zeltkuppelform eigentlich eher konventionell erscheint. Ein scharfer Kritiker moderner Architektur ist **Prinz Charles**, der in den 1980er-Jahren eine heftige Diskussion auslöste, als er behauptete, die deutsche Luftwaffe sei mit Londons architektonischem Erbe sorgsamer umgegangen als die heutige Architektenzunft. In den 1990er-Jahren machte er sich an einen Gegenentwurf: Als Vorort von Dorchester entstand nach einer teilweise von ihm ausgearbeiteten Konzeption das Modelldorf **Poundbury** im lokalen Stil mit traditionellen Baumaterialien. Poundbury wird mittlerweile mehrfach imitiert, u. a. bei Shepton Mallet in Somerset. Heiß diskutiert wird der von Stararchitekt Renzo Piano entworfene pyramidenförmige Wolkenkratzer **The Shard** (2012), der mit 310 m das zweithöchste Gebäude in Europa ist: Viele Londoner sind der Ansicht, dass er das Stadtbild verschandle.

Skulptur Einer der herausragenden englischen Bildhauer des 20. Jh.s war **Henry Moore**, dessen Markenzeichen abstrakt-archaische Figuren und Figurengruppen sind. Der 1898 in Castleford bei Leeds geborene Künstler griff Anregungen aus der Kunst Süd- und Mittelamerikas auf, außerdem erhielt er Impulse durch Picassos Werk. Seine Liegenden und Mutter-und-Kind-Gruppen sind oft in die Landschaft integriert und haben viel dazu beigetragen, radikale moderne Kunst in

England populär zu machen. Der in London lebende Amerikaner **Jacob Epstein** war ein Vertreter der futuristischen Plastik mit maschinenhaften Figurationen, die sich später in expressiv-gegenständliche Figuren verwandelten. **Barbara Hepworth** fertigte geschmeidige Steinstelen und abstrakte aufgebrochene Hohlformen. **Eduardo Paolozzi** entwickelte im Rahmen der frühen englischen Pop-Art, die schließlich zur Kunstform der Sixties wurde, zunächst Collagen und dann technoide Figuren, die auf die Relation von Technik und Mensch aufmerksam machen. **Barry Flanagan** (geb. 1941) widmet sich der Prozesskunst, die kreative Prozesse veranschaulichen will, wobei er in den Grenzbereich zur Konzeptkunst und Land Art vorstößt. International bekannt wurde der 1945 in Bristol geborene **Richard Long**, Land-Art-Künstler, der mit Steinkreisen Bezüge zu mythisch-archaischen Kulturen herstellt und mit Wegmarkierungen in und Materialsammlungen aus der Natur arbeitet. Als Performance-Künstler in Verbindung mit Body Art hat sich **Stuart Brisley** einen Namen gemacht.

Die großen Neuerungen der Malerei zu Beginn des 20. Jh.s – Fauvismus, Expressionismus, Kubismus, Futurismus, Dadaismus, Surrealismus – fanden ohne direkte britische Beteiligung statt. In England war dagegen der Postimpressionismus verbreitet. **Augustus John**, der u. a. Porträts von G. B. Shaw, Thomas Hardy und Dylan Thomas malte, gehörte zu den Postimpressionisten. **Roger Eliot Fry**, ebenfalls Postimpressionist und stark von Cézanne beeinflusst, gründete die Omega Workshops, die einen Rahmen für Design und handwerkliche Kunst bildeten und deren Mitglieder großteils aus der Bloomsbury Group kamen: **Vanessa Bell**, **Duncan Grant** und **Wyndham Lewis**. Der in Dublin geborene **Francis Bacon** zog 1925 nach London. Deformierte, geschundene Kreaturen und Menschen und albtraumhafte Visionen von existenzieller Angst, die an Hieronymus Bosch erinnern, machen sein Werk aus. **David Hockney**, in den 1960er-Jahren einer der Hauptvertreter der Pop-Art, widmete sich Oberflächenstrukturen und Lichteinfall; berühmt wurden seine Pool-Bilder und Fotocollagen. In den 1980er-Jahren sorgten **Gilbert and George**, ein Performance-Künstlerpaar, mit großflächigen Porträtfotos für Aufsehen. Die jährliche Vergabe des Turner-Preises in der Tate-Gallery führt immer wieder zu Kontroversen; wie im Fall von **Damien Hirst**, der die Kunstwelt mit Objekten wie einem in Formaldehyd konservierten Hai schockierte oder Tracey Ermin, deren Installation »My Bed« 1999 zu einer Kissenschlacht in derTate Gallery führte. 2003 wurde Grayson Perry ausgezeichnet, subversive Motive in traditioneller Keramik umsetzt. Der bisher anonym gebliebene **Banksy**, dessen Graffiti bei Auktionen nicht selten sechsstellige Summen erzielen, darf für sich in Anspruch nehmen, **Street Art** als anerkannte Kunstform etabliert zu haben.

Malerei

Berühmte Persönlichkeiten

Berühmte Persönlichkeiten • HINTERGRUND

ALEXANDER GRAHAM BELL (1847 – 1922)

Geboren wurde der »Vater des Telefons«, der britisch-amerikanische Physiologe Alexander Graham Bell, in Edinburgh. Bevor er 1870 nach Kanada auswanderte, war er hier als Lehrer für taubstumme Schüler tätig. 1873 erhielt er eine Professur an der Universität von Boston. Dort widmete Bell seine Forschung vor allem der Umwandlung von Schallschwingungen in elektrische Strom- oder Spannungsschwankungen, die bei der anschließenden Übertragung mit Hilfe elektrischer Leitungen wieder in Schallschwingungen zurückverwandelt werden können. Der für diesen Zweck von ihm entwickelte Apparat war das erste verwendbare Telefon. Sein 1876 patentiertes Gerät wurde zwar später von T. A. Edison verbessert, stellt aber im Prinzip das noch heute verwendete Telefon dar.

Erfinder des Telefons

ROBERT BURNS (1759 – 1796)

Einer der wichtigsten Dichter Schottlands ist der in Alloway (Ayrshire) geborene Robert Burns, Sohn eines Kleinbauern, der sich weitgehend autodidaktisch die Kunst des Schreibens aneignete. Mit nur 37 Jahren starb Burns an einer Herzklappenentzündung. Dass er den Freuden des Lebens und den Reizen des weiblichen Geschlechts nicht abhold war, ist bekannt und in Briefen und Versen vielfach festgehalten. Seine frühesten Liebesgedichte galten wohl seiner Schulliebe Peggy. Als »My Jean« besang er seine langjährige Geliebte, spätere Frau und Mutter seines ersten Kindes Jean Armour. »Highland Mary« war der Kosename für die Kapitänstochter Mary Campbell, »Clarinda« für Mrs. Agnes MacLehose in Edinburgh, mit der ihn eine kurze, leidenschaftliche, aber unerfüllt gebliebene Liebe verband. Nach mehreren beruflichen und privaten Fehlschlägen wollte der 27-Jährige schon fast nach Jamaica emigrieren, als ihn 1786 sein erster veröffentlichter Gedichtband »Poems chiefly in the Scottish dialect« über Nacht berühmt machte. Zwei Jahre später heiratete er seine frühere Geliebte Jean Armour. Eine Dozentenstelle in Edinburgh lehnte er ab und zog nach Dumfries, wo seine **»Melodies of Scotland«** entstanden. Inspiriert durch alte schottische Volkslieder und Legenden, verwandte Burns für seine in der heimischen Mundart geschriebenen Verse vor allem volkstümliche Themen. Seine Sympathie für die Ideen der Französischen Revolution und seine scharfen Satiren gegen die Geistlichkeit, in denen er sich gegen den puritanischen Despotismus wandte, führten zur kritischen Haltung seiner Gönner. Große Anerkennung fand er indessen aber auch im Ausland. Goethe schätzte ihn ebenso wie Herder, der einige seiner Werke ins Deutsche übersetzte.

Schottischer Dichter

Britanniens berühmtester Literat: Shakespeare

HINTERGRUND • Berühmte Persönlichkeiten

RICHARD BURTON (1925 – 1984)

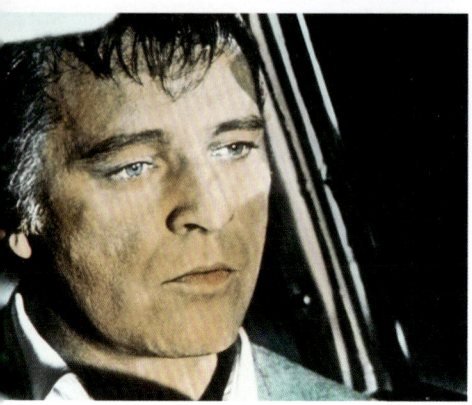

Richard Burton 1967 in »Die Stunde der Komödianten«

Richard Burton, eigentlich Richard Walter Jenkins, wurde als zwölftes von dreizehn Kindern eines Bergarbeiters im walisischen Pontrhydyfen geboren. Sein Lehrer Philip Burton verschaffte ihm ein Stipendium für Oxford, woraufhin er aus Dankbarkeit dessen Namen annahm. Seinen ersten Bühnenauftritt hatte Burton 1943, die erste Filmrolle kam 1948 und der erste große Bühnenerfolg 1949. Als Mitglied der Old Vic Company reüssierte er als charakterstarker **Shakespeare-Mime**. Hollywood rief ihn 1952 für »Meine Cousine Rachel«, mit dem Monumentalfilm »Kleopatra« (1963) wurde er zum internationalen Superstar. Bei den Dreharbeiten lernte er Elizabeth Taylor kennen, mit der er später zweimal verheiratet war. Diese Ehe mit Krächen, alkoholischen Exzessen und theatralischen Versöhnungen beschäftigte die Regenbogenpresse weltweit, brachte aber auch unvergessliche gemeinsame Auftritte in Filmen wie »Wer hat Angst vor Virginia Woolf?« (1966). Nach »Kleopatra« war Burton einer der teuersten Schauspieler der Welt, der Gagen von 1 Mio. Dollar und mehr verlangen konnte. Seine letzte Rolle spielte er in der Orwell-Verfilmung »1984«. Kurz nach den Dreharbeiten starb er in Genf.

CHARLIE CHAPLIN (1889 – 1977)

Schauspieler

Übergroße Schuhe, eine ebensolche Hose, eine zu enge Jacke, Schnurrbart, Melone und Spazierstöckchen: mit dem **»Tramp«**, der mit seinen Mitmenschen fühlt und trotz aller Unbill für die gerechte Sache eintritt, schuf Charles Spencer »Charlie« Chaplin eine unsterbliche Figur der Filmgeschichte. Seine Eltern waren Varietékünstler, er selbst stand schon als Kind auf der Bühne. 1913 wurde er während einer USA-Tournee von der Filmgesellschaft Keystone engagiert. In dem Film »Der Tramp« trat er 1915 zum ersten Mal in der Rolle in Erscheinung, die ihm in den 1920er-Jahren Weltruhm einbrachte. Chaplin setzte seine Karriere mit dem Aufkommen des Tonfilms fort, es entstanden Filme wie »Moderne Zeiten« und sein umstrittenstes Werk **»Der große Diktator«**. Nach dem Zweiten Weltkrieg brachte ihm sein politisches Engagement in der McCarthy-Ära eine Anklage vor dem Ausschuss für unamerikanische Umtriebe ein; nach einer Reise nach Großbritannien wurde ihm die Wiedereinreise in die USA verweigert. Chaplin siedelte daraufhin in die Schweiz über. In seinen späteren Filmen zeigte er sich noch einmal von einer anderen Seite, etwa in »Monsieur Verdoux«, in dem er einen Heiratsschwindler und Frauenmörder spielte. Charlie Chaplin starb in Vevey am Genfer See.

AGATHA CHRISTIE (1890 – 1976)

Die Kriminalliteratur verdankt der in Torquay geborenen Agatha Mary Clarissa Christie gleich zwei ihrer berühmtesten Gestalten: den verschrobenen belgischen Meisterdetektiv Hercule Poirot und die ältliche Amateurkriminalistin Miss Jane Marple. Hercule Poirot tauchte erstmals 1920 in »Das geheimnisvolle Verbrechen in Styles« auf, seine berühmtesten Fälle waren »Mord im Orientexpress« (1934) und »Tod auf dem Nil« (1937), in denen Agatha Christie auch die Erfahrungen von zahlreichen Orientreisen verarbeitete, auf denen sie ihren Mann, einen Archäologen, begleitete. Noch beliebter wurde Miss Marple, die ihren ersten Fall 1930 in »Mord im Pfarrhaus« zu lösen hatte, dem u. a. »Zehn kleine Negerlein« (seit 2003 als Neuübersetzung »Und dann gab's keines mehr«) und »16.50 Uhr ab Paddington« folgten. Viele Romane von Agatha Christie wurden mit großem Erfolg verfilmt, wobei Peter Ustinov als Hercule Poirot und Margaret Rutherford als **Miss Marple** das Erscheinungsbild der beiden Detektive nachhaltig prägten. Christie schrieb auch fürs Theater; so stammt aus ihrer Feder u. a. das Kriminalstück »Die Mausefalle«, das seit 1952 ununterbrochen im Londoner St. Martin's Theatre aufgeführt wird.

Kriminalautorin

SIR WINSTON CHURCHILL (1874 – 1965)

Winston Leonard Spencer Churchill ist zweifellos die beherrschende Figur der britischen Politik in der ersten Hälfte des 20. Jh.s. Seit 1900 war er Mitglied im Unterhaus, von 1911 bis 1915 trieb er als Erster Lord der Admiralität die Aufrüstung der britischen Flotte voran. 1918 bis 1921 war er Kriegsminister und zuletzt Schatzkanzler. In den 1930er-Jahren schien sein Stern schon zu sinken, doch bei Ausbruch des Zweiten Weltkrieges machte man ihn wieder zum Ersten Lord der Admiralität. 1940 wurde Churchill **Premierminister einer Allparteienregierung**. Mit US-Präsident Roosevelt schloss er 1941 die Atlantikcharta, und bei den Konferenzen der Großen Drei (USA, UdSSR, Großbritannien) gab er entscheidende Richtlinien für die Nachkriegsordnung Europas. Obwohl er sein Land siegreich durch den Krieg führte, verlor seine Regierung 1945 die Unterhauswahlen wegen der mangelhaften Wirtschafts- und Finanzpolitik. Doch noch

Politiker

einmal kehrte er von 1951 bis 1955 auf den Sessel des Premierministers zurück. Der auch als Maler geschätzte Churchill erhielt 1953 für seine Darstellung des Zweiten Weltkriegs den Literaturnobelpreis. Mit seinem Ausspruch, ein »Eiserner Vorhang« durchzöge Europa von Nord nach Süd, charakterisierte er die Zeit des Kalten Krieges.

JAMES COOK (1728 – 1779)

Seefahrer Der Seefahrer James Cook, der aus Marton bei Middlesborough stammte, lieferte mit seinen drei Weltumsegelungen bahnbrechende Erkenntnisse für die Erforschung des pazifischen und subantarktischen Raumes. Auf seiner ersten großen Forschungsreise (1768 – 1771) beobachtete Cook auf Tahiti einen Venusdurchgang vor der Sonne, nahm eine erste vollständige Küstenkartierung der Insel vor und entdeckte bei der Umsegelung Neuseelands die Meerenge zwischen den Küstengebirgen der Nord- und Südinsel, die nach ihm benannt wurde. Cook erkundete die Ostküste Australiens und lieferte im August 1770 den endgültigen Beweis dafür, dass Australien und Neuguinea keine zusammenhängende Landmasse ist, als er den südlichen Teil der Torresstraße passierte. Auf seiner zweiten Expedition (1772 – 1775) segelte Cook erstmals in östlicher Richtung und gegen die Passate um den Erdball. Wenngleich durch Eismassen wiederholt zur Umkehr gezwungen, entdeckte er mehrere Eilande der Tuamotu-Inseln, erforschte und benannte die Neuen Hebriden, die Norfolkinsel und Neukaledonien. Von Neuseeland segelte er ostwärts nach Feuerland, umrundete Kap Horn, entdeckte Südgeorgien und die Falkland-Inseln. Als er nach England zurückkehrte, wurde er vom König zum Kapitän zur See und zum Mitglied der Royal Society erhoben. Ziel der dritten Reise war, die Nordwestpassage vom Atlantik zum Pazifischen Ozean zu finden. Dabei entdeckte er Christmas Island und die »Sandwichinseln« (Hawaii), wo er nach anfänglich friedlichem Zusammenleben mit den Inselbewohnern wegen eines Streits um ein ihm entwendetes Boot beim Kampf erstochen wurde.

CHARLES ROBERT DARWIN (1809 – 1882)

Wissenschaftler Der Begründer der modernen Evolutionstheorie kam in The Mount bei Shrewsbury zur Welt. Auf Wunsch seines Vaters begann er zunächst ein Medizinstudium in Edinburgh, wechselte aber bald zur Theologie. Schon während dieses Studiums in Cambridge begann er sich für geologische und biologische Forschung zu interessieren. 1831 erhielt er einen Platz an Bord des Forschungsschiffes »Beagle«. Die fünfjährige Reise führte ihn über die Kapverden an die Ost- und Westküste Südamerikas, über die Galapagos-Inseln und Tahiti nach

Neuseeland und weiter über Mauritius und Kapstadt schließlich zurück nach England, wo er zunächst in Cambridge und später in London wohnte, bevor er 1842 in dem Dorf Downe in Kent seinen Landsitz bezog (dort wurde 1998 ein Museum eröffnet). Angeregt von seiner Reise, insbesondere durch die bizarre Tierwelt der Galapagos-Inseln, widmete er sich nun intensiv dem Studium über den Ursprung der Arten. Er beschrieb eine Fülle bis dahin unbekannter Vögel, Pflanzen und Insekten. Seine bedeutendste Arbeit lieferte der Naturforscher mit der etwa zeitgleich mit A. R. Wallace aufgestellten Selektionstheorie über die **Entstehung der Arten**. Die von Darwin begründete Evolutionstheorie, nach der in der Regel im Laufe der Erdgeschichte durch natürliche Auslese nur die geeignetsten Lebewesen im Existenzkampf erhalten bleiben, steht bis heute im Mittelpunkt biologischer Forschung und hat vor allem in der modernen Genetik eine endgültige Grundlage erhalten. Darüber hinaus übten Darwins Erkenntnisse einen starken Einfluss auf politische und geistesgeschichtliche Entwicklungen aus.

DIANA PRINCESS OF WALES (1961 – 1997)

Für das, was sich am 6. September 1997 zwischen Kensington Palace und Westminster Abbey abspielte, reichen rationale Erklärungsversuche nicht aus. Über 1,5 Mio. Menschen säumten den letzten Weg von Diana und nahmen Abschied von der berühmtesten Frau der Welt. Diana war schon zu Lebzeiten zum Mythos ihrer selbst geworden. Zudem war sie **die öffentlichste Person der 1990er-Jahre**. 1981 hatte sie in St. Paul's Cathedral Charles, den künftigen König

Dianas charmantes, aber immer etwas scheues Lächeln kam gut an.

Großbritanniens, geheiratet – eine eheliche Verbindung, aus der ein Thronfolger und ein zweiter Sohn hervorgingen, die ansonsten aber nur für Negativschlagzeilen sorgte: öffentlich demonstrierte Eiseskälte, Magersucht, Charles und Camilla Parker Bowles, Diana und der königliche Rittmeister. Im Dezember 1992 trennte sich das Paar, 1996 wurde die Ehe geschieden. 1992 hatte Diana sich einem Journalisten anvertraut, der »Her True Story« publizierte. Spätestens ab diesem Zeitpunkt war sie von den Medien zunehmend begehrt, wurde von Paparazzi gejagt. Am 30. August 1997 kam sie auf der Flucht vor Paparazzi in Paris bei einem Autounfall ums Leben. Elizabeth II. ordnete unerwartet und gegen jedes Protokoll an, den Union Jack zum Zeichen der Trauer über Buckingham Palace zu hissen, am Vorabend der Trauerfeier sprach sie sogar via TV zu den Briten – Diana schaffte es, dass sogar die ansonsten gefühlskalte Königsfamilie Anflüge von Menschlichkeit zeigte, wenn auch erst nach ihrem Tod. Mitgefühl, Wärme und Zuneigung wurden Diana, die sich für Aidskranke, Minenopfer und kranke Kinder eingesetzt hatte, in großem Stil von der Öffentlichkeit entgegengebracht; ihr Grab auf dem Landsitz Althorp 125 km nördlich von London ist zur Wallfahrtsstätte geworden.

CHARLES DICKENS (1812 – 1870)

Schriftsteller Das schriftstellerische Werk des aus Landport stammenden Charles Dickens gibt hervorragende Schilderungen der unteren Gesellschaftsschichten Englands. Er hatte in seiner Jugend im Hafenviertel von London dieses Leben selbst kennengelernt, als sein Vater im Gefängnis saß. Dickens konnte zunächst nur eine mittelmäßige Schule besuchen. Später gelang es ihm aber, sich vom Rechtsanwaltsgehilfen zum Parlamentsstenografen, Journalisten und schließlich zum erfolgreichsten Schriftsteller seiner Zeit hochzuarbeiten. Zudem machte er sich einen Namen als Herausgeber der »Daily News«. Bekannt wurde er 1837 mit seinen »Pickwick Papers«; in den folgenden Romanen wie »Oliver Twist«, »Nicholas Nickleby« oder »David Copperfield« schuf er mit den Titelhelden **Figuren der Weltliteratur**. Immer wieder ist London Ort der Handlung; thematisch geht es zumeist um die Nöte der Armen und um die Ungerechtigkeiten, die ihnen zugefügt werden. Bei allem sozialen Engagement vernachlässigte Dickens jedoch nie den Humor in seinen Werken. Sein Grab befindet sich in der Londoner Westminster Abbey.

SIR FRANCIS DRAKE (CA. 1540 – 1596)

Seefahrer Der berühmteste Seeheld des Elisabethanischen Zeitalters ist der englische Admiral Sir Francis Drake, der in Crowndals bei Plymouth geboren wurde. Als Freibeuter unternahm er mit mehreren ihm anvertrauten Fregatten diverse Angriffe gegen spanisch-amerikanische Handelsplätze. Mit einem Geschwader von fünf Schiffen stach er im Dezember 1577 in See, umrundete als Erster Kap Horn und folgte der Küste an Chile und Peru vorbei bis hinauf zum Nordende Kaliforniens, wo die Drake Bay nördlich von San Francisco heute seinen Namen trägt. Von dort segelte er nach Westen durch den Großen Ozean und erreichte über Java und das Kap der Guten Hoffnung nach fast dreijähriger Abwesenheit wieder englischen Boden. Hier wurde er 1581 von Elizabeth I. zum Ritter geschlagen. Als der offene Seekrieg gegen Spanien ausbrach, erhielt Sir Francis Drake 1585 den Oberbefehl über eine Flotte von 20 Schiffen, mit denen er zunächst auf den Kapverdischen Inseln und dann in Westindien erfolgreiche Kaperfahrten durchführte. 1587 fügte seine Flotte den Spaniern vor Cádiz erhebliche Verluste zu, 1588 trug Sir Francis Drake als Vizeadmiral maßgeblich zur entscheidenden Vernichtung der spanischen Armada im Ärmelkanal bei. Bei einer 1595 begonnenen Fahrt erlag er vor Portobelo einem schleichenden Fieber.

ELIZABETH I. (1533 – 1603)

Die Tochter von Heinrich VIII. und dessen zweiter Frau Anne Boleyn hat durch ihre lange Regentschaft eine ganze Epoche, das »Elisabethanische Zeitalter«, geprägt. In dieser Ära etablierte sich England als protestantische Weltmacht, der Handel florierte, und die Künste, symbolisiert durch den Namen Shakespeare, erlebten eine Blütezeit. Elizabeth wurde 1558 nach dem Tod ihrer Schwester Mary Königin. Ein Jahr später erklärte die Suprematsakte die anglikanische Kirche mit der Königin als Oberhaupt wieder zur Staatsreligion. Als die schottische Königin Maria Stuart Ansprüche auf den Thron erhob, brach der Konflikt zwischen Katholiken und Protestanten erneut auf; er hatte seinen Höhepunkt in der Exkommunizierung Elizabeths durch Papst Pius V. im Jahr 1570; für Katholiken brachen daraufhin schwierige Zeiten an. Außenpolitisch war der Konflikt mit Spanien bestimmend. England unterstützte den niederländischen Freiheitskampf und führte einen Freibeuterkrieg gegen die spanischen Silbergaleonen. Die Entscheidung fiel 1588 mit dem Untergang der spanischen Armada im Ärmelkanal. Danach war Spanien als Rivale auf den Weltmeeren erledigt, und der Aufstieg Englands zur Kolonialmacht begann. Zu Ehren von Elizabeth I. nannte Sir Walter Raleigh seine Erwerbungen in Nordamerika »Virginia« – die zeitlebens unverheiratete Königin wurde auch **»The Virgin Queen«** (Die jungfräuliche Königin) genannt. Auf ihrem Totenbett bestimmte sie Jakob VI. von Schottland, Sohn ihrer Rivalin Maria Stuart, zum Nachfolger.

Englische Königin

HINTERGRUND • Berühmte Persönlichkeiten

HEINRICH VIII. (1491–1547)

Englischer König

Heinrich VIII. aus dem Hause Tudor regierte England von 1509 bis 1547. Als Begründer der anglikanischen Kirche, wegen seines ausschweifenden Lebens und wegen seiner **sechs Ehefrauen** ging er in die Geschichte ein. Heinrich kam in Greenwich zur Welt, ab 1502 wurde er auf die Übernahme der Krone vorbereitet. Die ersten Jahre seiner Herrschaft schienen – dank seines Kanzlers Wolsey – die in ihn gesetzten Erwartungen zu bestätigen. In Anerkennung einer von Heinrich, in den Hauptzügen jedoch von Thomas More, verfassten Streitschrift gegen Luther verlieh ihm Papst Leo X. den Titel eines »Verteidigers des Glaubens«. Als die Ehe mit Katharina von Aragón ihm nicht den erwünschten männlichen Erben brachte, wollte Heinrich sich scheiden lassen, was der Papst jedoch ablehnte. Der darüber ausgebrochene Streit endete 1533 mit der Ablösung der englischen Kirche von Rom und der Gründung der anglikanischen Kirche mit dem König als Oberhaupt. Heinrich heiratete nun Anne Boleyn, die er 1536 hinrichten ließ, danach Jane Seymour (gest. 1537), Anna von Cleve, von der er sich bald scheiden ließ, Catherine Howard (1542 hingerichtet) und schließlich Catherine Parr, die ihn überlebte. In seinen letzten Lebensjahren war Heinrich VIII., nachdem er die Kanzler Thomas More und Thomas Cromwell hatte hinrichten lassen, ein von Misstrauen erfüllter Alleinherrscher, der alle ihm nicht genehmen Personen und Richtungen aufs Härteste verfolgen ließ.

ALFRED HITCHCOCK (1889 – 1980)

Filmregisseur

Der zentrale Begriff im filmischen Schaffen des am 13. August 1889 in London geborenen Alfred Hitchcock ist »suspense«, eine im Zuschauer erzeugte Anspannung, die davon herrührt, dass die auf der Leinwand agierenden Helden – meist ganz normale Menschen – in völlig irrationale und bedrohliche Situationen geraten, die den Zuschauer genauso ahnungslos lassen (z. B. in »Der unsichtbare Dritte« oder »Das Fenster zum Hof«) oder ganz im Gegenteil den Zuschauer mehr wissen lassen als die Schauspieler (z. B. in »Psycho«). Verstärkt wird der Effekt durch exzellente Montagetechnik und Kameraführung. Hitchcock, an einem Jesuitenseminar erzogen, Student der Kunstwissenschaften und des Ingenieurwesens, gilt heute als einer der Größten seines Fachs. Seine beiden ersten Filme drehte er 1926 in München; in den 1930er-Jahren arbeitete er in England (»39 Stufen«; »Eine Dame verschwindet«) und ab den 1940er-Jahren in den USA. In seinen bekannten Filmen wie »Rebecca«, »Bei Anruf–Mord!«, »Die Vögel« oder »Familiengrab« wirkten die bedeutendsten Hollywood-Stars mit.

JOHN LENNON (1940 – 1980)

Pressekonferenz im Bett: John Lennon und Yoko Ono 1969 nach ihrer Hochzeit

John Lennon war gemeinsam mit Paul McCartney der führende musikalische Kopf der **»Beatles«**. Der Sohn eines Liverpooler Schiffsstewards gründete 1955 die Schulband »Quarrymen«, zu der bald McCartney und später George Harrison stießen. Aus dieser Band gingen nach mehreren Zwischenstationen und nachdem Ringo Starr dazugekommen war 1962 die »Beatles« hervor. Lennons Texte zeichneten sich durch ihre Schärfe und Doppeldeutigkeit aus. Songs wie »Strawberry Fields Forever«, »Lucy in the Sky with Diamonds« und »Yellow Submarine« lassen sich trotz aller Dementis ihres Schöpfers als mehr oder weniger unverhohlene Hymnen an den Drogenkonsum deuten. Seine Liverpooler Welt verarbeitete Lennon in Stücken wie »Penny Lane« oder »Happiness is a Warm Gun«. Nachdem er 1969 die Happening-Künstlerin Yoko Ono geheiratet hatte, entfernte er sich immer mehr von den »Beatles«. Nach der Auflösung der Band 1970 zog er nach New York. Zusammen mit seiner Frau gab er sich der Esoterik, Drogen und dem Dasein eines Weltverbesserers hin und versuchte, den Weltfrieden durch seine Musik (»Give Peace a Chance«) und durch Versenden von Baumsamen an sämtliche Staatschefs voranzubringen. Von 1975 an zog Lennon sich aus dem Musikbusiness zurück, während Yoko Ono die Geschäfte führte; für viele eingefleischte Fans war sie sein Unglücksstern und der der »Beatles« überhaupt. Ein Comeback verhinderte ein psychopathischer Fan, der John Lennon am 8. Dezember 1980 vor seinem Apartmenthaus am New Yorker Central Park erschoss.

MARIA STUART (1542 – 1587)

Maria Stuart war die Tochter des schottischen Königs Jakob V. und dessen französischer Frau Maria von Guise und die Urenkelin Heinrichs VII. von England. Mit fünf Jahren wurde sie an den französischen Königshof geschickt und dort erzogen. Mit 15 heiratete sie Franz II. von Frankreich, der zwei Jahre später starb. Daraufhin kehrte sie 1561 ins protestantische Schottland zurück, wo sie als katholische französische Königswitwe von vielen als Fremdling empfunden

Schottische Königin

wurde. Ihre Tante zweiten Grades, die englische Königin Elizabeth I., sah in ihr die schärfste **Rivalin um den englischen Thron**, war sie doch die Nächste in der Thronfolge und die Hoffnung derjenigen Engländer, die Elizabeth für einen illegitimen Spross Heinrichs VIII. hielten. Weitere Schwierigkeiten bekam sie wegen ihrer Heirat mit Henry Stuart, Earl of Darnley, einem Taugenichts. Die anfängliche Leidenschaft schlug um in Hass, als Darnley 1566 Marias Berater David Rizzio ermordete. Nach der Geburt ihres Sohnes James versuchte sie, ihren Ehemann loszuwerden und fand einen Verbündeten im Earl of Bothwell. Im Februar 1567 flog das Haus, in dem sich Darnley aufhielt, in die Luft. Drei Monate später heiratete Maria den Hauptverdächtigen Bothwell und wurde damit untragbar für den schottischen Adel. Maria wurde auf eine Insel im Loch Leven verbannt. 1569 konnte sie nach England fliehen. Dort wurde sie unter dem Vorwand, an der Ermordung Darnleys beteiligt gewesen zu sein, in Gefangenschaft genommen. Tatsächlich war aber der Grund, dass sie eine Gefahr für Elizabeths Thron darstellte. 18 Jahre war sie Gefangene und Spielball im Streit zwischen Katholiken und Protestanten um den englischen Thron. Die Aufdeckung eines Attentatsplans gegen Elizabeth 1586 lieferte den Anlass, Maria des Hochverrats anzuklagen und zum Tode zu verurteilen. Auf Fotheringhay Castle wurde sie enthauptet.

THOMAS MORE (1477 – 1535)

Philosoph und Lordkanzler

1516 erschien der Roman »Utopia« von Thomas More (Thomas Morus), in dem der Reisende Raphael Hythloday die Gesellschaftsordnung des fiktiven Staates Utopia beschreibt. Das Werk wurde bald in mehrere Sprachen übersetzt und gilt heute als der erste utopische Roman. Utopia ist, ganz im Gegensatz zum damaligen England oder Frankreich, ein Staat, in dem die Vernunft über allem steht, Gleichheit herrscht und Ausbeutung und Neid keinen Platz haben. Neben seiner Tätigkeit als humanistischer Schriftsteller machte More auch Karriere am Hofe Heinrichs VIII., dessen Vertrauter er wurde. Er schrieb Reden und Abhandlungen für den König und vermittelte zwischen Heinrich und Lordkanzler Wolsey. 1523 wählte man ihn zum Speaker des Unterhauses, 1529 wurde er Nachfolger von Wolsey. Als sich Heinrich VIII. von Katharina von Aragón scheiden lassen wollte, überwarf sich More als **gläubiger Katholik** mit ihm. Nach der Abspaltung Englands von der katholischen Kirche weigerte sich Thomas More, der Vermählung Heinrichs mit Anne Boleyn beizuwohnen. Schließlich verweigerte er auch den Suprematseid, mit dem er Heinrich als Oberhaupt der anglikanischen Kirche anerkennen sollte. 1535 wurde er zum Tode verurteilt. Man gab ihm fünf Tage Bedenkzeit, doch er verweigerte weiterhin den Eid und wurde nach Ablauf der Frist enthauptet. Papst Pius XI. sprach ihn 1935 heilig.

LORD NELSON (1758–1805)

Horatio Nelson, Sohn eines Dorfpfarrers in Norfolk, wurde nach dem Tod seiner Mutter von seinem Onkel mit auf See genommen. Bereits mit 20 Jahren erhielt er das Kapitänspatent und das Kommando über eine Fregatte im amerikanischen Unabhängigkeitskrieg. Im Kampf gegen das revolutionäre Frankreich zeichnete er sich bei der Beschießung von Toulon und in der Seeschlacht von Kap St. Vincent aus. 1798 erhielt er den Oberbefehl über die britische Flotte im Mittelmeer und schlug die Franzosen vernichtend in der Seeschlacht von Abukir. Damit war er zum britischen Kriegshelden geworden. Wegen einer Befehlsverweigerung wurde er abberufen, in der Heimat aber mit Jubel empfangen. Als 1803 der Krieg erneut ausbrach, wurde Nelson wieder Oberbefehlshaber der Mittelmeerflotte. 1805 stellte er bei **Trafalgar** vor der andalusischen Küste eine französisch-spanische Flotte. Vor der Schlacht richtete er an seine Mannschaft die berühmt gewordenen Worte: »England expects every man will do his duty« (»England erwartet von jedem Mann, dass er seine Pflicht tue«). Die Franzosen wurden geschlagen, doch Nelson erlitt auf seinem Flaggschiff »Victory« eine tödliche Verwundung. Horatio Nelson steht in der britischen Marine für die Abkehr von starren taktischen Doktrinen hin zum eigenständig handelnden Kommandeur. Ebenso wie seine militärischen Taten sorgte auch sein Liebesleben für Furore. Die leidenschaftliche Liebesbeziehung zu Lady Emma Hamilton, der Frau des britischen Gesandten in Neapel, lebte er – ebenfalls verheiratet – in aller Öffentlichkeit aus. Noch im Sterben diktierte er einen Abschiedsbrief an die Geliebte, der heute im Handschriftensaal der British Library in London ausgestellt ist.

Oberbefehlshaber der britischen Flotte

FLORENCE NIGHTINGALE (1820–1910)

Schon als junge Frau galt die in Florenz geborene Florence Nightingale als Expertin für das öffentliche Gesundheitswesen. Während des Krimkriegs leitete sie ab 1854 in der Türkei das Lazarett von Scutari. Etwas später begann sie, ihr Hauptinteresse auf die übergeordnete Organisation zu legen: So übernahm sie die Koordinierung der medizinischen Versorgung der britischen Armee und wurde Generalinspektorin für das Krankenschwesternwesen in den Militärhospitälern. Auf ihre Initiative geht die Gründung der Army Medical School 1857 zurück. 1860 rief sie die Nightingale School for Nurses in London ins Leben, die **erste Schwesternschule der Welt**. Auf diese Weise begründete sie die berufliche Ausbildung von jungen Frauen zu Krankenschwestern. Florence Nightingale war selbst jahrzehntelang bettlägerig, obwohl keine körperliche Erkrankung festzustellen war; heute weiß man, dass sie an einer Art von CFS (Chronisches Erschöpfungssyndrom) litt.

Gesundheitsexpertin

ROBERT I. THE BRUCE (1274–1329)

Schottischer Nationalheld

Robert I. the Bruce (auch Robert VIII.) gilt als Schottlands Nationalheld. Er begründete die Unabhängigkeit des schottischen Königreichs, indem er die Engländer am 24. Juni 1314 in der Schlacht von Bannockburn besiegte. Sein Großvater, Robert VI., hatte den schottischen Thron für sich beansprucht, doch der englische König Edward I. machte 1290 den ihm ergebenen John de Balliol zum Herrscher, um das Land weiterhin zu kontrollieren. Am 10. Februar 1306 ermordeten Bruce und seine Gefolgsleute den Neffen Balliols und möglichen Rivalen um die Thronfolge in der Kirche von Dumfries. Kurz darauf wurde Bruce in Scone zum schottischen König gekrönt. Die folgenden Jahre brachten ständige Kämpfe mit den englischen Garnisonen bis zur entscheidenden Schlacht von Bannockburn, die die Position von Bruce festigte. Die restliche Regierungszeit verbrachte er mit der inneren Konsolidierung und der Ausschaltung der Parteigänger Englands. Der Vertrag von Northampton im Jahr 1328 garantierte die schottische Unabhängigkeit.

SIR WALTER SCOTT (1771–1832)

Schottischer Schriftsteller

Der in Edinburgh geborene Walter Scott stammte aus einer alten schottischen Clanfamilie. Wie sein Vater wurde er Rechtsanwalt, später Sheriff der Grafschaft Selkirk und schließlich Richter in seiner Heimatstadt. Schon während seines Studiums befasste sich Scott mit deutscher Literatur, übersetzte Bürgers »Lenore« und Goethes »Götz von Berlichingen«. Als junger Advokat gab er mit den »Mins-trelsy of the Scottish Border« (1802–1803) eine Sammlung alter englisch-schottischer Grenzballaden heraus, die er mit eigenen Ergänzungen versehen hatte. Es folgte eine Reihe epischer Versromanzen, in denen Scott die Szenerie der schottischen Volksballaden mit mittelalterlicher Ritterromantik vereinte. Danach wandte er sich der Prosa zu und schrieb, zunächst anonym, in rascher Folge **27 Romane**, die »Waverley novels«, die er mit großem Erfolg veröffentlichte und die so namhafte Schriftsteller wie A. Dumas, Hugo, Balzac, Hauff und Manzoni nachhaltig beeinflussten. Seine Einkünfte erlaubten es Scott, sich am Ufer des Tweed Schloss Abbotsford bauen zu lassen, in dem er seine historischen Romane niederschrieb. Diese Romane spiegeln 500 Jahre englisch-schottische Geschichte zwischen 1200 und 1700 wider, indem der Handlungshintergrund immer von historischen Persönlichkeiten gebildet wird. Die meisten seiner Romane spielen im Schottland des 17. und 18. Jh.s, einige im England der Kreuzzüge oder im Frankreich Ludwigs XIV. 1820 wurde Scott in den Adelsstand erhoben. Sechs Jahre später geriet er durch den Bankrott seines Verlegers in finanzielle Bedrängnis. Um für die Schulden aufzukommen, arbeitete er unermüdlich bis zum körperlichen Zusammenbruch, von dem er sich nicht mehr erholte. 1832 starb er durch einen Schlaganfall; er wurde in der Dryburgh Abbey beigesetzt.

WILLIAM SHAKESPEARE (CA. 1564 – 1616)

William Shakespeare, Sohn eines Bürgermeisters und einer Landadeligen aus Stratford-upon-Avon, kam wahrscheinlich mit einer Wandertheatertruppe nach London, wo er sich als Autor, Schauspieler, Regisseur und Dramaturg betätigte. Seit 1597 war er Mitbesitzer des Globe-Theatre, wo volkstümliche Stücke aufgeführt wurden, und im selben Jahr konnte er mit »Falstaff« seinen ersten großen Bühnenerfolg verzeichnen. Zu dieser Zeit hatte er es schon zu ansehnlichem Wohlstand gebracht. König Jakob I. erklärte sich 1603 zum Schutzherrn seiner Theatertruppe, die seither als »The King's Men« auftrat. Um 1610 verkaufte Shakespeare seine Anteile am Theater und zog sich in seinen Geburtsort zurück. Als Dramatiker war er schon zu Lebzeiten **von überragender Bedeutung** und wirkt bis in die heutige Zeit. Seine Stücke lassen sich unterteilen in die Historienstücke (u. a. »Richard III.«, »Henry V.«), die heiteren Komödien (»The Taming of the Shrew«, dt. » Der Widerspenstigen Zähmung«) und die dunklen Komödien (»Troilus und Cressida«), die späten märchenhaften Romanzen (»The Tempest«, dt. »Der Sturm«) sowie schließlich die Tragödien (Römerdramen, »Macbeth«, »Hamlet« etc.). Die Urheberschaft seiner Stücke wurde lange in Zweifel gezogen; erst im 18. Jh. wurde der Grund für eine fundierte Shakespeare-Forschung gelegt. Größte Wirkung hatte er auf das deutsche Theater, wo ihn schon zu seinen Lebzeiten die »Englischen Komödianten« spielten. Die Übersetzungen Wielands bedeuteten den Beginn der großen Shakespeare-Rezeption im 18. Jh.; die Romantiker des 19. Jh.s, allen voran Schlegel und Tieck, machten seine Stücke vollends zum festen Bestandteil des deutschen Bühnenrepertoires.

Theatergenie

MARGARET THATCHER (1925 – 2013)

Als Margaret Thatcher am 8. April 2013 starb, stieg der Song »Ding-Dong! The witch is dead« in den Charts der sozialen Medien auf Platz 1. »Maggies« Fans konterten mit »I am in Love with Margaret Thatcher«, einem Punkhit von 1979. Margaret Thatcher polarisierte Zeit ihres Lebens. Am 13. Oktober 1925 wurde Margaret Hilda Roberts als Tochter eines Kolonialwarenhändlers geboren. Sie studierte Chemie und Rechtswissenschaften, 1951 heiratete sie den wohlhabenden Unternehmer Denis Thatcher. Bei den Parlamentswahlen 1979 siegte sie mit der Konservativen Partei und war bis 1990 briti-

Premierministerin

sche Premierministerin. Ihre elf Jahre lange Amtszeit war geprägt von Privatisierungen staatlicher Unternehmen, Kämpfen gegen die Gewerkschaften und deren Machteinschränkung – legendär ist ihr erfolgreicher, ein Jahr andauernder Kampf gegen streikende Minenarbeiter – und der **Zerschlagung des britischen Wohlfahrtsstaats**. Zu ihrem »Thatcherismus« gehörte auch die Liberalisierung der Finanzmärkte, der »Big Bang«, mit dem ab 1986 einem Bankenwesen ohne staatliche Einschränkungen Tür und Tor geöffnet waren. Margaret Thatcher setzte ihre Vorstellungen von Wirtschafts- und Gesellschaftspolitik äußerst konsequent und zielstrebig durch, selbst vor Wahlen hielt sie ihr Fähnchen nicht in den Wind. Diese strikte Haltung, auch dem Ausland gegenüber, brachte ihr 1976 den Beinamen **»Eiserne Lady«** ein – ein Attribut, gegen das sie selbst nichts einzuwenden hatte. Als Thatcher Ende der 1980er-Jahre die Kopfsteuer einführte, schlugen allerdings die Protestwellen hoch und der Rücktritt ihrer Regierung war schließlich unvermeidbar.

VICTORIA (1819 – 1901)

Englische Königin

Wie Elizabeth I. gab auch Victoria einer ganzen Epoche ihren Namen. Die einzige Tochter des Herzogs Edward von Kent wurde am 24. Mai 1819 geboren und 1837 zur Königin gekrönt. 1840 heiratete sie Albert von Sachsen-Coburg-Gotha, mit dem sie in sehr glücklicher Ehe bis zu seinem Tod im Jahr 1861 lebte. Victoria zog sich nach diesem Verlust mehr und mehr aus dem öffentlichen Leben zurück. Während ihrer Regentschaft stieg Großbritannien endgültig zur bedeutendsten politischen und wirtschaftlichen Weltmacht auf. Victoria starb am 22. Januar 1901 in Osborne House auf der Isle of Wight.

WILHELM I. DER EROBERER (UM 1028 – 1087)

Englischer König

Wilhelm war der Sohn des normannischen Herzogs Robert I. und dessen bürgerlicher Geliebten Arlette. Da er sich als Vetter des englischen Königs Edward der Bekenner und somit als dessen Erben betrachtete, machte er sich Hoffnungen auf den englischen Thron. Doch als Edward im Januar 1066 starb, wurde eben dieser Harold neuer König. Wilhelm rüstete daraufhin eine Armee und landete Ende September 1066 an der englischen Südostküste bei **Hastings**. Dort traf er am 13. Oktober auf das Heer Harolds, der zuvor andere Konkurrenten um den Thron, nämlich seinen Bruder Tostig und dessen Verbündeten Harald III. von Norwegen, geschlagen hatte. Aus der Schlacht bei Hastings ging Wilhelm siegreich hervor und beendete damit die Herrschaft der Angelsachsen. Am Weihnachtstag 1066 wurde er in der Westminster Abbey zum König gekrönt. In den folgenden Jahren besetzte er alle wichtigen Posten mit seinen normannischen Gefolgsleuten. Von 1073 an war er kaum mehr in England anzutreffen, er war mit der Sicherung der Grenzen der Normandie beschäftigt und überließ die Regierung seinem Vertrauten Lanfranc, Erzbischof von Canterbury. In dieser Zeit wurde um 1086 das »Domesday Book« (»Liber iuducarius Angliae«) angefertigt, ein Überblick über Einkünfte und Besitz der englischen Krone und heute eine der wichtigsten Quellen der englischen Sozial- und Wirtschaftsgeschichte des Mittelalters.

VIRGINIA WOOLF (1882 – 1941)

Schriftstellerin

Virginia Woolf wurde in die intellektuellen Kreise des spätviktorianischen Zeitalters hineingeboren. Sie wuchs am Hyde Park Gate in London auf, verbrachte aber die glücklichsten Stunden ihrer Kindheit in St. Ives in Cornwall. Mit Freunden und Geschwistern bildete sie den Kern der sogenannten **»Bloomsbury Group«**, die sich in ihrem Haus im Londoner Stadtteil Bloomsbury traf und der sich auch der Schriftsteller und Verleger Leonard Woolf anschloss. 1912 heirateten die beiden und gründeten die Hogarth Press, nicht zuletzt aus therapeutischen Gründen, denn Virginia hatte nach familiären Rückschlägen und sexuellem Missbrauch durch ihren Halbbruder schon früh mit mentalen Problemen zu kämpfen. Sie arbeitete als Literaturkritikerin für die Times und wurde als Essayistin, Tagebuchschreiberin und Romanautorin in den 1920er-Jahren bekannt. Nach dem Tod ihrer Freundin Katherine Mansfield erschienen ihre Romane »Jacob's Room«, »Mrs. Dalloway«, »Orlando«. Ihr Essay »A Room of One's Own« gilt als eines der bedeutendsten Manifeste des 20. Jahrhunderts. In den zwanziger Jahren war sie Mittelpunkt des literarischen Lebens in London. Auf ihrem Landsitz in Rodmell in Sussex beging Virginia Woolf Selbstmord – offensichtlich aus Furcht vor dem Wahnsinn ertränkte sie sich in der Ouse.

Virginia Woolf: Prominentes Mitglied der »Bloomsbury Group«

ERLEBEN UND GENIESSEN

Großbritannien mit allen Sinnen erleben: Wie schmeckt die englische Küche wirklich? Wie übernachtet es sich am schönsten? Welchen Aktivitäten kann man auf der Insel nachgehen? Und wo finden die besten Feste statt?

Essen und Trinken

A new star is born

Es ist noch nicht allzu lange her, da rief die Erwähnung von britischem Essen bestenfalls ein mitleidiges Lächeln hervor und erfahrene Großbritannienreisende kramten aus ihrem Erfahrungsschatz zahlreiche Anekdoten kulinarischer Katastrophen hervor. Und ja, der schlechte Ruf war wirklich nicht unverdient.

Wahrscheinlich wurde der Nährboden für geschmacklose Braten und zerkochtes Gemüse in puritanischer Zeit gelegt, wo Freude an sinnlichen Erlebnissen, und dazu zählt gutes Essen ja zweifellos, geradezu verteufelt wurde. So war bis in die 1960er-Jahre ein Restaurantbesuch in Großbritannien nur in den seltensten Fällen eine kulinarische Offenbarung. Grundlegend anders ist die Situation heute: **Starköche** wie Gordon Ramsay oder Rick Stein werden gefeiert wie Rockstars, die Kochbücher und -sendungen von Jamie Oliver werden in der ganzen Welt gelesen und gesehen – und wer hätte vor 20 Jahren daran geglaubt, dass ein englischer Koch wie Heston Blumenthal jemals mit dem Titel »Bester Koch der Welt« geehrt werden würde.

Genuss auf dem Vormarsch

Ein erster Wandel zeichnete sich ab, als die Briten anfingen, die Küche ihrer **ehemaligen Kolonien** für sich zu entdecken. Vor allem Speisen aus Indien fanden immer mehr begeisterte Anhänger, mit dem Ergebnis, dass etwa seit der Jahrtausendwende Chicken Tikka Masala, ein aus Indien stammendes Currygericht, die traditionellen Fish & Chips als beliebtestes britisches Essen abgelöst hat. Dass viele der Gerichte, vor allem aus dem asiatischen Raum, **vegetarisch** sind, trug zur wachsenden Popularität der fremdländischen Küchen bei. Schon Mitte des 19. Jh.s entstand in Großbritannien eine starke vegetarische Bewegung, und in kaum einem anderen europäischen Land finden sich mehr vegetarische und vegane Restaurants. Kein Wunder also, dass **Yotam Ottolenghi**, der neue Star am britischen Kochhimmel, vor allem für seine vegetarischen Gerichte berühmt ist. Überhaupt ist Ottolenghi ein gutes Beispiel für den **internationalen Mix**, den die britische Küche heute auszeichnet: ein in Jerusalem geborener Israeli mit italienischem Vater und deutscher Mutter, der in London eine Ausbildung zum Patissier gemacht hat und nun mit seinem Partner mehrere Bistros und Restaurants betreibt.

Inspiration

> **Hinweis**
> Gebührenpflichtige Servicenummern sind mit einem Stern gekennzeichnet: *0180 …

Cream Tea: Tee mit Milch, Clotted Cream und Konfitüre auf Scones

»Bacon and eggs« zum Frühstück – Mittagessen ist dann überflüssig …

Neu belebte Traditionen

Inzwischen hat das **Interesse für gutes Essen** große Teile der Bevölkerung erfasst, es gibt täglich Kochsendungen, in jeder Tages- und Wochenzeitung werden Kolumnen in Sachen Kochen und Essen gehen veröffentlicht, und die Zahl der jährlich neu erscheinenden Kochbücher ist gewaltig. Gleichzeitig ist in den letzten Jahren aber auch eine Hinwendung zur **ureigenen Küche** zu beobachten, traditionelle britische Gerichte werden neu entdeckt und wieder hoffähig.

DIE MAHLZEITEN DES TAGES

Frühstück (breakfast)

Es wird gerne gesagt, dass das Frühstück die wichtigste Mahlzeit des Tages sei. Nun – wenn man ein **Full English Breakfast** zu sich genommen hat, ist es auf jeden Fall für lange Zeit die einzige, denn in der Regel benötigt man erst wieder zum Nachmittagstee feste Nahrung. Warum das so ist, erschließt sich, wenn man sich die möglichen Bestandteile eines »Full English« vor Augen führt: Verschiedene Fruchtsäfte, Früchte – klassischerweise eine halbe Grapefruit –, unterschiedlichste Zerealien und Müslis, Eier, die gekocht, pochiert, als Spiegel- oder Rührei serviert werden, Toast, Marmelade, Honig, gebratene Würstchen, Pilze und Tomaten, ebenfalls gebratener Speck und Black Pudding, eine würzige und äußerst gehaltvolle Blutwurst, Baked Beans, geräucherter Hering und Porridge.

Preiskategorien

Preis für ein Hauptgericht:
- ●●●● über 20 £
- ●●● 15–20 £
- ●● 10–15 £
- ● unter 10 £

Essen und Trinken • ERLEBEN UND GENIESSEN

Fehlende Zeit und ein **gestiegenes Gesundheitsbewusstsein** haben dazu geführt, dass die Zahl der Haushalte, in denen ein traditionelles Frühstück zubereitet wird, stetig schrumpft. Immer öfter müssen eine Schale Müsli, ein Joghurt und ein oder zwei Scheiben Toast zum Frühstück reichen. Die letzten Gralshüter des Full English Breakfast sind »Bed & Breakfast«-Pensionen, traditionelle Hotels und kleine Frühstücksrestaurants. In Letzteren findet sich gewöhnlich ein interessanter Gästemix aus Bauarbeitern in gelben Sicherheitswesten, Bankern im Nadelstreifenanzug sowie Rentnern, für die ein traditionelles Frühstück eine kalorienreiche Erinnerung an eine vergangene und bessere Zeit ist.

Die Zeit bis zum Mittagessen wird gerne durch einen »Elevenses« genannten Snack überbrückt, der in der Regel aus einer Tasse Tee und etwas Gebäck oder Keksen besteht.

> **? BAEDEKER WISSEN**
> *Nur eine Hand frei*
>
> John Montague, der vierte Earl of Sandwich, frönte der Spielleidenschaft. Als er eines Abends im Jahr 1762 am Spieltisch saß und partout keine Pause einlegen wollte, ihn aber der Hunger überkam, ließ er sich kurzerhand ein Stück Fleisch zwischen zwei Weißbrotscheiben legen – das Sandwich war erfunden, eine englische Institution wie der Five o'Clock Tea oder der Pub.

Mittagessen (lunch)

Das Mittagessen wird gegen 13.00 Uhr eingenommen und fällt meist bescheidener aus als sein kontinentales Pendant, vor allem wenn der Tag mit einem traditionellen Englischen Frühstück begonnen hat. Bei schönem Wetter werden die Parks und Grünanlagen britischer Städte von Angestellten bevölkert, die als Mittagessen eine der berühmtesten britischen Erfindungen auf kulinarischem Gebiet zu sich nehmen, ein **Sandwich**. Die belegten Brote werden von Supermärkten und Feinkostläden in einer schier unglaublichen Auswahl angeboten. Aber natürlich kann man in jedem besseren Restaurant auch einen klassischen dreigängigen Lunch zu sich nehmen.

Nachmittagstee (High Tea, afternoon tea)

Der Nachmittagstee wird zwischen 16.00 und 17.00 Uhr serviert und ist so britisch wie das Königshaus (▶Baedeker Wissen S. 102). Neben **Kuchen** und **Gebäck** werden zum Tee auch **Gurken- oder Lachssandwiches** gereicht, angerichtet auf einer Etagere. Idealerweise genießt man einen High Tea in einem Country Hotel mit Blick auf einen englischen Garten oder in einem der gediegenen Londoner Hotels wie dem Savoy oder dem Goring, das 2013 den von Tea Guild vergebenen Titel »Top London Tea Place« erringen konnte.

Abendessen (dinner, supper)

Das Abendessen, etwa ab 19.00 oder 19.30 Uhr, ist die **Hauptmahlzeit** in Hotels, guten Restaurants und gutbürgerlichen Haushalten. Es besteht meist aus mehreren Gängen und erfordert auch einen **gepflegten Kleidungsstil**. In Restaurants mit britischer Küche wird nach 21.30 Uhr häufig keine Bestellung mehr angenommen. Hier bieten sich die Restaurants mit ausländischer Küche als Alternative an.

ZAHLREICHE MÖGLICHKEITEN

Coffee Shops, Tea Rooms, Sandwich Bars

Neben den normalen Restaurants mit englischer oder internationaler Küche sind auf den Britischen Inseln Coffee Shops (»Caffs«), Tea Rooms (Teestuben) und Sandwich Bars weit verbreitet. In Tea Rooms werden mehrere Sorten Tee serviert, außerdem – wie auch in den Sandwich Bars und Cafés – Sandwiches, Gebäck, Kuchen und meist auch ein einfacher Mittagsimbiss.

Snackbars, Delis, Imbissstände

Einfache, preiswerte Mahlzeiten bieten Snackbars, meist Filialen von **Kettenrestaurants**, oder die vielen Delis: **Feinkostgeschäfte**, die selbstgemachte Gerichte wie Sandwiches oder auch Pies anbieten. Die vielen Imbissstände mit **asiatischen und orientalischen Speisen** verkaufen exotische, interessante Gerichte.

Fish & Chips Shops

Wohl kein anderes Gericht wird so sehr mit Großbritannien verbunden wie Fish & Chips. Das **inoffizielle Nationalgericht** des Königreichs besteht aus in Backteig frittiertem Fischfilet – meist Kabeljau (»cod«), Schellfisch (»haddock«), aber auch Seelachs (»pollok«) oder Scholle (»plaice«) – und frittierten, dicken Kartoffelstücken. Seit die britischen Köche angefangen haben, ihre Wurzeln wiederzuentdecken und den Küchentraditionen der Insel ein neues und vor allem geschmackvolleres Leben einzuhauchen, erfährt das britischste aller Gerichte **neue Wertschätzung**. Rick Stein etwa, einer der Heroen am britischen Kochhimmel, betreibt neben seinen Restaurants und Bistros auch zwei Fish & Chips Shops in Cornwall. Dort beweist er, dass man aus frischem Fisch und guten Kartoffeln ohne großen Aufwand ein wirklich köstliches Mahl zaubern kann. Und für viele Briten wie auch Besucher gibt es kaum etwas Schöneres, als mit einer Tüte Fish & Chips in der Hand auf einer Kaimauer zu sitzen und aufs Meer zu schauen.

Wer auf der Suche nach **wirklich guten Fish & Chips** ist, kann sich an die Gewinner der seit 25 Jahren vergebenen National Fish & Chip

> **! BAEDEKER TIPP**
>
> *Top Ten Fish & Chips Shops*
>
> 1. The Bay, Stonehaven, Schottland
> 2. Crispy Cod, Tonyrefail, Wales
> 3. Pit Stop Fast Food & Bistro, Kikeel, Nordirland
> 4. Quayside, Whitby, Yorkshire
> 5. Seniors, Thornton, Lancashire
> 6. The Big Fish, Stratford-upon-Avon, Warwickshire
> 7. Linfords, Market Deeping, Lincolnshire
> 8. Seafare, Guildford, Surrey
> 9. Wigmore Fish Restaurant, Luton, Bedfordshire
> 10. Hanbury's, Babbacombe, Devon

Fish & Chips – leckerer Imbiss mit Kultcharakter

Awards halten. In zehn britischen Regionen wird jeweils der beste Fish & Chips Shop ermittelt und aus diesen wird dann der Gesamtsieger gekürt. 2012 war dies die Firma Seniors aus dem Städtchen Thornton in der nordenglischen Grafschaft Lancashire.

Wer sich einen umfassenden Eindruck über die Vielfalt und Qualität britischer Lebensmittel verschaffen will, sollte einen der zahlreichen Märkte des Landes besuchen. Bis Ende der 1990er-Jahre waren sie eine fast ausgestorbene Spezies, mit dem neu erwachten Interesse an gutem Essen hat jedoch ein Umdenken eingesetzt. Heute gibt es in vielen größeren und kleineren Städten wieder **Farmers Markets**, also Bauernmärkte, auf denen lokale und regionale Produzenten ihre Waren anbieten. Der bekannteste britische Lebensmittelmarkt ist sicherlich der Londoner **Borough Market** nahe dem Bahnhof London Bridge. Auf dem Markt, der im 13. Jh. erstmals urkundlich erwähnt wurde, bieten etwa 130 Händler ihre Waren an, die strengen Qualitätskontrollen unterzogen werden. Darauf achtet eine Stiftung, die den einzigen unabhängigen Markt Londons verwaltet und leitet. Für den Einzelhandel und Besucher ist der Borough Market von Donnerstag bis Samstag geöffnet. Von Montag bis Mittwoch kann man allerdings dort von 10.00 bis 15.00 Uhr ein spätes Frühstück zu sich nehmen oder zu Mittag essen. Auch der samstägliche **Edinburgh Farmers Market** ist einen Besuch wert. Wo sonst kann man schon Wild-, Rind- oder Lammfleisch kaufen, das von einem Bauernhof stammt, der seit dem Jahre 1292 in Familienbesitz ist.

Eine neue Entwicklung stellen die ebenfalls ab dem Ende der 1990er-Jahre entstandenen **Food Festivals** dar, eine Mischung aus Bauern-

Märkte

Typische Gerichte

Jenseits von Fish & Chips

Die Globalisierung macht auch vor dem Essen nicht Halt, aber zum Glück gibt es überall auch noch Gerichte und Speisen, die fast ausschließlich in den betreffenden Ländern zubereitet und serviert werden.

Cullen Skink: Da kein schottischer Ort allzu weit vom Meer entfernt ist, verwundert es nicht, dass Fisch in der schottischen Küche eine große Rolle spielt. Cullen Skink ist eine gehaltvolle, sämige Suppe aus sogenanntem »finnan haddie«, einem kalt geräucherten Schellfisch sowie Kartoffeln, Zwiebeln und Milch.

Bara Brith: Das Früchtebrot aus Hefeteig ist eine walisische Spezialität. Der Name bedeutet wörtlich »gesprenkeltes Brot« und bezieht sich auf die kleingehackten getrockneten Früchte. Sie werden vor dem Backen meist über Nacht in Tee eingelegt, was dem Bara Brith seine etwas herbe Note verleiht. Am besten schmeckt es, wenn es mit leicht gesalzener Butter bestrichen wird.

Haggis: Das wohl typischste aller schottischen Gerichte ist der Haggis, ein Schafsmagen, der mit gekochten Innereien, Zwiebeln und Hafermehl gefüllt und mit viel Pfeffer gewürzt wird. Der zugenähte Magen wird in heißem Wasser gegart und erst am Tisch aufgeschnitten. Eine besondere Ehre erfährt die Speise am 25. Januar beim Burns Supper, wo jedes Jahr dem schottischen Nationaldichter Robert Burns gedacht wird und wo der Haggis im Mittelpunkt eines ausgedehnten Festmahls steht.

Cawl: In diesem schmackhaften Eintopf werden zwei Zutaten verwendet, die wie keine anderen für die walisische Küche stehen. Zum einen ist dies Lammfleisch, das in Wales in großer Menge und ausgezeichneter Qualität produziert wird. Zum anderen ist es der Lauch, das walisische Nationalgemüse, dazu kommen Zwiebeln, Karotten und Kartoffeln.

Cornish Pasty: Ein bekanntes Gericht aus dem Südwesten Englands. Eine halbrunde gebackene Teigtasche wird mit Rindfleisch, gewürfelten Kartoffeln, Rüben und Zwiebeln gefüllt. Die Cornish Pasty soll entstanden sein, weil die Bergarbeiter in den Zinnminen Cornwalls so eine komplette Mahlzeit mit unter Tage nehmen konnten. Die Pasties können heiß oder kalt gegessen werden. Heute gibt es auch viele Varianten der Füllung.

Game Pie: Die in ganz Großbritannien beliebten Pies sind warme Pasteten, herzhaft oder süß gefüllt. Bekannt sind u. a. Shepherd's Pie (mit Hackfleisch und Kartoffeln), Steak and Kidney Pie (mit Steak und Nierchen) oder der Apple Pie. Als ungekrönter König der Pies gilt vielen jedoch der Game Pie mit der Hauptzutat Wildfleisch: Hase, Kaninchen, Reh, Rebhuhn oder Fasan oder eine Mischung davon.

Bread and Butter Pudding: Ein echter Klassiker der Resteverwertung, denn einer der Bestandteile ist Brot, und zwar das von gestern. Andere Zutaten sind Eigelb, Zucker, Milch, Sahne, Rosinen und Butter. Eine ausgesprochen gehaltvolle, aber – vermutlich gerade deswegen – auch sehr schmackhafte Angelegenheit. An diese Nachspeise erinnert sich wahrscheinlich jeder Brite aus der Schulzeit und sie ruft bei nicht wenigen nostalgische Gefühle hervor.

Ploughman's Lunch: Ein eher bescheiden daherkommendes kaltes Gericht, das jedoch zweifellos zu den britischen Ikonen zählt. Traditionell besteht es aus einer dicken Scheibe Käse (meist Cheddar, es kann aber auch Stilton oder eine lokale Käsesorte sein), Pickle sowie Brot und Butter. Ergänzt werden kann dies noch durch Salat, Tomaten oder eingelegte Zwiebeln.

Pubs sind echte englische Institutionen.

markt und Kochshow, die teilweise wahre Menschenmassen anziehen. Zu den bekanntesten zählen sicher die Festivals in der mittelenglischen Stadt Ludlow sowie im walisischen Abergavenny.

Pubs Pubs sind eine **englische Institution**: gemütlich, heimelig und geeignet, dem oft zitierten englischen Regenwetter zu entrinnen. Hier trifft man sich zum Bier, zum Reden oder zu Snooker und Darts. Der Name »Pub« ist die Abkürzung für »Public House« – doch genau das waren viele Gasthäuser früher nicht, sondern sie unterschieden streng nach sozialer Herkunft. Bezeichnungen wie **Public Bar** (für Arbeiter), **Saloon Bar** (für Besserverdienende) oder **Private Bar** (für Gentlemen und Damen ohne Begleitung) stammen noch aus jener Zeit.

In vielen Pubs werden auch **Speisen** angeboten, von einfachen Snacks wie Sandwiches und Würstchen bis zu typisch britischen Gerichten wie Shepherd's Pie oder Steak & Kidney Pie. Zu vielen Pubs gehört ein Raum mit Restaurantplätzen, der erst abends öffnet. Wird eine Bestellung in einem Pub nicht aufgenommen, dann liegt das nicht an schlechtem Service, sondern an dem **Selbstbedienungssystem**. Getränke werden direkt an der Theke bestellt und sofort bezahlt, das Gleiche gilt manchmal auch fürs Essen. Große Tafeln rund um den Barbereich dienen häufig als Speisekarten, von denen dann ausgewählt werden kann. Traditionsbewusste Wirte halten sich an die alten Schankzeiten und **schließen** nachmittags zwischen 15.00 und 17.00 Uhr. Mit Ausnahme von Schottland sind in den Schankräumen der Pubs **keine Kinder** unter 14 Jahren zugelassen, manchmal gibt es aber spezielle »family rooms«. Jugendliche unter 18 Jahren müssen generell von einem Erwachsenen begleitet werden.

BRITISCHE GETRÄNKE

In einem sind sich Engländer, Waliser, Schotten und Iren einig: Alle trinken gerne Bier, und zwar meistens **ein Pint** (= 0,568 l), weshalb man im Pub nicht »ein Bier«, sondern z. B. »a pint of bitter« (oder »half pint«) bestellt. Und wie der Linksverkehr typisch britisch ist, hat auch das Bier im Vergleich zum restlichen Europa seine Eigenart, denn die britischen Brauer haben als einzige die traditionelle **obergärige Brauweise** beibehalten, als Mitte des 19. Jh.s andernorts auf untergärige Brauweise umgestellt wurde. Die britischen »Ales« haben daher allesamt den typischen spritzig-fruchtigen, manchmal leicht süßen Geschmack obergäriger Biere, wie man es vom Altbier oder Kölsch kennt. Dennoch sind diese Biere gewöhnungsbedürftig, denn sie werden meist ohne Schaum und nicht eisgekühlt serviert, um die Geschmacksnuancen zu betonen. Klassische Sorten sind das leichte **Pale Ale** aus der Flasche, das **Bitter** vom Fass (das typischste aller Ales, das im Fass ein zweites Mal reift; man sollte daher in Pubs darauf achten, ein **»real ale«**, also ein fassvergorenes, mit der Handpumpe gezapftes Bräu zu bekommen), das dunkle **Mild** vom Fass und das ebenfalls dunkle **Brown Ale** aus der Flasche. **Strong Ales** sind etwas stärker; im kühlen Schottland trinkt man gerne das kräftig-malzige, dunkle **Scotch Ale**. Die stärksten Biere sind die schweren **Barley Wines**, die wegen ihres hohen Alkoholgehalts in »nips« (ca. 0,2 l) ausgeschenkt werden.
Auch **Stouts** werden auf obergärige Art gebraut. Es sind kräftige, dunkle, malzstarke, aber bittere Biere mit meist dichtem Schaum. Am weitesten verbreitet ist das berühmte Guinness aus Dublin.
Zunehmend beliebter werden die **untergärigen Lagerbiere**, die deutschem Exportbier am nächsten kommen und mittlerweile mehr als die Hälfte des englischen Biermarkts ausmachen.

Bier (beer)

Wider Erwarten wächst in Großbritannien ein recht guter Wein, der auch schon internationale Preise erringen konnte. Die Römer brachten die Kunst des Weinbaus ins Land; im Mittelalter bauten vor allem Mönche Wein an und lernten dabei viel von den Winzern aus Bordeaux, das 300 Jahre lang zu England gehörte. Mit der Säkularisierung des Kirchenbesitzes unter Heinrich VIII. ging der Weinbau jedoch zugrunde. Heute liegen die Anbaugebiete in den **klimatisch günstigen Landschaften** Sussex, Hampshire, Somerset, Kent, Devon und Südwales, meistens werden Weißweine (Müller-Thurgau, Huxelrebe, Riesling, Schönburger, Seyval Blanc) produziert. Darüber hinaus wurde in Großbritannien recht erfolgreich mit der Herstellung von **Schaumweinen** nach der Champagnermethode begonnen.

Wein (wine)

Traditioneller **Aperitif** ist ein Sherry (Wein aus dem andalusischen Jerez), der in Großbritannien in ausgezeichneter Qualität angeboten wird. Nach der Mahlzeit und zu Gebäck trinkt man oft ein Glas Port-

Sherry, Portwein

Nationalgetränk Tee

Very british!

Großbritannien gilt als klassische Teetrinkernation. Der Nachmittagstee ist ein fester Bestandteil der britischen Lebensart. Scones, Sandwiches, Crumbles und Trifles machen den Afternoon Tea perfekt.

Tee ist nach Wasser das Getränk, das weltweit am meisten getrunken wird. Seine Wurzeln sind in China zu suchen. Glaubt man der Legende, trank der chinesische Kaiser Shen Nung vor gut 4700 Jahren den ersten Tee. Bei einem Spaziergang durch den Palastgarten wehte ein Windstoß dem Kaiser ein paar Blätter eines wild wachsenden Teestrauches in seine Trinkschale. Sie verliehen dem Wasser eine erfrischende Note, die den Kaiser begeisterte – und der Tee war erfunden.

Erst Jahrtausende später kam Europa auf den Geschmack. England begann im 17. Jh., Tee aus China zu importieren. Mitte des 18. Jh.s ersetzte Tee Bier und Gin als Lieblingsgetränk. Vermutlich war es ein schottischer Major, der um 1820 im Brahmaputra-Tal von Assam wilde Teesträucher entdeckte. Wenig später wurden die ersten Kisten mit Tee von Indien nach England verschifft und gewinnbringend an der Londoner Teebörse versteigert. Am 31. Dezember 1600 gewährte ein Freibrief von Queen Elizabeth I der britischen Ostindien-Kompanie ein Monopol auf sämtliche Handelsaktivitäten östlich des Kaps der Guten Hoffnung bis zur Magellanstraße – der Startschuss für ein Weltreich. Durch dieses Handelsmonopol, das bis 1833 bestand, diktierten die Engländer auch die Preise im Teegeschäft. Allerdings dauerte es Monate, bis die begehrte Ware aus den Anbaugebieten am Zielort eintraf. Das machte Tee so rar wie kostspielig. Mitte des 19. Jh.s lieferten sich die legendären Teeklipper wie die Londoner »Cutty Sark« im Kampf um hohe Frachtraten und Siegesprämien waghalsige Wettfahrten über die Weltmeere, um den Tee möglichst schnell nach England zu bringen.

Während London zum Zentrum des Welthandels aufstieg, wimmelte es an den Küsten zwischen Kent und Cornwall von Schmugglern. Wegen der hohen Teesteuer bezogen findige Händler die begehrte Ware lieber zollfrei von holländischen Schiffen im Ärmelkanal. Nach der Eröffnung des Suezkanals 1868 übernahmen Frachtdampfer den Transport, die schneller als jeder Segler die Terminfracht Tee in Londons Lagerhäuser brachten.

Heute kommt der meiste Tee aus Indien, Sri Lanka, China und Kenia, ist Tee ein Kultgetränk – und der Afternoon Tea ein Event, das gemütliche Teestuben, vornehme Adelssitze und Nobelherbergen mit Stil und Ideen zelebrieren.

A cup of tea, please!

»Es gibt wenige Stunden im Leben, die angenehmer sind als die der Zeremonie des Afternoon Tea«, schrieb Henry James 1881 in »A Portrait of a Lady«. Die Einführung des Afternoon Tea verdanken die

Engländer ebenfalls einer Lady, der 7. Duchess of Bedford. Da man zu Beginn des 19. Jh.s in Adelskreisen eher spät zu Abend aß, die Herzogin aber häufig vorher Hunger verspürte, ließ sie sich mit ihren Freundinnen nachmittags einen kleinen Imbiss aus Tee, Gebäck und Sandwiches zubereiten. Für Queen Victoria war Tee zeitlebens das Lieblingsgetränk – neben Whisky. Mit ihr wurde Tee zum Traditionsgetränk und im ganzen Empire zelebriert. Der berühmte Fünfuhrtee kam in den 1930er-Jahren auf, als Cafés und Salons der großen Hotels Tanztees mit Gebäck gaben. Die Erfindung des Teebeutels geht allerdings auf einen New Yorker Teehändler zurück: Thomas Sullivan verschickte als Erster Teeproben in kleinen Seidensäckchen an seine Kunden.

Hauptsache homemade

Stilecht kommt der Tee – of course – im blitzblank polierten Silbergeschirr mit Zuckerdose, Milchkännchen und zwei schweren Kannen voll heißem Wasser. In einer von beiden duften lose Teeblätter, vielleicht mit dem zarten Aroma frischer Primeln, das einen Frühlings-Darjeeling auszeichnet. Der First Flush dieses Hochlandtees gilt in Kennerkreisen als Nonplusultra. Als Beilage zum Cream Tea werden auf einer festlichen Etagere **haus-**

British Sweets – Engländer wissen einfach am besten, wie man sich jede Jahreszeit mit Tee und leckerem Gebäck versüßen kann!

Nationalgetränk Tee

Tea Time wie 1690 im Old Thatch Teashop auf der Isle of Wight

gemachte **Scones** mit eingedickter Schlagsahne und Erdbeermarmelade, Ingwerkekse und gehaltvolle **Sandwiches** gereicht. Die noch warmen Mürbeteig-Scones werden dick mit Marmelade und »Clotted Cream« bestrichen – ihr Fettgehalt liegt bei mindestens 55 Prozent. Zum Afternoon Tea, High Tea, Devonshire Tea oder Five o'clock Tea gehören auch Fruchttörtchen, Lemon-Curd- und Fudge-Kuchen, Biskuit-Trifles oder Rhabarber-Crumbles mit knusprigen Streuseln – alles natürlich selbst gemacht. Dazu kommen leckere Sandwiches mit Räucherlachs, Roastbeef und Shrimps.

Das richtige Timing

Ob grüner, schwarzer oder gar weißer Tee, in jedem Fall stammt er vom Teestrauch **Camellia Sinensis**. Tee ist der heiße Aufguss aus den gerollten, fermentierten und getrockneten Blättern und Blattknospen dieses Teestrauches. So wie Wein besser in einem Glas schmeckt, kann sich das Teearoma besser in einer feinen Porzellantasse entfalten. Auch Härtegrad und Temperatur des Wassers, die Menge der Teeblätter und die Ziehdauer bestimmen das Brühergebnis. Für jede Tasse kommen ein Teelöffel Tee sowie ein Löffel »for the pot« in die Kanne. Nach 2-3 Minuten wirkt der Teeaufguss anregend durch den überwiegenden Anteil an Koffein. Tee, der 4-5 Minuten gezogen hat, wirkt beruhigend durch einen höheren Gerbstoffanteil. Je nach Geschmack wird der Tee pur genossen oder mit Milch, Zucker, Zitrone, Rum sowie Sahne verfeinert.

Höchste Auszeichnung ist ein Top Tea Place Award der **Tea Guild**, einer Jury des United Kingdom Tea Council, der das ganze Land auf der Suche nach dem besten Afternoon Tea bereist und seit 1985 alljährlich den Michelinstern der britischen Teewelt verleiht (www.tea.co.uk).

Höchste Auszeichnung für besten Tee: ein Preis der Tea Guild

wein; britische Firmen importieren den größten und besten Teil der portugiesischen Produktion.

Immer beliebter als Getränk wird **Cider**, der britische Apfelwein. In den meisten Pubs wird neben verschiedenen Biersorten auch mindestens ein Cider angeboten, verbreitete Marken sind Bulmers, Strongbow oder Woodpecker. Wer die Möglichkeit hat, sollte einen Real Cider probieren, der aus nicht-pasteurisiertem Apfelsaft hergestellt wird und hauptsächlich in den Grafschaften Südwestenglands produziert und konsumiert wird. Kaum eine Rolle spielen dagegen **Birnenwein** (»perry«) oder **Honigwein** (»mead«).
Nicht zu vergessen ist natürlich auch der **Whisky**, und hier besonders der Single Malt, der seit einigen Jahren eine Renaissance erlebt (▶Baedeker Wissen S. 380).

Andere alkoholische Getränke

VON DEN EINHEIMISCHEN ABGESCHAUT

Weder in Restaurants noch in Pubs sollte man getrennt bezahlen. Die Frage nach separaten Rechnungen löst in der Regel Verwirrung aus und führt zu langen Wartezeiten, da es üblich ist, dass eine Person die Rechnung übernimmt. Ist man mit Engländern unterwegs, sollte man sich schnell an die **»rounds«**, das Rundenzahlen, gewöhnen.

Rechnung

In vielen Restaurants wird auf die Rechnung eine **Service Charge** von 10 % aufgeschlagen. Der Gast sollte dann kein weiteres Trinkgeld geben. Ist dies nicht der Fall, ist ein Trinkgeld von 10 – 15 % üblich. In Pubs gibt man kein Trinkgeld, selbst wenn man dort etwas isst.

Trinkgeld

Viele Restaurants bieten mittags und abends **günstige Menüs** zu Festpreisen an. In manchen erhält man mit speziellen Pässen (▶ S. 722) Vergünstigungen in Restaurants. Manchmal werden zu bestimmten Zeiten **Buffets** aufgebaut. Auch in Pubs zu essen, ist meist recht preiswert. Lokale mit der **»Les Routiers«**-Plakette gehören zu einem Netz von unabhängigen Pubs und Restaurants, die gute Küche, angenehme Atmosphäre und faire Preise bieten.
Indisch essen zu gehen, ist in der Regel sehr preiswert; indische Restaurants findet man in den Großstädten zuhauf. Auch chinesische, thailändische, vietnamesische, koreanische, indonesische Restaurants und das japanische Wagamama sind normalerweise recht günstig.
In **Einkaufszentren** findet man oft preiswerte Lokale, und auch die Museumsrestaurants sind mitunter nicht sehr teuer. Gute Adressen für Pizza sind Pizza Express und Ask Italian. Eine echte Alternative sind natürlich die Fish & Chips zum Mitnehmen für etwa 4 £ (▶S. 96). Ansonsten bleibt das **Sandwich** für 2 – 3 £ aus einer Sandwichbar oder abgepackt von Marks & Spencer, Pret A Manger oder Sainsburys.

Sparen

Feiertage · Feste · Events

What art thou, idle ceremony?

Millionen von Menschen sitzen entzückt vor den Fernsehschirmen, wenn die königliche Familie die Zuschauer an einem royalen Event teilhaben lässt. Königliches Ambiente und royale Atmosphäre lassen sich in einem Urlaub auch gut vor Ort erleben. Aber auch Nicht-Hochwohlgeborene verstehen zu feiern, und viele Feste und Veranstaltungen bieten einen guten Einblick in regionale Bräuche und die manchmal etwas skurrilen Traditionen der Briten.

Dass in Großbritannien seit vielen Jahrhunderten die verschiedensten Volksgruppen leben, die ihre Traditionen in die Neuzeit herüber gerettet haben, spiegelt sich nicht zuletzt in zahlreichen traditionellen Veranstaltungen des Landes wider. So etwa bei den **Highland Games**, für viele der Inbegriff alles Schottischen. Während der Wettkämpfe, die von Mai bis September ausgetragen werden, messen sich starke Männer in Kilts bei so seltsamen Disziplinen wie dem Baumstammüberwurf. Dazu gibt es Dudelsackmusik und natürlich den besten schottischen Single Malt. Selbst Mitglieder der königlichen Familie lassen sich dieses Spektakel nicht entgehen und besuchen jedes Jahr die Highland Games in Braemar.

Die kulturelle Vielfalt des Landes zeigt sich dem Besucher bei den zahlreichen **Musik- und Kulturfestivals**, die jedes Jahr im Vereinigten Königreich stattfinden. Auf dem **Eisteddfod** im Juli im walisischen Llangollen wird der walisischen Sprache und Musik gehuldigt, während beim Londoner **Notting Hill Carnival** Ende September karibische Lebensart und -freude die Straßen beherrschen.

Sehr englisch geht es bei den zahlreichen **Literaturfestivals** zu, wenn berühmte Autoren wie Jane Austen oder Charles Dickens bei Lesungen und Vorführungen gedacht wird, gerne auch in zeitgenössischen Kostümen.

Tradition verpflichtet!

Was wäre Großbritannien ohne all die kleinen Festivitäten und Veranstaltungen, die dem unvorbereiteten Beobachter ein spontanes, aber nachdrückliches »Die spinnen, die Briten« entlocken. Dass man Käse nicht nur verzehren, sondern auch den Berg hinunterrollen lassen kann, erfährt man während des **Cheese-Rolling Festivals**. Sumpfige Gräben bilden die Wettkampfstätte für die **World Bogsnorkelling Championship**, bei der Tauchfreunde aus aller Welt in Schlamm und Matsch um die Wette tauchen. Die Schneckenrennen bei den **World Snail Racing Championships** im August sind eine

Crazy Britain

Highland Dancing gehört in Schottland zum Feiern dazu.

In England wurde Rugby erfunden, in Wales ist es Nationalsport.

eher kontemplative Veranstaltung, wer es etwas schneller und aufregender mag, ist beim **Man versus Horse Marathon** in Wales sicherlich besser aufgehoben.

Hochkultur — Koryphäen aus der Kunstwelt geben sich bei Kulturfestivals wie dem **Edinburgh International Festival** oder den berühmten Promenaden-Konzerten, den **Proms** in London, die Klinke in die Hand. Ein wenig englisches Flair darf natürlich bei all den Veranstaltungen nicht fehlen und so sollte man sich seinen Picknickkorb mitnehmen, wenn man ein Konzert während des **Glyndebourne Festivals** besucht.

Royals — Der Queen kann man schließlich huldigen, wenn sie sich vom Volke während **Trooping the Colour** auf der Horse Guards Parade in London feiern und zum Geburtstag gratulieren lässt.

SPORTLICHE EVENTS

Britischer Sportsgeist — Großbritannien, und in erster Linie England, gilt als **Mutterland vieler Sportarten**, und der britische Sportsgeist ist sprichwörtlich. Wer eines der großen Sportereignisse mitbekommt, erlebt Großbritannien hautnah. Vor allem sollte man, wo immer sich die Gelegenheit bietet, eine typisch britische **Traditionssportart** anschauen. Wann und wo Sportveranstaltungen stattfinden, kann man der Tagespresse entnehmen.

Fußball — Großbritannien ist die Heimat des Fußballs. Einmalig ist bis heute die Stellung des britischen Fußballs in der Welt-Fußballgemeinde:

Feiertage · Feste · Events • ERLEBEN UND GENIESSEN

England, Schottland, Wales und Nordirland schicken – sofern sie die Qualifikation schaffen – **eigene Nationalteams** zu Welt- und Europameisterschaften und tragen landeseigene Meisterschaften aus. Die englischen Fußballer Stanley Matthews und Bobby Charlton haben es sogar zum Adelstitel gebracht (▶Baedeker Wissen S. 110).
Die großen Klubs der englischen Premier League sind FC Arsenal, FC Chelsea, Tottenham Hotspur, FC Liverpool, FC Everton, Newcastle United, Manchester City und Manchester United. Die Großen der schottischen Liga sind Traditionsvereine wie Celtic Glasgow (katholisch), Glasgow Rangers (protestantisch; in die 4. Liga strafversetzt) oder Hibernian Edinburgh. **Spiele der ersten Ligen** werden samstags um 15.00 Uhr oder mittwochs um 19.00 Uhr angepfiffen. Höhepunkt und Abschluss der englischen Saison ist das **Cup Final**, das im Mai im Londoner Wembley-Stadion ausgetragen wird und dessen Gewinn höher eingeschätzt wird als die Meisterschaft.

Der Nationalsport des Commonwealth ist das noble Cricket, das entfernte Ähnlichkeit mit Baseball hat und bisweilen mehrere Tage dauern kann. Das Ganze ist zugleich aber auch ein **gesellschaftliches Ereignis**: Man sitzt am Spielfeldrand bei Tee und Sandwiches und macht Konversation, an der sich auch Spieler beteiligen. Besondere Höhepunkte sind die Länderspiele der Commonwealth-Nationen. Das Mekka aller Cricketfans ist der Lord's Cricket Ground in London, wo es auch ein Cricket Museum gibt.

Cricket

Was der Lord's Cricket Ground für Cricketfans, ist Wimbledon für **Tennisanhänger**. Hier wird in der letzten Juni- bzw. der ersten Juli-Woche das berühmteste Tennisturnier der Welt ausgetragen. Wer Karten für den Centre Court haben will, sollte ein Jahr vorher an den All England Lawn Tennis Club schreiben – wer Glück hat, bekommt die Berechtigung zum Erwerb einer Karte zugelost. Man kann sich auch jeden Morgen so früh wie möglich in die Warteschlange einreihen und auf eine der täglich frei verkauften Karten hoffen.

> **? BAEDEKER WISSEN**
> *Wie Tennis nach Wimbledon kam*
>
> Kurios ist die Entstehungsgeschichte des Tennisturniers von Wimbledon: Als es dem All England Lawn Cricket Club 1877 an Geld für eine Rasenwalze mangelte, schrieb man ein Turnier in der gerade in Mode gekommenen Sportart Tennis aus und kaufte von den Startgeldern die Walze. Sie hat heute einen Ehrenplatz auf dem Klubgelände.

Wesentlich beliebter als auf dem europäischen Kontinent – mit Ausnahme Frankreichs und Italiens – ist Rugby. In der Saison von September bis Mai strömen zu den Spielen und insbesondere zu Ländermatches oft mehr Zuschauer als zum Fußball. Besondere Beliebtheit erfreut sich der **Six Nations Cup**, bei dem England, Schottland,

Rugby

Britischer Nationalsport

Mutterland des Fußballs

Fußballähnliche Spiele sind aus vielen Teilen der Welt bekannt. Doch in Großbritannien wurden die Regeln des heutigen Spiels festgelegt und die ersten Turniere gespielt. Deshalb hat das Inselreich immer noch vier Nationalmannschaften.

▶ **Die vier Nationalmannschaften Großbritanniens**

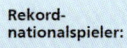

Rekord-nationalspieler:

Peter Shilton (125) **Heim** **Auswärts** Kenny Dalglish (102)

The Football Association (für England, Jersey, Guernsey und die Isle of Man) | **Scottish Football Association** (für Schottland)

British Home Championship
Von 1883 bis 1984 trugen die vier britischen Mannschaften alljährlich die Inselmeisterschaft aus. Es war das erste Fußballturnier mit Nationalmannschaften überhaupt.

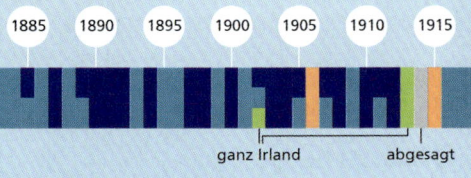

ganz Irland — abgesagt

▶ **Wer ist Rekordsieger?**

British Home Championship

54 | 41 | ganz Irland 2 | 6 | 12

Weltmeisterschaft (Endrundenteilnahmen & Platzierungen)

1x Weltmeister	Vorrunde	Viertelfinale	2x Viertelfinale
12	8	1	3

Europameisterschaft (Endrundenteilnahmen)

3. Platz	Vorrunde	
8	2	keine Teilnahme von Nordirland und Wales

▶ **Vorläufer des Fußballs**

Mallinie Mittellinie

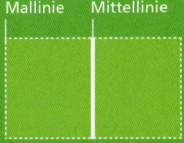

Mit Federn gefüllter Ball

»Tsu Chu«
Bei diesem Ballspiel, das wohl vom 3. Jh. v. bis zum 7. Jh. n. Chr. gespielt wurde, wird der Lederball durch eine 30 bis 40 cm breite Öffnung in ein Netz befördert. Er darf nur mit Füßen, der Brust, dem Rücken und den Schultern gespielt werden.

Japanisches »Kemari«
Die Spieler spielen sich in einem Kreis den Ball mit dem Fuß zu. Er darf den Boden nicht berühren; auf Körperkontakt wird verzichtet. Erstmals im 7. Jh. n. Chr. erwähnt.

Römisches »Harpastum«
Auf einem rechteckigen Feld spielen zwei Mannschaften mit einem kleinen Ball gegeneinander. Der Ball muss mit Fuß oder Hand über die Mallinie der gegnerischen Mannschaft befördert werden.

Die britische Fußballnationalmannschaft

Es gibt tatsächlich eine gesamtbritische Nationalmannschaft: Da das Internationale Olympische Komitee auf nur einer Mannschaft pro Land besteht, nahm an den Olympischen Spielen 2012 in London zum ersten Mal seit 1971 ein Team aus Spielern aller vier Verbände teil. Die Mannen um den walisischen Kapitän Ryan Giggs schafften es bis ins Viertelfinale.

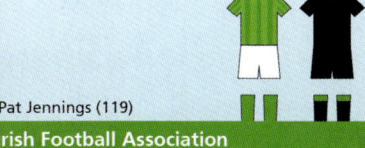

Pat Jennings (119) Neville Southall (92)

Irish Football Association **Football Association of Wales**
(für Nordirland – bis 1921 ganz Irland) (für Wales)

abgesagt   abgesagt   abgebrochen

Weltrangliste

©BAEDEKER

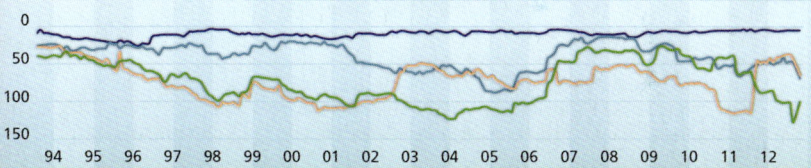

Der Weg zum modernen Fußball

Seit dem frühen 15. Jh. spielten englische Städte und Dörfer eine Art Fußball gegeneinander: Das Spielfeld war das Gelände zwischen den Stadttoren; erlaubt war so ziemlich alles.

Die Geburtsstunde

Im 19. Jh. wurde Fußball an Englands Schulen und Universitäten populär. 1848 formulierte die Universität Cambridge die ersten Regeln, 1857 wurde mit dem FC Sheffield der erste Klub gegründet. Am 26. Oktober 1863 trafen sich Vertreter von elf Klubs und Schulen, um einheitliche Regeln zu schaffen – die Geburtsstunde des Fußballverbandes FA.

Wettbewerbe

1872 wurde der FA Cup ins Leben gerufen. Auch Länderspiele fanden nun in Großbritannien statt: Das erste wurde am 30.11.1872 zwischen England und Schottland ausgetragen (0:0). Schottland, Wales und Irland gründeten bald darauf eigene Fußballverbände.

Entwicklung der Regeln

1866 Eckball und Freistoß
1870 Teamgröße: 11 Spieler
1871 Verbot des Handspiels
1872 Einheitliche Ballgröße
1874 Schiedsrichter
1875 Halbzeitpause und Seitenwechsel; einheitl. Torhöhe
1877 Platzverweis
1882 Einwurf
1883 Linienrichter
1891 Strafstoß

Polo ist nicht gerade ein preiswertes Freizeitvergnügen.

Wales, Irland, Frankreich und Italien die inoffizielle Europameisterschaft austragen.

Quoits
: Quoits wird vor allem in **Wales** gespielt, wo es sogar zwei Ligen gibt. Bei dem Spiel versucht man, den Quoit, einen 1,5 – 7 kg schweren Eisenring, um den 18 Yards entfernten eisernen Zielpflock zu werfen.

Curling
: Bei diesem Spiel, das in den schottischen Highlands erfunden wurde, muss ein 17 – 20 kg schwerer polierter Granitstein über eine Eisfläche ins 42 m entfernte Ziel geschoben werden. Die Teams bearbeiten dabei das Eis mit Schrubbern, um dem Curlingstein die richtige Geschwindigkeit und Richtung zu geben. Die anfangs belächelte Sportart ist seit 1998 **olympisch** und findet bei den Zuschauern immer größeren Anklang.

Highland Games
: Etwas Außergewöhnliches sind die Highland Games, die von Mai bis September in verschiedenen Orten Schottlands veranstaltet werden. Die berühmtesten finden in **Braemar** statt. Alle Wettkämpfer treten im Kilt zu verschiedenen Disziplinen an, deren spektakulärste das »Tossing the Caber« ist. Dabei muss ein 6 m langer Lärchenstamm mit Anlauf so nach oben geworfen werden, dass er auf der Spitze landet und in möglichst perfekter 12-Uhr-Stellung auf den Boden schlägt – also kein Weitwurf. Andere Disziplinen sind Hammerwerfen (25 kg), Gewichtwerfen (25 kg) nach oben, Dudelsackspielen und die verschiedenen Tanzwettbewerbe – am berühmtesten ist der Schwerttanz »Gille Calum«.

Feiertage · Feste · Events • ERLEBEN UND GENIESSEN

Ascot, Epsom und Derby sind weltweit Synonyme für exklusive Pferderennen, bei denen sich der **britische Hochadel** ein Stelldichein gibt. In Großbritannien beliebt, im Ausland umstritten, weil schon Pferde zu Tode gekommen sind, sind die **»Steeplechases«**, bei denen die Pferde in vollem Galopp zusätzlich Hindernisse überwinden müssen
Pferderennen

Sehr beliebt sind Hunderennen mit den rassigen **Greyhounds**, die auch als »Pferderennen des kleinen Mannes« bezeichnet werden.
Hunderennen

Polo ist ein exklusiver Pferdesport. Neben Argentinien ist Großbritannien eine der führenden Polo-Nationen. Auch Prinz Charles und sein Sohn Prinz William frönen dieser Leidenschaft.
Polo

Darts ist ein typisches **Kneipenspiel**. Dabei wirft man nicht nur einfach Pfeile auf eine Scheibe, sondern muss, je nach Spielweise, bestimmte Sektoren der Scheibe treffen. Darts wird von Profis gespielt und im Fernsehen direkt übertragen; Amateure spielen im Pub.
Darts

Snooker ist dem **Pool-Billard** verwandt, jedoch komplizierter. Wie Darts ist es ein Kneipenspiel für jedermann, es gibt aber auch Profi-Snooker, das im Fernsehen übertragen wird.
Snooker

GESETZLICHE FEIERTAGE

Die in England, Wales und Nordirland üblichen Bankfeiertage gelten in Schottland normalerweise tatsächlich nur für Banken und einige andere Institutionen. Dafür gibt es in Schottland noch einen weiteren Feiertag im Frühjahr und im Herbst.
Bank Holidays

ENGLAND UND WALES
1. Januar
New Year's Day

Karfreitag
Good Friday

Ostermontag
Easter Monday

25. Dezember
Christmas

26. Dezember
Boxing Day

NORDIRLAND
zusätzliche Feiertage zu denen in England und Wales:

17. März
St. Patrick's Day
(Festtag des Nationalheiligen)

Osterdienstag
Easter Tuesday

12. Juli
Orangeman's Day
(Feier zu Ehren des Siegs Wilhelms von Oranien)

BANK HOLIDAYS IN ENGLAND, WALES UND NORDIRLAND

Erster Montag im Mai
May Day Bank Holiday

Letzter Montag im Mai
Spring Bank Holiday

Letzter Montag im August
Summer Bank Holiday

BANK HOLIDAYS IN SCHOTTLAND

1. Januar
New Year's Day

2. Januar
2nd Day of New Year

30. November
St. Andrew's Day
(Festtag des Nationalheiligen)

25. Dezember
Christmas

26. Dezember
Boxing Day

Dazu kommen in Schottland die Spring Holidays und die Autumn Holidays.

EVENTKALENDER

Aktuelle Termine Da sich die Termine von Festen und Festivals verschieben können, sollte man sicherheitshalber bei den örtlichen Tourismusinformationen nachfragen. Vor der Reise kann man einen Blick in den Veranstaltungskalender von VisitBritain werfen (www.visitbritain.com/en/Events).

JANUAR
London Parade
Am 1. Januar kann man ab 11.45 Uhr zusammen mit rund 500000 anderen Menschen dem Zug von mehr als 10000 Akrobaten, Clowns, Blaskapellen und weiteren Künstlern aus aller Welt auf ihrem Weg vom Green Park zum Parliament Square folgen (www.londonparade.co.uk).

Chinesisches Neujahrsfest
in Chinatown und Soho, London (Ende Januar)

Celtic Connections
Festival keltischer Musik, Glasgow (www.celticconnections.com, Mitte Januar)

Burns Night
Am 25. Januar wird in Schottland dem großen Nationaldichter Robert Burns (1759–1796) gedacht. Dabei darf neben Lesungen natürlich die Nationalspeise, der Haggis, nicht fehlen. Man kann sich sogar eine kostenlose App herunterladen, um eine gelungene Burns Night auch außerhalb Schottlands zu feiern (www.scotland.org/celebrate-scotland/burns-night).

FEBRUAR
Crufts Dog Show
Riesige Rassehundeausstellung in Birmingham National Exhibition Centre »The NEC« (www.crufts.org.uk)

Trooping the Colour: Im Juni wird die Queen mit einer Parade geehrt.

MÄRZ
Belfast Music Festival
Nachwuchs präsentiert freie Rede, Schauspiel und Musical, Belfast (www.belfastmusic.org, erste Märzhälfte).

Head of the River Race
400 Rudermannschaften liefern sich ein Rennen auf der Themse zwischen Mortlake und Putney (www.horr.co.uk).

Oxford and Cambridge Boat Race
Bei der wohl weltweit berühmtesten Regatta liefern sich die Ruderachter der beiden ehrwürdigen Universitäten Oxford und Cambridge ein Rennen auf der Themse. Seit 1829 werden die Rennen alljährlich an einem Tag Ende März, Anfang April ausgetragen (www.theboatrace.org).

APRIL
London Marathon
Einer der weltweit größten Marathonläufe (www.virginlondonmarathon.com, Anfang April, evtl. auch Mai)

Queen's Birthday
Salutschießen zum Geburtstag der Queen (21. April)

MAI
Spirit of Speyside Whisky Festival
Natürlich steht bei dem fünftägigen Festival Anfang Mai das Wasser des Lebens, wie das goldgelbe Getränk auch genannt wird, im Vordergrund. Doch neben Whisky lockt die Region im Nordosten Schottlands auch mit kulinarischen Köstlichkeiten, musikalischen Darbietungen, Kulturveranstaltungen und nicht zuletzt mit

Tauziehen ist eine Disziplin bei den Highland Games im Mai.

ihrer wunderschönen Landschaft und unverfälschter Natur (www.spiritofspeyside.com).

Royal Windsor Horse Show
Pferdeschau, London (www.rwhs.co.uk, 2. Maiwoche)

Chelsea Flower Show
Die Ende Mai in London stattfindende Gartenausstellung lockt nicht nur mit Abertausenden Pflanzen und neuen Züchtungen, besondere Beachtung finden auch die Show-Gärten und Kunstgärten. Das nötige Gartenwerkzeug – auch mit besonderem Design – wird natürlich auch angeboten und man kann heimische und exotische Gewächse für den eigenen Garten erwerben (www.rhs.org.uk).

Brighton Festival und Brighton Fringe
Die Badewanne Londons, wie das Seebad an der englischen Südküste auch genannt wird, ist Austragungsort des größten Kunstfestivals in England. Neben Konzerten für klassische und moderne Musik werden Theaterstücke, Tanzveranstaltungen und Lesungen für ein internationales Publikum angeboten. Parallel zu diesem Festival findet das Fringe statt, bei dem Kabarett, Comedy, Konzerte und Ausstellungen von noch meist unbekannten Künstlern auf dem Programm stehen (www.brightonfestival.org, www.brightonfringe.org).

Bath International Music Festival
Musikfestival in Bath (www.bathmusicfest.org.uk, Mai – Juni)

Highland Games
Von Mai bis September in ganz Schottland (http://international.visitscotland.com/de.

Glyndebourne Festival
In schicker Abendgarderobe und mit Picknickkorb macht man es

Feiertage · Feste · Events • ERLEBEN UND GENIESSEN

sich auf dem Gelände nahe Lewes in East Sussex gemütlich und hört am Abend klassische Musik. Während des Klassikfestivals von Mai bis Juli, bei dem weltbekannte Musiker auftreten, muss zwar die Etikette gewahrt werden, aber picknicken, durch den Park und die Gärten spazieren und die Galerie besuchen ist nicht nur erlaubt, sondern sogar erwünscht (http://glyndebourne.com).

JUNI
Cheese-Rolling Festival
Seit mehr als 200 Jahren findet in Gloucestershire das inzwischen international beliebte Käserennen statt. Unter lautem Beifall stürzen waghalsige Männer und Frauen einem Käserad hinterher, das in rasendem Tempo den Berg herunterrollt. Genaueres über den Ursprung dieses Events, das immer mehr Zuschauer anlockt, ist nicht bekannt, man vermutet jedoch, dass der Grund alte Fruchtbarkeitsriten oder auch die Hoffnung auf eine erfolgreiche Ernte ist (www.cheese-rolling.co.uk).

Epsom
Eines der bekannten britischen Pferderennen (www.epsomderby.co.uk)

Beating the Retreat
Farbenprächtiger Zapfenstreich der Household Cavalry auf der Horse Guards Parade, London (www.trooping-the-colour.co.uk/retreat)

Trooping the Colour
Dicht gesäumt ist die Prachtstraße, die vom Buckingham Palace zur Horse Guards Parade führt, wenn die Queen sich anlässlich ihres offiziellen Geburtstags vom Volk feiern lässt. Der tatsächliche Geburtstag von Elisabeth II. ist der 21. April, da man aber um diese Zeit eher mit schlechtem Wetter rechnet, wurde die Geburtstagsparade auf den zweiten Junisamstag verlegt (www.trooping-the-colour.co.uk).

Royal Ascot Race Meeting
Alles, was Rang und Namen hat, erscheint bei diesem Pferderennen. Neben dem eigentlichen Wettstreit um das schnellste Pferd hat sich in Ascot ein Wettbewerb um die eindrucksvollste Kopfbedeckung bei den Damen entwickelt (www.ascot.co.uk, Mitte Juni).

City of London Festival
Musik und Theater stehen auf dem Programm; Beginn des Straßenfestivals in Covent Garden (www.colf.org, bis Juli).

Royal Highland Show
Highland Cattle, Schafe, Pferde und landwirtschaftliche Erzeugnisse, Edinburgh (http://royalhighlandshow.org, Ende Juni)

Tourist Trophy
Motorradrennen auf der Isle of Man in Douglas (www.iomtt.com)

Dickens Festival
Festival zu Ehren von Charles Dickens in Broadstairs (www.broadstairsdickensfestival.co.uk)

Glastonbury Festival
Rock in Glastonbury (www.glastonburyfestivals.co.uk)

Man Versus Horse Marathon
Jedes Jahr im Juni treten im walisischen Llanwrtyd Wells Menschen und Pferde im Wettkampf gegeneinander an. Seit 1980 wird der Wettbewerb ausgetragen, wobei 35 km in unwegsamem Gelände zu absolvieren sind. 2004 gelang es erstmals einem Menschen, das Ziel als Erster zu erreichen (www.green-events.co.uk).

All England Lawn Tennis Championships
Das berühmteste Tennisturnier der Welt, Wimbledon (www.wimbledon.com, Ende Juni, Anfang Juli)

JULI
Swan Upping
Schiffsprozession auf der Themse, bei der die Schwäne gezählt und die Jungtiere markiert werden.

Internationales Jazzfestival
In Glasgow (www.jazzfest.co.uk, Anfang Juli)

World Snail Racing Championships
Die Schneckenrennen werden seit 1960 jedes Jahr im ostenglischen Conham ausgetragen. Rekordhalter ist eine Schnecke namens Archie, die die vorgegebene Strecke in einer atemberaubenden Zeit von zwei Minuten absolvierte (www.snailracing.net).

Llangollen International Eisteddfod
Das Folklorefestival, das seit 1947 in der Stadt Llangollen in Nordwales stattfindet, ist weltweit das größte seiner Art und so treten auch Künstler aus aller Herren Länder auf, um ihre traditionellen Tänze, Gesänge oder Riten einem breiten Publikum bekannt zu machen. Da das Festival Menschen aus aller Welt in friedlicher Absicht zusammenbringt, wurde es 2004 sogar für den Friedensnobelpreis nominiert (http://international-eisteddfod.co.uk).

Admiral's Cup and Cowes Week
Berühmte Segelregatta und Jachtfestival nach Vorbild der Kieler Woche (www.cowes.co.uk, Juli – August)

Henry Wood Promenade Concerts
»Proms«: Konzertreihe von Jazz bis Symphonie in der Royal Albert Hall, London (www.bbc.co.uk/proms, Ende Juli – Mitte September)

Edinburgh Festivals
Im Sommer finden in Schottlands Hauptstadt zahlreiche Festivals statt. Jazzfreunde sollten schon Ende Juli herkommen, wenn während des Jazz & Blues Festivals über 120 Konzerte aufgeführt werden. Höhepunkte der Festivalsaison ist das International Festival, wenn die bekanntesten Namen der Kunstwelt im Rahmen von Konzerten, Opern, Theaterstücken und Tanzvorführungen ihr Publikum begeistern. Während des Festival Fringe verwandeln sich die Straßen Edinburghs in eine einzige Bühne für Straßenkünstler. Edinburgh Castle ist die grandiose Kulisse für das Military Tattoo, bei dem Militärkapellen

Das Fringe Festival in Edinburgh entstand als Alternativveranstaltung zum etablierten International Festival.

aus aller Welt und schottische Dudelsackgruppen aufspielen (www.edinburghfestivals.co.uk).

AUGUST
Notting Hill Carnival

Karneval der aus Westindien stammenden Londoner – nach Rio de Janeiro die größte Veranstaltung dieser Art auf der Welt (www.thenottinghillcarnival.com, Bank-Holiday-Wochenende)

World Pipe Band Championship

Weltmeisterschaft der Dudelsackspieler, Glasgow (www.theworlds.co.uk, Anfang August)

Brecon Fringe Festival

Musikfestival im hübschen walisischen Städtchen Brecon (www.breconfringe.co.uk)

World Bogsnorkelling Championship

Weltmeisterschaft der »Sumpftaucher« im walisischen Llanwrtyd Wells (www.green-events.co.uk)

SEPTEMBER
London Open House Annual Weekend

Ende September stehen für zwei Tage die Türen und Tore von rund 750 Gebäuden offen, zu denen man sonst keinen Zutritt hat. Neben architektonischen Highlights, die besichtigt werden können, werden verschiedene Touren organisiert und man kann an Veranstaltungen zum Thema Architektur teilnehmen. Besonderes Highlight ist eine Nachttour, bei der Gebäude besichtigt werden können, die sonst nur bei Tage

geöffnet sind (www.openhouse
london.org.uk).

Great River Race

Themseregatta von Ham House in die Londoner Docklands mit allen möglichen Vehikeln

Last Night of the Proms

Der Sommer neigt sich dem Ende zu und an einem Samstag Mitte September findet das Abschlusskonzert der Henry Wood Promenade Concerts in der Royal Albert Hall statt. Wer erwartet hätte, dass es hier eher gesittet zugeht, der irrt sich. In der grandiosen Konzerthalle werden Fähnchen aus aller Herren Länder geschwenkt, man sieht Menschen mit Pappnasen und der Dirigent macht ein paar Späße. Die zweite Hälfte des Konzerts wird bei den »Proms in the Park« im Hyde Park sowie an jeweils einem Ort in England, Schottland, Wales und Nordirland live übertragen. Man sollte textfest sein, um bei »Rule Britannia« und »God Save the Queen« mitsingen zu können (www.bbc.co.uk/proms).

BLAS Festival

Musik- und Kulturfestival in den Highlands, das besonders die gälische Kultur zelebriert (www.blas-festival.com, Mitte September)

Blackpool Illuminations

1 Mio. Glühbirnen erstrahlen in allen Farben, der Strom stammt ausschließlich aus erneuerbaren Energiequellen (www.visit blackpool.com/illuminations, Sept. – Anfang Nov.)

OKTOBER

Royal National Mod

Bedeutendstes Festival gälischer Künste und Kultur in Schottland, Oban (www.acgmod.org/nationalmod, Mitte Okt.)

NOVEMBER

London to Brighton Veteran Car Run

Alljährlich am ersten Sonntag im November machen sich Oldtimer-Freunde aus aller Welt mit ihren gut erhaltenen Fahrzeugen auf die 60 km lange Strecke vom Hyde Park ins Seebad Brighton auf. Das Spektakel, das bis ins Jahr 1896 zurückreicht, ist für Zuschauer kostenlos. Am Samstag kann man sich schon bei der Motorshow einstimmen, wenn Fahrzeuge auf der belebten Regent Street ausgestellt werden, die 125 Jahre Automobilgeschichte repräsentieren (www.veterancarrun.com).

Guy Fawkes Day

Jedes Jahr seit 1605 wird am 5. November der »Gun Powder Plot« mit Feuerwerk in London und zahlreichen Veranstaltungen in ganz England gefeiert. Dabei wird dem Mann gedacht, der Fässer mit Schießpulver in den Kellern unter dem Londoner Parlament versteckte, um das Gebäude in die Luft zu jagen, was jedoch fehlschlug. Dafür knallen in der »Bonfire Night« die Raketen und Knallfrösche umso lauter und die Menschen schließen sich Fackelzügen an.

Lord Mayor's Show

Der neue Lord Mayor fährt in seiner Staatskarosse von der Guildhall zu den Law Courts, um vom

Lord Chief Justice vereidigt zu werden, London (www.lord mayorsshow.org, 2. Samstag).

St. Andrew's Week
Eine Woche lang feiert das schottische St. Andrews (www.standrews festival.co.uk, Ende Nov.).

St. Andrew's Day
Feiern zu Ehren des schottischen Schutzheiligen, überall in Schottland (30. Nov.)

Belfast Festival at Queen's
Das Festival, das in den 70er Jahren des vergangenen Jahrhunderts eine Oase in einer Landschaft bildete, die von politischen Wirren dominiert war, hat sich zu einer international anerkannten Veranstaltung mit Konzerten, Theater, Tanz und Filmvorführungen entwickelt (www.belfastfestival.com).

DEZEMBER
The Kirkwall Ba'
Historisches Straßenballspiel in Kirkwall mit bis zu 400 Spielern, Orkney Islands (25. Dez. – 1. Jan.)

Edinburgh's Hogmanay
Immer mehr Menschen zieht es zum Jahresausklang nach Edinburgh, wo zu Silvester ein riesiges Straßenfest mit Feuerwerk stattfindet. Die Feierlichkeiten dauern vier Tage und Menschen aus aller Welt feiern dann mit den Schotten. Neben Fackelzügen und Konzerten werden auch Ceilidh-Kurse angeboten. Schottische Tänze, die sehr leicht zu erlernen sind, werden vorgeführt – dadurch wird viel schottisches Flair vermittelt. Es ist ratsam, sich für den Hogmanay schon vorher Karten zu sichern (www.edinburghs hogmanay.com).

Mit Kindern unterwegs

Play, Britannia!

Wer auf der Suche nach einem gigantischen Spielplatz ist, der ist in Großbritannien und Nordirland genau richtig. Was sind die vielen Burgen, die schnaufenden Dampfeisenbahnen oder die zahlreichen Strände denn anderes als Spielwiesen und Tummelplätze für Kinder und das Kind im Manne (oder der Frau)?

Museen sind hier keine langweiligen Orte, in denen man endlos lange Beschreibungen lesen muss, um etwas zu lernen, stattdessen werden Kinder dazu animiert, zu **experimentieren** und spielerisch neue Erfahrungen zu machen. Hoch im Kurs stehen die **Freizeitparks**, in denen man ohne Weiteres einen ganzen Tag verbringen kann. Wer mit seinen Kindern aktiv werden möchte, ist in den zahlreichen **Activity Centres** gut aufgehoben. Bei den historischen **Dampfeisenbahnen** und den **Burgen** ist es meist kein Problem, die lieben Kleinen zur Fahrt oder zum Besuch zu überreden – viel schwieriger gestaltet sich in der Regel die Aufgabe, sie wieder herauszulocken.

Hier ist der Nachwuchs richtig!

Die meisten Kinder sind eingefleischte Freizeitparkbesucher und kommen in Großbritannien voll auf ihre Kosten – etwa in **Legoland** bei Windsor, wo Kinder sich eine eigene Welt aus Lego bauen und weltberühmte Sehenswürdigkeiten – natürlich aus Lego im Miniaturformat nachgebaut – anschauen können. Außerdem kann man hier diverse Fahrattraktionen ausprobieren. Legoland ist bestens für Familien mit Kindern in verschiedenem Alter geeignet, es gibt alle möglichen Angebote für kleine Kinder und für größere.
Ein anderer Freizeitpark ist **Alton Towers** in Staffordshire weiter nördlich u. a. mit einer guten Achterbahn.
Freizeitparks sind leider ein **teures Vergnügen**, die Ausgaben lassen sich mitunter etwas reduzieren, wenn man vorbucht, außerdem, wenn man außerhalb der Hauptzeiten kommt und ein Familienticket kauft.

Freizeitparks

Bei Kindern wie bei Erwachsenen gleichermaßen beliebt ist die Fahrt mit einer der unzähligen historischen Dampfeisenbahnen. Dies liegt nicht zuletzt daran, dass die Strecken durch einige der **schönsten Landschaften** Großbritanniens führen. Die mit 300 000 Fahrgästen im Jahr beliebteste aller Museumsbahnen ist die **North Yorkshire Moors Railway**, die mit knapp 30 km auch die zweitlängste Strecke des Landes ist. Harry-Potter-Fans dürfte sie als Hogwarts Express

Eisenbahnen

An der Küste von Northumberland gibt's viel zu entdecken.

Techniquest: Ärmel hochkrempeln und ausprobieren!

bekannt sein, denn der 1865 errichtete und seitdem fast unveränderte Bahnhof Goathland diente bei der Verfilmung als Kulisse für Hogsmeade Station.

Sehr beliebt sind auch die sogenannten **Great Little Trains of Wales**, ein Zusammenschluss von zehn walisischen Schmalspurbahnen. Die Strecken befinden sich hauptsächlich im Norden des Landes, im Snowdonia National Park.

Eisenbahnfans sollten auch das **National Railway Museum** in York besuchen. Das größte Eisenbahnmuseum der Welt besitzt eine Sammlung von über 100 Lokomotiven und fast 200 andere Eisenbahnfahrzeuge britischer Bauart. Der Eintritt ist frei – wie bei allen britischen Nationalmuseen.

Eltern von Harry-Potter-Fans müssen in London einen kurzen Abstecher zum Bahnhof King's Cross unternehmen. Dort wurde in der Eingangshalle ein Schild mit der Aufschrift **Platform 9¾** angebracht und darunter verschwindet ein Gepäckwagen zur Hälfte in der Wand – ein beliebtes Fotomotiv für alle kleinen und großen Freunde des berühmten Zauberlehrlings.

Strände
An der **Südküste**, auf der Isle of Wight, in Cornwall und Devon oder auch in Pembrokeshire im Westen von Wales gibt es Sandstrände, die gut für Kinder geeignet sind. Ein Vorteil ist etwa auf der Isle of Wight der hohe Tidenhub: Am Ryde Beach zieht sich das Wasser bei Ebbe extrem weit zurück und hinterlässt überall am Strand **Salzwassertümpel**, in denen zum Teil kleine Fische auf die nächste Flut warten und die man getrost mit einem Netz herausfischen und genauer ansehen kann. An der **Nordküste** von Cornwall und Devon liegen etwas geschütztere Strände. An vielen Stränden gibt es spezielle Kinderprogramme.

Museen
Einige Museen sind auch für Kinder interessant, beispielsweise das **Techniquest** in Cardiff in Wales, eine Art Erlebnispark, wo man selbst verschiedene technische Phänomene ausprobieren kann. Der Eintritt für viele Museen, in London für fast alle, ist **kostenlos**, so

dass man einen Museumsbesuch mit Kindern gut ausprobieren kann, ohne Gefahr zu laufen, umsonst Geld ausgegeben zu haben. Auch kann man sich nur gezielt ein paar Sachen ansehen.

Festivals

Wenn man zum richtigen Zeitpunkt vor Ort ist und eines der vielen Feste und Festivals mitbekommt, ist das fast ein Garant für einen gelungenen Urlaubstag mit Kindern. Viele Feste nehmen Bezug auf alte Traditionen und Bräuche: alte Kostüme, Umzüge, Straßenkünstler, besondere **Spektakel** und Vorführungen, besondere Gerichte und Getränke gehören dann eigentlich immer dazu (▶S. 114).

Burgen

Alte Castles und Burgruinen gibt es zuhauf auf der britischen Insel. Für Kinder ist **Warwick Castle** schön: mit begehbaren Mauern, interessant eingerichteten Räumen und Wachsfiguren.

Tiere/ Tierparks

Wer **Pferde** liebt, muss durch den **New Forest** bei Salisbury fahren; dort laufen kleine Wildpferde am Straßenrand frei herum, auch das eine oder andere ungewöhnliche Tier kann man sehen, u. a. Hängebauchschweine und Gänse. Ponys findet man auf den **Shetlandinseln** oder im **Dartmoor**. In vielen größeren Städten gibt es einen Zoo. Eine andere Möglichkeit, dass Kinder in Berührung mit Tiere kommen, ist die Übernachtung auf dem **Bauernhof**, wo (Stadt-)Kinder auch noch einiges über das Leben auf dem Land lernen können.

Rad fahren

Zum Rad fahren mit Kindern eignet sich das **flache Ostengland** gut. Mit größeren Kindern, die eine gute Kondition für längere Strecken haben, kann man auch eine der **National Routes** fahren (▶S. 142).

Essen gehen mit Kindern

Viele Restaurants sind auf Kinder eingestellt. Manche haben sogar eine **Spielecke**. Auf der Speisekarte ist immer etwas für Kinder zu finden, manchmal gibt es auch eine spezielle **Kinderkarte**.

Vergünstigungen

Für Familien mit Kindern gibt es für Urlaube in Großbritannien verschiedene Vergünstigungen (▶S. 721).

Angebote für Kinder

NÜTZLICHE WEBSITES
Freizeitparks
www.themeparks-uk.com

Nostalgische Eisenbahnen und Dampfloks
www.heritage-railways.com
www.uksteam.info

Strände
www.goodbeachguide.co.uk

Tierparks und Zoos
www.zoos-uk.com

Ferien auf dem Bauernhof
www.farmstay.co.uk

Am Strand wird's so schnell nicht langweilig.

FREIZEITPARKS
Warner Bros. Studio Tours
Studio Tour Drive
Leavesden WD25 7LR,
ca. 32 km nordwestlich von London
Tel. *0845 0 84 09 00
www.wbstudiotour.co.uk/de
Mo.–Fr. 10.00–16.00
Sa., So. bis 18.00 Uhr
Erw. 28 £, Kind 21 £
Bei einem Besuch der Studios können u. a. die Harry-Potter-Filmsets, die Requisiten und Kostüme besichtigt werden. So kann man sich etwa in Dumbledores Büro umschauen oder durch die Winkelgasse mit ihren kleinen Geschäften und Läden spazieren. Außerdem werden auf der ca. dreistündigen Tour einige Geheimnisse über die Spezialeffekte und Animationstechnik gelüftet.

Legoland
▶S. 679
Winkfield Rd.
Windsor, Berkshire SL4 4AY
www.legoland.co.uk
Mitte März – Ende Okt.
tgl. 10.00 – 17.00, 18.00 oder 19.00 Uhr
Erw. 44,40 £, Kind 35,40 £
Nach dem dänischen Original in Billund war der nahe Schloss Windsor gelegene Freizeitpark das zweite Legoland, das weltweit eröffnet wurde. Auf dem 60 ha großen Gelände befinden sich sieben Themenwelten.

GESCHICHTE ERLEBEN
Beamish Open-Air Museum
▶S. 321
County Durham
Tel. 0191 370 40 00
www.beamish.org.uk
tgl. 10.00 – 17.00 oder 16.00 Uhr
Erw. 17,50 £, Kind 10 £
Beamish ist ein 120 ha großes Freilichtmuseum, in dem die Zeit im Jahr 1913 stehen geblieben scheint. Es gibt einen Bahnhof, ein Dorf für Minenarbeiter, einen Bauernhof und sogar eine Stadt mit Zahnarztpraxis, Läden und Betrieben. Alles ist bevölkert von Menschen, die in der Mode von 1913 gekleidet sind. Durch Stadt und Gelände fahren historische Straßenbahnen, O-Busse und Busse der Baujahre 1900 bis 1948.

St. Fagan's: National History Museum
▶S. 254
Rund 6 km westlich von Cardiff an der A4232
Tel. 029 20 57 35 00
www.museumwales.ac.uk
tgl. 10.00 – 17.00 Uhr, Eintritt frei
Eines der führenden europäischen Freiluftmuseen. Auf dem 40 ha großen Parkgelände befinden sich über 40 historische Originalgebäude aus ganz Wales, darunter ein Bauernhof, eine Schule, eine mittelalterlich Kirche und eine Reihenhaussiedlung. In Werkstätten zeigen Handwerker ihr Können. Darüber hinaus sind auf den Bauernhöfen des Museums zahlreiche alte Nutztierrassen zu sehen. Auch das 400 Jahre alte St. Fagan's Castle und seine Gärten können besichtigt werden.

Loch Ness & Urquhart Castle
▶S. 257
Nahe Drumnadrochit an der A82
www.historic-scotland.gov.uk
Castle:
April – Sept. tgl. 9.30 – 18.00
Okt. tgl. 9.30 – 17.00
Nov. – März tgl. 9.30 – 16.30 Uhr
Erw. 7,90 £, Kind 4,80 £
Direkt an den Ufern des Loch Ness liegt die romantische Ruine von Urquhart Castle. Die im 13. Jh. erbaute Burg war eine der größten des Landes. Von der Anlage aus haben Besucher einen schönen Blick auf große Teile des Loch Ness und so kann man einen Burgbesuch mit einer Suche nach Nessie verbinden. Wer mehr über das berühmte Ungeheuer erfahren will, hat im nahe gelegenen Dorf Drumnadrochit mit seinen beiden Besucherzentren dazu Gelegenheit.

Ffestiniog Railway
Porthmadog, Nordwales
Tel. 01766 51 60 24
www.festrail.co.uk
Mitte März – Ende Okt.
Erw. ab 13,10 £,
ein Kind unter 16 Jahren fährt kostenlos mit
Die 1832 gegründete Ffestiniog Railway gehört zu den »Great Little Trains of Wales« und ist die älteste noch existierende private Eisenbahngesellschaft der Welt. Die fast 12 km lange Strecke führt von Porthmadog an der Küste bis nach Blaenau Ffestiniog in den Bergen des Nationalparks Snowdonia. Dort wartet mit der ehemaligen Schiefermine Llechwedd Slate Caverns eine weitere Sehenswürdigkeit.

MUSEEN
Natural History Museum
▶S. 483
Cromwell Rd.
London SW7 5BD
Tel. 020 97 42 50 00
www.nhm.ac.uk
tgl. 10.00 – 17.50 Uhr
Eintritt frei
Dinosaurierfreunde kommen am Natural History Museum nicht vorbei. Waren es früher die riesigen Skelette, die die Menschen begeistert haben (noch heute werden die Besucher von einem 26 m langen Exemplar in der Haupthalle begrüßt), so ist es heute die lebensechte, computergesteuerte und knurrende Nachbildung eines Tyrannosaurus Rex, die zu den meistbesuchten Sehenswürdigkeiten des Museums zählt. In den Earth Galleries können Kinder ein simuliertes Erdbeben oder einen Vulkanausbruch bestaunen.

V & A Museum of Childhood
Cambridge Heath Rd.
London E2 9PA
Tel. 020 89 83 52 00
www.museumofchildhood.org.uk
tgl. 10.00 – 17.45 Uhr
Eintritt frei
Die zum Victoria & Albert Museum (▶S. 482) gehörende Sammlung zeigt Exponate, die für oder von Kindern gestaltet wurden. Ganz besonders interessant für die Kleinen sind die Puppen, Puppenstuben, Teddybären und Brettspiele, von denen einige bis ins 16. Jh. zurückreichen. Aber auch Kinderkleidung und -möbel sind im Museum of Childhood ausgestellt.

SPIELPLÄTZE
Coram's Field
Guilford St., London WC1N 1DN
www.coramsfields.org
9.00 Uhr – Sonnenuntergang
Eintritt frei
Auf der knapp 3 ha großen Parkanlage in der Nähe des British Museum in London gibt es Spielplätze, einen kleinen Bauernhof, einen Abenteuerspielplatz und Pools. Früher war hier ein Kinderheim.

Diana Memorial Playground
Kensington Gardens
Mai – Aug. tgl. 10.00 – 19.45
April, Sept. bis 18.45, März, Okt. bis 17.45, Feb. bis 16.45,
Nov. – Jan. bis 15.45 Uhr
Eintritt frei
Zutritt zu diesem Spielplatz im Andenken an Prinzessin Diana haben nur Kinder bis 12 Jahre und ihre Eltern. Ein hölzernes Piratenschiff, Indianerzelte, ein Bach, Schaukeln und jede Menge Grün machen den Memorial Playground zu einem Paradies für Kinder. Und da der Spielplatz umzäunt ist und weder Hunde noch Erwachsene ohne Kinder eingelassen werden, können die Eltern sich bei einer Tasse Kaffee entspannen, während die Kleinen herumtollen.

TIERE
Donkey Sanctuary Sidmouth
Slade House Farm
Sidmouth
Devon EX10 0NU
Tel. 01395 57 82 22
www.thedonkeysanctuary.org.uk
tgl. 9.00 Uhr – Sonnenuntergang
Eintritt frei

Mit Kindern unterwegs • ERLEBEN UND GENIESSEN

Der Gnadenhof in der Grafschaft Devon hat sich zum größten Asyl für misshandelte und vernachlässigte Esel in ganz Europa entwickelt. Hier können Kinder mit Eseln schmusen und einiges über das Leben und die Pflege der Tiere lernen. Wem einer der Esel beim Streicheln ganz besonders ans Herz gewachsen ist, kann ihn möglicherweise auch adoptieren.

Edinburgh Zoo
▶S. 337
134 Corstorphine Rd.
Edinburgh EH12 6TS
Tel. 01313349171
www.edinburghzoo.org.uk
tgl. April – Sept. 9.00 – 18.00
Okt., März 9.00 – 17.00
Nov. – Feb. 9.00 – 16.30 Uhr
Erw. 16 £, Kinder 11,50 £

Der Zoo in Edinburgh ist einer von nur vier europäischen Zoos, in denen Große Pandas bewundert werden können. Seit Dezember 2011 sind Yang Guang (Sonnenlicht) und Tian Tian (Liebling) Bewohner der schottischen Hauptstadt und werden für die nächsten zehn Jahre dort zu sehen sein. Der Edinburgher Zoo ist aber auch für die tägliche Pinguin-Parade um 14.15 Uhr berühmt.

Shopping

Shopping • ERLEBEN UND GENIESSEN

Britain for sale

Für ausländische Besucher war Shopping in Großbritannien lange ein etwas getrübtes Vergnügen. Nicht, dass das Angebot oder die Qualität zu wünschen übrig ließen, aber der Wechselkurs machte aus einem Einkaufsbummel eine teure Angelegenheit. Zum Glück sind die Zeiten, als man für ein britisches Pfund bis zu 1,70 € bezahlen musste, vorbei.

Wenn es ums Shoppen geht, ist **London** mit seinen über 30 000 Geschäften natürlich unangefochtener Spitzenreiter, und dies europaweit. In Oxford Street und Regent Street locken riesige Konsumtempel wie das Kaufhaus Selfridges oder das wunderbar britische Liberty mit seiner Fachwerkfassade. Saville Row und Jermyn Street sind erste Adressen, wenn es um Maßanzüge und handgefertigte Hemden und Schuhe geht. Hier lassen sich seit mehr als 100 Jahren Reiche und Berühmte aus aller Welt edle Stoffe auf den Leib schneidern. Das Kaufhaus **Harrods** im Stadtteil Knightsbridge ist Luxuskaufhaus und Touristenattraktion in einem, besonders die im Jugendstil ausgestatteten »Food Halls« in der Lebensmittelabteilung im Erdgeschoss sind ein Augenschmaus. Und dann gibt es noch die über 80 **Straßenmärkte**, etwa der weltgrößte Antiquitätenmarkt in der Portobello Road oder der über 400 Jahre alte Petticoat Lane Market im East End.

Kultläden

In den ehemaligen reichen **Industriestädten** verbindet sich oft die Pracht viktorianischer Architektur mit ganz wunderbaren Einkaufsmöglichkeiten. So etwa in **Leeds**, dem ehemaligen Zentrum der britischen Textilindustrie, wo die Arkaden des Victorian Quarter, der Corn Exchange und der Kirkgate Market, Großbritanniens größte Markthalle, zum Shopping einladen. Auch der Stadtteil Grainger Town in **Newcastle**, mit seinen um 1830 errichteten klassizistischen Bauten ist mittlerweile ein Einkaufsparadies. Die walisische Hauptstadt Cardiff trägt nicht umsonst den Beinamen »City of Arcades«, denn in keiner anderen britischen Stadt gibt es mehr Einkaufspassagen aus edwardianischer und viktorianischer Zeit – ein wirklich einzigartiges Einkaufserlebnis.

Industriechic

Was Harrods für London ist Jenners für **Edinburgh**. Das 1895 in der Princes Street eröffnete Kaufhaus ist innen wie außen ein architektonisches Kleinod und steht in der höchsten Denkmalschutzkategorie, genau wie Edinburgh Castle oder Holyrood Palace, die schottische

Shoppen im Denkmal

Trödelkram auf dem Portobello Market in London

Residenz der Königin. Selbst hartnäckige Einkaufsmuffel werden vor der Schönheit der Grand Hall ihre Augen nicht verschließen können.

Shopping Malls

Wenn man es aber wirklich darauf anlegt, einen ganzen Tag mit Einkaufen zu verbringen, dann sollte man eines der gigantischen **Einkaufszentren** besuchen, die in den letzten Jahren in Großbritannien entstanden sind. Angeführt wird die Liste vom MetroCentre im nordenglischen Gateshead, das über eine Verkaufsfläche von sagenhaften 194 000 m² verfügt. Dahinter folgen das Trafford Centre bei Manchester und die Westfield Stratford City, nahe dem neuen Olympiapark in London.

Früher als auf dem Kontinent entstanden auf der Insel sogenannte **Factory-Outlet Centres**, bei denen jeweils mehrere Hersteller ihre Markenartikel preiswert anbieten und von denen es in Großbritannien mittlerweile fast 40 gibt.

Kunsthandwerk

Wer auf der Suche nach etwas Besonderem ist, sollte sich auf einem der zahlreichen **Arts & Craft Markets** umsehen, die es überall im Land gibt. Auf diesen Märkten werden Produkte lokaler Künstler und Handwerker von oft herausragender Qualität angeboten. Die Devon Guild of Craftsmen beispielsweise unterhält in einer ehemaligen Mühle im Städtchen Bovey Tracey Verkaufsräume, die sieben Tage in der Woche geöffnet sind.

Souvenirs und Mitbringsel

Teetrinker können unter vielen feinen Sorten wählen. Dazu passen englisches Teegebäck wie etwas Scones, Süßigkeiten und die köstlichen Marmeladen (»jam«). Für **Whiskyfreunde** ist Schottland ein Paradies – vor allem der ausgezeichneten Single Malt Whiskys wegen. Berühmt ist auch der englische Gin. **Pfeifenraucher** finden allerfeinste Tabake und die passenden Pfeifen dazu.

Keramik erhält man in der mittelenglischen als »The Potteries« bezeichneten Region um Stoke-on-Trent besonders günstig. Wer etwas Besonderes aus Schottland mitbringen möchte, kauft einen **Dudelsack**. Liebhaber von **Antiquitäten** (Möbel, Silber u.a.) haben reichlich Auswahl, und nicht vergessen sollte man das große Angebot an Spazierstöcken und Regenschirmen. Normalerweise findet man auch in den **Museumsshops** schöne Mitbringsel.

Textilien und Leder

Gern gekauft werden auch Textilprodukte: Paisley-Tücher, Kaschmir- und Shetland-Pullover oder Twin-Sets, mitunter auch Schaffelle und Bärenfellmützen. Wer sich richtig gut einkleiden möchte, kauft einen Trenchcoat von Burberry oder einen **Anzug aus Tweed**. Schottische Tweeds besitzen meist kleinrapportige Dessins (am berühmtesten ist der Harris-Tweed), während irische Tweeds großflächig gemustert und farbintensiver sind. Beliebt sind auch Anzüge aus strapazierfähigem Shetland, ein Stoff aus gröberer Wolle in Melange-

Das wäre wohl das ausgefallenste Mitbringsel aus Schottland …

optik. Hemden und Mäntel, Schottenröcke (Kilts), Wolldecken im bekannten Karomuster sind ebenfalls typisch schottische Erzeugnisse. Schön sind auch Produkte aus irischem Leinen. An Lederwaren findet man Jacken, Gürtel und, besonders schön, handgefertigte, exklusive Schuhe.

Auf die meisten Waren und Dienstleistungen – auch in Hotels und Restaurants – wird eine Mehrwertsteuer (Value Added Tax = VAT) in Höhe von **20 %** berechnet. Nicht-EU-Bürger können sich die VAT bei der Ausreise erstatten lassen, wenn sie sich in Geschäften, die am Programm zur Exportförderung teilnehmen (zu erkennen am »Tax Free«-Schild) eine Bescheinigung ausstellen lassen.

Mehrwertsteuer

Nach Abschaffung des Ladenschlussgesetzes können Ladenbesitzer ihre Geschäfte rund um die Uhr geöffnet haben. In einigen ländlichen Gebieten gibt es noch den **»Early Closing Day«**, ein Wochentag, an dem alle Geschäfte schon um 13.00 Uhr schließen.

Öffnungszeiten

Übernachten

It's been a hard day's night

Großbritannien und Nordirland bieten ein breit gefächertes Angebot an Übernachtungsmöglichkeiten, egal ob man es lieber traditionell oder modern möchte, nobel-britisch oder gerne ländlich-familiär. Oder wie wäre es mit einem echten Schloss oder einem Zimmer in einer alten Abtei?

In Großbritannien gibt es eine Vielzahl guter bis herausragender Hotels, die allerdings auch entsprechend teuer sind. Hotels **auf dem Land** bieten zur Wochenmitte teilweise spezielle »Midweek Breaks« zu günstigeren Konditionen an. Die Hotels in **London** wiederum sind am Wochenende preiswerter, weil dann die vielen Geschäftsleute nicht mehr in der Stadt sind. Wer im Hotel wohnen möchte, aber nicht unbedingt den Luxus sucht, ist in **Budget Hotels** und **Hotelketten** wie Premier Inn, Holiday Inn Express gut aufgehoben. Die meist kleinen Zimmer sind zweckmäßig ausgestattet, bieten aber keinen weiteren Komfort. In der Nähe von Bahnhöfen und Autobahnen findet man **Travel Lodges**, die einen festen Preis für ein Zimmer verlangen, egal ob man alleine oder zu zweit darin wohnt.

Hotels

Großbritannien und Irland sind die Länder, in denen Bed & Breakfast (B & B) eine lange Tradition hat. Diese Unterkünfte sind bei Urlaubern, die sich meistens nur ein oder zwei Nächte an einem Ort aufhalten, sehr beliebt. Man wohnt bei einer **britischen Familie**, schläft meist in einem gemütlich eingerichteten Zimmer und bekommt am Morgen ein **üppiges, frisch zubereitetes Frühstück** serviert. Im Preis inbegriffen sind auch Informationen zu örtlichen Sehenswürdigkeiten und Insider-Tipps. Die Unterkunft kann in einem ganz normalen Privathaus, einem Farmhaus, einem Landgasthof oder einem luxuriösen Landsitz sein. B & Bs sind übers ganze Land verstreut, selbst in den entlegensten Winkeln findet man noch ein Bett für die Nacht. Schilder mit der Aufschrift »Vacancy« (frei) oder »No Vacancy« (voll) stehen gut sichtbar vor den Häusern an der Straße und man kann gleich eintreten und sich das Zimmer ansehen. Vorab buchen (in der Hauptsaison empfehlenswert) kann man über verschiedene Agenturen.

Bed & Breakfast

Wenn Geld keine Rolle spielt, dann sollte man sich den Luxus leisten, sich in ein **Schloss-** oder **Landhotel** einzumieten. Oft sind die Räume mit **Antiquitäten** möbliert, die Speisekarte bietet kulinarische

Besonderes Flair

Atmosphärische Lage: Hotel im malerisch-steilen Clovelly

Köstlichkeiten, im **Weinkeller** finden sich erlesene Tröpfchen und der Besucher ist zu ausgedehnten Spaziergängen in den umgebenden **Parkanlagen** eingeladen. Auf eine familiäre und zuvorkommende Atmosphäre wird stets geachtet und so darf man sich ein bisschen wie ein britischer Adliger fühlen.
Die Denkmalschutzorganisation National Trust, der Landmark Trust oder Distinctly Different bieten zudem **außergewöhnliche Unterkünfte** wie Schlösser, Mühlen, Leuchttürme, Kirchen, Polizeistationen oder gar Doppeldeckerbusse an (▶Baedeker Wissen S. 139).

Inns

Eher rustikal, dafür aber urgemütlich geht es in den sogenannten Inns zu, jahrhundertealte **Gasthäuser**, die den Charme vergangener Zeiten versprühen. Die Inns, die meist nur über wenige Zimmer verfügen, sind bequem ausgestattet und preislich durchaus im Rahmen. Die Gäste erwartet meist eine hervorragende Küche mit **regionalen Spezialitäten** und Bieren aus umliegenden Kleinbrauereien.

Familienurlaub

In vielen Hotels, Lodges und Jugendherbergen gibt es Zimmer für Familien, so genannte »**Family Rooms**« mit drei bis fünf Betten, für die ein Zimmerpreis und nicht pro Person berechnet wird. Der Preis für einen »Family Room« liegt deutlich unter dem für zwei Doppelzimmer. Für **Familien** bieten sich außerdem **Self-Catering Homes** (Selbstversorgerunterkünfte) an. Hier reicht das Spektrum von einfachen, aber ursprünglichen Cottages auf dem Land oder an der Küste bis zu noblen Apartments in der Stadt. Etwas ganz Besonderes ist ein Urlaub auf dem **Bauernhof**, wo meist Übernachtungen mit Frühstück und teilweise auch Halbpension angeboten werden.

Günstige Alternativen

Wer nur über ein kleines Budget verfügt und den Kontakt zu anderen Menschen nicht scheut, der hat die Qual der Wahl bei über 300 **Youth Hostels**, die – vielfach idyllisch gelegen – inzwischen auch einen gewissen Komfort bieten. In den Sommermonaten räumen die Studenten ihre Zimmer, und Urlauber können die Räume in den **Studentenwohnheimen** von teilweise altehrwürdigen Universitäten beziehen.
Die Briten sind große Campingfans, und so sind die **Campingplätze**, auf denen Zelte, Wohnwagen und Wohnmobile erlaubt sind, entsprechend gut ausgestattet. Wer nicht mit dem eigenen Wohnwagen auf die Insel kutschieren will, kann sich auch in einen Wohnwagen bzw. ein feststehendes Holiday Home einmieten.
Um Kosten bei der Übernachtung zu sparen, haben inzwischen auch **Home Exchange Agencies** (Vermittlungsagenturen) regen Zulauf. Das System ist einfach: Man mietet sich bei einer britischen Familie ein, während diese es sich bei Ihnen zu Hause gemütlich macht. Es fallen nur Vermittlungsgebühren für die Agentur an (▶S. 26).

DIE PASSENDE UNTERKUNFT FINDEN

Ausstattung und Komfort der Unterkünfte sind durch **Sterne** gekennzeichnet, viele Häuser wurden auch von der Automobile Association (AA) oder, wenn sie einen hohen ökologischen Anspruch haben, mit dem **Green Award** bewertet.
Die Hotelpreise sind in **London** insgesamt höher und gerade bei günstigen Unterkünften erfüllen Ausstattung und Komfort nicht immer die Erwartungen. Von daher sollte man sich vor der Buchung genauer im Internet informieren.

Ausstattung und Preise

In den B & Bs ist, wie der Name schon sagt, ein üppiges **Frühstück** inbegriffen, in vielen Hotels muss man für die erste Mahlzeit des Tages hingegen teilweise saftige Aufpreise bezahlen. Dabei wird zwischen **Continental Breakfast** (Tee/Kaffee, Toast, Marmelade und ggf. Cerealien) und **Full Breakfast** unterschieden, bei dem u. a. Baked Beans, Speck, Tomaten, Champignons und Eier serviert werden (▶S. 94).

Verpflegung

Preiskategorien
Preis für ein Doppelzimmer:
- ©©©© über 150 £
- ©©© 80–150 £
- ©© 40–80 £
- © unter 40 £

Für die **Buchung** von Unterkünften in ganz Großbritannien bieten die Website von **VisitBritain** (www.visitbritain.com/de/DE) und die regionalen Seiten von London, England, Schottland, Wales und Nordirland einen Anlaufpunkt. Auch über Hotelreservierungsportale kann man buchen, vor allem Stadthotels.
Wer **einfach losfahren** will, kann sich in den Tourist Information Centers (TIC) vor Ort über freie Zimmer informieren. Zur Hauptreisezeit im Juli und August sollte man allerdings reservieren!

Nützliche Adressen

B&B, SELF-CATERING
Ferienhäuser am Atlantik
Tel. 02533 93 13 0 (D)
www.ferienhaus-neukirchen.de

British Link Tours
Tel. 06130 94 68 93 (D)
www.british-link-tours.de

England for Runaways
Tel. 06104 78 96 80 (D)
www.britain.de

Britain & Ireland Tours
Tel. 030 6 87 53 39 (D)
www.britain-ireland-tours.de

Britain Travel
Unterkünfte in Schottland
Tel. 040 73 50 85 60 (D)
www.scotland.de

CS Travel GmbH
Unterkünfte in Nordirland
Tel. *01805 99 19 31 (D)
www.cstravel.de

Forest Holidays
Bath Yard
Moira, Derbyshire DE12 6BA
Tel. *0845 1 30 82 23
www.forestholidays.co.uk

LUXUSHOTELS
Britain's Finest
Unit 4, Station Yard
Hungerford RG17 0DY
Tel. 01488 68 43 21
www.britainsfinest.co.uk

AUF DEM BAUERNHOF
Farm Stay UK Ltd.
National Agriculture Centre
Stoneleigh Park
Warwickshire CV8 2LG
Tel. 024 76 69 69 09
www.farmstay.co.uk

JUGENDHERBERGEN
England & Wales:
Youth Hostel Association
Trevelyan House, Matlock
Derbyshire DE4 3YH
Tel. 01629 59 27 00
www.yha.org.uk

Schottland:
The Scottish Youth Hostel Association
7 Glebe Crescent, Stirling FK8 2JA
Tel. *0845 2 93 73 73
www.syha.org.uk

Nordirland:
Hostelling International Northern Ireland
22-32 Donegall Rd.
Belfast BT12 5JN
Tel. 028 90 32 47 33
www.hini.org.uk

Unabhängige Jugendherbergen
www.independenthostelguide.com

STUDENTENWOHNHEIME
Venuemasters
The Workstation
15 Paternoster Row
Sheffield S1 2BX
Tel. 0114 2 49 30 90
www.venuemasters.co.uk

CAMPING/CARAVANING
www.campingandcaravanningclub.co.uk
www.caravanclub.co.uk

WOHNUNGSTAUSCH
www.homeexchange.com
www.homeforexchange.com

UNGEWÖHNLICHE UNTERKÜNFTE
National Trust
www.nationaltrustcottages.co.uk

Landmark Trust
www.landmarktrust.org.uk

Distinctly Different
www.distinctlydifferent.co.uk

Ungewöhnliche Unterkünfte

Wenn die Nächte unvergesslich sind ...

Den Briten haftet ja der Ruf an, in gewissen Dingen etwas skurril und seltsam zu sein – und so wundert es nicht, dass man gerade hier eine große Anzahl außergewöhnlicher Unterkünfte findet.

Eine traumhafte Nacht versprechen viele Unterkünfte, aber sein Haupt in den Wolken zu betten, ist eher nicht alltäglich. Das **House in the Clouds** (www.houseintheclouds.co.uk) im ostenglischen Suffolk lässt diesen Traum wahr werden – nicht ganz billig, aber dafür sehr komfortabel! Der ehemalige Wasserspeicher wurde 1987 zu einem dreistöckigen Haus mit fünf Schlafzimmern, Speisezimmer und prächtigem Dachzimmer umgebaut.

Die Engländer sind ausgesprochene Eisenbahnfreunde und so ist es kein Wunder, dass sie auch ausgediente Eisenbahnwaggons zu nutzen wissen. In Hampshire an der englischen Südküste dient der luxuriös ausgebaute **Eisenbahnwagen Tulip** (www.tulipselsey.co.uk) als Selbstversorgerunterkunft direkt am Strand von Selsey. Blank polierte Türgriffe, verschnörkelte Beschläge und dekorative Gepäcknetze sind nur einige der nostalgischen Elemente. Auf eine moderne Ausstattung mit Flachbildschirm, Wasch- und Spülmaschine sowie Kühlschrank muss dabei nicht verzichtet werden. Und vom Schlafzimmer aus kann man sich noch vor dem Frühstück in die Fluten stürzen.

In Schottland gibt es viele Kirchen und Abteien, aber weil auch hier die Zahl der Gläubigen zurückgeht, stellt sich die Frage: Was tun mit den vielen zauberhaften Kirchen? Einfach verfallen lassen oder sie sinnvoll nutzen? Auch nichtgläubige Gäste sind im **Parrandier, the Old Church of Urquart** (www.oldchurch.eu) willkommen. Das Vier-Sterne-B&B liegt unweit der schottischen Nordseeküste nahe der Stadt Elgin. Umgeben von einem großen Garten mit kleinem Teich kann man im Angesicht Gottes einen erholsamen Urlaub erleben, die Schlösser und Burgen in der Umgebung besuchen und sogar einen Abstecher in die Whiskyregion Speyside machen.

Was sind das für seltsame Kuppeln, die im walisischen Cilgerran so einfach auf der Wiese herumstehen? In Natur eingebettet liegt der **Fforest Campingplatz** (www.coldatnight.co.uk), die Verwirklichung eines Traums vom einfachen Leben im Freien. Man muss sich allerdings nicht von dem ernähren, was die Wälder und Felder hergeben, für ein gesundes Frühstück mit Zutaten aus lokalem Bio-Anbau ist gesorgt. Gelegentlich wird auch ein reichhaltiges Abendessen serviert.

Das »House in the Clouds«

Urlaub aktiv

Urlaub aktiv • ERLEBEN UND GENIESSEN

I'd like to be under the sea

Natürlich kann man seinen Urlaub damit verbringen, sich am Strand genüsslich in der Sonne zu rekeln. Und natürlich ist das auch an den zahlreichen Stränden in Großbritannien und Nordirland möglich, nur würde man sich damit der Chance berauben, seine Ferien aktiv zu gestalten und dabei die wunderschöne Landschaft, die vielfältige Natur und die zauberhaften Gärten näher kennenzulernen oder in das kulturelle Erbe einzutauchen.

Die **abwechslungsreiche Landschaft** erschließt sich dem Besucher am besten, wenn er die Wanderstiefel schnürt, in die Pedale tritt, das Paddel in die Hand nimmt oder den Golfschläger schwingt. Die 15 Nationalparks mit ihrem Netz von über 21 000 km **Rad- und Wanderwegen** sind ideale Spielwiesen für alle Outdoor-Fans, egal ob man nun einen kurzen Spaziergang machen möchte oder eine mehrtägige Fahrradtour absolvieren will.

Wandern und Bergsteigen

Viele landschaftlich schöne Gebiete liegen abseits der Straße und sind nur zu Fuß zu erreichen. Besonders in den National Parks, Areas of Outstanding Natural Beauty und an den Heritage Coasts kann man herrliche Wanderungen unternehmen. Schöne Klettergebiete findet man in Schottland um den Ben Nevis und in Wales um den Snowdon, wo der Schwierigkeitsgrad zwar nicht allzu hoch ist, die Wetterunbilden aber nicht unterschätzt werden dürfen!
Die mit dem Eichelsymbol markierten **Fernwanderwege** sind für erfahrene Wanderer angelegt. Die pulsierende Stadt Glasgow hinter sich lassend, taucht man auf dem 154 km langen **West Highland Way** in die Schönheiten der schottischen Landschaft am Loch Lomond ein und bezwingt am Ende Ben Nevis, den höchsten Berg Großbritanniens. Als anstrengendste Route gilt der 431 km lange **Pennine Way**, der von Edale in nördlicher Richtung durch einsame Landstriche und wildromantische Hochmoore nach Kirk Yet-holm an der schottischen Grenze verläuft. **Offa's Dyke Path** folgt der vom Sachsenkönig Offa im 8. Jh. angelegten Grenzbefestigung zwischen England und Wales über 285 km von Chepstow im Süden nach Prestatyn im Norden. Der Küstenwanderweg **Pembrokeshire Coast Path** durch Südwales zieht sich entlang atemberaubender Klippen durch ein Vogelparadies mit reicher Pflanzenwelt und phantastischen Ausblicken. Der **Tarka Trail** führt über 290 km durch die Moore von Nord-Devon, der **South Downs Way** erschließt Teile der

Wandern am Bergsee Llyn Idwal im Snowdonia National Park

Über Berg und Tal: Radfahren in Wales

englischen Südostküste. Mit über 1000 km ist der **Ulster Way** der wohl längste Wanderweg im Königreich – natürlich können auch Teilstrecken absolviert werden. Die Schönheit der nordirischen Landschaft ist überall zu entdecken.

Geführte und organisierte Wanderungen mit Unterkunft und getrennter Gepäckbeförderung werden von verschiedenen Veranstaltern angeboten.

Rad fahren Großbritannien per Fahrrad zu erobern, ist sicher eine der schönsten Möglichkeiten, das Land kennenzulernen. Fahrräder kann man in vielen Orten leihen und auch günstig mit der Bahn transportieren. Die normalen Straßen sind jedoch nicht immer geeignet für Radfahrer. Umfangreiche Informationen zu Radstrecken sind auf der Websiite von **Sustrans** zu finden. Dort kann man auch **Radkarten** bestellen. Wer zum Radeln Flachland bevorzugt, sollte sich Ostengland vornehmen, wer Steigungen fahren will, kann den **C2C** (von Küste zu Küste) fahren. Die 262 km lange **West Midlands Route** zwischen Oxford und Derby bietet zusätzlich mit der Shakespeare-Stadt Stratford-upon-Avon ein Kulturprogramm. Durch die britische Hauptstadt führt die 27 km lange **Thames Cultural Cycling Tour Route** mit vielen touristischen Highlights entlang der Strecke. Wales lernt man am besten auf dem **Celtic Trail** kennen.

Urlaub aktiv • ERLEBEN UND GENIESSEN

Reiten

Außer Reitstunden werden von verschiedenen Veranstaltern und Reiterhöfen auch mehrtägige **Überlandritte** (Pony Trekking) und Unterricht in Spezialdisziplinen wie Querfeldein- und Springreiten erteilt.

Golf

Diese Sportart ist eine **britische Institution**: Erste Erwähnung fand das Golfspiel bereits 1457, als James II. von Schottland die Sportart als zu verlockende Ablenkung vom Kirchgang verbot. Die frühesten Aufzeichnungen über Spieltechniken stammen von 1687 aus dem Tagebuch des Medizinstudenten Thomas Kincaid. Mitte des 18. Jh.s wurden die ersten Golfgesellschaften ins Leben gerufen und Golfregeln festgelegt, 1834 erhob William IV. die Society of St. Andrews Golfers zum Royal and Ancient Golf Club. Rund 2500 Plätze in Großbritannien und 100 in Nordirland stehen passionierten Golfern zur Verfügung. ▶St. Andrews gilt natürlich als Mekka des noblen Sports. Golf ist **fast ein Breitensport**, die Gebühren sind in der Regel erschwinglich, und die meisten Plätze können von Urlaubern benutzt werden.

Im und am Wasser

Was bietet sich bei einer Insel mehr an, als die **Segel** zu hissen und mit einem Boot in See zu stechen. Während die südenglische Küste ein eher ruhiges Segelrevier ist, sind die nördlichen Gewässer des Atlantiks ein Refugium für erfahrene Skipper. Motorboote, Kabinenkreuzer und Segeljachten kann man an verschiedenen Küstenorten mieten.

Und dann sind da auch noch die zahlreichen **Flüsse und Kanäle**, auf denen Freizeitkapitäne ihre »Narrow Boats« auf Kurs bringen können. Die vielen Seen, Flüsse und Kanäle Großbritanniens sind ein beliebtes Revier für Bootsfahrer. Neben dem weit verzweigten mittelenglischen Kanalsystem sind der nordirische Lough Erne, der schottische Caledonian Canal und die Norfolk Broads in Ostengland als Reviere für **Hausbootfahrer** sehr beliebt. Auf der Themse und ihren Nebenflüssen kann man bis in die Metropole London schippern. An vielen Orten können Hausboote gemietet werden, deren relativ einfache Handhabung man auch ohne Erfahrung schnell erlernen kann. Ein Bootsführerschein ist nicht erforderlich. Vor allem während der Hauptsaison ist eine frühzeitige Buchung (mind. 6 Wochen im Voraus) ratsam. Auch **Kreuzfahrten** über Wasserwege im Landesinnern werden angeboten.

Die Grafschaft Cornwall wiederum hat sich in den letzten Jahren zu einem beliebten Ziel für **Wellenreiter** und **Kitesurfer** entwickelt. **Rafting-Touren** werden u. a. von der British Travel Company veranstaltet.

Auch für **Angler** bietet Großbritannien, insbesondere Schottland und Nordirland, ausgezeichnete Gelegenheiten. Man unterscheidet Forellen- und Lachsfang (Game Fishing), Angeln anderer Süßwas-

Wanderwege

Von Küste zu Küste

Zerklüftete Felsen, einsame Buchten, Sandstrände, Badeorte und Fischerdörfer: Bei einer Wanderung auf den einstigen Klippenpfaden der Schmuggler, Zöllner und Soldaten zeigt sich die südenglische Küste von ihrer schönsten Seite.

Der 630 mi/1020 km lange **South West Path** von Minehead bis Poole ist die Königsstrecke der südenglischen Küste. Sieben bis acht Wochen braucht der Durchschnittswanderer für die Strecke durch Cornwall, Devon, Somerset und Dorset, Sportliche schaffen ihre 52 Sektionen in 30 Tagen. Doch nur stramm Kilometer abzulaufen, wäre schade: Überall entlang des Pfades, der den Spuren von Schmugglern und Soldaten folgt, lohnt es sich, innezuhalten, locken ein charmantes B & B, eine urige Kneipe, malerische Häfen, Surferstädtchen, Leuchttürme, Kapellen, alte Burgen – und die Begegnung mit den Menschen. Man trifft sich, plaudert ein wenig entlang des Weges, hilft sich, tauscht Tipps aus und taucht dann wieder ein in die Einsamkeit weiter Heideflächen. Man passiert Ginster, der sich gelb leuchtend bis zum Horizont erstreckt, spaziert an feudalen Badevillen, Surfern und Seglerhäfen vorbei. Dann folgt eine Wildnis aus tiefrotem Granit, an die hohe Wellen branden, man marschiert beständig hinauf und hinab und überwindet so auf der gesamten Strecke Höhendifferenzen von insgesamt 35 000 Metern.

Die Beliebtheit des **South West Coast Path**, dessen 52 Sektionen leicht zu bewältigende Tagesetappen darstellen, hat die Vision von einem Küstenwanderweg rund um die gesamte britische Küste neu beflügelt. Treibende Kraft hinter dem **»England Coast Path«** ist der Umweltverband Natural England. Bereits 1972 legten seine Aktivisten den **South Downs Way** von Eastbourne nach Winchester an, damals der längste Reit-, Rad- und Wanderweg der Britischen Inseln. Der 100 mi/160 km lange Weg führt abseits von Lärm und Getümmel über die Bergkette und die Tallandschaft der Sussex Downs bis nach East Hampshire, überquert kleine Flüsse wie Meon, Arun, Adur, Ouse und Cuckmere, läuft durch alte Dörfer und weite Landschaften mit Wild und belohnt den Wanderschweiß mit weiten Ausblicken über die Wealds.

Die beiden mit einer Eichel markierten **National Trails** – South West Coast Path und South Downs Way – decken jedoch erst den mittleren und westlichen Teil der englische Südküste ab. Besonders im östlichen Bereich gibt es nur vereinzelt einige markierte Kurzwanderstrecken. Dazu gehört eine herrliche Strecke, die zu den markanten Kalkfelsen Beachy Head bei Eastbourne führt: Die 8 mi/14 km lange Klippenwanderung verläuft vom Parkplatz bei den Seven Sisters hinauf zu den Klippen – die richtige Erfrischung danach bietet ein Bad im Cuckmere Haven.

An der Südküste entstanden bis 2012 zwei neue Abschnitte: ein

An der Nordküste Cornwalls führt der South West Coast Path zur Burgruine von König Artus, Tintagel Castle.

20 km langes Teilstück an der St. Margarets Bay in Kent und eine Route an der Weymouth Bay zwischen Portland und Lulworth, die zu den Segelwettbewerben der Olympischen Sommerspiele 2012 eingeweiht wurde. In Kent soll in naher Zukunft die gesamte Küstenlinie von Folkestone bis Ramsgate auf 47 km Länge in den England Coast Path integriert werden.

WANDERN OHNE GEPÄCK
Contours Walking Holidays
Barton House, 21 North End
Wirksworth, Derbyshire DE4 4FG
Tel. 01629 82 19 00
www.contours.co.uk

Footprints of Sussex
Pear Tree Cottage, Jarvis Lane
Steyning, West Sussex BN44 3GL
Tel. 01903 81 33 81
www.footprintsofsussex.co.uk

Sherpa Expeditions
131a Heston Rd.
Hounslow TW5 0RF
Tel. 020 85 77 27 17
www.sherpa-walking-holidays.co.uk

WANDERN UND RAD FAHREN
Walk & Cycle Britain
123 The Causeway, Petersfield
Hampshire GU31 4LN
Tel. *0844 8 70 86 48
http://walkandcycle.co.uk

GEFÜHRTE WANDERUNGEN
HF Holidays Imperial House
Edgeware Rd., London NW9 5AL
Tel. 02089 05 95 56
www.hfholidays.co.uk

Macs Adventure Limited
44 Speirs Wharf, Glasgow G4 9TH
Tel. 0141 5 30 88 86
www.macsadventure.com

Safari Britain
Old Shepherd's Cottage
Firle, Sussex BN8 6LL
Tel. 077 80 87 19 96
www.safaribritain.com
Gehobenes Ökocamp in den South Downs mit Naturführungen

WEBSITES
www.southwestcoastpath.com
www.nationaltrail.co.uk
www.naturalengland.org.uk

serfische (Coarse Fishing) und Hochseeangeln (Deep Sea Angling). Angelgerät wird in den örtlichen Angelzentren vermietet.

Outdoor-Action Wem das alles immer noch zu langweilig erscheint, der kommt bei vielen anderen Outdoor-Aktivitäten auf seine Kosten. In Castle Combe beispielsweise kann man auf einer **ehemaligen Rennstecke** sein fahrerisches Können ausprobieren.

Unzählige **Activity Centres** in ganz Großbritannien und Nordirland bieten so verwegene Aktivitäten wie Canyoning (Begehen von Schluchten), Quad Biking oder Coasteering (eine wilde Mischung aus Schwimmen, Klettern und Klippenspringen) an. Viele Aktivitäten sind aber nicht nur auf die Bedürfnisse von Abenteuerlustigen oder Waghalsigen ausgerichtet, Kinder und Jugendliche kommen dabei ebenso auf ihre Kosten wie Besucher, die es **etwas beschaulicher** mögen und einfach mal was Neues ausprobieren wollen – etwa Bogenschießen, Ballonfahren oder eine Höhle erkunden.

Wellness Und natürlich soll der körperlichen Aktivität die Entspannung folgen. Zwar verfügt Großbritannien nicht über eine so ausgeprägte Bäder- und Kurtradition wie etwa Deutschland, trotzdem finden Besucher dort eine ganze Reihe ausgezeichneter **Gesundheits- und Schönheitstempel**. Oft sind es so genannte Day Spas, also Häuser, in denen man einen Tag oder auch nur eine Stunde verbringt und sich einmal so richtig verwöhnen lässt. Der Besuch eines Spas ist eine ganz wunderbare Art, einen Urlaub abzurunden.

URLAUB MIT THEMENSCHWERPUNKT

Englisch lernen Und nicht nur der Körper, auch der Geist lässt sich in Großbritannien in Schwung bringen: Wer sein Englisch verbessern und dabei die britische Lebensweise kennenlernen möchte, der besucht eine der vielen **Sprachschulen**. 455 akkreditierte Privatschulen, staatliche Ausbildungsstätten, Universitäten und verschiedene öffentlich finanzierte Einrichtungen bieten Englischkurse in ganz England, Schottland, Wales, den Kanalinseln und Nordirland an. Viele Sprachschulen arrangieren eine Unterbringung in Familien oder helfen bei der Suche nach einer Ferienwohnung. In Universitätsstädten kann man in den Semesterferien auch in Studentenwohnheimen wohnen. Teilweise werden auch Englischkurse in Verbindung mit dem Erlernen einer Sportart wie Tennis, Golf, Reiten oder Rugby angeboten.

Gärten entdecken Ein Klassiker unter den Themenreisen in Großbritannien sind Gartenreisen. Wer sich gerne an duftenden Rosen, exotischen Pflanzen und grandioser **Gartenarchitektur** erfreuen möchten, findet für jeden Geschmack die passende Parkanlage (▶Baedeker Wissen S. 156).

Wer eine Gartenreise bucht, kommt in England in kleine Paradiese.

Mittlerweile gibt es sehr viele Anbieter, die Studienreisen in kleinen Gruppen durchführen. Im Rahmen organisierter **Gruppenreisen** kommt man auch in Gärten, zu denen man als Einzelreisender keinen Zutritt hat.

Denkmalpflege wird in Großbritannien großgeschrieben und die Naturschutz- und Denkmalpflegeorganisationen freuen sich über helfende Hände bei der **Erhaltung** ihrer Liegenschaften oder der Bergung archäologischer Funde. Schier endlos ist das Angebot: alte Burgmauern reparieren, verschwundene Gärten rekonstruieren, Veranstaltungen organisieren, Biotope restaurieren, Umweltuntersuchungen durchführen, Trockenmauern in englischen Landschaften bauen, archäologische Grabungen machen. Dazu gehört manchmal auch anschließendes Wandern, Kanu fahren oder Klettern. Wer auf Suche nach einer solchen Urlaubsart ist, findet für alle Interessen, in unterschiedlichen Preislagen und mit verschiedensten Unterkunftsmöglichkeiten etwas.

Landschaften und Denkmäler schützen

Einige Veranstalter organisieren **Hochzeiten** und **Hochzeitsreisen**: Ort und Formalitäten für die Trauung, den geeigneten Rahmen für das Dinner zu zweit oder ein rauschendes Fest mit allen Freunden und Familienangehörigen, hochzeitsgerechte Unterkünfte und vieles mehr. Meistens finden die Feierlichkeiten in alten Landsitzen, Herrenhäusern oder kleinen Schlösschen statt.

Ja sagen

Adressen

ALLGEMEINE AUSKÜNFTE
VisitBritain
www.visitbritain.com/de
Mit weiterführenden Links

BOOTSURLAUBE
British Waterways/ Waterscape
www.waterscape.com
Informationen zu allen möglichen Freizeitaktivitäten auf dem und am Wasser

Alvechurch Waterway Holiday
Tel. 0330 3 33 05 90
www.ukboathire.com
Vermietung von Hausbooten

Rose Narrowboats
Tel. 01788 83 24 49
www.rose-narrowboats.co.uk
Vermietung von Hausbooten

Canal Voyagers
Tel. 07921 21 44 14
www.canalvoyagers.com
4-Sterne-Kreuzfahrten durch Großbritanniens Wasserwege

GB&I Travel
Saselbekstr. 127
22393 Hamburg
Tel. 040 25 19 80 86 (D)
www.gbi-travel.de
Bootsurlaub in England, Irland und Schottland

GARTENREISEN
Ravenala Touristik
Tel. 04517 10 25 (D)
www.ravenala-touristik.de
Auch Fahrradreisen zu Gärten in Südengland

Laade Gartenreisen
Tel. 02561 97 16 13 (D)
www.gartenreisen-laade.de
Auch Besuch von Prinz Charles' Garten Highgrove

Arcatour
Tel. 041 7 29 14 20 (CH)
www.arcatour.ch

Baur Gartenreisen
Tel. 07555 92 06 11 (D)
www.baur-gartenreisen.de
Auch Besuch von Privatgärten

GOLF
Hayes Golfreisen
Hauptstr. 42
65719 Hofheim am Taunus
Tel. 06192 96 19 65 (D)
www.hayes-golfreisen.de

HOCHZEITSREISEN
Honeymoon Highlights
Tel. 0211 93 65 34 53 (D)
www.honeymoon-highlights.de

LANDSCHAFTSSCHUTZ UND DENKMALPFLEGE
British Trust for Conservation Volunteers
www.btcv.org
Gut organisierte Arbeitsferien

National Trust
www.nationaltrust.org.uk/get-involved/volunteer
Angebote für Aktivitäten des National Trust

Field Studies Council
www.field-studies-council.org
Gute Programme zum Erhalt der Umwelt

Urlaub aktiv • ERLEBEN UND GENIESSEN

Centre for Alternative Technology
www.cat.org.uk
Das Zentrum für alternative Technologie in Wales freut sich über freiwillge Helfer für einen kürzeren oder längeren Zeitraum.

Conservation Volunteers Northern Ireland
www.cvni.org
Nordirische Organisation für den Naturschutz

OUTDOOR
Factivities
www.factivities.co.uk
Vermittelt Outdoor-Aktivitäten in ganz Großbritannien

RAD FAHREN
Amphitrek Radreisen
Tel. 03883 62 26 747
www.amphitrek.de

Sustrans
www.sustrans.org.uk
Alles rund ums Radfahren in Großbritannien

Cyclists' Touring Club
www.ctc.org.uk

Forestry Commission
www.forestry.gov.uk
Informationen zu Radwegen durch die Wälder Großbritanniens

REITEN
Urlaubspferd
Wiesenstr. 25, 64331 Weiterstadt
Tel. 06151 89 56 38 (D)
www.urlaubspferd.de
Internationale Reiterreisen

SPRACHREISEN
Alfa Sprachreisen GmbH
Rotebühlplatz 15
70178 Stuttgart
Tel. 0711 6 15 53 00 (D)
www.alfa-sprachreisen.de

Nützliche Websites
www.englishinbritain.co.uk
www.educationuk.org
www.arels.org.uk

WANDERN
Wikinger Reisen
Kölner Str. 20
58135 Hagen
Tel. 02331 90 47 42 (D)
www.wikinger-reisen.de
Auch Radreisen sind hier im Angebot.

County Travel
Wincklerstr. 6
20459 Hamburg
Tel. 040 36 45 20 (D)
www.countytravel.de
Wandern, Rad fahren, Golf, aber auch Sprach-, Garten- und Hobbyreisen

WASSERSPORT
Dartmouth Yacht Charters
Raddicombe Heights
Kingswear Road
Hillhead, Brixham, Devon
TQ5 0EX
Tel. 01803 85 60 66
www.dartmouthyacht charters.co.uk
Vermietung von Jachten

WELLNESS
Internetportal
www.britainsfinest.co.uk/spas

TOUREN

Die vorgestellten Routen führen in den Geburtsort von Agatha Christie oder zu den Stätten, wo der weltberühmte Whisky produziert wird und probiert werden kann. Dazu gibt es Tipps, wie man die britische Natur und Kultur am besten erlebt und genießt.

Touren durch Großbritannien

Sechs Touren in sechs schöne und sehr unterschiedliche Regionen Großbritanniens: Süden, Norden, die Mitte Englands, Schottland, Nordirland und Wales.

Tour 1 **Englands Südwesten – Cornwall und Devon**
Lieblich grüne, gewellte Wiesenlandschaften im Landesinnern, Klippen, bizarre Felsszenerien, schöne Sandbuchten und malerische Fischerdörfer an der Küste
Seite 155

Tour 2 **Kultur-Tour durch Mittelengland**
Englischer Kulturrausch: Königsresidenz, Traditionsuniversität, Shakespearestadt, ein uraltes Castle und ein Oldtimermuseum mit feinster britischer Automobilgeschichte
Seite 162

Tour 3 **Durch Nordwales**
Eine Tour, bei der man die schönsten Küstenregionen und die grandiosen Bergpanoramen des Snowdon und des Cader Idris kennenlernt
Seite 166

Tour 4 **Tour durch die Nationalparks**
Hier geht's durch Nordengland: Eine Fahrt von der Ost- zur Westküste führt durch drei wunderschöne Nationalparks mit herrlicher Landschaft und eindrucksvollen Klosterruinen.
Seite 169

Tour 5 **Schottland – Burgen und Whisky**
Zwei ausgeschilderte Trails machen Besucher in der Region Aberdeen mit zwei wichtigen Kulturgütern Schottlands vertraut: der Castle Trail und der Malt Whisky Trail.
Seite 172

Tour 6 **Nordirland – Städte und Küste**
Die beiden großen Städte Nordirlands, Belfast und Derry, und der unglaublich schöne Küstenabschnitt dazwischen, den schon ein verliebter Riese betreten hat …
Seite 175

Übersicht • TOUREN

Unterwegs in Großbritannien

Stadt und Land

Großbritannien hat nicht nur sehr unterschiedliche Regionen zu bieten, sondern in jeder Region finden sich auch verschiedene Schwerpunkte, die man – je nach Lust, Laune und Geschmack – miteinander kombinieren kann. Darf's beispielsweise ein bisschen Kultur sein? Oder auch ein bisschen mehr? Ganz oben steht natürlich London: Eine Städtereise in die britische Hauptstadt bietet **kulturelle Angebote im Übermaß**. Aber London ist nicht die einzige Stadt der Inseln. Zunehmend interessant sind nämlich auch die kleineren **Nordmetropolen** wie Liverpool, Manchester oder Birmingham. Viele Londoner Museen haben dort Außenstellen, etwa die Tate in Liverpool, die das volle Programm des 20. Jh.s zeigt. **Hafenstädte** wie Cardiff in Wales haben ihre Häfen umfunktioniert, überall entstehen interessante Areale – interessant in städtebaulicher, kultureller und gastronomischer Hinsicht. Eher traditionell zeigen sich natürlich Oxford oder Cambridge mit ihren **herrlichen alten Colleges**. Und Edinburgh ist die wichtige Kulturmetropole Schottlands.

Und dazwischen raus in die Natur: Man stellt das Auto ab und macht **Spaziergänge** oder kleine Wanderungen. An der Südküste etwa gibt es fast überall einen **»cliffpath«**, einen ausgetretenen, von Blumen und Gräsern gesäumten Pfad, der direkt an der meist steil abfallenden Küste entlangführt. Wer weniger liebliche Natur sucht, ist in **Schottland** richtig – in der Bergwelt der Grampian Mountains oder in den Highlands. Und natürlich an den Küsten, die rau sind und durchzogen von tief eingeschnittenen Fjorden, den Lochs.

Auf den Spuren von ...

Möchte man sich thematisch konzentrieren, dann bleibt eine »Spuren-Reise«. Auf **Skakespeares** Spuren wandelt man unter Garantie in Stratford-upon-Avon. Die **Brontë-Schwestern** versteht man sicher am besten, wenn man direkt nach Haworth in Yorkshire fährt, wo sie lebten und schrieben. **Jane Austens** Spuren findet man in Südengland. **Robert Burns** kann man im Südwesten Schottlands kaum entgehen, **Theodor Fontanes** Spuren muss man hier oben schon eher suchen, aber er war da und hat sich inspirieren lassen. Und die **Beatles** sind bis heute in Liverpool anwesend.

Auto, Bus oder Bahn?

Es gibt also viel zu entdecken im Vereinigten Königreich – aber wie kommt man am besten von Ort zu Ort? Wer Touren durchs Land unternehmen will, braucht ein Auto oder fährt mit Bahn und Bus. Autofahrer müssen sich ans Linksfahren gewöhnen, was normalerweise aber schnell geht. Mietwagen haben das Steuer rechts und die Schaltung wird mit der linken Hand »verkehrt herum« geschaltet – auch das eine Frage der Gewohnheit. Und Vorsicht bei Touren abseits der ausgetretenen Pfade: Kleine Nebenstraßen – mitunter von

Hecken oder bewachsenen Mauern gesäumt – sind manchmal derart schmal, dass man bei Gegenverkehr Ausweichstellen benutzen muss. Wer öffentliche Verkehrsmittel nimmt, muss sich um solche Fragen nicht kümmern. Man kommt etwas langsamer voran, hat aber ein ausreichendes Verkehrsnetz zur Verfügung und kann mit verschiedenen Discountpässen auch einiges Geld sparen (▶S. 721, 734, 736).

Englands Südwesten – Cornwall und Devon

Tour 1

Start: Dunster
Ziel: Exmouth
Strecke: ca. 625 km
Dauer: 7 – 10 Tage

Viele Englandreisende kommen auf die britischen Inseln, um sich nur im Süden umzusehen – sehr zu Recht, denn Südengland ist ausgesprochen abwechslungsreich: grüne, hügelige Landschaften, bizarre Felsenszenerien und grandiose Klippenküsten. Besonders eindrucksvoll ist die Halbinsel ganz im Südwesten von England, Cornwall und Devon. Hier lässt das milde Golfstromklima eine mitunter fast südliche Atmosphäre entstehen. Viele kleine Urlaubs- und Fischerdörfer locken mit Sandstränden und üppiger Vegetation und im Landesinnern gibt es zwei landschaftlich sehr eindrucksvolle Nationalparks.

Ausgangspunkt für die Reise ist das Städtchen ❶ **Dunster** am Rande des Exmoor National Park, das von einer mächtigen Burg beherrscht wird. Von hier aus hat man einen spektakulären Blick hinüber zum Bristol Channel, den Quantock Hills und den Ausläufern des Exmoors. In den subtropischen Gärten von Dunster kann man sich schon einmal auf die Gartenanlagen einstimmen, die noch auf der Route liegen. Die Schönheit des Exmoors erschließt sich auf der Weiterfahrt zum Dunkery Beacon, der höchsten Erhebung im Nationalpark. Auf der B3223, die quer durch das Exmoor führt, erreicht man nach rund 50 km ❷ **Ilfracombe**, den größten und ältesten Badeort an der Küste von Devon. Nicht entgehen lassen sollte man sich hier die Tunnel Beaches, die 1820 von Hand gegraben wurden und Zugang zu einzigartigen Meeresschwimmbecken bieten (www.tunnelsbeaches.co.uk). Von dem Badeort fahren auch Schiffe zur Vogelschutzinsel Lundy Island, auf der auch Papageitaucher beheimatet sind. Über die alte Hafenstadt Barnstaple geht es auf der A39 weiter in das 55 km entfernte Küstenstädtchen ❸ **Clovelly**, das für seine einzigartige Hanglage und sein harmonisches Häuserensemble bekannt ist. Die kleinen gemütlichen Tea Rooms laden dazu ein, eine

Naturschönheiten im Exmoor National Park

Gartentouren

Grüne Juwelen im Südosten Englands

Der Südosten Englands steht für prächtige Gärten und Landschaftsparks, aber auch für zauberhafte verborgene Gartenschätze, die nicht in jedem Reiseführer verzeichnet sind. Viele von ihnen befinden sich in privater Hand, sind aber öffentlich zugänglich. Die im Folgenden vorgestellten Gärten sind von London aus leicht zu erreichen – wer dem Großstadttrubel für einen Tag entfliehen möchte oder auf dem Weg in die britische Hauptstadt Zeit für einen Zwischenstopp hat, sollte sich den Besuch von einem oder zwei dieser Orte nicht entgehen lassen!

Versteckt im Weald of Kent bei Rolvenden, ca. 1,5 Stunden südöstlich von London, liegt **Hole Park**. Der riesige Landschaftspark hat einen 6 ha großen Garten, bei dem das prächtige Farbenspiel über die Jahreszeiten hinweg stetig wechselt. Die Anlage, teils formal gestaltet, teils naturbelassen, fasziniert auch durch die wundervollen Ausblicke, die sie auf Hügel, Felder und Wälder der malerischen Landschaft des Weald of Kent freigibt.

Ebenfalls in Kent, in der Nähe von Sissinghurst Castle, befindet sich beim Örtchen Brenchley **Marle Place**, ein 4 ha großes Kleinod. Formale Spielereien, mit Mosaiken ausgelegte Terrassen, viktorianische Pavillons, edwardianische Steingärten, kleine Teiche und lauschige Plätzchen machen den 1890 geschaffenen Garten zu einem Ort der Ruhe. Im Frühjahr explodieren die Farben, im Sommer liegt schwerer Rosenduft über der Anlage, und der Herbst bringt leuchtende Farben in die Bäume.

Bunter Bauerngarten

Einen »idyllischen Hafen« nannte ein Besucher den Garten **Old Buckhurst** in der Nähe von Edenbridge in Kent, mit dessen Kultivierung

Englische Gartenpracht: ein »begehbares Landschaftsgemälde«

die heutigen Besitzer nach einem schweren Sturm im Jahr 1988 begannen. Mittelpunkt des typischen englischen Bauerngartens ist ein Farmhaus aus dem 15. Jh., das von Kletterrosen und verschiedenfarbigen Clematisgirlanden umgeben ist. Schmetterlinge und Vögel werden hier ausdrücklich als Gäste begrüßt, und der angeschlossene Laden verkauft ein reichhaltiges Angebot an Kräutern.

Noble Landsitze

Die formalen **Gärten von Squerreys** wurden Mitte des 18. Jh.s neu angelegt. Die Familie, die den Landsitz in Kent bewohnt, hat sich bei der neuerlichen Gestaltung an die Landschaftspläne aus dieser Zeit gehalten. Die Rabatten, Parterres, gestutzten Hecken und Alleen orientieren sich strikt am damaligen Geschmack. Frühblüher, Rhododendronhaine und Rosengärten machen den Garten zu einer Sehenswürdigkeit für jede Jahreszeit. Im Haus, das die Anlage beherrscht, sind zahlreiche Gemälde aus dem 17. und 18. Jh. zu bewundern, zudem gehören Porzellan, Möbel und Wandteppiche zur Ausstattung.
Titsey zählt zu den ältesten historischen Landsitzen in Surrey, auch wenn das Gebäude mit seiner malerischen Gartenanlage eher an den Anfang des 19. Jh.s erinnert. Der formale Garten wurde auf einer Terrasse angelegt, sodass man schöne Ausblicke auf das Darrent Valley und die Ausläufer der Hügelkette der South Downs genießt. Außerdem gibt es im **Old Rose Garden** und im **Golden Jubilee Rose Garden** Prachtexemplare der Rosenzucht zu bewundern. Das Gebäude selbst kann auch besucht werden.

Private Einblicke

Neben diesen Gärten sind in ganz Großbritannien über 3700 **Privatgärten** an bestimmten Tagen während der Sommermonate für Besucher gegen ein kleines Entgelt zugänglich. Die Besitzer der Gärten geben die Einnahmen direkt für wohltätige Zwecke an das **National Gardens Scheme** weiter, auf deren Website man sich über die Öffnungszeiten informieren kann.

ADRESSEN
Hole Park
Rolvenden, Cranbrook
Kent TN17 4JB, Tel. 01580 24 13 44
www.holepark.com, Eintritt 6 £

Marle Place
Brenchley, Tonbridge
Kent TN12 7HS, Tel. 01892 72 23 04
www.marleplace.co.uk, Eintritt 6 £

Old Buckhurst
Markbeech, Edenbridge TN8 5PH
Tel. 01342 85 08 25
www.oldbuckhurst.co.uk, Eintritt 4 £

Squerreys
Squerreys Court, Westerham
Kent TN16 1SJ, Tel. 01959 56 23 45
www.squerreys.co.uk
Eintritt 7,50 £, nur Garten 5 £

Titsey
Oxted, Surrey RH8 0SD
Tel. 01273 71 53 56, www.titsey.org
Eintritt 7 £, nur Garten 4,50 £

National Gardens Scheme
www.ngs.org.uk

Pause einzulegen und sich einen Devon Cream Tea servieren zu lassen, eine köstliche Versuchung aus Tea, Scones, Marmelade und Clotted Cream. Frisch gestärkt kann die Fahrt nach Cornwall weitergehen – oder man plant eine Übernachtung im reizvollen North Devon ein. Von Clovelly sind es nur knapp 40 km nach Holsworthy zum Headdons Bed & Breakfast, einer mehrfach ausgezeichneten, gemütlichen und komfortablen Pension (www.stayatheaddons.com).

Entlang der Küste von Cornwall

Die A39 führt nun nach Cornwall hinein, wo die B3263 zum natürlichen Hafen von Boscastle abzweigt, der geschützt in einer engen Schlucht vor der stürmischen Nordküste Cornwalls liegt. Von hier sind es nur noch wenige Kilometer nach ❹ ***Tintagel** und zu den Ruinen der legendären Burg von König Artus. Von der um rund 1250 erbauten Burg hat man grandiose Ausblicke auf die dramatische Küste von Nord-Cornwall. Dabei kann man es sich bei einem Snack im Beach Cafe auf dem Gelände gut gehen lassen. Zurück auf der A39 geht die Fahrt weiter zum malerisch am Flüsschen Camel gelegenen ❺ **Padstow** mit seinem lebhaften Hafen. Wer bisher noch nicht die Gelegenheit hatte, »very british« zu speisen, dem sei auf jeden Fall Stein's Fish & Chips empfohlen. Surfer können auf dem Weg von Padstow nach St. Ives einen Abstecher ins 13 km entfernte Newquay machen, das als das britische Mekka von Wassersportarten wie Surfen, Kite Surfen oder Wakeboarding gilt. Weniger anstrengend, aber ausgesprochen anregend ist dann der Besuch des Künstlerrefugiums und Fischerstädtchens ❻**St. Ives**. In der Tate St. Ives, einer Dependance der Londoner Tate, ist britische und internationale moderne Kunst zu sehen. Wer nach so viel Kunst eine Pause braucht und am Meer etwas ausspannen möchte, sollte sich im Boskerris Hotel einquartieren. Die Einrichtung versprüht mediterranes Flair, und auf der Terrasse kann man den Abend bei einem Drink und dem zauberhaften Blick über die Bucht von St. Ives ausklingen lassen (www.boskerrishotel.co.uk). Den westlichsten Punkt des englischen Festlands markiert ❼**Land's End**, die nächste Station der Tour, die nun an der umtosten Atlantikküste entlang führt. Ist das Wetter gut, kann man von dort die 60 km entfernten Isles of Scilly sehen, der Blick auf den Longship Leuchtturm ist außer bei dichtem Nebel auf jeden Fall gewährleistet.

Von diesem spektakulären Aussichtspunkt geht es weiter in östlicher Richtung nach ❽**Penzance**, wo die Marrab Gardens mit ihrer mediterranen Pflanzenpracht zum Verweilen einladen. Bei einem Gang durch die Hafenstadt fällt die ein wenig bizarre Fassade des Egyptian House auf. Das Gebäude, das um 1835 erbaut wurde und der Landmark Trust gehört, bietet drei komfortabel eingerichtete Wohnungen, in denen man übernachten kann (www.landmarktrust.org.uk). Bevor die Fahrt weiter gen Norden geht, empfiehlt es sich, einen kleinen Abstecher von rund 19 km auf die Halbinsel The Lizard zu machen, deren südlichsten Punkt das 1752 errichtete Lizard Lighthouse markiert. Auf der Weiterfahrt Richtung Norden erreicht man ❾**Glendurgan Garden** mit seinem subtropischen Bewuchs. Die Gartenanlage ist auch wegen ihres herrlich geschwungenen Heckenlabyrinths beliebt. Weiter nach Norden geht es über Truro zu den ❿**Lost Gardens of Heligan**, einem riesigen Garten, der über 70 Jahre in Vergessenheit geraten war und seit mehr als zehn Jahren von einem engagierten Team restauriert wird (http://heligan.com). Danach ist ein Besuch des ökologischen Eden Project 6,5 km nordöstlich von ⓫**St. Austell** ebenfalls ein Muss. In einer stillgelegten Kaolin-Abraumhalde wurde hier das weltweit größte Gewächshaus angelegt. In riesigen Kunststoffwaben mit tropischem Klima wachsen Pflanzen aus dem Regenwald, Ozeanien und dem mediterranen Raum (www.edenproject.com).

Gärten in Cornwall

Nicht nur Garten- und Naturfreunde, auch Literaturfans kommen auf der Tour durch den Südwesten Englands auf ihre Kosten – z. B. in ⓬**Fowey**, einem malerischen Jacht- und Fischerhafen und Wahlheimat von Daphne du Maurier. Die Schriftstellerin (»Rebecca«, »Die Vögel«) ließ sich in ihren Büchern von der Schönheit und Dramatik

Literatur und Wandern

> **BAEDEKER TIPP**
>
> *Eine Nacht in Cornwall*
>
> Das White Hart Hotel im Herzen von St. Austell bietet sich für die Übernachtung an: Das kleine, komfortable Hotel aus georgianischer Zeit hat 17 modern eingerichtete Zimmer, in denen alt und neu toll zusammenpassen (Church St., Tel. 01726 72 100, http://whitehartstaustell.co.uk).

der Cornischen Landschaft inspirieren. Von dem Städtchen aus erschließen sich unzählige Wanderwege, so führt etwa der über 1000 km lange Southwest Coast Path von Minehead in Somerset bis Poole in Dorset hier vorbei (www.southwestcoastpath.com). Eine Autofähre verkehrt zwischen Fowey und Bodinnick über den Fluss Fowey, dann sind es nur noch 12 km bis ins Fischerdorf ⓭ *Polperro mit seinen engen Gassen. Im Polperro Heritage Museum kann man sich über die einstmals in Cornwall blühende Fischereiwirtschaft und über das ebenso erfolgreiche Schmugglerwesen informieren. Familien schätzen den umtriebigen Fischer- und Ferienort Looe mit seinem schönen Sandstrand, der von Polperro aus schnell über die A387 zu erreichen ist. Eine landschaftlich sehr schöne Strecke führt über 28 km von Looe nach Torpoint. Dort überquert man mit der Autofähre den Fluss Tamar, der Cornwall von Devon trennt, und erreicht nach wenigen Kilometern schließlich ⓮ **Plymouth**, die Hafenstadt, von der aus Sir Francis Drake seine zahlreichen Weltumsegelungen begann. Einen tollen Blick auf die Stadt und die Hafenbucht hat man von »The Hoe«, einem Aussichtspark, von dem man über die Bucht »The Sound« über Drake's Island bis zum berühmten Leuchtturm auf dem Eddystone-Felsen blicken kann. Die Seefahrerstadt hinter sich lassend, verläuft die weitere Route durch die grünen Hügel und saftigen Wiesen von Devon. Über Kingsbridge führt die A379 ans Meer und von dort auf einer wunderschönen Küstenstraße ins 57 km entfernte ⓯ *Dartmouth. Die verwinkelten Gassen dieser Kleinstadt am Mündungstrichter des Dart werden von einer Wehranlage aus dem 15. Jh. bewacht. Krimifreunde sollten die Mühe nicht scheuen, das restaurierte und 2009 der Öffentlichkeit zugänglich gemachte Ferienhaus Greenway von Agatha Christie im rund 4 km entfernten Galmpton zu besuchen. Die berühmte Krimiautorin begegnet Besuchern auf der nächsten Station der Strecke im Seebad ⓰ *Torquay wieder. Der wegen seines günstigen Klimas bei Urlaubern wie Seglern beliebte Touristenort ist nicht nur Geburtsstadt der Schriftstellerin, er verwandelt sich jedes Jahr Anfang September in die Hauptstadt der Kriminalromane, wenn während des Agatha Christie Festivals der Autorin mit Touren, Mörderjagden, Ausflügen nach Greenway, Ausstellungen und Theaterstücken gedacht wird (www.englishriviera.co.uk). Eine ruhige Nacht ohne gruselige Begebenheiten à la Agatha Christie kann man im Orestone verbringen, einem eleganten Hotel, dessen elf Zimmer sehr individuell gestaltet sind (www.orestonemanor.com).

Von Torquay aus geht es Richtung Norden über Newton Abbot hinein in den Dartmoor National Park bis ins 20 km entfernte ⑰ **Bovey Tracey**. Im ganzjährig geöffneten Information Center erhält man Informationen und Kartenmaterial zum Nationalpark, um dessen einsame Moor- und Heidelandschaft sich allerlei Spukgeschichten und uralte Legenden ranken. Man sollte sich mindestens einen Tag Zeit nehmen, um Orte wie Widecombe mit seinen hübschen strohgedeckten Cottages zu besuchen oder über die Clapper Bridge zu schreiten, eine Steinbrücke über den East Dart, die auf das 13. Jh. datiert wird. Eher pompös präsentiert sich Castle Drogo, eine zwischen 1910 und 1930 errichtete Schlossanlage, in der verschiedene Stilrichtungen harmonisch miteinander kombiniert wurden.

Spukgeschichten im Dartmoor

Die Tour durch den so abwechslungsreichen Südwesten Englands endet in der Grafschaftshauptstadt ⑱ *****Exeter**, die von der mächtigen gotischen Kathedrale St. Peter beherrscht wird, deren Ursprünge auf das Jahr 1112 zurückgehen. Aus dem 14. Jh. stammen die Underground Passages, unter dem Stadtzentrum verlaufende Gänge, durch die zu früheren Zeiten frisches Wasser in die Stadt transportiert wurde und die heute eine beliebte Besucherattraktion sind. Im historischen Teil der Stadt lässt es sich wunderbar im St. Olaves Hotel übernachten, dessen ummauerter Garten dazu einlädt, die Impressionen der Tour noch einmal Revue passieren zu lassen (www.olaves.co.uk). Aber noch ist nicht Schluss: Nicht entgehen lassen sollte man sich den Besuch des 15 km entfernten denkmalgeschützten Gebäudes A la Ronde bei ⑲ *****Exmouth**. Das 16-eckige Haus war einst der skur-

Zurück zu städtischer Kultur

Das heute idyllische Polperro war einst ein Schmugglernest.

rile Landsitz zweier englischer Ladies, die ihn um 1796 erbauen ließen. Sie waren zuvor fast zehn Jahre durch Europa getourt und hatten allerlei Souvenirs von ihren Reisen mitgebracht. Von ihrem Haus, in dem die mitgebrachten Schätze bewundert werden können, hatten die Damen auch einen zauberhaften Blick auf den im Osten dahinfließenden River Exe.

Tour 2 Kultur-Tour durch Mittelengland

Start: London
Ziel: Warwick
Strecke: ca. 200 km
Dauer: 3 – 5 Tage

Bei dieser Tour für Kulturreisende werden mehrere Highlights – in erster Linie Zwei-Sterne-Sehenswürdigkeiten – westlich und nordwestlich von London angefahren. Damit das Landschaftserlebnis nicht zu kurz kommt, gibt es einige Umwege, die durch besonders schöne Gegenden führen.

Residenzstadt der Royals

Ausgangspunkt für diesen Kulturtrip ist ❶ ****London**. Großbritanniens Hauptstadt bietet bekanntlich »Kultur satt«, und wer nach einem Besuch der Metropole noch Kapazitäten hat, sollte zuerst ❷ ****Windsor** vor den Toren der Kapitale ansteuern. Das Städtchen liegt direkt im Westen von London ebenfalls an der Themse und ist am schnellsten über die Autobahn M4 zu erreichen. Es ist seit nahezu einem Jahrtausend Sitz der Königsfamilie, und Windsor Castle zählt zu den schönsten Residenzen der Welt. Wenn die Queen gerade in Windsor Castle ist, kann man das Schloss nicht besichtigen, dann weht die königliche Flagge (Royal Standard) und nicht der Union Jack auf dem Round Tower im Wind. Ansonsten kommt man in die Residenz hinein. Auch den Ort Windsor selbst lohnt sich, für den Besuch des Schlosses und des Ortes sollten Besucher sich mindestens einen Tag Zeit nehmen. Und schließlich gibt es noch Eton am anderen Themseufer mit dem traditionsreichen Eton-College, zu dessen Schülern nicht weniger als 20 englische Premierminister gehörten. Gartenfans sei auch noch ein Ausflug zum Savill Garden ans Herz gelegt, einer von Großbritanniens größten Ziergärten, den man in nur 15 Minuten von Windsor aus erreicht. Im 2010 von der Queen eröffneten Rose Garden versprühen über 2000 sorgfältig ausgesuchte Rosen ihren Duft und betören mit ihren leuchtenden Farben (www.theroyal-landscape.co.uk).

Unistadt mit langer Tradition

Das nächste Ziel auf der Route ist ❸ ****Oxford**. Von Windsor aus erreicht man die Universitätsstadt auf einer schönen Strecke, die ab Reading direkt an der Themse entlangführt. Auch für die weltbe-

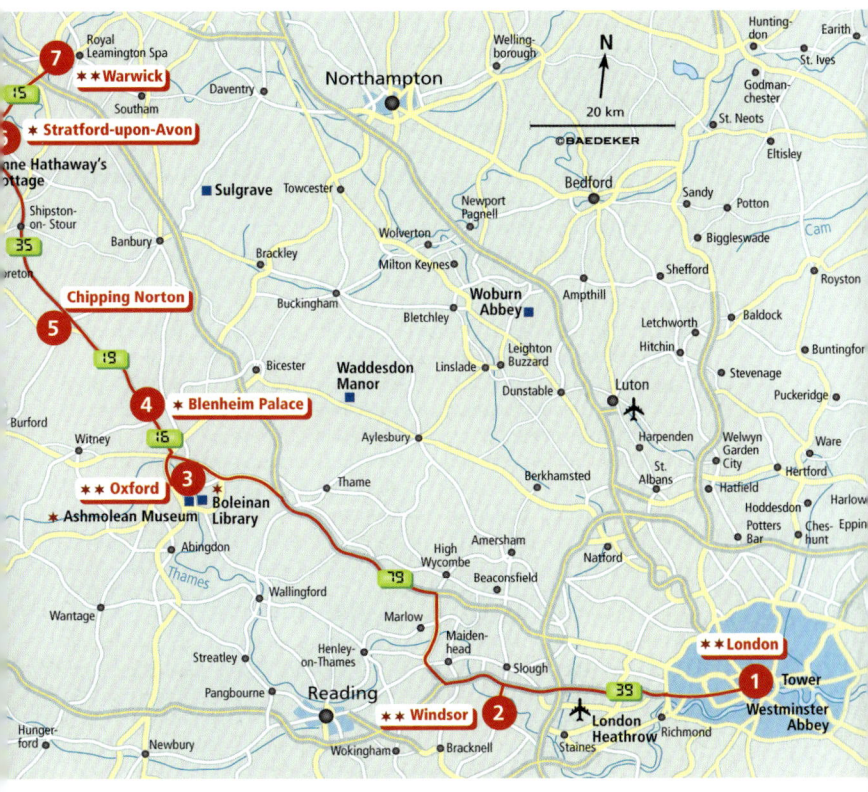

rühmte Stadt mit ihren 38 malerischen alten Colleges, die man außerhalb der Vorlesungszeiten zumeist besichtigen kann, sollte man viel Zeit mitbringen. Um sich einen Überblick zu verschaffen, benötigt man einen ganzen Tag. Vor allem die Kapelle des Christ Church College, die bereits 1546 den Status einer Kathedrale erhielt, sollte man sich nicht entgehen lassen. Mit einem Bestand von 9 Mio. Exemplaren ist die *Bodleian Library ein Muss für alle Büchernarren, im Museum of the History of Science finden Interessierte eine umfangreiche Sammlung an naturwissenschaftlichen und astronomischen Instrumenten, und das **Ashmolean Museum beherbergt eine unermessliche Kunst- und Altertumssammlung. Zeit zur Entspannung findet man in den University Botanic Gardens, einer der ältesten Gartenanlagen in England. Abends hat man sich dann ein kühles Bier in einem der vielen Pubs wie der Turf Tavern mit seinem hübschen Innenhof verdient. Dann bettet man sein Haupt z. B. im The Dial House und macht sich für den nächsten Kulturtag fit. Die meisten der behaglich eingerichteten Zimmer in diesem im Tudor-Stil gehaltenen Haus bieten einen Blick auf den hübschen englischen Garten (www.dialhouseoxford.co.uk).

Shakespeare empfängt Besucher

Auf dem nächsten Streckenabschnitt wartet mit ❹ *Blenheim Palace** schon das nächste Highlight auf dieser Kulturroute. Der Geburtsort von Winston Churchill und UNESCO-Weltkulturerbe liegt rund 12 km nördlich von Oxford. Umgeben wird das prächtige Schloss mit seinen rund 200 Räumen von einem englischen Landschaftspark mit herrlichen alten Bäumen. Nach viel Pomp und Blütenzauber führt die Fahrt weiter über das Cotswolds-Städtchen ❺ **Chipping Norton**, in dem man die Almhouses besichtigen kann, schmucke Reihenhäuschen, die Anfang des 17. Jh.s von einem reichen Gönner für acht verwitwete Frauen errichtet wurden (www.cotswolds.info). Einen kleinen Abstecher sollte man zu den Rollright Stones machen, prähistorische Steinkreise, eingebettet in eine wunderschöne Land-

In Oxford studiert man in altehrwürdigen Gemäuern.

schaft. Auf der A44 geht es weiter über Moreton-in-Marsh bis nach
❻**Stratford-upon-Avon**, der Shakespeare-Stadt, die ihren Sohn
an jeder Straßenecke zu feiern scheint. Der Shakespeare Birthplace
Trust verwaltet fünf Gebäude, die in Zusammenhang mit dem großen Dichter stehen. In Shakespeare's Birthplace, einem zweistöckigen
Fachwerkkomplex, lebte seine Familie. Ausgestattet mit zeitgenössischen Möbeln vermittelt das Gebäude eine gute Vorstellung von den
Lebensverhältnissen Mitte des 16. Jh.s. Westlich der Innenstadt liegt
*Anne Hathaway's Cottage, wo der junge Shakespeare um die
Hand seiner zukünftigen Frau Anne anhielt. Umgeben ist das zauberhafte, reetgedeckte Haus von einem blühenden Garten. Für den
Abend sollte man sich ein Ticket für eine Vorstellung im Royal
Shakespeare Theatre sichern. Und zum Abschluss eines Tages ganz
im Zeichen des Dramatikers gibt es ein Pint im »The Dirty Duck«,
einem Pub, in dem Fotos diverser Shakespeare-Inszenierungen ausgestellt sind.

Nach nur 14 km erreicht man die sehenswerte Stadt ❼**Warwick** **Trutzburg**
am River Avon, die von der Trutzburg Warwick Castle beherrscht **und**
wird. Ihre Ursprünge reichen über 1000 Jahre zurück. Die Burg, die **Luxus-**
zu den Top-Attraktionen in Großbritannien gehört, liegt inmitten **karossen**
einer ansprechenden Gartenanlage
mit Rosengarten, Pfauengehege und
Picknickplätzen. Neben der prunkvollen Einrichtung aus dem 17. und
18. Jh. kann man bei der Wachsfigurenausstellung »The Royal Weekend
Party« hinter die Kulissen des
Hochadels zu viktorianischer Zeit
blicken. Im Städtchen Warwick, das
mit seinen hübschen alten Gebäuden fasziniert, lohnt auch der Besuch der Hill Close Gardens, einer
Ansammlung von Gärten, die genauso restauriert wurden, wie sie zu

> **BAEDEKER TIPP**
>
> ### Zu Gast im 16. Jahrhundert
>
> Ein bisschen wie bei Anne Hathaway zu Hause darf man sich im Willow Corner B & B fühlen, einem rund 300 Jahre alten Cottage in Armscote unweit Stratford. Die Zimmer lassen dennoch nichts an modernem Komfort vermissen (Tel. 06086 82391, www.willowcorner.co.uk).

viktorianischer Zeit von ihren damaligen Besitzern gestaltet wurden
(www.hillclosegardens.com). Fast mit Warwick zusammengewachsen ist der hübsche Kurort Royal Leamington Spa mit seinen Stadthäusern aus früher viktorianischer und georgianischer Zeit. In der
schnell wachsenden Stadt kann man die Heilquellen und die Jephson
Gardens besuchen, die zu erholsamen Spaziergängen und einem anschließenden Tee oder Kaffee im Aviary Café einladen, einem liebevoll restaurierten viktorianischen Teepavillon. Und Automobilfreunde machen noch einen Abstecher ins Heritage Motor Centre etwas
außerhalb in Gaydon. Hier ist die weltweit größte Sammlung britischer Autos zu finden.

Tour 3 Durch Nordwales

Start: Llandudno
Ziel: Aberystwyth
Strecke: ca. 140 km
Dauer: 2–3 Tage

Llandudno ist der beliebteste Badeort in Wales. Von hier aus kann man eine schöne Fahrt durch Nordwales unternehmen, die an der Küste entlang, zugleich aber auch über weite Strecken durch den Snowdonia National Park führt. Wer zwischendurch Pausen einlegen möchte, hat dazu in mehreren Badeorten Gelegenheit, Bergfreunde können dagegen im Landesinnern Zwischenstopps machen und das einmalige Panorama der Snowdonia-Bergwelt genießen.

An der Küste entlang

❶ *Llandudno** ist das größte der walisischen Seebäder und verfügt mit dem 1878 erbauten und 572 m langen Pier über die längste Seebrücke des Landes. Sehenswert ist die viktorianische Architektur des Ortes sowie die Great Orme Tramway. Die 1902 eröffnete Standseilbahn fährt zum Great Orme, dem Hausberg Llandudnos. Die Straße führt nun nach ❷ *Conwy** an der Mündung des gleichnamigen Flusses. Das Städtchen ist eines der malerischsten in ganz Nordwales, die Stadtmauern mit den Stadttoren, die den alten Ortskern umschließen, sind noch fast vollständig erhalten. Die Burg ist eine Perle mittelalterlicher Architektur und das Herrenhaus Plas Mawr eines der schönsten erhaltenen Stadthäuser aus elisabethanischer Zeit. Direkt am Hafen befindet sich das mit 3,05 m Höhe und einer Breite von 1,8 m kleinste Haus Großbritanniens. Stilvoll übernachten kann man in einem der 28 Zimmer des Castle Hotels (www.castlewales.co.uk), zu dem auch noch das wunderbare Pub The King's Head aus dem 15. Jh. gehört.

Walisisches Burgenland

Etwas weiter westlich liegt ❸ **Bangor** mit Kathedrale und Burg sowie einem Museum, in dem man sich über die Kulturgeschichte von Wales informieren kann. Wer hier die Fahrt kurz unterbrechen möchte, kann im Tap & Spile in der Garth Road einkehren. Es bietet nicht nur eine große Auswahl an Real Ales, sondern auch einen fantastischen Blick auf den Hafen und die Meerenge der Menai Strait. Gartenfreunde besuchen Penrhyn Castle: Die Gärten des Herrenhauses erstrecken sich über 16 ha und umfassen u. a. einen spektakulären Sumpfgarten mit riesigen Mammutblättern und Baumfarnen. Über die Menai Bridge gelangt man nach ❹ *Anglesey**, und wer die Zeit hat, sollte sich einen kurzen Abstecher auf die Insel gönnen, die auch als »Insel der Druiden« bekannt ist. Neben zahlreichen megalithischen Bauwerken ist vor allem Beaumaris Castle sehenswert. Die gut erhaltene Ruine einer Wasserburg gilt als perfektes Beispiel für den Festungsbau des 13. Jh.s. Die A487 führt nach ❺ *Caernarfon**,

Badeort und malerisches Städtchen an der Menai Strait. Das wuchtige Caernarfon Castle ist eine der eindrucksvollsten und am besten erhaltenen mittelalterlichen Festungsanlagen Europas. Wie die Burgen von Conwy, Beaumaris und Harlech zählt auch Caernarfon zum Weltkulturerbe der UNESCO. Die Stadt ist zudem der Ausgangspunkt der Welsh Highland Railway (www.festrail.co.uk), einer der vielen berühmten walisischen Schmalspurbahnen.

Das Dach von Wales

Von Caernarfon aus nimmt man dann die kleinere A4086 und fährt in den ❻**Snowdonia National Park** hinein. Nach wenigen Kilometern erreicht man den kleinen Ort Llanberis am Llyn Padarn, einem ca. 3 km langen See. Von Llanberis aus startet die Snowdon Mountain Railway, eine Zahnradbahn, die auf den 1085 m hohen Snowdon führt, den höchsten Berg von Wales. Entlang des Nordufers des Llyn Padarn verläuft die ca. 4 km lange Strecke der Schmalspurbahn Llanberis Lake Railway. Eine Tour mit der Bahn dauert etwa 45 Minuten und bietet einen schönen Ausblick auf den See und die Berge. Wo die A4086 auf die A498 trifft, befindet sich das bei Bergsteigern bekannte Pen-y-Gwryd Hotel (www.pyg.co.uk). Sir Edmund Hillary und Tenzing Norgay bereiteten sich dort 1953 auf ihre Expedition zum Mount Everest vor. Über die A4085 und die A496 fährt man weiter durch den Nationalpark und kommt schließlich nach ❼***Harlech** an der Küste. Auch hier wartet eine schöne Burg auf den Besucher, Harlech Castle (www.harlech.com), von der man einen grandiosen Blick hat: auf der einen Seite die Bergwelt Snowdonias, auf der anderen Seite die Halbinsel Lleyn mit zahlreichen Menhiren und Steinkreisen. Als Unterkunft ist das Maelgwyn House Bed & Breakfast (www.maelgwynharlech.co.uk) zu empfehlen.

> **BAEDEKER TIPP**
>
> *Imbiss mit Kultcharakter*
>
> Fans des britischen Nationalgerichts Fish & Chips werden in Caernarfon in der 41 Bridge Street fündig – Ainsworth's Traditional Fish & Chips gilt unter Liebhabern als die beste Adresse weit und breit (Mo.–Do. 11.00–21.00, Fr., Sa. 11.00–22.00 Uhr).

Von Seebad zu Seebad

Durch eine herrliche Küstenlandschaft geht es auf der A496 weiter in Richtung Süden, vorbei an dem beliebten Badeort Barmouth bis zum Mündungsdelta des Mawddach. Hier liegt ❽**Dolgellau**, wunderschön eingebettet in das Tal des Flüsschens Wnion, ein guter Ausgangspunkt in die umliegende Bergwelt. Beherrschender Gipfel ist der Cader Idris, der es, wenn auch nicht an Höhe, so doch an Schönheit mit dem Snowdon aufnehmen kann. Lohnenswert sind die Ruinen von Cymer Abbey, einer Zisterzienserabtei aus dem 12. Jahrhundert. Einer der beliebtesten Rundwanderwege der Region ist der 4 km lange Torrent Walk, der beim Dörfchen Brithdir beginnt und rechts und links entlang des Wildbachs Clywedog mit seinen vielen Kaskaden und Strudeln führt. Das Y Meirionnydd (www.themeirionnydd.com) im Smithfield Square bietet Unterkunft und ein ausgezeichnetes Restaurant. Letzteres ist im mittelalterlichen Keller untergebracht, in dem sich einst das Gefängnis befand. Die A493 führt wiederum an der Küste entlang nach ❾***Tywyn**, ein Seebad mit einem 5 km langen Sand- und Kieselstrand. Etwas südlich von Tywyn biegt die Straße in Richtung Osten ab und verläuft an der breiten Mündung des Dovey bis nach Machynlleth, das sich seit den 1970er-Jahren zu einem Anziehungspunkt der britischen Alternativszene entwickelt hat. Der Besuch des 1973 gegründeten Centre for Alternative Technology (www.cat.org.uk), in dem praktische Lösungen zur Nachhaltigkeit entwickelt werden, lohnt sich. Weiter führt die Fahrt auf der schnelleren A487 zum Endpunkt der Tour nach ⑩ **Aberystwyth**, der inoffiziellen Hauptstadt von Mid Wales, die beliebtes Seebad, Universitäts- und Einkaufsstadt ist. Mit der 1896 gebauten Kabelseilbahn gelangt man bequem auf den Constitution Hill, von wo aus man den schönsten Blick über Stadt und Küste hat. Auf einem anderen Hügel, dem Penglais Hill, befinden sich die Universität und die walisische Nationalbibliothek mit ihrer einzigartigen Handschriftensammlung von über 30 000 wertvollen Manuskripten. Im Conrah Hotel (www.conrah.co.uk) und seinem 7 ha großen Garten kann man am Ende der Tour zufrieden ins gemachte Bett fallen.

Tour durch die Nationalparks   Tour 4

Start: Whitby
Ziel: Workington
Strecke: ca. 300 km
Dauer: 3 – 4 Tage

Außergewöhnliche Landschaften und herrliche Natur bieten drei Nationalparks in Nordengland, die sich über weit ausgedehnte Areale erstrecken und in unmittelbarer Nähe zueinander liegen, so dass man eine Fahrt von der Ostküste an die Westküste machen kann und dabei größtenteils durch Nationalparkgebiet fährt. Neben teilweise spektakulären Naturschönheiten sind auch ein paar kulturelle Höhepunkte am Wegesrand zu finden.

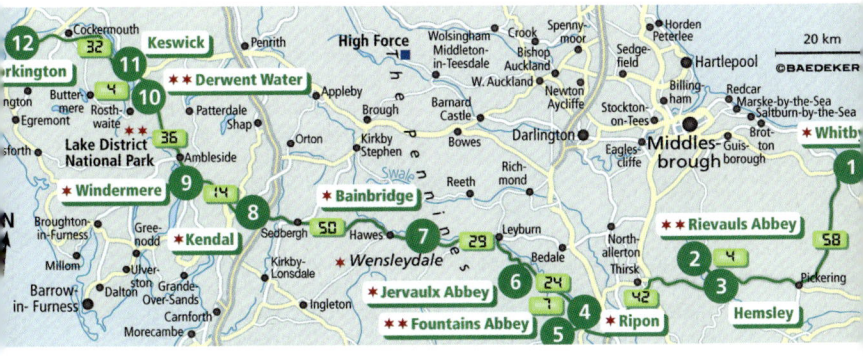

Romantische Ruinen

Die Tour startet in ❶*Whitby, das an der Nordostküste am nördlichen Rand des North York Moors National Park liegt. Unbedingt sehenswert sind die normannische St. Mary's Church und die Ruinen der 657 gegründeten Whitby Abbey, die auf einer Klippe über der Stadt liegen und die man über 199 Stufen erreicht. Von Whitby aus nimmt man zunächst die A171 nach Guisborough, fährt in Richtung Stokesley und biegt dort auf eine schmalere Straße ab, die durch eine herrliche Landschaft quer durch die North York Moors bis nach Helmsley führt. Kurz vor Helmsley gibt es einen ersten kulturellen Höhepunkt: die ❷**Rievaulx Abbey, eine der eindrucksvollsten Klosterruinen Englands. Etwa 500 Mönche lebten hier einst in der Einsamkeit von North Yorkshire, bis auch dieses Kloster 1538 von König Heinrich VIII. aufgelöst wurde.

Bilderbuchstädtchen

Der Ort ❸Helmsley selbst ist ein malerisches Marktstädtchen, dessen kompletter Ortskern unter Denkmalschutz steht und dessen kleine Straßen und Gassen zum Bummeln einladen. Vor allem der Marktplatz mit seinem uralten Marktkreuz scheint direkt einer Jane-Austin-Verfilmung entsprungen. Dort befindet sich auch das Black Swan (www.blackswan-helmsley.co.uk), ein Coaching Inn aus dem 15. Jh. mit 45 Zimmern, wo ein ausgezeichneter Afternoon Tea serviert wird. Beherrscht wird der Ort vom Helmsley Castle, der Ruine einer mittelalterlichen Burg. Und nicht weit entfernt liegt Duncombe Park, Familiensitz von Lord und Lady Faversham. Die Gärten des Herrenhauses sind im Juli und August zu besichtigen. Von März bis Oktober geöffnet hat der zwischen Burg und Herrenhaus gelegene Helmsley Walled Garden, dessen Entstehung auf das Jahr 1759 zurückgeht.

Klöster und Kathedralen

Bei Thirsk durchquert man das Vale of York und erreicht bei ❹*Ripon einen guten Ausgangspunkt für Touren durch den Yorkshire Dales National Park, wobei der Ort selbst ein Stück außerhalb des Nationalparks liegt. Nicht verpassen sollte man den Besuch der Kathedrale von Ripon, einer der ältesten und schönsten Kathedralen Großbritanniens. Sehr entspannend ist auch ein Spaziergang entlang des Ripon Canal, der über knapp vier Kilometer durch das Städtchen führt. Wer auf ein gut gezapftes Pint Bier einkehren möchte, kann dies im One Eyed Rat (www.oneeyedrat.com) tun, einem altmodischen kleinen Pub im ältesten Teil der Stadt. Nur 6,5 km südwestlich von Ripon wartet dann schon ein nächstes Highlight: Die ❺**Fountains Abbey, der seinerzeit die Klostergründer wegen der vielen nahegelegenen Quellen ihren Namen gaben, ist UNESCO-Weltkulturerbe und eine der größten und am besten erhaltenen Ruinen Großbritanniens. Die A6108 führt von Ripon aus in Richtung Nordwesten – und wieder zu einer Klosterruine: ❻*Jervaulx Abbey, malerisch in einem Wiesental gelegen und wie die Abteien von Rievaulx und Fountains eine Gründung des Zisterzienserordens.

Bei Leyburn zweigt die A684 ab, die von Osten nach Westen einmal durch das ❼ **Wensleydale** mit seinen wunderbaren Wiesen- und Heidelandschaften führt. Im Wensleydale befinden sich eine Reihe kleiner Dörfer und Marktstädtchen, die zumindest einen kurzen Halt wert sind, beispielsweise **Bainbridge** mit seinem großen Dorfanger. Dort kann man auch einen Spaziergang am mit 4 km kürzestem Fluss Englands unternehmen, dem River Bain. Zimmer und ein gutes Restaurant hat das Rose and Crown (www.theprideofwensleydale.co.uk), eines der ältesten Hotels in Yorkshire. Nur 6,5 km weiter auf der A684 erreicht man das kleine Marktstädtchen Hawes, die Heimat des berühmten Wensleydale, des Lieblingskäses von Wallace aus den oscargekrönten Animationsfilmen um »Wallace & Gromit«. Wer sich die Füße vertreten will, kann eine kurze Wanderung zum Hardraw Force, den mit ca. 30 m höchsten ununterbrochenen Wasserfall Englands, machen.

Hier ist nicht alles Käse

> **BAEDEKER TIPP**
>
> *»Der Doktor und das liebe Vieh«*
>
> Fans der TV-Serie rund um die Landtierärzte James Herriot und Siegfried Farnon haben einen Pflichtstopp im Wensleydale: Das kleine Dorf Askrigg war der Drehort und verkörpert somit das fiktive Darrowby. Das »Skeldale House«, die Praxis und das Wohnhaus in der Serie, steht gegenüber von Marktplatz und Kirche.

Bei ❽ ***Kendal** hat man die Yorkshire Dales gerade verlassen und steht schon vor den Toren des ****Lake District National Park**. In Kendal lohnt die Abbot Hall mit einer bemerkenswerten Gemäldesammlung sowie das in den ehemaligen Stallgebäuden der Abbot Hall untergebrachte Museum of Lakeland Life. Es ist dem Alltagsleben der Bewohner gewidmet. Gartenliebhaber machen einen kurzen Abstecher zum 8 km südlich von Kendal gelegenen elisabethanischen Herrenhaus Levens Hall (www.levenshall.co.uk). Der dortige Garten gilt für viele als der schönste britische »Topiary Garden«, in dem Eiben und Buchsbäume in dekorative und figürliche Formen geschnitten werden. Naturliebhaber wird es aber schnell weiterziehen in den Lake District mit seinen 16 großen und unzähligen kleinen Seen und Teichen. Kein Wunder, dass viele englische Dichter, die Lake Poets, sich durch diese wasserreiche Gegend inspirieren ließen und sie in zahlreichen literarischen Werken verherrlicht haben. Einen landschaftlichen Höhepunkt bildet der ❾ ***Windermere**, Englands größter See mit waldreichen Ufern und mehreren kleinen Inseln. Ein hübsches Dorf ist Hawkshead, wo William Wordsworth, der bedeutendste der Lake Poets, die Grammar School besuchte. Wer von so viel Kultur und Dichtkunst Durst bekommen hat, kann ihn im Red Lion Inn (www.redlionhawkshead.co.uk), einem hübschen Gasthaus aus dem 15. Jh, stillen. Schließlich sollte man ❿ ****Derwent Water** anfahren, einen See vor grandioser Bergkulisse, der als der schönste der Seen gilt. In

Geburtsort der englischen Romantik

unmittelbarer Nähe liegt ⑪**Keswick**, viel besuchtes Zentrum des Lake District. Dort kann man die Tour bei einer schönen Tasse Tee und einem oder zwei Stück Kuchen ausklingen lassen – etwa im Café der Galerie Treeby & Bolton (www.treeby-bolton.co.uk) in der Lake Road. Wer zur Küste weiterfahren möchte, kommt über die A66 nach ⑫**Workington** an der Mündung des Flusses Derwent. Die Fahrt dorthin führt vorbei am Bassenthwaite Lake, dem einzigen See im Lake District, der tatsächlich die Bezeichnung Lake trägt.

Tour 5 Schottland – Burgen und Whisky

Start und Ziel: Aberdeen
Strecke: ca. 300 km **Dauer:** 4 – 5 Tage

Wer mehr über Schottlands Nationalgetränk und das großartige Erbe prachtvoller Burgen und Schlösser erfahren möchte, kann ab Aberdeen den ausgeschilderten Malt Whisky Trail mit dem Castle Trail und Highlights im Dee Valley verbinden.

Schottische Märchenschlösser

Die Tour beginnt in ①***Aberdeen**, das wegen des silbergrauen Granits vieler seiner Gebäude auch Silver City genannt wird. Eine ordentliche Grundlage für die Rundreise kann man im Restaurant Granite Park (www.granitepark.co.uk) im Golden Square legen, wo neue schottische Küche in höchster Qualität geboten wird. Dann geht es auch schon raus aus der Stadt, denn rund 25 km westlich von Aberdeen steht das erste der zahlreichen Schlösser Schottlands: das ②****Crathes Castle** im Dee Valley. Das Haus aus dem 16. Jh. gilt als Paradebeispiel des schottischen Baronial-Stils und war bis 1951 Stammsitz der Burnetts of Leys. Im nahe gelegenen Städtchen Banchory kann man in der Tease Coffee Bar (www.teasecoffeebar.co.uk) eine kurze Rast einlegen, bevor es zum 25 km nordwestlich gelegenen Märchenschloss ③****Craigievar** weitergeht. Der fünfstöckige Wohnturm wurde Ende des 16. Jh.s errichtet und befindet sich am 240 km langen Castle Trail, der zehn der schönsten Schlösser der Region Grampians erschließt. Ebenfalls auf dem Castle Trail und nur einen kurzen Abstecher von der Route entfernt liegen die Ruinen von Kildrummy Castle, einst eine der mächtigsten Burgen des Landes.

BAEDEKER TIPP

Historisches Ambiente

Wer in Braemar übernachten möchte, kann sich ein Zimmer in der Callater Lodge nehmen, einer kleinen viktorianischen Villa von 1861 mit wunderschönem Garten. In der historisch, aber gemütlich ausgestatteten Lounge prasselt zur kalten Jahreszeit ein Feuer im prächtigen Kamin (9 Glenshee Rd., Tel. 01339741275, www.hotel-braemar.co.uk).

Tour 5 • TOUREN

Wo die starken Männer wohnen

Überall im Land werden die schottischen Highland Games veranstaltet, die mit Abstand berühmtesten aber gibt es in ❹*Braemar – bärenstarke Männer im obligatorischen Kilt schleudern Steine und bringen sperrige Lärchenstämme zum Überschlag. Selbst Queen Elizabeth kommt aus dem nahen Balmoral Castle herüber und tritt als Schirmherrin für das traditionelle Fest auf. Balmoral, das übrigens nicht der britischen Krone gehört, sondern Privateigentum der königlichen Familie ist, kann jedes Jahr von Anfang April bis Ende Juli besichtigt werden. Und natürlich besitzt auch das Städtchen Braemar selbst ein Schloss, das 1628 von den Earls of Mar errichtete Braemar Castle, das 1748 mit einem sternförmigen Festungswall umgeben wurde.

Auf den Spuren des Lebenswassers

Durch die wunderschönen Grampian Mountains führt die A939 nach Norden, wo man auf den berühmten Malt Whisky Trail mit seinen zahlreichen Traditionsbrennereien stößt. Die frühviktorianische ❺*Glenlivet Distillery abseits der Straße erzeugt gehaltvolle Malts, die 12 bis 25 Jahre alt sind. Der Besuch der Brennerei ist kostenlos. Elizabeth Cumming, eine der großen Persönlichkeiten der Whiskyindustrie, verlegte 1872 die ❻*Cardhu-Brennerei ihres Vaters in das kleine Dorf Knockando, wo mit Tamdhu und Knockando noch zwei weitere Whiskybrennereien existieren. Kostenlose Führungen bietet auch die ❼*Glenfiddich Distillery 16 km weiter östlich bei Dufftown. Hier wurde am Weihnachtstag 1887 der erste Malt für die markanten Dreiecksflaschen von William Grant produziert. Sehenswert sind auch die etwas unheimlich anmutenden Ruinen des nahe gelegenen Balvenie Castle, das zu den ältesten steinernen Burgen des Landes gehört. Dufftown selbst bezeichnet sich gerne als die Whisky-Hauptstadt der Welt, und in den Whiskygeschäften lässt sich so mancher rare Single Malt finden. Jedes Jahr im Mai strömen Liebhaber des schottischen Nationalgetränks in die Stadt, um beim Spirit of Speyside Whisky Festival dabei zu sein. Für Wanderer bietet sich ein kurzer Abstecher auf der A9009 ins schöne Glen Rinnes an. Etwa 8 km südlich der Stadt befindet sich der 841 m hohe Gipfel des Ben Rinnes, auf den ein sehr beliebter Wanderweg führt, welcher praktischerweise an einem Parkplatz beginnt. Eine der ältesten und schönsten Brennereien ist die 1786 gegründete ❽ *Strathisla Distillery in Keith, die den Chivas Brothers gehört und die älteste noch in Betrieb befindliche Brennerei der Region Speyside ist. Eine preiswerte und ruhige Unterkunft findet sich im 8 km außerhalb von Keith gelegenen Farmhouse B&B Capelhill Croft (www.chapelhillcroft.co.uk).

Rückweg nach Aberdeen

❾ *Huntly, 20 km südöstlich, ist nicht nur für die stattliche Burgruine, sondern auch für sein Shortbread bekannt. Seit 1975 wird bei Dean's (www.deans.co.uk) nach den Rezepten von Helen Dean das schottische Nationalgebäck noch immer in Handarbeit hergestellt und verkauft. Nach einer Stärkung kann man die Ruinen von Huntly Castle bestaunen, einst stolzer Familiensitz des Earl of Huntly, Oberhaupt des Clan Gordon. In einem großen Bogen in Richtung Nordosten verläuft eine stille Straße bis zum ❿ *Fyvie Castle, das nacheinander im Besitz von fünf verschiedenen Familien war, bevor es 1984 in die Hände das National Trust of Scotland gelangte. Sir Alexander Seton ließ Ende des 16. Jh.s die dekorativen Ecktürmchen und Kegeldächer aufsetzen. Seton legte auch den Grundstein für die ⓫ *Pitmedden Gardens ca. 20 km weiter südöstlich. Herzstück der prachtvollen Anlage ist der 1675 angelegte formelle Great Garden im Stile eines französischen Barockgartens. Nicht weit entfernt befindet sich mit der Ruine des aus dem 16. Jh.s stammenden ⓬ Tolquhon Castle wohl eine der malerischsten Burgen in Aberdeenshire. Auf dem Weg von Fyvie nach Pitmedden passiert man das Dorf Oldmeldrum, wo mit dem Meldrum House (www.meldrumhouse.com) ein ausgesprochen luxuriöses Country House Hotel mit Golfplatz auf solvente Besucher wartet. Von hier aus ist man in kurzer Zeit wieder zurück in ❶ *Aberdeen, der Ölmetropole an der Mündung von Dee und Don in die Nordsee. Dort sollte man nicht versäumen, dem auf dem Campus des King's College im Stadtteil Old Aberdeen gelegenen Cruickshank Botanic Gardens einen Besuch abzustatten.

Nordirland – Städte und Küste Tour 6

Start: Newry
Ziel: Derry
Strecke: ca. 190 km
Dauer: 3–5 Tage

Auf dieser Tour lernt man die beiden großen Städte Nordirlands, Belfast und Derry, kennen. Die Strecke dazwischen führt an einem grandiosen Küstenabschnitt entlang, die Straße gehört zu den schönsten in ganz Irland. Der Giant's Causeway an der Causeway Coast ist eine der ganz großen Naturattraktionen Nordirlands.

Die Tour beginnt in ❶ **Newry**, einer der ältesten Städte des Landes, in unmittelbarere Nähe zur Grenze zwischen Nordirland und Irland. Von hier aus führt der Weg auf der A28 nach Nordwesten. Beim Örtchen Bessbrook kurz hinter Newry befindet sich das imposante Craigmore Viadukt aus dem Jahre 1952. Die von den Einheimischen »18 Arches« genannte Eisenbahnbrücke überspannt mit ihren 18 Bögen das Tal des Flusses Camlough und ist das höchste Viadukt Irlands. Weiter geht es auf der A28 nach ❷ **Armagh**. Die Stadt mit den zwei Kathedralen soll durch den Heiligen Patrick gegründet worden sein und kann mit Recht als das spirituelle Zentrum Irlands bezeichnet werden. Armagh liegt inmitten des Garden of Ulster, einer für ihre Apfelbäume berühmten Region, die natürlich zur Apfelblüte im Mai ganz besonders hübsch ist. 4,5 km westlich des Ortszentrums an der A28 befindet sich mit dem Navan Fort, einer alten keltischen Kult- und Ritualstätte, einer der wichtigsten archäologischen Fundorte Irlands. Es ist wohl identisch mit Emain Macha, dem sagenumwobenen alten Königssitz von Ulster.

Im Herzen des Landes

> **BAEDEKER TIPP**
>
> *Schlafen und shoppen in Armagh*
>
> In der English Street im Herzen der Stadt Armagh liegt das traditionsreiche Charlemont Arms Hotel, das nicht nur zum Übernachten einlädt, sondern auch über ein ausgezeichnetes Restaurant und eine gemütliche Bar verfügt (www.charlemontarmshotel.com). In derselben Straße befindet sich Craftswirl, ein Outlet Centre für nordirisches Kunsthandwerk von allerhöchster Qualität.

Von Armagh geht es zügig über die A3 nach ❸ ***Belfast**. Lange wurde die Stadt von der Gewalt des Nordirlandkonflikts erschüttert, und noch immer wird genau dies wird mit dem Namen Belfast assoziiert. Vor über 15 Jahren hat jedoch der Friedensprozess eingesetzt; nur hier und da sind noch Zeugnisse und Wunden der Auseinandersetzungen im Stadtbild zu sehen. Belfast bietet eine ganze Reihe interessanter Sehenswürdigkeiten und ist schon längst wieder einen aus-

Die Stadt der Pubs

führlichen Besuch wert. Die Pubs der Stadt sind weit über ihre Grenzen hinaus bekannt und so sollten ein oder zwei Gasthäuser auf jedem Besuchsprogramm stehen. Der viktorianische Crown Liquor Saloon ist sicher der bekannteste Pub Belfasts und mittlerweile im Besitz der Denkmalschutzorganisation National Trust. Die Bittles Bar bietet das wohl größte Angebot an Bieren und Whisk(e)ys, während McHughs Bar stolz darauf sein kann, im ältesten Gebäude Belfasts zu residieren. Übernachten kann man u. a. im Benedicts of Belfast (www.benedictshotel.co.uk), einem erstaunlich günstigen Boutiquehotel mit 38 Zimmern am Shaftesbury Square.

Eine traumhafte Küste entlang

Von Belfast aus führt die A2 zunächst am Belfast Lough und dann über lange Zeit direkt an der Küste entlang durch die traumhaft schöne Landschaft der Antrim Coast: Im Westen steigen die Antrim Mountains auf Höhen über 500 m an, im Osten bieten sich immer wieder Ausblicke auf das Meer. Ungefähr beim kleinen Örtchen ❹ **Ballycastle** beginnt der Abschnitt der Causeway Coast. Von der malerischen kleinen Hafenstadt aus starten Bootstouren zu der für ihren Vogelreichtum bekannten Insel Rathlin. Dort lassen sich beispielsweise die farbenfrohen Papageitaucher beobachten. Von Ballycastle aus sollte man auf der B15 Richtung Westen weiterfahren. Nach kurzer Zeit gelangt man zur ❺ **Carrick-a-Rede Rope Bridge**, einer Hängebrücke, die die kleine Insel Carrick-a-Rede mit dem Festland verbindet. Die Brücke überspannt dabei in einer Höhe von 30 m eine etwa 20 m breite Meerenge und zieht jedes Jahr fast eine Viertelmillion schwindelfreie Besucher an. Weiter geht es zum ❻ ✶✶**Giant's Causeway**, einer ungewöhnlichen Felsformation aus rund 40 000 vulkanischen Basaltsäulen, deren größte Höhen bis zu 24 m erreichen. Der Legende nach ist der »Fußweg des Riesen« ein Werk des Riesen Finn, der sich auf den Hebriden lebende Riesin verliebt hatte, die er auf diesem Weg nach Irland holen wollte. Der vor etwa 60 Mio. Jahre entstandene Giant's Causeway wurde 1986 von der UNESCO in die Liste des Weltnaturerbes aufgenommen.

Flüssige Traditionspflege

Kurz hinter dem Giant's Causeway liegt im Ort ❼ **Bushmills** die wohl berühmteste Whiskeybrennerei Irlands: Old Bushmills. Für lange Zeit war siw die einzige Destille, die einen Irish Single Malt produzierte. Wer nach einer Verkostung des irischen Nationalgetränks nicht weiterfahren kann oder möchte, findet Unterkunft im Bushmills Inn (www.bushmillsinn.com), einem 1608 erbauten Gasthaus. Keine 5 km weiter westlich thront auf einem Basaltfelsen über der Küste die Ruine einer der größten mittelalterlichen Burgen Irlands: Dunluce Castle. Man kann nun der A2 weiter folgen, immer der Küste entlang, bis die Straße am Lough Foyle vorbei nach ❽ ✶**Derry** führt, dem Ziel der Tour. Nordirlands zweitgrößte Stadt, in der die jüngste Vergangenheit ebenfalls noch sichtbar ist, rühmt

sich, die besterhaltene Stadtmauer des Vereinigten Königreichs zu besitzen. Wenn das Ablaufen der Mauer hungrig gemacht hat, kann im Fitzroy's (www.fitzroysrestaurant.com) in der Bridge Street einkehren. Das Restaurant liegt nicht weit von der berühmten Stadtmauer nahe einem der Stadttore.

REISEZIELE VON A BIS Z

Hier sind alle Ziele ausführlich beschrieben und übersichtlich angeordnet, damit man nicht achtlos an Großbritanniens schönsten Sehenswürdigkeiten vorbeifährt.

Aberdeen

Landesteil: Schottland
Höhe: 869 ft/265 m ü.d.M.
Council Area: Aberdeen
Einwohnerzahl: 217 000

O 6

»Flower City« ist ein Beiname von Aberdeen, denn mit ihren herrlichen Blumenanlagen hat die Stadt wiederholt den Wettbewerb »Britain in Bloom« gewonnen. Typisch für das Stadtbild ist aber auch der silbergraue Granit, der bei Sonnenschein zu glitzern beginnt, weshalb Aberdeen gerne »Silver City« genannt wird.

Ihren offiziellen Namen verdankt Schottlands drittgrößte Stadt der Lage an der Mündung (»aber«) von Dee und Don in die Nordsee. Die Stadtgründung geht auf das 6. Jh. zurück, im 12. Jh. war Aberdeen Königsresidenz und Hansestadt. Textilfabriken und Papiermühlen prägten die Stadt zur Zeit der Industriellen Revolution, im 19. Jh. entwickelte sie sich mehr und mehr zu einer Hafenmetropole. Seit Anfang der 1970er-Jahre die ersten Ölfelder in der Nordsee erschlossen wurden, wurde die Stadt zum Hauptversorgungsort für die Offshore-Bohrinseln.

SEHENSWERTES IN ABERDEEN

Aberdeen lässt sich gut zu Fuß erkunden. Geschäftige Hauptstraße ist die **Union Street** mit Pubs, Einkaufspassagen und verschiedenen stattlichen Granitgebäuden. Im Osten der Union Street liegt die platzartige **Castle Street**, Aberdeens traditioneller Mittelpunkt, an dem man einen Rundgang gut beginnen kann. Hier steht das Mercat Cross, ein Stadtkreuz, das 1686 von der Kaufmannszunft Aberdeens errichtet wurde und ein schottisches Einhorn und Porträts der

Aberdeen

1 Mercat Cross
2 Town House
3 St. Nicholas House
4 Provost Skene's House (Städt. Museum)
5 St. Nicholas
6 James Dun's House (Mus.)
7 Art Gallery and Museum
8 Gordon's Institut of Technology
9 Fishmarket

Essen
1 Moon Fish Cafe

Übernachten
1 The Caledonian

Aberdeen • ZIELE

Aberdeen erleben

AUSKUNFT
Exchange House
23 Union St.
Aberdeen, Scotland, AB11 5BP
Tel. 01224 28 88 28
www.aberdeen-grampian.com

AN- UND ABREISE
Bus
Vom Jamieson Quay fahren regelmäßig Fähren zu den Orkney- und Shetland-Inseln.

Flugzeug
Tel. *0844 481 66 66
www.aberdeenairport.com
Der Aberdeen Airport liegt 10 km nordwestlich von Aberdeen.

SHOPPING
Hauptgeschäftsstraße ist die Union St., an der sich auf beiden Seiten die Geschäfte aneinanderreihen. Das West End ist besonders wegen seiner Boutiquen und Designerläden beliebt, und im Komplex Union Square finden sich zahlreiche Geschäfte, Restaurants, Cafés und Kinos.

ESSEN
❶ *Moon Fish Cafe* ©©©
9 Correction Wynd
Tel. 01224 64 41 66
www.moonfishcafe.co.uk
So. u. Mo. geschl.
Fischgerichte und lokale Spezialitäten.

ÜBERNACHTEN
❶ *The Caledonian* ©©©©
10–14 Union Terrace
Tel. *0871 376 90 03
www.thistle.com
Gepflegtes, zentral gelegenes Hotel oberhalb der Union Terrace Gardens. Geräumige Zimmer.

Stuarts zeigt. Das Castle selbst existiert nicht mehr. Ältestes Gebäude ist der Turm des **Tolbooth**, einst Rathaus und Stadtgefängnis; heute ist darin ein **Museum** eingerichtet, das über Hexen und Diebe berichtet.
The Tolbooth Museum: Juli–Sept. Di.–Sa. 10.00–16.00, So. 12.30–15.30 Uhr; Eintritt frei; www.aagm.co.uk

Das 1593 gegründete protestantische Marischal College ist ein vierflügeliges Granitgebäude von immenser Größe mit einem 72 m hohen Turm, das zwischen 1837 und 1906 errichtet wurde. Seit 2011 residiert hier der Aberdeen City Council (Stadtrat). — **Marischal College**

Gegenüber steht das älteste Wohnhaus Aberdeens, Provost Skene's House von 1545, benannt nach dem wohlhabenden Kaufmann Sir George Skene, der 1676–1685 Bürgermeister von Aberdeen war. Das städtische Museum zeigt Lokalgeschichte von Cromwell bis zur viktorianischen Ära. — **Provost Skene's House**
❶ Guestrow (zw. Broad St. u. Flourmill Ln.); Mo.–Sa. 10.00–17.00 Uhr; Eintritt frei; www.aagm.co.uk

ZIELE • Aberdeen

St. Nicholas St. Nicholas, die einst größte Kirche Schottlands, wurde während der Reformation in zwei Kirchen geteilt und ist heute besser bekannt unter dem Namen **East and West Churches**. In der St. Mary's Chapel in der Ostkirche wurden im 17. Jh. vermeintliche Hexen eingekerkert.

❶ Eintritt frei, Spenden willkommen; www.kirk-of-st-nicholas.org.uk

*Aberdeen Art Gallery Die Aberdeen Art Gallery am Schoolhill präsentiert Kunst des 17. – 20. Jh.s, darunter viele Arbeiten moderner schottischer Künstler. Zu sehen sind u. a. Werke von Raeburn, Turner, Daniells, Nicholson, Monet, Renoir, Sisley, Pissaro, William Dyce, Thomas Faed, John Philip, Allan Ramsay, Charles Rennie Mackintosh, Barbara Hepworth, Jacob Epstein.

❶ Di. – Sa. 10.00 – 17.00, So. ab 14.00 Uhr; Eintritt frei; www.aagm.co.uk

Market Street Die Market Street führt hinunter zum **Hafen** von Aberdeen, wo werktags von 4.00 bis 7.30 Uhr in den Hallen zwischen Waterloo Quay und Albert Bassin die **Fischauktion** stattfindet. In Schottlands größtem Fischereihafen werden täglich Hunderte von Tonnen Fisch umgeschlagen. Hübsche Cottages stehen in dem alten Fischerviertel Footdee.

Duthie Park Der Riverside Drive folgt südlich des Hafens dem Dee-Ufer zum Duthie Park mit einem der größten Wintergärten Europas und herrlichen Blumenanlagen, u. a. einem Rosenhügel und einem Garten für Blinde.

❶ 8.00 Uhr – 1 Std. vor Sonnenuntergang

Old Aberdeen Das unter Denkmalschutz gestellte Altstadtviertel am Don ist Treffpunkt von Studenten, die die gemütlichen Pubs rund um die Universität bevölkern. Das katholische **Old Aberdeen King's College**, eine Gründung von 1494/1495, wurde 1860 mit dem protestantischen Marischal College vereinigt. Erhalten ist die von einer Steinkuppel gekrönte Kapelle mit Chorgestühl und Holzdecke von 1505.

Das **King's Museum** der University of Aberdeen zeigt in dreimal jährlich wechselnden Ausstellungen eine Mischung ihrer reichhaltigen Sammlung. Dazu gehören moderne Kunstwerke, Zeugnisse aus der Sozialgeschichte, archäologische Fundstücke, wissenschaftliche Instrumente und naturkundliche Objekte.

Kings's Museum: 17 High St.; Mo. – Fr. 10.00 – 16.00, Di. bis 19.30, Sa ab 11.00 Uhr; Eintritt frei; www.abdn.ac.uk/kingsmuseum

*St. Machar's Cathedral Die im 12. Jh. errichtete St. Machar's Cathedral soll an der Stelle einer im 6. Jh. von St. Machar erbauten Kirche angelegt worden sein. Beachtenswert sind die Westtürme mit Sandsteinspitzen (1518 – 1530) und die wappengeschmückte Decke aus dem 16. Jahrhundert.

UMGEBUNG VON ABERDEEN

Rund 25 km südlich von Aberdeen thronen auf einem Felsen über der See die Ruinen von Dunnottar Castle, an drei Seiten vom Wasser, an der Landseite durch eine Kluft geschützt. Der Bergfried ist noch gut erhalten. Überreste des Palastes und der Kapellen geben einen guten Eindruck von der einstigen Größe. Die königlichen Insignien Schottlands wurden 1652 während der englischen Belagerung von der Frau des Priesters von Kinneff hinausgeschmuggelt, wie man auf einem ihr zu Ehren errichteten Monument lesen kann. ****Dunnottar Castle**
❶ April – Okt. tgl. 9.00 – 18.00, Nov. – März tgl. 10.00 Uhr – Sonnenuntergang; Eintritt 5 £; www.dunnottarcastle.co.uk

16 km westlich von Aberdeen steht das drittälteste Turmhaus Schottlands, das Drum Castle, das um 1286 errichtet worden ist. Der ursprüngliche Wehrturm ist fast original erhalten, das Herrenhaus ist im Renaissancestil angebaut. ***Drum Castle**
❶ Burg: April – Juni, Sept. Do. – Mo. 11.00 – 16.45,
Juli, Aug. tgl. 11.00 – 16.45 Uhr, Garden of Historic Roses:
April – Okt. tgl. 11.00 – 17.00 Uhr; Eintritt 9,50 £

Paradebeispiel für den schottischen Baronial-Stil ist Crathes Castle bei Banchory knapp 16 km weiter westlich, das die Familie Burnett im 15. Jh. bauen ließ und mit kostbarer Inneneinrichtung ausstattete. Besonders die mit Helden der Antike und Figuren aus dem Alten Testament bemalten Holzdecken sind sehenswert, des Weiteren die Gärten mit kunstvoll gestutzten Eibenhecken, Magnolien-, Oleander- und Rosengärten. ****Crathes Castle**
❶ April – Okt. tgl. 10.30 – 16.45, Jan. – März, Nov., Dez. Sa. u. So.
10.30 – 15.45 Uhr; Eintritt 11 £

Der 240 km lange Castle Trail westlich von Aberdeen erschließt zehn der schönsten Schlösser in den Grampian Mountains, die in einem Zeitraum von 700 Jahren gebaut wurden. ****Castle Trail**
Castle Fraser entstand im 16./17. Jh., als ein mittelalterlicher Bergfried um einen siebenstöckigen Rundturm und einen fünfstöckigen Flügel mit vielen hübschen Ecktürmchen und zierlichen Kegeldächern erweitert wurde. Ein richtiggehendes Märchenschloss ist **Craigievar Castle**, ein fünfstöckiger Wohnturm, den sich William Forbes Anfang des 17. Jh.s bauen ließ. **Leith Hall** ist seit 1650 Stammsitz der Leiths. Der Z-förmige Wohnturm aus dem 17. Jh. umschließt mit den Seitenflügeln einen schönen Innenhof. Fünf Familien haben zwischen dem 12. und 19. Jh. die Geschichte des prachtvollen **Fyvie Castle** geschrieben. Der letzte Besitzer, der amerikanische Stahlmagnat Alexander Leith, stattete das Schloss mit Gemälden von Raeburn und Brüsseler Tapisserien aus. Der damalige Star-Architekt

ZIELE • **Anglesey (Insel)**

William Adam lieferte 1731 die Entwürfe für **Haddo House**. Zur Gemäldesammlung gehören Porträts von Lord Haddo und Werke van Dycks. Als Meisterwerk barocker Gartenkunst gilt der 1675 von Sir Alexander Seton angelegte **Pitmedden Garden**.

Castle Fraser: April–Juni, Sept. u. Okt. Mi.–So. 12.00–17.00, Juli u. Aug. tgl. 11.00–17.00 Uhr; Eintritt 9,50 £

Craigievar Castle: April–Juni, Sept. Fr.–Di. 11.00–17.30, Juli u. Aug. tgl. 11.00–17.30 Uhr; Eintritt 11 £

Leith Hall: Gebäude nicht zu besichtigen, Garten und Anlage tgl. 9.00 Uhr–Sonnenuntergang; Eintritt 9,50 £

Fyvie Castle: April–Juni, Sept., Okt. Sa.–Mi. 12.00–17.00, Juli–Aug. tgl. 11.00–17.00 Uhr; Eintritt: 11 £

Haddo House: Besichtigung des Gebäudes nur im Rahmen von Führungen, Voranmeldung unter Tel. 0844 493 21 79; Eintritt 9,50 £

Pitmedden Garden: Mai–Sept. tgl. 10.00–17.30 Uhr; Eintritt 6 £

✱ Anglesey (Insel)

J/K 14

Landesteil: Wales
Grafschaft: Gwynedd
Einwohnerzahl: 68 600

»Mam Cymru«, Mutter von Wales, wurde die Isle of Anglesey im Mittelalter genannt, weil ihre fruchtbaren Felder und Weiden Wales' gesamten Norden versorgten.

Vom Festland führt die **Menai Suspension Bridge** auf die Insel. Die 176 m lange Hängebrücke wurde 1818–1826 gebaut, sie galt damals als längste Eisenbrücke der Welt. **Britannia Tubular Bridge** heißt die parallel verlaufende doppelstöckige Straßen- und Eisenbahnbrücke: 1850 wurde sie konstruiert, 1970 bei einem Brand beschädigt und unter Verwendung der alten Pfeiler neu gebaut. Angleseys Küste, zwischen deren schroff abfallenden Klippen malerische Sandbuchten

Anglesey erleben

AUSKUNFT
Station Site
Llanfairpwllgwyngyll
Isle of Anglesey, Wales
LL61 5UJ
Tel. 01248 71 31 77
http://visitanglesey.co.uk

ÜBERNACHTEN
Ye Olde Bulls Head ❸❸❸
Castle St., Beaumarais, LL58 8AP
Tel. 01248 81 03 29
www.bulllsheadinn.co.uk
Schon Dickens und Samual Johnson waren zu Gast in diesem traditionellen Inn.

Die Menai Suspension Bridge verbindet Anglesey mit dem Festland.

liegen, ist vom milden Klima der Irischen See begünstigt. Die früheren Fischerdörfer sind heute kleine Badeorte. Im Inselinnern, das für seine prähistorischen Zeugnisse bekannt ist, gibt es außer fünf kleineren Orten nur durch schmale Straßen verbundene Weiler.

INSELRUNDFAHRT

Nach Überquerung der Menai Suspension Bridge geht es auf der A545 in den Badeort Beaumaris. Hier empfiehlt sich ein Besuch des von Wallanlagen und Wassergräben umzogenen Beaumaris Castle; 1295 ließ Edward I. diese letzte und größte Festung in Wales bauen. Im Kapellenturm dokumentiert eine Ausstellung die Entstehungsgeschichte der Burgen Edwards I. in Wales. Lohnend ist ein Spaziergang zur Kirche St. Mary and St. Nicholas und zu dem 1614 erbauten Gerichtsgebäude Beaumaris Courthouse mit dem viktorianischen Gefängnis Beaumaris Gaol.

*Beaumaris Castle

❶ März–Juni, Sept., Okt. tgl. 9.30–17.00, Juli–Aug. tgl. 9.30–18.00, Nov.–Feb. Mo.–Sa. 10.00–16.00, So. 11.00–16.00 Uhr; Eintritt 3,80 £

Rund 8 km entfernt liegt die mittelalterliche Penmon Priory. Hinter der gut erhaltenen Kirche aus dem 12. Jh. führt ein Pfad zur Quelle von St. Seiriol, die im 6. Jh. der Anlass für die Klostergründung war. Die ursprüngliche Anlage wurde 971 von Wikingern zerstört.

Penmon Priory

Beaumaris Castle, von Wallanlagen und Gräben umgeben.

Puffin Island Penmon Point ist bei Anglern sehr beliebt. Von hier bietet sich eine schöne Aussicht auf Puffin Island, eine kleine vorgelagerte Insel, in deren Klosterruinen unzählige Seevögel ihre Brutplätze haben.

Red Wharf Bay, Moelfre Über 25 km breit ist bei Ebbe der Sandstrand an der Red Wharf Bay, um die sich die Ferienorte Llandona, Pentreath und Benllech gruppieren. Etwas weiter nördlich liegen außerhalb von Moelfre eine neolithische Grabkammer aus dem 3. Jt. v. Chr., eine im 4. Jh. n. Chr. befestigte Hüttensiedlung und die malerischen Ruinen der Old Lligwy Chapel aus dem 12. – 14. Jahrhundert.

Amlwch Amlwch spielte Anfang des 19. Jh.s eine wichtige Rolle für die Verschiffung des Kupfers von den seit Römerzeiten bekannten **Parys-Minen**, die man heute auf einem ausgeschilderten Rundweg besichtigen kann; eine kleine Ausstellung dazu ist am Hafen im Watch House untergebracht. Bei Amlwch bieten die Badebuchten Bull Bay und die westlichere Cemaes Bay schöne Kliffwanderwege.
Parys-Minen: geführte Touren buchbar unter Tel. 01407 83 22 55; Ausstellung Ostern – Okt. Di. – So. 10.00 – 17.00 Uhr; Eintritt 2,95 £; www.copperkingdom.co.uk

Holyhead auf Holy Island Holyhead liegt auf der westlich vorgelagerten Insel Holy Island, die mit Anglesey durch zwei Straßenbrücken verbunden ist. Von Holyhead schippern die Fähren hinüber nach Dublin. Beeindruckend ist der 2,4 km lange Wellenbrecher, von dem sich herrliche Ausblicke auf die zerklüftete Küste bieten. Im **Holyhead Museum** sind alte Schiffsmodelle ausgestellt. Einen guten Rundblick hat man vom Holyhead Mountain, auf dessen Spitze prähistorische Steinkreise (Cytiau'r Gwyddelod) und römische Festungsreste liegen. Das Ellin's Tower Seabird Centre bietet die Möglichkeit, Nest- und Brutgewohnheiten einheimischer Vogelarten zu beobachten.

Holyhead Museum: Newry Beach, Holyhead; Ostern – Okt. Di. – So. 10.00 – 16.00 Uhr; Eintritt 3,50 £; www.holyheadmaritimemuseum.co.uk

Bei Aberffraw kommt man bei Ebbe zu Fuß zu der Kirche Llangwyfan (13. Jh.). In der Cable Bay kann eine prähistorische Grabkammer aus dem 3. Jt. v. Chr. besichtigt werden. Und in der mittelalterlichen Pfarrkirche im benachbarten Llangadwaladr ist eine lateinische Inschrift aus dem 7. Jh. erhalten, die den walisischen König Cadfan preist.

Aberffraw/Llangadwaladr

Newborough Warren ist ein interessantes Naturschutzgebiet mit ausgedehnten Sanddünen und Pinienaufforstungen, das auf drei markierten Wegen durchwandert werden kann.

Newborough Warren

In Llangefni, der Hauptstadt von Anglesey, hat das **Oriel Ynys Môn Museum** seinen Sitz, in dem die Entstehungsgeschichte der Insel sowie das Werk des Naturmalers Charles Tunnicliffe hervorragend präsentiert werden.

Llangefni

Oriel Ynys Môn Museum: Rhosmeirch, Tel. 01248 72 44 44; tgl. 10.30 – 17.00 Uhr; Eintritt frei

Auf Anglesey befindet sich der Ort mit dem kuriosen Namen Llanfairpwllgwyngyllgogerychwyrndrobwllllantysiliogogogoch, was auf deutsch so viel heißt wie »Die Kirche Mariens in der Senke des weißen Haselnussstrauchs, nahe dem reißenden Strudel und der Kirche Tysilios unweit der roten Höhle«. Kein authentischer Zungenbrecher übrigens, sondern ein walisischer Schabernack des 19. Jh.s, mit dem englische Touristen angelockt werden sollten!

Llanfairpwllgwyngyllgogerychwyrndrobwllllantysiliogogogoch

3 km südwestlich liegt in einer weiten Parkanlage Plas Newydd, ein Herrenhaus aus dem 15. Jh. Ende des 18. Jh.s wurde das Gebäude von James Wyatt umgestaltet; er versah u. a. den Musiksalon und die Halle mit kunstvollen Fächergewölben. Zu den Exponaten gehören Wandgemälde des englischen Künstlers Rex Whistler und das patentierte »Anglesey-Bein«, ein Holzbein, das für den 1. Marquis of Anglesey nach der Schlacht von Waterloo als eine der ersten Prothesen angefertigt wurde.

*Plas Newydd

❶ Haus Mitte März – Okt. Sa. – Mi. 13.00 – 17.00, Garten 10.00 – 17.30 Uhr; Eintritt 8,90 £

* Antonine Wall

K/L 8/9

Landesteil: Schottland
Regionen: Strathclyde und Central

142 n. Chr. bauten die Römer eine 60 km lange Befestigung vom Firth of Forth bis zum Firth of Clyde – der Antonine Wall sollte Schutz gegen Angriffe von Norden bieten.

Anders als England war Schottland nie fest in römischer Hand, die Römer besetzten es nur zeitweise, um die Provinz Britannien zu schützen. Um 80 n. Chr. drang Agricola in den Süden Schottlands ein und baute erste Befestigungen, anschließend wurde der nach dem regierenden Kaiser Titus Aurelius Antonius benannte Wall angelegt. Nördlich des 2 m hohen und 4,5 m breiten Walls verlief ein Graben; an der Südseite ein gepflasterter Weg. Die Grenzfeste war mit 19 Kastellen bewehrt, ihre Besatzung bestand wahrscheinlich aus Galliern, Belgiern, Syrern und Thraziern. Rund 40 Jahre nach der Errichtung wurde die Grenzbefestigung aufgegeben. Im Hunterian Museum in ▶Glasgow sind ein Modell und Funde aus den Kastellen ausgestellt.

Erhalten sind noch Teile des Grabens, außerdem wurden sechs Kastelle freigelegt. Die besterhaltenen befinden sich bei Kirkintilloch und bei Falkirk (Rough Castle). Reste des Antonine Wall sind beim Callendar House östlich von Falkirk gut zu sehen und im Nordwesten von Glasgow nordöstlich von Bearsden.

**Falkirk Wheel 2002 wurde bei Falkirk der weltweit einzige Rotationshebekran eingeweiht, der den im gleichen Jahr wiedereröffneten Forth & Clyde-Canal mit dem Union Canal verbindet (▶Baedeker Wissen S. 190).

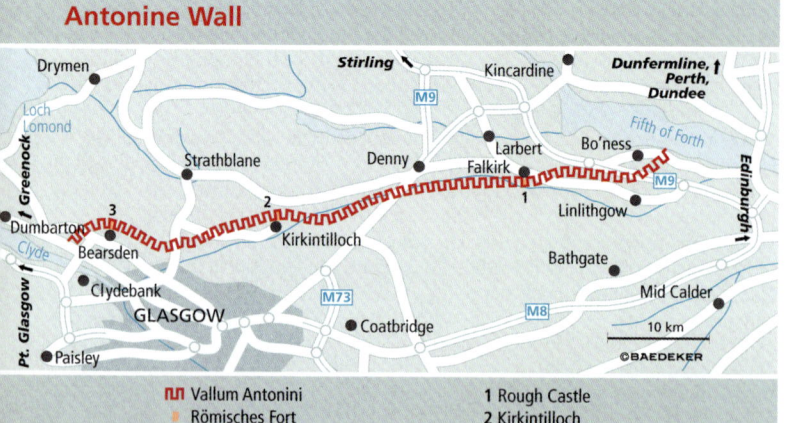

Antonine Wall

Vallum Antonini
Römisches Fort

1 Rough Castle
2 Kirkintilloch
3 Bearsden

Arran (Insel) • ZIELE

Bis zu acht Boote können vom Falkirk Wheel gleichzeitig gehoben werden. Im Rahmen der Falkirk Wheel Experience kann man an einem Bootstrip teilnehmen.

* Arran (Insel)

H 9/10

Landesteil: Schottland
Regionen: Strathclyde

Arran ist eine landschaftlich höchst abwechslungsreiche Insel im Firth of Clyde östlich von Glasgow. Den Inselnorden prägen steile Gebirge, Moor- und Heideflächen und tiefe Täler, der Süden ist fruchtbares Tiefland.

INSELRUNDFAHRT

3 km nördlich von Brodick, dem Haupthafen der Ostküste, steht Brodick Castle. Sehenswert sind u. a. Gemälde von Watteau, Gainsborough und Turner, Silber und Porzellan. Brodick Castle ist von einer **Parkanlage** mit alten Rhododendronbüschen und Magnolien umgeben. Lohnend ist ein Aufstieg zum höchsten Berg der Insel, dem 874 m hohen **Goatfell**.

*Brodick Castle

Arran erleben

AUSKUNFT
The Pier, Brodick, Scotland, KA27 8AU
Tel. *08452255121
www.ayrshire-arran.com

AN- UND ABREISE
Fähre
Von Ardrossan verkehren Autofähren nach Brodick (Fahrzeit 1 Std.), im Sommer außerdem Fähren zwischen Claonaig (Kintyre) und Lochranza.

ESSEN
Creelers Seafood ⊚⊚
Home Farm, Brodick
Tel. 01770302810
www.creelers.co.uk
Mo. geschl.
Tim und Fran James führen hier ein populäres Fischrestaurant mit angeschlossenem beliebtem Seafood Shop und echtem Räucherhaus.

ÜBERNACHTEN
Glenisle Hotel ⊚⊚⊚⊚
Shore Rd., Lamlash
Tel. 01770600559
www.glenislehotel.com
Komfortabel und liebevoll eingerichtete Räume. Herzstück des Hotels ist das ausgezeichnete Restaurant mit lokalen Spezialitäten.

Falkirk Wheel

** *Meisterhafte Ingenieurskunst*

Falkirk Wheel ist die erste und bislang einzige sich drehende Schiffshebeanlage der Welt. Es verbindet den Forth & Clyde Canal mit dem 35 m höher verlaufenden Union Canal. Das Hebewerk ist in einem natürlichen Seebecken am Rough Castle nahe der Ortschaft Falkirk errichtet worden und bewältigt einen Höhenunterschied, der zuvor nur durch die Passage einer Treppe von elf Schleusen möglich war. Durch eine geniale Konstruktion wird mit einem Minimum an Energie ein Maximum an Gewicht gehoben. Falkirk Wheel hebt bzw. senkt Boote nicht über ein traditionelles Kammersystem auf ein anderes Niveau, sondern in Wasserbecken, die sich wie Gondeln eines Riesenrads bewegen und sich stets im Gleichgewicht befinden.

❶ tgl. 10.00 – 17.30 Uhr
Bootstouren: tgl. 11.10, 11.50, 12.30, 13.30, 14.10, 14.50, 15.30, 16.10 Uhr;
Ticket 7,95 £
www.thefalkirkwheel.co.uk

❶ Achse
Die Achse des Wasserrads, an dem die beiden Arme befestigt sind, wird von hydraulischen Motoren angetrieben.

❷ Hauptzahnrad
Das zentrale Hauptzahnrad ist am Stützpfeiler des Aquädukts angebracht und dreht sich langsam im Uhrzeigersinn.

❸ Zahnräder
Auf beiden Seiten des Hauptzahnrads sitzen kleinere Zahnräder. Sie drehen sich gegen den Uhrzeigersinn und bewegen so die Zahnräder der Becken.

❹ Wasserbecken
In diesen »Gondeln« werden die Schiffe nach oben gehoben. Die Gondeln sind wassergefüllte Stahlkammern, die auf Rolllagern ruhen und in ringförmigen Armen hängen, die jeweils 300 t Last tragen können. In jede Gondel passen bis zu vier Boote. Dank der Rolllager bleiben die Kammern immer in der Waagerechten.

❺ Wasserbecken
Abwärts fahrende Gondel. Etwas eine Viertelstunde braucht ein Boot, bis es unten ist. Vor dem Bau von Falkirk Wheel brauchten Kapitäne einen halben Tag, um von einem Kanal in den anderen zu gelangen.

❻ Aquädukt
Der 100 m lange Aquädukt am oberen Ende des Falkirk Wheel stellt die Verbindung zwischen dem Wasserrad und dem oberen Kanal (Union Canal) her.

Aufrisszeichnung des Wasserrads

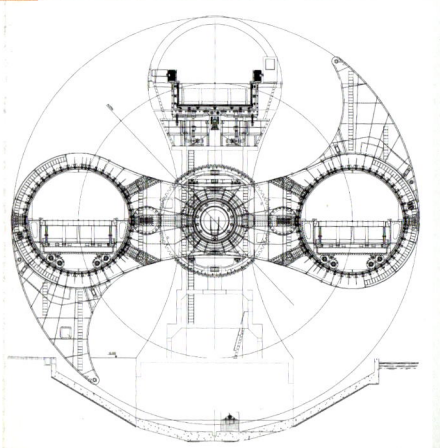

Vor der unteren Einfahrt ins Schiffshebewerk warten die Ausflugsboote des Falkirk Wheel, bis die Gondel herabgelassen ist. Die Gondeln beinhalten 500 000 l Wasser – genug, um ein olympisches Schwimmstadion zu füllen.

Im Besucherzentrum werden T[...] für eine Bootstour verkauft. H[...] kann man auch einen Kaffee[...] trinken, Souvenirs erwerben und ein Modell des technischen Wunderwerks bestaunen.

Vor dem Falkirk Wheel können Kinder im Sommer in durchsichtige XXL-Wasserbälle einsteigen und einfach übers Wasser laufen (www.scottishcanals.co.uk).

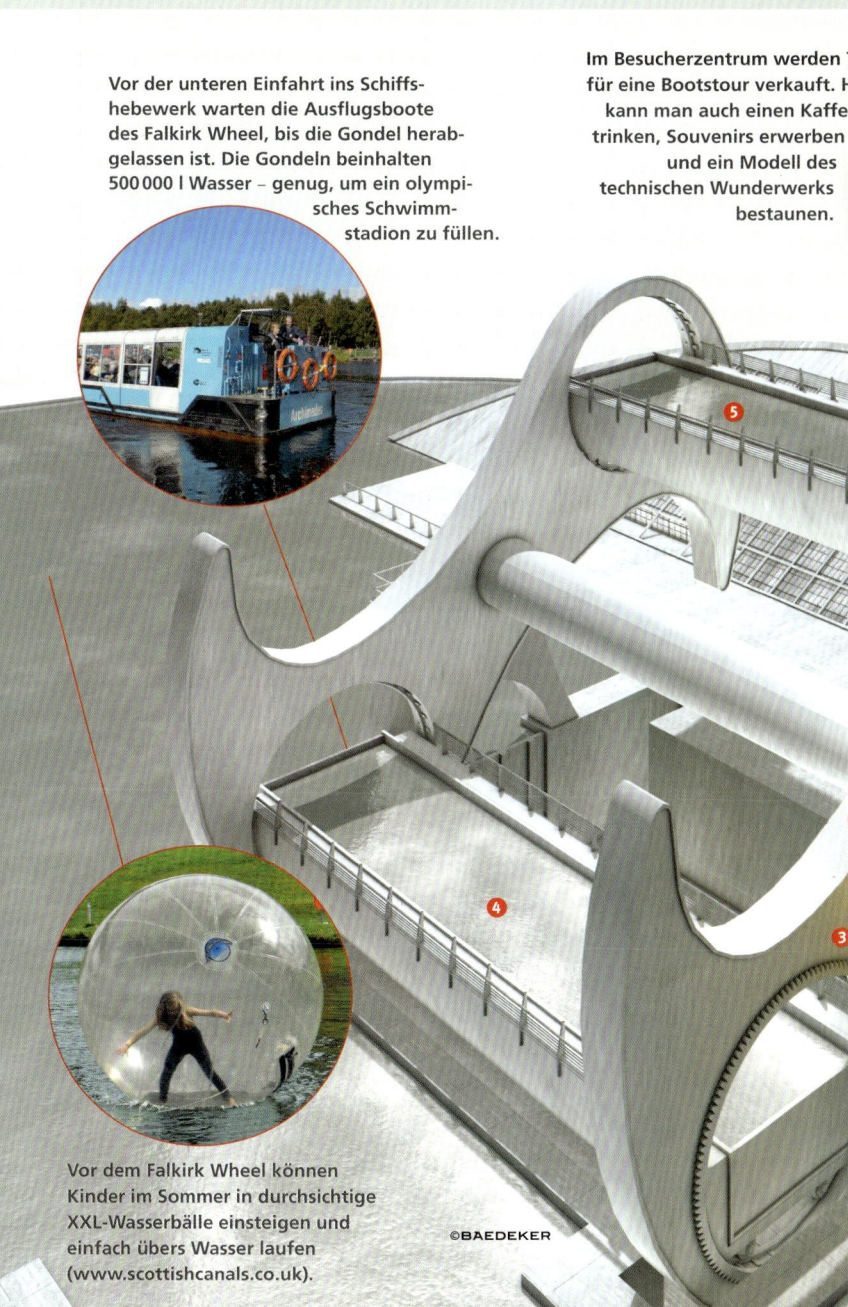

©BAEDEKER

Am Ende des Union Canal fahren Freizeitskipper in den Aquädukt ein. Etwa eine Viertelstunde braucht ein Boot, bis es unten ist. Vor dem Bau von Falkirk Wheel mussten Kapitäne einen halben Tag einplanen, um von einem Kanal in den nächsten zu gelangen.

ZIELE • Arran (Insel)

> **BAEDEKER TIPP**
>
> ### Arran Taste Trail
>
> Frische Austern, Hummer, Wild, Lamm, Forelle oder Lachs, Ziegenkäse, Bier und Whisky von Arran stehen auf der Speisekarte von gut drei Dutzend Restaurants, die sich zum Arran Taste Trail zusammengeschlossen haben (www.taste-of-arran.co.uk).

❶ Schloss April – Sept. tgl. 11.00 – 16.30, Okt. tgl. 11.00 – 15.30 Uhr, Park ganzjährig 9.30 Uhr – Sonnenuntergang, Garten April – Okt. tgl. 10.00 – 17.00, Nov. u. Dez. Sa., So. 10.00 – 15.30 Uhr; Eintritt 11,50 £

Holy Island, eine ca. 1,6 km lange, landschaftlich sehr abwechslungsreiche Insel südlich von Brodick, erhielt ihren Namen nach St. Molaise, Schüler des St. Columba, der angeblich dort lebte. Die **Höhle des Heiligen** mit Inschriften aus verschiedenen Epochen und großen Runenzeichen kann man besichtigen.

Lamlash
Lamlash ist der zweitgrößte Ort an der Ostküste, ein beliebtes **Seebad** mit Segelschule und schöner Badebucht.

Kildonan Castle
Die verfallene Burg war einst königliches **Jagdschloss**, als Arran zum Besitz der Krone gehörte und die schottischen Könige zur Jagd auf das damals eingeführte Rotwild hierher kamen.

Bennan Head
Eine Klippenwanderung führt zum südlichsten Punkt der Insel, Bennan Head. Einen Blick sollte man in die 25 m tiefe **Black Cave** werfen.

Blackwaterfoot
Am Kilbrennan Sound im Südwesten liegt der Badeort Blackwaterfoot mit Golfplatz und guten **Wassersportmöglichkeiten**. Bei King's Hill liegen mehrere Höhlen, in denen sich **Robert the Bruce**, der schottische Nationalheld, mit seinen Männern versteckt haben soll.

Machrie Moor Standing Stones
Auf der Hochebene von Machrie Moor 5 km nördlich von Blackwaterfoot gibt es sechs bronzezeitliche Steinsetzungen von ungefähr 1600 v. Chr. mit bis zu 5 m hohen **Monolithen**. Interessant ist auch der Auchagallon Steinkreis 4 km nördlich mit 15 roten Steinblöcken.

Lochranza
Über dem Fährhafen im Norden ragen die Ruinen eines Castle aus dem 13. Jh. auf. In Lochranza gibt es seit 1995 die jüngste **Brennerei** Schottlands.
The Arran Malt Distillery: Mitte März – Okt. Mo. – Sa. 10.00 – 18.00, So. ab 11.00, stündliche Touren 10.30 – 16.30 Uhr; Eintritt 5,50 £; www.arranwhisky.com

Glen Sannox
Durch den Glen Chalmadale geht es zurück zur Ostküste, wo der Glen Sannox ins Landesinnere abzweigt, der wildeste der Glens auf Arran. Über Corrie fährt man weiter nach Brodick.

*Avebury

✈ P 18

Landesteil: Südengland
Höhe: 500 ft/152 m ü. d. M.
Grafschaft: Wiltshire
Einwohnerzahl: 540

Avebury liegt auf uraltem Kultareal: Ende des 3. vorchristlichen Jahrtausends hat es hier in der Hügellandschaft Northwessex Downs eine bedeutende Kultanlage gegeben.

Im Ort informiert das **Alexander Keiller Museum** mit Modellen, Schautafeln und Funden über eine der größten megalithischen Kultstätten Europas. **Avebury Manor** ist ein Herrenhaus aus elisabethanischer Zeit.

Alexander Keiller Museum: Tel. *0870 3 33 11 81; Nov. – März. tgl. 10.00 – 16.00, April – Okt. tgl. 10.00 – 18.00 Uhr; Eintritt 4,40 £
Avebury Manor: Nov. – März Do. – Di. 11.00 – 16.00, April – Okt. Do. – Di. 11.00 – 17.00 Uhr; Eintritt 9 £

SEHENSWERTE MEGALITH-KULTSTÄTTEN

Die neolithische Steinkreisanlage ist in ihrer ursprünglichen Form nur noch schwer zu erkennen. Die Kultstätte war früher von einem etwa 15 m hohen Wall mit Graben umgeben, der vier Durchlässe entsprechend den Himmelsrichtungen aufwies. Im Inneren waren entlang der Umwallung 100 gewaltige Steinblöcke von bis zu 50 t Gewicht aufgestellt, die aus den 9 km entfernten Marlborough Downs hierher gebracht wurden. Im Zentrum gab es zwei weitere Steinringe von über 100 m Durchmesser. Im nördlichen Ring befand sich eine U-förmige, im südlichen eine Z-förmige Steinsetzung. Forscher schätzen, dass am Bau dieser gigantischen Anlage etwa 200 Männer 60 Stunden die Woche über drei Jahre lang gearbeitet haben. Die ge-

Avebury Circle

Avebury erleben

AUSKUNFT
Visitor Information Centre
Central Library
Regent Circus
Swindon, Wiltshire SN1 1QG
Tel. 01793 46 64 54
www.visitwiltshire.co.uk/swindon/home

ESSEN
The Circle Café ⓔⓔ
Tel. 01672 53 95 14
Gutes Selbstbedienungsrestaurant mit Vollwert-Gerichten in unmittelbarer Nachbarschaft zum Steinkreis. Mittags geöffnet.

nannten Anlagen im Umkreis von 2 bis 3 km der Stadt sind ausgeschildert, teilweise aber nur zu Fuß zu erreichen.

Kennet Avenue, Overton Hill Eine 2,5 km lange und 15 m breite Steinallee mit knapp 100 paarweise angeordneten Sandsteinmonolithen verbindet den Südausgang des Avebury Circle mit dem Rundheiligtum von Overton Hill. Dieses bestand ursprünglich aus sechs Ringen mit Pfosten, auf denen wahrscheinlich ein Holzdach ruhte. Keramikfunde belegen eine lange Nutzungsdauer der Kultanlage bis in die Bronzezeit.

Windmill Hill Die Anlage aus drei konzentrischen Wällen und Gräben war ein jungsteinzeitliches Sammellager, in dem das Vieh für die jährliche Schlachtung im Herbst zusammengetrieben wurde. Aufgrund der überaus zahlreichen Funde spricht man deshalb auch von der Windmill-Hill-Kultur als früher Stufe des Neolithikums in England.

Silbury Hill Mithilfe von Spitzhacken aus Rentiergeweihen und Schaufeln aus Schulterblattknochen von Ochsen haben Menschen um 2500 v. Chr. in mehreren Bauphasen etwa 35 000 m³ Schotter und Erde bewegt und dieses kegelförmige **Hügelmal** von fast 40 m Höhe und 180 m Durchmesser geschaffen. Da bei Grabungen nichts gefunden wurde, was auf eine Begräbnisstätte hinweist, vermuten Archäologen, dass es sich hier um eine Kultstätte oder einen Kalenderbau handelt.

*West Kennet Long Barrow Das Long Barrow von West Kennet gehört zu den imposantesten Megalithgräbern in England aus dem 3. Jt. v. Chr.; das vielräumige **Gangkammergrab**, in dem etwa 40 Skelette gefunden wurden, beeindruckt durch die Steinsetztechnik, in der es errichtet wurde.

UMGEBUNG VON AVEBURY

Bowood House Der Landsitz des Marquess of Landsdowne 13 km westlich lohnt einen Besuch wegen des großen Parks mit altem Baumbestand, Gartenterrassen und Rabatten, angelegt nach Plänen von Capability Brown.
❶ April – Okt. tgl. 11.00 – 17.30 Uhr; Eintritt 10 £; www.bowood-house.co.uk

Swindon Eisenbahnfreunden sollten nach Swindon 20 km nordöstlich von Avebury fahren. Der Ort war einst Drehscheibe des Zugverkehrs der Great Western Railway, und so sind in der ehemaligen Arbeitersiedlung New Town noch zahlreiche Häuser zu sehen, die ab 1842 für die Eisenbahner gebaut wurden. Das **STEAM – Museum of the Great Western Railway** in einer ehemaligen Eisenbahnfabrik zeigt Modelle und Originale von Eisenbahnen aus der Zeit 1831 – 1948.
STEAM: Fire Fly Ave.; März – Nov. tgl. 10.00 – 17.00, Dez. – Feb. tgl. 11.00 – 16.00 Uhr; Eintritt 6,60 £; www.steam-museum.org.uk

Devizes

In der alten Tuchhändlerstadt Devizes südwestlich von Avebury – genauer: im Wirtshaus The Bear – begann der Gastwirtssohn Thomas Lawrence (1769 – 1830) seine Karriere als Porträtmaler, indem er Zeichnungen von Gästen anfertigte. Im Ortszentrum gibt es einen sichelförmigen Marktplatz, der von Bürgerhäusern des 18. Jh.s gesäumt ist. Beachtenswert ist auch die Kirche St. John's mit normannischem Vierungsturm. Im **Wiltshire Heritage Museum** ist die archäologische Abteilung interessant. Sie zeigt Funde und Entwicklungsmodelle von Avebury und ▶Stonehenge.
Wiltshire Heritage Museum: 41 Long St.; Mo. – Sa. 10.00 – 17.00, So. 12.00 – 16.00 Uhr; Eintritt 5 £; www.wiltshireheritage.org.uk

Ridgeway Path

Empfehlenswert ist eine Wanderung auf Abschnitten des 139 km langen, schon in der Steinzeit benutzten Landschaftswegs Ridgeway Path (mit einer Eichel markiert), der von Overton Hill/Avebury via Uffington White Horse zum Ivinghoe Beacon nahe Tring führt.
❶ www.nationaltrail.co.uk/ridgeway

*White Horse

Einen Umweg lohnt das berühmte White Horse, eine weiße Kreidezeichnung in Form eines Pferdes auf einem Hügel bei Uffington an der Straße 4507 zwischen Swindon und Wantage. Die Figur ist 114 m lang, die Zeit ihrer Entstehung ungewiss. Möglicherweise handelt es sich um ein Stammeszeichen aus dem 1. oder 2. Jh. v. Chr. Das Bild des Pferdes ähnelt dem auf einigen Münzen aus der späteren Eisenzeit. Die anderen populären Pferdefiguren in Wiltshire stammen dagegen aus dem 18. und 19. Jahrhundert.
❶ Infostand April – Okt. Sa., So. 11.00 – 16.00 Uhr, Gelände ganzjährig bei Tageslicht zugänglich

** Bath

✦ O 19

Landesteil: Südengland
Höhe: 98 ft/30 m ü.d.M.
Grafschaft: Somerset
Einwohnerzahl: 85 000

Das berühmteste Heilbad Englands, das einzige Mineralbad mit heißen Quellen, ist Bath. Die ausgesprochen elegante Stadt mit goldgelben georgianischen Häusern und Fassaden, anheimelnden Plätzen und bezaubernden Parkanlagen gilt als architektonisches Juwel und steht seit 1988 als Weltkulturerbe auf der UNESCO-Liste.

Gut geschützt im Tal des Avon erstreckt sich der Kurort zwischen den Hügelketten der Cotswolds und Mendip Hills. Rund 500 Gebäu-

Bath erleben

AUSKUNFT
Abbey Chambers, Abbey Churchyard
Bath, England, BA1 1LY
Tel. *0906 7 11 20 00
www.visitbath.co.uk

ESSEN
❶ The Hole In the Wall €€€
16 George St.
Tel. 01225 42 52 42
www.theholeinthewall.co.uk
Moderne britische Küche wird hier in stilvoller Atmosphäre serviert.

❷ The Pump Room €€
Stall St.
Tel. 01225 44 44 77
www.romanbaths.co.uk
Klassische Musik erfüllt den großen, diskret beleuchteten Raum aus dem 18. Jh. direkt bei den Römischen Bädern.

ÜBERNACHTEN
❶ The Royal Crescent €€€€
16 Royal Crescent
Tel. 01225 82 33 33
www.royalcrescent.co.uk
45 Zimmer
Diskretes Luxushotel mit geschmackvollem Dekor. Die Zimmer verteilen sich auf unterschiedliche Gebäude rund um einen bezaubernden Garten. Das Restaurant »The Dower House« sorgt fürs leibliche Wohl.

❷ Dukes Hotel €€€
Great Pulteney St.
Tel. 01225 78 79 60
www.dukesbath.co.uk
Geschmackvoll restauriertes Hotel in einem palladianischen Stadthaus mit 18 Zimmern und einem Restaurant mit Gartenterasse.

❸ Old Red House €€
37 Newbridge Rd.
Tel. 01225 33 04 64
www.theoldredhousebath.co.uk
Hübsch eingerichtetes B & B in einem Häuschen aus der Zeit um 1900; es liegt ungefähr 1,5 km vom Stadtzentrum entfernt.

de, vorwiegend aus dem 18. Jh., sind unter Denkmalschutz gestellt worden, und an unzähligen Häusern finden sich Hinweise auf Berühmtheiten, die seit dem Boom des Badewesens im 18. Jh. hier zu Gast waren oder sich niederließen.

Geschichte Die Römer bauten ab 60 n. Chr. ausgedehnte Badeanlagen und machten Aquae Sulis zum **Badezentrum**, das nach ihrem Abzug allerdings verfiel. Erst die Sachsen errichteten im 7. Jh. innerhalb der römischen Mauern wieder einen kleinen Ort mit einer Abtei. Im 12. Jh. begann der normannische Bischof John de Villula mit dem Neubau einer großen bischöflichen Prioratskirche, die nie vollendet wurde. Im Spätmittelalter war Bath dann Zentrum der **Wolltuchherstellung**. Als Bad gewann der Ort erst ab 1702 wieder an Bedeutung, als Königin Anna hier logierte und der Adel es ihr alsbald gleichtat. Auch der reiche Waliser Richard Nash (1674 – 1762), »The

Bath • ZIELE

Beau« genannt, der wohl größte Dandy des 18. Jh.s, ließ sich in Bath nieder und bestimmte wesentlich Geschmack und Regeln der feinen Gesellschaft. Ab 1738 schuf der Architekt John Wood Gebäude von zu dieser Gesellschaft passender Eleganz im **Palladio-Stil** und nach römischen Vorbildern. Resultat war die Stadt, wie sie heute im Wesentlichen noch aussieht. Hinzu kommt die kulturelle Bedeutung – mit dem **Bath International Festival** ist die Stadt bei Musikinteressierten bekannt.

Bath

Essen
- ❶ The Hole In the Wall
- ❷ The Pump Room

Übernachten
- ❶ The Royal Crescent
- ❷ Dukes
- ❸ Old Red House

Fußgängerzone

SEHENSWERTES IN BATH

**Roman Baths
Sehr eindrucksvoll sind die **Ruinen** der römischen Bäder und des Tempels der Sulis Minerva, die um die größte der drei Thermalquellen um 75 n. Chr. gebaut wurden. Die Römer benannten das Heiligtum nach Sulis, der keltischen Gottheit der Quelle, und vereinten sie mit ihrer eigenen Göttin Minerva. Das Quellwasser enthält 43 verschiedene Mineralien und kommt aus etwa 3000 m Tiefe bei einer gleichbleibenden Temperatur von 46,5 °C. Täglich sprudeln hier rund 1,25 Mio. Liter hervor. Die Quellanlage diente sowohl der Götterverehrung – viele Brunnenopfer wurden gefunden – als auch der Versorgung der Bäder mit **Heilwasser**. Ausgrabungsfunde aus den Bädern, den Tempeln und der Heiligen Quelle sind im **Museum** ausgestellt. Sehenswert ist das Große Bad (Great Bath) mit einem Ausmaß von 12 x 24 m und 1,60 m Wassertiefe. In römischer Zeit entstanden das Tonnengewölbe und die seitlichen Dampfdurchlässe; Statuen und Balustraden stammen aus späterer Zeit. Beachtenswert sind auch das Gorgonenhaupt am Tempelgiebel, Altarsteine, Mosaike, Votivgaben – u. a. Verfluchungstäfelchen – und Skulpturenfragmente wie die vergoldete Bronzebüste der Minerva.

❶ März – Juni, Sept., Okt. tgl. 9.00 – 17.00, Juli, Aug. bis 21.00, Nov. – Feb. 9.30 – 16.30 Uhr; Eintritt 12,50 £; www.romanbaths.co.uk

Pump Room
Im Pump Room, einer **georgianischen Brunnenhalle** und heute ein Restaurant, stehen eine Statue von »Beau« Nash und eine Tompion-Uhr. Von der Terrasse sieht man »The King's Bath«, eine mittelalterliche Badeanlage, deren Messingringe von dankbaren Patienten gestiftet wurden.

Thermae Bath Spa
100 m vom Pump Room entfernt ist das Thermae Bath Spa, ein **luxuriöser Thermaltempel** mit Schwimm- und Dampfbädern und Dachpool entstanden.

❶ Hot Bath St.; tgl. 9.00 – 21.30 Uhr; Eintritt 26 £ für 2 Std., weitere Tickets erhältlich; www.thermaebathspa.com

Abbey
Die spätgotische **Kathedrale** des Bischofs von Bath und Wells wird in Erinnerung an ihre lange Tradition als Abteikirche einfach als Abbey bezeichnet. Der Neubau aus dem 16. Jh. ist Bischof Oliver King zu verdanken, der einen Traum hatte, als er 1495 die Bischofswürde empfing. Darin sah er Engel eine Leiter auf- und absteigen, und eine Stimme verkündete: »Lass einen Olivenbaum die Krone errichten und einen König die Kirche erneuern.« Bischof King verstand dies als Aufforderung zu einem eigenen Kirchenbau; an der Westfassade ließ er ihn dekorieren mit Olivenbäumen, Kronen, mit leiterwandelnden Engeln, Aposteln und Christus im Giebelfeld. Damals reich-

Atmosphärisch: die römischen Bäder von Bath

ten die Mittel nicht, sie einzuwölben. Erst Ende des 19. Jh.s erhielt das Kirchenschiff das eindrucksvolle Fächergewölbe.
❶ Mo. 9.30 – 18.00, Di. – Sa. ab 9.00, So. 13.00 – 14.30 u. 16.30 – 17.30 Uhr; Eintritt frei, Spende von 2,50 £ erwünscht; www.bathabbey.org

Die georgianische Architektur des 18. Jh.s, für die Bath berühmt ist, findet man hauptsächlich im Nordwesten der Stadt. Der in Anlehnung an römische Vorbilder kreisrunde Circus wurde von John Wood d. Ä. (1704 – 1754) gebaut, ebenso der nahe gelegene Queen Square, ein rechtwinkliger Promenadenplatz mit einheitlichen Fassaden, und die Gay Street, die Circus und Queen Square miteinander verbindet. ****Circus**

Das Meisterstück von John Wood dem Jüngeren (1728 – 1782) ist indessen der weitläufige Royal Crescent, eine 184 m lange, halbmondförmige Wohnanlage, deren über 30 Bürgerhäuser eine einheitlich monumentale, fast palastartige Fassade tragen. Zum ersten Mal wurde hier die geschlossene Platzform zur Einbeziehung der Natur in den städtischen Wohnungsbau aufgebrochen. Im Haus **Royal** ****Royal Crescent**

Royal Crescent

** *Architektur aus einem Guss*

Halbmondförmig – so wie die Sichel des zunehmenden (»crescent«) Mondes – wurde der Royal Crescent im 18. Jh. von John Wood d. J. angelegt. Die »terraced houses«, die Reihenhäuser dieses Straßenzuges wurden im klassizistischen Stil gebaut. Durch das Aneinanderreihen einzelner Häuser mit nahezu identischer Fassade entstand der Eindruck einer langgestreckten Schlossfront. Der Royal Crescent war von der oberen Mittelschicht bewohnt. Haus Nr. 1 ist heute ein Museum und zeigt georgianische Wohnkultur.

❶ The Circus
Eine Wohnanlage, die John Wood d. Ä. nach römischem Vorbild kreisrund angelegt hat: 33 dreistöckige Wohnhäuser mit dorischen, ionischen und korinthischen Säulen. Hier wohnten u. a. Thomas Gainsborough und David Livingstone. Nach dem Tod seines Vaters führte John Wood d. J. den Bau des Wohnkreises zu Ende.

❷ Brock Street
Die Brock Street legte Wood als Verbindungsstraße zwischen den beiden städteplanerischen Highlights von Bath an. Wer die Brock Street entlanggeht, ahnt nichts von der architektonischen Besonderheit, die ihn an deren Ende erwartet – man wird nicht frontal auf die Platzanlage geführt.

❸ Royal Crescent
Wer von der Brock Street in den Royal Crescent einbiegt, ist überrascht: Der Platz scheint aus einem einzigen Gebäude zu bestehen. Ca. 180 m lang ist diese Aneinanderreihung von dreistöckigen Reihenhäusern. Der Halbkreis öffnet sich zur Grünfläche in der Mitte des Platzes und zum sich anschließenden Royal Victoria Park.

❹ No. 1 Royal Crescent
Das Haus ist heute öffentlich zugänglich und zeigt gehobene Wohnkultur des 18. Jahrhunderts.

❺ Hotel The Royal Crescent
m Hotel kann man – mit dem nötigen Kleingeld – das Wohngefühl der Upper Middleclass nachempfinden.

Die Wohnhäuser verbergen sich hinter einer riesigen palastartigen Fassade.

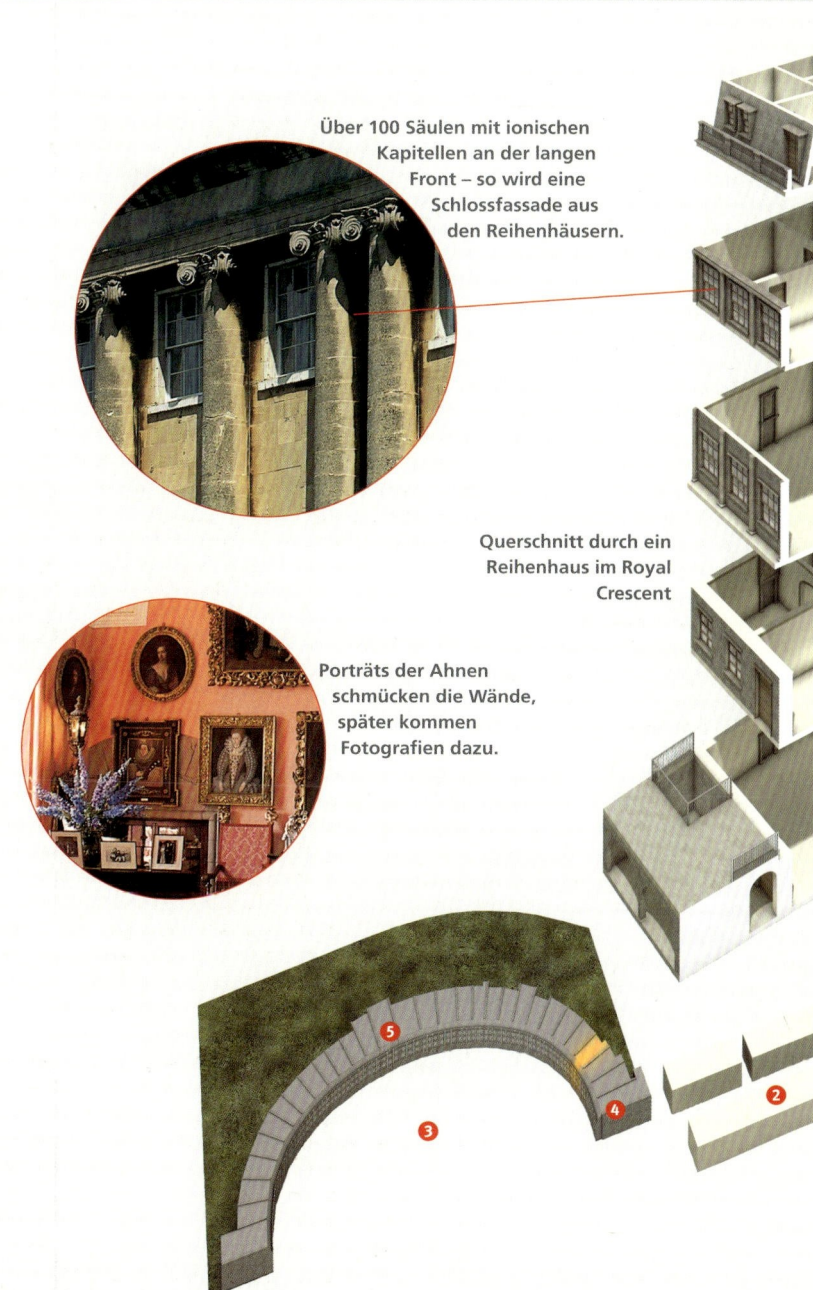

Über 100 Säulen mit ionischen Kapitellen an der langen Front – so wird eine Schlossfassade aus den Reihenhäusern.

Querschnitt durch ein Reihenhaus im Royal Crescent

Porträts der Ahnen schmücken die Wände, später kommen Fotografien dazu.

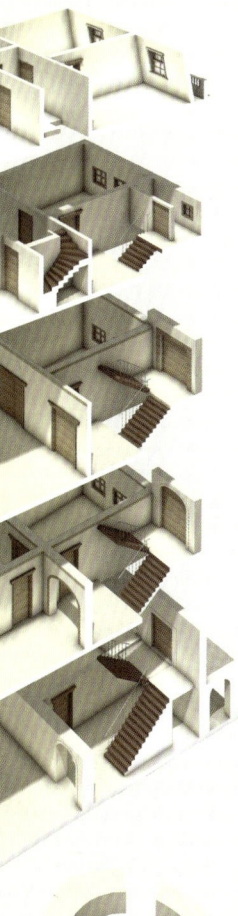

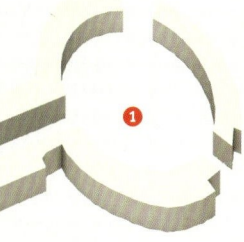

Manch einer unter den ersten Bewohnern der Royal Crescent wird einen modischen Chippendale-Stuhl besessen haben.

Englische Möbel aus Nussbaum und Mahagoni

Crescent Nr. 1 ist ein georgianisches Wohnhaus als **Museum** eingerichtet. Die jüngste Restaurierung sollte bis Mitte 2013 abgeschlossen sein.
Royal Crescent Nr. 1: Di. – So. 10.30 – 17.00, Mo. 12.00 – 17.00 Uhr; Eintritt 6,50 £; http://no1royalcrescent.org.uk

Assembly Rooms
Auch die eleganten Assembly Rooms, erbaut 1769 – 1771, die der Abendunterhaltung der Badegäste dienten, sind das Werk des jüngeren Wood. Heute ist hier im **Fashion Museum** eine gute Kostümsammlung untergebracht.
Assembly Rooms: Bennett St.; Nov. – Feb. 10.30 – 17.00, März – Okt. 10.30 – 18.00 tgl. 10.30 – 18.00 Uhr; Eintritt 2 £
Fashion Museum: Adresse u. Öffnungszeiten wie Assembly Rooms; Eintritt 7,75 £; www.museumofcostume.co.uk

Jane Austen Centre
Das Jane Austen Centre dokumentiert sämtliche Stätten in Bath, die mit der Schriftstellerin und ihren Romanen in Zusammenhang stehen.
❶ 40 Gay St.; April – Okt. tgl. 9.45 – 17.30, Nov. – März So. – Fr. 11.00 – 16.30, Sa. 9.45 – 17.30 Uhr; Eintritt 7,45 £; www.janeausten.co.uk

Pulteney Bridge
Über den River Avon führt die außergewöhnliche Pulteney Bridge, die Robert Adam um 1770 im Auftrag von Sir William Pulteney zur Entwicklung eines neuen Stadtteils baute. Die Brücke mit Läden zu beiden Seiten führt auf die stilvollen klassizistischen Gebäudefluchten der Great Pulteney Street zu.

Holburne Museum
Das Museum zeigt die Sammlung von Sir Thomas William Holburne (1793 – 1874) mit **Gemälden** von Gainsborough, Reynolds und Stubbs, außerdem Miniaturen, Silber, Porzellan, Bronzen und Medaillen der Renaissance sowie edle Möbel.
❶ Great Pulteney St.; Mo. – Sa. 10.00 – 17.00, So. ab 11.00 Uhr; Eintritt frei; www.holburne.org

Crescents
Im Norden der Stadt wurde der Royal Crescent im 18. Jh. gleich mehrere Male kopiert: Die Häuserreihen von **Camden Crescent**, **Landsdown Crescent**, **Somerset Place** und **Cavendish Crescent** entstanden im ausgehenden 18. Jh. und sprechen die Formensprache von John Wood d. J. John Eveleigh baute Camden Crescent, das aufgrund von Statikproblemen nie vollendet wurde. John Palmer schuf mit Landsdown Crescent eine mehrere hundert Meter lange Wohnzeile, die sich in barocken Kurven dem Gelände anpasst und damals eine Neuerung im Städtebau darstellte.

Claverton Manor
Claverton Manor 4 km südöstlich beherbergt das **American Museum** mit Nachbildungen amerikanischer Wohnräume des 17. – 19. Jhs.

sowie Spezialsammlungen zu Themen des amerikanischen Westens und zur indianischen Geschichte.
● Di. – So. 12.00 – 17.00 Uhr; Eintritt 8 £; www.americanmuseum.org

UMGEBUNG VON BATH

Steile Gässchen und malerische Häuser prägen das Bild der alten Tuchhändlerstadt ***Bradford-on-Avon** 13 km östlich von Bath. Eine Steinbrücke aus dem 13. Jh. überspannt den Avon, ein Spaziergang am Flussufer führt zur **Tithe Barn**, einem Meisterstück der Zimmermannskunst aus dem 14. Jh., in der sich heute ein Bauernmuseum befindet. Ein Kleinod angelsächsischer Architektur ist die um 700 gebaute Kirche St. Lawrence, die später als Stall und Wohnung genutzt wurde. Im 19. Jh. wurden die Anbauten beseitigt, und heute besticht die Kirche durch ihre kraftvolle Schlichtheit.

> **BAEDEKER TIPP !**
>
> *Sally Lunn's*
>
> Das älteste Gebäude von Bath ist heute Museum und Teestube, in der die leckeren Sally Lunn Buns nach alten Rezepten hergestellt werden. In den Kellerräumen ist eine alte Küche zu sehen (4 North Parade Passage; Kitchen Museum Mo. – Sa. 10.00 – 18.00, So. 11.00 – 18.00 Uhr; www.sallylunns.co.uk).

*Lacock

Das kleine Lacock 20 km östlich von Bath ist ein hübscher, denkmalgeschützter Ort mit zahlreichen spätmittelalterlichen Bürger- und Wirtshäusern.
Lacock Abbey, 1229 als Augustinerinnenabtei gegründet, wurde 1539 in ein Herrenhaus umgewandelt und von der Familie Talbot bewohnt. Die 1755 von S. Miller gestaltete neogotische Halle gilt als frühes Beispiel des Gothic Revival Style. Dem Fotografie-Pionier und Erfinder des Negativs, William Henry Fox-Talbot (1800 – 1877), ist ein sehenswertes **Museum** gewidmet.
Lacock Abbey: tgl. 10.30 – 17.30 Uhr; Eintritt (inkl. Museum) 10,80 £

*Castle Combe

Das denkmalgeschützte Castle Combe ist ein Bilderbuchdorf 12 km nordwestlich von Lacock. Die Hauptstraße diente in den 1960er-Jahren als Filmkulisse für »Dr. Doolittle« und war auch im ersten Teil der Harry-Potter-Reihe zu sehen.

*Corsham Court

Mitte des 18. Jh.s kaufte Paul Methuen den elisabethanischen Landsitz Corsham Court 13 km nordöstlich von Bath und stattete ihn großzügig aus. Namhafte Architekten – John Nash, Thomas Bellamy, Capability Brown – verfeinerten Haus und Garten. Kostbare Möbel von Chippendale, Thomas Johnson und Adam, Statuen und Bronzen sind zu bewundern, außerdem eine hochrangige Gemäldesammlung, darunter Werke von Caravaggio, Tintoretto, Rubens, van Dyck, Reynolds, Romney.

❶ Mitte März – Sept. Di. – Do., Sa., So. 14.00 – 17.30, Okt. – März Sa., So. bis 16.30 Uhr; Eintritt 7 £ (Haus & Garten), 2,50 £ (nur Garten); www.corsham-court.co.uk

**Longleat House

Das elisabethanische Landschloss Longleat House 40 km südlich ist ein Schmuckstück der englischen Frührenaissance und seit über 400 Jahren in Familienbesitz. Als der sechste Marquis 1946 das Anwesen erbte, waren Erbschaftssteuern und Reparaturkosten so hoch, dass er 1948 als erster adliger Hausbesitzer Englands einen Teil der 118 Räume seines Schlosses der Öffentlichkeit zugänglich machte. Seither sind die Schätze des Herrenhauses, der im 18. Jh. von Capability Brown angelegte Landschaftsgarten mit dem größten Heckenlabyrinth der Welt, ein 1966 eröffneter Safaripark und ein riesiger Abenteuerpark für Kinder erfolgreiche Publikumsmagneten. Derzeit verwaltet der siebte Marquis, erfolgreicher Geschäftsmann, Hippie und Künstler in einem, das mittlerweile ertragreiche Erbe. Im Untergeschoss befindet sich die größte Privatbibliothek Großbritanniens mit über 40 000 Büchern.

❶ Sommer tgl. 10.00 – 18.00/19.00, Winter 10.00 – 16.00 Uhr; Eintritt 13,50 £ (Haus & Garten), 27,50 £ (Haus, Garten, Safari Park); www.longleat.co.uk

**Stourhead House and Garden

Südlich von Longleat liegt Stourhead, wo man einen der schönsten englischen Landschaftsgärten des 18. Jh.s besichtigen kann – eine harmonische Verbindung aus gestalteter Landschaft und freier Natur.

Mitten im Grünen: die Kirche in Stourhead Garden

Mit Ausnahme der im 19. Jh. angepflanzten Rhododendren und Magnolien ist hier alles unverändert geblieben. Baumbestandene Hügel mit kleinen klassizistischen Tempeln ziehen sich um einen künstlichen See. Der Park und das noble palladianische Landhaus wurden 1721/1722 für die Londoner Bankiersfamilie Hoare vom klassizistischen Designer Colen Campbell entworfen. Für die Bibliothek des Hauses lieferte Thomas Chippendale kostbare Stilmöbel, die Gemäldegalerie zieren Arbeiten von Canaletto, Raphael, Nicolas Poussin und Angelika Kauffmann.

> **BAEDEKER TIPP !**
>
> ### Die Fête Champêtre
>
> Dieses Fest ist die Hauptattraktion der Sommersaison in Stourhead Garden: ein großes Konzert unter freiem Himmel mit Picknick und abends Feuerwerk – jedes Jahr an einem Wochenende im Juli (Tickets Tel. *0844 249 18 95; Eintritt 12 £).

❶ Haus März – Juni, Sept., Okt. Fr. – Di., Juli – Aug. tgl. 11.00 – 17.00, Winter Sa., So. 11.00 – 15.00, Garten tgl. 9.00 – 18.00 Uhr; Eintritt 12,50 £

* Belfast

✦ G 11 ●

Landesteil: Nordirland
Höhe: 59 ft/18 m ü.d.M.
Grafschaft: Antrim
Distrikt: Belfast
Einwohnerzahl: 269 000

Belfast ist seit 1920 Hauptstadt von Nordirland. Bis heute assoziiert man mit Belfast den Nordirlandkonflikt und Gewalt. Dabei hat sich seit 1994, seit Beginn des »peace process« also, die Situation in Belfast mehr und mehr entspannt.

Belfast (Beal feirste = Sandfurt) liegt an der Mündung des River Lagan in den Belfast Lough. Die Stadt, in der fast ein Drittel aller Nordiren leben, ist bedeutende Industrie- und Hafenstadt. Zur industriellen Großstadt entwickelte sich Belfast nach dem offiziellen Anschluss an England (1800). Aus dem 19. Jh. stammen große Prunkbauten, die der Stadt den Beinamen »Athen des Nordens« eintrugen. Leinenweberei, Seilherstellung, Schiffsbau und Tabakindustrie bewirkten eine wirtschaftliche Blüte. Zwischen den Weltkriegen kam es zu einer Wirtschaftskrise, von der sich Belfast nie ganz erholt hat, die Arbeitslosenrate ist auch heute noch relativ hoch.

Seit den Unruhen von 1968/1969, die die Entsendung britischer Truppen durch die Londoner Regierung zur Folge hatten, war Belfast immer wieder Schauplatz von Gewalt im Nordirlandkonflikt. Die »troubles«, wie die blutigen Auseinandersetzungen über den

Nordirland-Konflikt

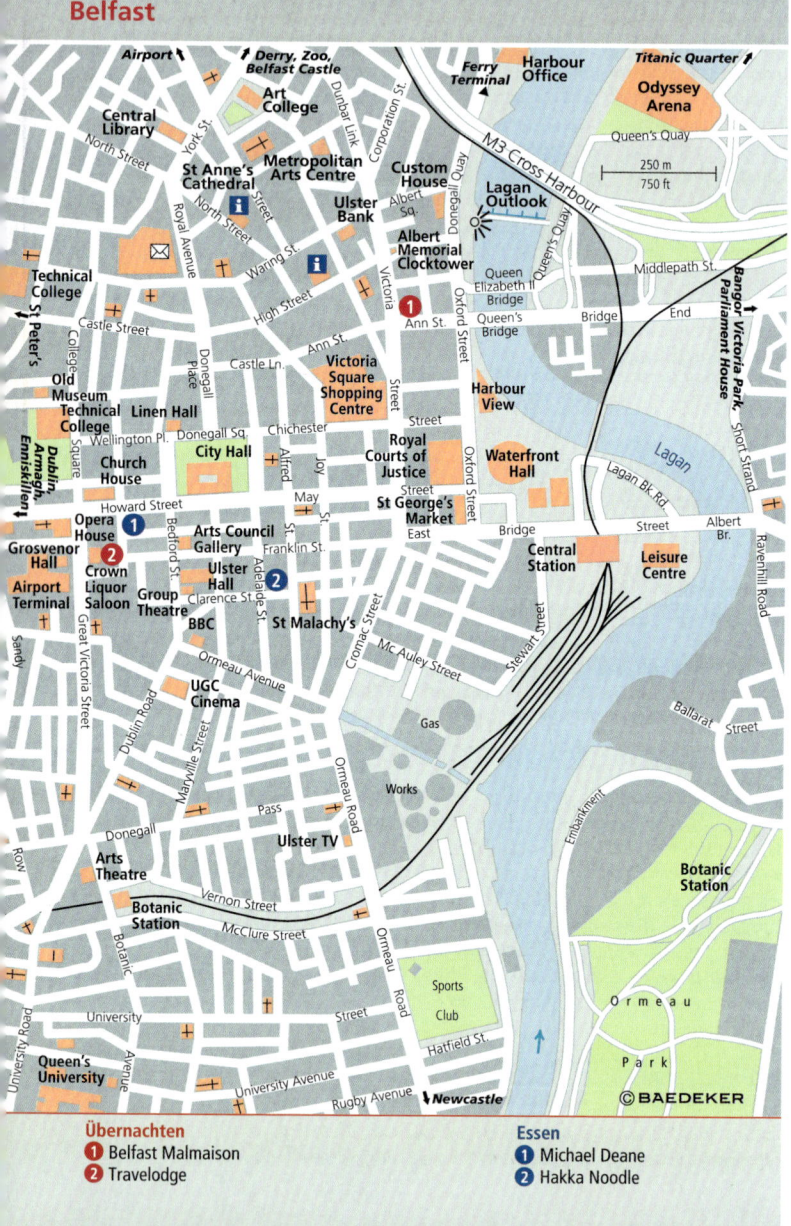

Übernachten
1. Belfast Malmaison
2. Travelodge

Essen
1. Michael Deane
2. Hakka Noodle

weiteren Verbleib Nordirlands bei Großbritannien verharmlosend genannt werden, bestimmten den Alltag und die Entwicklung der Stadt maßgeblich. Die Grenzlinien zwischen den außerhalb des Zentrums liegenden katholischen und protestantischen Stadtvierteln verliefen nicht überall so eindeutig wie im katholischen West-Belfast. Drahtzäune und Mauern trennten hier die Wohngebiete der verfeindeten Bevölkerungsgruppen, gepanzerte Patrouillenfahrzeuge gehörten zum Straßenbild, und eine hohe Arbeitslosigkeit verschärfte die problematische Situation. Die räumliche Spaltung der Bevölkerung setzte sich in gesellschaftlichen Bereichen wie Schulen und Pubs fort. 1994 wurde ein »peace process« eingeleitet. Nach jahrelangem Stillstand kam mit dem Regierungswechsel in London seit 1997 Bewegung in den nordirischen Friedensprozess. Am Karfreitag 1998 verständigten sich die verfeindeten Parteien auf das Belfaster Friedensabkommen; schließlich – nach einigen Rückschlägen – bildeten die einstigen Erzfeinde Ian Paisley von den Unionisten und Martin McGuiness von Sinn Féin im Mai 2007 eine gemeinsame Regierung. Die Democratic Unionist Party hat zusammen mit der Sinn Féin die meisten Sitze in der Northern Ireland Assembly inne.

Die City Hall am Donegall Square

In der Innenstadt von Belfast gibt es um den Donegall Square und die Royal Avenue ein geschäftiges Einkaufsviertel. Schmale, stille Straßen mit alten Bäumen, viktorianischen Häusern, kleinen Läden und Galerien bestimmen das Bild im hübschen Universitätsviertel. In Nord-Belfast lohnen das Belfast Castle und der Zoo, und wer sich für die jüngere Geschichte der Stadt und den Nordirlandkonflikt interessiert, sollte eine Tour durch West-Belfast unternehmen.

Sehenswertes

INNENSTADT

Mittelpunkt der Innenstadt ist die City Hall, ein 1898 – 1906 im Neo-Renaissancestil nach Plänen von Sir Brumwell Thomas erbauter Palast mit vier Türmen, einer gewaltigen Kuppel und prächtigem Bankettsaal. Vor der City Hall stehen Statuen von Queen Victoria und

*City Hall

Belfast erleben

AUSKUNFT
Belfast & Northern Ireland Welcome Centre
47 Donegall Place, Belfast, Co Antrim
Northern Ireland, BT1 5AD
Tel. 02890246609
www.gotobelfast.com

AN- UND ABREISE
Flugzeug
Der Belfast International Airport (www.belfastairport.com) liegt 24 km westlich von Belfast; es gibt Busverbindungen ins Stadtzentrum. Auf dem City Airport (www.belfastcityairport.com) 6,5 km nördlich vom Zentrum starten und landen Flüge innerhalb Großbritanniens.

Fähre
Fähren gehen zur Isle of Man (Douglas), nach England (Liverpool, Heysham) und Schottland (Stranraer, Troon).

Bahn
Es gibt gute Zugverbindungen ab der Central Station.

ESSEN
❶ *Michael Dean* €€€€
36–40 Howard St.
Tel. 02890331134
www.michaeldeane.co.uk
Mo. geschl.
Eines der besten Restaurants in Belfast, gepflegtes Ambiente.

❷ *Hakka Noodle* €€
51 Adelaide St.
Tel. 02890313270
www.hakkabelfast.co.uk
Modernes Restaurant mit traditionellen asiatischen Spezialitäten, Nudelgerichten und einer Auswahl an Sushi.

ÜBERNACHTEN
❶ *Belfast Malmaison* €€€€
34–38 Victoria St.
Tel. 02890220200
www.malmaison.com
Sehr gepflegtes Hotel in einem beinahe italienisch anmutenden Gebäude in Flussnähe. Zum Hotel gehört auch The Brasserie, in der man irische Küche probieren kann.

❷ *Travelodge* €€
15 Brunswick St.
Tel. *08701911687
www.travelodge.ie/belfast-hotel
Ein modernes, relativ nüchternes Hotel mit großen und gepflegten Zimmern direkt bei der Oper..

---

bedeutenden Bürgern. Eine Skulpturengruppe nahe der City Hall erinnert an den Untergang des Luxusdampfers, der am 31. Mai 1911 auf der Belfaster Werft Harland & Wolff vom Stapel lief.
● Führungen durch die City Hall Mo.–Fr. 11.00, 14.00, 15.00, Sa. 14.00, 15.00 Uhr; Eintritt frei; www.belfastcity.gov.uk

Linen Hall Library
Die Linen Hall Library (1788) ist die älteste Bibliothek von Belfast. Katalog, Lesesaal und ein Café sind öffentlich zugänglich.
● 17 Donegall Square North; Mo.–Fr. 9.30–17.30, Sa. bis 16 Uhr; www.linenhall.com

Opera House

An der Great Victoria Street westlich der City Hall sieht man das Opera House mit seiner harmonsichen Backsteinfassade. Oper, Schauspiel, Musical und Ballett stehen auf dem Spielplan.

*Crown Liquor Saloon

Der Crown Liquor Saloon schräg gegenüber ist der wohl bekannteste Pub in Belfast. Außen ist er mit schönen Fliesen verkleidet, innen mit Gaslampen, einer Marmortheke und viel Mahagoni ausgestattet.

Lagan-Ufer

Im Osten der Innenstadt erstreckt sich das Ufer des Lagan mit mehreren eindrucksvollen Bauten wie **Custom House** und **Clifton House**. Im **Lagan Lookout** erfährt man Wissenswertes zu Belfasts Hafengeschichte und zum Laganside Development Project, das zum Schutz der Stadt vor Überflutungen initiiert wurde. Die **Waterfront Hall** und das **Odyssey** sind neue Veranstaltungshallen, die die Skyline am Flussufer deutlich verändert haben.

*Titanic Belfast

Die neueste Touristenattraktion von Belfast verbirgt sich hinter einer imposanten Fassade, die neben dem Odyssey aufragt: Besucher können in neun Ausstellungsräumen die Geschichte der Titanic auf spannende und lehrreiche Weise kennenlernen und sich in die Zeit ihrer unglücklichen Jungfernfahrt zurückversetzen.
❶ 1 Olympic Way, Queen's Rd.; April – Sept. Mo. – Sa. 9.00 – 19.00, So. 10.00 – 17.00, Okt. – März tgl. 10.00 – 17.00 Uhr; Eintritt 13,50 £; www.titanicbelfast.com

Albert Memorial Clockhouse

Am Queen's Square wurde 1869 zur Erinnerung an Prince Albert das Albert Memorial erbaut. Der Glockenturm wird wegen seiner Ähnlichkeit zum Londoner Big Ben auch »Big Ben of Belfast« genannt.

St. Anne's Cathedral

St. Anne's Cathedral, Hauptkirche der anglikanischen Church of Ireland, wurde ab 1898 im neo-romanischen Basilika-Stil gebaut. Aus Hunderttausenden von Glassteinchen besteht das Mosaikdach in der Taufkapelle. Lord Edward Carson, Führer der Nordirischen Union (1935), liegt dort begraben.
❶ tgl. 8.00 – 16.00 Uhr; Eintritt frei, Spende erbeten (2 £); www.belfastcathedral.org

SOUTH BELFAST

University Area

Zentrum des Universitätsviertels ist die im 19. Jh. im Tudorstil gebaute **Queen's University**. In den umliegenden Straßen gibt es mehrere Studentencafés. Wunderschön ist auch die Gegend um die Crescent Church – Lower Crescent, Crescent Gardens und Upper Crescent –, in der man sich ins 19. Jh. zurückversetzt fühlt.

ZIELE • Belfast

*Botanic Gardens Sehr empfehlenswert ist ein entspannender Spaziergang durch die schönen botanischen Gärten. Deren Hauptattraktion ist ein elegantes Palmenhaus, in dem man Pflanzen bewundern kann, die teilweise bereits mehr als 100 Jahre alt sind.
❶ tgl. 7.30 Uhr – Sonnenuntergang; Eintritt frei

*Ulster Museum An der Westseite der Parkanlage steht das sehenswerte Ulster Museum. Hier sind Fundstücke aus der keltischen und frühchristlichen Epoche ausgestellt sowie Gold-und Silberschätze aus der »Girona«, dem Flaggschiff der spanischen Armada, das 1588 vor dem Giant's Causeway an der Nordostküste Irlands gesunken war. Ein ausgesprochen hübscher Fund unter den Schätzen der »Girona« war ein **rubinverzierter Salamander**. Die angeschlossene Art Gallery stellt hauptsächlich Werke europäischer Maler des 17./18. Jh.s aus, darunter Brueghel, Turner und Gainsborough, sowie irische Künstler der Moderne. Wie viele Emigranten in der Vergangenheit von Irland in die USA auswanderten, verdeutlicht die Porträt-Schau prominenter Persönlichkeiten – wie man sehen kann, stammten nicht weniger als zehn amerikanische Präsidenten aus Nordirland.
❶ Di.–So. 10.00–17.00 Uhr; Eintritt frei; www.nmni.com

NORTH, EAST UND WEST BELFAST

Zoologischer Garten Der Zoologische Garten, in traumhafter Lage mit schönem Blick auf die City ist zusammen mit mehreren anderen Grünanlagen und Golfplätzen im Norden der Stadt angesiedelt.
❶ April–Sept. tgl. 10.00–19.00, Okt.–März tgl. bis 16.00 Uhr; Eintritt 10 £; www.belfastzoo.co.uk

Belfast Castle Im Norden steht außerdem Belfast Castle (1870), ehemaliger Herrensitz des Earl of Shaftesbury, in dem heute das Cave Hill Heritage Centre untergebracht ist, das sich mit der Geschichte der Region befasst. Von hier sollte man auf den **Cave Hill** steigen, einen Hügel vulkanischen Ursprungs, wegen einer gewissen Ähnlichkeit auch »Napoleon's Profile« genannt. Oben angekommen, hat man bei klarem Wetter einen grandiosen Blick auf die Stadt, den westlich gelegenen Lough Neagh und – im Osten – bis zur Küste und zur Isle of Man.

Parliament House of Northern Ireland Im östlichen Vorort Stormont steht das ehemalige irische Parlamentsgebäude, ein nach klassischem Vorbild 1928–1932 errichteter Bau. Vor dem Haus erinnert ein Denkmal an Lord Edward Carson.
❶ Führungen Mo.–Fr. 10.00 u. 15.00 Uhr; www.niassembly.gov.uk

Wandbilder in West Belfast Als 1968 die Unruhen in Nordirland begannen, entstanden zahlreiche Wandbilder in der katholischen **Falls Road** und in der protestantischen **Shankill Road**, mit denen die Zugehörigkeit zu den politischen Gruppen dokumentiert wurde. Bordsteine, Pfähle, Schranken wurden in den Farben Irlands (Grün, Weiß, Orange) oder des britischen Union Jack (Rot, Weiß, Blau) gestrichen. Wandbilder der Loyalisten, die Nordirland als Teil des britischen Königreichs behalten wollten, befinden sich in der Shankill Road und umliegenden Straßen; sie zeigen den britischen Union Jack, die Rote Hand Ulsters, maskierte Mitglieder der Ulster Volunteer Force in schwarzen Kampfanzügen und mit Maschinengewehren. Wandbilder der Republikaner, die für ein vereintes Irland eintreten, zeigen Darstellungen aus der Geschichte Irlands, der keltischen Vergangenheit, Darstellungen vom Hungerstreik 1981, vom bewaffneten Kampf und militärische Themen. Bekannt wurde das **Bildnis von Bobby Sands** in der Nähe des Sinn-Féin-Büros; Bobby Sands war der Erste, der bei dem Hungerstreik 1981 starb. Die **Peace Wall** wurde 1969 errichtet, um katholische und protestantische Nachbarn voneinander zu trennen. Da die Trennung der verschiedenen Viertel Stadtplaner vor große Probleme stellt, hat die Stadtverwaltung 2011 beschlossen, eine Strategie zur Beseitigung der Peace Walls zu erarbeiten, obwohl sie inzwischen zu einer touristischen Attraktion geworden sind.

> **BAEDEKER TIPP**
>
> *Black Cab Tours*
>
> Heute, in Zeiten des »peace process«, werden Touren durch die einst unversöhnlichen Arbeiterviertel im Westen Belfasts angeboten. Fahrer der schwarzen Taxis (»black cabs«) erläutern den Besuchern die historischen Zusammenhänge und zeigen die Gegend, ihre politischen Wandbilder, die Peace Wall und vieles mehr (www.belfasttours.com).

❶ www.belfast-murals.co.uk

UMGEBUNG VON BELFAST

Lohnend ist der Besuch des Ulster Folk and Transport Museum in einem weitläufigen Park bei Cultra rund 12 km östlich des Stadtzentrums. Die wiederaufgebauten Cottages, Höfe und Handwerksstätten dieses bäuerlichen Freilichtmuseums stammen aus dem frühen 18. Jh. Angeschlossen ist ein Transportmuseum, das jenseits der A2 liegt.
❶ März – Sept. Di. – So. 10.00 – 17.00, Okt. – Feb. Di. – Fr. bis 16.00, Sa., So. 11.00 – 16.00 Uhr; Eintritt 8,50 £; www.nmni.com

Ulster Folk and Transport Museum

Lough Neagh ist der größte See in Nordirland. In das sehr fischreiche Gewässer münden zehn Flüsse. Den besten Blick auf den See hat man von **Glenavy**, wo man im Sommer Boote mieten kann.

Lough Neagh

An der Mündung des Sixmilewater in den See liegt Antrim. **Antrim Castle**, mit einem Torhaus im Tudorstil (1622), ist in der Vergangen-

Antrim

heit mehrfach abgebrannt, wurde aber immer wieder aufgebaut. Den Entwurf für den Schlossgarten lieferte Le Nôtre, der berühmte Schöpfer der Versailler Gärten. Einer der besterhaltenen ***Round Towers** Irlands liegt 1,2 km nordöstlich der Stadt auf dem Steeple; er ist fast 30 m hoch und stammt aus dem 10. Jahrhundert.

Nördlich des Belfast Lough

Nördlich und südlich der Bucht von Belfast reihen sich mehrere beliebte **Badeorte** aneinander. Von besonderer Schönheit ist die angrenzende nördliche Küste.

*Carrickfergus Castle

Noch am Belfast Lough liegt Carrickfergus, früher ein bedeutender Seehafen, bevor Belfast ihm den Rang ablief. Berühmt ist der Ort wegen der hervorragend erhaltenen **Normannenburg**, die um 1200 zur Überwachung der Bucht gebaut wurde.

❶ Sommer tgl. 10.00 – 18.00, Winter tgl. bis 16.00 Uhr; Eintritt 4 £; www.carrickfergus.org

*Whitehead, Island Magee

Von Carrickfergus aus führt ein besonders schöner Abschnitt der Küstenstraße über Whitehead, einem beliebten Seebad an der Mündung des Lough Neagh, zu der Landzunge Island Magee. Interessant sind die **Gobbins**, hohe Basaltklippen mit Höhlen, um die sich bis heute viele alte Legenden und Sagen ranken.

Waterfoot

Der Ort Waterfoot am Beginn der Red Bay liegt zauberhaft an der Antrimküste. Seine Sandsteinklippen erinnern fast ein wenig an ein Amphitheater. Von dort aus erstreckt sich eine der schönsten Schluchten von Antrim, die **Glenariff-Schlucht**. An Waterfoot schließen sich der kleine Badeort Cushendall und das etwas bekanntere Cushendun an.

Südlich des Belfast Lough

Fährt man von Belfast weiter am südlichen Ufer des Belfast Lough, erschließen sich ebenfalls hübsche Landschaften und einige liebenswerte Orte. **Bangor** ist das wohl meistbesuchte Seebad Nordirlands mit vielen Freizeit- und Sportmöglichkeiten. Hier gibt es weite Sandstrände und schöne Promenaden. Einen Besuch lohnen das Castle und der Castle Park. Auf der **Halbinsel Ards** folgt die Straße dem Küstenverlauf an der Irischen See; am südlichsten Punkt stellt eine Fähre die Verbindung zum gegenüberliegenden Strangford her. Alternativ kann man auch auf der A20 am Strangford Lough entlang nach **Greyabbey** fahren, wo sich Ruinen einer Zisterzienser-Abtei befinden. Das 1193 gegründete Kloster gehört zu den am besten erhaltenen in Irland.

Strangford

Strangford, eine alte Wikingersiedlung, liegt landschaftlich reizvoll am Südende des Lough Strangford. Aufgrund der strategischen Bedeutung stehen hier und in der näheren Umgebung vier **anglo-normannische Castles** aus dem 16. Jahrhundert.

Carrickfergus Castle, erbaut auf schwarzen Basaltfelsen

Unmittelbar am Lough liegt der Ferienort Killyleagh mit dem **Hilltop Castle**, das die Stadt überragt. Die Umgebung ist traumhaft, in der Ferne sieht man die blau schimmernden Mourne Mountains.

Killyleagh

Wer eine besondere Vorliebe für Gärten hat, sollte die Gardens of Rowallane mit einer Fülle seltener Blumen und Pflanzen bei Saintfield besuchen.
❶ Sommer tgl. 10.00 – 20.00, Winter tgl. bis 16.00 Uhr; Eintritt 5,20 £

*Gardens of Rowallane

Bei St. John's Point südlich der Halbinsel Ards beginnt eine herrliche Panoramastraße, die wohl schönste Küstenstrecke in Nordirland. Sie führt bis Newry (62,5 km). Über die weite Bucht von Dundrum, die bei Ebbe teilweise trocken liegt, geht es in Richtung Newcastle. **Dundrum** ist ein malerischer Fischerort mit guten Sandbuchten zum Baden. Newcastle bietet alle Annehmlichkeiten eines Badeorts, dazu einen hervorragenden Golfplatz. Der Ort liegt am westlichen Ende der Dundrum Bay und am Fuß des Slieve Donard, dem mit 857 m zweithöchsten Berg Irlands. Die Küstenstraße führt von hier aus bergan, links die See, rechts die ständig wechselnde Kulisse der **Mourne Mountains**, die Heimat vieler seltener Pflanzen sind. Auf der Strecke liegen einige verschlafene Fischer- und Bauerndörfer. Kilkeel erfreut sich bei den Anglern und Fischern besonderer Beliebtheit, weil sowohl die See als auch der Fluss Kilkeel und das nahe Carlingford Lough gute Fangmöglichkeiten bieten.

*Panoramastraße von St. John's Point nach Newry

Die Straße von Kilkeel nach **Hilltown** führt mit starken Steigungen und Gefällen durch die Mourne Mountains. Hilltown ist ein gutes Standquartier für Bergbesteigungen und Wanderungen durch das farbenprächtige Hügelgebiet, wo sich Granit und Schiefer in verschiedensten Farbtönungen zeigen.

Die Straße am Carlingford Lough entlang führt über **Rostrevor**, einen hübschen, ruhigen Ferienort mit waldreicher Umgebung, der ideal für Bootsfahrten, Ponytrekking, Fischen und Wandern ist.

Schließlich kommt man nach **Newry**, einer Hafen- und Industriestadt, in deren Südosten die Mourne Mountains und in deren Westen die Camlough Mountains liegen.

Armagh

Die Kathedralenstadt Armagh, Sitz des Primas der katholischen und anglikanischen Kirche von Irland, liegt inmitten des Garden of Ulster, einer Region, die für ihre Apfelbäume bekannt ist. Armagh gehört zu den sehenswerten Städten Nordirlands. Sie gilt als religiöses Zentrum Irlands, daher verwundert es nicht, dass es in der Stadt gleich **zwei Kathedralen** gibt: Die protestantische St. Patrick's Cathedral steht an der Stelle, an der der heilige Patrick um 445 eine Kirche gebaut hatte. Ebenfalls St. Patrick geweiht ist die katholische neugotische Kathedrale (1840–1873). Die protestantische Kirche birgt einige bemerkenswerte Grabmonumente (17./18. Jh.), während die katholische Kathedrale interessante Mosaiken besitzt. In der Nähe liegen die Residenz des Erzbischofs und das Diözesan-College. Eine Besichtigung lohnen ferner die 1608 von James I. gegründete **Royal School**, das 1791 angelegte **Observatorium** und die schönen georgianischen Häuser an der Straße **The Mall**.

★ Birmingham

O/P 15/16

Landesteil: Mittelengland
Höhe: 250-750 ft/76–229 m
Grafschaft: West Midlands

Einwohnerzahl: 1 Mio.

Großbritanniens zweitgrößte Stadt ist die Heimat von Cadbury-Schokolade, Austin Mini Cooper und Jaguar-Limousinen. Einheimische nennen ihre Stadt einfach »Brum«.

Der Stadtname leitet sich wahrscheinlich von der Familie de Bermingham ab, die seit 1150 im Manor of Birmingham herrschte. Schon 1538 wird Birmingham als Fabrikationsstätte von Messern, Werkzeugen und Nägeln erwähnt. In der ersten Hälfte des 17. Jh.s begann die Herstellung von Waffen, mit denen man u. a. die Parlamentarier im englischen Bürgerkrieg im 17. Jh. belieferte. Durch die

Entwicklung der Dampfmaschine durch Matthew Boulton und James Watt im 18. Jh. und durch die leicht zugänglichen benachbarten Kohle- und Eisenerzvorkommen kam die Stadt früh zu wirtschaftlicher Bedeutung. Ende des 18. Jh.s erlebte Birmingham einen gewaltigen Aufschwung und wurde zur Zeit der Industriellen Revolution Englands größtes Industrie- und Handelszentrum.

Birmingham heute

Die jüngste Vergangenheit der legendären »Schmiede Englands« war wiederholt von Wirtschaftskrisen gekennzeichnet. Markantes Symbol des intensiven Bemühens um neue, wachstumsstarke Branchen insbesondere im Dienstleistungssektor ist das 1991 eröffnete International Convention Centre. Zur Jahrtausendwende hat Birmingham sich kostspielige Projekte geleistet: mehrere Kinocenter und die schicke Shopping Mall »The Mailbox«. Neu entstanden sind auch die Restaurants und Geschäfte an Birminghams zahlreichen Kanälen, die einst für den Gütertransport angelegt wurden – mehr als in Venedig sollen es sein! Heute sind sie beliebter Treffpunkt von Wassersportlern und Flanierzonen. Neues Wahrzeichen der Stadt ist das Selfridges-Kaufhaus – von den Birminghamern »Zyklopenauge« genannt.

Birmingham erleben

AUSKUNFT
Visitor Centre
New St./Corporation St.
Birmingham B2 4PA
Tel. *0844 888 3883
www.visitbirmingham.com
Mo.–Sa. 9.00–17.00,
So. 10.00–16.00 Uhr

AN- UND ABREISE
Flugzeug
Der Birmingham International Airport (www.birminghamairport.co.uk) liegt 14 km außerhalb; es besteht Bus- und Bahnanschluss ins Zentrum, ein Airport-Shuttle fährt zum Bahnhof Birmingham International.

Bahn
Hauptbahnhof ist die New Street Station.

ESSEN
❶ **Café Rouge** ©©
98 New St.
Tel. 0121 633 8125
www.caferouge.co.uk
Das Rouge ist ein eliebtes Restaurant mit französischen Spezialitäten nahe des Bullrings.

❷ **Metro Bar and Grill** ©©
73 Cornwall St.
Tel. 0121 200 19 11
www.metrobarandgrill.co.uk
Modernes Interieur, es gibt gute Grillspezialitäten.

ÜBERNACHTEN
❶ **Hilton Garden Inn** ©©©
1 Brunswick Sq.
Brindley Place
Tel. 0121 643 10 03
http://hiltongardeninn.hilton.de
Modern eingerichtetes, komfortables Hotel am noblen Brindley Place mit Fitnesscenter.

❷ **Macdonald Burlington Hotel** ©©©
Burlington Arcade
126 New St.
Tel. *0844 87 99 019
www.macdonaldhotels.co.uk
Früheres Bahnhofshotel, im Original-Stil renoviert.

SHOPPING
In der Stadt gibt es viele Shopping-Centres. Beliebte Einkaufsstraßen sind die Corporation Street mit »The New Bull

SEHENSWERTES IN BIRMINGHAM

Victoria Square, Town Hall
Die älteren öffentlichen Gebäude stehen am Victoria Square. Die Town Hall (1832–1850), ein Meisterwerk viktorianischer Architektur, hat die Form eines römischen Tempels mit 40 korinthischen Säulen aus Anglesey-Marmor. Sie ist musikalisches Zentrum der Stadt seit der Uraufführung von Mendelssohns »Elias« (1847) und hat eine der **besten Orgeln** des Landes. Davor stehen Denkmäler für Queen Victoria und James Watt.
  www.thsh.co.uk

Einkaufsparadies Selfridges, Wahrzeichen des neuen Birmingham

Ring« und »Martineau Place« und die Gegend um St. Martin's Circus, den alten Marktplatz und die benachbarten Wholesale Markets. Fast schon ein neues Wahrzeichen ist das Selfridges, ein architektonischer Kaufhaus-»Blob« ohne rechte Winkel.

VERANSTALTUNG
Big Artsfest
Das größte Künstlerfestival Großbritanniens mit über 600 Veranstaltungen, 18 Bühnen und 1500 Künstlern in der ganzen Stadt findet jedes Jahr im September statt (www.artsfest.org.uk).

Das gegenüberliegende Council House wurde 1874 – 1879 im Renaissance-Stil errichtet. Der dazugehörige **Glockenturm** mit dem Stadtwappen wird landläufig »Big Brum« genannt. — **Council House**

Am Chamberlain Square nördlich der Town Hall erinnert ein Brunnen an den Politiker **Joseph Chamberlain**, 1873 – 1875 Bürgermeister von Birmingham. — **Chamberlain Square**

Die Central Library besitzt eine **Shakespeare-Sammlung**, die rund 50 000 Bände in 90 Sprachen umfasst; außerhalb der USA ist sie vermutlich die größte ihrer Art. — ***Central Library**

ZIELE • Birmingham

● 2100 Park Place; Mo., Di. 9.00 – 20.00, Mi. – Sa. 9.00 – 18.00, So. 14.00 – 18.00 Uhr; www.bplonline.org

Birmingham Museum and Art Gallery Das Birmingham Museum and Art Gallery ist eines der bedeutendsten Museen außerhalb von London. Zu seinen Kunstschätzen gehören eine hervorragende Sammlung der **Prä-Raffaeliten, Ausstellungsstücke zur Stadtgeschichte von mittelalterlichen Münzen über

Birmingham Museum

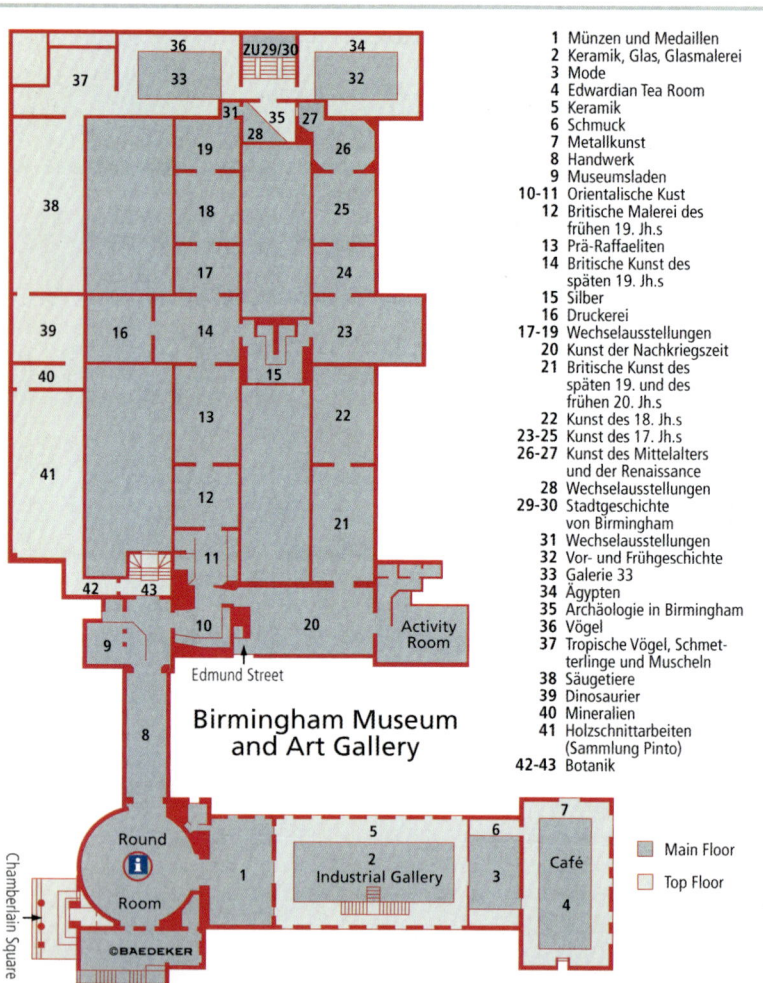

1 Münzen und Medaillen
2 Keramik, Glas, Glasmalerei
3 Mode
4 Edwardian Tea Room
5 Keramik
6 Schmuck
7 Metallkunst
8 Handwerk
9 Museumsladen
10-11 Orientalische Kust
12 Britische Malerei des frühen 19. Jh.s
13 Prä-Raffaeliten
14 Britische Kunst des späten 19. Jh.s
15 Silber
16 Druckerei
17-19 Wechselausstellungen
20 Kunst der Nachkriegszeit
21 Britische Kunst des späten 19. und des frühen 20. Jh.s
22 Kunst des 18. Jh.s
23-25 Kunst des 17. Jh.s
26-27 Kunst des Mittelalters und der Renaissance
28 Wechselausstellungen
29-30 Stadtgeschichte von Birmingham
31 Wechselausstellungen
32 Vor- und Frühgeschichte
33 Galerie 33
34 Ägypten
35 Archäologie in Birmingham
36 Vögel
37 Tropische Vögel, Schmetterlinge und Muscheln
38 Säugetiere
39 Dinosaurier
40 Mineralien
41 Holzschnittarbeiten (Sammlung Pinto)
42-43 Botanik

■ Main Floor
□ Top Floor

Birmingham • ZIELE

historische Gemälde bis zu Cadbury-Schokoladeprodukten und Verkehrsmitteln der Jahrhundertwende, außerdem archäologische Exponate und kostbare Silberarbeiten (17. – 19. Jh.). In der Pinto Collection werden über 6000 aus Holz gefertigte Spielzeuge und Gebrauchsgegenstände (u. a. »lovespoons«) gezeigt, Gemälde des 17. – 20. Jh.s – darunter Canalettos Darstellung von Warwick Castle (1748), Lelys 1654 entstandenes Porträt von Oliver Cromwell, Werke der viktorianischen Epoche und Arbeiten der Moderne, u. a. Bilder von Wendy Ramshaw – sowie Skulpturen von Henry Moore, Rodin und James Tower.

❶ Chamberlain Square; Mo. – Do., Sa. 10.00 – 17.00, Fr. ab 10.30, So. ab 12.30 Uhr; Eintritt frei (außer Sonderausstellungen); www.bmag.org.uk

Thinktank Birmingham Science Museum

Das Museum wurde 2001 eröffnet. Historische Maschinen, Transportmittel, medizinische Geräte sind zu sehen, und es geht um die verschiedensten **Erfindungen** aus unterschiedlichen Zeiten, die Erforschung der Zukunft und Erfahrungen der Vergangenheit.

❶ Millennium Point, Curzon St.; tgl. 10.00 – 17.00 Uhr; Eintritt 12,25 £; www.thinktank.ac

*Jewellery Quarter

Im Norden der Newhall Street liegt das traditionsreiche Juwelierviertel, dessen über 200 Werkstätten und Silberschmieden sich um den Clock Tower an der Ecke Vyse Street und Frederick Street und um die georgianische Kirche St. Paul's konzentrieren.

*ICC, Symphony Hall

In der für ihre hervorragende Akustik bekannten **Konzerthalle** des 1991 eröffneten International Convention Centre finden die Konzerte des renommierten Birmingham Symphony Orchestra statt.

*Brindleyplace

Die in den 1990er-Jahren zu einem modernen **Freizeitkomplex** umgestalteten historischen Kanäle von Brindleyplace im Südwesten haben sich mittlerweile zu einem pulsierenden Stadtteil entwickelt.

❶ www.brindleyplace.com

St. Philip's

Die im palladianischen Stil gehaltene **Kathedrale**, 1711 – 1715 von Thomas Archer erbaut, war bis 1905 die St.-Philip's-Pfarrkirche. Die von Edward Burne-Jones entworfenen Buntglasfenster wurden 1884/1885 bei William Morris hergestellt.

❶ Colmore Row; Mo. – Fr. 7.30 – 18.30, Sa., So. 8.30 – 17.00 Uhr; www.birminghamcathedral.com

St. Martin's

Die Kirche St. Martin's, wenige Schritte östlich der New Street Station, wurde im 13. Jh. geweiht, 1872 – 1875 aber im Decorated-Stil erneuert. Bunte Glasfenster von Burne-Jones und Morris sind auch hier zu sehen, zudem Grabmäler der Familie de Bermingham.

❶ Edgbaston St.; www.bullring.org

St. Chad In nördlicher Richtung lohnt St. Chad's einen Besuch, die erste **römisch-katholische Kirche**, die nach der Reformation in Großbritannien errichtet wurde (1839 – 1841) und heute Sitz des Erzbischofs ist. Sie birgt eine Eichenkanzel aus dem 16. Jh., Chorgestühl und Lesepult (15. Jh.) stammen aus Köln.

University Gegründet wurde die Universität von Birmingham im Jahre 1900. Die University of Aston entstand 1966 aus der technischen Hochschule. Östlich der Universität befindet sich die bereits 1552 gegründete King Edward's School.

*Barber Institute of Fine Arts Das aus der Privatsammlung von Lady Barber hervorgegangene Barber Institute of Fine Arts in der Nähe der Universität besitzt die umfangreiche **Kunstsammlung** der Universität mit Werken von der Renaissance bis zum frühen 20. Jh., darunter Arbeiten von Botticelli, Bellini, Tintoretto, Rubens, Rembrandt, Watteau, Degas, Manet, Monet, Picasso, Matisse, Magritte, Schiele, Gainsborough, Constable und Degas. Außerdem ist eine Sammlung von seltenen Münzen, Siegeln und Gewichten zu sehen.
❶ Mo. – Fr. 10.00 – 17.00, Sa., So. ab 11.00 Uhr; Eintritt frei; www.barber.org.uk

Cadbury World Bourneville ist Sitz der berühmten 1831 gegründeten Cadbury-Schokoladenfabrik. Bereits 1895 wurde hier eine musterhafte Werkssiedlung, eine Gartenstadt für die Fabrikangestellten, geschaffen. Das Museum »The Cadbury World« stellt die Geschichte und Verbreitung von Schokolade um die ganze Welt dar und berücksichtigt auch die Historie der Quäker-Familie Cadbury. Neben vielen anderen Spielereien ist eine Nachbildung der Bull Street zu sehen, in der John Cadbury 1824 seinen ersten Laden eröffnet hat.
❶ tgl. meist 10.00 – 16.00 Uhr; Eintritt 14,75 £; www.cadburyworld.co.uk

Sarehole Mill Die 200 Jahre alte Kornmühle Sarehole Mill in Hole Green, die J. R. R. Tolkien zu seinem Buch »The Hobbit« inspiriert haben soll, wurde um die Jahrhundertwende zur Messerfabrik umfunktioniert.
❶ Cole Bank Rd., Hall Green; April – Okt. Di. – So. 12.00 – 16.00 Uhr; Eintritt 3 £; www.bmag.org.uk

Birmingham Back to Backs Ab Anfang des 19. Jh.s wurden für die wachsende Zahl der Arbeiter einfachste Wohnungen errichtet, bei denen sich zwei Häuser jeweils eine Rückwand teilten, die also »back to back« standen. Heute sind nur noch wenige dieser sehr spartanischen Unterkünfte erhalten, deren Besuch einen guten Einblick in die ärmlichen Wohnverhältnisse vieler Arbeiterfamilien in der Zeit von 1840 bis in die 1970er-Jahre vermitteln.
❶ 55 – 63 Hurst St./50 – 54 Inge St.; Feb. – Nov. Di. – So. 10.00 – 17.00 Uhr; Eintritt 6,30 £

UMGEBUNG VON BIRMINGHAM

In Dudley ca. 14 km westlich dokumentiert das Black Country Museum die Geschichte des Kohlebergbaus. Besichtigt werden können ein alter Kohleschacht und eine Werkssiedlung der Jahrhundertwende; interessant ist auch eine Fahrt mit den typischen Kohletransportbooten auf den weit verzweigten Kanälen. Das Freilichtmuseum ist über 10 ha groß, kostümierte Schauspieler sorgen für ein authentisches Feeling.

*Dudley Black Country Living Museum

❶ Tipton Rd.; März – Okt. 10.00 – 17.00, Nov. – Feb. 10.00 – 16.00 Uhr; Eintritt 15,50 £; www.bclm.co.uk

Das Broadfield House im rund 20 km entfernten **Kingswinford** besticht mit seiner gelungenen Kombination aus alt und neu: Das Gebäude aus georgianischer Zeit wurde durch einen imposanten, preisgekrönten Glasflügel erweitert, in dem sich das Glasmuseum befindet. Die Sammlung umfasst **Glaskunst** aus dem 17. Jh. bis in die heutige Zeit und zeigt, dass der Kreativität und Vielfalt in der Glasherstellung über die Jahrhunderte hinweg kaum Grenzen gesetzt wurden. In einem angrenzenden Studio kann man Glasbläsern bei der Arbeit zusehen.

Broadfield House Glass Museum

❶ Compton Drive; Di. – So. 12.00 – 16.00 Uhr, Eintritt frei; www.dudley.gov.uk/glassmuseum

In Dudley reist man in die Zeit der beginnenden Industrialisierung.

* Brighton

→ S 19

Landesteil: Südengland
Grafschaft: East Sussex
Einwohnerzahl: 192 000

Brighton ist das größte und bekannteste Seebad an der englischen Kanalküste. Aus dem früheren Fischerdorf entwickelte sich ab 1750 ein vornehmer Kurort, in dem sich Englands Adel und die feine bürgerliche Gesellschaft traf.

Geschichte Im 16. Jh. lebten in dem Fischerdorf Brighthelmstone etwa 1500 Einwohner in kleinen Häuschen, wie sie heute noch immer in den engen »Lanes« zu sehen sind. Als Dr. Richard Russel 1750 seine Abhandlung über den »Nutzen von Seewasser bei Drüsenkrankheiten« veröffentlichte, veränderte das Dorf sich schlagartig und zog Scharen von **Badegästen** an. 1766 wurde der erste Ballsaal eingeweiht, und in den folgenden Jahren erschienen auch Mitglieder der königlichen Familie zur Badekur. Erholung versprachen nicht nur das wohltuende Seeklima sondern auch die sprudelnden Heilquellen, man flanierte auf den breiten **Prachtboulevards** und Piers, genoss die Feste in

Brighton

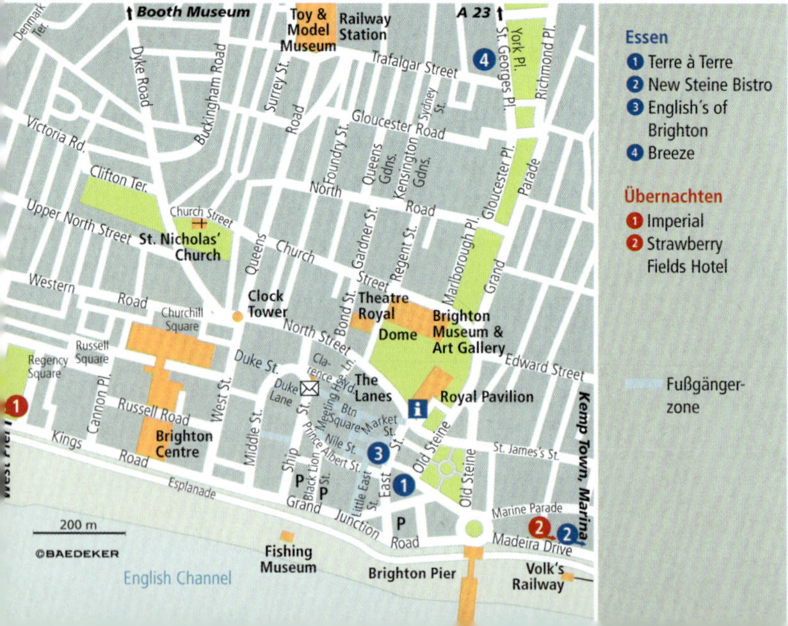

Essen
① Terre à Terre
② New Steine Bistro
③ English's of Brighton
④ Breeze

Übernachten
① Imperial
② Strawberry Fields Hotel

Fußgängerzone

Brighton erleben

AUSKUNFT
Pavilion Buildings
Brighton BN1 1EE
Tel. 01273 29 03 37
www.visitbrighton.com

ESSEN
❶ *Terre à Terre* ⓔⓔ
71 East St.
Tel. 01273 72 90 51
www.terreaterre.co.uk
Hier wird gute vegetarische Küche serviert

❷ *New Steine Bistro* ⓔⓔ
New Steine 12a
Tel. 01273 68 15 46
www.newsteinehotel.com
Im New Steine Bistro kann man sich von einem französischen Chef einfallsreich bekochen lassen.

❸ *English's of Brighton* ⓔⓔ
East Street 29/31
Tel. 01273 32 79 80
www.englishs.co.uk
In drei ehemaligen Fischerhütten ist das auf Fischspezialitäten ausgerichtete English's Seafood Restaurant & Oyster Bar untergebracht.

❹ *Breeze* ⓔⓔ
98 Trafalgar St.
Tel. 01273 69 33 77
www.breezebrasserie.co.uk
Das Breeze ist eine helle, modern eingerichtete Brasserie, die leichte europäische Küche anbietet.

ÜBERNACHTEN
❶ *Imperial* ⓔⓔⓔ
First Avenue
Tel. 01273 77 73 20
www.imperial-hove.com
In Küstennähe fügt sich das Imperial mit 76 Zimmern in eine Reihe viktorianischer Häuser ein. Im Sommer speist man auf der Terrasse.

❷ *Strawberry Fields Hotel* ⓔⓔ
6 – 7 New Steine
Tel. 01273 68 15 76
www.strawberry-fields-hotel.com
Freundliches B&B mit Seeblick, nett eingerichteten Zimmern und auf Wunsch mit Frühstück aufs Zimmer.

den Ballsälen der mondänen Hotels. Die hübschen Häuserzeilen im Regency Style, der Palace Pier und der exotische Royal Pavilion erinnern an diese Zeit.

Der junge Prinz, der spätere George IV., kam 1783 nach Brighton. Da er zwischen 1811 und 1820 für seinen erkrankten Vater die Regentschaft übernahm, wird diese Epoche als Regency Period bezeichnet, die durch einen eigenen Baustil, den **Regency Style**, nach dem Geschmack des Prinzen geprägt wurde. Damals entstanden die meisten der strandnahen Gebäude mit ihren strahlend weißen Fassaden, Bogenfenstern (»bay windows«) und schmiedeeisernen Balkonen. Brighton zählte auch viele illustre **Dichter und Denker** zu seinen Gästen, etwa Samuel Johnson, Jane Austen und Thackeray oder Fürst Pückler.

Der Royal Pavilion ist inspiriert von indischen Mogulpalästen.

Touristen- Mittlerweile hat auch in Brighton längst der **Massentourismus** Ein-
zentrum zug gehalten. Die 5 km lange Strandpromenade ist von Souvenirläden übersät, und Zweckbauten haben Teile Brightons entstellt. Zusammen mit dem benachbarten Hove bildet es heute ein urbanes Ballungszentrum mit insgesamt 254 000 Einwohnern.

SEHENSWERTES IN BRIGHTON

**Royal Der Royal Pavilion wurde 1815 – 1823 von Architekt John Nash und
Pavilion den Innenausstattern Frederick Crace und Robert Jones für den Prince of Wales im **indischen Mogulstil** als Sommerresidenz errichtet und gilt heute als eines der Wahrzeichen der Stadt. Man betritt den Palast durch die Oktogon-Halle und kommt durch die Vorhalle in einen langen Korridor mit chinesischen Dekorationen, u. a. Bambus imitierenden eisernen Treppengeländern. Rechts vom Korridor liegt der Bankettsaal mit fantastischem fernöstlichem Innendekor, darunter ein silberner Drache, der – aus einer Bananenstaude herausspähend – einen Lüster trägt, dessen Blütenlampen aus den Mäulern von sechs Fabelwesen wachsen. In dem zeltartigen Musiksaal bilden riesige Schlangen und fliegende Drachen den dekorativen Rahmen; die Raumbeleuchtung mit Gaslampen war damals eine viel bestaunte technische Neuheit. Die übrigen Räume sind ebenfalls exzentrisch-exotisch gestaltet, nur die Privatgemächer des Prinzregenten sind weitgehend schlicht gehalten. Gegen soviel Prunksucht gab es seinerzeit in der Bevölkerung heftige Proteste, und die Kari-

katuristen verspotteten »Prinny« wegen seines aufwendigen Lebensstils und seiner »Geschmacklosigkeit«. Queen Victoria verkaufte schließlich den sündhaft teuren Palast für 50 000 £ an die Stadt Brighton, die ihn seitdem unterhält.
❶ April – Sept. tgl. 9.30 – 17.45, Okt. – März tgl. 10.00 – 17.15 Uhr; Eintritt 10 £; www.brighton-hove-rpml.org.uk

Zum Palastareal gehören die Stallungen und die Reitschule im indischen Stil, die jetzt die Konzerthalle **»The Dome«** und das Brighton Museum and Art Gallery beherbergen mit einer hervorragenden Sammlung von Art-déco-Objekten, einer Modegalerie mit Kleidung ab dem 18. Jh., Ausstellungen alter Musikinstrumente und der ausgezeichneten Willet-Sammlung von Porzellan und Steingut.
❶ Di. – So. 10.00 – 17.00 Uhr; Eintritt frei; www.brighton-hove-rpml.org.uk

*Brighton Museum and Art Gallery

In der Nähe des Museums steht das klassizistische Royal Theatre. Hier traten namhafte Schauspieler wie die Kembles, Grimaldi und Sarah Siddons auf, und auch heute noch spielen gute Ensembles.

Royal Theatre

In der Kirche St. Nicholas weiter westlich in der Church Road wird ein schönes normannisches Taufbecken verwahrt, das mit Darstellungen des Abendmahls, der Taufe Christi und des hl. Nikolaus als Schutzpatron der Seefahrer verziert ist.
❶ Mo, Di, Fr. 10.00 – 13.00, 14.00 – 16.00, Mi. 10.00 – 15.00 Uhr; Eintritt frei, Spenden willkommen; www.stnicholasbrighton.org.uk

St. Nicholas

Im alten Kern des Fischerdorfes Brighthelmstone gibt es noch die schmalen Lanes, Gässchen mit hübschen Häusern aus dem 17. Jh., in denen sich heute Antiquitätenläden, Boutiquen und Cafés angesiedelt haben. An den Fassaden sind teilweise noch die bunten »Weatherboardings« zu sehen, die man als Windschutz installierte.

*The Lanes

Östlich der Lanes liegt der alte Dorfanger Old Steine, heute ein gepflegter Platz, an den sich nördlich der baum- und blumenbestandene Prachtboulevard Grand Parade und südlich die Strandpromenade anschließen. Aus der Zeit um 1800 stammen das stattliche **Marlborough House** (1786) und das **Maria Fitzherbert's House** (1804).

Old Steine

In der Kirche St. John the Baptist in Carlton Hill weiter nördlich ist Maria Fitzherbert, die Geliebte und heimliche Ehefrau des späteren George IV., begraben. Nach der Trennung 1795 bis zu ihrem Tod lebte sie zurückgezogen in Brighton.

St. John the Baptist

An der Seepromenade gab es einst mehrere große Piers: Der Kettenpier (1823) wurde 1869 von einem Sturm zerstört, der noch existierende West Pier (1866) ist heute abbruchreif. Nur der 521 m

*Palace Pier

lange Palace Pier (1891 – 1899) mit seinen Aufbauten ragt noch ins Meer hinaus und bietet Bars, Jahrmarktattraktionen und Imbisse.
ⓘ www.brightonpier.co.uk

In der Nähe des Palace Pier lädt Magnus Volk's elektrische Strandeisenbahn, die 1883 in Betrieb genommen wurde, zu einer Fahrt ein, die bis zum Jachthafen von Brighton führt.
ⓘ kein Betrieb im Winter; Fahrt 2 £; www.volkselectricrailway.co.uk

Railway

Nach umfangreicher Renovierung erstrahlt das 1935 im Art-déco-Stil erbaute Strandbad von Brighton wieder in altem Glanz. Auch Restaurant und Teestube warten wieder auf Gäste.
ⓘ Tel. 01273 88 80 08; Eintritt 4 £; www.saltdean.info/lido.htm

*Saltdean Lido

Lohnend ist ein Spaziergang durch die Wohnviertel mit Häuserreihen und Platzanlagen im Regency Style: z. B. der **Regency Square** mit runden Erkern und gusseisernen Balustraden in Richtung des westlichen Ortsteils Hove, die **Brunswick Terrace** und der sich zum Meer hin öffnende **Brunswick Square** (1825) sowie der hufeisenförmige **Aidelaide Crescent** und weiter östlich der **Sussex Square**, der geschwungene **Lewes Crescent** (1824) und **Arundel Terrace**.

*Regency-Wohnanlagen

Der im 18. Jh. entstandene Landsitz der Familie Stanford an der Preston Road zeigt den Lebensstil der Zeit um 1900.
ⓘ April – Sept. Di. – Sa. 10.00 – 17.00, So. ab 14.00 Uhr; Eintritt 6 £; www.brighton-hove-rpml.org.uk

Preston Manor

UMGEBUNG VON BRIGHTON

Das Hinterland von Brighton bilden die South Downs, eine lange Kette aus Kreidehügeln, die sich von Eastbourne bis nach Winchester fast parallel zur ▶South Coast zieht. Die Region wurde aufgrund ihres landschaftlichen Reizes zur Area of Outstanding Natural Beauty (Gebiet von hervorragender Naturschönheit) erklärt. Auf den Kreidetriften der Downs grasen seit jeher unzählige Schafe, inzwischen wird hier aber auch Getreide angebaut. Berühmt-berüchtigt waren die Kreidefelsen mit ihren Höhlen im 18. Jh. zur Blütezeit des Schmuggels, als rund ein Drittel des englischen Seehandels auf den sogenannten »Free-Trade« entfiel – die Hälfte des Gins und fast ein Drittel des Tees wurde vermutlich von Schmugglerbanden in Kent und Sussex umgeschlagen. Weder harte Strafen noch die Verstärkung der Küstenwache konnten den gut organisierten Schmugglern Ein-

*South Downs

Palace Pier in Brighton – abendlich beleuchtet

ZIELE • Brighton

Wandern in den South Downs

halt gebieten, bis die Regierung schließlich 1840 ihre stärkste Waffe einsetzte: die drastische Senkung der Steuern.

Lewes 16 km nordöstlich von Brighton ist Grafschaftshauptstadt von East Sussex. Die Stadt liegt an der Stelle, an der sich der River Ouse sein Bett durch die Hügel gebahnt hat. Zur Verteidigung des Durchgangs wurde 1088 ein Castle gebaut. Um die Burg zieht sich die Altstadt mit steilen Straßen, Fachwerkbauten und georgianischen Häusern. Das im Tudorstil gebaute Anna von Cleve House – heute ein Museum – erhielt die vierte Frau von Heinrich VIII. 1541 als Scheidungsabfindung.

Anna von Cleve House: 52, Southover High St., Feb. – Nov. Di. – Sa. 10.00 – 17.00, So., Mo. 11.00 – 17.00 Uhr; Eintritt 4,90 £

Charleston Farmhouse

Die A27 in Richtung Eastbourne führt an Charleston Farmhouse vorbei, das ab 1916 der Malerin **Vanessa Bell** als Künstlerrefugium diente. Regelmäßig traf sich hier die Bloomsbury Group, und noch heute vermittelt die gesamte Inneneinrichtung deren Kreativität und Experimentierfreudigkeit.

❶ April – Juni, Sept., Okt. Mi. – Sa. 13.00 – 18.00, Juli, Aug. ab 12.00, So. 13.00 – 17.30 Uhr, Mi. – Sa. Einlass nur im Rahmen von Führungen; Eintritt 9,95 £; www.charleston.org.uk

Monk's House

Virginia Woolf, die Schwester von Vanessa Bell, ließ sich 1939 weiter westlich in Bodmell nieder und lebte dort bis zu ihrem Freitod 1941. Das schlichte Cottage gibt einen intimen Einblick in das Alltagsleben der berühmten Schriftstellerin.

❶ April – Okt. Mi. – So. 13.00 – 17.30 Uhr; Eintritt 4,40 £

Long Man of Wilmington

Eine imposante Erscheinung ist der »Long Man of Wilmington«, ein in die Kreidefelsen gemeißeltes Abbild einer menschlichen Gestalt, das bei Wilmington an der A27 markant aus dem Grün der Hügel hervorscheint. Die Kreidezeichnung ist der von Cerne Abbas bei ▶Dorchester ähnlich, aber gut 10 m größer. Als stütze sie sich links und rechts auf einen Stab – so steht die Figur da und gibt Rätsel auf. Alter und Herkunft sind unklar, möglicherweise stammt sie aus sächsischer Zeit, etwa aus dem 7. Jh., und stellt den Heidengott Wotan dar. Dagegen spräche allerdings die Tatsache, dass die Mönche der

Abtei von Wilmington den Kreidemann so lange tolerierten – vielleicht haben sie die Figur auch selbst in den Hang gekerbt. Schriftlich erwähnt wird die riesige Kalkfigur jedenfalls erst 1764.

Vom Long Man bietet sich ein Abstecher ins Bilderbuchdorf **Alfriston** an – mit Fachwerkbauten, einem **Pfarrhaus** aus dem 14. Jh. (heute Museum) und dem um 1520 erbauten Pub Star Inn.

Alfriston Clergy House: April – Dezember Sa. – Mi. 10.30 – 17.00 Uhr, Aug. auch Fr.; Eintritt 4,65 £

* Bristol

N/O 17/18

Landesteil: Südengland
Höhe: 355 ft/108 m ü. d. M.
Grafschaft: Somerset
Einwohnerzahl: 440 000

Bristol ist eine Stadt der Gegensätze und gerade deshalb so interessant: einst Hafenstadt, von der aus John Cabot 1497 startete, um Neufundland zu entdecken, heute Industriestadt mit Bürgerhäusern und Arbeitersiedlungen, eine junge Stadt mit Universität und starker Pop- und Kunstszene.

Bristol ist eine Gründung des 10. Jh.s, und schon im 12. Jh. war es bedeutende **Handelsstadt**. Der frühe Reichtum der Stadt beruhte auf dem »Dreieckshandel«: Die Schiffe fuhren mit Metallwaren, Glas und Perlen von England nach Westafrika, von dort brachten sie Sklaven nach Westindien – Ende des 18. Jh.s waren es mehr als 70 000 pro Jahr –, auf den Westindischen Inseln luden sie Zuckerrohr, Rum, Kaffee, Kakao und Tabak für die heimischen Märkte. Nach Abschaffung der Sklaverei entwickelten sich der **Schiffbau** und später die Flugzeugfabrikation zu den Hauptindustriezweigen. Als die großen Überseedampfer aufgrund ihres Tiefgangs den gezeitenabhängigen schmalen River Avon nicht mehr nach Bristol hinauffahren konnten, entstand im Bereich von Avonmouth und Royal Portbury der **neue Hafen** mit modernen Dockanlagen, Erdölraffinerien und Industrieparks. Die Elektronik-Industrie hielt in den 1980er-Jahren ihren Einzug mit Firmen wie Hewlett Packard und IBM.

FLOATING HARBOUR · ST. MARY REDCLIFF

Neben dem heutigen Bahnhof Temple Meads Station steht Bristol Old Station, ein Meisterwerk **viktorianischer Ingenieursbaukunst**, 1835 von Isambard Kingdom Brunel als Endstation der Great Western Railway gebaut.

Old Station

ZIELE • Bristol

*Floating Harbour Während im modernen Großhafen von Avonmouth und Portbury am Severn die Fracht- und Passagierschiffe abgefertigt werden, wurden die alten Hafenanlagen in Bristol selbst (Floating Harbour) z. T. restauriert. Die alten Stapelhäuser von **The Watershed** beherbergen heute kleine Läden, Cafés und Restaurants, gegenüber zeigt in einem ehemaligen Teehandelshaus (1832) das **Arnolfini Centre** zeitgenössische Kunst. Am neu angelegten New World Square steht das Wissenschaftcenter **At-Bristol**, das Naturwissenschaften präsentiert.

Arnolfini Centre: Di. 11.00 – 18.00, Mi. – Sa. bis 20.00, So. bis 19.00 Uhr; Eintritt frei; www.arnolfini.org.uk

At-Bristol: Mo. – Fr. 10.00 – 17.00, Sa., So. bis 18.00 Uhr; Eintritt 11,70 £; www.at-bristol.org.uk

M Shed Die neueste Attraktion am Ufer des Floating Harbour ist M Shed, ein Museum, das die **Geschichte der Stadt** von prähistorischen Zeiten bis heute erzählt. Zu sehen sind interaktive Ausstellungstücke, es werden alte Filme und Fotografien gezeigt und man kann seltene und

Essen
❶ Bell's Dinner

Übernachten
❶ Hotel du Vin
❷ Clifton

– – – Fähre
Fußgängerzo

Bristol • ZIELE **231**

Bristol erleben

AUSKUNFT
E Shed, 1 Canons Rd.
Bristol BS1 5TX
Tel. *0906 7 11 21 91
www.visitbristol.co.uk

AN- UND ABREISE
Flugzeug
Über die A38 erreicht man den Flughafen 13 km südwestlich (www.bristolairport.co.uk, Tel. *0871 3 34 43 44); vom Flughafen gibt es Bus- und Zugverbindung ins Zentrum.

Bahn
Gute Zugverbindungen in alle Landesteile

ESSEN
❶ *Bell's Dinner* ©©©
1 York Rd., Tel. 0117 9 24 03 57
www.bellsdiner.com
So. u. Mo. geschl.

Gemütliches Bistro mit abwechslungsreichem Menü und einer feinen Auswahl an Weinen.

ÜBERNACHTEN
❶ *Hotel du Vin* ©©©©
Narrow Lewins Mead
Tel. 0117 9 25 55 77
www.hotelduvin.com
Ruhiges Hotel im Stadtzentrum.
40 Zimmer mit geschmackvoller Einrichtung und empfehlenswertes Restaurant.

❷ *The Clifton* ©©
St. Paul's Rd.
Tel. 0117 9 73 68 82
www.cliftonhotels.com
Das Hotel mit insgesamt 60 Zimmern liegt in dem ruhigen Vorort Clifton. Im Sommer kann man es sich auf der schönen Hotelterrasse gemütlich machen.

---

teils durchaus seltsame Objekte betrachten, die den Charakter der Stadt widerspiegeln.
❶ Di.–Fr. 10.00–17.00, Sa., So. bis 18.00 Uhr; Eintritt frei; http://mshed.org

Am Great Western Dock in einem Hafenbecken nahe der Gasferry Road liegt Brunels Dampfschiff SS Great Britain, das 1843 als erstes Dampfschiff aus Eisen in Bristol vom Stapel lief. ***SS Great Britain**

Auf dem Südufer des Floating Harbour sollte man St. Mary Redcliffe besichtigen, nach dem Urteil von Elizabeth I. die schönste Pfarrkirche Englands. Ihren Namen erhielt die Kirche von den roten Klippen, auf denen sie im 13. Jh. von reichen Kaufleuten errichtet wurde. Im vorwiegend im **Perpendicular Style** des 15. Jh.s gehaltenen Innenraum sind hohe Arkaden, schlanke Pfeilerbündel und elegante Netzgewölbe zu sehen. Pracht und Reichtum dieser Kirche verdankt die Stadt einem der wohlhabendsten Handelsherren der damaligen Zeit, William Canynge, dessen Grabmal im südlichen Querschiff zu finden ist. ****St. Mary Redcliffe**

UNTERSTADT

*St. Nicholas In der High Street, die von der Bristol Bridge zum Cross führt, steht die ehemalige Kirche St. Nicholas besichtigen, in der heute Büros der Stadtverwaltung untergebracht sind. Im Inneren des Gebäude befinden sich drei von William Hogarth für St. Mary Redcliffe gemalte großformatige Altartafeln.
  ● Besichtigung der Altartafeln Mo. – Fr. n. V. unter Tel. 0117 9 03 90 10

*Kornbörse Die Markthallen an der High Street stammen aus der Mitte des 18. Jahrhunderts. Von den Markthallen bis zur Corn Street zieht sich die 1740 – 1743 von John Wood d. Ä. im palladianischen Stil errichtete Kornbörse (The Exchange). Vor dem Gebäude sieht man vier Messingtische, die »Brass Nails«, auf denen früher die Geschäfte in klingender Münze »on the nail« abgewickelt wurden. Die Uhr am Gebäude hat zwei Minutenzeiger für die alte London Time und Bristol Time. Als die Zeitmessung noch nicht zentralisiert war, war es in Bristol immer elf Minuten früher als in London.

> **! BAEDEKER TIPP**
>
> ### Llandoger Trow
>
> Die legendärste Hafenkneipe der Stadt ist Llandoger Trow in der King Street. Hier soll Daniel Defoe von Seefahrer Selkirk die abenteuerliche Geschichte des Robinson Crusoe erfahren und der schottische Schriftsteller Robert Louis Stevenson 1883 das Vorbils für den »Admiral Benbow«, die Stammkneipe des Long John Silver in seinem berühmten Roman »Die Schatzkiste«, gefunden haben. Die Taverne ist unterirdisch mit dem 1764 eröffneten Royal Theatre verbunden, der ältesten durchgehend bespielten Theaterbühne Englands, jetzt Spielstätte der »Bristol Old Vic Company«.

Rund 200 m westlich steht die große Kirche **St. Stephen** (Mitte 16. Jh.). An der Ecke Corn/Broad St. wurde 1827 das klassizistische Old Council House errichtet, gegenüber steht die **Christ Church** aus dem 18. Jh. mit schöner Turmuhr. Die Broad Street führt vorbei an der Guildhall zur alten Stadtmauer. Die Kirche **St. John** aus dem 14. Jh. ist über einer eindrucksvollen Krypta erbaut.

Christmas Steps Durch einen Bogen, der die Figuren von Brennus und Belinus, den legendären Gründern von Bristol, zeigt, geht es weiter durch die Christmas Street zu den von Antiquitätengeschäften und Souvenirläden gesäumten Christmas Steps. Am oberen Ende der Treppen zeigen die 1861 fertiggestellten **Foster's Almshouses** eine gelungene Mischung aus Tudorelementen und französischer Spätgotik.

Wesley's New Room In östlicher Richtung stellt die Nelson Street die Verbindung zu den Einkaufsstraßen von **Broadmead** her. Dort befindet sich auch die älteste Methodistenkirche der Welt, Wesley's New Room (1739).

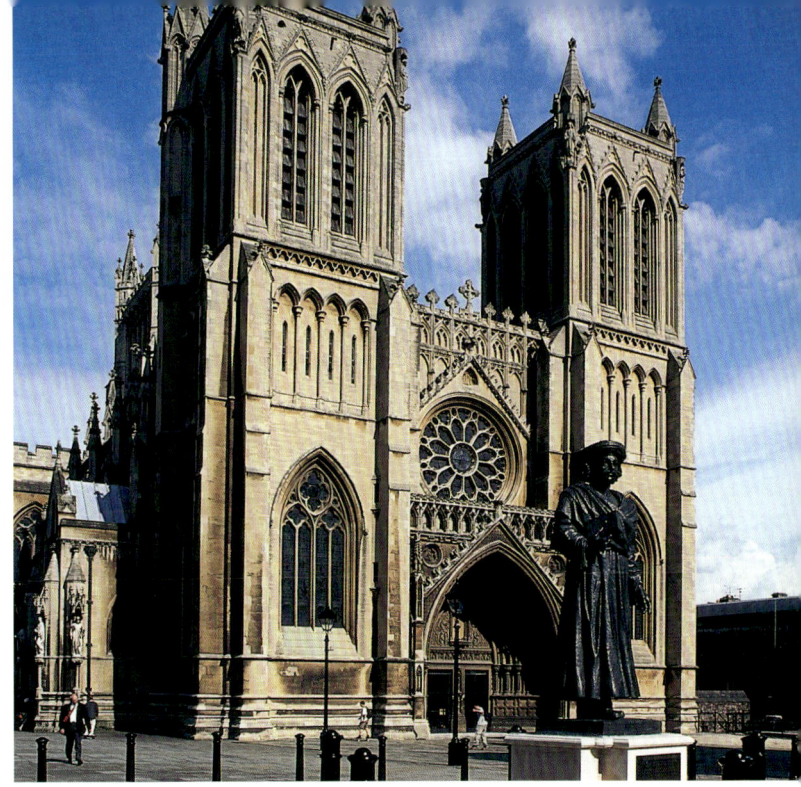

Die Kathedrale mit der Statue des indischen Reformers Ram Mohan Roy

OBERSTADT

Die Kathedrale, ursprünglich die Kirche eines Augustinerklosters, erhielt 1542 durch die Gründung des Bistums Kathedralenrang. Vom normannischen Kirchenbau hat sich bis auf das Kapitelhaus nichts erhalten. Die Bauzeit lässt sich in drei Phasen einteilen: Der östliche Chor ist 1298 – 1330 erneuert worden, Vierungsturm und Querhäuser wurden 1500 vollendet, erst im 19. Jh. wurden das hallenartige Schiff und die Westturmfassade fertig gestellt. Der ****Chor**, 1298 erbaut und Glanzstück der Kirche, ist eine Konstruktion von genialer Leichtigkeit. Das Chorgestühl ist modern, hat aber Miserikordien von etwa 1520. Es gibt zwei Marienkapellen: anschließend an das nördliche Querschiff die ältere im Early English Style (1210 – 1220); die Marienkapelle am Ostende wurde 1298–1330 errichtet und besitzt noch das ursprüngliche Altarblatt und Fenster aus dem 14. Jahrhundert. Im Südschiff befinden sich die sternförmigen Grabnischen der Äbte. Bemerkenswert ist auch das rechteckige **Kapitelhaus**

*Kathedrale

(12. Jh.) mit Zacken-Dekor, Kreuzbogenverzierungen und Fischschuppenmustern an den Wänden. Vor der Westfassade der Kathedrale hat sich noch ein Torhaus mit normannischen Bogengängen der alten Abtei erhalten.

tgl. 8.00 – 17.15, Sa., So. bis 15.30 Uhr; Führungen Sa. 11.30, 13.30 Uhr; Eintritt & Führungen frei; www.bristol-cathedral.co.uk

Universität

Die 1909 gegründete Universität liegt in Clifton, einer bevorzugten Wohngegend mit sehenswerten georgianischen Häusern. Wahrzeichen der Universität ist ein über 60 m hoher **neogotischer Turm**, Stiftung der Tabakbarone Sir G. A. und H. H. Wills von 1925.

City Museum & Art Gallery

Die viktorianischen Bauten daneben beherbergen das Stadtmuseum und eine Gemäldegalerie. Interessant sind die orientalische Kollektion, die Sammlung alter Meister und die Exponate von und über Brunel und seine zahlreichen technischen Leistungen.

Mo. – Fr. 10.00 – 17.00, Sa., So. bis 18.00 Uhr; Eintritt frei

Georgian House

In der Great George Street ist die stilvolle Einrichtung des Georgian House sehenswert, das im 18. Jh. für den Zuckerhändler John Pinney gebaut wurde und elegantes Stadtleben jener Zeit widerspiegelt.

April – Juni, Sept., Okt. Mi., Do., Sa., So., Juli, Aug. Di. – So. 10.30 – 16.00 Uhr; Eintritt frei

*Clifton Suspension Bridge

Die Kalkstein-Plateaus Clifton Down und Durdham Down sollte man wegen der berühmten Hängebrücke besuchen, die in 80 m Höhe die Schlucht des Avon überspannt. Sie ist zwischen den beiden Pylonen 243 m lang und wurde 1864 nach Plänen von Isambard Kingdom Brunel gebaut.

UMGEBUNG VON BRISTOL

*Blaise Hamlet

Im 8 km nordwestlich gelegenen Henbury wurde 1811 die Siedlung Blaise Hamlet mit neun Cottages für pensionierte Arbeiter des benachbarten Blaise Castle gebaut. Die **romantischen Häuschen**, die in ihrer Individualität und Rustikalität ganz einzigartig sind, können nur von außen besichtigt werden, da sie bewohnt sind.

*Clevedon Court

Clevedon ist ein verhältnismäßig ruhiger Badeort an einer kleinen Bucht. Häufiger Gast in Clevedon Court, dem Herrenhaus der Eltons, war William Thackeray. Er verfasste hier u. a. einen Teil seines Romans »Vanity Fair« (1848). Ausgestellt sind von Sir William Elton geschaffene Töpferwaren. Von Bristol aus gibt es eine Schiffsverbindung nach Clevedon.

April – Sept. Mi., Do., So. 14.00 – 17.00 Uhr; Eintritt 6,50 £

Cambridge · ZIELE

✶✶ Cambridge

✦ T 16

Landesteil: Ostengland
Höhe: 334 ft/101 m ü. d. M.
Grafschaft: Cambridgeshire
Einwohnerzahl: 121 000

31 altehrwürdige Colleges prägen die traditionsreiche und zugleich moderne Universitätsstadt Cambridge am River Cam. Auf den Backs, dem Westufer des Flusses, führt ein herrlicher Spazierweg an den schönen Collegegärten vorbei.

Zu Zeiten der Römer gab es am Cam, der jenseits der Silver Street Bridge Granta heißt, eine kleine Siedlung. Nach dem Fluss Granta hieß Cambridge in sächsischer Zeit Grantebrycg, später Cantebruge. Schon vor der Gründung der Universität 1318 war Cambridge bekannt für seine alljährliche **Wollmesse** an der wichtigen Handelsstraße von Ost- nach Zentralengland, was früh zu städtischem Wohlstand führte. Die »Stourbridge Fair« galt im 17. Jh. als die größte Messe des Landes. Die ersten Lehranstalten sind wahrscheinlich im 12. Jh. von aus Paris zugewanderten Gelehrten in Klöstern eingerichtet worden. Peterhouse, das erste College in Cambridge, wurde 1284 gegründet.

Geschichte

Um ihre Spitzenposition im Universitätsbereich weiter auszubauen, hat die Stadt Cambridge westlich des Stadtzentrums einen neuen

Cambridge heute

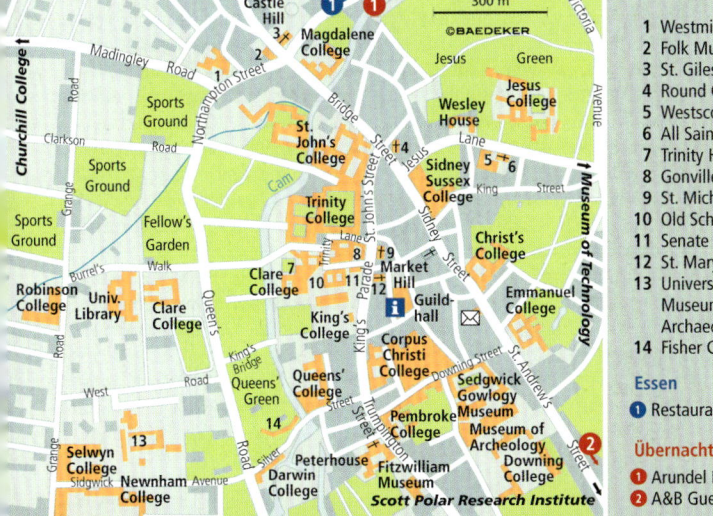

Cambridge

1 Westminster College
2 Folk Museum
3 St. Giles
4 Round Church
5 Westscott House
6 All Saints
7 Trinity Hall
8 Gonville and Caius College
9 St. Michael
10 Old Schools
11 Senate House
12 St. Mary the Great
13 University Arts Buildings, Museum of Classical Archaeology
14 Fisher Court

Essen
❶ Restaurant 22

Übernachten
❶ Arundel House
❷ A&B Guesthouse

Cambridge erleben

AUSKUNFT
Peas Hill
Cambridge CB2 3AD
Tel. *08712268006
www.visitcambridge.org

ESSEN
❶ *Restaurant 22* €€€
22 Chesterton Rd.
Tel. 01223351880
www.restaurant22.co.uk
So. u. Mo. geschl.
Stimmungsvolles Restaurant, in dem ganz romantisch bei Kerzenlicht getafelt wird.

ÜBERNACHTEN
❶ *Arundel House* €€€€
53 Chesterton Rd.
Tel. 01223367701
www.arundelhousehotels.co.uk
In Flussnähe gelegenes Hotel mit schönem Blick über einen Park.

❷ *A&B Guesthouse* €€
124 Tenison Rd.
Tel. 01223315702
www.aandbguesthouse.co.uk
Stilvolles B&B in der Nähe des Zentrums mit modern eingerichteten Zimmern und ausgezeichnetem Service.

Wissenschafts- und Technologiecampus eröffnet und es sind Planungen für Universitätserweiterungen im Nordwesten der Stadt im Gange. Die Fakultäten im Bereich der Geisteswissenschaften wurden ebenfalls erheblich erweitert.

SEHENSWERTES IN CAMBRIDGE

**Colleges Die mit weitem Abstand bekanntesten englischen Universitäten sind ►Oxford und Cambridge, beide sind im 13. Jh. entstanden. Im Mittelalter kamen Studenten mit 14 oder 15 Jahren nach Oxford oder Cambridge, wo sie nach drei Jahren (Trivium mit lateinischer Grammatik, Rhetorik und Logik) den »Master of Grammar« und nach weiteren vier Jahren (Quadrivium mit Arithmetik, Geometrie, Astronomie und Musik) den Titel eines »Master of Art« erlangen konnten. Heute sind in Cambridge rund 18 500 und in Oxford über 21 000 Studenten immatrikuliert.

Die Anlage der Colleges geht auf die Klosterarchitektur zurück und sind deshalb sehr strukturiert: kreuzgangähnlichen Höfe (Courts), großer Speisesaal (Hall) und eine Kapelle (Chapel). Den Eingang zum College bildet meist ein Torhaus. Während der **Examenszeiten** und bei sonstigen wichtigen Anlässen können die Colleges nicht besucht werden.

Peterhouse College Das älteste College in Cambridge, Peterhouse, wurde 1284 von Hugh de Balsam, Bischof von Ely, gegründet und gehört zu den kleinsten.

Saal und Vorratsraum an der Südseite des Old Court sind die ältesten Gebäude aus dem 13. Jahrhundert. Kardinal Beaufort, Chemiker Henry Cavendish, Physiker Lord Kelvin und Dichter Thomas Gray (1716 – 1771) waren hier Studenten.

Little St. Mary (13./14. Jh.) diente über 300 Jahre dem College als Kapelle. Eine Gedenktafel für Godfrey Washington, Priester der Kirche und Mitglied von Peterhouse, trägt das Familienwappen, das zur Grundlage für das Sternenbanner der USA wurde.

Little St. Mary

Pembroke College wurde 1347 von der Gräfin Pembroke gegründet, in späteren Jahrhunderten aber mehrfach umgebaut, so dass vom Ursprungsbau heute eigentlich nichts mehr erhalten ist. Die Kapelle (1663 – 1665) ist das erste Werk von **Christopher Wren**; 1881 wurde sie verlängert nach Plänen von Gilbert Scott. Pembroke College hat viele Bischöfe und Dichter hervorgebracht. Der in Oxford auf dem Scheiterhaufen verbrannte Reformator Nicholas Ridley zählte ebenfalls zu den Absolventen.

Pembroke College

Die mittelalterlichen Gebäude des im 15. Jh. gegründeten Queens' College sind noch fast vollständig erhalten. Ein schöner Torweg mit Zinnenbekrönung führt zum **Old Court** aus rotem Backstein, von dort sind die Halle mit Dekorationen von William Morris, die Bücherei und die ehemalige Kapelle zugänglich. Beim **Cloister Court** (um 1460) befindet sich die **President's Lodge** (1490 – 1495), eine schöne Fachwerk-Bogenhalle. Südlich liegt der **Pump Court** (Brunnenhof) mit dem **Erasmus Tower**. Der kleine Turm grenzt an die Zimmer, die Erasmus von Rotterdam als Professor für Griechisch 1511 – 1514 in Cambridge bewohnte. Nördlich liegen der **Walnut Tree Court** von 1618 und der **Friar's Court** mit dem Erasmus Building von 1961 sowie die Kapelle aus viktorianischer Zeit. Vom Klosterhof führt die 1902 rekonstruierte **Mathematische Holzbrücke** über den Cam zu den Collegegärten. »Mathematisch« weil sie 1749 – anders als heute – ohne Nägel zusammengesetzt wurde.

*Queens' College

Vom Corpus Christi College in der Trumpington Street, 1352 von Bürgern für Bürger gegründet, ist noch der Old Court von 1377 erhalten. Die **Bibliothek** besitzt wertvolle Manuskripte und Inkunabeln, die von Mathew Parker, Rektor des College und später Erzbischof von Canterbury, um 1550 gesammelt wurden. Am Corpus Christi College studierten u. a. die Dramatiker Christopher Marlowe (1564 – 1593) und John Fletcher (1579 – 1625).

Corpus Christi College

King's College wurde als erste der königlichen Gründungen 1441 von Heinrich VI. initiiert. Die 1446 – 1515 in weißem Kalkstein aus Yorkshire erbaute Kapelle ist der prächtigste Bau in Cambridge und ein

*King's College

Musterexemplar spätgotischer Architektur. Die übrigen Collegegebäude stammen aus dem 18. – 20. Jahrhundert. Von King's Bridge hat man einen guten Blick auf die Backs. Zu den bedeutendsten Absolventen des King's College gehören u. a. der Schriftsteller Horace Walpole, der Dichter Rupert Brooke und der Volkswirtschaftler Lord Keynes. Erst 1969 wurde die erste Studentin zugelassen.

Eine architekonische Berühmtheit ist der Innenraum von ****King's College Chapel**, einer 88 m langen, 13,6 m breiten und 24,4 m hohen Saalkirche aus zwölf Teilräumen im Perpendicular Style. Atemberaubende Fächergewölbe von John Wastell (1512 – 1515) und schönes Stabwerk in den Fenstern und an den Wänden sind ausgesprochene Meisterleistungen. Bemerkenswert sind Königswappen der Tudorzeit und die Glasfenster (1515 – 1531; Westfenster 19. Jh.). Das Altargemälde stammt von Rubens: »Die Anbetung der Weisen«.

Berühmt ist der **King's College Choir**: Er ist einer der besten Männerchöre in England und ist z. B. beim täglichen Evensong in der Kapelle zu hören.

Senate House Das Senate House, ein palladianisches Gebäude von James Gibbs (1722 – 1730), wird für Feiern wie die Verleihung akademischer Grade benutzt. Verschiedene andere Gebäude am selben Platz, so die Old Schools (14./15. und 18./19. Jh.), sind Verwaltungsgebäude.

Great St. Mary Great St. Mary's aus dem 15. Jh. ist Pfarr- und Universitätskirche mit prächtiger Innenausstattung. Die Galerien wurden 1739 eingebaut für die Zuhörermengen der Universitätspredigten berühmter Gelehrter. Vom 1608 errichteten Turm hat man einen guten Blick.

*Trinity Hall Trinity Hall an der Trinity Lane, 1350 gegründet, birgt eine im Originalzustand erhaltene **Bibliothek** aus elisabethanischer Zeit. Auch die Ankettung der Bücher ist original.

*Clare College Das benachbarte Clare College wurde 1326 als University Hall und nach Misswirtschaft 1338 erneut von Lady Elizabeth de Clare gegründet. Nach einem Feuer begann man 1638 mit dem Wiederaufbau der Gebäude im **Renaissancestil** – besonders gut zu sehen im First Court. Die schöne Clare Bridge (1640) führt über den Cam zu Fellow's Garden. Der in Oxford auf dem Scheiterhaufen verbrannte Reformator Hugh Latimer und der elisabethanische Dramatiker Robert Greene waren Mitglieder des Clare College.

*Gonville and Caius College Gonville and Caius College in der Trinity Street wurde 1348 gegründet. Nach 1558 wurde es von Dr. John Caius, dem Leibarzt von Edward VI. und Queen Mary, vergrößert. Drei Tore symbolisieren die Laufbahn des Collegestudenten. Das **Gate of Humility** (Tor der Demut) führt von Trinity Street in den Tree Court. Von dort stellt das

Die Bibliothek des Trinity College ist ein Werk von Christopher Wren.

Gate of Virtue (Tor der Tugend, 1567) die Verbindung zum Caius Court her. Das **Gate of Honour** (Tor der Ehre, 1575) führt zum Senatsgebäude, wo die Diplome verliehen werden.

*Trinity College

Trinity College ist aus zwei unter Edward III. erbauten Colleges hervorgegangen: Michaelhouse (1324) und King's Hall (1337). Thomas Nevile, Rektor von 1593 bis 1615, ersetzte das Standbild Edwards III. durch das Heinrichs VIII., der die Vereinigung der beiden Colleges vollzog. Edwards Statue ist jetzt auf dem Uhrenturm neben der Kapelle zu sehen. Eine Statue von Queen Elizabeth I. steht über dem Queen's Gate an der Südseite des Court. Geht man durch das King-Edward-Tor (1418), sieht man noch einen Teil der alten King's Hall-Anlage. Der **Great Court** (102 x 70 m) ist der größte Schulhof in Cambridge (um 1600); der Brunnen versorgte das College früher mit Trinkwasser. Eine Passage führt zum 1614 gebauten Nevile's Court. Die **Bibliothek** wurde 1676 – 1690 nach Plänen von Christopher Wren erbaut. An den alten, eichenen Bücherborden ist die Lindenholz-Schnitzerei bemerkenswert.

Zahlreiche ehemalige Studenten von Trinity College erlangten später Berühmtheit, etwa die Staatsmänner Balfour, Sir Austen Chamberlain, Stanley Baldwin und Nehru, die Dichter George Herbert, Lord Byron, Cowles, Edward Fitzgerald und der Historiker G. M. Trevelyan, der Philosoph Bertrand Russell, die Naturwissenschaftler Galton,

Die Bridge of Sighs führt von St. John's College über den Cam.

Clerk-Maxwell, Thomson, Gowland Hopkins, Rayleigh, Eddington, Ernest Rutherford und Isaac Newton. Edward VII. und George VI. waren ebenfalls im Trinity College eingeschrieben.

Vom New oder King's Court (1823 – 1825) führt eine Brücke über den Cam mit schöner Aussicht auf die Backs. Eine herrliche Lindenallee verläuft zum College-Garten.

*St. John's College
: Das St. John's College, ein ehemaliges Klosterspital in der St. John's Street, wurde 1511 von Lady Margaret Beaufort, der Mutter von Heinrich VII., gegründet. Ein schönes Beispiel der Tudor-Baukunst ist der First Court. Die Kapelle wurde 1836 – 1839 neu errichtet, Kirchengestühl und Denkmäler stammen von einem Vorgängerbau. Der Speisesaal (Hall) von 1519 mit schönem Gebälk und Wandtäfelungen mit zahlreichen Porträts wurde 1826 erweitert. Im Versammlungsraum ist die hervorragende Stuckdecke mit Weinlaubmuster sehenswert. Der Second Court mit seinen Ziegelsteingebäuden wurde 1598 – 1602 erbaut, der Third Court datiert von 1669 – 1671. Nördlich schließt sich die Bibliothek (1623 – 1624) an. Von dort führt die **Bridge of Sighs** (Seufzerbrücke; 1831) über den Cam zu den Collegegärten, die eine »Wilderness«, eine als Labyrinth angelegte Wildnis, einschließen.

Berühmte Mitglieder des St. John's College waren der Dramatiker Ben Jonson (1573 – 1637) und der Lake Poet William Wordsworth (1770 – 1850), der seine Studierräume in klangvollen »Preludes« beschrieben hat.

Holy Sepulchre Church

Die Heiliggrabkirche in der Bridge Street, Round Church genannt, setzt sich aus einem sehr seltenen **normannischen Rundschiff** und einem aus dem 15. Jh. stammenden viereckigen Chor zusammen.

Magdalene College

Magdalene College ist das einzige alte College auf der Westseite des Flusses. Es existierte schon ab 1428 als Klosterschule und wurde 1542 nach der Reformation neu gegründet. Der First Court stellt noch eine schöne Anlage aus dem 15. Jh. dar. Das **Pepys-Gebäude** im zweiten Court beherbergt die Bibliothek, die der hohe Beamte und Schriftsteller Samuel Pepys (1633 – 1703) seinem College vermacht hat. Zu ihrem Bestand gehören mehr als 3000 Bände und wertvolle Handschriften.

*Jesus College

Der Grundstein zum Jesus College an der Jesus Lane wurde 1496 – damals außerhalb der Stadtmauern – gelegt. Teile stammen von dem alten Nonnenkloster St. Radegund, das im frühen 12. Jh. für Benediktinerinnen gegründet worden war. Die Kapelle, früher Klosterkirche, ist größtenteils im **Early English Style** gehalten. Die Glasfenster (19. Jh.) stammen teilweise von Burne-Jones. Berühmte Absolventen des Jesus College waren u. a. Erzbischof Cranmer, Laurence Sterne, der Nationalökonom Thomas Robert Malthus und der Dichter Samuel Taylor Coleridge.

Christ's College

Gründerin des Christ's College in der St. Andrew Street war Lady Margaret Beaufort (1505). Mit der Bestimmung, dass auch externe Studenten zu den Vorlesungen kommen konnten, machte sie einen wichtigen Schritt auf dem Weg zur modernen Universität. Berühmte Mitglieder waren **John Milton**, der Physiker Charles Galton Darwin und der Naturforscher Charles Robert Darwin.

Emmanuel College

Das 1584 gegründete Emmanuel College befindet sich in einem früheren Dominikanerkloster. Ein Fenster in der Kapelle erinnert an John Harvard, Mitglied des College und Gründer der Harvard-Universität im US-Bundesstaat Massachusetts.

Das bedeutendste Museum von Cambridge ist das ***Fitzwilliam Museum**. Die ursprüngliche Kollektion wurde der Universität vom 7. Viscount Fitzwilliam (1816) vermacht. Im Museum sind umfangreiche **ägyptische**, **griechische** und **römische Sammlungen** zu sehen, außerdem illustrierte Handschriften, englisches Steingut und Porzellan. Hervorragend ist die **Gemälde-**

> **BAEDEKER TIPP**
>
> ### Kahnpartie auf dem River Cam
>
> Wer vom vielen Besichtigen müde ist, lässt sich entweder von einem Studenten durch Cambridge rudern oder mietet selbst einen flachen Kahn, einen »punt«, und bewegt sich mittels Staken durchs Wasser. Die Collegegärten ziehen sich bis hinunter an den Fluss.

ZIELE • Cambridge

galerie mit Werken von Hogarth, Gainsborough, Turner, vielen Impressionisten und niederländischen Barockmeistern (Rembrandt, van Dyck, Rubens, Hals).

● Di.–Sa. 10.00–17.00, So. ab 12.00 Uhr; Eintritt frei; www.fitzmuseum.cam.ac.uk

University Library Besichtigen kann man auch die University Library, ein moderner Bau von Sir Giles Scott, 1934 fertiggestellt mit einem Bestand von mehr als 1,5 Mio. Büchern.

Scott Polar Research Institute Im Scott Polar Research Institute sind zahlreiche Andenken von Expeditionen, Briefe, Tagebücher und Fotos von Kapitän Scotts Fahrt zum Südpol aufbewahrt.

● Di.–Sa. 10.00–16.00 Uhr; Eintritt frei; www.spri.cam.ac.uk/museum

UMGEBUNG VON CAMBRIDGE

Bury St. Edmunds Abbey Die Abtei in Bury St. Edmunds 43 km nordöstlich lieferte im Mittelalter berühmte illustrierte Handschriften, u. a. die »Bury Bible«, die heute im Corpus Christi College in Cambridge aufbewahrt wird. Die im 12. Jh. von einem jüdischen Kaufmann gebaute **Moyses Hall** gilt als das älteste Wohnhaus East Anglias. Die Church of St. Mary birgt das Grab von Mary Tudor, der Schwester Heinrichs VIII.

Knapp 6 km südwestlich vom Stadtzentrum ist im **Ickworth House** (1794–1829) eine gute Kunstsammlung mit Stilmöbeln und einer kostbaren Silberkollektion zu sehen. Die herrlichen Parkanlagen hat der berühmte Grtenarchiutekt Capability Brown entworfen.

Ickworth House: Rotunda Sommer Fr.–Di. 11.00–17.00, Winter Sa., So. bis 15.00, Gärten tgl. 8.00–17.00 Uhr; Eintritt 10,40 £

> **! BAEDEKER TIPP**
>
> *National Horseracing Museum*
>
> Für Fans des Pferdesports empfiehlt sich Newmarket 16 km nordöstlich. Das National Horseracing Museum zeigt Exponate zur Geschichte des Pferderennens, darunter Gemälde berühmter Pferde und Jockeys, altes Sattelzeug und Trophäen. Lohnenswert ist auch eine Besichtigung der umliegenden Stallungen (99 High St.; März–Sept. Mo.–Sa. 10.00–17.00, So. bis 16.00, Okt.–Feb. Di.–Sa. 10.00–16.00 Uhr; Eintritt 6,50 £; www.nhrm.co.uk).

In **Huntingdon**, einer gemütlichen Stadt an der Ouse ca. 30 km nordwestlich, wurde 1599 Oliver Cromwell geboren. In der Kirche All Saints wird das Geburtsregister aufbewahrt, in dem seine Geburt und Taufe vermerkt sind. Er wurde im alten Schulhaus erzogen, dessen normannische Front noch erhalten ist. Heute ist es als **Cromwell Museum** eingerichtet, Porträts und Erinnerungsstücke der Familie Cromwell sind ausgestellt.

Ein Benediktinerkloster aus dem 11. Jh. etwa 1,6 km entfernt fiel nach der Enteignung an die Cromwells, die es unter Einbeziehung von Teilen der Kirche und des Kapitelhauses 1560 zum **Hinchingbrooke House** umbaute. 1644 wurde es an die Familie Montagu verkauft. Edward Montagu legte herrliche Terrassengärten an.
Cromwell Museum: Sommer Di. – So. 10.30 – 12.30, 13.30 – 16.00, Winter Di. – So. 13.30 – 16.00 Uhr; Eintritt frei; www.cambridgeshire.gov.uk
Hinchingbrooke House: Juni – Aug. So. 14.00 – 17.00 Uhr; Eintritt 4 £; www.hinchhouse.org.uk

Eines der weltgrößten Luftfahrtmuseen liegt ca. 16 km südlich von Cambridge. Der Flugplatz von Duxford spielte während der beiden Weltkriege eine wichtige Rolle für die Einsätze der britischen und der US-amerikanischen Luftwaffe. Neben zahlreichen Kampfflugzeugen kann man hier auch eine »Concorde« besichtigen. Im Hangar 1 zeigt die Ausstellung »AirSpace« die Entwicklung der Luftfahrt.
❶ Mitte März – Okt. tgl. 10.00 – 18.00, Nov. – Mitte März tgl. bis 16.00 Uhr; Eintritt frei; www.iwm.org.uk

**Duxford Imperial War Museum

** Canterbury

U 18

Landesteil: Südengland
Höhe: 59 ft/18 m ü. d. M.
Grafschaft: Kent
Einwohnerzahl: 151 000

Die malerisch am River Stour gelegene Stadt wird in erster Linie wegen ihrer Kathedrale besucht. Canterbury gilt als Wiege des Christentums in England, weil hier die Christianisierung Englands im 6. Jh. ihren Ausgang nahm.

Canterbury ist das geistliche Zentrum der anglikanischen Kirche. Über Jahrhunderte war es Wallfahrtsort von Pilgern, die das Grab von Thomas Becket aufsuchten, der 1170 im Dom von Canterbury ermordet und wenig später heilig gesprochen wurde. Das Pilgerwesen brachte einen enormen, lang anhaltenden kulturellen und wirtschaftlichen Aufschwung für Canterbury mit sich.

Die Sachsen nannten die Stadt Cantwaraburg – die Stadt des Volks von Kent. Mit der Bekehrung der Sachsen durch den heiligen Augustinus begann die Kirchengeschichte auch die Geschichte der Stadt Canterbury zu prägen. Als Heinrich II. (1154 – 1189) seinem Jugendfreund **Thomas Becket** 1162 das frei gewordene Amt des Erzbischofs von Canterbury aufdrängte, machte Becket sich die Interessen der Kirche gegen den König zu Eigen. Nach der Rückkehr aus französischem Asyl

Geschichte

Canterbury erleben

AUSKUNFT
Canterbury Heritage Museum
Stour St., Canterbury CT1 2NR
Tel. 01227 37 81 00
www.canterbury.co.uk

ESSEN
Alberry's ●●
St Margaret's St.
Tel. 01227 45 23 78, www.alberrys.co.uk
So. geschl.
Lebendige und sehr angenehme Weinstube, in der man große und kleine Speisen bekommt.

Pinocchio's ●●
64 Castle St., Tel. 01227 45 75 38
www.pinocchioscanterbury.com
Modernes italienisches Restaurant, das neben Pizza und Pasta auch leckere Fleisch- und Fischgerichte anbietet.

ÜBERNACHTEN
Ebury Hotel ●●●
65–67 New Dover Rd.
Tel. 01227 76 84 33
www.ebury-hotel.co.uk
Das kinderfreundliche Hotel mit einem kleinen Schwimmbad liegt in einer hübschen Gartenanlage in der Nähe der Altstadt. Es gibt einen geräumigen Aufenthaltsraum und 15 schöne Zimmer; zum Hotel gehört ein Restaurant mit internationaler Küche.

The White House ●●●
6 St Peter's Lane
Tel. 01227 76 18 36
www.whitehousecanterbury.co.uk
In einer ruhigen Straße zentral innerhalb der Stadtmauern liegt dieses empfehlenswerte B & B mit neun modern ausgestatteten Zimmern.

---

wurde er 1170 von Rittern des Königs in seiner Kirche im nordwestlichen Querschiff erschlagen. Dem Märtyrerblut wurde wundertätige Kraft zugesprochen, und über Jahrhunderte zogen von nun an Scharen von Pilgern nach Canterbury.

Inspiriert von den Pilgerströmen schrieb Geoffrey Chaucer im 14. Jh. seine »Canterbury Tales«, die von Pilgern und Wallfahrten nach Canterbury erzählen und als Höhepunkt der frühenglischen Literatur gelten. Die Reformation setzte der Becket-Verehrung dann ein jähes Ende. Auf Befehl Heinrichs VIII. wurde Thomas Becket posthum der Prozess gemacht. Er wurde des Hochverrats für schuldig befunden, sein Schrein zerstört, seine sterbliche Hülle in den Fluss geworfen und jede Erinnerung an ihn ausgelöscht. Dennoch blieb das Interesse an dem widerspenstigen Kirchenmann bis heute ungebrochen.

** KATHEDRALE

Baugeschichte Man sollte die Kathedrale einmal außen der Länge nach abschreiten, um eine Vorstellung von ihrer Ausdehnung zu erhalten, die im labyrinthischen Inneren leicht verloren geht. Dabei erkennt man verschiedene Bauphasen und ihre stilistischen Eigenheiten wie normannische Apsiden und Kreuzbögen oder reiches Maß- und Strebewerk der Spätgotik am Langhaus und am Vierungsturm. Die heutige Kathedrale spiegelt die architektonische Entwicklung von vier Jahrhunderten wider. Auf den Ruinen der 1067 abgebrannten angelsächsischen Bischofskirche ließ der erste normannische Erzbischof Lanfranc (1070–1077) eine Kathedrale nach dem Vorbild seiner heimatlichen Abtei St. Etienne in Caen errichten. Schon wenig später begann man mit der Vergrößerung des Chors. 1130 wurde der Chor geweiht, ging aber 1174 in Flammen auf. Der Wiederaufbau erfolgte unter Federführung des Baumeisters William of Sens, der in der dreiteiligen, hochstrebenden Wandgliederung mit Spitzbögen den frühgotischen Baustil aus Frankreich zum ersten Mal in England einführte und zugleich mit der **doppelten Querschiffanlage** ein Charakteristikum der englischen Kathedralgotik schuf. Nach einem Unfall des französischen William übernahm 1178 William the Englishman die Bauleitung, unter dem der heutige Chor 1184 fertiggestellt werden konnte. Ende des 14. Jh.s wurde das normannische Langhaus abgebrochen und bis 1405 im **hochgotischen Stil** neu errichtet. Die Westfassade erhielt 1434 ihren Südturm, der Lanfrancsche Nordturm wurde indessen erst 1832 durch eine Kopie des Südturms ersetzt. Um 1502 wurde schließlich der spätgotische Vierungsturm quasi als eine Höhendominante in die lang gestreckten Baumassen der Christuskathedrale eingefügt.

❶ Sommer: Mo.–Sa. 9.00–17.30, So. 12.30–14.30, Winter bis 17.00, So. 12.30–14.30 Uhr; Eintritt 9,50 £; www.canterbury-cathedral.org

Man betritt den Kathedralbezirk durch das Christ Church Gate, ein herrlich ornamentiertes Torhaus mit königlichen Wappen und barockem Eichenportal, und steht vor der zweitürmigen Fassade an dem hochgotischen Langhaus. ***Christ Church Gate**

Das Innere der Kathedrale ist ein hohes lichtes Langhaus mit Bündelpfeilern, gotischen Maßwerkfenstern und kunstvoll verzierten Rippengewölben. In der Westwand ist das Maßwerkfenster mit zusammengefügten Glasmalereien des 15. Jh.s beachtenswert. Am Taufbecken (1639) vorbei geht es zum **Lettner** (1411–1430) mit hervorragenden Steinmetzarbeiten, u. a. sechs Herrscherfiguren. ****Innenraum**

Links vom Lettner, im nordwestlichen Querschiff, befindet sich das **Martyrdom**, wo Thomas Becket am 29. Dezember 1170 ermordet wurde. Bemerkenswert sind die Glasfenster (1482) an der Querhauswand, die Edward IV. und seine Familie im Gebet zeigen.

Der **Chor** von 1184 ist einer der längsten Kathedralchöre in ganz England. Er zeigt die vornehme Nüchternheit des frühgotischen Stils, der hier erstmals in England seinen Niederschlag fand. Der Inthronisierungsstuhl ist aus dem frühen 13. Jh. erhalten.

Canterbury Cathedral

** Meisterwerk der Gotik

Am 29. Dezember 1170 wurde der Erzbischof von Canterbury, Thomas Becket, auf Anordnung von Heinrich II. von königlichen Rittern in der Kathedrale erschlagen. Dem Märtyrerblut wurden Wunderkräfte zugesprochen und der Schrein Thomas Beckets wurde zum Pilgerziel.

❶ Südwestportal
Das Südwestportal ist heute das Eingangsportal.

❷ Langhaus
Das Hauptschiff ist eines der längsten mittelalterlichen Kirchenschiffe Europas.

❸ Lettner
Am Lettner sind Englands Könige in Stein verewigt.

❹ Bell Harry Tower
Vierungsturm: Das Fächergewölbe ist in reinstem Perpendicular Style gebaut.

❺ Martyrdom
An dieser Stelle wurde Thomas Becket ermordet. Ein Altar erinnert an das Geschehen.

❻ Trinity Chapel
Die Kapelle wurde für Beckets Grab gebaut. Der Schrein, der von 1220 bis zu seiner Zerstörung 1538 hier stand, war Ziel ungezählter Pilger.

❼ Grabmal des Schwarzen Prinzen
Das Grabmal von Prinz Edward zeigt den ältesten Sohn von Edward III. in voller Rüstung.

Canterbury Cathedral

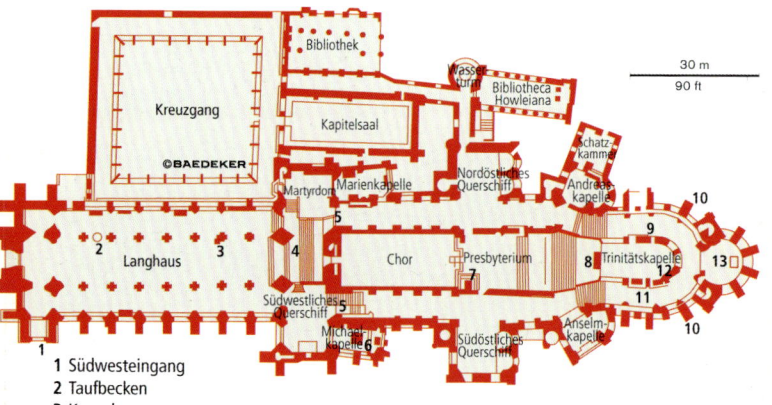

1 Südwesteingang
2 Taufbecken
3 Kanzel
4 Lettner
5 Zugang zur Krypta
6 Grabmal von Lady Margaret Holland, Earl of Somerset, Duke of Clarence
7 Erzbischofsthron
8 Thron des hl. Augustinus aus Purbeck-Marmor
9 Inthronisierungsstuhl Grabmal von Heinrich IV.
10 Wunderfenster
11 Standort des Becket-Schreins von 1220 bis 1538
12 Grabmal des Schwarzen Prinzen
13 Corona (Thomas Beckets Krone)

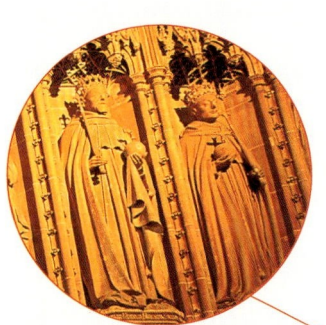

Am Vierungsturm am Langhaus sind kunstvolles Maß- und Strebewerk der Spätgotik zu erkennen.

Die Figuren am Lettner sind hervorragende Steinmetzarbeiten aus dem frühen 15. Jahrhundert. Dargestellt sind sechs englische Könige – hier ganz rechts Heinrich IV. und Heinrich VI.

Die beiden Türme, die über der Westfassade in die Höhe ragen, entstanden zu völlig verschiedenen Zeiten: der linke im 15. Jh., der rechte als Kopie erst 1832.

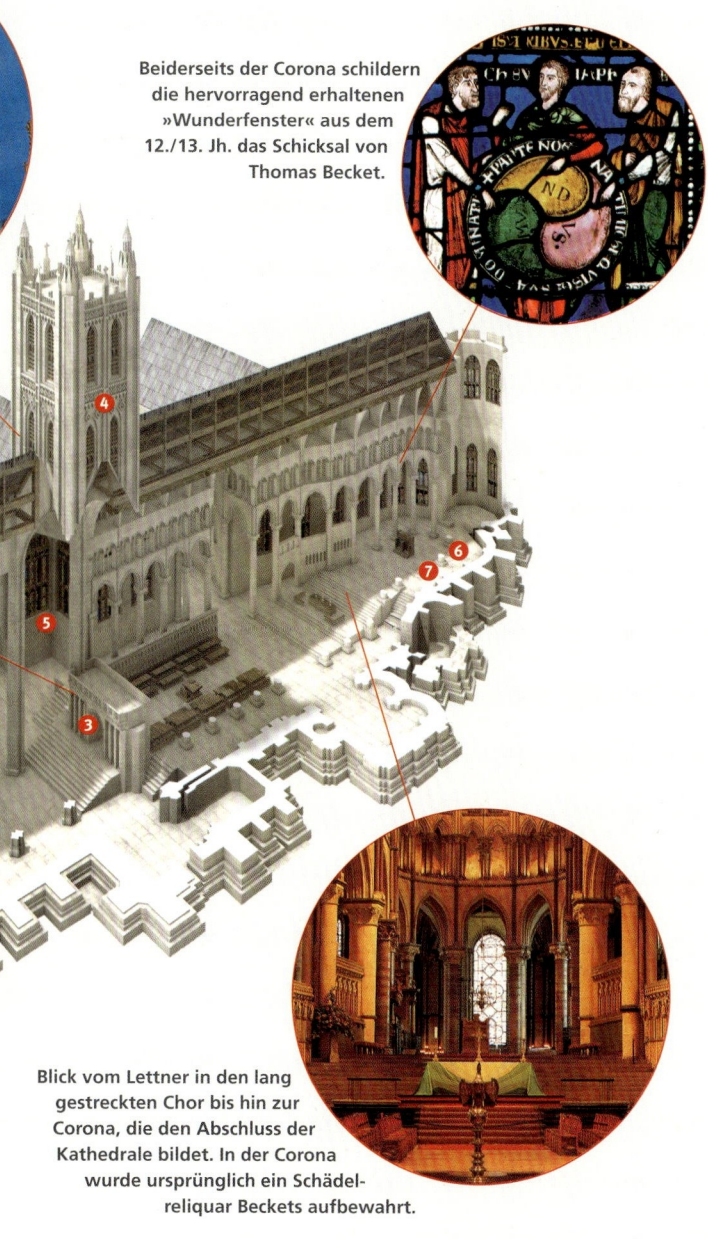

Beiderseits der Corona schildern die hervorragend erhaltenen »Wunderfenster« aus dem 12./13. Jh. das Schicksal von Thomas Becket.

Blick vom Lettner in den lang gestreckten Chor bis hin zur Corona, die den Abschluss der Kathedrale bildet. In der Corona wurde ursprünglich ein Schädelreliquar Beckets aufbewahrt.

Im **Chorumgang** sind noch romanische Wandpartien erhalten, aus verschiedenen Teilen zusammengesetzte mittelalterliche Glasfenster sowie ein verblichenes Fresko mit der Legende des hl. Eustachius (15. Jh.), der spärliche Rest von einst zahlreichen Wandmalereien. Gegenüber dem nordöstlichen Querschiff sieht man das prächtige Grabmal (1425) des Erzbischofs Henry Chichele, der in Amtstracht dargestellt ist; darunter symbolisiert ein unbekleideter Leichnam die Vergänglichkeit alles Irdischen.

Die **Trinitätskapelle** wurde für das Grab von Thomas Becket gebaut, mehr als 300 Jahre lang war sie Ziel zahlloser Wallfahrer. Von 1220 bis zu seiner Zerstörung 1538 stand der Goldschrein unter einer Schutzhaube, die ein- oder zweimal am Tag mittels Flaschenzug hochgehievt wurde, um die edelsteinfunkelnde Hülle mit den sterblichen Überresten Beckets den Blicken der Pilger preiszugeben. Im nördlichen Kapellenumgang befindet sich das Alabaster-Grabmal Heinrichs IV. und seiner Frau Johanna von Navarra.

In der **Corona**, dem krönenden Abschluss der Kathedrale, befand sich ursprünglich ein Schädelreliquiar von Thomas Becket.

Die **Chorfenster** rechts und links der Corona sind mit herrlichen Glasmalereien des späten 12. und 13. Jh.s geschmückt, die als »Wunderfenster« vom Leben und Werk des hl. Becket erzählen.

Im südlichen Umgang der Trinitätskapelle befindet sich das **Grab von Edward, dem Schwarzen Prinzen**. Der älteste Sohn Edwards III. war ein fanatischer Kämpfer im Hundertjährigen Krieg. 1376 starb er im Alter von 46 Jahren nach einem ritterlichen Leben, das in seinem Messingabbild und in seinen Insignien (Schild und Panzerhandschuhe) der Nachwelt überliefert ist.

Von Pilgerknien abgenutzte Stufen führen in die **Anselmkapelle**, die dem einstigen Erzbischof Anselm von Canterbury (1033 – 1109) geweiht wurde. Das Fresko an der Apsiswand mit Paulus und der Schlange ist ein bedeutendes Zeugnis romanischer Wandmalerei.

Die große normannische **Krypta** ist der älteste Teil der Kathedrale. Neben Spuren romanischer Wandmalereien beeindrucken die vielfältigen Darstellungen von Tieren, Pflanzenornamenten und Dämonen an den romanischen Kapitellen (vor 1130). Sie zeigen Einflüsse aus der Lombardei, aus Byzanz und dem islamischen Osten.

In dem 1397 – 1411 gebauten **Kreuzgang** sind vor allem die schönen bemalten Schlusssteine im Gewölbe sehenswert – Wappen und Köpfe sind zu erkennen.

Im **Kapitelsaal** wurden 1935 T. S. Eliots »Mord im Dom« uraufgeführt und 1986 der Vertrag zum Bau des ▶Eurotunnels von Margaret Thatcher und François Mitterand unterzeichnet.

King's School

Die King's School nördlich der Kathedrale wurde von Heinrich VIII. gegründet, fußt aber auf Lehrstätten aus viel früherer Zeit, denn schon um 600 war Canterbury ein Bildungszentrum der angelsächsischen Kultur. Zu den Schülern zählten der in Canterbury geborene Dramatiker Christopher Marlowe (1564 – 1593), William Harvey (1578 – 1657), der als Erster den Blutkreislauf erforschte, und William Somerset Maugham (1874 – 1965), der in seinem Roman »Of Human Bondage« eine Schilderung des Schullebens gibt.

Das St. Augustine's College in der Nähe der Kathedrale außerhalb der Stadtmauern birgt Überreste der Abtei, die der hl. Augustinus 604 gründete. Die Grundmauer der Abbey Church sowie die **Gräber des hl. Augustinus**, des Königs Ethelbert und seiner Gemahlin Bertha wurden freigelegt, ebenso die Überreste der frühen sächsischen Kirche St. Pancras, die mit römischen Ziegeln gebaut wurde.

St. Augustine's Abbey and College

* ALTSTADT

Von der Kathedrale aus kommt man durch das Christ Church Gate in die enge, betriebsame **Mercery Lane**, in der noch ein geschlossenes Ensemble von Fachwerkbauten erhalten ist. Von der Mercery Lane zweigt rechts die High Street ab, in der **Queen Elizabeth's**

*Fachwerkbauten

In Canterbury sind noch wunderschöne Fachwerkbauten erhalten.

ZIELE • Canterbury

Guest Chamber mit hübschen Stuckarbeiten beachtenswert ist, gegenüber liegt das Gasthaus Chequers of Hope, das Chaucer in den »Canterbury Tales« erwähnt. In Richtung West Gate passiert man das im 12. Jh. gegründete Eastbridge Hospital und dann die Brücke über den Stour. Von der Brücke aus hat man einen schönen Blick auf die malerischen Weberhäuser, **The Weavers**, die eingewanderte Hugenotten in der zweiten Hälfte des 16. Jh.s bewohnt haben. Schließlich kommt man zum West Gate mit seinen Ecktürmen, Fallgatter und Zugbrücke. In dem imposanten Stadttor ist heute das **Westgate Towers Museum** untergebracht.

Westgate Towers Museum: St Peter's St.; tgl. 10.00–16.30 Uhr; Eintritt 4 £; www.canterburywestgatetowers.com

> **BAEDEKER TIPP !**
>
> *Canterbury Tales*
>
> Die Ausstellung »Canterbury Tales« in der St. Margaret's Church entführt ihre Besucher ins England des 14. Jh.s. Dabei begleitet man die Protagonisten von Geoffrey Chaucers berühmter Erzählung auf einer Pilgerfahrt von London zum Grabmal von St. Thomas Becket und taucht dabei tief in das mittelalterliche Leben und die faszinierende Vergangenheit der Stadt Canterbury ein (www.canterburytales.org.uk).

Canterbury Roman Museum
Der römischen Vergangenheit der Stadt widmet sich dieses kleine Museum mit seiner Sammlung an Glasflakons, Schmuckstücken und Mosaiken. Sehr anschaulich ist auch die Nachbildung der römischen Siedlung, die einst die Geburtszelle der jetzigen Stadt war.

❶ Longmarket, Butchery Lane; April–Dez. tgl. 10.00–17.00 Uhr; Eintritt 6 £; www.canterbury-museums.co.uk

Castle
Von der normannischen Burg (11. Jh.) am Altstadtrand sind nur Ruinen erhalten. Reste der alten Stadtmauer gehören heute zu einem Park.

*St. Martin
St. Martin, außerhalb des Stadtzentrums gelegen, gilt als eine der ältesten Kirchengründungen in England, wahrscheinlich wurde die Kirche unter Königin Bertha erbaut. Im Inneren befindet sich noch ein **normannisches Taufbecken**.

UMGEBUNG VON CANTERBURY

Wickhambreux
Inmitten von Obstplantagen liegt das hübsche Dorf Wickhambreux 6,5 km östlich mit der Kirche **St. Mary** (spätes 14. Jh.), in der schöne Jugendstil-Glasmalereien zu sehen sind. Im **Howletts Wild Animal Park** 4 km weiter südlich leben Wölfe, Tiger und Elefanten.

Howletts Wild Animal Park: April–Okt. tgl. 9.30–18.00, Nov.–März bis 17.00 Uhr; Eintritt 19,95 £; www.aspinallfoundation.org/howletts

Canterbury • ZIELE

St. Nicholas in Barfreston 11 km südöstlich ist ein Kleinod normannischer Kirchenbaukunst. Das Südportal zeigt im Tympanon Christus in der Mandorla, umgeben von Rankenwerk mit Engels-, Menschen- und Tierfiguren. Die Archivolten sind geschmückt mit Medaillons, die musizierende Tiere und Menschen bei jahreszeitlichen Arbeiten zeigen. Eindrucksvoll ist auch das Radfenster am Ostgiebel mit Tierköpfen sowie das umlaufende Dachgesims mit Gesichtern von Dämonen, die böse Geister abwehren sollen.
ⓘ www.barfreston.org.uk

Barfreston

In dem hübschen Dorf Chilham 9 km südwestlich von Canterbury gibt es einen malerischen, von Fachwerkhäusern gesäumten Dorfplatz. Der Landschaftsgarten von **Chilham Castle** wurde von Capability Brown angelegt. Er ist nur zu speziellen Events zugänglich.
ⓘ www.chilham-castle.co.uk

Chilham

Auf der Halbinsel Isle of Thanet östlich von Canterbury liegt Margate, ein vor allem von Londonern besuchtes **Seebad** mit meilenweitem Strand. Sehenswert sind die großen Crescents aus dem 19. Jh. und eine Reihe von Herrenhäusern in der King Street und in der Hawley Street.
Im Kunstzentrum **Turner Contemporary** sind Werke von zeitgenössischen Künstlern zu sehen, die sich von J. M. W. Turner inspirieren ließen, der einige Zeit in Margate lebte.
Turner Contemporary: Di. – So. 10.00 – 18.00 Uhr; Eintritt frei; www.turnercontemporary.org

Margate

Im **Bleak House** in Broadstairs 30 km östlich verfasste Charles Dickens einen Teil seiner Werke, u. a. 1850 auch den Roman »David Copperfield«. Das Haus ist heute als Museum eingerichtet, zudem gibt es alljährlich im Juni ein Dickens-Festival.
ⓘ 2 Victoria Parade; tgl. 13.00 – 17.00 Uhr; Eintritt frei; www.dickensmuseumbroadstairs.org.uk

*Dickens Museum Broadstairs

Whitstable (29 000 Einw.) hat bei Feinschmeckern einen guten Ruf, weil von dort hervorragende Austern kommen. Nachweislich gibt es die Austernbänke schon seit 2000 Jahren. Die Eisenbahnlinie von hier nach Canterbury war die erste, die Personen beförderte.

Whitstable

Die Isle of Sheppey ist durch eine Brücke mit dem Festland verbunden. In **Sheerness** lebte der deutsche Schriftsteller Uwe Johnson von 1974 bis zu seinem Tod 1984. In **Minster** birgt die 673 gegründete Abteikirche St. Mary and St. Sexburga (13. – 15. Jh.) sehenswerte Grabdenkmäler.
St. Mary and St. Sexburga: tagsüber geöffnet, sonst unter Tel. 01795 87 92 00 anfragen; www.minsterabbey.org.uk

Isle of Sheppey

★ Cardiff · Caerdydd

✦ 17/18

Landesteil: Wales/Cymru
Höhe: 49 ft/15 m ü. d. M.
Grafschaft: South Glamorgan   **Einwohnerzahl:** 341 100

Vor 1956 hatte Wales keine eigene Hauptstadt, dann ernannte man Cardiff/Caerdydd zur Kapitale. Die Großstadt liegt in Südwales am weiten Mündungstrichter des Severn.

Geschichte | Die wirtschaftliche Blüte begann 1794 mit dem Bau eines Kanals zum Kohlerevier von Myrthyr Tydfil. Ab 1839 wurde der Hafen für das Verschiffen der Waliser Kohle ausgebaut, und Cardiff entwickelte sich zum weltweit größten Exporthafen für Kohle und Eisen. Noch im Jahr 1801 zählte die Stadt nur rund 1000 Einwohner, 1901 waren es bereits über 160 000. Entsprechend hatte der Niedergang der Kohle- und Stahlindustrie verheerende Auswirkungen für die Stadt. Inzwischen haben sich neue Branchen, vor allem aus dem Dienstleistungsbereich, angesiedelt. Umfangreiche Regenerierungsarbeiten der brachliegenden Docks wurden vorgenommen – das Ergebnis ist eine völlig transformierte Bucht mit innovativen Gebäuden.

SEHENSWERTES IN CARDIFF

Civic Centre | Das eindrucksvolle Civic Centre war das erste seiner Art in Großbritannien. Zu ihm gehört der neobarocke Bau der **City Hall** (1904) mit Glockenturm und einer Kuppel, die vom walisischen Drachen gekrönt wird.

*National Museum Cardiff | 1907 wurde das Walisische Nationalmuseum gegründet, um »die Welt über Wales zu informieren und die Waliser über ihr Vaterland«. Zu sehen sind archäologische Sammlungen, frühchristliche Monumente, Exponate zur Entwicklung von Handwerk und Industrie. Die Gemäldegalerie gibt einen guten Überblick über die Werke walisischer (Richard Wilson, Thomas Jones, Augustus John) und englischer Künstler (John Constable, J.M.W. Turner, Thomas Gainsborough), zeigt aber auch Meisterwerke anderer Nationen. Besonders umfangreich und schön ist die Sammlung französischer Impressionisten, die zu Beginn des 20. Jh.s von den Davies-Schwestern, Töchtern einer reichen Industriellenfamilie, angelegt wurde.
 ❶ Di. – So. 10.00 – 17.00 Uhr; Eintritt frei; www.museumwales.ac.uk

Castle | Die Burg steht ungefähr dort, wo sich einst ein römisches Kastell befand, von dem noch Teile der Mauern, die Bastionen (4. Jh.) und das

Cardiff · Caerdydd • ZIELE

Cardiff erleben

AUSKUNFT
Cardiff Visitor Centre
The Old Library, The Hayes
Tel. 02920873573
www.german.visitcardiff.com

AN- UND ABREISE
Flugzeug
Der Flughafen (www.tbicardiffairport.com) liegt 19 km südwestlich vom Stadtzentrum; es gibt einen Bustransfer ins Zentrum.

Bahn
Zugverbindungen bestehen von der Central Station nach London und Birmingham via Bristol.

ESSEN
Wood's Brasserie ❸❸
Stuart St., Tel. 02920492400
http://knifeandforkfood.co.uk/woods
Modernes Restaurant in der Cardiff-Bay, das immer gut besucht ist.

The Corner House ❸❸
Caroline St.
Tel. 02920228628
www.cornerhousecardiff.co.uk
Mo. geschl.
Neu eröffnetes Restaurant, das modernerer britischer Küche einen italienischen Touch verleiht.

ÜBERNACHTEN
The Big Sleep ❸❸
Bute Terrac
Tel. 02920636363
www.thebigsleephotel.com
Zentral gelegenes Designerhotel (interessantes Farbkonzept!) mit 81 Zimmern, freundlichem Service, gutem Frühstück und dazu auch noch kostenlosen Parkplätzen.

The Town House ❸❸
70 Cathedral Rd.
Tel. 02920239399
www.thetownhousecardiff.co.uk
Viktorianischen Charme versprüht dieses frisch renovierte und geschmackvoll eingerichtete Gästehaus unweit der Burg von Cardiff.

EINKAUFEN
Cardiff bietet sehr gute Einkaufsmöglichkeiten. Die Queen Street ist die wohl lebhafteste Fußgängerzone in ganz Wales. In den Straßen Mill Lane und The Hayes reihen sich zahlreiche Geschäfte aneinander, dazwischen gibt es viele kleinere Cafés, Pubs und Restaurants. Ein einzigartiges Einkaufserlebnis bietet zudem der Cardiff Market, der in einer eindrucksvollen Halle mit riesigem Glasdach aus viktorianischer Zeit untergebracht ist.

nördliche Tor erhalten sind. Eigentlich handelt es sich um drei Kastelle in einem, da 1090 ein neues Castle auf einem aufgeschichteten Hügel errichtet wurde. 1868 wurde dann eine weitere Burg für den 3. Marquis von Bute im historisierenden Stil errichtet. Die Räume dienen heute als Bibliothek, als militärgeschichtliches Museum und zu Repräsentationszwecken.

❶ März – Okt. tgl. 9.00 – 18.00, Nov. – Feb. tgl. bis 17.00 Uhr; Eintritt 11 £; www.cardiffcastle.com

ZIELE • Cardiff · Caerdydd

Llandaff Cathedral

Die außerhalb des Stadtzentrums gelegene Llandaff Cathedral geht auf eine Gründung im 12. Jh. zurück. Der heutige Bau ist ein Wiederaufbau aus der Zeit nach dem Zweiten Weltkrieg. Beachtenswert sind ein keltisches Kreuz beim Kapitelhaus, das Rosetti-Triptychon in der Illyd-Kapelle und zwei Glasfenster von William Morris im nördlichen Seitenschiff.

⏰ Mo., Fr. 9.00 – 18.30, Di. – Do., Sa. bis 19.00, So. 7.00 – 19.00 Uhr; www.llandaffcathedral.org.uk

*Cardiff Bay

Das frühere Hafenviertel von Cardiff wurde 1999, nachdem ihm zunächst der Verfall drohte, zum **größten Entwicklungsprojekt Europas**. Auf einer ca. 1100 ha großen, nicht mehr benötigten Hafenfläche entstanden Büros, Wohnhäuser, Restaurants, Bars und Geschäfte. Durch einen 800 m langen Staudamm wird der innere Tidenhub von 14 m ausgeglichen. Heute gehört Cardiff Bay, das nur 1,5 km vom Stadtzentrum entfernt liegt, zum beliebtesten Ausflugsziel bei Besuchern wie Einheimischen.

Im **Cardiff Bay Visitor Centre** im Millenium Centre erhält man umfangreiches Infomaterial zur Cardiff Bay und zu anderen Sehenswürdigkeiten in Cardiff und Umgebung. Im **Millenium Centre** ist auch die walisische Nationaloper untergebracht und es werden Broadway-Musicals aufgeführt. Die Geschichte der alten Docks ist im **Butetown History and Arts Centre** dokumentiert.

Für das walisische Parlament (Welsh Assembly) konzipierte Richard Rogers einen neuen Glaspalast. Die Aufgaben der Welsh Assembly werden in dem 1896 erbauten Ziegelsteingebäude **Pierhead Building** in einer multimedialen Ausstellung erläutert.

Besonders – aber nicht nur – interessant für Kinder ist das **Techniquest**, ein Museum in der Nähe von Mermaid Quay. In dem modernen Bau aus Glas und Stahl kann man Naturwissenschaften und Technik hautnah erkunden.

Cardiff Bay Visitor Centre: Wales Millennium Centre, Bute Place, Tel. 02920877927; tgl. 10.00 – 18.00 Uhr; www.cardiffbay.co.uk
Butetown History and Arts Centre: 4 Dock Chambers, Bute St.; Di. – Fr. 10.00 – 17.00, Sa., So. 11.00 – 16.30 Uhr; Eintritt frei; www.bhac.org
Pierhead Building: Mo. – Sa. 10.30 – 16.30 Uhr; www.pierhead.org
Techniquest: Stuart St., Di. – Fr. 9.30 – 16.30, Sa., So. 10.00 – 17.00, in den Schulferien tgl. 10.00 – 17.00 Uhr; Eintritt 7 £; www.techniquest.org

**St. Fagans: National History Museum

Das National History Museum liegt 6,5 km westlich in St. Fagans inmitten schöner Parkanlagen. Verschiedene Beispiele regionaltypischer Architektur wurden hier zusammengetragen und unter freiem Himmel wieder errichtet. Das Museum gibt mit Werkstätten, Hauseinrichtungen, Gartenanlagen, Mode und vielem mehr Einblicke in vergangene Zeiten (▶S. 127).

⏰ tgl. 10.00 – 17.00 Uhr; Eintritt frei; www.museumwales.ac.uk

UMGEBUNG VON CARDIFF

In der kleinen Industriestadt Caerphilly rund 12 km nördlich von Cardiff lohnt sich eine Besichtigung der Burg. **Caerphilly Castle** wurde im 13. Jh. errichtet, um die englische Königsherrschaft gegen die Gefahr, die vom Prince of Wales drohte, zu verteidigen. Die Burganlage weist das raffinierteste Verteidigungssystem aller britischen Burganlagen auf. Es wurde mehrfach erweitert und bietet heute mit seinen beiden Zugbrücken, den Ecktürmen, gewaltigen Mauern, mehreren Rundtürmen und Gräben ein ausgesprochen imposantes Bild. Von außen also immer noch recht stattlich, besitzt Caerphilly Castle heute aber so gut wie keine Innenausstattung mehr.

❶ März – Juni, Sept., Okt. tgl. 9.30 – 17.00, Juli, Aug. bis 18.00, Nov. – Feb. Mo. – Sa. 10.00 – 16.00, Sa., So. ab 11.00 Uhr; Eintritt 4 £; www.visitcaerphilly.com

Caerphilly Castle

1 Draw Bridge (Zugbrücke)
2 Gateway To Grand Front
3 North Postern
4 South Postern
5 Gateway to Outer Ward
6 Gateway to Inner Ward
7 Great Hall and Kitchen
8 Outer Ward

Carlisle

N 11

Landesteil: Nordengland
Höhe: 66 ft/20 m ü.d.M.
Grafschaft: Cumbria
Einwohnerzahl: 72 200

Im Norden Englands – fast schon an der schottischen Grenze – liegt Carlisle, das lange Zeit Grenzfestung und Vorposten des Hadrianswalls war. Heute ist Carlisle Hauptstadt von Cumbria.

Die Stadt am River Eden ist Industriestadt und wichtiger Verkehrsknotenpunkt – sie bietet gute Einkaufsmöglichkeiten. Durch ihre Lage war sie immer wieder umkämpft, mal gehörte sie zu England, dann wieder zu Schottland. Der ▶Hadrian's Wall verlief nördlich von Carlisle etwa beim heutigen Vorort Stanwix.

Carlisle erleben

AUSKUNFT
Old Town Hall, Greenmarket
Carlisle, Cumbria, CA3 8JE
Tel. 01228 62 56 00
www.discovercarlisle.co.uk

ESSEN
Teza €€
4A & 4B Englishgate Plaza
Tel. 01228 52 51 11
http://tezacarlisle.co.uk
Indische Küche

Prior's Kitchen €
7 The Abbey
Tel. 01228 54 32 51

www.carlislecathedral.org.uk
Mo.–Sa. 9.45–15.30 Uhr
Mittags kann man sich im Kloster neben der Kathedrale in schöner Atmosphäre stärken.

ÜBERNACHTEN
Langleigh Guest House €€
6 Howard Place
Tel. 01228 53 04 40
www.langleighhouse.co.uk
Das Guest House vermietet komfortable, in englischem Stil ausgestattete Zimmer in einem viktorianischen Haus nur wenige Gehminuten vom Stadtzentrum entfernt.

Die Jugend von Carlisle schlendert durch das Städtchen.

SEHENSWERTES IN CARLISLE

Die Kathedrale war ursprünglich die Kirche eines um 1100 gegründeten Augustinerklosters, das 1133 zum Bischofssitz erhoben wurde. Aus dieser Zeit stammen noch das südliche Querschiff und zwei Nischen im Langschiff. Besondere Beachtung verdient das Ostfenster im Chor aus dem 14. Jh. mit einer Darstellung des Jüngsten Gerichts. Die Pfeiler im Langschiff zieren fein ausgearbeitete Kapitele, auf denen die alltägliche Arbeit im Jahreslauf dargestellt ist. Sir Walter Scott wurde 1797 in dieser Kirche getraut.

*Kathedrale

Den Marktplatz schmückt ein altes Market Cross von 1682. An dieser Stelle soll Bonnie Prince Charlie (▶S. 388) 1745 seinen Vater zum König ausgerufen haben. Gegenüber steht die 1717 fertiggestellte Town Hall. Die Guildhall war jahrhundertelang Versammlungsort der acht Händlergilden von Carlisle.

Market Place

Auf dem Weg zum Castle passiert man in der Castle Street eine Reihe schöner georgianischer Häuser. Besonders bemerkenswert ist das Tullie House, 1689 im Jacobean-Renaissancestil von einer deutschstämmigen Familie erbaut, die nach England eingewandert war. Heute ist in dem Gebäude das **Stadtmuseum** eingerichtet mit einer umfangreichen Sammlung zur Stadtgeschichte. In der angeschlossenen **Art Gallery** sind Werke des 17. – 20. Jh.s zu sehen, darunter Gemälde von Paul Nash, Sam Bough und Peter Blake.
Tullie House Museum: Mo. – Sa. 10.00 – 17.00, im Sommer So. ab 11.00, im Winter So. ab 12.00 Uhr; Eintritt 5 £; www.tulliehouse.co.uk

*Castle Street, Tullie House Museum

Die normannische Burg wurde von William II. Rufus im 11. Jh. gegen die ständig andrängenden Schotten errichtet. Ein **Museum** dokumentiert die lange Geschichte der hiesigen Grenztruppen. 1568 wurde die schottische Königin Maria Stuart zwei Monate lang hier gefangen gehalten. Die **Burgverliese**, in denen 1745 mehr als 300 schottische Gefangene eingekerkert waren, kann man besichtigen. Die **Irish Gate Bridge** wurde als Millenniumsprojekt an der Stelle des mittelalterlichen Irischen Tors als Fußgängerbrücke zwischen Burg und Stadtkern errichtet.
❶ April – Sept. tgl. 9.30 – 17.00, Okt. tgl. 10.00 – 16.00, Nov. – März Sa., So. 10.00 – 16.00 Uhr, Eintritt 5,50 £

*Castle

UMGEBUNG VON CARLISLE

Jenseits der nur 13 km entfernten schottischen Grenze liegt die berühmte Hochzeitsschmiede in **Gretna Green** – früher reisten minderjährige Paare in die erste Stadt hinter der Grenze nach Schottland,

*Southern Uplands

Lanercost Priory Die Ruinen der Lanercost Priory, einer 1166 gebauten Augustiner-Abtei, liegen knapp 20 km nordöstlich. Chor und Querschiffe haben kein Dach mehr, aber das Langschiff aus dem ersten Drittel des 13. Jh.s wird noch als Pfarrkirche benutzt. Der **Jupiter-Altar** wurde aus Steinen des ▶Hadrian's Wall erbaut. Beachtenswert ist ein Fenster aus der Werkstatt von Edward Burne-Jones.

Silloth An der Küste westlich von Carlisle liegt **Englands nördlichster Badeort**. Silloth wurde 1855 wegen guter Bedingungen zum Ankern als Hafen für Carlisle gegründet. Heute ist Silloth nur noch Seebad.

✴✴ Channel Islands

N – P 21/22

Lage: Im Kanal vor der Normandie
Einwohnerzahl: 160 000

Die Kanalinseln oder auch Normannischen Inseln liegen vor der französischen Normandieküste. Sie sind der englischen Krone direkt unterstellt, sind Lieblings-Urlaubsziel vieler Engländer und Steueroase für Reiche aus aller Welt.

> **BAEDEKER TIPP**
>
> *Tennerfest*
>
> Jedes Jahr ab Anfang Oktober werden Guernsey und Jersey zum Schlemmerparadies. Sechs Wochen lang werden die kulinarischen Köstlichkeiten der Region zelebriert. Über 180 Restaurants bieten dann fantastische, meist zweigängige Menüs zu Festpreisen zwischen 10 und 17,50 £ an. Dabei lässt die Auswahl an Gerichten keine Wünsche offen (www.tennerfest.com)

Mit der berühmten Schlacht von Hastings, in der der normannische Herzog Wilhelm der Eroberer 1066 die Engländer besiegte und sich zum König von England krönte, kamen auch die normannischen Kanalinseln zur englischen Krone. Der englische König ist seitdem – in seiner Eigenschaft als Herzog der Normandie – im Besitz der Kanalinseln. Immer haben die Inseln ihre Autonomie gegenüber England bewahrt, Selbstverwaltung und verschiedene andere Rechte wie eigene Münzprägung, teilweise sogar eigene Banknoten und Briefmarken, blieben erhalten. Lehnherrin ist die Königin, die durch einen Lieutenant-Governor vertreten wird. Die Parlamente der Inseln Jersey und Guernsey werden als »States« bezeichnet, Sark besitzt – ein absolutes Kuriosum – noch sein mittelalterliches »Chief Pleas«, dessen Vorsitzender der Seigneur of Sark ist, der durch Erbrecht ernannte Parlamentspräsident.

Die Inseln haben eine Art Mittelstellung zwischen England und Frankreich, die englische Sprache ist mit französischen Ausdrücken durchsetzt, zudem hört man noch vielerorts ein normannisches Patois. Im Zweiten Weltkrieg waren die Inseln von Juni 1940 bis Mai 1945 von deutschen Truppen besetzt; Erinnerungen an die Besatzungszeit sind auf allen Inseln präsent. Die größte Insel ist Jersey, es folgen Guernsey, Alderney, die autofreien Inseln Sark und Herm,

Channel Islands erleben

AUSKUNFT
Guernsey, Alderney, Sark, Herm
PO Box 23, North Plantation, St. Peter Port, Guernsey, Channel Islands, GY1 3AN
Tel. 01481 72 35 52
www.visitguernsey.com

Jersey
Jersey Tourism, Liberation Square, St. Helier, Jersey, Channel Islands, JE1 1BB
Tel. 01534 44 88 88
www.jersey.com

AN- UND ABREISE
Flugzeug
Flugverbindungen gibt es von London und anderen englischen Städten nach Guernsey und Jersey.

Fähre
Autofähren fahren im Sommer täglich von Poole, Portsmouth (Südengland) und St. Malo (Bretgane) nach Guernsey und Jersey. Eine Schiffslinie verbindet Alderney, Diélette und Guernsey (keine Autofähre). Die Kanalinseln sind untereinander durch Fähr- und Fluglinien verbunden.

ESSEN
Longueville Manor ©©©©
Longueville Rd.
St. Saviour, Jersey
Tel. 01534 72 55 01
www.longuevillemanor.com
Eines von Jerseys Spitzenrestaurants

The Auberge Restaurant ©©©
Jerbourg Road
St. Martins, Guernsey
Tel. 01481 23 84 85, www.theauberge.gg
Nicht nur die zauberhafte Aussicht auf die Bucht von St. Peter Port und die anderen Inseln machen das Restaurant zu einer Top-Adresse. Saisonale und regionale Spezialitäten zeichnen die innovative Küche aus.

---

das Eiland Jethou und einige winzige, unbewohnte Felsgruppen im Meer. Gemeinsam ist allen Inseln ein mildes Golfstromklima; Jersey ist berühmt für seine Frühkartoffeln und Tomaten, Guernsey für Weintrauben, Tomaten und Blumen.

* JERSEY

St. Helier   Auf Jersey leben 92 000 Menschen, die Insel erstreckt sich 18 km in Ost-West-Richtung und 11 km in Nord-Süd-Richtung. Die **Hauptstadt** St. Helier mit 30 000 Einwohnern, eine Stadt voller Charme und Leben, die ihren viktorianischen Charakter weitgehend bewahrt hat, liegt wunderbar an der weiten St. Aubin's Bay. Auf einer kleinen, felsigen Insel vor dem Eingang des Hafens steht Elizabeth Castle. Auf der Landseite bot das Fort Regent Schutz, heute ist darin ein moderner Freizeitkomplex eingerichtet. Im Mittelpunkt der Stadt, am Royal Square, stehen die Town Church, das Royal Court House, State Chambers und ein für George II. aufgestelltes, vergol-

La Sablonnerie ❸❸❸
Little Sark
Tel. 01481 832061
http://sablonneriesark.com
Mai – Sept. geöffnet
Gemütliches altes Landhaus. Gepflegtes Hotelrestaurant mit guter, französisch ausgerichteten Küche.

Mermaid Tavern ❸❸
Herm
Tel. 01481 750050
http://herm.com/mermaid
Uriger Pub mit angenehmer Atmosphäre, mittags und abends gibt es günstige und leckere Kleinigkeiten.

ÜBERNACHTEN
Dixcart Bay Hotel ❸❸❸❸
Dixcart Bay, Sark
Tel. 01481 832832
www.dixcartbay.sarkislandhotels.com
Das älteste Hotel auf Sark, hier hat schon Victor Hugo übernachtet. Freundlich eingerichtete Zimmer.

The Panorama ❸❸❸
La Rue de Croquet
St. Aubin, Jersey
Tel. 01534 742429
www.panoramajersey.com
Angenehmes Hotel oberhalb der Bucht von St. Aubin. Einige Zimmer mit Meerblick. Netter kleiner Garten mit Pool. Im hoteleigenen Restaurant wird nur Frühstück serviert.

Saints Bay Hotel ❸❸❸
Icart Point, Guernsey
Tel. 01481 238888
www.saintsbayhotel.com
Sehr schön gelegenes Hotel in Küstennähe. Hübsche Zimmer, Garten mit Pool, Hotelrestaurant.

Farm Court Guest House ❸❸
Les Moriaux, Alderney
Tel. 01481 822075
www.farmcourt-alderney.co.uk
Elegante B&B-Pension, auch für Selbstversorger

---

detes Standbild. Einen Besuch lohnt das **Jersey Museum and Art Gallery** in der Pier Street mit einer archäologischen und kunstgeschichtlichen Sammlung; die angeschlossene Kunstgalerie zeigt heimische Künstler.
Jersey Museum and Art Gallery: März – Nov. 10.00 – 17.00, Dez. – Feb. bis 16.00 Uhr; Eintritt 8,40 £; www.jerseyheritage.org

In der Grouville Bay an der Ostküste liegt Gorey mit einer Reihe malerischer Häuser am Hafen. Er wird beherrscht von ***Mont Orgueil Castle**, einem prächtigen Beispiel mittelalterlicher Festungskunst. *Gorey*
Die größte Sehenswürdigkeit der Insel liegt in der Nähe von Gorey: **La Hougue Bie**, ein großer Erdwall, auf dem zwei kleine Kapellen stehen, die normannische Notre Dame de la Clarté (12. Jh.) und die 1520 im Auftrag von Dean Mabon angefügte Jerusalem Chapel; in der Krypta befindet sich eine Nachbildung vom Grabe Christi aus der Grabeskirche in Jerusalem. Bei Ausgrabungen entdeckte man 1924 eines der größten Ganggräber Westeuropas, das wahrschein-

lich aus der Zeit zwischen der späten Eiszeit und dem Bronzezeitalter – 2000 v. Chr. oder früher – stammt.
Mont Orgueil Castle: April–Nov. Mo.–Fr. 10.00–17.30, Jan.–März bis 16.00 Uhr; Eintritt 10,90 £

Trinity In Trinity im Nordosten der Insel empfiehlt sich ein Besuch des **Durrell Wild Life Parks**, Heimat zahlreicher bedrohter Tierarten.
❶ Sommer tgl. 9.30–18.00, Winter tgl. bis 17.00 Uhr; Eintritt 12,90 £; www.durrell.org/Wildlife-park

Küsten Die zerklüftete **Nordküste** ist sehr romantisch, mit wunderschönen Sandbuchten zwischen hohen Felsen. Ein herrlicher Klippenweg führt an der Nordküste entlang. Die gesamte **Westküste** wird von der **St. Queen's Bay** eingenommen, die wegen ihrer Brandung bei geübten Surfern einen Namen hat. Die Südwestspitze markiert **Corbière Lighthouse**, ein Leuchtturm, zu dem man nur bei Ebbe zu Fuß gehen kann. St. Brelade's Bay mit dem kleinen Ort **St. Brelade** schließt sich an. Hier sollte man eine der ältesten Kirchen der Insel aufsuchen, die teilweise noch von 1042 stammt. An der **Südwestküste** liegt **St. Aubin**, ein Urlaubsort mit Hafen und einer Burg.

> **BAEDEKER TIPP**
>
> *Moonwalks*
>
> Mit dem weltweit zweithöchsten Tidenhub von 14 m vergrößert Jersey nicht nur seine Fläche bei Ebbe erheblich, dieses Naturphänomen legt auch eine Wattlandschaft frei, die zu ausgedehnten Wanderungen einlädt. Auf rund dreistündigen geführten »Moonwalks« erreicht man den Seymour Tower und lernt viel über Meeresbiologie und Austernzucht (Tel. 01534 48 52 01; www.seajersey.com).

Jersey War Tunnels Landeinwärts bei Tesson Mill sind in den Jersey War Tunnels, einem Lazarettbunker aus dem Zweiten Weltkrieg, die bitteren Jahre während der deutschen Besetzung dokumentiert.

* GUERNSEY

Guernsey ist etwa halb so groß wie Jersey, aber mit 62 200 Einwohnern dichter besiedelt. Die Klippen an der Südküste steigen bis über 80 m an, nach Norden flacht die Insel allmählich ab. Die vielen Lokale mit einer traditionsreichen Mischung europäischer Esskultur haben Guernsey den Beinamen »Feinschmeckerinsel« eingetragen. In der **Hauptstadt St. Peter Port** mit 17 000 Einwohnern winden sich enge Straßen und Gässchen vom Meer aus den Hügel hinauf zum höchsten Punkt der Stadt mit herrlichem Rundblick. Eine ganze Anzahl der Granithäuser sind im Regency-Stil gebaut, so dass der

Guernsey: Villa mit Aussicht

Ort sympathisch altmodisch wirkt. Auf einer kleinen vorgelagerten Insel steht – durch eine Mole mit dem Festland verbunden – **Castle Cornet**, 1150 gegründet, aber weitgehend elisabethanisch geprägt. Im **Hauteville House** lebte der französische Dichter Victor Hugo (1802 – 1885) zwischen 1859 und 1870 im Exil. Das Haus besitzt Erinnerungsstücke an den Dichter und Möbel aus der damaligen Zeit. Entlang der *****Südküste** verläuft ein wunderschöner Klippenweg. In der Rocquaine Bay an der **Westküste** führt ein Damm zur unbewohnten **Insel Lihou**, wo die Überreste eines Klosters aus dem 12. Jh. erhalten sind. Die Insel ist nur zu Fuß bei Ebbe erreichbar.

Hauteville House: April – Sept. Mo. – Sa.; www.victorhugo.gg

** HERM

Die zauberhafte kleine Insel Herm 5 km nordöstlich von St. Peter Port hat nur knapp 60 Einwohner, an Sommertagen aber bis zu 3000 Besucher. Von St. Peter Port fahren täglich Schiffe zum Hafen unterhalb des Inseldorfs. Für Übernachtungsgäste bietet Herm ein Hotel, kleine Ferienhäuser und -wohnungen und einen Campingplatz. Durch das gemäßigte Klima gedeihen hier zahlreiche seltene Pflanzen und Blumen. Die unterschiedlichsten Arten von Muscheln kann

Wohnen auf Herm: Cottage mitten in der Landschaft

man am Shell Beach der Nordküste finden. Das Eiland Jethou vor der Südwestküste von Herm befindet sich in Privatbesitz und kann nicht besucht werden.

** SARK

Sark gilt als landschaftliches Juwel unter den Kanalinseln. Es wird von rund 560 Menschen bewohnt, und das mittelalterliche Feudalsystem hat auf Sark noch volle Gültigkeit. Die Insel wird von Europas letztem Feudalherrn, dessen Vorfahren die Feudalrechte erworben hatten, nach alten normannischen Gesetzen und Bräuchen regiert. Die Sarkees, wie sich die Insulaner nennen, leben in großem Stil von der Finanzwirtschaft und so genannten Direktorengeschäften, vom Tourismus und in Maßen von der Landwirtschaft. Boote von Guernsey und etwas seltener von Jersey landen an der Ostseite der Insel. Der hübsche Hauptort **The Village** besitzt alles Notwendige: Geschäfte, Schule, Kirche, Gefängnis, ein altes Herrenhaus und eine Windmühle an der höchsten Stelle sowie natürlich ein paar Inns. Mehrere kleine Pensionen sind hier und weiter über die Insel verstreut. Das Herrenhaus **La Seigneurie** ist Sitz des Seigneur, des Feudalherrn von Sark. Es Haus kann nicht besichtigt werden, wohl aber der schöne Garten.

Die **Küsten** sind geprägt von bizarren Klippenlandschaften. In den Gouliot Caves, die bei Ebbe und nur an bestimmten Tagen zugänglich sind, leben seltene Hohltiere. Gegenüber der Höhle liegt die in Privatbesitz befindliche Insel Brecqhou. Die schönsten Buchten sind die Derrible Bay und die malerische Dixcart Bay, in deren Nähe sich die meisten Unterkunftsmöglichkeiten befinden.

Ein lohnender Ausflug führt nach **Little Sark**, das durch einen scharfen Felsgrat, den Coupée, mit der Hauptinsel verbunden ist. Er führt nach Port Gorey mit dem Venus Pool und dem Adonis Pool, die bei Ebbe gute Bademöglichkeiten bieten.

* ALDERNEY

Die nördlichste Kanalinsel ist Alderney, die aufgrund ihrer Lage am wenigsten besucht wird. Die Insel ist 6,5 km lang und nur 1,5 km breit. Ca. 2300 Menschen leben hier, Erwerbszweige sind – vom Tourismus abgesehen – Gemüse- und Blumenanbau. Die fast baumlose Insel hat zerklüftete Klippenküsten mit mehreren schönen Sandbuchten dazwischen.

Die hübsche kleine Hauptstadt **St. Anne** geht auf das 15. Jh. zurück. Hier lohnt ein Bummel durch die Kopfsteinpflasterstraßen mit Inns, gemütlichen Pubs und Geschäften.

Die vorgelagerte unbewohnte **Insel Burhou** ist Vogelschutzgebiet, man kann sie außerhalb der Brutzeit mit Genehmigung besuchen.

** Chester

N 14

Landesteil: Nordwestengland
Höhe: 69 ft/21 m ü. d. M.
Grafschaft: Cheshire   **Einwohnerzahl:** 118 700

Chester gilt als Kleinod unter den englischen Städten: Die Stadt hat einen wunderschönen alten Kern mit Fachwerkhäusern, zweistöckigen mittelalterlichen Ladenpassagen, hübschen Parks und Promenadenwegen auf den »Walls«.

Die Grafschaftshauptstadt von Cheshire liegt nahe Liverpool am Ufer des River Dee. Schon die Römer richteten hier ein Legionslager ein, um das fruchtbare Land zu verteidigen. Vom 12. bis 14. Jh. war der Flusshafen wichtiger Umschlagplatz für den Seehandel mit Irland, Schottland, Spanien und Frankreich. Auch kulturell blühte die Kaufmannsstadt auf, denn seit dem Ende des 14. Jh.s führten die Zünfte regelmäßig Mysterienspiele öffentlich auf, eine Frühform des englischen Dramas. Die Versandung des Hafens bewirkte Ende des 15. Jh.s eine Verarmung der Stadt. Als Liverpool 1715 den ersten Schleusenhafen öffnete, schwanden die letzten Hoffnungen für Chester, die einstige Hafenfunktion wiederzuerlangen. Stattdessen konzentrierte man sich ab dem 18. Jh. auf Agrarprodukte – u. a. kommt aus Chester der berühmte Chesterkäse.

✴✴ ALTSTADT

*Rundgang auf den Walls

Einen ersten Eindruck von der Altstadt erhält man bei einem Spaziergang auf den Walls, den **Stadtmauern**, die entsprechend den römischen Ringmauern verlaufen. Im Süden und Westen wurden sie abweichend von der römischen Führung bis zum Flussufer gezogen und umfassen auch das Castle. Den Rundweg von gut 3 km startet man am besten am East Gate, dem Eingang zur Altstadt mit einer Uhr von 1897, und geht in nördlicher Richtung an der Kathedrale vorbei. Am King Charles Tower biegt die Mauer nach Westen ab und

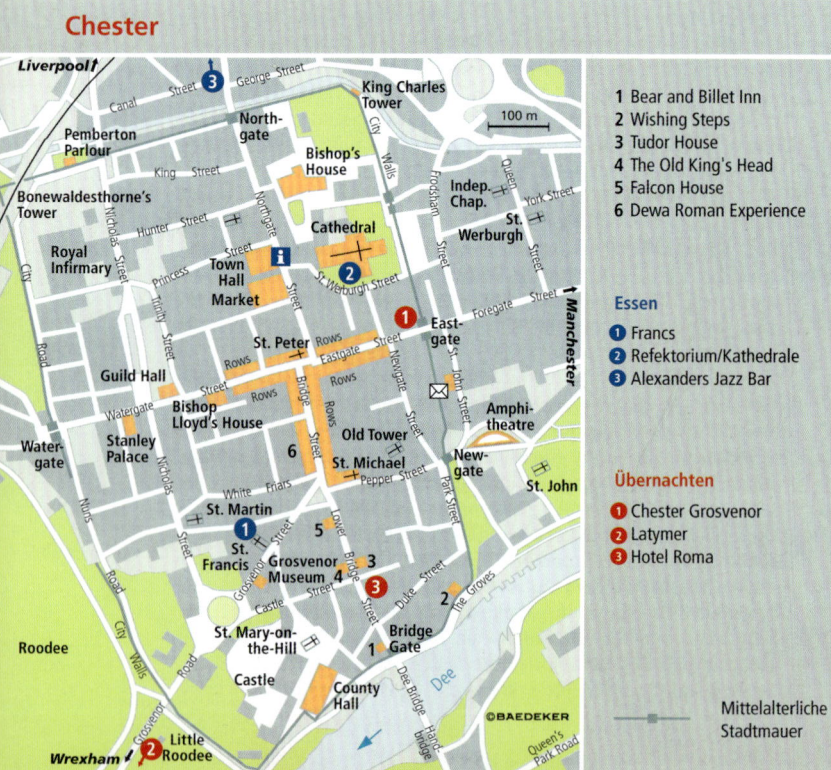

Chester • ZIELE

Chester erleben

AUSKUNFT
Chester Visitor Information Centre
Town Hall, Northgate St.
Chester CH1 2HJ
Tel. *0845 647 78 68
www.visitchester.com

ESSEN
❶ Francs ❸❸❸
14 Cuppin St.
Tel. 01244 31 79 52
www.francs.co.uk
So. geschl.
Gute, französisch geprägte Küche

❷ Refektorium/Kathedrale ❸❸
Eine schöne Adresse fürs Mittagessen ist das Refektorium der Kathedrale.

❸ Alexanders Jazz Bar ❸
2 Rufus Court
Tel. 01244 34 00 05
http://alexanderslive.com
Abends gibt es Livemusik.

ÜBERNACHTEN
❶ Chester Grosvenor Hotel ❸❸❸❸
Eastgate St.
Tel. 01244 32 40 24
www.chestergrosvenor.com
Das Chester Grosvenor, das Gerald Grosvenor, dem Herzog von Westminster, gehört, ist eine der Top-Adressen des Landes. Auch in der Nebensaison ist das Doppelzimmer nicht unter 200 Pfund zu haben.

❷ Latymer ❸❸
82 Hough Green
Tel. 01244 67 50 74
www.latymerhotel.com
Angenehmes Hotel mit einem hübschen Garten.

❸ Hotel Roma ❸❸
51 Lower Bridge St.
Tel. 01244 32 50 91
www.hotel-roma.co.uk
Zentral gelegen; angeschlossen ist ein italienisches Restaurant.

verläuft parallel zu dem Kanal, der den alten Burggraben ersetzte. Man passiert das North Gate, den halbrunden Pemberton's Parlour, von dem aus der Seiler Pemberton seine Arbeiter beaufsichtigte, und den Bonewaldesthorne's Tower. Hier geht es in südlicher Richtung weiter, am Water Gate vorbei und an der Rennbahn Roodee entlang, die jenseits der Mauern auf dem ehemaligen Hafenareal liegt. An der Südwestecke steht das Castle, heute Gericht und Museum. Das Bridge Gate führt zur im 13. Jh. gebauten Dee Bridge. An der Stelle, an der die Mauer in Richtung Norden biegt, liegen die Wishing Steps, die Wunschtreppen: Wer hier zweimal hinauf- und hinunterläuft, ohne Luft zu holen, kann mit der Erfüllung eines Wunsches rechnen. Am New Gate von 1938 hat man Blick auf römische Ausgrabungsfunde.

Nächste Attraktion sind die Rows, **Ladenpassagen** in Stein- und Fachwerkbauweise aus dem frühen 14. Jahrhundert. Oft wurden die

**Rows

Kunstvoll gestaltete Fachwerkfassade in Chester

Häuser und Läden über römischen Bauruinen errichtet und auf zwei Ebenen durch Laubengänge miteinander verbunden. Man findet die Rows in den vier Hauptstraßen, die sich nach römischer Tradition am Marktkreuz im rechten Winkel treffen. In der Eastgate Street, Bridge Street und Watergate Street verlaufen die Rows als Galerien oder Arkaden in Höhe des 1. Stockwerks, so dass man Läden und Lokale, Werkstätten und Wohnhäuser selbst bei Regen trockenen Fußes erreichen und auf beiden Ebenen bummeln und einkaufen kann. Einen zusätzlichen Reiz gewinnen sie noch – besonders ausgeprägt in der Eastgate Street – durch schmale Gänge und Winkel.

**Watergate Street
In der Watergate Street gibt es viele schöne Fachwerkhäuser aus dem 16. und 17. Jh., etwa das **God's Providence House**, dessen Bewohner von der Pest verschont blieben, oder das **Bishop Lloyd's House** mit herrlichen Schnitzereien. Kunstvolles Fachwerk hat auch **Leche House** in der Nähe, ebenso der reich dekorierte **Stanley Palace**.

**Lower Bridge Street
Ebenso hübsch sind die Fachwerkhäuser in der Lower Bridge Street: **Falcon House**, **Tudor House** – angeblich das älteste Wohnhaus der Stadt –, das Hotel **The Old King's Head** und das **Bear and Billet Inn** neben dem Bridge Gate.

Bridge Street Abbey Square
In Bridge Street Nr. 39 fand man Reste eines römischen Bades. Das Abbey Gate in der Nähe des Rathauses führt zum Abbey Square, einer Platzanlage mit Häusern aus der Zeit um 1760.

*Kathedrale

Die Kathedrale geht auf eine Benediktinerabtei zurück, die der rauflustige normannische Hugh Lupus, Earl of Chester, für sein Seelenheil auf den Resten einer älteren Kirche errichten ließ. Normannische Reste findet man noch im nördlichen Querhaus. Die Marienkapelle und das Kapitelhaus sind frühgotisch, alles andere ist im hoch- bzw. spätgotischen Stil errichtet. Im Innern ist die normannische Taufkapelle mit einem im 19. Jh. nach Chester gelangten venezianischen Taufstein aus dem 6. Jh. von Interesse, außerdem der **Chor**, der schönste Teil der Kathedrale, im frühen Decorated Style erbaut. In der Lady Chapel steht ein Teil des Schreins der hl. Werburga, für den der Ursprungsbau errichtet worden ist.

Die **Klostergebäude** sind unüblich an der Nordseite der Kirche angelegt. Das Kapitelhaus und die Vorhalle sind im Early English Style gebaut. Vom Kreuzgang aus erreicht man das Refektorium, wo unter dem Hammerbalkendach eine steinerne Lesekanzel im Early English Style in die Wand eingelassen wurde, sowie die schlichte normannische Krypta.

❶ Mo.–Sa. 9.00–17.00, So. 13.00–16.00 Uhr; Eintritt 6 £; www.chestercathedral.com

Amphitheater

Vom New Gate kommt man durch die Amphitheatre Gardens, wo das wohl größte römische Amphitheater auf englischem Boden stand; es bot Platz für 7000 Zuschauer.

St. John

Neben dem Kirchenschiff von St. John stehen die malerischen Ruinen einer normannischen Kirche: Chor und Marienkapelle wurden beim Einsturz des Zentralturms zerstört. Teile der Kirche wurden Ende des 19. Jh.s rekonstruiert.

Grosvenor Museum

Das Grosvenor Museum birgt eine hervorragende Sammlung von römischen Altertümern mit Sonderausstellungen, die das Leben der Legionäre und die Verteidigung Britanniens schildern.

❶ Mo.–Sa. 10.30–17.00, So. 13.00–16.00 Uhr; Eintritt frei; www.grosvenormuseum.co.uk

Zoo

Tierfreunden sei Englands größter Zoo in Upton 2,5 km nördlich der Altstadt empfohlen.

❶ Sommer 10.00–17.00/18.00, Winter bis 16.00 Uhr; Eintritt 16,30 £; www.chesterzoo.org

Dewa Roman Experience

An der Pierport Lane erfährt man auf dem Grund des einstigen römischen Legionslagers visuell, akustisch und sogar mittels Gerüchen, wie sich das Leben hier vor etwa 2000 Jahren abspielte.

❶ Feb.–Nov. Mo.–Sa. 9.00–17.00, So. ab 10.00, Dez., Jan. tgl. 10.00–16.00 Uhr; Eintritt 4,95 £; www.dewaromanexperience.co.uk

* Chichester

Landesteil: Südengland
Höhe: 43 ft/13 m ü. d. M.
Grafschaft: West Sussex
Einwohnerzahl: 26 600

R 19

Chichester mit einer hübschen Altstadt rund um die alte Kathedrale ist römischen Ursprungs. Heute ist die Stadt in den Ausläufern der South Downs in der Nähe der Südküste die Hauptstadt von West-Sussex.

Seine Glanzzeit hatte Chichester im 14./15. Jh. als bedeutender Ausfuhrhafen für Wollprodukte. Heute ist Chichester Harbour, ein verzweigtes Gewässernetz mit vielen hübschen Buchten, das im Schutz der vorgelagerten Hayling-Insel liegt, ideales Segelrevier.

SEHENSWERTES IN CHICHESTER

*Kathedrale Unter den Normannen wurde Chichester 1075 Bischofssitz und bekam eine Kathedrale. Aufgrund der langen Bauzeit vom 12. bis 15. Jh. sind verschiedene Stile in den Bau eingegangen. Auch im Innern sind Kunstwerke aus unterschiedlichen Epochen zu sehen. Die ältesten Arbeiten sind zwei kostbare romanische Steinreliefs mit Darstellungen der Ankunft Christi in Bethanien und der Erweckung des Lazarus und der spätgotische Lettner. Unter den modernen Werken fällt im nördlichen Chorumgang das leuchtend rote **Fenster von Marc Chagall** auf; inspiriert wurde Chagall durch den 150. Psalm,

Chichester erleben

AUSKUNFT
29a South Street, Chichester
West Sussex, England, PO19 1AH
Tel. 01243 77 58 88
www.visitchichester.org

ESSEN
The George and Dragon Inn ⊛⊛
51 North St.
Tel. 01243 78 56 60
www.georgeanddragoninn.co.uk
Das Restaurant und Vier-Sterne-B&B mit dem Charme eines altehrwürdigen Pubs serviert moderne britische Küche.

ÜBERNACHTEN
The Ship Hotel ⊛⊛⊛
57 North St.
Tel. 01243 77 80 00
www.theshiphotel.net
36 Geschmackvoll eingerichtete Zimmer, eine Bar und ein Restaurant erwarten den Gast in dem historischen Gebäude im alten Stadtkern.

der Lobpreisung Gottes. Vom unregelmäßig gebauten **Kreuzgang** hat man einen guten Blick auf den Vierungsturm und das Langhaus. Auf der Rasenfläche davor steht eine Plastik von Henry Moore.
❶ tgl. 7.00 – 18.00 Uhr; Eintritt frei, Spende erwünscht; www.chichestercathedral.org.uk

Stadtzentrum

Im **Bischofspalast** ist eine mittelalterliche Küche zu sehen; in der privaten Kapelle ein schönes Wandbild aus der Schule von ▶Winchester (12. Jh.), das Maria mit Kind und Engeln zeigt. Wo sich die vier Hauptstraßen South, West, North und East Street nach römischem Stadtplan kreuzen, steht ein spätgotisches **Marktkreuz** in Form einer offenen Markthalle im Flamboyant-Stil. Eine Reihe sehenswerter Bürgerhäuser gibt es im North und South Pallant. Im **Pallant House** (North Pallant) ist eine ausgezeichnete Sammlung moderner Kunst untergebracht, u. a. mit Werken von Sutherland, Moore, Nicholson, Severini, Leger und Klee. **St. Mary's Hospital** am St. Martin's Square ist ein aus dem 13. Jh. stammendes Armenhaus, zu sehen sind Schlaf- und Wohnräume sowie die Kapelle. Im Priory Park lohnt das **Guildhall-Museum** mit überwiegend römischen Ausgrabungen.
Pallant House: Di. – Sa. 10.00 – 17.00, Do. bis 20.00, So. ab 11.00 Uhr; Eintritt 7,50 £; www.pallant.org.uk

UMGEBUNG VON CHICHESTER

In Fishbourne 2 km westlich von Chichester empfiehlt sich der Besuch des römischen Palastes, der um 75 n. Chr. gebaut worden war. Seine Fundamente wurden 1960 – 1968 ausgegraben. Die ausgedehnte Anlage lag ursprünglich am Wasser. Die rund 100 Räume waren alle mit Mosaikfußböden in verschiedener Technik und Qualität ausgestattet. Ein angeschlossenes Museum informiert über britisch-römische Lebensweise.
❶ Sommer 10.00 – 17.00, Winter bis 16.00, Jan., Feb. nur Sa., So; Eintritt 8,20 £; http://sussexpast.co.uk

*Fishbourne Roman Palace

Das weitläufige Gebiet von Chichester Harbour prägen Wasserwege und Marschland – eine ungewöhnliche Landschaft mit einer Vielfalt von Wasservögeln, reetgedeckten Häusern, kleinen Sandbuchten und schilfbestandenen Ufern. Hier liegt auch der alte Weiler Bosham, dessen mittelalterliche Kirche aus sächsischer Zeit stammt; sie ist auf dem berühmten Teppich von Bayeux (▶Abb. S. 45) abgebildet.

Chichester Harbour

Das um 1800 erbaute Goodwood House 8 km nordöstlich ist Sitz der Herzöge von Richmond. Die Räume sind mit wertvollen Regency-Möbeln und Gemälden von Canaletto, van Dyck, Reynolds, Stubbs

Goodwood House

u. a. ausgestattet. Unter dem Namen »Sculpture at Goodwood« werden im Park Wechselausstellungen mit zeitgenössischen Skulpturen gezeigt. Jedes Jahr Ende Juli finden hier hochrangige Pferderennen statt.
❶ März – Okt. So., Mo. 13.00 – 17.00, Aug. So. – Do. 13.00 – 17.00 Uhr; Eintritt 9,50 £; www.goodwood.co.uk

*Arundel Castle

Arundel – malerisch am River Arun und am Fuße der South Downs gelegen – ist eines der südenglischen Bilderbuchstädtchen. Arundel Castle, eine zinnengekrönte Burg, die das Stadtpanorama beherrscht, ist Sitz der Herzöge von Norfolk. Verwinkelte Gassen mit schönen alten Häuserzeilen führen den Hang hinauf zu der gewaltigen Festung. Von der ursprünglichen Anlage steht heute nur noch das Torhaus und der Bergfried der Normannen. Sehenswerte Kirchen sind die neogotische Kathedrale und St. Nicholas aus dem 14. Jahrhundert.
❶ April – Okt. Di. – So. 10.00 – 17.00 Uhr; Eintritt 19,00 £; www.arundelcastle.org

Bignor

Etwa 12 km nördlich von Arundel liegt Bignor, dort gibt es ein wunderschönes, mit Reet gedecktes Fachwerkcottage aus dem 15. Jh., den so genannten Old Shop. Östlich vom Ort steht eine **römische Villa** mit kunstvollen Fußbodenmosaiken; die Villa wurde 1811 entdeckt und ausgegraben.

Arundel Castle – Schlossbibliothek mit wertvollen Schätzen

10 km nördlich von Bignor liegt Petworth. Bekannt wurde das bezaubernde Marktstädtchen am Nordrand der Downs mit seinen hübschen Cottages vor allem durch das ****Petworth House**, Sitz der Earls of Egremont. Der herrliche Landsitz mit seiner 100 m langen Gartenfront erhielt zwischen 1688 und 1696 sein heutiges Aussehen. Der weitläufige Landschaftsgarten, von Capability Brown (▶S. 68) angelegt, zeigt englische Gartenkunst in höchster Vollendung. Zu den Kunstschätzen des Hauses gehört eine der bedeutendsten Gemäldesammlungen Englands. William Turner hatte hier 1830 – 1837 ein Atelier, er liebte diese Landschaft

! BAEDEKER TIPP

Weald & Downland

Faszinierend sind die über vierzig bis zu 600 Jahre alten Gebäude in diesem Freilichtmuseum 7 Meilen nördlich von Chichester. Ein Fachwerkhaus im kentischen Stil neben einer Markthalle, ein mittelalterlicher Laden und eine Klempnerwerkstatt, Scheunen, Kornspeicher und Kräutergärten vermitteln einen guten Einblick in die südenglische Vergangenheit (März – Okt. tgl. 10.30 – 18.00, Nov. – Feb. Sa., So. bis 16.00 Uhr; Eintritt 9,50 £; www.wealddown.co.uk).

und hat sie oft gemalt. Viele seiner Ölbilder und Aquarelle kann man im Turner-Raum bewundern, aber auch Tizian und Rogier van der Weyden, van Dyck, Reynolds und Gainsborough sind vertreten, während großartige Schnitzereien aus Lindenholz (1692) von Grinling Gibbons den Carved Room zieren. Nicht minder eindrucksvoll ist die ausgezeichnete Kollektion antiker Skulpturen in der North Gallery.

❶ Haus März – Okt. Sa. – Mi. 11.00 – 17.00, Park tgl. 8.00 Uhr – Sonnenuntergang; Eintritt 10,90 £

* Chiltern Hills

✦ Q/R 17

Landesteil: Südengland
Grafschaft: Oxfordshire, Bedfordshire, Buckinghamshire und Hertfordshire

Viele wohlhabende Londoner haben sich in den lieblichen Chiltern Hills niedergelassen, einer erholsamen Oase in erreichbarer Nähe der Metropole. Teile der Chiltern Hills sind noch relativ unberührt, einige Siedlungen haben ihr typisches Ortsbild bewahrt. Wanderer schätzen die herrlichen ausgedehnten Buchenwälder.

Waddesdon Manor liegt 8 km nordwestlich von Aylesbury, der hübschen Grafschaftshauptstadt von Buckinghamshire. Ende des 19. Jh.s ließ sich der Baron Ferdinand de Rothschild hier ein Landschloss im

Waddesdon Manor

französischen Stil errichten. Über 35 Jahre hinweg trug der frankophile Sammler eine bemerkenswerte Kollektion von französischen Möbeln und Gobelins, Sèvres-Porzellan und wertvollen Gemälden zusammen. Darunter befinden sich Werke von Rubens, Reynolds und Gainsborough. Außerdem erwarb Ferdinand de Rothschild kostbare Manuskripte für die Bibliothek. Der von Elie Lainé formal angelegte viktorianische Garten mit herrlichen Panoramablicken gilt ebenfalls als ein Meisterwerk.

> **Chiltern Hills erleben**
>
> **AUSKUNFT**
> *Chilterns Conservation*
> *Board Office*
> 90 Station Rd.
> Chinnor OX39 4HA
> Tel. 01844 35 55 00
> www.chilternsaonb.org

Und noch ein Tipp für Weinkenner: In den Kellern unter dem Westflügel von Waddesdon Manor lagern 15 000 Flaschen der weltbesten **Rothschild-Weine**. Regelmäßig finden Veranstaltungen rund um den Wein statt, eine Auswahl ist auch verkäuflich.

❶ Garten März – Okt. 10.00 – 18.00, Nov. – Feb. bis 16.00 Uhr; Eintritt 8 £; Hausführungen: Tel. 01280 81 71 56; www.waddesdon.org.uk

Coombe Hill Coombe Hill 5 km nordöstlich von Princes Risborough ist mit 260 m die höchste Erhebung in den Chiltern Hills. Von dort hat man einen hervorragenden Blick auf die Themse, auf Aylesbury und auf die weiten Wälder. **Chequers Court**, ein schönes Herrenhaus mitten in einem großen Landschaftspark, ist der Landsitz des jeweils amtierenden Premierministers.

Stowe Gardens Stowe Gardens 5 km nordwestlich des Dorfes Buckingham zählt zu den herausragenden Landschaftsgärten Englands. 1733 verlieh William Kent der zuvor streng formalen Anlage einen aufgelockerten, von der Natur inspirierten Charakter, der in den darauf folgenden Jahrhunderten die gesamte englische Gartenarchitektur nachhaltig prägen sollte. Ab 1741 übernahm Capability Brown die künstlerische Anlage des Landschaftsgartens, der heute vom National Trust verwaltet wird. Für einen Rundgang sollte man mindestens zwei Stunden einplanen. Das Herrenhaus ist nur teilweise zu besichtigen, da es seit 1923 eine renommierte Privatschule beherbergt.

❶ Tel. 01280 81 71 56; Garten März – Okt. 10.00 – 18.00, Nov. – Feb. bis 16.00 Uhr; Eintritt 8 £

*West Wycombe Village and Hill West Wycombe Village liegt 3 km westlich der Stadt High Wycombe. Das gesamte Dorf ist im Besitz des National Trust, der dafür garantiert, dass der reiche Baumbestand aus dem 16. – 18. Jh. in seiner Ursprünglichkeit erhalten bleibt. Auf dem schon in der Eisenzeit bewohnten Hügel über dem Dorf erhebt sich das sechseckige Dash-

wood Mausoleum (1763), das an den Exzentriker Sir Francis Dashwood erinnert, den Gründer des Hell-Fire-Clubs. Zum weitläufigen West Wycombe Park, den Humphrey Repton für Francis Dashwood entwarf, gehören wunderschöne Gartenanlagen mit einem See, einem Pavillon und kleinen Tempeln sowie ein Herrenhaus im palladianischen Stil.
● www.westwycombevillage.com

Hughenden Manor etwa 2,5 km weiter nördlich war der Wohnsitz von Benjamin Disraeli, der von 1848 – 1881 Premierminister und zugleich ein glänzender Schriftsteller war. Benjamin Disraeli starb in Hughenden Manor und wurde auf dem örtlichen Kirchhof beigesetzt. In dem Haus sind Möbel, Bücher und sonstige Erinnerungsstücke Disraelis zu sehen. **Hughenden Manor**
● Sommer tgl. 12.00 – 17.00, Winter tgl. bis 15.00 Uhr; Eintritt 7,70 £

Der dem Londoner Zoo angegliederte Whipsnade Park Zoo wurde 1927 – 1931 inmitten einer schönen Landschaft eingerichtet. In die Hügelflanke am nördlichen Rand des Parks wurde als Signal für Flugzeuge die Silhouette eines Löwen eingraviert. ***Whipsnade Park Zoo**
● tgl. 10.00 – 17.30 Uhr; Eintritt 20 £; www.zsl.org/zsl-whipsnade-zoo

Ein lohnender Abstecher führt nach Dunstable 6 km von Whipsnade entfernt am Fuß der Dunstable Downs. Die Kirche St. Peter and St. Paul mit einem normannischen Langschiff ging aus einer 1131 gegründeten Augustinerabtei hervor; das kunstvoll verzierte Nordwestportal stammt aus dem 13. Jh. **Dunstable**

Woburn Abbey 14,5 km nordwestlich zieht alljährlich Scharen von Besuchern an. Die meisten kommen wegen des vielfältigen **Freizeitangebots**: Tierpark, Aquarium, Spielplätze, Ruderboote, Lokale und Antiquitätenmarkt. Die eigentliche Woburn Abbey ist Sitz des Herzogs von Bedford, ein gewaltiges Gebäude wurde 1746 – 1747 an der Stelle einer Zisterzienserabtei gebaut. Das Haus birgt eine Fülle von Kunstschätzen, darunter französische Möbel, Silber und Porzellan des 18. Jh.s sowie eine reichhaltige Gemäldegalerie mit Werken von George Gower, Cuyp, van Dyck, Reynolds, Canaletto, Poussin, Lorrain und Gainsborough.
● Sommer tgl. 10.00 – 18.00, Winter tgl. bis 16.00 Uhr; Eintritt 13,50 £; www.woburn.co.uk

> **? BAEDEKER WISSEN**
>
> »*Geburtsort« der Kirche*
>
> 1533 wurde in Dunstable von Erzbischof Cramer die Scheidung zwischen Heinrich VIII. und Katharina von Aragon ausgesprochen, die die Grundlage für die Suprematsakte von 1534 lieferte, nach der Heinrich VIII. zum Oberhaupt der anglikanischen Kirche wurde.

Colchester

Landesteil: Ostengland
Höhe: 107 ft/33 m ü.d.M.
Grafschaft: Essex

✈ U 17

Einwohnerzahl: 104 400

Colchester 80 km nordöstlich von London ist Großbritanniens älteste Stadt – noch bevor die Römer kamen, war sie Hauptstadt der Kelten. Hübsche Straßen und viele alte Gebäude aus verschiedenen Epochen prägen das Stadtbild.

Schon in der Bronzezeit gab es hier einen Siedlungsplatz. Wegen der strategisch günstigen Lage ließ Cunoberlin – Shakespeares Dramenheld Cymbeline – um 40 n. Chr. seine Hauptstadt aus dem heutigen ▶St. Albans hierher verlegen. Vier Jahre später eroberten die Römer die Stadt. Als die Normannen einfielen, zählte sie etwa 2000 Einwohner, besaß mehrere Kirchen und noch einen Teil der römischen Mauern. Im 16. Jh. kamen flämische Weber, im 18. Jh. hugenottische Glaubensflüchtlinge, die mit der Seidenweberei zum wirtschaftlichen Aufschwung der Stadt beitrugen und ihre wichtige Rolle im Woll- und Tuchhandel begründeten. Die Hugenotten führten auch die bis heute wichtige Blumenzucht ein. Durch Ausgrabungen wurden die britische Stadt, das römische Lager und die römische »Colonia« freigelegt. Römisches Baumaterial ist noch in den Kirche Holy Trinity und in den Ruinen von St. Martin und St. Botolph's Priory erhalten.

SEHENSWERTES IN COLCHESTER

Stadtmauer Die unter Vespasian begonnenen, über 6 m hohen römischen Wälle umschließen ein Gebiet von rund 915 x 457 m. Von den ehemals sechs Stadttoren ist die eindrucksvolle Ruine des **Balkerne Gate** erhalten, das Westtor der einstigen Römerstadt.

Rathaus In der High Street steht das um 1900 gebaute Rathaus. Der Rathausturm trägt eine **Bronzefigur** der St. Helena, die der Sage nach die Tochter des »Old King Cole« von Colchester war. Er selbst, eine Sagengestalt aus britannischen Legenden und möglicherweise der Namensgeber der Stadt, soll in einem Hügel am Stadtrand im Gebiet des Dykes begraben sein.

Dutch Quarter Nördlich der High Street liegt das »Holländerviertel« mit hübschen spitzgiebligen Häuschen. Hier siedelten sich die Ende des 16. Jh.s eingewanderten flämischen Glaubensflüchtlinge an.

Colchester • ZIELE

Das Castle wurde um 1080 von Wilhelm dem Eroberer mit römischen Ziegeln erbaut. Der normannische Bergfried (35 x 50 m) soll der größte in England sein. In dem hervorragenden **Burgmuseum** ist ein Großteil der römisch-britischen Funde ausgestellt – Keramik, Münzen, Statuen, Glas. Im Castle Park, durch den der River Colne fließt, ist ein Teil des römischen Mauerwerks zu sehen. *Castle
Burgmuseum: : Mo.–Sa. 10.00–17.00, So. ab 11.00 Uhr; Eintritt 6,25 £; www.cimuseums.org.uk; wegen Renovierung bis Frühling 2014 geschlossen!

Die 1,5 km südlich vor den Stadttoren gelegene pittoreske Bourne Mill zieren manieristische Giebelarabesken von 1591, typisch für den Stil der holländischen Immigranten, die hier eine Wassermühle betrieben, die später zur Getreidemühle umfunktioniert wurde. Bourne Mill

UMGEBUNG VON COLCHESTER

In Harwich, einer alten Hafenstadt an der Doppelmündung der Flüsse Stour und Orwell, starten und landen die Fähren zum bzw. vom europäischen Kontinent. Dovercourt ist ein viktorianischer Vorort mit hübschen Häuschen und blühenden Gärten. Harwich

30 km nordöstlich liegt das charmante Ipswich mit alten Gassen und einer Reihe viktorianischer Bauten. Im **Christchurch Mansion**, einem Tudor-Gebäude von 1548, sind Möbel, Keramik, Uhren und Gemälde des 16.–19. Jh.s zu sehen – darunter exzellente Werke von Constable. Über Natur und Geschichte der Region informiert das **Ipswich Museum** in der. Ipswich
Christchurch Mansion: Soane St.; Si.–So. 10.00–17.00 Uhr; Eintritt frei
Ipswich Museum: High St.; Di.–Sa. 10.00–17.00 Uhr; Eintritt frei

Ipswich erleben

AUSKUNFT
Ipswich Tourist Information Centre
St. Stephen's Church
St. Stephen's Lane
Ipswich IP1 1DP
Tel. 01473 25 80 70
www.visitessex.com

Ein Ausflug von Colchester nach Süden an die Küste führt nach **Clacton-on-Sea**, das wegen seines sanft abfallenden Strandes für Kinder besonders geeignet ist. In dem Seebad gibt es einen Pier von 1873, einen herrlichen Promenadenweg und schöne Grünanlagen.

Die Hafenstadt Orford nordöstlich von Felixstowe ist ein verträumtes Nest an der Mündung des Ore, der über 19 km parallel zur Küste fließt. Das **Castle** (12. Jh.) ist von Wassergräben umgeben. Orford Ness ist Naturschutzgebiet und Brutplatz für viele Seevögel. Orford

*Aldeburgh

Aldeburgh war bis ins 17. Jh. ein bedeutender Seehafen. Aus dieser Zeit stammen die Moot Hall (16. Jh.) und eine Reihe malerischer Häuser. Heute ist das viel besuchte Seebad durch sein **Benjamin-Britten-Musikfestival** im Juni weit über die Grenzen bekannt. Benjamin Britten, seit Henry Purcell der bedeutendste Opernkomponist Großbritanniens, lebte und komponierte zehn Jahre lang in Aldeburgh im »Crag House«. 1957 zog er mit seinem Lebensgefährten, dem Tenor Peter Pears, in das **Red House**, ein Anwesen außerhalb der Stadt, in dem heute eine in ihrem Bestand eindrucksvolle Musikbibliothek untergebracht ist. Es wurde jüngst frisch renoviert. Brittens Oper »Peter Grimes« spielt im Fischermilieu in Aldeburgh, wie es im 18. Jh. gewesen sein mag. Zwei Szenen spielen in der Moot Hall. 1948 gründete Britten gemeinsam mit Peter Pears das Musikfestival.

Red House: Besichtigung nach Voranmeldung: Tel. 01728 45 17 00, www.brittenpears.org

** Cornwall

✴ K 19/20

Landesteil: Südwestengland
Grafschaft: Cornwall

Mit seinem milden Golfstromklima, Naturschönheiten, subtropischen Parks, herrlichen Sandstränden, romantischen Fischerdörfern und seinen Mythen ist Cornwall im Südwesten Großbritanniens ein beliebtes Feriengebiet.

> **?** BAEDEKER WISSEN
>
> *Know the Cornishman!*
>
> Viele Ortsnamen in Cornwall, vor allem mit den Vorsilben »tre« (Heimstatt), »lan« (Kirche), »pen« (Ende, Landzunge) und »pol« (Bucht), zeugen noch von der alten Sprachform, die Walter Scott zu dem Merkvers veranlasste: »By Tre-, Pol- and Pen- you shall know the Cornishman.«

»Fish, tin and copper«, wie es in einem alten Trinkspruch heißt, lieferten über Jahrhunderte hinweg die Grundlage für den Reichtum des Landes. Fisch, Zinn und Kupfer garantierten einigen Gewinn, vielen aber auch nur einen bescheidenen Lebensunterhalt. Andere lebten von Wrackplünderungen und Schmuggel. Im späten 18. und 19. Jh. ging man – wie in Maßen auch schon zur Bronzezeit und zur Zeit der Römer – an die industrielle Ausbeutung der Bodenschätze, Cornwall wurde weltführender Zinn- und Kupferproduzent. Ab 1920 nahm die Konkurrenz aus Fernost zu, viele Bergleute mussten auswandern, die Minen verfielen. Schließlich blieben

Morgenstimmung an der Küste von Cornwall

Cornwall erleben

AUSKUNFT
**St. Ives Visitor &
Information Centre**
The Guildhall, Street An Pol
St. Ives, Cornwall TR26 2DS
Tel. 01736 79 62 97
www.visitcornwall.com

ESSEN
Seafood Restaurant ©©©©
Padstow, Riverside
Tel. 01841 53 27 00
Eines der renommiertesten Fischrestaurants im Land. Rick Stein, Chefkoch und Leiter der Padstow Seafood School, sorgt mit Rick Stein's Café und dem Seafood Restaurant für kulinarische Schlagzeilen weit über Cornwall hinaus. Tischreservierung nötig!

Bistro de la Mer ©©©
Falmouth, 28 Arwenack St.
Tel. 01326 31 65 09
www.bistrodelamer.com
In einem stimmungsvollen Kellergewölbe ist dieses Fischrestaurant untergebracht.

Food for Thought ©©©
Fowey, The Quay
Tel. 01726 83 22 21
www.foodforthought.fowey.com
Seit zwei Jahrzehnten wird Fisch in allen Variationen in diesem ehemaligen Zollhaus direkt am Hafen zubereitet.

The Boatshed Cafe-Bar ©©
Penzance, Wharf Rd.
Tel. 01736 36 88 45
www.boatshed.org.uk
Das Restaurant am malerischen Hafen bietet eine reichhaltige Auswahl an lokalen Speisen und vegetarischen Köstlichkeiten.

Saltwater Cafe ©©
St. Ives, 14 Fish St.
Tel. 01736 79 49 28
www.saltwaterstives.co.uk
So., Mo. geschl.
Ein farbenfreudig dekoriertes Fischrestaurant, in dem neben anderen Köstlichkeiten ein leckeres Fischrisotto aufgetischt wird.

The Mill House Inn ©©
Tintagel, Trebarwith
Tel. 01840 77 02 00
www.themillhouseinn.co.uk
Die idyllische Mühle aus dem 18. Jh. liegt an der Nordküste Cornwalls in einem knapp ha großen bewaldeten Tal und lädt zu köstlichen regionalen Spezialitäten und frischen Fischgerichten ein.

One Eyed Cat ©©
Truro, 116 Kenwyn St.
Tel. 01872 22 21 22
www.oneeyedcat.co.uk

auch die Sardinenschwärme aus, die Fischerei verlor ebenfalls an Bedeutung. Heute sind Tourismus und Gemüse- und Blumenanbau im milden Klima der Südküste wichtige Erwerbsquellen.

Cornish   Die Einwohner Cornwalls sind stolz auf ihre keltische Abstammung. Ihre Sprache, dem Bretonischen verwandt, ist seit dem 18. Jh. ausgestorben, wenngleich man sich heute um die Wiederbelebung be-

Das Restaurant in einer umgebauten Kapelle aus dem 19. Jh. bietet eine abwechslungsreiche Speisekarte mit moderaten Preisen.

Stein's Fish & Chips ◉
Padstow, South Quay
www.rickstein.com/Steins-Fish-and-Chips.html
Rick Steins »Fish & Chips«-Spezialitäten für den etwas kleineren Geldbeutel.

ÜBERNACHTEN
Fowey Hall ◉◉◉◉
Fowey, Hanson Drive
Tel. 01726 83 38 66
www.foweyhallhotel.co.uk
Familienfreundliches Hotel mit schöner Aussicht auf Stadt und Meer. Geschulte Nannys unterhalten den Nachwuchs, während Eltern die Menüs der beiden Restaurants ausprobieren können; 36 Zimmer.

The Garrack ◉◉◉◉
St. Ives, Burthallan Lane
Tel. 01736 79 61 99
www.garrack.com
Ruhiges Hotel mit schönem Blick auf Porthmeor Beach, Restaurant mit guter Küche und Wintergarten. 18 Zi.

The Abbey Hotel ◉◉◉
Penzance, Abbey St.
Tel. 01736 36 69 06
www.theabbeyonline.co.uk
Kleines exzentrisches Hotel (7 Zi.) in einer ruhigen Seitenstraße, die zum Meer hinunter führt.

Mount Pleasant Moorland Hotel ◉◉
Bodmin
Tel. 01208 82 13 42
www.mountpleasantcottages.co.uk
Gemütliches B&B (7 Zi.) am Rand des Bodmin Moor; Swimmingpool.

Chy-an-Mor ◉◉
Penzance, 15 Regent Terr.
Tel. 01736 36 34 41
www.chyanmor.co.uk
Restauriertes georgianisches B&B mit neun Zimmern. Speisesaal im Art-déco-Stil und herrlicher Blick von der Lounge auf Mounts Bay.

Wheal-E-Mine ◉◉
St. Ives, 9 Belmont Terrace
Tel. 01736 79 50 51
www.whealemine.co.uk
Familiär geführtes und modern eingerichtetes B&B nahe des Porthmeor Beach.

The Wootons Country Hotel ◉◉
Tintagel, Fore St.
Tel. 01840 77 01 70
www.wootons.co.uk
Elf schön eingerichtete Zimmer in einem kleinen Hotel unweit des sagenumwobenen Tintagel Castle.

müht. Aber es fehlen literarische Vorlagen, die Schriftsprache wurde nur bruchstückhaft seit etwa 1400 überliefert. Kornische Schrift trägt ein Grabstein in der Kirche von Mousehole 5 km südlich von Penzance. Die Kirche stammt aus dem 18. Jh.; in Mousehole sprach man bis ins 18. Jh. hinein noch Keltisch. Die Kirchen Cornwalls sind oft Heiligen geweiht, die im übrigen Großbritannien unbekannt sind – eine Folge der Christianisierung durch irisch-walisische Mönche.

Smuggling an Englands Küsten

Wenn es Nacht wurde, begann früher für viele Bewohner der englischen Küsten erst der Arbeitsalltag. Sie fuhren mit dem Boot hinaus, um Stunden später mit Salz, Schnaps, Stoff und Wolle zurückzukehren – ganze Dörfer lebten vom Geschäft mit der illegalen Ware.

Vor allem an der Küste von Cornwall, der Wahlheimat der Romanautorin **Daphne du Maurier**, gehörte Smuggling zum täglichen Leben, denn die unverzollte Ware warf satte Gewinne ab. Zwar drohten harte Strafen vom Gefängnis bis zum Galgen, doch das Geschäft war so lukrativ, dass selbst manch schlecht belohnter Zollbeamte ein Auge zudrückte – vorausgesetzt, er erhielt eine **»Provision«**.

Ein ehrenwerter Beruf?

Besonders die mit Wracks gespickte Küste zwischen der Lizard-Halbinsel und Land's End im Westen Cornwalls war jahrhundertelang das Revier von Seeräubern und Schmugglern. Dort lag auch die »Preußenbucht« **Prussia Cove**, die ihren Namen der **Schmugglerlegende Jack Carter** verdankt. Fast sein ganzes Leben lang übte Jack, der offiziell sein Geld mit dem Gasthof »King of Prussia« in Fowey verdiente, den »Beruf« des Schmugglers aus – und damit eine ehrenwerte Profession, profitierten doch die meisten Bürger von den Beutezügen in Form günstiger flämischer Spitze für einen neuen Kragen oder einer Flasche zollfreien Apfelschnapses aus der Normandie. Einzig die Zollbeamten waren den Schmugglern ständig auf den Fersen. Auch »Jack's Cottage«, das über Prussia Cove aufs Meer schaut, wurde durchsucht, als sich gerade die Beute bis unter die Decke stapelte. Alles wurde beschlagnahmt und nach Penzance, der nächsten Stadt an der Südküste, gebracht. Wütend zog Jack darauf nächtens los, brach den Schuppen des Gesetzes auf und holte »seine« Ware zurück. Was ihm nicht gehörte, ließ er liegen – er war schließlich kein Gauner.

Küstenpfade

Das alte Gewerbe hat an Südenglands Küste zahlreiche Spuren hinterlassen. Mit den **Küstenpfaden**, die heute vom National Trust gepflegt werden, schlugen Zöllner und Gesetzeshüter im 17. Jh. erste Breschen in die damals völlig unzu-

Inbegriff eines Schmugglernestes: das »Jamaica Inn«, das Daphne du Maurier in ihrem gleichnamigen Roman verewigt hat.

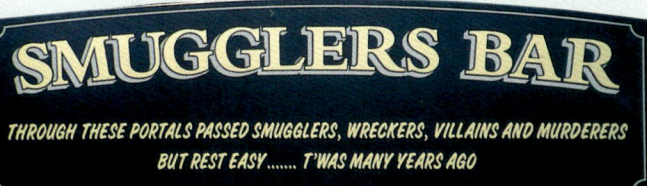

gängliche Küste. So konnten sie den Schmugglern, die beim Auftauchen der Fahnder rasch in die nächste Bucht ruderten, an Land den Weg abschneiden.

Im Schutz der Nacht

Nicht alle Schmuggler waren Gentlemen vom Schlage eines Jack Carter. In **Polperro**, im 18. Jh. ein winziges Fischerdorf an der Kanalküste, widmete sich zeitweise die gesamte Bevölkerung dem Schmuggel mit kontinentalen Gütern, die im Schutz der Dunkelheit von den großen Handelsschiffen auf kleine Boote umgeladen, dann in kleine Häfen oder unzugängliche Buchten an Land gebracht und über Felsen oder **unterirdische Gänge** in die Verstecke gebracht wurden. Machten sich die Ordnungshüter an die Durchsuchung ihrer Keller, verteidigten die streitbaren Bewohner ihre mühsam herbeigeschaffte Beute auch mit der Waffe. Besonders die cornische Küstenbevölkerung besaß eine große Zahl an waghalsigen Freibeutern.

Während des **100-jährigen Krieges** stachen von Cornwall aus unentwegt Piratenschiffe in See, die den Ärmelkanal unsicher machten, Schiffe kaperten und versenkten, stahlen und sich mit der Fracht in die heimischen Häfen zurückzogen. Auch während der **Napoleonischen Kriege** wurden zahlreiche Schiffe überfallen. Mancher Freibeuter verwendete seine in der Piraterie gesammelten Erfahrungen eben in der Schmuggelei.

Das Ende der Ära

Mit dem Schmuggelgeschäft im großen Stil war es Mitte des 19. Jh.s vorbei. Durch bessere Straßennetze, strengere Strafverfolgung und nicht zuletzt durch das Küstenschutzgesetz, das 1856 die Bewachung der Küsten an die Admiralität übergab, war der Mythos schließlich am Ende. Hinzu kam, das die Zölle auf alkoholische Getränke reduziert wurden. Im 20. Jh. waren es dann zunehmend Wochenendausflügler und Amateure, die lediglich für den eigenen Bedarf ein paar unverzollte Flaschen Calvados aus Frankreich mitbrachten.

Schriftstellerinnen wie **Daphne du Maurier** blieb es überlassen, das wagemutige Geschäft wenigstens in der Literatur am Leben zu erhalten. Die junge Londonerin, die sich 1930 in Cornwall zum Schreiben niedergelassen hatte, entdeckte bei einem Reitausflug im Bodmin Moor eine kleine Kneipe in Bolventor. Die Schänke, in der sich über Jahrhunderte Schmuggler und Reisende aufgewärmt hatten, inspirierte sie zu ihrem Roman »**Jamaica Inn**«, der die Hochzeit der Schmuggelei im 18. Jh. heraufbeschwört – Alfred Hitchcock verfilmte den Roman 1939.

ZIELE • Cornwall

★★ RUNDFAHRT

***Antony House**
Fährt man westlich von ▶Plymouth über den River Tamar nach Cornwall hinein, dann kann man über St. Germans einen Abstecher zum Mündungsdelta des Tamar machen. Lohnend ist der Besuch des Antony House, Landsitz der Familie Carew aus dem 18. Jh. mit Interieurs der Queen-Anne-Epoche, Gemälden und einem schönen Landschaftspark.

April – Okt. Di. – Do., So. 13.00 – 17.00 Uhr; Eintritt 8,10 £

*Polperro
Polperro 10 km weiter westlich ist ein hübsches kornisches Fischerdorf, das zwischen zwei Felsklippen an der Mündung des Pol liegt. Im Sommer ist der Ort recht überlaufen. Der Maler Oskar Kokoschka verbrachte hier die Jahre seines Exils. Im **Polperro Heritage Museum** wird die Geschichte Polperros als Schmugglernest gezeigt.

Polperro Heritage Museum: Ostern – Okt. tgl. 11.00 – 17.00 Uhr; Eintritt 1,80 £; www.polperro.org

*Fowey
Fowey 16 km westlich war früher ein bedeutender Seehafen und ist heute ein äußerst malerischer Ort. Die Kapelle St. Goran (7. Jh.) war ursprünglich St. Nicholas, dem Patron der Seefahrer geweiht. Ihr Inneres birgt einen schönen normannischen Taufstein. Sehenswert ist Noah's Ark, ein elisabethanisches Fachwerkhaus.
Ein etwas längerer schöner Fußweg führt an den Ruinen einer Seefestung von Heinrich VIII. vorbei zum **Gribbin Head**.
Tristan Stone 2 km nördlich ist ein Monolith von ca. 550 n. Chr., der der Legende nach der Grabstein des Ritters aus dem mittelalterlichen Tristan-Epos gewesen sein soll. Etwas weiter nördlich liegen Reste des eisenzeitlichen **Castle Dore**, in dem der Wall der Burg von König Marke aus der Tristan-Sage enthalten sein soll.

St. Austell
Die alte Marktstadt St. Austell 15 km westlich mit dem markanten, reich geschmückten Turm der Holy Trinity Church (15. Jh.) stieg wirtschaftlich zu nationaler Bedeutung auf, als der Chemiker William Cookworthy Mitte des 18. Jh.s Porzellanerde in der Umgebung entdeckte, die bis heute abgebaut wird und den großen Manufakturen von ▶Derby, Minton und ▶Worcester als Rohstoff für ihr feines Porzellan dient. Die weißen Abraumhalden, die »kornischen Alpen«, wie man hier sagt, prägen das Umland, denn bei der Gewinnung von 1 t Kaolin bleiben 9 t Abfall zurück. Das **Wheal Martyn Museum** nördlich der Stadt zeigt eine Ausstellung zur Porzellanerdegewinnung. Schön ist ein Ausflug an die klippenreiche St. Austell Bay. In St. Dennis 10 km nordwestlich hat man vom Hügel der Pfarrkirche aus einen guten Blick auf die bizarren »kornischen Alpen«.
Der Fischerort **Mevagissey** 10 km südlich mit schmalen Gassen und pittoresken Schieferhäusern ist ein wahrer Besuchermagnet.

Heckenlabyrinth in Glendurgan Gardens

Wheal Martyn Museum: Di. – So. 10.00 – 16.00 Uhr; Eintritt 8,50 £; www.wheal-martyn.com

Die ***Lost Gardens of Heligan** 3 km nördlich wurden im 18. Jh. angelegt, gerieten lange in Vergessenheit und wurden in den 1990er-Jahren wiederbelebt. Westlich davon ist um den Landsitz **Trewithen House** aus dem 18. Jh. nahe Probus ein wunderschöner Landschaftsgarten mit einem Rhododendron-Arboretum, über 30 Arten von Kamelien und 40 verschiedenen Magnoliensorten entstanden.
*****Trelissick Garden** 7 km südlich von Truro gilt als einer der schönsten subtropischen Gärten Englands, er wurde in den 1930er-Jahren um ein Herrenhaus von 1825 angelegt.
Der beliebte Urlauberort Falmouth hat das mildeste Winterklima in ganz England. Gartenfreunde kommen in den herrlichen **Glendurgan Gardens** 8 km südlich von Falmouth auf ihre Kosten. Zahlreiche verschiedene Baumarten, seltene Koniferen, Rhododendren und Wiesenblumen wachsen hier; außerdem gibt es einen Irrgarten.

Landschaftsgärten

Lost Gardens of Heligan: April – Sept. tgl. 10.00 – 18.00, Okt. – März bis 17.00 Uhr; Eintritt 10 £; www.heligan.com
Trewithen House: März – Mai. tgl., Juni – Sept. Mo. – Sa. 10.00 – 16.30 Uhr; Eintritt 7,50 £; www.trewithengardens.co.uk
Trelissick Garden: Sommer tgl. 10.30 – 17.30, Winter tgl. 11.00 – 16.00 Uhr; Eintritt 7,20 £
Glendurgan Gardens: Feb. – Okt. Di. – Sa. 10.30 – 17.30 Uhr; Eintritt 6,80 £

Men-an-Tol, eine rätselhafte Kultstätte bei Penzance

*The Lizard Der von Steilküsten und sandigen Buchten umzogene südlichste Teil Großbritanniens, die Halbinsel Lizard (Eidechse), hat streckenweise noch einen recht urtümlichen Charakter, dessen Schönheit im Stein begründet liegt. Der grüne Serpentin, gemischt mit Gneis und rotem Granit und teilweise überzogen von Heidekraut und Stechginster, bietet ein herrliches Farbenspiel. Die Bewohner lebten lange vom Fischfang und von der einträglichen **Riffpiraterie**, denn viele Schiffe zerschellten an der tückischen Felsküste. Erst 1752 wurde ein Leuchtturm auf der Südspitze Lizard Point errichtet. Ein kleinerer Turm in Form eines Obelisken bei Mullion erinnert an Guglielmo Marconi (1874 – 1937), den Erfinder der drahtlosen Telegrafie, der von hier 1901 die **erste Funkverbindung nach Amerika** herstellte.

Lizard ist eine beliebte Sommerfrische. Naturschönheiten sind der 5 km lange Strand Porthleven Sands und der Klippenpfad von Lizard Point über Kynance Cove nach Mullion Point. In Mullion lohnt die Pfarrkirche (15./16. Jh.) mit einem Taufbecken aus dem 13. Jh. und einer »Hundetür« im Südportal – die Schäfer brachten ihre Hunde zum Gottesdienst mit, und die liefen zwischendurch aus der Kirche, um nach der Herde zu sehen.

❶ www.lizard-peninsula.co.uk

*St. Michael's Mount Eduard der Bekenner schenkte den Benediktinermönchen von Mont St. Michel in der Normandie im Jahr 1050 ein Tochterkloster:

St. Michael's Mount. 1425 ging das Kloster auf dem 70 m hohen Granitfelsen in den Besitz der Krone über und wurde als Seefestung ausgebaut. Nach dem englischen Bürgerkrieg 1642–1649 wurde die Familie St. Aubyn Eigentümer der Anlage, 1954 erwarb der National Trust St. Michael's Mount. Die Lage der Kloster-Festung ist attraktiver als die Gebäude selbst. Erreichbar ist sie bei Ebbe zu Fuß, bei Flut mit kleinen Booten. Zu sehen sind Innenausstattungen des 17./18. Jh.s.

❶ Festung April – Okt. So. – Fr. 10.30 – 17.00, Garten Mitte April – Sept. Do., Fr. 10.30 – 17.00 Uhr; Eintritt 9,25 £; www.stmichaelsmount.co.uk

Hauptort der »kornischen Riviera« ist Penzance, eine lebhafte Einkaufsstadt und das ganze Jahr über als Urlaubsort beliebt. Einst war Penzance Schmugglernest (▶Baedeker Wissen S. 282), im 18. Jh. stellten die Freibeuter sogar den Bürgermeister. Hauptstraße ist die Market Jew Street, die vom Bahnhof bis zum Market House führt. In der Chapel Street steht das Ägyptische Haus (um 1835), mit dem sich ein exotikverliebter Brite ein Denkmal setzte, außerdem das Gasthaus »Admiral Benbow«, ein alter Schmugglertreff. Neben der gepflegten Strandpromenade laden die Morrab Gardens und Penley Park mit subtropischen Pflanzen zu einem Besuch ein. Von Penzance gibt es Schiffs- und Hubschrauberverbindungen zu den ▶Isles of Scilly. *Penzance

Knapp 10 km nordwestlich von Penzance liegen zahlreiche prähistorische Monumente. **Lanyon Quoit**, Teil einer Grabanlage, ist auf 4000 v. Chr. datiert. Eine prähistorische Steinsetzung ist auch **Men-an-Tol**. Die zwei Reihen von je acht Bauernhäusern bei **Chysauster** zwischen 100 v. Chr. und 250 n. Chr. entstanden.

Im Anfang des 19. Jh.s im Sinne der Naturromantik angelegten **Trengwainton Garden** 3 km nördlich von Penzance wachsen Pflanzen, die in England nur an diesem Ort gedeihen, darunter eine besondere Magnolienart. Verschiedene Rhododendren beleben mit ihrer Farbenpracht im Frühsommer den Garten. Die prähistorischen Steinsetzungen **The Merry Maidens** und **The Piper** in der Nähe von **Lamorna** südlich von Penzance bestehen aus 15 etwa 4 m hohen Megalithen und neun etwa 1 m hohen kreisförmig angeordneten Steinen. Der Legende nach handelt es sich um versteinerte Musikanten und tanzende Mädchen – versteinert, da sie verbotenerweise am Sonntag ihrem Vergnügen nachgingen.

Trengwainton Garden: : Feb. – Okt. So. – Do. 10.30 – 17.00 Uhr; Eintritt 6,10 £

Land's End 7 km nordwestlich ist der westlichste Punkt Englands, westlicher liegen nur die ▶Isles of Scilly, die man von dort bei klarem Wetter sehen kann. Die bizarren Granitfelsen der 60 m hohen Steilküste lassen sich bei einer Klippenwanderung erkunden. Im Sommer ist der Landzipfel allerdings ein wahrer Rummelplatz. *Land's End

ZIELE · Cornwall

***St. Ives** St. Ives und seine Pfarrkirche sind nach dem irischen Missionar St. Ia benannt, der hier im 5. Jh. den christlichen Glauben verbreitete. In St. Ives lebte man bis ins 19. Jh. vom Sardinenfang. 1883 kam der Maler James Whistler hierher, andere Künstler folgten. Ben Nicholson, Architekt und Stilllebenmaler, seine Frau, die Bildhauerin Barbara Hepworth (1903–1975), und der Töpfer Bernard Leach (1887–1979) gehören zu den berühmten Künstlern des 20. Jh.s, die in St. Ives lebten. Das Barbara Hepworth Museum zeigt eine gute Sammlung ihrer abstrakten Skulpturen. Die Pfarrkirche St. Ia aus dem 15. Jh. birgt einen modernen Taufstein und eine Madonna mit Kind (1953) von Barbara Hepworth. Die von Eldred Evans und David Shalev entworfene **Tate St. Ives**, zu der auch das Barbara Hepworth Museum gehört, wurde 1993 als dritte Dependence der Tate Gallery in London an der Porthmeor Beach eröffnet. Das Gebäude mit einer zur See hin offenen Glasrotunde zeigt Werke von Künstlern aus der Region sowie Ausstellungen aus den Beständen der Londoner Zentrale.
Tate St. Ives: März–Okt. tgl. 10.00–17.00, Nov.–Feb. Di.–So. bis 16.00 Uhr; Eintritt 10 £; www.tate.org.uk

*Padstow Padstow im Mündungsdelta des Camel – einst der einzige sichere Hafen an der nordkornischen Küste – wurde im 6. Jh. von St. Petroc christianisiert. Die Kirche St. Petroc Major stammt aus dem 13. Jh. Mehrere Monumente im Innern verweisen auf die einheimische Prideaux-Familie, deren hervorragend ausgestattetes Landhaus **Prideaux Place** aus dem 16. Jh. zu besichtigen ist. Einige Steinhäuser

Porthminster Beach von St. Ives

des 16. Jh.s, u. a. Raleigh Court, in dem Sir Walter Raleigh als Kronbeamter Steuern eintrieb, säumen den South und North Quay am Hafen. Reizvoll sind eine Klippenwanderung auf dem **Cornwall Coast Path** nach Trevone mit hübscher Sandbucht und eine Bootsfahrt entlang der Steilküste.
Prideaux Place: Mitte Mai – Mitte Okt. So. – Do. 12.30 – 17.00 Uhr; Eintritt 4 £; www.prideauxplace.co.uk

Die Stadt Bodmin 16 km südöstlich ist seit 1835 Grafschaftshauptstadt. Die Ortsgründung geht auf ein Kloster des hl. Petroc zurück, der hier um 530 missionierte und 564 starb. Die heutige Pfarrkirche St. Petroc, die größte in Cornwall, wurde 1469 bis 1472 errichtet. Im Innern zeigt sie einen der schönsten normannischen Taufsteine in Cornwall (12. Jh.) mit Engelsköpfen, Lebensbaum und Allegorien von Gut im Osten und Böse im Westen.
❶ www.st-petroc-bodmin.co.uk

Bodmin

5 km südlich von Bodmin steht Lanhydrock House, ein ursprünglich jakobianisches Herrenhaus, das nach einem Brand 1881 wiedererrichtet wurde. Der Nordflügel blieb unversehrt und zeigt an einer Stuckdecke von etwa 1642 Szenen aus dem Alten Testament. Im Drawing Room sind Innenausstattungen des 18. Jh.s zu sehen, im Morning Room Wandteppiche der Mortlake-Manufaktur (17. Jh.). Interessant ist die alte Kücheneinrichtung. In dem schönen Park gibt es eine prächtige Eibenallee.
❶ März – Okt. Di. – So. 10.00 – 18.00 Uhr; Eintritt 10,70 £

*Lanhydrock House

Neben Liskaerd, Helston und Truro war Lostwithiel 10 km südlich eine der vier **Wiege- und Stempelstädte** für Zinn, »Stannary Town« genannt. In der Pfarrkirche St. Bartholomew befindet sich ein interessantes Taufbecken (14. Jh.) mit Darstellungen einer Falkenjagd und wilden Tieren. Hauptattraktion des Ortes ist **Restormel Castle**, eine mächtige Burganlage (12./13. Jh.) oberhalb des River Fowey.
Restormel Castle: April – Okt. 10.00 – 17.00 Uhr; Eintritt 3,50 £

*Lostwithiel

Im Innern von Cornwall – nordöstlich von Bodmin – liegt die karge, zerklüftete Moorlandschaft Bodmin Moor. Brown Willy ist mit 460 m der höchste Punkt. Verstreut liegen eine Reihe von Stein-Monumenten aus verschiedenen frühgeschichtlichen Epochen.
Die Schriftstellerin Daphne du Maurier (1907 – 1989), die viel über Cornwall geschrieben hat, machte die Kneipe in dem Dörfchen **Bolventor** in ihrem Roman »Jamaica Inn« berühmt; heute beherbergt der Gasthof Potter's Kuriositätenmuseum.
Am Südrand des Bodmin Moor liegt der kleine Ort **St. Neot** mit einer Kirche (1425), die mit zwölf Fenstern hervorragende Glasmalereien des 15. und 16. Jh.s besitzt.

*Bodmin Moor

Britannische Sage

BAEDEKER WISSEN

Auf den Spuren von König Artus

Der sagenhafte König, dessen Existenz bis heute nicht bewiesen ist, soll seine Ritter der Tafelrunde im Süden Englands um sich geschart haben. Der Literatur ist zu verdanken, dass Artus nicht nur unsterblich, sondern zugleich zum Inbegriff ritterlicher Tugenden wurde. Im Lauf der Bearbeitungen drängten die Abenteuer der den Gral suchenden Ritter die ursprüngliche Fabel jedoch mehr und mehr in den Hintergrund.

▶ **Im Artusland**
Wer in Südengland auf die Suche nach Artus geht, findet geheimnisvolle und sagenumwobene Orte:

- Artus' Geburtsort?
- Schloss Camelot?
- Artus Jugendzeit?
- Sieg gegen die Angelsachsen?
- Wurde hier Excalibur versenkt?
- Versteck des Heiligen Grals?
- Artus' letzte Schlacht?
- Grab von Artus und Guinevere

▶ **Artus in Literatur, Musik und Film**

Geoffrey of Monmouth: Historia regnum Britanniae, um 1100

Normanne Wace: Roman de Brut, 1155

Chrétien de Troyes: Conte de Graal, um 1180

Wolfram von Eschenbach: Parsifal, 1200

Hartmann von Aue: Iwein, um 1200

Thomas Malory: Le Morte Darthur, um 1470

Stoffe, Motive, Figuren

In seiner Tafelrunde versammelte Artus die edelsten Ritter seiner Zeit, wobei ihre Zahl je nach literarischer Verarbeitung schwankt. Die höfischen Epen des Mittelalters schöpfen aus diesem Kreis ihre Stoffe und Figuren, um das Ideal der ritterlichen Tugenden zu transportieren.

Richard Wagner: Tristan und Isolde, 1865; Parsifal, 1882

Mark Twain: A Connecticut Yankee in King Arthur's Court, 1889

Loewe/Lerner: Camelot (Musical), 1960

Monthy Python: Die Ritter der Kokosnuss, 1975

Marion Zimmer Bradley: Die Nebel von Avalon, 1983

Jerry Zucker (Regie): Der erste Ritter, 1995 (Sean Connery als Arthur)

In **Altarnun** im Norden steht die Kirche St. Nona (15. Jh.), die der Mutter des hl. David von Wales geweiht ist; ein keltisches Kreuz (6. Jh.) auf dem Friedhof erinnert noch an die Missionstätigkeit des Heiligen. Rosettenschmuck und bärtige Gesichter zieren das normannische Taufbecken in der Kirche. Eine Besonderheit sind die Gestühlwangen aus dem 16. Jh. mit christlichen (Passion) und weltlichen (Dudelsackspieler, männliche Sirenen) Motiven.
  www.bestofbodminmoor.co.uk

*Tintagel, King Arthur's Castle

Tintagel, bekannt durch die Sagen um König Artus und den Gral (▶Baedeker Wissen S. 290), ist das wohl berühmteste und im Sommer bestbesuchte Dorf in Cornwall. 1136 erklärte der Chronist Geoffrey of Monmouth in seiner Historia Regum Britanniae die Burg von Tintagel zur Residenz von König Artus; seinem Beispiel folgten über die Jahrhunderte bis heute zahlreiche Schriftsteller, darunter auch die Amerikanerin Marion Zimmer Bradley in ihrem 1982 erschienenen Roman »Die Nebel von Avalon«. Tatsächlich erhalten sind nur dürftige Mauerreste einer Anlage des Grafen Reginald von Cornwall, eines unehelichen Sohns von Heinrich I., die 1145 auf den sturmumtosten Klippen errichtet wurde, sowie die Ruinen einer Klosteranlage aus dem frühen 6. Jh. – es gibt also nur wenige Anhaltspunkte, um den legendären König und seine Tafelrunde zu lokalisieren.

Im Ort selbst ist das **Tintagel Old Post Office** interessant, eine viktorianische Poststube in einem wettergegerbten, schiefergedeckten Steinhaus aus dem 14. Jh. Empfehlenswert ist der **Klippenwanderweg nach Boscastle**. Das Fischerdorf, in dem es ein Hexenmuseum gibt, liegt in einer engen Schlucht, ständig von Wellen umbrandet.

Castle: April – Okt. 10.00 – 18.00 Uhr; Eintritt 5,70 £
Post Office: März – Okt. tgl. 10.30 – 17.30 Uhr; Eintritt 3,50 £

Bude

Bude ist ein modernes Seebad mit langem **Sandstrand**. Bekannt ist es für sein Jazz Festival in der letzten Augustwoche.

Morwenstow

In Morwenstow, dem nördlichsten Ort Cornwalls, thront einsam auf den Klippen die Kirche **St. John the Baptist** mit einem normannischen Säulenportal. Interessant ist das **Pfarrhaus**, das der exzentrische Pfarrer Robert Stephen Hawker (1803 – 1875) mit originellen Schornsteinen in Form bekannter Kirchtürme aus jenen Orten erbauen ließ, in denen er einen Teil seines Lebens verbracht hatte. Hawker machte sich auch als Retter von Schiffbrüchigen verdient.

*Cotehele House

Der Tudor-Landsitz Cotehele House 23 km südöstlich (15./16. Jh.) präsentiert Wandteppiche und eine Möbelsammlung der Stuart-Zeit. Schön ist auch der weite Terrassengarten.
  Haus März – Okt. Sa. – Do. 11.00 – 16.00 Uhr, Garten tgl. Sonnenaufgang – Sonnenuntergang; Eintritt 9 £

Cotswolds

✳ O/P 17/18

Landesteil: Südengland
Grafschaft: Oxfordshire und Gloucestershire

Zu Recht sind die Cotswolds Hills als »Area of Outstanding Natural Beauty« ausgewiesen worden. Sie sind beliebtes Wandergebiet – teils mit herrlichen Buchenwäldern, teils mit sattem Weideland für Tausende von Schafen.

Die bis zu 327 m hohen Berge, die sich von Chipping Campden im Norden bis ▶Bath im Süden ziehen, bilden die Wasserscheide zwischen Themse und Severn. Die Schafzucht hat hier eine lange Tradition, sie ging ursprünglich im 12. Jh. von den Klöstern aus. Wolle machte das Gebiet wohlhabend, was noch heute an den großartigen Kirchen deutlich wird, deren Mäzene reich gewordene Wollhändler waren. Schmucke Dörfer und kleine Städte mit Häusern aus dem honigfarbenen, wetterfesten Naturstein der Gegend prägen das Bild der Cotswolds, ebenso die kleinen Trockenmauern, die viele der Felder umsäumen.

Cotswolds erleben

AUSKUNFT
Corinium Museum, Park St.
Cirencester GL7 2BX
Tel. 01285 65 41 80
www.cotswolds.com

RUNDFAHRT DURCH DIE COTSWOLDS

Cirencester

Cirencester entwickelte sich an einer Kreuzung von fünf römischen Straßen. Ausgrabungen aus der Römerzeit kann man sich im ausgezeichneten **Corinium Museum** ansehen. In späteren Zeiten war Cirencester größter Wollmarkt des Landes. Daher hat die Stadt eine der reichsten und schönsten Pfarrkirchen, St. John the Baptist. Das Fächergewölbe in der St.-Catherine's-Kapelle und einige der herrlichen alten Fenster lohnen einen Blick. Besuchen sollte man auch den Cirencester Park.

Corinium Museum: Sommer Mo. – Sa. 10.00 – 17.00, So ab 14.00, Winter Mo. – Sa. bis 16.00, So. ab 14.00 Uhr; Eintritt 4,95 £; www.cotswold.gov.uk

Kelmscott Manor

William Morris verbrachte von 1871 bis zu seinem Tod 1896 die Sommermonate in Kelmscott 20 km östlich von Cirencester: In dem **Tudor-Landhaus** sind Möbel- und Tapetenkreationen des Künstlers und seiner präraffaelitischen Freunde zu sehen.

❶ April – Okt. Mi., Sa. 11.00 – 17.00 Uhr; Eintritt 9 £ (nur Garten 2,50 £); www.kelmscottmanor.org.uk

ZIELE • Cotswolds

*Bibury — Bibury 11 km nordöstlich von Cirencester war für William Morris das schönste Dorf Englands. Bis heute besitzen die steinernen Weberhäuschen der Arlington Row und die als Museum eingerichtete **Arlington Mill** aus dem 17. Jh. einen unwiderstehlichen Charme.

Northleach — Die A40 führt nach Northleach, einem attraktiven Städtchen auf einem Plateau des Windrush Valley. In der Kirche St. Peter and Paul erinnern Messingplatten reicher Wollhändler an den einstigen Wohlstand. Im **Old Prison** ist der Alltag einer von der Schafzucht lebenden Gemeinde nachgestellt.
Old Prison: April – Okt. Mi. – Sa. 11.00 – 16.00 Uhr; Eintritt frei

Chedworth Roman Villa — Ein Abstecher führt zur südwestlich von Northleach gelegenen Chedworth Roman Villa, den Resten einer romano-britischen Anlage, die zwischen 180 und 350 n. Chr. gebaut wurde. Ab 1864 wurden ein Fußboden-Mosaik und zwei Bäder ausgegraben, die restlichen Funde sind im Museum ausgestellt.
● März – Nov. tgl. 10.00 – 17.00 Uhr; Eintritt 8,50 £

Stow-on-the-Wold — Auf der A 429 geht es durch das Dorf Bourton-on-the-Water in die Kleinstadt Stow-on-the-Wold. Auf dem Marktplatz werden große Schafmärkte abgehalten. Es gibt nette Antiquitätenläden und Pubs.

Chastleton House — Zu Beginn des 17. Jh.s ließ sich der Wollhändler Walter Jones 11 km nordöstlich von Stow-on-the-Wold das Chastleton House bauen; die originale Inneneinrichtung des 17./18. Jh.s ist erhalten.
● Mitte März – Okt. Mi. – Sa. 13.00 – 16.00 Uhr; Eintritt 8,25 £

Rollright Stones — 8 km nordwestlich der traditionsreichen Wollstadt Chipping Norton liegen die Rollright Stones, **prähistorische Steinkreise**, die zwar weniger beeindrucken als die größeren bei Stonehenge und Avebury, landschaftlich aber sehr schön gelegen sind. Es handelt sich um etwa 60 Steine, darunter eine Gruppe von elf, »King's Men« genannt.

*Chipping Campden — Chipping Campden war einst das Zentrum des Wollhandels. Viele reiche Wollhändler, die hier im 14. und 15. Jh. wohnten, ließen sich prächtige Häuser bauen. Das wohl schönste gehörte William Grevel, der im 14. Jh. lebte und den eine Gedenktafel in der Kirche als »Flower of the Wool Merchants of all England« feiert. Sehenswert sind die **Town Hall** von Chipping Campden, außerdem die **Woolhall**, die **Market Hall** (1625) und die **Hospitalshäuser** aus dem 14. Jh.
● www.chippingcampden.co.uk

*Broadway — Broadway am Fuß der Cotswolds ist ein guter Ausgangspunkt für ausgedehnte Wanderungen – wegen der hübschen elisabethanischen Häuser, der vielen Antiquitätengeschäfte und nicht zuletzt wegen der

Auf Tour durch die Cotswolds-Dörfer wie das malerische Snowshill südlich von Broadway

anheimelnden Inns gilt Broadway als eine der reizvollsten Ortschaften in den Cotswolds.
🛈 www.broadway-cotswolds.co.uk

Auf der landschaftlich schönen B4632 geht es nach Winchcombe, einer hübschen alten Cotswold-Stadt mit typischen Sandsteingebäuden. Etwas abseits der Straße liegen die **Ruinen von Hailes Abbey**, einer einst großen Zisterzienserabtei.
Sudeley Castle außerhalb von Winchcombe war Sitz der Königin Catherine Parr, die nach dem Tod Heinrichs VIII. Lord Seymour of Sudeley zum Ehemann nahm. Zu der Gemäldesammlung des Anwesens gehören Werke von Constable und Turner. Der ausgedehnte Queen's Garden lädt zu erholsamen Spaziergängen ein.
Von Sudeley Castle führt ein Wanderweg hinauf zur neolithischen Grabkammer **Belas Knap**, die ca. 3000 v. Chr. entstand und zu den besterhaltenen des Landes gehört.
Sudeley Castle: April – Okt. tgl. 10.30 – 17.00 Uhr; Eintritt 11 £; www.sudeleycastle.co.uk

Winchcombe

Painswick 10 km südöstlich von ▶Gloucester ist eine traditionsreiche Kleinstadt mit vielen ansehnlichen Steinhäusern aus der Blütezeit des

*Painswick

Wollhandels. **Painswick Rococo Garden** im Norden der Stadt ist eine im Stil des 18. Jh.s restaurierte Gartenanlage.
Painswick Rococo Garden: Jan. – Okt. tgl. 11.00 – 17.00 Uhr; Eintritt 6,50 £; www.rococogarden.org.uk

Tetbury Südwestlich von Cirencester liegt Tetbury mit einem mehr als 400 Jahre alten Landsitz. Das **Westonbirt Arboretum** 5 km südwestlich von Tetbury ist eine wunderbare Baum- und Buschwelt mit über 14000 verschiedenen Exemplaren.
Westonbirt Arboretum: ganzjährig; Eintritt 8 £; www.forestry.gov.uk/westonbirt

Chippenham Rund 16 km südlich liegt der Ort Chippenham, wo bis heute einer der größten Viehmärkte des Landes abgehalten wird. Unter den vielen Fachwerkhäusern ist die Old Yelde Hall am Marktplatz – bis 1841 Rathaus und heute interessantes stadtgeschichtliches Museum – besonders eindrucksvoll.

Sheldon Manor 3 km westlich von Chippenham lohnt der Besuch von Sheldon Manor. Das Herrenhaus ist für seine Nailsea-Glassammlung und die herrlichen Rosen im Park bekannt.

*Castle Combe Castle Combe 6 km westlich von Chippenham ist ein ausgesprochen hübsches Dorf mit romantischen mittelalterlichen Häuserzeilen. Besonders sehenswert sind die Pfarrkirche St. Andrew, das elegante Manor House aus dem 14./18. Jh. (heute ein Hotel) mit einem schönen Park und die Water Lane mit alten Weberhütten.
❶ www.castle-combe.com

Coventry

✈ P/Q 16

Landesteil: Mittelengland
Höhe: 295 ft/91 m ü.d.M.
Grafschaft: West Midlands
Einwohnerzahl: 312 800

Die Stadt war schon im 14. Jh. wegen ihrer Wolltuchproduktion eine bedeutende Messestadt. Später entwickelte sie sich zu einem Zentrum der Textilherstellung und kam so zu Wohlstand. Tradition haben inzwischen auch Auto- und Flugzeugindustrie.

1940 wurde die gesamte Altstadt bei einem deutschen Luftangriff zerstört. Beim Wiederaufbau legte man großzügig gestaltete Plätze, Fußgängerzonen und breite Straßen an.

SEHENSWERTES IN COVENTRY

Broadgate

Das Zentrum der Stadt ist Broadgate. In der Platzmitte steht eine **Statue der Lady Godiva** – die Frau des Grafen Leofric soll die Bürger im 11. Jh. vor hohen Abgaben bewahrt haben, indem sie eine Bedingung des Grafen erfüllte und nackt durch die Straßen ritt. Niemand soll es gesehen haben außer dem heimlich spinksenden Peeping Tom. Am Südwest-Ende des Platzes steht eine Uhr – zur vollen Stunde erscheint dort Lady Godiva, im Fenster darüber Peeping Tom.

Holy Trinity Church

Die Holy Trinity Church ist mit ihrem schlanken spitzen Kirchturm eines der Wahrzeichen von Coventry. Sie wurde im Perpendicular Style errichtet und birgt besonders schöne Glasfenster und Teppiche, die für die Krönung von Elizabeth II. gewebt wurden. Hübsch ist die nahe Priory Road mit ihren netten Fachwerkhäusern.
❶ 5a Priory Row; Mo. – Sa. 9.30 – 16.00, So. zur Messe;
www.holytrinitycoventry.org.uk

St. Mary's Guildhall, Caesar Tower

St. Mary's Guildhall, Sitz der Kaufmannsgilde seit 1342, überstand die Bombenangriffe. Im Inneren der großen Halle beeindrucken das Eichengewölbe und Wandteppiche, die u. a. den Besuch Heinrichs VII. im Jahr 1500 in Coventry darstellen. Der angrenzende Caesar Tower ist wieder aufgebaut worden.
Guildhall: Mitte März – Sept. So. – Do. 10.00 – 16.00 Uhr; Eintritt frei;
www.stmarysguildhall.co.uk

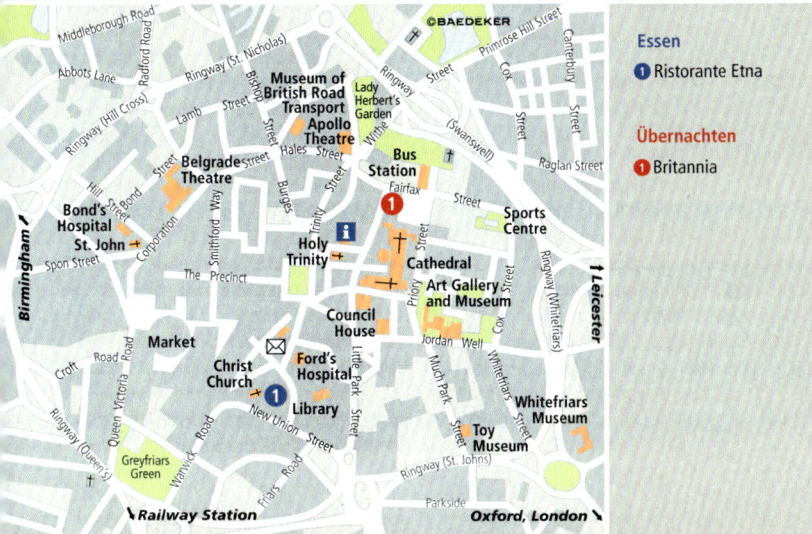

Coventry erleben

AUSKUNFT
Cathedral Ruins, Priory St.
Coventry CV1 5AB
Tel. 024 76 22 56 16
www.visitcoventryand
warwickshire.co.uk

ESSEN
❶ *Ristorante Etna* €€
55 – 57 Hertford St.
Tel. 024 76 22 31 83
www.etnarestaurant.co.uk

Alteingesessenes italienisches Restaurant, das nachmittags auch Kaffee und Kuchen anbietet.

ÜBERNACHTEN
❶ *Britannia Hotel* €€€
Fairfax St.
Tel. *0871 2 22 00 95
www.britanniahotels.com
Angenehmes Hotel, zentrale Lage in unmittelbarer Nachbarschaft zur Kathedrale.

*Ford's Hospital	Das reizvollste der erhaltenen Fachwerkhäuser ist Ford's Hospital in Grey Friar's Lane, 1509 für fünf mittellose Ehepaare gegründet.
*Bond's Hospital	Das malerische Bond's Hospital für alte Männer ist ein Fachwerkhaus von 1506. Ein kleiner Teil der **Stadtmauer** von 1356 ist ebenfalls erhalten geblieben; Cook Street Gate und Swanswell Gate sind die beiden letzten von einst zwölf Toren.
Alte Kathedrale	Die 1373 – 1433 erbaute alte Kathedrale war ursprünglich eine der größten Pfarrkirchen Englands; erst 1918 wurde sie Kathedrale. Nach den Bombenangriffen blieben nur Teile der Außenmauern und der spätgotische hohe Turm stehen. Ein Kreuz aus angekohlten Balken erinnert heute an die Zerstörung.
**Neue Kathedrale	Die nach dem Krieg gebaute Neue Kathedrale gilt als Meisterwerk moderner Architektur. Eine hohe überdachte Vorhalle an der Nordseite verbindet die Kirchenruine mit der modernen Kathedrale St. Michael, die 1956 – 1962 nach Plänen von Sir Basil Spence errichtet wurde. Die außen angefügte Bronzegruppe des Erzengels, der den Teufel besiegt, ist ein Werk von Jacob Epstein. Die gläserne Hauptfassade mit Gravuren von Patriarchen, Heiligen und Engeln stellt die Sichtverbindung zur Kathedralruine und den Menschen in der Stadt her. Besondere Beachtung verdienen im Inneren die **Taufkapelle** mit einem aus Bethlehem stammenden Steinblock als Taufbecken und einem herrlichen Buntglasfenster, Sunburst Window, das in der Mitte die Sonne aufstrahlen lässt, Symbol des Heiligen Geistes. Die zehn **farbigen Glaswände** im Langhaus sind schräg eingesetzt, so dass sie nur vom Chor der Kirche zu sehen sind. In ihren abgestuften Farben von Gelb über Rot zu Blau und Violett sollen sie das Leben des Menschen von

der Geburt über den Tod bis zur Auferstehung symbolisieren. Im Altarraum steht das **Cross of Nails** mit Nägeln des zerstörten Kathedralbaus als Symbol der Versöhnung. Ein riesiger **Wandteppich** – 22,8 x 11,6 m groß – schmückt die Nordwand. Der in der Nähe von Aubusson hergestellte weltgrößte Wandteppich zeigt Christus in der Glorie, umgeben von Evangelistensymbolen.
❶ Mo. – Sa. 9.00 – 15.00,
So. 12.00 – 15.45 Uhr;
Eintritt 8 £, Turm 2,50 £;
www.coventrycathedral.org.uk

Die **Herbert Art Gallery and Museum** zeigt volkskundliche Sammlungen, Bilder einheimischer Maler sowie frühe Zeugnisse der Industrialiserung aus Coventry und Dokumente zur Stadtgeschichte.
❶ Mo. – Sa. 9.00 – 16.00,
So. ab 12.00 Uhr; Eintritt frei;
www.theherbert.org

Sehr lohnend ist ein Besuch von **Kenilworth Castle** 8 km südwestlich von Coventry, das 1120 erbaut wurde und heute die größte Schlossruine Englands ist. Das früher von einem See umgebene Schloss aus rotem Sandstein wurde von Robert Dudley, Earl of Leicester und Günstling der Königin Elisabeth, erweitert. Die Königin stattete ihm in Kenilworth Castle einen mehrwöchigen Besuch ab. Die Burg mit ihren Mauern und Türmen, dem alten Fachwerkhaus, in dem die Stallungen waren, und dem normannischen Wehrturm ist nach wie vor sehr beeindruckend.
❶ April – Okt. tgl. 10.00 – 17.00, Nov. – März Sa., So. bis 16.00 Uhr;
Eintritt 8,20 £

Kathedrale

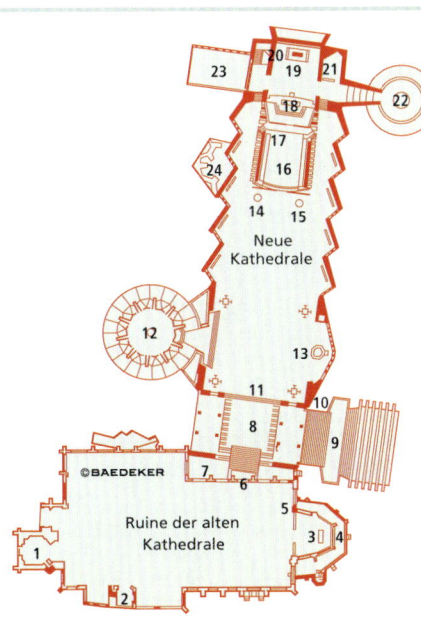

1 Turm
2 Haigh Chapel
3 Kreuz aus verbrannten Balken
4 Internationales Zentrum
5 Christusfigur
6 Treppe der Königin
7 Eingänge zur Krypta
8 Vorhalle
9 Treppe des hl. Michael
10 St. Michael and Lucifer
11 Gravierte Glaswand
12 Chapel of Unity
13 Taufbecken
14 Kanzel
15 Chorpult
16 Chor
17 Bischofsthron
18 Hochaltar
19 Lady Chapel
20 Wandteppich
21 Chapel of Christ in Gethsemane
22 Chapel of Christ the Servant (Chapel of Industry)
23 Refektorium
24 Ruinen des Benediktinerklosters

** Dartmoor

K/L 19/20

Landesteil: Südwestengland
Grafschaft: Devon

Bei Dartmoor denkt man an schaurige Spukgeschichten und uralte Legenden, an eine unwirtliche, von Nebelschwaden umwaberte Moor- und Heidelandschaft.

? BAEDEKER WISSEN

Sicher durchs Moor

Bei Wanderungen – insbesondere im Hochmoor – sollte man auf jeden Fall die Hinweise der Nationalpark-Verwaltung beachten, etwa die Mitnahme von detaillierter Karte und Kompass, genaue Beachtung der Wegweiser und adäquate Kleidung. Das Wetter kann sich hier sehr schnell ändern. Autofahrer müssen mit Schafen und Ponys auf der Fahrbahn rechnen (www.dartmoor-npa.gov.uk; www.dartmoor.co.uk).

Tatsächlich haben viele alte Geschichten ihren Ursprung in diesem Landstrich mit seinen wildromantischen Hügeln und Granitfelsen. Stumme Zeugen aus frühgeschichtlicher Zeit, verlassene Bergwerksruinen des Industriezeitalters und das unergründliche Hochmoor mit den häufigen Nebeleinfällen haben das düstere und unheimliche Image von Dartmoor geprägt. In der einsamen, unwirtlichen Moor- und Heidelandschaft fällt mit 2286 mm Jahresniederschlag mehr Regen als in den meisten Teilen Englands. Das 950 km² große, ehemals königliche Jagdgebiet wurde 1949 zum **Nationalpark** erklärt. Die höchsten Erhebungen sind der 622 m hohe High Willhays und der Yes Tor (616 m). Den landschaftlichen Reiz machen die weite Moorlandschaft, anmutige Täler und zahlreiche Flüsschen aus, darunter der East und der West Dart.

Steingebilde Typisch für die Landschaft sind die **»tors«**, wuchtige Granitbrocken, die in bizarren Formen aus dem Heideland ragen. Mancherorts wurden die Steine einst zu Hünengräbern, Grabhügeln und Steinkreisen zusammengetragen. Bei einigen ist die Herkunft ungeklärt – irrtümlich für frühgeschichtlich gehaltene haben sich oft als neu erwiesen. Ähnliches vermutet man bei einem Teil der »Clapper Bridges« (vom sächsischen »cleaca« = großer Stein). Die Brücken bestehen aus flachen Granitsteinen, die man zum Überqueren in die Flüsse legte.

Prähistorische Stätten Dartmoor ist reich an prähistorischen Stätten. Eine der am besten erhaltenen Siedlungen der Bronzezeit ist **Grimspound** bei Manaton mit 24 Rundhütten. Bei **Great Tor** wurden Reste eines frühen Dorfes entdeckt. Westlich von Chagford liegt **Scorhill Circle**, ein bronzezeitlicher Steinkreis. In **Merrivale** gibt es Steinkreise und Steinalleen.

Dartmoor • ZIELE

Dartmoor erleben

AUSKUNFT
The High Moorland Visitor Centre
Princetown, Dartmoor, PL20 6QF
Tel. 01822 89 04 14, www.dartmoor.co.uk

ÜBERNACHTEN
Gidleigh Park ●●●●
Chagford, Tel. 01647 43 23 67
www.gidleigh.com
Mehrfach preisgekröntes Country House, das auf Wanderer mit einem Hang zum Luxus eingestellt ist. 12 Zimmer. Der Chefkoch des Restaurants Michael Caines erhielt zwei Michelin-Sterne. Als ausgefallene Spezialität gilt das Whisky-Porridge zum Frühstück.

Bearslake Inn ●●●
Lake Sourton, EX20 4HQ
Tel. 01837 86 13 34
www.bearslakeinn.com
6 Zimmer
Das Reet gedeckte Inn am Rande des Dartmoors soll bereits im 13. Jh. erbaut worden sein und versprüht einen entsprechenden Charme. Die sechs Zimmer sind modern, aber gemütlich eingerichtet und das Restaurant wartet mit lokalen Spezialitäten auf.

Moorcote Country Guest House ●●
Moretonhampstead, TQ13 8LS
Tel. 01647 44 09 66
www.moorcotehouse.co.uk
Ein wunderschöner Garten und geschmackvoll eingerichtete Zimmer erwarten die Gäste dieses viktorianischen Gästehauses. In der gemütlichen Lounge kann man in Büchern und Karten der Region stöbern.

Dartmoor-Ponys Die kleinen struppigen Dartmoor-Ponys gehören verschiedenen Farmern und laufen das ganze Jahr über frei herum. Über Jahrhunderte wurden sie als Arbeitstiere eingesetzt, u. a. dienten sie als Packpferde beim Abtransport von Material aus den Blei-, Zinn- und Kupferminen in Dartmoor. Früher waren die Ponys deutlich größer, erst Kreuzungen mit anderen Pferderassen – z. B. mit Shetlands – brachten die kleineren, widerstandsfähigen Ponys hervor. Füttern ist nicht erlaubt!

** RUNDFAHRT DURCH DEN NATIONALPARK

Moretonhampstead, Chagford Moretonhampstead und Chagford sind gute **Ausgangspunkte** für Rundfahrten und Wanderungen. In Moretonhampstead gibt es eine hübsche alte Markthalle und die Alms Houses von 1637. Chagford 6,4 km westlich am Teign wird von hohen Granit-»tors« überragt.
ⓘ www.moretonhampstead.com, www.chagford-parish.co.uk

*Castle Drogo Etwa 4 km östlich von Chagford liegt Castle Drogo, eine der jüngsten Schlossanlagen in Großbritannien, die sich der Teehändler Julius Drewe zwischen 1910 und 1930 errichten ließ. Das 60 m lange, aus

Von feuchten Moosen überzogen: Urwaldbäume im Dartmoor

Granit erbaute Castle wirkt wie ein mittelalterlicher Bau, in dem moderne Formen auf harmonische Weise mit Tudor-, römischen und normannischen Stilelementen kombiniert worden sind.

❶ Sommer tgl. 11.00 – 17.00, Winter Sa., So. bis 16.00 Uhr; Eintritt 8,40 £

*Clapper Bridge

Von Moretonhampstead aus folgt man der B3212 nach Postbridge 13 km südwestlich mit der berühmtesten »Clapper Bridge« über den East Dart, die auf das 13. Jh. datiert wird. Das Granitkreuz Bennett's Cross kurz vor Postbridge soll über 500 Jahre alt sein.

*Widecombe in-the-Moor

Lohnend ist ein Abstecher nach Widecombe-in-the-Moor. Um die Pfarrkirche St. Pancras, auch **»Cathedral of the Moor«** genannt, stehen eine Reihe hübscher strohgedeckter Cottages. Das Church House (16. Jh.) war zeitweise Brauerei und Dorfschule. Pittoreske Cottages gibt es auch weiter südlich in Buckland-in-the-Moor.

❶ www.widecombe-in-the-moor.com

Two Bridges

Von Two Bridges aus kann man eine sehr schöne Wanderung durch Wistman's Wood unternehmen, ein Relikt des ursprünglich weit über das heutige Moorgebiet hinausreichenden Waldes.

Lydford

Eine andere lohnende Wanderung führt ins liebliche Cowsic-Tal und nach Lydford, das im Mittelalter durch seine Zinnbergwerke große Bedeutung erlangte. Die im 12. Jh. angelegte Burg war ein berüchtigtes Gefängnis, das vor dem heutigen in Princetown benutzt wurde. Ein fantastisches Naturschauspiel bietet die 2,5 km lange ***Lydford**

Gorge. Der Lyd stürzt im White-Lady-Wasserfall 30 m tief und hüllt die Umgebung in eine Gischtwolke.
Lydford Gorge: Mitte März – Okt. tgl. 10.00 – 17.00 Uhr; Eintritt 6,05 £

Größter Ort in Dartmoor ist Princetown mit Englands bekanntestem **Gefängnis**, 1806 von französischen Kriegsgefangenen errichtet und ab 1850 Zuchthaus. Im Rathaus von Princetown erhält man Auskunft über die Geschichte der Strafanstalt. Auch die St. Michael Church wurde von Sträflingen gebaut.

Princetown

Das kleine Städtchen Tavistock **8 km nordwestlich** war früher eine recht wohlhabende Woll- und Zinnstadt; so sind auch St. Eustace (14./15. Jh.) und die Guildhall (1848) durch Spenden reicher Zinnbarone und Tuchmacher entstanden.

Tavistock

Derby

P/Q 15

Landesteil: Mittelengland
Höhe: 200 ft/52 m ü.d.M
Grafschaft: Derbyshire
Einwohnerzahl: 246 000

Derby ist eine Industriestadt. 1715 eröffnete John Lombe in Derby Englands erste Seidenspinnerei, 1756 gründete William Duesbury die erste Porzellanmanufaktur. Im 20. Jh. wurde Derby durch die Rolls-Royce-Werke bekannt.

Seide und Porzellan verhalfen der Stadt zu Reichtum und raschem Wachstum. 1877 nahm die Royal Crown Derby Porcelain Company als Nachfolgerin der alten Porzellanfabrik den Betrieb auf. Als Frederick Henry Royce 1906 die Rolls Royce Ltd. gründete, die bald in alle Welt exportierte, begann die Ära der Automobilproduktion.

SEHENSWERTES IN DERBY

Die Kirche All Saints, 1722 – 1725 von James Gibbs umgestaltet, wurde 1927 zur Kathedrale erhoben. Sie birgt die Gräber von Elizabeth of Hardwick, Gräfin Shrewsbury, und von Henry Cavendish.

Kathedrale

Das Museum hat Abteilungen zur Stadtgeschichte und zur technischen Entwicklung, auch ein Modell der Midland Railway ist zu sehen. In der Kunstgalerie sind Gemälde von »Wright of Derby«, wie der Heimatmaler Joseph Wright (1734 – 1797) genannt wird, ausgestellt.
ⓘ Di. – So. 10.00 – 17.00 Uhr; Eintritt frei; www.derbymuseums.org

Derby Museum & Art Gallery

Derby erleben

AUSKUNFT
Assembly Rooms
Market Place
Derby, Derbyshire
England, DE1 3AH
Tel. 01332 25 58 02
www.visitderby.co.uk
Mo.–Do, Sa. 9.30–16.30
Fr. bis 17.00 Uhr

ÜBERNACHTEN
Dannah Farm
Country Guest House ©©©©
Bowmans Lane, Shottle, Nr Belper
Derbyshire DE56 2DR
Tel. 01773 55 02 73
www.dannah.co.uk
Behagliches georgianisches Bauernhaus
mit hauseigenem Restaurant.

Weitere Sehenswürdigkeiten
Georgianische **Bürgerhäuser** findet man am Market Place, Irongate und Friargate, das von einer viktorianischen Eisenbahnbrücke überspannt wird. Einen Kontrast dazu bildet das moderne **Eagle Centre** mit Läden, Markt und Theater. Das **Industrial Museum** in der Solk Mill ist aus finanziellen Gründen vorübergehend geschlossen.

UMGEBUNG VON DERBY

Peak District
Ein herrliches Naherholungsgebiet ist der ▶Peak District.

*Kedleston Hall
Kedleston Hall 7,2 km nordwestlich ist seit dem 12. Jh. Stammsitz der Familie Curzon, er gilt als eines der schönsten **Robert-Adam-Häuser** in England. Um 1760 wurde Kedleston Hall von Robert und James Adam neu erbaut. Glanzlicht ist die Great Hall, ein großer Marmorsaal, dessen Decke von 20 rosafarbenen Alabastersäulen getragen wird. Zum Inventar gehören u. a. Chippendale-Möbel. Sehenswert ist auch das »Indische Museum«.
❶ Mitte Feb.–Okt. Sa.–Mi. 12.00–17.00 Uhr; Eintritt 8,90 £

Crich
In Crich 20 km nördlich gibt es ein ***Tramway Museum**, in dem man selbst mit der Straßenbahn fahren kann: Über 40 Bahnen – von Pferden gezogen, mit Dampf oder elektrisch betrieben – sind aus aller Welt zusammengetragen worden und vermitteln die Geschichte der Straßenbahn zwischen 1873 und 1953.
Tramway Museum: April–Nov. tgl. 10.00–17.30, Feb., März Sa., So. 10.30–16.30 Uhr; Eintritt 12 £; www.tramway.co.uk

Melbourne
Ein Abstecher nach Melbourne knapp 10 km südlich lohnt sich vor allem im August, wenn das Herrenhaus von **Melbourne Hall**, Sitz des Marquis von Lothian, zugänglich ist. Es stammt aus dem 16. Jh. und wurde im 18. Jh. erweitert. Eine kostbare Gemäldesammlung

und Stilmöbel sind zu sehen; ein wundervoller Park mit seltenen alten Bäumen umgibt das Haus.
Melbourne Hall: Haus Aug. Di. – Sa. 14.15 – 16.15, Garten April – Sept. Mi., Sa., So. 13.30 – 17.30 Uhr; Eintritt 6,50 £; www.melbournehall.com

Burton-upon-Trent 6,4 km südwestlich hat knapp 60 000 Einwohner und ist eine bekannte **Bierstadt**. Die Mönche der heute fast völlig zerstörten Burton Abbey – sie war um 1000 gegründet worden – stellten fest, dass sich das Wasser in Burton besonders gut zum Bierbrauen eignete. So entstanden hier im Lauf der Jahrhunderte etliche Brauereien.

Burton-upon-Trent

Wer sich für gutes altes Spielzeug interessiert, sollte zum Herrenhaus **Sudbury Hall** 20 km westlich fahren; das »Museum der Kindheit«, das der Sudbury Hall angeschlossen ist, zeigt eine wunderschöne Spielzeugsammlung.
❶ Mitte Feb. – Okt. Di. – So. 13.00 – 17.00, Museum ab 11.00 Uhr; Eintritt 13 £

Sudbury Hal

Die 1925 gegründete Conurbation Stoke-on-Trent ca. 24 km nordwestlich ist Mittelpunkt des britischen Tonwarenindustriegebietes, des **Potteries Land**. Viele internationale Manufakturen – u. a. Wedgwood, Royal Doulton, Spode – haben hier ihre Wurzeln. Besucher

Stoke-on-Trent

Töpferei in Stoke-on-Trent

erhalten bei Fabrikbesichtigungen Einblick in die traditionelle und moderne Porzellanherstellung. Die Potteries brachten dem Empire Ruhm und Geld, bescherten der Gegend aber außer armseligen Arbeitervierteln auch beträchtliche Luftverschmutzung. Erst in den 1980er-Jahren begann man, die aus sechs Gemeinden zusammengezogene Stadt durch Grünflächen, Einkaufs- und Freizeitzentren zu verschönern. Für Besucher ist sie nach wie vor in erster Linie der Porzellanherstellung wegen attraktiv.

Das ***Potteries Museum and Art Gallery** zeigt eine der bedeutendsten Sammlungen englischer Töpferei- und Porzellanwaren, das **Gladstone Pottery Museum** ist in einer frühviktorianischen Keramikfabrik mit originalen Werkstätten und Flaschenöfen eingerichtet.

Potteries Museum: Bethesda St., City Centre; Mo. – Sa. 10.00 – 17.00, So. ab 14.00 Uhr; Eintritt frei; www.stokemuseums.org.uk
Gladstone Pottery Museum: Uttoxeter Rd., Longton; Okt. – März 10.00 – 16.00, April – Sept. bis 17.00 Uhr; Eintritt 7,25 £; www.stokemuseums.org.uk

* Derry

D 10/11

Landesteil: Nordirland
Höhe: 14 ft/25 m ü.d. M.
Grafschaft u. Distrikt: Derry
Einwohnerzahl: 85 000

Derry ist die zweitgrößte Stadt in Nordirland. Obwohl sie durch die Teilung Irlands im Norden und Westen ihres Hinterlandes beraubt wurde, ist sie ein recht wichtiger Industriestandort. Wegen der schönen Umgebung ist Derry beliebtes Touristenzentrum.

Am Mündungstrichter des River Foyle in der gleichnamigen Meeresbucht gelegen ist Derry ein guter Ausgangspunkt für Ausflüge über die Halbinsel Inishowen und Donegal in der angrenzenden Republik Irland. Die Stadt selbst bietet einige sehenswerte Gebäude und fast vollständig erhaltene mittelalterliche Wallanlagen.

Geschichte Der Name Derry ist eine Ableitung des irischen Wortes »Daire«, das »Eichenwald« bedeutet. Man nimmt an, dass der hl. Kolumban 546 auf dem Hügel von Derry ein **Kloster** gründete. Die im ausgehenden Mittelalter von Augustinern übernommene Klosteranlage wurde im 9. und 10. Jh. mehrfach von den Wikingern angegriffen und zerstört. Das 12. und 13. Jh. brachten Derry unter der **MacLochlain-Dynastie** eine Blütezeit. Im Zuge der Kolonisierung der irischen Provinz Ulster durch Jakob I., der überwiegend protestantische Siedler unter Füh-

Derry erleben

AUSKUNFT
44 Foyle St., Derry, Co Derry
Northern Ireland, BT48 6AT
Tel. 028 71 26 72 84
www.derryvisitor.com

ESSEN
Custom House €€€
Queensquay
Tel. 028 71 37 33 66
www.customhouserestaurant.com
Mit Blick auf den Fluss Foyle und die elegant geschwungene Peace Bridge genießt man eine reichhaltige Auswahl an Gerichten, die fantasievoll zubereitet werden.

ÜBERNACHTEN
White Horse Hotel €€€
68 Clooney Rd.
Campsey
Tel. 028 71 86 06 06
www.whitehorsehotel.biz
Am Stadtrand an der Straße zum Giant's Causeway gelegenes, modernes Hotel; 57 Zimmer.

rung reicher Handelsgilden aus London nach Derry schickte, wurden Stadt und Grafschaft 1613 zur »Londoner Niederlassung« erklärt und in **Londonderry** umbenannt. Aus dieser Zeit stammt auch die massive Stadtmauer, die 1688 – 1689 sogar der 105 Tage dauernden Belagerung durch die Truppen Jakobs II. standhielt; an dieses Ereignis erinnern noch heute die »Orangisten«-Umzüge am 12. August. Mitte des 19. Jh.s erfuhr die **Textilindustrie** mit ihrer Hemden- und Kragenherstellung einen erheblichen Aufschwung. Durch die Teilung Irlands 1921 wurde Derry zur Grenzstadt. Während des **Nordirland-Konfliktes** war Derry immer wieder Schauplatz blutiger Auseinandersetzungen zwischen Protestanten und Katholiken.

Nachdem die Stadt dieses dunkle Kapitel ihrer Geschichte überwunden hat, macht sie sich mit der Ernennung zur britischen **Kulturhauptstadt** 2013 zu einer glanzvolleren Zukunft auf.

SEHENSWERTES IN DERRY

Die Stadtmauer von Derry gilt als die am besten erhaltene im Vereinigten Königreich und blieb mit Ausnahme von drei später hinzugefügten Toren durchweg in ihrem Zustand von 1618. Sie bildet eine schöne Promenade rings um die Altstadt. Vier alte Tore führen in die Stadt hinein: Butcher's Gate, Ferryquay Gate, Shipquay Gate und – als schönstes – Bishop's Gate. In einem der Stadttürme wird im **Tower Museum** anschaulich die Geschichte Derrys von den Anfängen bis heute erzählt. *Walls

Tower Museum: Di. – Sa. 10.00 – 16.30 Uhr; Eintritt 4,20 £;
www.derrycity.gov.uk/Museums/Tower-Museum

Derry: Straßenzug im Katholikenviertel

| Diamond | Die vier wichtigsten Straßen treffen sich getreu dem mittelalterlichen Stadtplan von den Toren ausgehend am Diamond – so wird das Zentrum seit dem 17. Jh. genannt. |

| Profanbauten der Altstadt | In der Altstadt – vor allem in der Shipquay Street, Magazine Street und Bishop Street – gibt es noch eine Reihe sehenswerter georgianischer Häuser. Beispiel für die in den vergangenen Jahren begonnene Sanierung der Altstadt ist **Craft Village**, eine rekonstruierte Ladengasse aus der Zeit der Jahrhundertwende. |

| *St. Columb's Cathedral | Die St. Columb's Cathedral (Church of England) wurde 1629 – 1636 im späten **Perpendicular Style** erbaut, der Glockenturm 1802 hinzugefügt. In Erinnerung an die Londoner Bauherren ziert das Kirchenportal die Inschrift »If Stones could speake/Then Londons prayse/Should sounde who/Built this Church and/Cittie from the grounde« (Wenn Steine sprechen könnten, wäre Londons Lob in aller Munde, das diese Kirche und Stadt von Grund auf erbauen ließ). Die Decke der Kathedrale tragen als Kragsteine die Köpfe von 16 Bischöfen der Stadt. Das Kapitelhaus enthält Erinnerungsstücke an die Stadtgeschichte sowie die Schlüssel der vier Stadttore.
🄞 London St.; www.stcolumbscathedral.org |

| Guildhall | Außerhalb der Stadtmauer steht das **neugotische Rathaus**, das 1972 durch einen Bombenanschlag schwer beschädigt wurde. Ein Großteil des Interieurs musste rekonstruiert werden. Sehenswert sind der |

Ratssaal mit seinen herrlichen Eichenpaneelen und die Schatzkammer mit Exponaten zur Geschichte Irlands.

Das neugotische Gebäude des Magee College, das der University of Ulster angegliedert ist, liegt malerisch am Foyle-Ufer.

Magee College

Die 1933 eröffnete doppelstöckige **Craigavon-Brücke** mit 365 m Länge führt über den Foyle nach Südosten, wo ein modernes Stadtviertel entstanden ist. Eine Brücke im Norden der Stadt, die **Foyle Bridge**, wurde 1984 dem Verkehr übergeben.
Mit der 2011 neu eröffneten, elegant geschwungenen **Peace Bridge** soll ein weiteres Stück Versöhnung und Normalität in Nordirland symbolisiert werden.

Brücken

UMGEBUNG VON DERRY

Auf dem Weg nach Moville liegt auf dem Gelände der Belmont House School der St. Columba Stone, ein Gneis-Block mit zwei Eindrücken, die Fußspuren ähneln. Dieser Felsblock soll als Krönungsstein der O'Neills, Könige von Ulster, benutzt worden sein.

St. Columba Stone

Der königliche Sitz der O'Neills, Grianan of Aileach, liegt westlich der Stadt, jenseits der Grenze zur Republik Irland. Der alte Turm, wohl das älteste Bauwerk Irlands, bietet einen herrlichen Rundblick über die Foyle-Mündung und die gebirgige Küste von Inishowen.

Grianan of Aileach

Giant's Causeway, der »Fußweg des Riesen«, ist eine der größten Attraktionen Nordirlands. Es handelt sich dabei um eine **Felsformation** vulkanischen Ursprungs aus etwa 40 000 prismatischen, senkrecht stehenden Basaltsäulen, verschieden in Umfang und Höhe, deren Oberseiten Trittsteine bilden. Einige der Säulen tragen ihrer Form entsprechende Namen: »Lady's Fan« (Damenfächer), »Giant's Organ« (Orgel des Riesen), »Horseshoe« (Hufeisen). Am eindrucksvollsten ist das über einen Steg (Shepherd's Path) erreichbare »Amphitheatre« mit symmetrisch angeordneten Basaltklötzen und Säulen, die bis zu 24,4 m hoch aus dem Meer aufragen. Der Legende nach handelt es sich beim Causeway um ein Werk des Riesen Finn McCool, Ulster-Krieger und Kommandant der Armee des Königs von Irland. Finn hatte sich in eine Riesin auf der Hebrideninsel Staffa verliebt und an dieser Stelle mit dem Bau eines Weges begonnen, um die Geliebte nach Ulster herüberzuholen.

**Giant's Causeway

Die Strecke von **Ballycastle** über **Cushendall** bis nach Larne führt vorbei an den berühmten Schluchten von Antrim und gilt als die landschaftlich reizvollste Küstenstraße Irlands.

**Antrim Coast

Dorchester

✦ O 19

Landesteil: Südengland
Höhe: 250 ft/76 m ü.d.M
Grafschaft: Dorset
Einwohnerzahl: 15000

Dorchester – ländliche Grafschaftshauptstadt in einem Tal des River Frome gelegen – ist idealer Ausgangspunkt für Besichtigungen und Wanderungen in der herrlichen Landschaft von Dorset.

Thomas Hardy
Literarisch bekannt wurde die Stadt durch den Schriftsteller Thomas Hardy (1840 – 1928). In Novellen, Gedichten und Romanen hat er die Region und das Schicksal der Menschen in Dorset beschrieben. Sein Geburtshaus in Higher Bockhampton 5 km nordöstlich von Dorchester, **Hardy's Cottage**, ist als Museum eingerichtet.
Hardy's Cottage: Mitte März – Okt. Mi. – So. 11.00 – 17.00 Uhr; Eintritt 5 £

Geschichte
Die Ursprünge von Dorchester gehen zwar auf die prähistorischen Siedlungen von Maiden Castle (s. u.) zurück, die eigentliche Ortsgründung stammt aber aus römischer Zeit. An die im 2. Jh. bedeutende Garnisons- und Marktstadt erinnert heute noch die **schachbrettartige Stadtanlage**. Um 800 war Dorchester ein wichtiges Handelszentrum im Königreich Wessex. Die Normannen förderten ab dem späten 11. Jh. die Tuchherstellung. Im Bürgerkrieg standen die Bewohner auf Seiten des Parlaments, wenige Jahrzehnte später unterstützten sie den protestantischen Gegenkönig, Duke of Monmouth, wofür viele schwer bezahlen mussten: Der blutrünstige Oberste Richter Jeffreys verurteilte 1685 über 300 Anhänger zum Tode oder zu langer Kerkerhaft. Im 17./18. Jh. stagnierten Handel und Landwirtschaft, so dass einige Bürger nach Amerika emigrierten, wo sie New Dorchester nahe Boston gründeten. Mit dem wirtschaftlichen Aufschwung des 19. Jh.s entstanden hübsche Häuserfronten in **historisierendem Stil**. Die alten Stadtmauern sind längst geschleift worden und bilden heute baumbestandene Spazierwege.

SEHENSWERTES IN DORCHESTER

Um die High Street
Von der High West Street kommt man zu den römischen Mauerresten an der Albert Road und zu einem **römischen Stadthaus** weiter nördlich in Northernhay. Zahlreiche Häuser vom 17. bis 19. Jh. säumen die High East und High West Street. Sehenswert sind The King's Arms und Borough Arms (**Wirtshäuser** aus dem 17. Jh.) in der High East Street und in der South Street das Antelope Inn, wo 1685 das

Dorchester erleben

AUSKUNFT
11 Antelope Walk
Dorchester, Dorset
England, DT1 1BE
Tel. 01305 26 79 92
www.westdorset.com

ESSEN
The Frampton Arms ●●
Moreton
Tel. 01305 85 22 53
www.framptonarms.co.uk
Das gemütliche Inn, etwas außerhalb von Dorchester gelegen, überzeugt mit seiner reichhaltigen Speisekarte mit regionalen Spezialitäten. Ein kleines B & B gehört auch zum Anwesen.

ÜBERNACHTEN
The Casterbridge ●●●
49 High East St.
Tel. 01305 26 40 43
http://thecasterbridge.co.uk
In diesem zentral gelegenen Hotel kann man zwischen Zimmer im georgianische Stil mit Himmelbetten oder modern eingerichteten Räumen wählen.

Westwood House ●●●
29 High West St.
Tel. 01305 26 80 18
www.westwoodhouse.co.uk
Zentral gelegenes, komfortabel eingerichtetes B&B mit reichhaltiger Frühstückskarte in einem Stadthaus von 1815

Blutgericht von Lord Chief Justice Jeffreys über die protestantischen Rebellen gegen König Karl II. stattfand.

Die Old Shire Hall mit dem Old Crown Court ist für die britische Gewerkschaftsbewegung ein historisch wichtiger Ort; hier fand 1834 der spektakuläre Prozess gegen die Tolpuddle-Märtyrer statt. Die sechs Männer waren Anführer eines illegalen Geheimbundes, der höhere Löhne für die ausgebeuteten Landarbeiter gefordert hatte – damals ein schweres Vergehen, weil die Lohnpolitik allein Sache der Arbeitgeber war. Die Männer wurden zu siebenjähriger Zwangsarbeit in Australien verurteilt, vehemente Proteste in der Öffentlichkeit und eine heftige Parlamentsdebatte bewirkten nach zwei Jahren die Begnadigung der Männer. **Old Shire Hall, Old Crown Court**

Das Dorset County Museum an der High West Street, ein viktorianischer Bau mit einer Ausstellungshalle in Eisenkonstruktion, zeigt Frühgeschichtliches, darunter viele Funde aus Maiden Castle und aus römischer Zeit, außerdem Erinnerungsstücke an Thomas Hardy und eine Nachbildung seines Schreibzimmers. **Dorset County Museum**

❶ April – Okt. Mo. – Sa. 10.00 – 17.00, Nov. – März bis 16.00 Uhr; Eintritt 6,50 £; www.dorsetcountymuseum.org

An der Weymouth Avenue im Südwesten liegt das aus einer kultischen Steinkreisanlage entwickelte römische Amphitheater, dessen **Maumbury Rings**

Zuschaueroval mit 63 bzw. 50 m Durchmesser etwa 10 000 Besucher fasste. Während des Bürgerkriegs diente die Anlage als Festung, im 18. Jh. standen dort Galgen für öffentliche Hinrichtungen.

Max Gate Thomas Hardy lebte von 1885 bis zu seinem Tod 1928 in dem von ihm selbst entworfenen Haus Max Gate 2 km östlich vom Stadtzentrum Richtung Wareham.

❶ Alington Ave.; Mitte März – Okt. Mi. – So. 11.00 – 17.00 Uhr; Eintritt 5 £

UMGEBUNG VON DORCHESTER

*Maiden Castle Maiden Castle 3,5 km südwestlich gilt als eine der imposantesten frühgeschichtlichen Siedlungen in England. Auf einem einstündigen **Rundgang mit Informationstafeln** passiert man die Ausgrabungen aus der Jungsteinzeit, die fast 550 m lange Grabanlage Long Barrow (ca. 2800 v. Chr.) aus der Eisenzeit, Reste einer palisadenbewehrten Erdwallfestung (ca. 500 v. Chr.) und aus der britisch-römischen Epoche die Grundmauern eines Tempels (ca. 370 n. Chr.)

Cerne Abbas Giant Ein interessantes frühgeschichtliches Zeugnis befindet sich in Cerne Abbas 13 km nördlich: Cerne Giant, eine in Kalk geritzte, 55 m hohe Zeichnung eines Mannes – vermutlich britisch-römischen Ursprungs und auf Herkules-Darstellungen zurückgehend –, die mit Fruchtbarkeitsriten in Verbindung gebracht wird.

Bere Regis In Bere Regis 15 km östlich – einst sächsische Königsresidenz – steht die ursprünglich romanische Kirche ***St. John the Baptist** mit einer wundervollen Stichbalkendecke, deren Enden als kunstvoll geschnitzte Apostel in das Schiff ragen. Die vier Schlusssteine im Mittelschiff zeigen von Osten her das Porträt von John Morton (1420 – 1500), Erzbischof von Canterbury und Stifter dieser Decke, dann sein Kardinalswappen, anschließend die Tudorrose zu Ehren Heinrichs VII., dessen Lordkanzler er war; und schließlich eine bandartige Dekoration, die darauf anspielt, dass der Streit zwischen den Häusern Lancaster und York um die Thronfolge geschlichtet wurde, als Heinrich VII. sich mit Elizabeth von York vermählte – die Ehe hatte Morton gestiftet. Hübsch sind auch die normannischen Kapitelle, darunter eines mit einer Kopfschmerz-Darstellung. Im südlichen Seitenschiff befindet sich seit dem 14. Jh. die Kapelle und Grablege der Familie Turbervilles, die Thomas Hardy zu seinem Roman »Tess of the d'Urbervilles« anregte.

Milton Abbas Milton Abbas 16 km nordöstlich mit hübschen reetgedeckten Häuschen ist eine Mustersiedlung des sozialen Wohnungsbaus aus dem Jahr 1786. Die Gründe für den Bau waren allerdings weniger sozial:

In der Nähe von Dorchester am Ufer des River Frome

Joseph Damer, 1. Earl of Dorchester, fühlte sich in seinem neuen Herrenhaus, einer umgebauten Abtei, von den Bewohnern im nahen Middleton belästigt, so dass er den Ort abreißen ließ und die Bürger zwangsweise nach Milton Abbas umsiedelte.

Athelhampton Hall ca. 10 km nordöstlich, ein spätmittelalterlicher Landsitz mit französischem Garten, war das Wohnhaus des Londoner Bürgermeisters Sir William Martyn. Sehr eindrucksvoll zeigt sich hier die Entfaltung des Perpendicular Style in der Profanarchitektur. Im Innern sind Möbel, Kunsthandwerk, Porzellan und Glas vom 15. bis 19. Jh. zu sehen. **Athelhampton Hall**
❶ So.–Do. 10.30–17.00 Uhr; Eintritt 12 £; www.athelhampton.co.uk

Montacute House 35 km nordwestlich ist ein um 1600 auf E-förmigem Grundriss gebautes **elisabethanisches Schlösschen** mit großen Erkerfenstern, geschweiften Giebeln und überhohen Zierkaminen. Die Innenräume sind opulent ausgestattet, u. a. ist ein volkstümlicher Fries mit der Geschichte eines betrogenen Ehemannes in der Great Hall zu sehen. Die Long Gallery, 60 m lang und einst für gesellige Spiele und Tanz genutzt, zeigt heute Porträts der Tudor- und Stuart-Zeit. Die glanzvolle Gartenanlage ist eines der wenigen noch erhaltenen Beispiele frühjakobinischer Gartenkunst. ****Montacute House**
❶ Haus Mitte März – Okt. Mi.–Mo. 11.00–16.00, Garten 10.00–17.00 Uhr; Eintritt 10 £

ZIELE • Dundee

Sherborne Abbey Die Abteikirche von Sherborne 30 km nördlich hat ein herrliches spätnormannisches Südportal, einen normannischen Turmbogen und eine Marienkapelle im Early English Style; ansonsten ist sie im Perpendicular Style gehalten. Das **Fächergewölbe** zählt zu den schönsten und feingliedrigsten in ganz England. Im **Armenhaus** von 1437 sind noch die Original-Kapelle (15. Jh.), Saal und Schlafräume erhalten. Die Klosterschule ist heute eine angesehene Public School.

❶ www.sherborneabbey.com

Yeovil Die schöne Early-Perpendicular-Kirche **St. John** im benachbarten Yeovil birgt zahlreiche merkwürdige Schlusssteine, u. a. mit afrikanischen Masken aus der Zeit der Kreuzzüge.

* Dundee

M/N 6

Landesteil: Schottland
Council Area: Dundee City
Höhe: 285 ft/87 m ü.d.M.
Einwohnerzahl: 143 000

»**Jute, Jam and Journalism**« – diese drei Begriffe, die für die Entwicklung der viertgrößten Stadt Schottlands von herausragender Bedeutung waren, wurden lange Zeit mit Dundee verbunden.

Die Jutefabriken und -webereien, die den wirtschaftlichen Aufschwung der Stadt am Firth of Tay begründeten, sind heute fast alle verschwunden, ebenso die großen Druckereien. Geblieben ist in bescheidenem Umfang die Herstellung von Marmelade. Führend sind die Dundonians heute in einem anderen Bereich: Die beliebten schottischen Comicfiguren Oor Wullie, Desperate Dan, Beano und Lord Snooky stammen alle aus der Feder dundonischer Zeichner.

SEHENSWERTES IN DUNDEE

Tay Bridges Berühmtheit erlangte die erste Eisenbahnbrücke über den Tay, die 1872 – 1878 für die Bahnlinie zwischen Edinburgh und Dundee erbaut worden war. Mit knapp 3 km Spannweite war sie damals die längste Brücke der Welt. 1879 stürzte sie nach einem Sturm ein und riss einen Zug mit 75 Menschen mit in die Tiefe. Theodor Fontane beschrieb das Unglück in seinem Gedicht »Die Brück' am Tay«: »Denn wütender wurde der Winde Spiel / und jetzt, als ob Feuer vom Himmel fiel' / erglüht es in niederschießender Pracht / Überm Was-

Dundee erleben

AUSKUNFT
VisitScotland Angus & Dundee
Discovery Point, Discovery Quay
Dundee DD1 4XA
Tel. 01382 52 75 27
www.angusanddundee.co.uk

ESSEN
The Playwright €€€
11 Tay Square
Tel. 01382 22 31 13
www.theplaywright.co.uk
Mo. geschl.
Angenehmes Restaurant im kulturellen Westen der Stadt. Das freundliche und hilfsbereite Personal serviert frsiche Spezialitäten aus der Region, einige mit italienischem Touch.

ÜBERNACHTEN
Invermark Hotel €€€
23 Monifieth Rd.
Broughty Ferry
Tel. 01382 73 94 30
www.invermark.co.uk
Aus der Blütezeit der Jutefabriken stammt die 1856 erbaute Villa mit fünf Zimmern und hübschem Garten.

EINKAUFEN
Etwas abseits und interessant: Am City Quay am Victoria Dock gibt es mehrere günstige und gute Factory Outlets.

---

ser unten… und wieder ist Nacht.« Neun Jahre später wurde die heutige Tay Rail Bridge eingeweiht.

Über die Tay Road Bridge führt ein Fußgängerweg, von dem man einen hervorragenden Blick über die Innenstadt hat. Sie wurde nach dem Zweiten Weltkrieg weitgehend neu aufgebaut. Einziges mittelalterliches Zeugnis ist der im 15. Jh. errichtete, 47 m hohe Kirchturm von St. Mary an der Nethergate.

In den 1990er-Jahren wurde die Hafenfront neu gestaltet. Im Riverside Drive liegt das 1901 gebaute Royal Research Ship »Discovery«, mit dem Robert F. Scott 1901 – 1904 eine Südpolarexpedition unternahm – das sorgsam restaurierte Schiff avancierte zum Wahrzeichen der Stadt. Im Dicovery Point wird über die faszinierende Welt der Antarktis und den Verlauf von Scotts Expedition berichtet.

**»Discovery«

❶ April – Okt. Mo. – Sa 10.00 – 18.00, So. ab 11.00, Nov. – März Mo. – Sa. bis 17.00, So. ab 11.00 Uhr; Eintritt 8,25 £, Kombiticket mit Verdant Works 13,50 £; www.rrsdiscovery.com

Im Hafenbecken des Victoria Dock nordöstlich der Tay Road Bridge kann man die 1824 vom Stapel gelaufene, mit 46 Kanonen bestückte HM Frigate Unicorn besichtigen, das älteste noch fahrtüchtige (Holz-)Kriegsschiff Großbritanniens.

*HM Frigate Unicorn

❶ April – Okt. tgl. 10.00 – 17.00, Nov. – März Mi. – Fr. 12.00 – 16.00, Sa., So. ab 10.00 Uhr; Eintritt 5,25 £

ZIELE • Dundee

Dundee Contemporary Arts
Am Nethergate ist das Zentrum für zeitgenössische Kunst und Film mit großen, lichtdurchfluteten Ausstellungsräumen, Kinosälen, Studios für Fotografie und digitale Technologie interessant.
❶ Nethergate 152; Di.–Sa. 11.00–18.00, So. ab 12.00 Uhr; Eintritt frei; www.dca.org.uk

McManus Galleries
Den Albert Square beherrscht das viktorianische Gebäude der McManus Galleries. Zur Sammlung gehören europäische Maler des 19. und 20. Jh.s sowie stadtgeschichtliche Exponate.
❶ Mo.–Sa. 10.00–17.00, So. 12.30–16.30 Uhr; Eintritt frei; www.mcmanus.co.uk

Verdant Works
Über die Blütezeit von Dundees Textilindustrie im 19. Jh. informiert dieses Museum in einer alten Jutefabrik westlich der City.
❶ West Henderson's Wynd; April–Okt. Mo.–Sa. 10.00–18.00, So. ab 11.00, Nov.–März Mi.–Sa. 10.30–16.30, So. ab 11.00 Uhr; Eintritt 8,25 £, Kombiticket mit Discovery 13,50 £; www.rrsdiscovery.com

Camperdown Wildlife Centre
In dem 6 km nordwestlich der Innenstadt gelegenen Wildpark sind Rotwild, Braunbären, Wölfe, Luchse, Marder, Affen, Fasane und Steinadler zu sehen.
❶ März–Sept. tgl. 10.00–16.30, Okt.–Feb. bis 15.30 Uhr; Eintritt 3,80 £; www.camperdownwildlifecentre.com

UMGEBUNG VON DUNDEE

Perth
Die Handelsstadt am Westende des Firth of Tay war bis ins 15. Jh. Schottlands Hauptstadt, die Könige wurden in Scone Abbey ganz in der Nähe gekrönt. Nur wenige historische Gebäude sind in Perth noch erhalten. Das **Fair Maid's House** – Wohnhaus von Catherine Glover, der »Fair Maid« von Sir Walter Scott, die mutig, aber letztlich ohne Erfolg versuchte, den Mord an James I. zu verhindern – steht in der Curfew Row. 2011 wurde hier eine moderne Ausstellung zur Naturgeschichte mit Schwerpunkt Schottland eingerichtet.
Fair Maid's House: April–Okt. Mo.–Fr. 12.30–16.00 Uhr; Eintritt frei; www.rsgs.org

Huntingtower Castle
Huntingtower Castle 3,2 km westlich von Perth hat zwei Türme, die erst im Nachhinein durch ein Gebäude verbunden wurden. Der Legende nach machte Dorothea, Tochter des ersten Earls, einen Dreimeter-Sprung von einem Turm zum anderen – aus Angst, von der Mutter mit ihrem Geliebten ertappt zu werden. Deshalb heißt die Lücke zwischen den Türmen »Maiden's Leap« (Mädchens Sprung).
❶ April–Sept. tgl. 9.30–17.30, Okt. bis 16.30, Nov.–März Sa.–Mi. 9.30–16.30 Uhr; Eintritt 4,50 £; www.historic-scotland.gov.uk

In Scone Palace wurden die schottischen Monarchen gekrönt.

*Scone Palace

Scone Palace 3,2 km nördlich von Perth liegt in der Nähe der nicht mehr existierenden Scone Abbey, in der einst die schottischen Könige gekrönt wurden. Kenneth MacAlpine brachte im 9. Jh. den berühmten schottischen Krönungsstein (»Stone of Destiny«) hierher. 1297 wurde er von Edward I. geraubt und nach Westminster Abbey in London gebracht – erst 1996 kehrte der »Schicksalsstein« nach Schottland zurück (▶Edinburgh). Seinerzeit war er auf dem Mote Hill aufgestellt. Der Legende nach brachten die Clanchiefs bei jedem Treueeid auf einen neuen König einen Stiefel voll Erde mit, um auf eigenem Boden schwören zu können. Der Anfang des 19. Jh.s im viktorianischen Stil umgebaute Palast ist Sitz des Earl of Mansfield, dessen Ahnen auf Porträts in der Long Gallery zu sehen sind. Zu den Kunstschätzen des Palastes gehören neben einer Porzellansammlung auch elegante Chippendale-Möbel. In dem Park war im 19. Jh. David Douglas als Gärtner tätig, nach dem später in Amerika die von ihm entdeckte Douglas-Fichte benannt wurde.

❶ April – Okt. tgl. 9.30 – 17.00, Nov. – März nur Gelände Fr. 10.00 – 16.00 Uhr; Eintritt 10 £; www.scone-palace.co.uk

*Glenturret Distillery

Die 1775 gegründete Glenturret Distillery bei Crieff 27 km westlich von Perth ist eine der ältesten und kleinsten Brennereien Schottlands. Über Whiskyherstellung und schottische Highlights informiert eine Show im Famous Grouse.

❶ tgl. 9.00 – 18.00, Jan., Feb. 10.00 – 16.30 Uhr; Tour 7,50 £; www.thefamousgrouse.com

** Durham

Q 11

Landesteil: Nordengland
Höhe: 167 ft/51 m ü.d.M.
Grafschaft: Durham
Einwohnerzahl: 94 700

Jahrhundertelang war die Stadt Bollwerk gegen die Schotten und die imposante normannische Kathedrale Wallfahrtsziel der Pilger zum Grab des heiligen Cuthbert.

Burg und Kathedrale der Grafschaftshauptstadt hoch über dem River Wear bieten einen unvergesslichen Anblick. Als die Mönche von Lindisfarne (▶S. 531) im 10. Jh. durch die Wikinger vertrieben worden waren, fanden sie für die Gebeine des hl. Cuthbert durch einen wundersamen Hinweis hier auf »Dunholm« (Insel mit einem Hügel) eine neue Bleibe und errichteten eine Kirche. Wegen der problematischen Grenzlage zu Schottland erhielten die Bischöfe von Durham ab dem 11. Jh. pfalzgräfliche Rechte, eigene Truppen, weltliche Gerichtsbarkeit, Münz- und Steuerprivileg und ein großzügiges Asylrecht. Die starke Verehrung des hl. Cuthbert, die strategisch wichtige Lage an der Verbindungsstraße nach Schottland und die Privilegien brachten früh Wohlstand in die Stadt. Der Adel erwarb bei Durham großen Landbesitz, auf dem prächtige Schlösser entstanden. Durch den Kohlebergbau kam das Industriezeitalter nach Durham, Stahlindustrie und Schiffbau

Durham erleben

AUSKUNFT
Visitor Contact Centre
Owengate
Durham City
Co. Durham DH1 3HB
Tel. 0300 026 26 26
www.thisisdurham.com

ESSEN
New Board Inn ⓒⓒ
Hill Top Esh
Tel. 0191 373 69 14
www.newboardinn.co.uk
Ein hervorragender Gastropub etwas außerhalb von Durham mit reichhaltiger Speisekarte und guten Weinen.

ÜBERNACHTEN
Cathedral View Guest House ⓒⓒⓒ
212 Gilesgate
Tel. 0191 386 65 66
www.cathedralview.com
Dieses Guest House befindet sich in einem hübschen, denkmalgeschützten Stadthaus.

Greenwell Farm ⓒⓒⓒ
Wolsingham, Tow Law
Tel. 01388 71 03 50
www.greenwellfarm.co.uk
19 km außerhalb von Durham gelegene umgebaute Scheune mit Blick über die North Pennines.

gewannen an Bedeutung. Im 19. Jh. wuchs die Stadt, Arbeitersiedlungen entstanden, Industrielle bauten Villen, Gewerkschaften wurden gegründet. Parallel zum Niedergang des Bergbaus haben sich vermehrt Unternehmen aus dem Dienstleistungssektor hier angesiedelt.

SEHENSWERTES IN DURHAM

Ob man von den Altstadtgassen über den Palace Green oder vom Wear-Ufer über die Prebends Bridge auf die Kathedrale zukommt – der Anblick ist gleichermaßen eindrucksvoll. In relativ kurzer Bauzeit entstand im 12./13. Jh. mit nur wenigen nachträglichen Veränderungen eine der bedeutendsten anglonormannischen Kirchen. Man betritt die Kathedrale durch das **Nordportal** (12. Jh.), das mit einem Türklopfer ausgestattet ist. Auf dessen Betätigung hin wurde Asylsuchenden im Mittelalter Einlass gewährt in die heilige Zufluchtsstätte, die ständig von einem Posten bewacht wurde.

**Kathedrale

Das romanische **Langhaus** überrascht durch seine Dimensionen: 61 m lang, 12 m breit, 22 m hoch. Kräftige Pfeiler stützen eine der ältesten Gewölbedecken Englands. Revolutionär war damals die Verwendung von Kreuzrippen und Strebewerk – eine Technik, die erst später in gotischen Kirchen systematisch eingesetzt wurde. Zackenbänder an den Bögen und spiralförmige Dekorationen der Säulen beleben den Innenraum. Vorbilder lieferten die gedrehten heiligen Säulen im Tempel von Jerusalem. Bemalungen, die mittlerweile verloren gegangen sind, ließen das Kirchenschiff im Mittelalter als Abglanz des himmlischen Jerusalem erscheinen. Frauen waren darin nicht gern gesehen, ein schwarzes Balkenkreuz im Boden des zweiten Joches markiert den Punkt, bis zu dem sie Zutritt hatten.

A Vierungsturm
B Kapitelhaus
C Krypta
D Küche
E Dormitorium
F Kapelle der Neun Altäre
G Galilee Chapel
1 Gemälde (12. Jh.) des hl. Cuthbert und des Königs Oswald
2 Kreuzigungsbild
3 Grab des Beda Venerabilis
4 Nordportal mit Türklopfer
5 Taufbecken
6 Schwarzes Marmorkreuz
7 Miner's Memorial
8 Votivkapelle der Nevilles
9 Barrington Statue
10 St. Gregor's Chapel
11 Hauptaltar
12 Grab des hl. Cuthbert
13 Bischofsthron
14 Light Infantry Memorial Chapel
15 Prior Castells Uhr
16 Prior's Chair
17 Gefängnis
18 Dekanat
19 Restaurant, Buchladen
20 Kirchenschatz

Die Galilee Chapel ist maurisch geprägt.

Die **Galilee Chapel** ist ein Meisterwerk normannischer Baukunst. Mit ihren Säulen und Bögen erinnert sie an maurische Architektur, die die Normannen auf ihren Reisen im Mittelmeerraum kennengelernt hatten. Die Wandgemälde aus dem 12. Jh. stellen vermutlich den heiligen Cuthbert auf der Nordseite und auf der Südseite den heiligen Oswald dar. Beda Venerabilis, ein gelehrter Mönch und Verfasser einer seinerzeit bedeutenden englischen Kirchengeschichte im 8. Jh., liegt hier begraben. Seine Gebeine waren 1022 gestohlen und hierher überführt worden, um die Reliquiensammlung der Kathedrale aufzuwerten. Im rechten Seitenschiff wurde 1947 ein **Denkmal für die Bergleute** und den wichtigsten Industriezweig der Grafschaft aufgestellt. Am Übergang zur Vierung steht ein **Denkmal für Bischof Barrington** (1734 – 1826), der die Künste und die Entwicklung der Landwirtschaft förderte und eine Verbrauchergenossenschaft gründete. Die 1242 – 1280 errichtete Kapelle der Neun Altäre birgt das **Grab des hl. Cuthbert** (gest. 687), ein Teil der Grabbeigaben wird seit der Graböffnung 1827 in der Schatzkammer aufbewahrt. Die spätnormannische **Prior's door** führt zum Kreuzgang von 1418. Im ehemaligen **Monks' Dormitory** ist eine Sammlung von sächsischen Kreuzen, römischen Altären und Überresten von St. Cuthberts Grab zu sehen.

Die **Schatzkammer** birgt Manuskripte und Textilfragmente, die zu den ältesten Handarbeiten in England zählen. Das **Refektorium** wurde 1648 zur Bibliothek umgebaut. Die eindrucksvolle **Küche** stammt von 1366 – 1370 und war bis 1940 ununterbrochen in Gebrauch.

ⓘ Mo. – Sa. 9.30 – 18.00, So. bis 17.30, Juli, Aug. bis 20.00 Uhr; Eintritt frei, Spende erbeten, Führung 5 £; www.durhamcathedral.co.uk

Durham Castle

Durham Castle wurde 1072 vom Earl of Northumberland und von Wilhelm dem Eroberer dem Bischof von Durham als Burgherrn übergeben. Die interessantesten Räume der weitläufigen Burganlage sind die normannische Kapelle (1080), der Speisesaal (um 1300) und die Küche mit Feuerplatz und Speisekammer (1499). Die Burg ist seit 1832 Teil des University College Durham.

ⓘ Besichtigung nur im Rahmen von Führungen: Semester Mo. – Fr. stdl. 14.00 – 16.00, Semesterferien Mo. – Fr. stdl. 10.00 – 12.00, 14.00 – 17.00 Uhr; Eintritt 5 £, Karten beim Palace Green Library; www.dur.ac.uk/dates

Oriental Museum

Lohnend ist das Durham University Oriental Museum mit einer ausgezeichneten Sammlung des Nahen und Fernen Ostens.

ⓘ Elvet Hill; Mo. – Fr. 10.00 – 17.00, Sa., So. ab 12.00 Uhr; Eintritt 1,50 £; www.dur.ac.uk/oriental.museum

*Beamish Open-Air Museum

Das Museum 13 km nordwestlich der Stadt ist Durhams **Bergbauvergangenheit** gewidmet. Besucher können unter Tage gehen. Ein Dorf von Bergbauern, eine Farm, eine Schule illustrieren das Leben der nordenglischen Bevölkerung im 19. und 20. Jh. (▶S. 127).

ⓘ Winter Di. – Do, Sa., So. 10.00 – 16.00, Sommer tgl. bis 17.00 Uhr; Eintritt 17,50 £; www.beamish.org.uk

** Edinburgh

M 9

Landesteil: Schottland
Höhe: 197 ft/60 m
Council Area: Edinburgh City   **Einwohnerzahl:** 486 000

Edinburgh, Hauptstadt und Kulturhochburg Schottlands, gilt als eine der schönstgelegenen Städte der Welt, seit 1995 ist sie Weltkulturerbe-Stadt. Wie Rom wurde sie auf sieben Hügeln gebaut, und ihren Titel »Athen des Nordens« verdankt die Festivalstadt einem reichen kulturellen Angebot mit erstklassigen Museen und Kunstgalerien.

**Stadtbild

Edinburgh besteht eigentlich aus zwei Städten: aus der verwinkelten dicht gedrängten **Altstadt**, einem Labyrinth von schmalen Gassen, alten Häusern und Hinterhöfen zu Füßen der Burg, dessen Mittel-

ZIELE • Edinburgh

Edinburgh

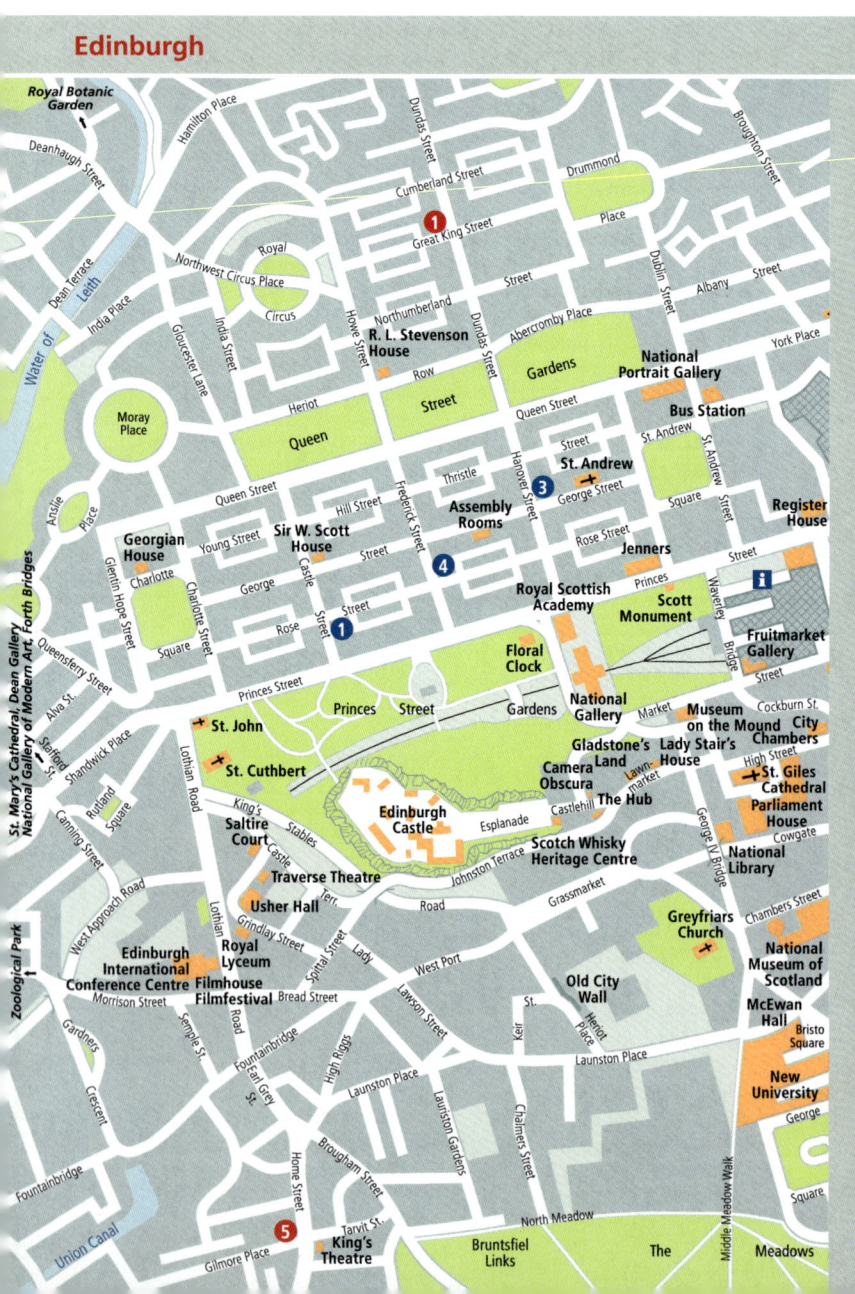

Edinburgh • ZIELE

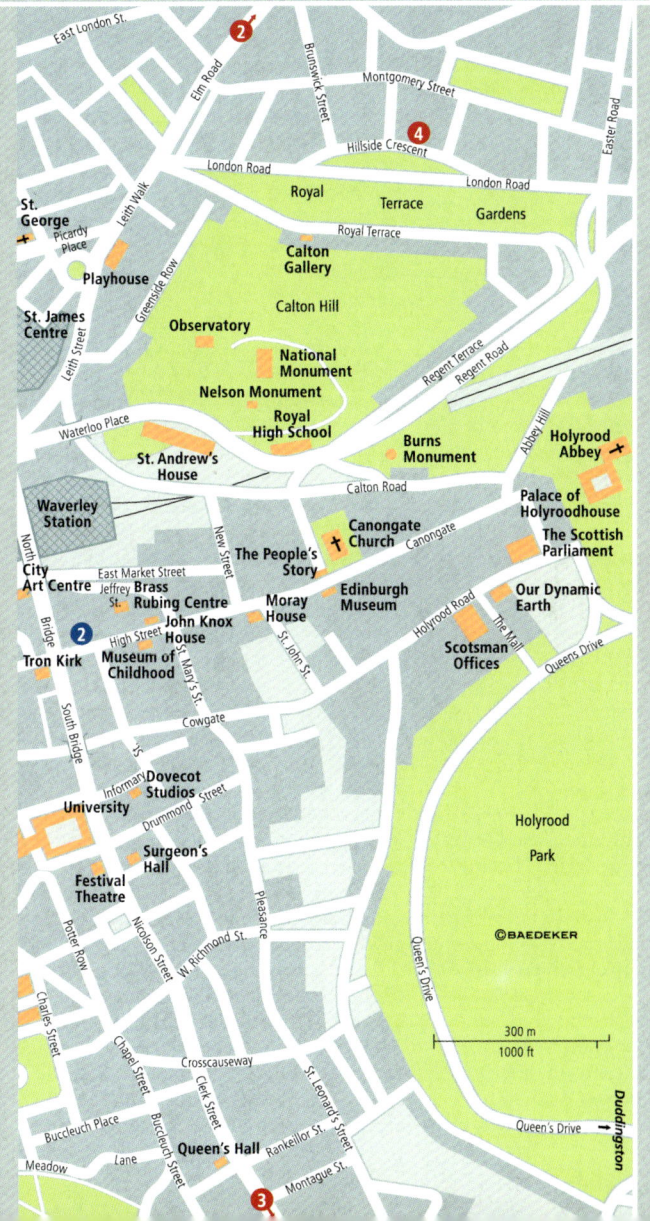

Essen
1. Oloroso
2. Dubh Prais
3. Henderson's Salad Table
4. Brecks

Übernachten
1. The Howard
2. The Edinburgh Mal
3. Allison House Hotel
4. The Hedges
5. Burns B&B

Edinburgh erleben

AUSKUNFT
3 Princes St., Edinburgh EH2 2QP
Tel. 01314733820
www.edinburgh.org

AN- UND ABREISE
Flugzeug
Edinburghs Flughafen liegt 11 km westlich des Stadtzentrums (www.edinburgh airport.com); es gibt eine gute Busverbindung ins Zentrum.

ESSEN
❶ *Oloroso* €€€
33 Castle St.
Tel. 01312267614 www.oloroso.co.uk
Schickes Penthouse-Restaurant in Weiß und Dunkelgrau; Cocktails an der langen Bar

❷ *Dubh Prais* €€€
123b High St.
Tel. 01315575732
http://dubhpraisrestaurant.com
So. u. Mo. geschl.
In diesem kleinen romantischen Kellerlokal wird authentische schottische Küche serviert.

❸ *Henderson's Salad Table* €
94 Hanover St.
Tel. 01312252131
www.hendersonsofedinburgh.co.uk
Bunte Salate, leichte Snacks

❹ *Brecks* €
110 – 114 Rose St.
Tel. 01312253297
Nette Musikkneipe; man bekommt kleine Gerichte.

ÜBERNACHTEN
❶ *The Howard Hotel* €€€€
34 Great King St.
Tel. 01315573500
www.thehoward.com
Drei elegante Stadthäuser im Herzen der Neustadt, die den kultivierten Lebensstil zu Beginn des frühen 19. Jh.s widerspiegeln; 16 liebevoll mit Antiquitäten eingerichteten Zimmer. Ein Erlebnis: ein Dinner im Restaurant The Atholl!

❷ *The Edinburgh Mal* €€€€
1 Tower Place, Leith
Tel. 01314685000
www.malmaison.com

---

achse die »Royal Mile« bildet, und aus der **georgianischen Neustadt**, einem Meisterwerk der Stadtplanung des 18. Jh.s mit großzügig angelegten Plätzen, breiten Straßenzügen und eleganten Fassaden.

Geschichte Der Legende nach bauten die Pikten im 5. Jh. auf dem Burgfelsen eine Festung, die später den gälischen Namen »Dun Eydin« erhielt. Archäologen nehmen aber an, dass der Felsen schon um 800 v. Chr. besiedelt war. Der **Stadtname** geht vermutlich auf Edwin, den König von Northumbria (617 – 633), zurück, der die Burg gegründet haben soll. Schon zu der Zeit, als die Angeln aus Northumbria hier Einzug hielten, war Edinburgh ein strategisch wichtiger Siedlungsplatz. 1452 verlegten die schottischen Könige ihre **Residenz** nach Edinburgh, das an Bedeutung die alte Königsstadt Perth mittlerweile übertroffen

Am Hafen von Leith gelegenes Hotel im Stil der klassischen Moderne mit 100 Zimmern, die neuesten Komfort bieten.

❸ Allison House Hotel ❸❸❸
17 Mayfield Gardens
Tel. 01316678049
www.allisonhousehotel.com
Elegantes, familiengeführtes Gästehaus mit elf großzügigen, modern eingerichteten Zimmern mit schottischem Touch. Tolles Frühstücksbuffet.

❹ The Hedges ❸❸❸
19 Hillside Crescent
Tel. 01316246677
www.thehedgesguesthouse.com
Unweit des Stadtzentrums ruhig gelegenes Gästehaus mit mehrfach ausgezeichneten geschmackvollen Zimmern, moderner Ausstattung und reichhaltigem Frühstück.

❺ Burns B&B ❸❸
67 Gilmore Place
Tel. 01312291669
www.burnsguesthouse.co.uk
Heimeliges B&B mit vier Zimmern; Parkplatz am Haus.

EINKAUFEN
Ein schönes, ungewöhnliches Einkaufserlebnis verspricht das Kaufhaus Jenners in der Princes Street – 1895 eröffnet und bis 2005 das älteste unabhängige Kaufhaus der Welt. Dann wurde es von House of Fraser übernommen.

Atmosphärisch shoppen im Jenners

VERANSTALTUNGEN
Im Sommer findet in Edinburgh eine Reihe hochkarätiger Festivals statt (▶S. 118).

hatte. Im 16. Jh. legten ein großer **Stadtbrand** und die Truppen Heinrichs VIII. die Stadt vorübergehend lahm und sorgten dafür, dass mittelalterliche Bauten – von wenigen Ausnahmen abgesehen – aus dem Stadtbild verschwanden. Während der Regierungszeit von **Maria Stuart** erlebte Edinburgh ab 1561 aber nochmals eine Blütezeit. Als sich das schottische Parlament im Zuge der Union mit England 1707 auflöste, ging zwar die politische Bedeutung Edinburghs zurück, nicht aber die kulturelle. Die 1582 gegründete **Universität** entwickelte sich zu einem bedeutenden Zentrum der Forschung, und zahlreiche Literaten ließen sich hier nieder. Wissenschaftler und Künstler wie David Hume, Adam Smith, Robert Burns oder Sir Walter Scott verschafften Edinburgh im 18. und frühen 19. Jh. in ganz Europa Ansehen als Zentrum der **»schottischen Aufklärung«**. Ei-

Highlights Edinburgh

▶ **Castle**
Kaleidoskop der Geschichte Edinburghs. Wochentags wird um 13.00 Uhr die Ein-Uhr-Kanone abgefeuert.
Seite 327

▶ **Royal Mile**
Lebendiges Zentrum in der Altstadt. Die »Königliche Meile« besteht aus insgesamt drei Straßenzügen.
Seite 330

▶ **Scottish National Gallery**
Schottlands beste Gemäldesammlung: Raffael, Rembrandt, van Gogh, französische Impressionisten, Gainsborough, Constable und viele andere.
Seite 335

▶ **Blick vom Calton Hill**
Klassischer Aussichtspunkt. Das Stadtpanorama breitet sich in seiner ganzen Schönheit aus.
Seite 337

▶ **Royal Botanic Garden**
Großbritanniens zweitältester botanischer Garten mit Kakteensammlung und Baumriesen.
Seite 336

Gehört zum Kulturprogramm in Edinburgh: die Scottish National Gallery

nen hervorragenden Ruf hatte auch die Medizin: Seit Peter dem Großen kamen fast alle Leibärzte der russischen Zaren aus Edinburgh. Im 19. Jh. verbesserten sich die Beziehungen zum britischen Königshaus. Sir Walter Scott animierte George IV. 1822 zu einer Reise nach Schottland – als Zeichen der Sympathie trug der König Kilt. Queen Victoria liebte Schottland und kam wieder und wieder nach Edinburgh. 1999 kehrte das **schottische Parlament** nach fast 300 Jahren zurück nach Edinburgh und wurde von Queen Elizabeth feierlich eröffnet. Schottlands dynamische und moderne Hauptstadt ist heute Kulturhochburg und Festivalstadt ersten Ranges, aber auch Sitz zahlreicher Versicherungen und Banken – das Gebiet um die George Street gehört zu den großen Investmentzentren in Europa.

** CASTLE

Prominenter Punkt in der Innenstadt ist das Schloss auf dem Castle Rock. Über einen ausgetrockneten Burggraben kommt man zum Haupteingang mit zwei Statuen: William Wallace (um 1270 – 1305) rief zum Widerstand gegen Edward I. von England auf, der ihn später hinrichten ließ. Robert »the Bruce« (1274 – 1329), der schottische Nationalheld, wurde 1306 zum König gekrönt und besiegte 1314 Edward I. von England.   *Wahrzeichen*

Durch das Tor des Argyll Tower, in dem die Marquis von Argyll gefangen gehalten wurden, kommt man auf die obere Ebene des Castle Rock, die Zitadelle oder King's Bastion.   *Argyll Tower*

Die um 1090 geweihte St. Margaret's Chapel ist vermutlich das älteste Gebäude in Edinburgh und ein schönes Beispiel frühnormannischer Baukunst.   *St. Margret's Chapel*

Vor dem Burgrestaurant wird an jedem Wochentag die One O Clock Gun abgefeuert. Zeitgleich fällt am Nelson-Denkmal in der Neustadt ein Zeitball herab – Traditionspflege aus der Zeit, als Segelschiffe im Firth of Forth ihre Chronometer durch Einstellen eines Teleskops auf das Schloss kontrollierten.   *Half Moon Battery*

1927 wurde das National War Memorial, ein Ehrensaal für die im ersten Weltkrieg gefallenen Schotten, von namhaften Künstlern gestaltet. Jedes Regiment hat sein eigenes Denkmal. Auch der Tiere wird gedacht, die als Helfer der Soldaten im Einsatz umkamen. Ein Schrein birgt die Rolle mit den Namen von 150 000 Gefallenen.   *Scottish National War Memorial*

Zu den Gemächern des königlichen Palastes gehört u. a. das Schlafzimmer von **Maria Stuart**, in dem sie 1566 James VI., den späteren   *Palace*

Edinburgh Castle

** *Die Burg mitten in der Stadt*

Das Castle ist beherrschender Punkt in der Innenstadt von Edinburgh – weithin sichtbar ragt seine Silhouette über den Häusern auf. Der Legende nach bauten die Pikten schon im 5. Jh. eine Burg auf dem Vulkanfelsen. Heute ist sie Schottlands Touristenmagnet Nummer eins.

ⓘ April – Sept. tgl. 9.30 – 18.00, Okt. – März tgl. bis 17.00 Uhr
Eintritt: Erw. 14,50 £
www.edinburghcastle.gov.uk

❶ Esplanade
Jeden Sommer Schauplatz des Military Tattoo

❷ Bronzestatuen
Schottlands Nationalhelden: Robert I. the Bruce (links) und William Wallace (rechts)

❸ Argyll Tower
Das Tor ist mit einem Fallgatter versehen. Es diente als Gefängnis.

❹ St. Margaret's Chapel
1090 gebaut und vermutlich das älteste Gebäude Edinburghs. Sie dokumentiert sehr anschaulich frühnormannische Baukunst.

❺ Wasserturm
Wasserreservoir für die Burgbesatzung

❻ Scottish National War Monument
Denkmal für die im Ersten Weltkrieg umgekommenen Soldaten

❼ Palace
Königlicher Palast mit Kronsaal

❽ Mons Meg
In den Kasematten unter der Great Hall befindet sich eine 1449 in Mons gegossene Bombarde – geladen mit 50 kg Pulver und einem 250 kg schweren Stein erreichte sie eine Schussweite von bis zu 3 km.

❾ Half Moon Battery
Auf dem Platz vor dem Burgrestaurant steht die Kanone, mit der an Werktagen um 13.00 Uhr ein Schuss abgefeuert wird.

Castle Vaults: Die Kasematten unter der Great Hall dienten während der Napoleonischen Kriege als Internierungslager für französische Gefangene.

Great Hall: im 16./17. Jh. Versammlungsort des schottischen Parlaments, heute Ausstellungsraum für Waffen und Exponate zur Burggeschichte.

Vor der Kulisse der illuminierten Burg treten jedes Jahr Pipes & Drums aus aller Welt zum Military Tattoo an.

1996 Wurde der »Stone of Destiny«, der schottische Krönungsstein, von England an Schottland zurückgegeben. Seitdem wird er im Kronsaal aufbewahrt.

James I. von England, zur Welt brachte. Im **Kronsaal** kann man die alten schottischen Krönungsinsignien besichtigen – Zepter, Staatsschwert von 1501 und die 1540 aus dem Gold schottischer Bergwerke neu geformte Krone. Im Kronsaal befindet sich auch der **»Stone of Destiny«**, der 208 kg schwere schottische Krönungsstein, den Edward I. 1296 geraubt und nach London gebracht hatte (▶S. 317).

Mons-Meg-Kanone

In den Kasematten kann man die »Mons Meg«bestaunen, eine 1449 in Mons hergestellte Kanone mit einer Schussweite bis zu 3 km.

✱✱ ROYAL MILE

Das Herz der Altstadt bildet die »Royal Mile«. Als Royal Mile wird eine Abfolge von mehreren Straßen – Castle Hill, Lawnmarket, High Street und Canongate – bezeichnet, die vom Castle zum Holyrood House führen. Edinburghs berühmtester Straßenzug wird von frühen »Wolkenkratzern« gesäumt, sechs- bis elfstöckigen, geschichtsträchtigen Adelshäusern und Wohngebäuden, und von zahlreichen Geschäften und Pubs. Von der Royal Mile zweigen Gassen mit malerischen Häusern und idyllischen Hinterhöfen ab, die Closes, Courts und Wynds (www.edinburgh-royalmile.com).

Castle Hill

Der Outlook Tower an der oberen Royal Mile, dem **Castle Hill**, birgt eine Camera Obscura aus dem 19. Jh. In der *****Scotch Whisky Experience** schräg gegenüber erfährt man Wissenswertes über den schottischen »uisge beatha«, das »Wasser des Lebens«.
❶ Juni – Aug. tgl. 9.30 – 18.30, Sept. – Mai tgl. 10.00 – 18.00 Uhr;
Führung mit Verkostung 12,75 – 26 £; www.scotchwhiskyexperience.co.uk

Lawnmarket

Im folgenden Abschnitt der Royal Mile vermittelt das restaurierte, sechsstöckige Kaufmannshaus *****Gladstone's Land** aus dem 16. Jh. mit den Originalmöbeln und kunstvollen Deckengemälden einen guten Eindruck vom Leben einer Kaufmannsfamilie jener Zeit. **The Writer's Museum** im *****Lady Stair's Close** von 1622 ist Sir Walter Scott, Robert Burns und Robert Louis Stevenson (1850 – 1894) gewidmet. Auch der gegenüberliegende Riddle's Court aus dem 16. Jh. und der nach dem Handwerker Francis Brodie benannte Brodie's Close lohnen einen Besuch. Brodies Doppelleben – tagsüber war er ehrenwerter Bürger und Stadtrat, nachts Anführer einer Einbrecherbande – soll Stevenson zu seinem Roman »Dr. Jekyll and Mr. Hyde« inspiriert haben.
Gladstone's Land: April – Juni, Sept., Okt. tgl. 10.00 – 17.00, Juli, Aug. bis 18.30 Uhr; Eintritt 6 £
The Writer's Museum: Mo. – Sa. 10.00 – 17.00,
Aug. auch So. ab 12.00 Uhr; Eintritt frei; www.edinburghmuseums.org.uk

St. Giles Cathedral in der High Street ist die Hauptkirche Edinburghs. Obwohl als Kathedrale bezeichnet, diente St. Giles nur im 17. Jh. als solche. Charakteristikum ist der 1495 vollendete Zentralturm mit acht Strebebögen, die eine Krone bilden. Im Innern sind u. a. schöne Glasfenster der Präraffaeliten Burne-Jones und William Morris zu sehen. Die 1911 entworfene neogotische Chapel of the Most Ancient and Most Noble Order of the Thistle ist die Kapelle des Distelordens, eines der ältesten Ritterorden Europas. Westlich davon birgt der Preston Aisle den königlichen Kirchenstuhl.

High Street

Im **Parlamentsgebäude** trat das schottische Parlament von 1639 bis zur Union im Jahr 1707 zusammen. Sehenswert ist die 37 m lange Halle mit schöner Stichbalkendecke. Eine der Statuen im Saal stellt Sir Walter Scott dar, der 1806 – 1830 oberster Gerichtsbeamter war. Heute sind die Räume Teil des Obersten Gerichtshofs. Auch die Signet Library (Siegelbibliothek) befindet sich hier. Auf dem **Parliament Square** wurde 1685 ein Reiterdenkmal Karls II. errichtet, das als eine der ältesten Bleistatuen in Großbritannien gilt. Am **Mercat Cross** wurden im Mittelalter die königlichen Proklamationen verlesen und öffentliche Hinrichtungen vollzogen.

Auf der anderen Seite der High Street steht das **Rathaus von Edinburgh**, seit 1811 Sitz des Stadtrats. Die **Tron Kirk** am Hunter Square ist traditionell der Ort, an dem zum Jahreswechsel um Mitternacht den Glocken gelauscht und das neue Jahr begrüßt wird.

Hoch lebe Schottland! Straßenszene auf der Royal Mile

ZIELE • Edinburgh

Das von Patrick Murray gegründete ***Museum of Childhood** zeigt auf fünf Stockwerken altes Spielzeug, darunter Modelleisenbahnen, Automaten, Puppen und Spiele aus aller Welt.

Im Chalmers Close gegenüber ist in einem Teil des ehemaligen Trinity College eine Sammlung von Kopien alter Messingtafeln zu sehen. Im **Brass Rubbing Centre** kann man auch eigene Messingsouvenirs anfertigen.

John Knox verbrachte seine letzten Lebensjahre in der High Street. Ein Museum in dem Haus erinnert an den großen Reformator.

St. Gile Cathedral: Mai – Sept. Mo. – Fr. 9.00 – 19.00, Sa. bis 17.00, So. 13.00 – 17.00, Okt. – April Mo. – Sa. 9.00 – 17.00, So. ab 13.00 Uhr; Eintritt frei, Spende erbeten; www.stgilescathedral.org.uk

Museum of Childhood: Mo. – Sa. 10.00 – 17.00, So. ab 12.00 Uhr; Eintritt frei; www.edinburghmuseums.org.uk

Brass Rubbing Centre: Juni – Sept. Mo. – Sa. 10.00 – 18.00, Okt. – Mai Mo. – Sa. bis 17.00 Uhr; Eintritt frei

John Knox House: Mo. – Sa. 10.00 – 18.00, Juli, Aug. auch So. ab 12.00 Uhr; Eintritt 4,25 £; www.scottishstorytellingcentre.co.uk

Canongate

Die Fortsetzung der Royal Mile bildet die Canongate im vornehmen gleichnamigen Viertel. In dem Fachwerkhaus **Huntly House** ist das **Museum of Edinburg** untergebracht; ausgestellt sind schöne Silber-, Glas- und Keramikarbeiten aus Edinburgh.

Auf der anderen Straßenseite steht das ehemalige Rathaus, in dem ***The People's Story** von Leben und Arbeit einfacher Bürger in Edinburgh erzählt. Außerdem wird die Entwicklung von Industrie, Handel und Gewerbe samt Reform- und Gewerkschaftsbewegung aufgezeigt. Am Ende der Canongate lohnt ein Blick in die typische, verwinkelte Altstadtpassage ***White Horse Close** mit dem über 300 Jahre alten White Horse Inn, einst Postkutschenstation mit Stallungen für rund 100 Pferde.

Museum of Edinburgh: Juni – Sept. Mo. – Sa. 10.00 – 18.00, So. 14.00 – 17.00, Okt. – Mai Mo. – Sa. 10.00 – 17.00, So. ab 14.00 Uhr; Eintritt frei, Spende erbeten; www.edinburghmuseums.org.uk

The People's Story: Mo. – Sa. 10.00 – 17.00 Uhr; Eintritt frei, Spende erbeten; www.edinburghmuseums.org.uk

**Palace of Holyroodhouse

Der Palace of Holyroodhouse am Ende der Royal Mile war bedeutender Schauplatz der schottischen Geschichte. James III. und James IV. wurden hier gekrönt, Maria Stuart mit Lord Daidley getraut. Nach den Besuchen von Queen Victoria avancierte Holyroodhouse zur Residenz der britischen Königsfamilie und ist daher in den Sommermonaten nur zeitweise öffentlich zugänglich.

Am Beginn der Palastgeschichte steht die **Holyrood Abbey**, eine Kapelle für die 1093 verstorbene Königin Margarethe, die 1251 heilig gesprochen und zur Schutzpatronin Schottlands ernannt worden

Ermüdungserscheinungen beim Fringe Festival im Holyrood Park

war. Sie war in Besitz eines geheiligten Kruzifix, des Holy Rood, das angeblich aus einem Stück vom Kreuz Jesu gefertigt war. David I. gründete 1128 eine Augustinerabtei, die nach der Reliquie den Namen Holyrood Abbey trug. Das Gästehaus der Abtei, das sich allmählich zur königlichen Residenz entwickelt hatte, wurde von Jakob IV. zum Palast ausgebaut. 1544 brannte der größte Teil nieder, der jetzige Bau entstand 1670 – 1679 nach den Plänen von Sir William Bruce of Kinless. In den historischen Räumen, die dem Brand entgingen, gibt es eine Gemäldegalerie mit Werken niederländischer Meister und mit Porträts schottischer Könige. Die **Staatsgemächer** sind mit wertvollen Stilmöbeln und Teppichen eingerichtet. In den 260 ha großen Palastgärten, dem **Holyrood Park**, gibt es eine schöne Sonnenuhr und am Fuß des Abbeyhill ein kleines Gebäude mit pyramidenförmigem Dach, das Queen Mary's Bad, in dem die Königin angeblich in Wein gebadet hat, um ihre Schönheit zu erhalten. Vom 250 m hohen **Arthur's Seat** hat man einen herrlichen Blick auf Stadt und Firth of Forth.

❶ Nov. – März 9.30 – 16.30, April – Okt. bis 18.00 Uhr;
Eintritt 11 £ (inkl. Audioguide); www.royalcollection.org.uk

Mit dem neuen Parlamentsgebäude (2004 eröffnet) ist das Symbol einer sich erneuernden Nation entstanden. Das interessante Baudenkmal ist ein Werk des katalanischen Architekten Enric Miralles, das sich hervorragend in die umgebenden Gärten einfügt, die in den Holyrood Park überleiten. Inspirationen holte der im Jahr 2000 verstorbene Miralles sich offensichtlich von Antoni Gaudis Bauten in Barcelona und von Charles Rennie Mackintoshs Design.

**New Scottish Parliament Building

Our Dynamic Earth

Our Dynamic Earth zeigt auf höchst spannende Weise die Entwicklung der Erde von ihrer Entstehung bis in die unbekannte Zukunft.
● Holyrood Rd.; tgl. 10.00–17.30 Uhr; Eintritt 11,50 £; www.dynamicearth.co.uk

* GRASSMARKET UND GREYFRIARS

*Grassmarket

Ab dem Mittelalter war der malerische Grassmarket ein bedeutender Handelsplatz. Auf der Nordseite des Wochenmarktes steht das **White Hart Inn**, zu dessen illustren Gästen einst die Dichter Robert Burns und William Wordsworth gehörten. Daneben haben sich mehrere renommierte Restaurants und Pubs angesiedelt. Die **Victoria Street**, die vom Grassmarket abgeht, ist wegen ihrer bunten und skurrilen Läden eine der interessantesten Straßen in der Altstadt.

Greyfriars Church

An der Greyfriars Church liegt der **älteste Friedhof** von Edinburgh; viele prominente Schotten sind hier begraben. Davor steht das populäre **Hundedenkmal** von Greyfriars Bobby. Der treue Skye-Terrier war 1858 dem Sarg seines Herrn, John Gray, bis auf den Friedhof gefolgt. Der Hund weigerte sich standhaft, den Kirchhof zu verlassen, so dass man ihm hier eine Hütte baute; 14 Jahre lang bis zu seinem Tod blieb er hier. Die Geschichte rührte die Baroness Burdett Coutts so sehr, dass sie ihm 1873 ein Denkmal setzen ließ.

**National Museum of Scotland

Die Chambers Street ist die Museumsmeile von Edinburgh. Der ältere Teil des Komplexes des National Museum of Scotland, 1861–1888 im viktorianischen Stil errichtet, wurde Ende der 1990er–Jahre durch den sandsteinfarbenen Neubau erheblich erweitert, der nach den Entwürfen von Gordon Benson und Alan Forsyth entstand. Die Besucher können sich über die schottische Geschichte von der Frühzeit bis zur heutigen Zeit oder auch Erfindungen informieren, die in Schottland ihren Ursprung hatten. Außerdem sich die umfangreichen archäologischen, ethnografischen und naturgeschichtlichen Sammlungen beachtenswert ebenso wie die vielen Kunstwerke und Designerstücke, die aus der ganzen Welt zusammengetragen wurden. Breiten Raum nehmen auch technologische Entwicklungen ein, angefangen von den ersten wissenschaftlichen Instrumenten über Druckerpressen bis hin zu modernen Kommunikationsmitteln.
● tgl. 10.00–17.00 Uhr; Eintritt frei; www.nms.ac.uk

University of Edinburgh

Die traditionsreiche Universität von Edinburgh gehört zu den größten Hochschulen des Landes. 1583 wurde sie gegründet, die Gebäude stammen durchweg vom Ende des 18. und Anfang des 19. Jahrhunderts. Das Old College wurde von Robert Adam entworfen, die gewaltige Kuppel 1883 von Sir Rowand Anderson ergänzt. Vor dem Gebäude erinnert ein Denkmal an den Erfinder James Watt.

NEW TOWN

Um 1800 wurde nördlich des Castle nach Entwürfen des erst 26-jährigen Städteplaners James Graig die Neustadt von Edinburgh gebaut. Es entstand eine Meisterleistung georgianischer Städtearchitektur mit Flanierstraßen, wohlproportionierten klassizistischen Gebäuden, großzügigen Crescents, Squares und Circuses.

Südgrenze der Neustadt ist die geschäftige, etwa 1,5 km lange Princes Street, einstmals eine Prachtstraße mit herrlichen Parkanlagen, etlichen Geschäften, vielen renommierten Hotels und Restaurants. Das 1895 eröffnete Jenners rühmt sich, das älteste unabhängige Kaufhaus der Welt zu sein. Zum Entspannen eignen sich die Princes Street Gardens, in denen u. a. eine jedes Jahr neu bepflanzte Sonnenuhr zu finden ist, die zu den ältesten der Welt gehört. 1844 wurde das neogotische **Sir Walter Scott Monument** eingeweiht, auf dessen Spitze man hinaufsteigen kann. Die Marmorstatue zeigt den Dichter mit seinem Lieblingshund Maida, die 60 Figuren stellen Gestalten aus Scotts Romanen und der schottischen Geschichte dar. **Princes Street*
Sir Walter Scott Monument: April – Sept. Mo. – Sa. 10.00 – 19.00, So. bis 18.00, Okt. – März Mo. – Sa. 9.00 – 16.00, So. 10.00 – 18.00 Uhr; Eintritt 3 £

Der Hügel The Mound stellt auf halber Höhe der Princes Street die Verbindung zur Altstadt dar. An seinem Fuß steht das von William Henry Playfair entworfene klassizistische Gebäude der Royal Scottish Academy, die hervorragende Wechselausstellungen zeigt. ***Royal Scottish Academy*
❶ Mo. – Sa. 10.00 – 17.00, So. ab 12 Uhr; Eintritt unterschiedlich; www.royalscottishacademy.org

In der Nationalgalerie, ebenfalls von Playfair erbaut, ist Schottlands beste Gemäldesammlung zu sehen mit Werken von Raffael, Rubens, Rembrandt, Goya, van Gogh, Tizian, El Greco, van Dyck, französischen Impressionisten, Constable und Gainsborough sowie Raeburn, McTaggert und Noel Paton. Von Raeburn ist das Gemälde »Reverend Robert Walker Skating on Duddingston Loch« zu sehen – Duddingston ist ein gemütliches Dorf am Rand von Edinburgh. Ein neu angelegter unterirdischer »Link« verbindet beide Gebäude miteinander. ***Scottish National Gallery*
❶ tgl. 10.00 – 17.00, Aug. bis 18.00, Do. bis 19.00 Uhr; Eintritt frei außer zu Sonderausstellungen; www.nationalgalleries.org

In der National Portrait Gallery in der Queens Street sind Berühmtheiten der schottischen Geschichte vom 16. Jh. bis heute zu sehen, darunter Robert Burns, James Watt und Sir Walter Scott. Die Porträts stammen u. a. von Reynolds, Epstein, Kokoschka und Gainsborough. **National Portrait Gallery*
❶ tgl. 10.00 – 17.00, Do. bis 19.00 Uhr; Eintritt frei außer zu Sonderausstellungen; www.nationalgalleries.org

| **Charlotte Square** | Die klassizistische Nordfront (1791) des Charlotte Square gilt als Meisterstück von Robert Adam. Das **Georgian House** gibt Einblick in die Wohnkultur einer Bürgerfamilie des ausgehenden 18. Jahrhunderts.
Georgian House: April – Juni, Sept., Okt. tgl. 10.00 – 17.00, Juli, Aug. bis 18.00, Nov. – Feb. 11.00 – 15.00, März 11.00 – 16.00 Uhr; Eintritt 6 £ |
|---|---|
| ***Scottish National Gallery of Modern Art** | Die Scottish National Gallery of Modern Art besteht aus zwei Gebäuden, der Modern One und der Modern Two. **Die Modern One** zeigt Künstler des 19. und 20. Jh.s, darunter Matisse, Klee, Braque, Picasso und Henry Moore, die Surrealisten Dalí, Magritte, Miró, Max Ernst und Giacometti, Skulpturen der britischen Bildhauer Matthew Smith und David Hockney sowie Werke der »Scottish Colourists« wie Peploe, Cadell, Hunter und Fergusson. In der **Modern Two** sind u. a. Skulpturen wie der 7,3 m hohe Vulkan des gebürtigen Edinburghers Sir Eduardo Paolozzi (1924 – 2005) zu sehen. Zudem finden in der Galerie Wechselausstellungen moderner Künstler statt.
❶ tgl. 10.00 – 17.00 Uhr; Eintritt frei außer zu Sonderausstellungen; www.nationalgalleries.org |
| ****Royal Botanic Garden** | Nördlich des Stadtzentrums liegt der Royal Botanic Garden, der zweitälteste botanische Garten Großbritanniens mit Herbarium, Palmenhaus, Tropenhaus, Kakteensammlung, Arboretum mit seltenen |

Calton Hill mit dem Denkmal für den Philosophen Dugald Stewart

alten Baumriesen und der Exhibition Hall, in der regelmäßig Wechselausstellungen gezeigt werden.

ⓘ März – Sept. tgl. 10.00 – 18.00, Feb., Okt. bis 17.00, Nov. – Jan. bis 16.00 Uhr; Eintritt Garten frei, Gewächshäuser 4,50 £; www.rbge.org.uk

Nicht versäumen sollte man den herrlichen Panoramablick auf die Stadt vom Calton Hill. Hier oben stehen mehrere Denkmäler. Das zur Erinnerung an die Gefallenen der Napoleonischen Kriege errichtete, unvollendete National Monument sollte Edinburghs Ruf als »Athen des Nordens« festigen. Entworfen wurde es von William Henry Playfair nach dem Vorbild des Parthenon in Athen. Das **Denkmal für Admiral Nelson**, den Sieger der Schlacht von Trafalgar, wurde 1816 eingeweiht. Hier fällt jeden Tag um 13.00 Uhr der Zeitball gleichzeitig mit dem Schuss der One O' Clock Gun auf dem Castle. *Blick vom Calton Hill

Leith – bis in die 1920er-Jahre eigenständige Stadt – hatte schwer am Niedergang der Werften zu leiden. Der 1994 gedrehte Kultfilm **»Trainspotting«** spielt im Leith der 1980er-Jahre, das Edinburgh damals den Beinamen »Drogenhauptstadt Europas« eintrug. Mittlerweile ist der Hafen an der Mündung des Water of Leith in den Firth of Forth saniert, entstanden ist ein attraktives Wohnviertel mit guten Restaurants, gemütlichen Hafenkneipen und Galerien. *Leith

Am Ocean Terminal ist die alte **Royal Yacht Britannia** zu besichtigen. Als Schiff der königlichen Familie hat sie auf den Meeren der Welt über 1 Mio. Seemeilen zurückgelegt.

ⓘ April – Juni, Okt. tgl. 9.30 – 16.00, Juli – Sept. bis 16.30, Nov. – März 10.00 – 15.30 Uhr; Eintritt 11,75 £; www.royalyachtbritannia.co.uk

> **BAEDEKER TIPP !**
>
> *Schottenrock nach Maß*
>
> Der Kilthersteller Kinloch Anderson in Leith ist die Top-Adresse, wenn man sich einen Kilt maßanfertigen lassen möchte (70 – 74 Commercial St., Tel. 0131 5 55 13 90; Mo. – Sa. 9.00 – 17.30 Uhr; www.kinlochanderson.com).

2013 feiert Schottlands größter Zoo sein 100–jähriges Bestehen. In der knapp 5 km westlich des Stadtzentrums gelegenen Anlage leben über 1000 Tiere, darunter Pandas, Löwen, Tiger, Bären, Gorillas, Kamele, seltene Vögel und Pinguine (▶S. 129). *Edinburgh Zoo

ⓘ 134 Corstorphine Rd.; April – Sept. 9.00 – 18.00, Okt., März bis 17.00, Nov. – Feb. bis 16.30 Uhr; Eintritt 16 £; www.edinburghzoo.org.uk

UMGEBUNG VON EDINBURGH

8 km südlich von Edinburgh liegt das Dorf Roslin, eine ehemalige Bergarbeitersiedlung. Lohnend ist die im 15. Jh. von William Sinclair Roslin

gestiftete *Rosslyn Chapel. Der Überlieferung nach haben die Templer an diesem Ort den »heiligen Gral« vergessen. Wunderschön sind die kunstvollen Steinmetzarbeiten und allegorischen Skulpturen. Die Prentice Pillar, eine spätgotische, reich verzierte Säule, soll von einem Lehrling hergestellt worden sein, dessen Meister angeblich so neidisch auf das Kunstwerk war, dass er ihn erschlug.
Rosslyn Chapel: Mo. – Sa. 9.30 – 18.00, So. 12.00 – 16.45 Uhr; Eintritt 9 £; www.rosslynchapel.org.uk

*National Mining Museum Scotland

Das Bergwerksmuseum befindet sich südöstlich von Edinburgh in Dalkeith und ist in der **Lady Victoria Colliery**, einst Glanzstück des schottischen Kohlereviers, untergebracht. Hier wird die Geschichte des schottischen Bergbaus präsentiert und man erhält Einblicke in die Arbeitswelt der Minenarbeiter. Ihren Namen erhielt die Zeche nach der Frau des früheren Minenbesitzers Lord Lothian. 2000 Bergarbeiter waren hier beschäftigt, die die Kohle aus einer Tiefe von fast 500 m Tiefe zu Tage förderten. Führungen durch das Bergwerk werden von ehemaligen Grubenarbeitern geleitet.
❶ Sommer tgl. 10.00 – 17.00, Winter bis 16.00 Uhr; Eintritt 7,50 £; www.scottishminingmuseum.com

North Berwick

North Berwick, ein kultiviertes Seebad am Südufer des Firth of Forth. Im Hafen lohnt das **Scottish Seabird Centre** einen Besuch. Bootsausflüge führen zu den vorgelagerten Inseln – besonders eindrucksvoll ist der 107 m hohe *Bass Rock, einst Gefängnisinsel, heute Brutplatz für unzählige Seevögel. Westlich von North Berwick liegt die Aberlady Bay mit Sandstränden, Dünen und einem Vogelschutzgebiet. Im **Myreton Motor Museum** sind über 50 Oldtimer, seltene Motorräder und andere altertümliche Gefährte wie Rikschas oder Puppenwägen aus den 1920er-Jahren zu bestaunen.
Scottish Seabird Centre: Harbour Terrace; April – Aug. tgl. 10.00 – 18.00, Feb., März, Sept., Okt. Mo. – Fr. bis 17.00, Sa., So. bis 17.30, Nov. – Jan. Mo. – Fr. bis 16.00, Sa., So. bis 17.00 Uhr; Eintritt 7,95 £; www.seabird.org
Myreton Motor Museum: März – Okt. tgl. 10.30 – 16.30, Nov. – Feb. Sa., So. 11.00 – 15.00 Uhr; Eintritt 7 £; www.myretonmotormuseum.co.uk

*Tantallon Castle

Tantallon Castle östlich von North Berwick wurde 1374 mit Wall, Graben, Ecktürmen und einem zentralen Torhaus eindrucksvoll auf einen Felsen gebaut.
❶ April – Sept. tgl. 9.30 – 17.30; Okt. – März bis 16.30 Uhr; Eintritt 5 £

Scottish Museum of Flight

Südlich von North Berwick ist auf einem ehemaligen RAF-Flugplatz ein Flugzeugmuseum eingerichtet worden. Zu sehen sind u. a. eine »Supermarine Spitfire«, eine »Sea Hawk« und auch eine Concorde.
❶ April – Okt. tgl. 10.00 – 17.00, Nov. – März Sa., So. bis 16.00 Uhr; Eintritt 9,50 £; www.nms.ac.uk

*Lennoxlove House

Der Sitz der Dukes of Hamilton mit einem Landhaus aus dem 17. Jh. lohnt wegen seines kostbaren Interieurs einen Besuch. Auch interessante Familienporträts von Raeburn und van Dyck sind zu sehen, außerdem ein Piano, auf dem Chopin gespielt haben soll, die Totenmaske von Maria Stuart und ein Schmuckkästchen, das die gefälschten Briefe enthielt, die ihre angebliche Kenntnis vom Mord an Lord Darnley bestätigten und das Ende ihrer Regentschaft bedeuteten.
ⓘ Führungen April – Okt. Mi., Do., So. 13.30, 14.30, 15.30 Uhr; Eintritt 5 £; www.lennoxlove.com

✱ UM DEN FIRTH OF FORTH

*Pfarrkiche Dalmeny

In Dalmeny steht eine der schönsten normannischen Kirchen Schottlands (2. Hälfte des 12. Jhs.). Das Südportal ist reich verziert, im Innern sind kostbare Holzschnitzereien zu sehen.

Queensferry

In South Queensferry gibt es zwei bekannte Brücken: die gewaltige Stahlkonstruktion der 2529 m langen ****Forth Railway Bridge** aus den 1880er-Jahren und die dagegen fast filigran wirkende, 1964 eingeweihte ****Street Bridge**, eine Hängebrücke mit 1814 m Spannweite. Die ****Deep Sea World** in North Queensferry lädt zu einer Unter-

Die 2,5 km lange Forth Railway Bridge, gebaut in den 1880er-Jahren

wassersafari ein, bei der man Haie, Tintenfische, Hummer, Aale und Korallenriffe bestaunen kann; außerdem gibt es hier den weltweit längsten Unterwassertunnel.

Das repräsentative **★★Hopetoun House** 4,8 km westlich wurde von William Bruce und seinen Söhnen 1696 – 1754 erbaut. An das barocke Herrenhaus sind beiderseits halbkreisförmige Kolonnaden und Pavillons angegliedert. Die prachtvollen Räume sind mit Stuckdecken und Möbeln des 18. und 19. Jh.s ausgestattet, zur Gemäldesammlung gehören Werke von Canaletto und Gainsborough.

Deep Sea World: Mo. – Fr. 10.00 – 17.00, Sa., So. bis 18.00 Uhr;
Eintritt 11 £; www.deepseaworld.com
Hopetoun House: April – Sept. tgl. 10.30 – 17.00 Uhr; Eintritt 9,20 £;
www.hopetoun.co.uk

★Linlithgow Rund 10 km weiter westlich kommt man in den altertümlichen Ort Linlithgow mit einer Reihe gut erhaltener Häuser aus dem 16. Jahrhundert. Bedeutende Kleinode Schottlands sind die berühmte, malerisch gelegene **Ruine eines Palastes** aus dem 15. Jh., in dem Queen Mary 1542 geboren wurde, und **St. Michael's**, die größte Gemeindekirche aus der Vorreformationszeit mit einem schönen Fenstermaßwerk im Katharinen-Seitenschiff.

★★Culross Auf der Halbinsel Fife liegt das Bilderbuchstädtchen Culross mit einem Ensemble von **Bürgerhäusern** aus der Zeit zwischen 1600 und 1800, das der National Trust of Scotland nach und nach restauriert hat. Besonders schön sind der von Sir George Bruce um 1600 gebaute **Palace** und der **Bischofssitz** von 1610 – »Study« genannt.

ⓘ April, Mai, Sept. Do. – Mo., Juni – Aug. tgl. 12.00 – 17.00, Okt. Fr. – Mo. bis 16.00 Uhr; Eintritt (Palace, Study, Town House) 10 £

Dunfermline Dunfermline war einst Hauptstadt des schottischen Königreichs – Malcolm III. residierte in der zweiten Hälfte des 11. Jh.s hier. Auf diese Zeit gehen die Anfänge der **★Abbey** zurück. Der normannische Kirchenraum ist ein Werk der Meister von Durham. Die Gräber mehrerer schottischer Könige befinden sich hier, außerdem unter der Kanzel das von Schottlands Nationalheld Robert the Bruce.

Die Entwicklung der Stadt wurde nachhaltig von dem Stahlmagnaten und Philantropen Andrew Carnegie (1835–1919) geprägt. Das **★Carnegie Birthplace Museum** zeigt die Traumkarriere vom mittellosen Weberssohn zu einem der reichsten Industriellen seiner Zeit.

Carnegie Birthplace Museum: März – Nov. Mo. – Sa. 10.00 – 17.00,
So. ab 14.00 Uhr; Eintritt frei; www.carnegiebirthplace.com

★Falkland Palace Einige Kilometer östlich steht Falkland Palace, ein Jagdschloss der Stuarts aus dem 15./16. Jh. Häufiger Gast in Falkland Palace war Ma-

ria Stuart. Seit 1952 befindet sich das Schloss im Besitz des National Trust. Beachtenswert sind die flämischen Gobelins der Royal Chapel und die Hoffassade im Stil der Frührenaissance; der Tenniscourt im Park wurde bereits 1539 angelegt.
❶ Haus und Garten März – Okt. Mo. – Sa. 11.00 – 17.00, So. ab 13.00 Uhr; Eintritt 11,50 £

An der Ostküste der Halbinsel Fife entlang führt eine **Küstenstraße** durch schöne Landschaft. Einige hübsche Fischerdörfer lohnen einen Zwischenstopp, etwa **St. Monance** mit den pittoresken »Little Houses«, **Pittenweem** oder **Anstruther** mit dem Scottish Fisheries Museum (www.scotfishmuseum.org). Das an der Küste gelegene **Crail** mit weiß getünchten Giebelhäuschen und windschiefen Fischerkaten ist beliebtes Fotomotiv.

*Ostküste der Halbinsel Fife

* Eurotunnel

✦ V 18/19

Landesteil: Südengland
Grafschaft: Kent

Seit 1994 gibt es durch den Eurotunnel eine feste Verbindung vom Kontinent nach England. Er unterquert den Ärmelkanal zwischen Coquelles nahe der französischen Hafenstadt Calais und Folkestone in der englischen Grafschaft Kent.

Erste Vorschläge für eine feste Verbindung (»fixed link«) zwischen Großbritannien und dem Kontinent gab es bereits 1751. 1880 wurden erstmals Bohrungen für zwei separate Eisenbahntunnel zwischen dem Shakes-Cliff bei Dover und Sangatte bei Calais durchgeführt. An dieser damals festgelegten Route orientierten sich alle

Geschichte

Eurotunnel

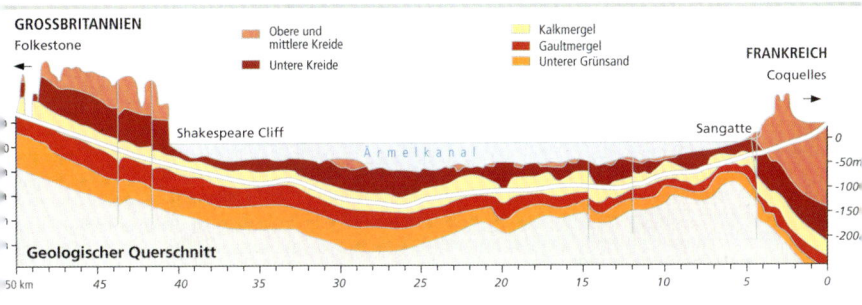

Eurotunnel Querschnitt

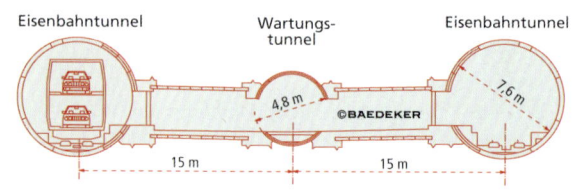

späteren Vorschläge. Anfang der 1980er-Jahre wurden verschiedene Verbindungsvorschläge – Tunnel und Brücken – begutachtet, 1986 entschieden sich die französische und die britische Regierung für das Eurotunnel-Projekt. Ende 1990 erfolgte der Durchstoß des Wartungstunnels, 1991 der des Haupttunnels. Ein Grenzstein in der Tunnelmitte markiert die gemeinsame Grenze beider Staaten. Sensoren und Computer überwachen alle Zugbewegungen im Eurotunnel. Größter Vorteil einer Tunnelfahrt ist der geringe Zeitaufwand. Seit der Anschluss an das europäische Hochgeschwindigkeitsnetz besteht, braucht man von London nach Paris nur vier Stunden, nach Frankfurt fünf Stunden. In wirtschaftlicher Hinsicht ist der Eurotunnel allerdings enttäuschend. Die Betreibergesellschaft arbeitet gegen Schuldenberge und den drohenden Konkurs an. Obwohl ein Großteil des Transitverkehrs von England nach Frankreich mittlerweile durch Europas längsten Eisenbahntunnel rollt, werden die prognostizierten Erwartungen nicht erfüllt. Andererseits ist der Eurotunnel längst zum festen Bestandteil des europäischen Verkehrsnetzes geworden.

Konstruktion Der 50,5 km lange Tunnel besteht aus zwei parallel verlaufenden Hauptröhren mit einem Durchmesser von je 7,6 m. Zwischen den beiden eingleisigen Fahrtunneln mit einseitigem Pendelverkehr verläuft ein Wartungstunnel mit 4,8 m Durchmesser, der in einem Abstand von 375 m Querverbindungen zu den Haupttunneln hat. Die drei separaten Tunnel, die aus insgesamt 720 000 vorgefertigten Stahlbetonsegmenten zusammengesetzt sind, verlaufen in wasserundurchlässigem Kalkmergelschichten in einer Tiefe zwischen 40 und 75 m unter dem Meeresboden (▶Baedeker Wissen S. 708).

Pendelzüge Mit Pendelzügen werden rund um die Uhr Passagiere und Pkws transportiert; der Güterverkehr erfolgt separat. Die Reisezüge fahren tagsüber alle 15 bis 20, nachts alle 30 bis 60 Minuten; die Fahrzeit beträgt 35 Minuten. Die Terminals mit Restaurants und Geschäften haben eine direkte Autobahnanbindung.

* Exeter

✦ L/M 19

Landesteil: Südengland
Höhe: 165 ft/50 m ü.d.M.
Grafschaft: Devon
Einwohnerzahl: 119 000

Die alte Grafschaftshauptstadt von Devon hat trotz modernem Großstadtcharakter ihren historischen Charme bewahrt. Römische Stadtmauern, das mittelalterliche Kathedralenviertel, Häuserzeilen aus der Tudor- und Stuart-Zeit und zahlreiche Grünanlagen prägen das Stadtbild.

An der Stelle, an der der schiffbare Teil der Exe endete, wurde schon im 1. Jh. v. Chr. eine Handelsniederlassung gegründet, die die **Römer** im 1. Jh. n. Chr. ausbauten; sie verlängerten die wichtige Handels- und Nachschubroute von London über Dorchester bis nach Exeter. 1050 wurde das Städtchen zum **Bischofssitz** erhoben. Ab dem frühen 12. Jh. entwickelte sich Exeter dank der Flussschifffahrt allmählich zu einem blühenden **Handelszentrum**. Allerdings versandete die Exe im Lauf der Zeit mehr und mehr, so dass man sich schließlich zum Bau des Exeter Ship Canal entschloss. 1564 wurde dieser Kanal eröffnet, und Exeter hatte wieder eine Verbindung zum Meer.

Exeter erleben

AUSKUNFT
Exeter Visitor Information & Tickets
Dix's Field, Exeter, Devon
England, EX1 1GF
Tel. 01392 66 57 00, www.exeter.gov.uk

ESSEN
Michael Caines at ABode Exeter
€€€€
Cathedral Yard
Tel. 01392 22 36 38
So. geschl.
www.michaelcaines.com/restaurants/exeter
Das schicke Restaurant gegenüber der Kathedrale bietet europäische Küche.

ÜBERNACHTEN
St Olaves €€€
Mary Arches St.
Tel. 01392 21 77 36
www.olaves.co.uk
Hotel in georgianischem Handels-haus, zentral und ruhig gelegen; 15 individuell eingerichtete Zimmer.

The Edwardian €€
30/32 Heavitree Rd.
Tel. 01392 27 61 02
www.edwardianexeter.co.uk
12 Zimmer
Zentral gelegenes B&B, dessen Zimmer teilweise mit Himmelbetten ausgestattet sind.

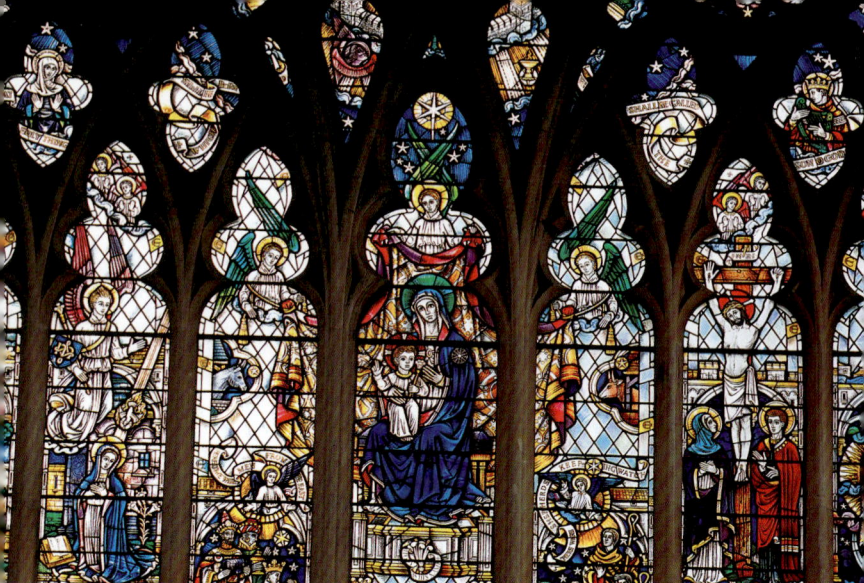

Das Ostfenster der Kathedrale von Exeter mit Mariendarstellung

SEHENSWERTES IN EXETER

*Kathedrale Von dem 1112 begonnenen normannischen Vorgängerbau der Petrus-Kathedrale sind nur die beiden Querschifftürme in den hochgotischen Kirchenbau übernommen worden, der zwischen 1257 und 1369 entstand. Von besonderem Interesse ist die **Westfassade** im unteren Bereich. Zwischen der Portalzone und dem großen Maßwerk-Rosenfenster stellen drei übereinanderliegende, einst farbig gefasste Figurenreihen das himmlische Jerusalem dar: Engel, alttestamentarische Könige in kreuzbeiniger Richterpose als Vorgänger Christi, Apostel und Propheten sind zu erkennen.

Im **Innenraum** beeindruckt das Scheitelrippen-Gewölbe mit schönen Schlusssteinen – es ist angeblich das längste Rippengewölbe der Welt. Der ausgeprägte Längsrichtungsbau der englischen Gotik wird in Exeter besonders deutlich. Die Minstrel Gallery (Spielmannsempore, 14. Jh.) an der nördlichen Mittelschiffwand zeigt musizierende Engel unter Baldachinen noch weitgehend in Originalfarben. Ein wunderbares Detail ist der Gaukler am Pfeiler jenseits der Kanzel, der der Gottesmutter am gegenüberliegenden Mittelschiffpfeiler einen Kopfstand darbietet.

Die **Chorschranke** mit Gemälden des 17. Jh.s wurde um 1325 fertiggestellt. Während des Commonwealth of England (1649 – 1660) wurde sie zugemauert, damit die Independenten das Hauptschiff und die Presbyterianer den **Chorraum** für ihre Gottesdienste benutzen konnten. Besonders sehenswert im Chor sind die rund 50 in das **Chorgestühl** des 19. Jh.s integrierten Misrikordien aus der Zeit von 1230 – 1270, u. a. ein Elefant mit Kuhfüßen, Sirenen und ein König im Siedekessel. Das Lesepult in Form eines Messingadlers (Johannes-Evangelistensymbol) stammt aus der Zeit um 1500. Der gotische, 17 m hohe **Bischofsthron** zeigt Paneel-Bildnisse mehrerer Bischöfe. Beachtenswert sind zudem das große **Ostfenster** (14. Jh.) mit Darstellungen der Maria und verschiedener Heiliger sowie die astronomische Uhr im nördlichen Querschiff. Im **Kapitelhaus** von 1412 ist der bemalte Holzdachstuhl sehenswert.

Die **Bibliothek** besitzt den aus dem 10. Jh. stammenden »Exeter Codex« mit Gedichten verschiedener angelsächsischer Verfasser, außerdem eine Kopie der Bibel, die von John Eliot für die Indianer in Massachusetts gedruckt wurde.

❶ Mo. – Sa. 9.00 – 17.00 Uhr; Eintritt 6 £; www.exeter-cathedral.org.uk

> **BAEDEKER TIPP !**
>
> ### Cream Tea
>
> Das Umland von Exeter gehört zu den fruchtbarsten Weidegebieten in England und ist berühmt für seinen Rahm und Sahnekäse. Den köstlichen »cream tea«, kleine Kuchen mit Sahnehaube und Konfitüre zum Tee, sollte man sich deshalb in Exeter und Umgebung nicht entgehen lassen.

Im **Cathedral Close** sind eine Reihe alter Häuser erhalten, mittelalterliche Wohnstätten von Geistlichen, das viergeschossige Fachwerkgebäude Mol's Coffee House (1598), die kleine Kirche St. Martin (15. Jh.) und unweit davon in der St. Martin Lane das Ship Inn, ein altes Gasthaus und Treffpunkt von Seefahrern, das Sir Francis Drake lobend erwähnt hat.

Altstadt Hauptgeschäftsstraße von Exeter ist die High Street, an der die Guildhall steht. Am nordöstlichen Ende der High Street gibt es Zugänge zum unterirdischen mittelalterlichen Kanalsystem (»underground passages«).

Vom **Rougemont Castle**, einer alten normannischen Burg, zeugen nur noch die Gräben, die Wallanlagen, Athelstans Turm (von Shakespeare in »Richard III.« erwähnt) und der Torturm.

Das **Royal Albert Memorial Museum** in der Queen Street zeigt alte Gemälde und Kunsthandwerk aus Devon und in der Devon Gallery eine bedeutende archäologische und geologische Sammlung.

Royal Albert Memorial Museum: Di. – So. 10.00 – 17.00 Uhr; Eintritt frei; www.rammuseum.org.uk

Fore Street und Umgebung

Westlich der Fore Street steht die **St. Nicholas Priory**, die Ruine einer Benediktinerabtei von 1080 mit normannischer Krypta, Küche und Halle aus dem 15. Jahrhundert. **Tucker's Hall** (1471) in der Nähe mit schönem holzgetäfelten Innenraum war im Mittelalter Zunfthaus der Weber und Gerber. In **Stepcote Hill** südöstlich davon sind ein hübsches spätmittelalterliches Fachwerkhausensemble und die Kirche **St. Mary Steps** mit interessanter Uhr (Figuren des 18. Jh.s) und normannischem Taufbecken sehenswert. Ein Stück weiter erreicht man die Cricklepit-Brücke zum **Quay House Visitor Centre**, das eine umfassende Geschichte der Schifffahrt präsentiert.

Quay House Visitor Centre: April–Okt. tgl. 10.00–17.00, Nov.–März Sa., So. 11.00–16.00 Uhr; Eintritt frei

UMGEBUNG VON EXETER

Killerton Gardens

Besonders im Frühling und Sommer lohnen Killerton Gardens 11,2 km nordöstlich einen Besuch, ein um 1800 angelegter Landschaftspark. Im Herrenhaus wird eine **Kostümsammlung** gezeigt.

❶ Park tgl. 10.00–19.00, Haus tgl. 11.00–17.00 Uhr; Eintritt 8,70 £ (nur Park 2,70 £)

A la Ronde, ungewöhnliches Zuhause zweier exzentrischer Frauen

Am Exe weiter nördlich liegt Bickleigh mit weiß getünchten Cottages – ein bezauberndes Dorfensemble inmitten saftiger Wiesen. *Bickleigh

Knightshayes Court 3 km nördlich von Tiverton ist das Musterbeispiel eines eleganten viktorianischen Landsitzes mit schönem Park. In der Bibliothek hängt eine hervorragende **Gemäldesammlung**.
❶ März – Sept. tgl. 11.00 – 17.00, Nov. – Dez. Sa., So. bis 15.00 Uhr; Eintritt 7,20 £

*Knightshayes Court

A la Ronde ist ein höchst ungewöhnlicher Landsitz 3 km nördlich von Exmouth. Das auf 16-seitigem Grundriss erbaute Haus ließen sich 1796 zwei Frauen bauen, die fast zehn Jahre durch Europa gereist waren und hier mit ihrer Souvenirsammlung einzogen.
❶ Nov. – Feb. Sa., So. 12.00 – 16.00, März – Okt. Sa. – Mi. 11.00 – 17.00 Uhr; Eintritt 7,50 £,

*A la Ronde

✶ Fen District

✈ T – V 15/16

Landesteil: Ostengland
Grafschaften: Cambridgeshire, Norfolk, Lincolnshire

Der Fen District, auch Fenlands oder »The Fens« genannt, ist ein Marsch- und Moorgebiet, das von den Flüssen Ouse, Nene, Welland und Witham gespeist wird. Die küstennahen, aus Schlickablagerungen entstandenen fruchtbaren Marschen werden als Siltfens bezeichnet, die küstenfernen torfigen Moore als Peatfens.

Zu Hadrians Zeiten gab es in den Fens ausgedehnte römische Siedlungen mit Getreideanbau und Salzgewinnung, und schon damals begann man, Moorgebiete trockenzulegen. Die hauptsächliche **Entwässerung** wurde jedoch 1622 – 1656 vom holländischen Ingenieur Sir Cornelius Vermuyden geleitet, der weite Gebiete für die Landwirtschaft erschloss, so dass es in den Fens heute fruchtbare **Anbauflächen** für Weizen, Zuckerrüben, Gemüse, Blumen und Kartoffeln gibt. Um das Wasser aus dem Boden zu pumpen, setzte man früher nach holländischem Vorbild Windmühlen ein, von denen noch heute einige zu sehen sind, später Dampfpumpwerke, jetzt werden Elektromotoren verwendet. Für Naturliebhaber ist diese grüne Landschaft mit seltenen Vogelarten, Libellen und Schmetterlingen, Wildblumen, grasendem Vieh, weiten Feldern und stattlichen Farmhäusern ein reizvolles Ausflugsziel. Jenseits vom Deich liegt auf der Meerseite das von Salzpflanzen geprägte Vorland, das heute Naturschutzgebiet ist. Auch die Peatfen-Moore, die teilweise im Urzustand

Marschen und Moore

erhalten werden, sind als *Naturschutzgebiete ausgewiesen, so das Holme Fen und das Woodwalton Fen, zu dessen Besonderheiten viele seltene Schmetterlingsarten gehören. Südlich von Ely liegt das 1899 als erstes britisches Naturschutzgebiet ausgewiesene Moorland des *Wicken Fen, wo die verschiedenen Entstehungsformen und Nutzungsstadien der Fens gezeigt werden.

Ely Empfehlenswerter Standort zur Erkundung der Fens ist die Stadt Ely in Cambridgeshire. Dadurch, dass der Torf in der Umgebung als Brennmaterial zur Salzgewinnung genutzt wurde, kam die Stadt zu frühem Reichtum, der sich in der Architektur der **Kathedrale, der drittgrößten in England, widerspiegelt. Aufragend aus dem flachen Fen-Land ist sie ein weithin sichtbares Wahrzeichen. Vor der Trockenlegung der Fens war Ely eine Insel im sumpfigen Moor. Schon Ende des 7. Jh.s stand hier ein Kloster, das von St. Etheldreda, der Königin von Northumbria, gegründet worden war. Das heutige Gebäude wurde 1083 von Simeon, dem ersten normannischen Abt, begonnen. Als Ely 1109 Bischofssitz wurde, war der östliche Teil der Kirche fertig, der westliche Teil wurde 1180–1190 beendet. 1322 stürzte der normannische Vierungsturm ein. Im Gegensatz zu anderen Kirchen – der Einsturz von Türmen war keine Seltenheit – erhielt die Kathedrale keine neue Turmspitze, sondern eine achteckige Krone aus Holz, die wiederum eine achteckige Laterne aufgesetzt bekam. Die rund 400 t schwere Holzkonstruktion wurde außen mit Blei verkleidet.

Das **Innere** des 76 m langen Schiffs ist streng normannisch, aber doch beschwingter und leichter als man von diesem Stil gewohnt ist. Dieser Eindruck entsteht durch die mehrfache Gliederung der zwölf normannischen Joche und zudem durch die im 19. Jh. bemalte Decke. Das von 16 Eichenstämmen getragene Oktogon mit 25 m Durchmesser ist das einzige dieser Art in England. In der St.-Edmund's-Kapelle ist ein restauriertes Fresco von etwa 1200 erhalten. Hinter dem Chor betritt man die von Bischof Alcock, dem Stifter von Peterhouse und Gründer des Jesus College in Cambridge, erbaute Kapelle (15. Jh.). Die Marienkapelle von 1321 ist ein wunderschönes Beispiel des Decorated Style.

Die **Klostergebäude** sind nur noch teilweise erhalten, sie gehören heute zur King's School, so die schöne Prior-Crauden's-Kapelle und die Queen's Hall. Im Pfarrhaus der St.-Mary-Kapelle hat Oliver Cromwell von 1636 bis 1647 mit seiner Familie gelebt.

❶ Sommer tgl. 7.00–18.30, Winter Mo.–Sa. 7.00–18.30, So. bis 17.30 Uhr; Eintritt 7,50 £ (Führung inkl.); www.elycathedral.org

Ely erleben

AUSKUNFT
Oliver Cromwell's House
29 St Mary's St.
Ely CB7 4HF
Tel. 01353 66 20 62
www.visitely.org.uk

Eine interessante Stadt ist Boston am Nordrand des Fen District. Das englische Boston in Lincolnshire gab dem amerikanischen Boston in Massachusetts seinen Namen. Die Stadt, knapp 10 km von der Mündung des River Witham entfernt, war früher zweitwichtigster Seehafen in England. Heute ist Boston Verwaltungszentrum des »Holland« genannten Fen-Bezirks. Die Kirche *St. Botolph hat einen weithin sichtbaren Turm mit einem Glockenspiel mit 36 Glocken. Von diesem »Botolph's Town« leitet sich der Ortsname ab. Boston

Weitere hübsche Orte sind das ein wenig an Holland erinnernde Spalding, Zentrum der Blumenzwiebelzucht, und 16 km südlich **Crowland**, das wegen seiner Benediktinerabtei bekannt ist; im 8. Jh. ließ König Ethelbad von Mercian über dem Grab eines Eremiten eine erste Kirche an dieser Stelle errichten. Crowlands zweite Sehenswürdigkeit ist die von einer Christusfigur überragte Trinity Bridge, eine Brücke aus der Zeit, als die Wasserwege als Straßen dienten. Heute liegt die seltsame Brücke trocken. Sie wurde in der Mitte des 14. Jh.s über dem Zusammenfluss von zwei Kanälen gebaut, die inzwischen umgeleitet wurden. Spalding

** Glasgow

J/K 9

Landesteil: Schottland
Höhe: 46 ft/14 m ü.d.M.
Council Area: Glasgow City   **Einwohnerzahl:** 612 000

1999 wurde Glasgow zur »UK City of Architecture and Design« gekürt. Seitdem gilt die einstige Working-Class-Metropole als Trend-City mit einer charmanten Mischung aus multikulturellem Großstadtflair und lässigem Lifestyle.

Glasgow ist Schottlands größte Stadt. Im Vergleich zu der stolzen Erzrivalin Edinburgh war Glasgow immer die unnahbare, graue Industrie- und Handelsmetropole – Theodor Fontane fand für sie in seinem Schottland-Reisebericht 1860 nur missbilligende Worte. In den letzten Jahren ist der große Wandel eingetreten. Glasgow wurde zur **Dienstleistungsmetropole** umstrukturiert, was hier besser gelungen ist als in anderen früheren Industrieregionen – Arbeitslosigkeit ist in manchen Vierteln allerdings nach wie vor ein Problem. Ende der 1980er-Jahre begann man, komplette Straßenzüge und zahlreiche Lagerhallen zu renovieren, mit Sandstrahlern wurden die verrußten Sandsteinfassaden der viktorianischen Gebäude gereinigt, abbruchreife Gebäude am Clyde-Ufer machten Trendcity mit eigenem Charme

Glasgow

Essen
1. Gamba
2. The Butchershop Bar & Grill
3. No. Sixteen
4. Charcoals

Glasgow • ZIELE 351

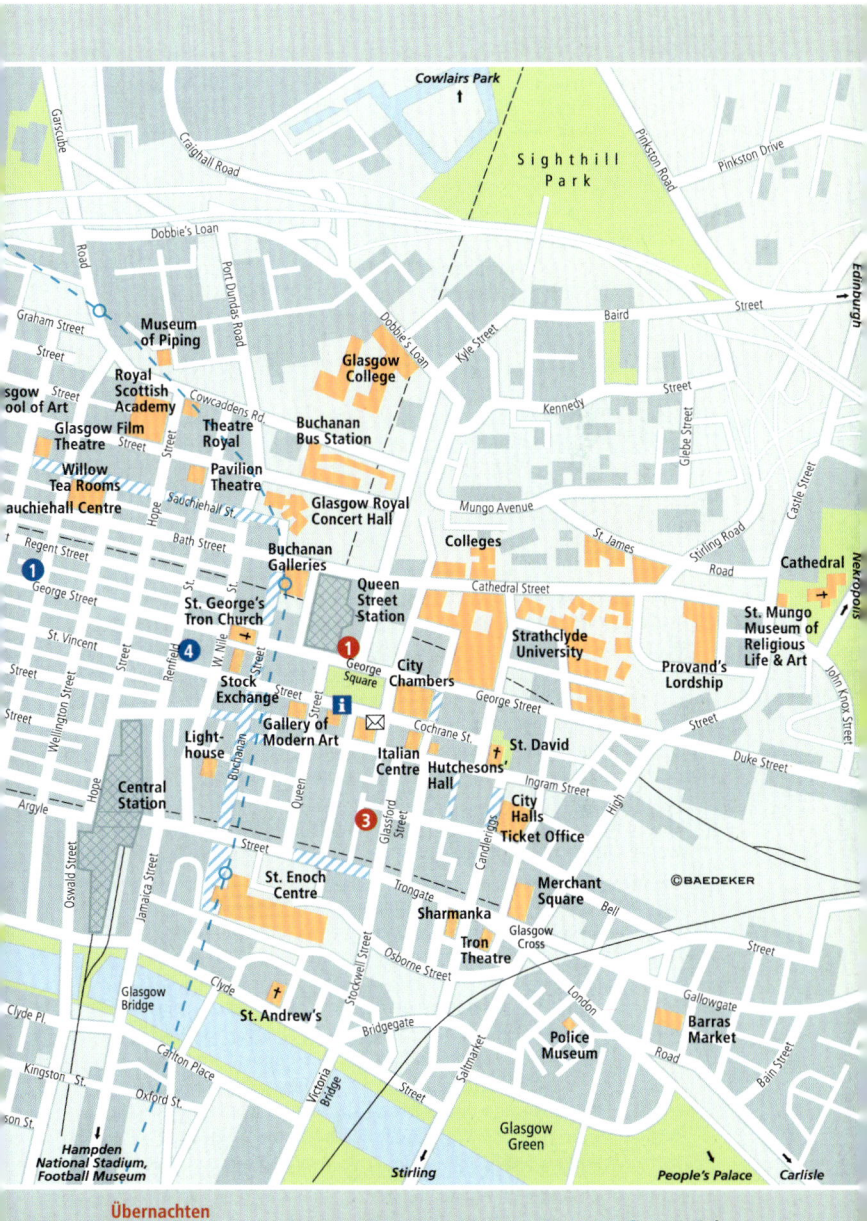

Glasgow erleben

AUSKUNFT
11 George Square, Glasgow G2 1DY
Tel. 01412044400
www.seeglasgow.com

AN- UND ABREISE
Flugzeug
Der Flughafen liegt 16 km westlich (www.glasgowairport.com), 50 km außerhalb gibt es noch den Flughafen Glasgow Prestwick (www.glasgowprestwick.com); von beiden hat man Bus-/Zugverbindungen ins Zentrum.

Schiff
Der Raddampfer Waverley legt am Glasgow Science Centre ab, andere Ausflugsboote in der Innenstadt.

MUSEEN GRATIS
Alle städtischen Museen sind kostenlos, darunter auch die Kelvingrove Art Gallery and Museum, das Hunterian Museum und die Burrell Collection.

ESSEN
❶ *Gamba* €€€€
225a West George St.
Tel. 01415270899
www.gamba.co.uk
Edle Fischgerichte und Meeresfrüchte

❷ *The Butchershop Bar & Grill* €€€
1055 Sauchiehall St.
Tel. 01413392999
www.butchershopglasgow.com
Bestes schottisches Rind.

❸ *No. Sixteen* €€€
16 Byres Rd.
Tel. 01413392544
http://number16.co.uk
Kleines Lokal mit winziger Küche, das

Grünanlagen Platz, und die ehemaligen Dockanlagen auf der gegenüberliegenden Flussseite wurden zu Wohnungen umfunktioniert. Wahrzeichen von Glasgow sind heute das wegen seiner unverwechselbaren Form »Armadillo« (Gürteltier) genannte Clyde Auditorium und das futuristisch anmutende Science Centre am Pacific Quay. Neue Museen entstanden: 1996 die Gallery of Modern Art und 1999 The Lighthouse – eine Hommage an den Art-Nouveau-Architekten Charles Rennie Mackintosh. Glasgows avantgardistische Kunst- und Designszene zählt derzeit neben der von London zur innovativsten des UK.

Stadtgeschichte Im 6. Jh. soll der spätere Schutzpatron von Glasgow, der **heilige Mungo**, mit einem von zwei Ochsen gezogenen Karren in diese Gegend gekommen sein. Die Ochsen blieben unvermittelt an einem »Glas ghu« (keltisch), einem »geliebten grünen Ort« stehen. An dieser Stelle baute Mungo eine kleine Kirche, die im 12. Jh. durch eine Kathedrale ersetzt wurde. Um die Kathedrale entwickelte sich die **mittelalterliche Siedlung**, nach der Reformation verlagerte sich das Stadtzentrum zum heutigen Glasgow Cross.

moderne schottische Küche auf den Tisch bringt.

❹ *Charcoals* ⓔ
26a Renfield St.
Tel. 01412219251
www.charcoals.co.uk
Hochgelobtes indisches Restaurant

ÜBERNACHTEN
❶ *Millennium* ⓔⓔⓔ
George Square
Tel. 01413326711
www.millennium-activhotels.com
Zur Jahrtausendwende neu gestaltete Nobelherberge im Zentrum der Merchant City; 140 Zimmer.

❷ *Malmaison* ⓔⓔⓔ
278 West George St.
Tel. 01415721000
www.malmaison.com
72 Zimmer in geschmackvollem modernem Design.

❸ *The Merchant Lodge* ⓔⓔ
52 Virginia St.
Tel. 01415522424
www.merchantcityinn.com
Früheres Wohnhaus eines Tabakhändlers, zentral gelegen mit 33 gemütlichen Zimmern.

❹ *Victorian House* ⓔⓔ
212 Renfrew St.
Tel. 01413320129
www.thevictorian.co.uk
33 helle großzügige Zimmer, sehr freundlicher Service.

EINKAUFEN
Einkaufen kann man in der Buchanan Street (Fußgängerzone) mit dem luxuriösen Princes Square, in der Argyll Street, in den Argyle Arcades (www.argyll-arcade.com) und im St. Enoch Centre (www.st-enoch.co.uk). Nordöstlich des George Square liegt die lebhafte Sauchiehall Street.

Der Union von 1707 folgte eine wirtschaftliche Blütezeit, bedingt durch den **Nordamerikahandel**. Mitte des 18. Jh.s begann die große Zeit des Textilhandels, 1776 stand Glasgow an erster Stelle im britischen Tabakhandel. 1769 erfand James Watt die Dampfmaschine, deren Einsatz die Produktionsverfahren revolutionierte. 1792 wurden im benachbarten Paisley die ersten mechanischen Webstühle aufgestellt. Watt war auch leitender Ingenieur bei der Schiffbarmachung der flachen Clyde-Mündung: Auf einer Strecke von 30 km wurde der Fluss vertieft, so dass die Schiffe bis nach Glasgow fahren konnten, wo gewaltige Industrie- und Werftanlagen entstanden. Mitte des 19. Jh.s wurden 80 % aller britischen **Dampfschiffe** in den Werften am Clyde gebaut. Ende des 19. Jh.s erreichte die Schwerindustrie mit Schiffs- und Lokomotivbau ihren Höhepunkt.

Die Kehrseite des Wirtschaftsbooms kam mit dem drastischen Bevölkerungsanstieg auf engstem Raum und einer damit verbundenen **Verelendung**. Glasgow mit seinen Industriearbeitsplätzen war zur Einwandererstadt geworden, ein Schmelztiegel vieler Nationen mit zunehmend schlechten Wohnverhältnissen. Ein Ventil für wachsende religiöse und soziale Spannungen waren die **Fußballspiele** zwi-

ZIELE • Glasgow

BAEDEKER WISSEN

? More than a game

Fußball ist in Glasgow kein reiner Zeitvertreib, eher eine Glaubensfrage. Katholische Bürger jubeln für den 1887 gegründeten irisch-katholischen Celtic FC, Protestanten für die 1873 gegründeten schottisch-protestantischen Glasgow Rangers. Im Februar 2012 ging der Rangers Football Club allerdings in die Insolvenz und wurde in die vierte schottische Liga relegiert. Wann es wieder zu einem offiziellen Derby zwischen Celtic und Rangers kommt, wird die Zukunft zeigen.

schen den beiden großen Clubs: Rangers und Celtics.

Mit dem Niedergang der Schwerindustrie in der Clyde-Region ging Glasgows Bevölkerungszahl zurück, der **Verfall** städtischer Wohngebiete folgte. Noch in den 1970er-Jahren war das Image der Metropole von Fabrikschloten und heruntergekommenen Wohnvierteln gekennzeichnet. Um 1980 begann man mit der umfangreichen Sanierung des Zentrums im Bereich des Clyde. Schließlich trugen verschiedene **Imagekampagnen** dazu bei, das lokale Selbstbewusstsein zu stärken und die Bereitschaft, am Standort Glasgow zu investieren, zu fördern.

Charles Rennie Mackintosh
Vier schottische Architekten schufen um die Jahrhundertwende in Glasgow den so genannten **Free Style**: John A. Campbell, Sir John Burnet, James Salmon II. und – allen voran – Charles Rennie Mackintosh (1868 – 1928). Mit seiner späteren Frau Margaret Macdonald, deren Schwester Frances und J. H. Macnair bildete Mackintosh die Gruppe »The Four«. Der Kern der »Glasgow School« entwickelte eine spezifisch schottische Variante des **Jugendstils**. Die von Mackintosh entworfene Glasgower Kunsthochschule in der Renfrew Street, deren Synthese aus funktionalistischem Kalkül und ornamentaler Fantasie von Walter Gropius als »Anfang eines Durchbruchs« gerühmt wurde, gilt als eines der Schlüsselwerke in der Architekturmoderne um 1900. Der Designer zeichnete sich auch durch die von ihm entworfenen Inneneinrichtungen mit neuartigen Proportionen und einer auf geometrischen Mustern basierenden Formgestaltung aus. »Toshie«, der in Deutschland im Rahmen eines Darmstädter Architektenwettbewerbs durch seinen Entwurf für das »Haus eines Kunstfreundes« (House for an Art Lover, 1901) bekannt wurde, avancierte zum Liebling der Glasgower. Überall findet man Kopien seiner meisterhaften Arbeiten, und der von ihm gestaltete, später restaurierte Willow Tearoom in der Sauchiehall Street wurde zum Mekka für Jugendstilanhänger – ebenso wie das Gebäude des Scotland Street School Museum, das Hill House im benachbarten Helensburgh und das erst 1989 – 1996 nach Mackintoshs Plänen von 1901 erbaute *House for an Art Lover im Bellahouston Park, in dem Design-Ausstellungen gezeigt werden. Die einzige von ihm entworfene Kirche ist Hauptsitz und Informationszentrum der Charles Rennie Mackintosh Society (870 Garscube Rd.).

Highlights Glasgow

▶ **Glasgow School of Art**
Von Mackintosh entworfene Kunstakademie. Schon mit 28 Jahren zeichnet er sich als Meister der Fassadengestaltung aus.
Seite 357

▶ **Kelvingrove Art Gallery and Museum**
Eine der schönsten städtischen Gemäldesammlungen in Großbritannien: von Bellini und Botticelli bis Pissarro und Picasso.
Seite 358

▶ **Burrell Collection**
Die Kunstkollektion eines Glasgower Reeders. Burrell sammelte Griechisches, Persisches, Römisches, japanische Holzdrucke, chinesische Jadearbeiten, Aktfiguren von Rodin, Gemälde von Degas und mehr.
Seite 359

▶ **Willow Tea Rooms**
Ein Gesamtkunstwerk für Teetrinker: Für den Willow Tearoom entwarf Mackintosh die komplette Innenausstattung und sogar Bestecke und die Speisekarte.
Seite 356

▶ **Hill House in Helensburgh**
Und noch einmal Mackintosh: Das eigenwillige Hill House rund 35 km nordwestlich von Glasgow gilt als Meisterwerk des Jugendstilkünstlers.
Seite 361

Edle Formen: Jugendstileinrichtung in Mackintoshs Hill House

SEHENSWERTES IN GLASGOW

*George Square Mittelpunkt der Stadt ist der George Square mit Statuen von berühmten Männern und Frauen, u. a. von Robert Burns, James Watt, Sir Walter Scott und Queen Victoria. Das Rathaus an der Ostseite wurde 1883 im Stil der italienischen Renaissance gebaut. Besondere Beachtung verdienen die Loggia, das Treppenhaus und der Bankettsaal. Merchant's House (1877), die Bank of Scotland und das Head Post Office entstanden Ende des 19. Jahrhunderts.

> **BAEDEKER TIPP !**
>
> *Willow Tea Rooms*
>
> Mrs. Catherine Cranston ließ Charles Rennie Mackintosh bis zur Speisekarte hin die gesamte Teestube im ersten Stock des Hauses Sachiehall Street Nr. 217 gestalten. Nach einer umfangreichen Restaurierung wurde der Betrieb 1983 wieder aufgenommen – es gibt köstliche Teekreationen in wahrhaft kunstvollem Ambiente. Ein Genuss für Gaumen und Augen! (Mo. – Sa. 9.00 – 17.00, So. ab 11.00 Uhr; www.willowrearooms.co.uk)

Bedeutendstes historisches Gebäude in Glasgow ist die östlich vom George Square gelegene ***Cathedral of St. Mungo**, die zweitgrößte gotische Kathedrale Schottlands. Der Raum ist über zwei Ebenen gebaut, da der Untergrund abschüssig ist. Chor und Langschiff werden auf das 13. Jh. datiert, Lady Chapel und Kirchturm auf das 15. Jh. Der schönste Raum, die Krypta (12. Jh.), birgt das Grab des hl. Mungo, der vermutlich den Bischofssitz in der Mitte des 6. Jh.s gegründet hat. Besonders beachtenswert sind das präreformatorische gotische Fächergewölbe und ein seltener Lettner mit den sieben Todsünden.

ⓘ April – Sept. Mo. – Sa. 9.30 – 17.30, So. 13.00 – 17.00, Okt. – März jeweils bis 16.30 Uhr; www.glasgowcathedral.org.uk

Glasgow Necropolis Die sich anschließende **Friedhof**, der größte in Glasgow, wurde im 18. Jh. angelegt. Hier liegen viktorianische Kaufleute begraben, die ihre letzte Ruhestätte mit beachtlichen Grabmälern schmücken ließen; ein Denkmal erinnert an den Reformator John Knox (um 1514 – 1572).

Provand's Lordship Gegenüber der Kathedrale steht Glasgows ältestes Haus, Provand's Lordship, das 1471 als Hospital gebaut wurde und jetzt als Museum für Möbel aus der Zeit von 1500 bis 1914 dient.

ⓘ 3 Castle St.; Di. – Do., Sa. 10.00 – 17.00, Fr., So. ab 11.00 Uhr; Eintritt frei

*St. Mungo Museum of Religious Life and Art Das Museum informiert – als bisher einziges seiner Art in Europa – über Weltreligionen, Riten und Formen der Auseinandersetzung mit existenziellen Fragen zu Leben und Tod.

ⓘ 2 Castle St.; Di. – Do., Sa. 10.00 – 17.00, Fr., So. ab 11.00 Uhr; Eintritt frei

Architektur- und Designzentrum »The Lighthouse«

Die 1996 eröffnete Gallery of Modern Art zeigt auf vier Stockwerken Gegenwartskunst von Margaret Baird, Peter Howson, Ron O'Donnell, Beryl Cook, John McLean, Seean Reid.
❶ Royal Exchange Square; Mo.–Mi., Sa. 10.00–17.00, Do. bis 20.00, Fr., So. 11.00–17.00 Uhr; Eintritt frei

Gallery of Modern Art

Das ehemalige Herald Building wurde im Stil des Art-Nouveau-Architekten Mackintosh renoviert und mit einem lichtdurchfluteten Anbau versehen. 1999 ist Glasgows Architektur- und Designmuseum in die Räume gezogen. Präsentiert werden Entwicklungen der nationalen und internationalen Szene.
❶ 11 Mitchell Lane; Mo.–Sa. 10.30–17.00, So. ab 12.00 Uhr; Eintritt frei; www.thelighthouse.co.uk

The Lighthouse

In der steil nach Norden abzweigenden Renfrew Street sollte man sich die 1876 von Mackintosh entworfene Kunstakademie ansehen. Der 1909 vollendete Jugendstilbau des damals erst 28-Jährigen bestätigt den Künstler nicht nur als Meister der Fassadengestaltung, sondern auch als hervorragenden Innenarchitekten. Besonders sehenswert: der eigenwillige Bibliothekssaal!
❶ 167 Renfrew St.; 3–10 einstündige Führungen pro Tag; Ticket 9,75 £; www.gsa.ac.uk

**Glasgow School of Art

Das viktorianische Tenement House vermittelt einen Einblick in die Lebensweise der Bewohner im 19. Jahrhundert.
❶ 145 Buccleuch St.; März–Okt. tgl. 13.00–17.00 Uhr; Eintritt 6 £

Tenement House

ZIELE • Glasgow

Barras Market
An der London Road ein Stück weiter nördlich liegt der bekannte Barras Market. An Wochenenden bieten hier mehr als 800 Händler ihre Waren an.

Scotland Street School Museum
In der Scotland Street südlich des Clyde baute Mackintosh 1904 ein Schulgebäude, in dem heute ein Museum für Bildung und Erziehung eingerichtet ist, das mit Möbeln und diversen Lehrmaterialien aus Glasgower Schulen die Geschichte des Lehrwesens von der viktorianischen Epoche bis 1990 zeigt.
❶ 225 Scotland St.; Di.–Do., Sa. 10.00–17.00, Fr., So. ab 11.00 Uhr; Eintritt frei

Riverside Museum
Am Zusammenfluss von River Clyde und River Kelvin liegt das im Juni 2011 eröffnete Riverside Museum. Der von Zaha Hadid entworfene Bau beherbergt das **Museum of Transport**, das auf einer Fläche von 7000 m² ca. 3000 Exponate ausstellt. Neben Fahrrädern, Motorrädern, Straßenbahnen, Bussen, Pferdedroschken und Lokomotiven befindet sich dort auch der Nachbau dreier Straßenzüge aus den Jahren 1890 bis 1980..
❶ 100 Pointhouse Place; Mo.–Do., Sa. 10.00–17.00, Fr., So. ab 11.00 Uhr; Eintritt frei

University of Glasgow
Am Nordrand des Kelvingrove Parks liegen die von George Gilbert Scott 1870 entworfenen Gebäude der renommierten University of Glasgow. Die zweite, 1795 gegründete Strathclyde University befindet sich unweit nordöstlich des George Square.

Hunterian Museum and Art Gallery
Ältestes Museum von Glasgow ist das 1807 eingeweihte Hunterian Museum and Art Gallery mit umfangreichen archäologischen, zoologischen und geologischen Sammlungen. Es gehört zur University of Glasgow. Sehenswert ist insbesondere die gute Gemäldesammlung mit Werken von Rubens, Rembrandt, Whistler, Chardin, Reynolds, Pissarro, Sisley und Mackintosh und das in die Galerie integrierte, rekonstruierte Wohnhaus von Mackintosh mit Originalmöbeln und einer großen Gemäldesammlung des Künstlers.
❶ University Ave.; Di.–Sa. 10.00–17.00, So. 11.00–16.00 Uhr; Eintritt frei; www.gla.ac.uk/hunterian

**Kelvingrove Art Gallery and Museum
Unbedingt zu empfehlen ist dieses 1901 eingeweihte und 2006 renovierte Museum mit der wohl schönsten städtischen Sammlung britischer und europäischer Maler in Großbritannien, darunter Turner, Ben Nicholson, Ben Johnson, van Gogh, Bellini, Rubens, Botticelli, Rembrandt. Besonders sehenswert sind die Kollektionen französischer Impressionisten (Degas, Signac, Seurat, Monet, Sisley, Pissarro und Renoir) und schottischer Maler (Horatio McCulloch, Thomas Faed, Robert Herdman, William McTaggart, die Brüder David und

William Bell Scott, Edward Burne-Jones, William Dyce, Charles Rennie Mackintosh, William Gear, Bruce McLean). Ausgestellt sind außerdem antike Skulpturen, ägyptische Reliefs und archäologische Funde aus Schottland, flämische Gobelins und Schmuck-, Silber-, Glas- und Keramikarbeiten aus Glasgow.

Argyle St.; Mo. – Do., Sa. 10.00 – 17.00, Fr., So. ab 11.00 Uhr; Eintritt frei

Die mehrfach ausgezeichnete Kunstsammlung wurde der Stadt 1944 von Sir William und Lady Burrell vermacht. Den Entwurf der modernen Galerie ca. 6 km südwestlich des Stadtzentrums im Pollok Country Park lieferten Barr Gasson, John Meunier und Brit Andreson. Unter den mehr als 8000 Objekten sind Kunstwerke vom Neolithikum bis um 1900 ausgestellt, darunter griechische und römische Funde (u. a. die Warwick-Vase aus dem 2. Jh.), Gemälde von Lucas Cranach d. Ä., Hans Memling, Cézanne, Delacroix, Manet, Degas,

**Burrell Collection

Burrell Collection

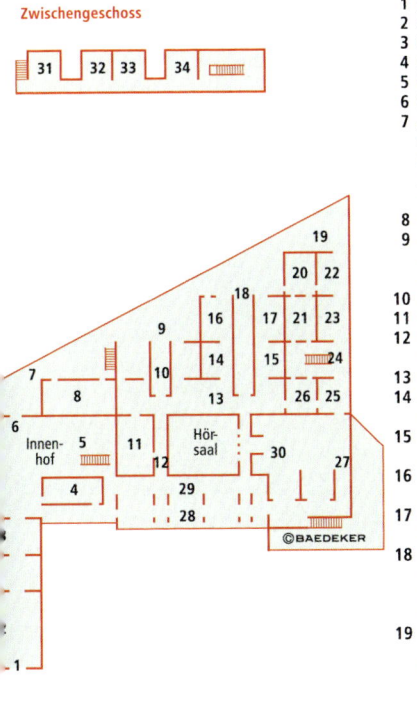

Zwischengeschoss

1 Eingang
2 Garderobe
3 Informationsstand
4 Speisesaal aus Hutton Castle
5 Warwick-Vase
6 Portal aus Hornby Castle
7 Antike Hochkulturen (Skulpturen, Vasen und Bronzearbeiten aus Ägypten, Griechenland, Italien, Iran, Irak, Türkei)
8 Salon aus Hutton Castle
9 Chinesische Keramiken, islamische Gebetsteppiche, koptische Textilien
10 Japanische Drucke
11 Saal aus Hutton Castle
12 Chinesische Jade- und Bronzearbeiten
13 Gobelingalerie
14 Europäisches Mittelalter (Buntglasfenster)
15 Europäisches Mittelalter (Stickereien)
16 Europäisches Mittelalter (Schnitzereien, Bronzen)
17 Europäisches Mittelalter (Grabmäler, Altargeräte)
18 Europäisches Mittelalter und Frührenaissance (Keramiken, Skulpturen, Rüstungen, Silber, Glas)
19 Altartafeln und Gemälde (15./16. Jh.; Cranach d. Ä., Memling, Bellini)
20 Elisabethanischer Raum
21 Gemälde des 17./18. Jh.s (Rembrandt, Hals, Hogarth, Raeburn)
22 Französische Gemälde (Géricault, Delacroix, Courbet)
23 Impressionisten (Manet, Degas, Cézanne, Renoir, Sisley)
24 Aquarelle, Zeichnungen (Ingres, Corot, Manet, Millet, Crawhall)
25 Haager Schule (Mauve, Maris)
26 Gotischer Raum
27 Bronzeskulpturen (Rodin, Meunier, Epstein)
28 Europäische Glasmalerei (13.–16. Jh.)
29 Islamische Metall- und Keramikarbeiten (9.–17. Jh.); kaukasische, indische, persische Teppiche (16.–19. Jh.)
30 Wechselausstellungen
31 Antike Hochkulturen (Keramik, Votivfiguren)
32 Chinesisches Porzellan
33 Europäisches Mittelalter (englische Trinkgefäße, Messingwaren, Skulpturen)
34 Stickmustertücher, gestickte Bildtafeln, Spitzen

chinesische Jadearbeiten, indische und persische Teppiche, flämische Gobelins, Skulpturen von Rodin, Silber und Glas.
❶ Pollokshaws Rd.; Mo.–Do., Sa. 10.00–17.00, Fr., So. ab 11.00 Uhr; Eintritt frei

Pollok House

Im Pollok Country Park steht auch das 1752 von William Adam gestaltete Pollok House mit einer wunderbaren Sammlung spanischer Maler (El Greco, Goya und Murillo), Werken von William Blake und Antiquitäten.
❶ tgl. 10.00–17.00 Uhr; Eintritt 6 £

The Hidden Gardens

Hinter der Bahnstation Pollokshields East wurde auf einem alten Industriegelände der »Heilige Garten des Friedens« mit schottischer und asiatischer Pflanzenwelt angelegt. Die kulturelle Vielfalt unterstreichen vier Lichterfeste im Jahr zum muslimischen Eid, zum Diwali der Hindus, zur Mittsommernacht und zu Weihnachten.
❶ 25 Albert Drive; Mo. geschl.; www.thehiddengardens.org.uk

*Glasgow Green, People's Palace

Glasgows ältester Park – bereits 1662 wurde Glasgow Green angelegt – liegt am Clyde-Ufer. Ein **Museum** im People's Palace dokumentiert mit Exponaten die Entwicklung von Handel und Industrie, Gewerkschaften, Frauenbewegung, Unterhaltung und Sport in

People's Palace im Glasgow Green: Wintergarten für tropische Pflanzen

Glasgow. In dem herrlichen großen Wintergarten wachsen tropische und subtropische Gewächse.
● Di.–Do, Sa. 10.00–17.00, Fr., So. ab 11.00, Wintergarten tgl. 10.00–17.00 Uhr; Eintritt frei

Hampden Scottish Football Museum

Hampden, Schottlands Nationalstadion in Sachen Fußball, hat 52 000 Sitzplätze. Das Fußballmuseum informiert über die Nationalmannschaft und die schottische Liga, seine Sammlung besteht aus über 2500 teils geschichtsträchtigen Objekten von Trikots über Plakate bis zu Pokalen.
● Mo.–Sa. 10.00–17.00, So. ab 11.00 Uhr; Eintritt 6 £; www.scottishfootballmuseum.org.uk

Botanic Gardens

Im Botanischen Garten an der Great Western Road kann man im Kibble Palace die herrliche **Orchideensammlung** bewundern und sich bei einem Bummel durch die Grünanlagen erholen.
● tgl. 7.00 Uhr–Sonnenuntergang

UMGEBUNG VON GLASGOW

Lohnenswerte Ziele

Von Glasgow aus sind Ausflüge in die **Southern Uplands** im Süden und in die ▶Northwest Highlands im Norden möglich. Von Gourock an der Mündung des Clyde fahren Autofähren auf die **Halbinsel Cowal**, von Ardrossan Motorschiffe nach ▶Arran. 24 km sind es zur »Königin der Seen«, dem **Loch Lomond**, und etwas weiter zu den Trossachs (▶Grampian Mountains).

**Helensburgh, Hill House

In Helensburgh nordwestlich von Glasgow ist das Hill House sehenswert, das Mackintosh 1903 für den Verleger Walter Blackie entwarf. Das Haus mit weiter Aussicht über den Firth of Clyde befindet sich heute im Besitz des National Trust of Scotland. Wunderschön ist vor allem die **Innenausstattung**, die Möbel stammen größtenteils ebenfalls von Mackintosh.
● Upper Colquhoun St., Tel. *0844 4 93 22 08; April–Okt. tgl. 13.30–17.30 Uhr; Eintritt 10 £

Renfrew District Paisley

Lohnende Ausflüge führen in den westlich von Glasgow gelegenen Renfrew District, dessen Hauptort Paisley ist. Weltweit bekannt ist das tropfenförmige »Paisley-Muster«, das im **Paisley Museum and Art Gallery** vorgestellt wird. In den **Sma' Shot Cottages** sind Webstühle der viktorianischen Ära zu sehen.
Paisley Museum and Art Gallery: High St.; Di.–Sa. 11.00–16.00, So. 14.00–17.00 Uhr; Eintritt frei
Sma' Shot Cottages: 11 George Place; April–Sept. Mi., Sa. 12.00–16.00 Uhr; Eintritt frei; www.smashot.co.uk

STIRLING UND UMGEBUNG

*Stirling Castle
Stirling ca. 45 km nordöstlich von Glasgow liegt am Eingang zu den Highlands. Der Platz war einstmals strategisch wichtig – nicht weniger als 15 Schlachtfelder finden sich in der Umgebung. Die Burg hoch über der Stadt auf einem Vulkanfelsen ist Schottlands größte Festung. Die Geschichte der Burg ist eng mit dem Haus Stuart verknüpft. In der von den Stuarts bevorzugten Residenz wurden 1430 James II., 1451 James III. und 1512 James V. geboren. James II. ermordete 1452 hier den achten Earl of Douglas, und **Maria Stuart** verbrachte im Castle ihre Kindheit.

Durch das Burgtor mit Türmen aus dem 15. Jh. kommt man auf den Unteren Hof. »Stirling Heads« heißen 35 kunstvoll geschnitzte Eichenmedaillons mit Porträts schottischer Herrscher – einst waren es fast 100. Die mittelalterliche Great Hall wurde mit neuer Stichbalkendecke, Bleifenstern und Galerien originalgetreu restauriert. An der Nordseite des Oberen Hofes steht die 1594 von Jakob VI. für die Taufe seines Sohnes errichtete Royal Chapel.

❶ April – Sept. tgl. 9.30 – 18.00, Okt. – März tgl. 9.30 – 17.00 Uhr; Eintritt 13 £; www.stirlingcastle.gov.uk

Argyll's Lodging
Das von William Alexander, dem Gründer der Kolonie Nova Scotia im heutigen Kanada, erbaute **Stadthaus** Argyll's Lodging gehört zu den besterhaltenen Renaissancebauten in Schottland. 1656 ging das Haus am Fuß der Burg in den Besitz des Earl of Argyll über. Die Räume sind im Stil von 1680 restauriert.

❶ tgl. geführte Touren um 11.30, 12.45, 15.45 Uhr; Eintritt 2 £, nur in Verbindung mit einem Ticket zum Stirling Castle möglich

Church of the Holy Rude
In der 1270 errichteten Church of the Holy Rude südlich der Burg wurde Maria Stuart 1543 im Alter von neun Monaten zur Königin von Schottland gekrönt. 1567 erhielt ihr Sohn Jakob VI. in der Kirche die Königskrone – die Krönungsandacht hielt John Knox.

❶ St. John's St.; Mai – Sept. tgl. 11.00 – 16.00 Uhr; Eintritt frei, Spenden erbeten; www.holyrude.org

Tolbooth
Tolbooth, 1703 – 1706 erbaut, war einst Gericht, Rathaus und Gefängnis. Heute ist es ein Kulturzentrum mit Theater, Bar und Restaurants. Moderne Architektur und historische Bausubstanz wurden hier in gelungener Weise miteinander verknüpft.

❶ Jail Wynd; http://tolbooth.stirling.gov.uk

*Old Bridge Wallace Monument
Im Nordosten von Stirling steht das weithin sichtbare Wallace Monument, ein vierkantiger Turm, der 1869 zum Gedenken an den Sieger der **Schlacht von Stirling Bridge** errichtet wurde. In einer Ausstellung kann man den Kampf von William Wallace gegen die

englischen Invasoren zwischen 1296 und 1298 nacherleben. Dank dem 1996 mit fünf Oscars ausgezeichneten Epos **»Braveheart«** mit Mel Gibson alias William Wallace, der allerdings den Beinamen »Braveheart« im wahren Leben niemals trug, erfreut sich der schottische Freiheitsheld heute großer Beliebtheit.

❶ Nov. – März 10.30 – 16.00, April – Juni, Sept., Okt. 10.00 – 17.00, Juli, Aug. bis 18.00 Uhr; Eintritt 8,25 £; www.nationalwallacemonument.com

Knapp 3 km südlich von Stirling liegt zwischen den Flüssen Pelstream und Bannockburn ein Acker- und Wiesengelände, auf dem 1314 die berühmte Schlacht um Schottlands Unabhängigkeit stattfand. Inmitten einer Rotunde markiert der steinerne »Borestone« jene Stelle, an der **Robert the Bruce** laut Überlieferung am 23. Juni 1314 sein Hauptquartier errichten ließ, bevor er das englische Heer unter Edward II. am nächsten Tag vernichtend schlug. Die Ausstellung im **Bannockburn Heritage Centre** über »Das Königreich der Schotten« zeichnet den Verlauf der schottischen Geschichte nach von den Unabhängigkeitskriegen bis zur Personalunion von 1603, als James VI. von Schottland nach dem Tod Elizabeths I. zum König James I. von England erhoben wurde.

*Bannockburn

Heritage Centre: April – Sept. tgl. 10.00 – 17.30, Okt., März tgl. bis 17.00 Uhr; Eintritt 6 £

∗ Glastonbury

N 18

Landesteil: Südengland
Höhe: 180 ft/55 m ü.d.M.
Grafschaft: Somerset
Einwohnerzahl: 9675

War Glastonbury die legendäre »Isle of Avalon« und wurde bei Glastonbury der Heilige Gral vergraben? Viele »Gralssucher« zieht es an den Ort, der einst eine Insel mitten im unzugänglichen Moor war (▶Baedeker Wissen S. 290).

Von einer **christlichen Legende** zeugt noch die Ruine einer sagenumwobenen Abtei. Der hl. Joseph von Arimathia, der Jesus vom Kreuz genommen und begraben hatte und das Christentum in keltische Gebiete tragen wollte, soll hier seinen Wanderstab in die Erde gestoßen haben; ein Dornbusch wuchs daraus hervor, der bis heute jedes Jahr zu Weihnachten blüht. An dieser Stelle hat der Heilige angeblich den Grundstein zur ersten christlichen Kirche im Land gelegt. Am Fuß des Glastonbury Tor, eines 160 m hohen Hügels, soll Joseph von Arimathia den **Heiligen Gral**, den Kelch des letzten Abendmahls, in dem er das Blut von Jesu Wunden gesammelt hatte,

Sagenumwoben

ZIELE • **Glastonbury**

vergraben haben; an dieser Stelle entsprang die **Chalice Well** (Kelch-Quelle) mit ihrem rötlich schimmernden Quellwasser. Nach einer zweiten Legende ist Glastonbury die **»Isle of Avalon«** der Gralssage, auf die der tödlich verwundete König Artus floh.

Frühe Besiedlung
Die Hügel von Glastonbury, bei den Kelten Yniswitrin oder Avalon genannt, waren schon sehr früh besiedelt – Funde im Lake Village Museum zeugen von **eisenzeitlichen Moorsiedlungen**. Damals reichte der Bristol Channel noch bis hierher, die Gegend war sumpfig und unzugänglich. Man entdeckte Boote von Siedlern und auf Hügeln errichtete Pfahlbausiedlungen (Lake-Villages), die vermutlich vom 3. Jh. v. Chr. bis zur Ankunft der Römer bestanden. Der Ort behielt seine Insellage, bis das Moor trockengelegt wurde.

SEHENSWERTES IN GLASTONBURY

*Abbey
Eine erste Klostergründung soll es 601 gegeben haben, eine Neugründung um 700 erfolgte durch Ine, den König der Westsachsen. Der hl. Dunstan (924 – 988) ließ die erste Kirche aus Stein bauen. Er selbst und die Sachsenkönige Edmund (gest. 975) und Edmund Ironside (gest. 1016) wurden darin begraben. Eine neue Normannenkirche entstand ab 1120, sie wurde bis ins 16. Jh. ausgebaut. 1539 ließ Heinrich VIII. den letzten Abt des Klosters auf dem Glastonbury Tor hängen und das Kloster zerstören.

Von der einst riesigen, 177 m langen Klosterkirche haben sich die Marienkapelle im spätnormannischen Stil (1184 – 1186) und die Galiläakapelle (frühes 13. Jh.) halbwegs erhalten, Reste zweier Vierungspfeiler ragen inmitten schöner Baumwiesen auf.

Eine Einfassung im Chor markiert den Standort des **Grabes von König Artus**; findige Reliquiensammler hatten 1191 die Gebeine auf dem Abteigelände »entdeckt« und in den Chor überführt, wo sie bis zur Zerstörung des Klosters 1539 ruhten. Von den Wohngebäuden der Abtei ist Abbot's Kitchen, die große kegelförmige Abtsküche

Glastonbury erleben

AUSKUNFT
The Tribunal
9 High St.
Glastonbury BA6 9DP
Tel. 01458 83 29 54
www.glastonburytic.co.uk

ÜBERNACHTEN
George & Pilgrim ❸❸
1 High St., Tel. 01458 83 11 46
www.relaxinnz.co.uk
Im Herzen der Stadt gelegenes kleines Hotel aus dem 15. Jahrhundert.

Glastonbury Tor: War dies das legendäre Avalon?

(1435 – 1440) mit vier Feuerstellen, unversehrt geblieben. Ein Museum zeigt ein Modell der Klosteranlage und Architekturfragmente.
❶ März – Mai tgl. 9.00 – 18.00, Juni – Aug. tgl. bis 20.00, Sept., Okt. tgl. bis 17.00, Dez. – Feb. tgl. bis 16.00 Uhr; Eintritt 6 £; www.glastonburyabbey.com

In der ehemaligen Abteischeuer (14. Jh.) ist das **Somerset Rural Life Museum** mit einer Brauchtumssammlung untergebracht. Lohnend sind zwei weitere Kirchen: **St. Benignus** aus dem frühen 16. Jh. und **St. John the Baptist** mit einem auffallend schönen Kirchturm. Nach einem Ortsbummel kann man die Chilkwell Street entlang zum legendären **Chalice Well**, der Wasserquelle für die Abtei, gehen und dann auf den sagenumwobenen *** Glastonbury Tor** mit dem Turm von St. Michael, von wo man einen prächtigen Rundblick hat.

Weitere Sehenswürdigkeiten

* Gloucester

◆ O 17

Landesteil: Mittelengland
Höhe: 49 ft/15 m ü.d.M.
Grafschaft: Gloucestershire
Einwohnerzahl: 118 400

Gloucester – sprich: »Glosster« – am Severn ist Grafschaftshauptstadt und wichtiges Industriezentrum. Hauptattraktionen sind die normannisch-gotische Kathedrale und der historische Hafen aus dem 19. Jahrhundert.

Zur Zeit der Römer war Gloucester eine befestigte Stadt, ein »castrum« namens Glevum, das den Militär- und Handelsweg an der Furt des Severn nach Wales sicherte. Die Endung »-cester« leitet sich von »castrum« ab. 1085 verfügte Wilhelm der Eroberer in Gloucester eine Zählung der englischen Besitztümer – eine statistische Erhebung, die als **Domesday Book** in die Geschichte einging. Nach dem Jüngsten Tag wurde das Werk benannt, weil viele Grundbesitzer angesichts ihres Steuerbescheids eben diesen Tag gekommen glaubten. Mit dem Schifffahrtskanal nach Sharpness wurde Gloucester ab 1827 wichtiger **Binnenhafen**, wovon noch die Lagerhäuser in den historischen Dockanlagen zeugen. Der moderne Hafen liegt außerhalb des Zentrums.

SEHENSWERTES IN GLOUCESTER

*Kathedrale

Die Kathedrale geht auf ein 681 gegründetes angelsächsisches Kloster zurück. Anders als das gotische Äußere erscheint der Innenraum mit seinen kräftigen gemauerten Säulen und großen Rundbögen noch im **anglonormannischen Stil**. Lediglich die Gewölbedecke ist frühgotisch, sie ersetzte 1242 ein älteres Holzdach. Erst ab der Vierung sind **filigranere gotische Formen** auszumachen, das südliche Querschiff gilt als Wiege des **Perpendicular Style** in England.

Im Chor befinden sich bedeutende Grablegen: der Sarkophag des ältesten Sohns von Wilhelm dem Eroberer, Robert von der Normandie, mit einer eichengeschnitzten Liegefigur des Verstorbenen aus dem frühen 13. Jh.; an der Nordwand das Grab von König Osric (gest. 729), dem Gründer des angelsächsischen Klosters, und das Alabaster-Grabmonument (1330) von Edward II., der nach seiner Abdankung 1427 von seiner Frau und deren Liebhaber in Berkeley Castle ermordet wurde und auf Veranlassung seines Sohns Edward III. in der Abteikirche beigesetzt wurde. Im Mittelalter entwickelte sich eine einträgliche Wallfahrt zum Grab dieses Märtyrerkönigs. Die Glasmalereien im Ostfenster stammen zum Teil noch aus dem 14. Jh., u. a. ist eine Marienkrönung dargestellt.

Gloucester erleben

AUSKUNFT
28 Southgate St.
Gloucester GL1 2DP
Tel. 01452 39 65 72
www.gloucester.gov.uk/tourism

ESSEN
The Daffodil ©©©
Cheltenham, 18 – 20 Suffolk Parade
Tel. 01242 70 00 55
www.thedaffodil.com
So. geschl.
Moderne britische Küche in Jugendstil-Ambiente.

The Wharf House ©©
Over, Tel. 01452 33 29 00
www.thewarfhouse.co.uk
Am Rande Gloucesters direkt am Wasser gelegenes kleines Restaurant..

ÜBERNACHTEN
Cardynham House ©©©
Tibbiwell St.
Painswick
Tel. 01452 81 40 06
www.cardynham.co.uk
Ein Gebäude aus dem 15. Jh. , in dem man in üppigen Himmelbetten schläft.

Crossways ©©©
57 Bath Rd., Cheltenham
Tel. 01242 52 76 83
www.crosswaysguesthouse.com
Komfortables B&B mit sechs stilvoll eingerichteten Zimmern im Zentrum von Cheltenham.

Upper Doreys Mill B&B ©©
in Edge, nahe Painswick
Tel. 01452 81 24 59, www.doreys.co.uk
B & B in einer ehemaligen Mühle am Flussufer.

The Edward Hotel ©©
88 – 92 London Rd.
Tel. 01452 52 58 65
www.edwardhotel-gloucester.co.uk
Ehemaliges viktorianisches Townhouse mit 25 Zimmern.

Der ***Kreuzgang** Kreuzgang entstand 1351 – 1412, seine schönen Fächergewölbe sind die frühesten dieser Art in England. Im **Kapitelhaus**, einem normannischen Saalbau, soll Wilhelm der Eroberer die Erstellung des Domesday Book in Auftrag gegeben haben.
❶ tgl. 7.30 – 18.00 Uhr; Eintritt frei, Spenden erwünscht;
www.gloucestercathedral.org.uk

Das New Inn wurde 1450 als Rasthaus zur Unterbringung von Pilgern gebaut. In dem Haus nächtigte **Lady Jane Grey**, als sie zur Königin proklamiert wurde – eine Regentschaft, die allerdings nur ganze neun Tage dauern sollte. Ihre Nachfolgerin Mary Tudor ließ sie hinrichten. Und seither – so heißt es – soll der Geist von Lady Jane im New Inn umgehen und des Nachts von Zeit zu Zeit herumspuken. Heute ist das Haus ein Hotel und Restaurant. In der **Real Ale Bar** kann man zwölf Ale-Sorten probieren.
❶ 16 Northgate St.; www.newinn-hotel.co.uk

New Inn

Historischer Hafen	Im historischen Hafen dokumentiert das **National Waterways Museum** die 200-jährige Geschichte des englischen Kanalwesens und das Leben der Binnenschiffer. In den **einstigen Lagerhäusern** ist neues Leben entstanden: Hier sind verschiedene Geschäfte, Cafés und Restaurants eingezogen. **National Waterways Museum:** tgl. 10.00 – 16.00 Uhr; Eintritt 6,50 £; www.nwm.org.uk
Beatrix Potter Museum	Das Beatrix Potter Museum im Gloucester Court zeigt im Haus des »Tailor of Gloucester«, Schauplatz einer Erzählung von Beatrix Potter, Erinnerungsstücke an die Kindergeschichten von Peter Rabbit, Tom Kitten und Jemmima Puddle Duck. ❶ 9 College Court; Mo. – Sa. 10.00 – 16.00, So. ab 12.00 Uhr; Eintritt frei; www.tailor-of-gloucester.org.uk

UMGEBUNG VON GLOUCESTER

***Berkeley Castle**	Die Festung der Berkeleys aus dem 12. Jh., noch heute in Familienbesitz, wurde schon von Shakespeare gepriesenen. Sie liegt 21 km südwestlich. Die prächtige, aus verschiedenfarbigen Steinen erbaute Burg thront – umgeben von schönen Gartenanlagen – über dem Severn. Bei einer Besichtigung sieht man die Zelle, in der **Edward II.** 1327 wegen vermeintlicher Homosexualität von seiner Frau Isabella von Frankreich und ihrem Liebhaber Mortimer gefangen gehalten und schließlich ermordet wurde. Sehenswert sind der große Saal aus dem 14. Jh., die alten Küchen und die Gemächer mit schönen Wandteppichen, Möbeln, Silber und Gemälden. In der Pfarrkirche befinden sich eindrucksvolle Monumente der Berkeley-Familie. Auf dem Friedhof liegt der Arzt Edward Jenner (1749 – 1823) begraben, der Initiator der Pockenschutzimpfung. ❶ April – Okt. Do., So. 11.00 – 17.30, Sommer So. – Mi. 11.00 – 17.30 Uhr; Eintritt 9,50 £; www.berkeley-castle.com
Deerhurst	In Deerhurst 15 km nördlich von Gloucester ist eine Kirche sächsischen Ursprungs (8./9. Jh.) sehenswert. Seitenschiffe, Bogen und Dach sind normannisch – alles andere ist sächsisch: die Kapelle, die untere Hälfte des Turms mit späterer Zackenverzierung, das zylindrische Taufbecken mit Spiralornamenten. **Odda's Chapel**, angebaut an ein Fachwerkhaus, ist die ältest-datierte Kapelle in England: Ein hier gefundener Stein trägt das Datum 1056.
Tewkesbury	Ein hübsches Städtchen mit alten Fachwerkhäusern und traditionellen Inns ist Tewkesbury 5 km nördlich von Deerhurst. Es liegt in der

Tewkesbury Abbey mit seinem massiven normannischen Turm

Nähe des Zusammenflusses von Severn und Avon, auf beiden Flüssen kann man Bootsfahrten unternehmen. Die *Abbey Church gehört zu den schönsten normannischen Bauwerken des Landes, ihr Baumaterial wurde teilweise aus Frankreich importiert. Eindrucksvoll sind der massige normannische Turm und die Westfront. Den zylindrischen Pfeilern im Schiff wurde im 14. Jh. ein neues Gewölbe aufgesetzt, ein Lierne-Gewölbe, dessen Rippen Sternmuster bilden.

Cheltenham

Der hübsche **Kurort** Cheltenham wurde durch George III. und den Herzog von Wellington als Heilbad berühmt. Weithin bekannt ist das Cheltenham-Musikfestival zeitgenössischer Musik im Juli. Cheltenham College und Cheltenham Ladies College genießen einen ausgezeichneten Ruf. Zum Besuchsprogramm gehört ein Bummel über die schöne Promenade mit Häusern aus der Regency-Periode. In der **Museum and Art Gallery** sind Möbel und die Sammlung holländischer Meister sehenswert. Der Pittville Pump Room, einst das gesellschaftliche Zentrum des Kurbetriebs, ist das wohl schönste Regency-Gebäude der Stadt. Im ehemaligen Ballsaal finden heute Konzerte statt; im Parterre kann man noch immer das Heilwasser probieren.

Museum and Art Gallery: Clarence St.; nach Umbau Wiedereröffnung Mitte 2013 geplant; www.cheltenhamartgallery.org.uk

** Grampian Mountains
J – O 6/7

Landesteil: Schottland
Council Areas: Moray, Aberdeenshire, Aberdeen City, Teile von Argyll and Bute und Perth and Kinross

Die fantastischen Grampian Mountains ziehen sich in Ost-West-Richtung einmal quer durch Schottland. Heide- und Moorlandschaften sind hier oben in den Bergen zu finden, Birken und Ebereschen prägen die Landschaft. Die Grampians sind reich an Rotwild und gelten als Vogelparadies.

In den schottischen Grampian Mountains ist Großbritanniens höchster Berg zu finden: der 1344 m hohe Ben Nevis. Kaum niedriger ist der Ben Macdhui mit 1309 m. Außerdem liegen in diesem Gebiet die Cairngorm Mountains, das mit 155 km² Ausdehnung größte geschlossene Hochplateau Großbritanniens mit Höhen über 280 m; mehrere Berge steigen auf über 1220 m an. Die Flüsse der Grampian Region – Dee, Don, Ythan, Ugie, Deveron und Spey – sind ausnahmslos reich an Lachsen und Forellen.

Grampian Mountains erleben

AUSKUNFT
23 Union St., Aberdeen, AB11 5BP
Tel: 01224 28 88 28
www.castlesandwhisky.com

ESSEN
The Manor House ⓔⓔⓔ
Gallanach Rd., Oban
Tel. 01631 56 20 87
www.manorhouseoban.com
Schottische Küche mit französischem Akzent in einem kleinen Landhotel mit Blick über die Oban Bay.

The Cross ⓔⓔⓔ
Tweed Mill Brae Ardbroilach Rd.
Kingussie
Tel. 01540 66 11 66, www.thecross.co.uk
So., Mo. geschl.
Gourmetrestaurant in einer ehemaligen Tweedweberei; gut sortierter Weinkeller.

Glenfiddich Restaurant ⓔⓔ
13 Church St., Dufftown
Tel. 01340 82 03 63
www.glenfiddichrestaurant.yolasite.com
Im Zentrum der Malt-Whisky-Hauptstadt. Natürlich gibt es alle Speyside Malts.

The Old Bridge Inn ⓔⓔ
Dalfaber Rd., Aviemore
Tel. 01479 81 11 37
www.oldbridgeinn.co.uk
Regionale Küche aus lokalen Zutaten in gemütlichem Ambiente, inklusive offenem Kamin.

ÜBERNACHTEN
Blair Atholl Arms Hotel ⓔⓔⓔ
Pitlochry
Tel. 01796 48 12 05
www.athollarmshotel.co.uk
31 Zimmer
Das 1832 gebaute Hochlandhotel direkt bei Blair Castle bietet Himmelbetten und exquisite Küche.

Caledonian Hotel ⓔⓔⓔ
Station Square, Oban
Tel. *0844 8 55 91 35
www.obancaledonian.com
Historisches Haus in Oban an der Kaimauer mit Blick über den Hafen. Schönstes Zimmer: der Captain's Room.

Ravenscraig Guest House ⓔⓔ
Grampian Rd., Aviemore
Tel. 01479 81 02 78
www.aviemoreonline.com
Netter Familienbetrieb an der Hauptstraße von Aviemore; Zimmer mit Blick auf die Cairngorm Mountains.

Gowanbrae Guest House ⓔⓔ
19 Church St., Dufftown,
Tel. 01340 82 13 44
www.gowanbrae-dufftown.co.uk
Ein viktorianisches Häuschen mit humorvollen Gastgebern im Zentrum der Whiskyhauptstadt des Speyside.

VERANSTALTUNGEN
Wichtig für Whiskyfreunde ist das alljährliche Speyside Whisky Festival in Dufftown (www.spiritofspeyside.com). »The Royal Highland Gathering« findet jeweils am 1. Samstag im September in Braemar statt: traditionelle schottische Sportarten und Folklore. Jedes Jahr an einem Augustwochenende gibt es auf Glamis Castle die »Scottish Proms Party« mit Picknick, Musik und Feuerwerk.

Loch Awe in den Grampian Mountains, am Ufer Klichurn Castle

Wirtschaft Die Landwirtschaft ist bekannt für ihre Angus-Rinder, außerdem werden etwa ein Drittel des gesamten schottischen Hafers und der Gerste hier angebaut. Letztere wird größtenteils zur Destillation von Whisky verwendet – über die Hälfte der knapp 130 schottischen Brennereien liegen in Grampian. Ölfunde etwa 200 km vor der Ostküste haben zur Industrialisierung und zum Reichtum der Region beigetragen, ohne ihren landschaftlichen Reiz zu zerstören. Der Erdölboom halbierte in Grampian die Arbeitslosenquote, erhöhte allerdings auch das Lohnniveau und die Immobilienpreise, was alteingesessene Unternehmen zum Ortswechsel veranlasste. Große Teile der lokalen Fischfangflotte wurden in den schottischen Nordwesten mit seinen niedrigeren Löhnen verlagert.

** ZWISCHEN OBAN UND LOCH LOMOND

*Oban Oban an einer geschützten Bucht an der Westküste ist seit Beginn des Schottlandtourismus der **beliebteste Ferienort.** Von hier kann man reizvolle Schiffsfahrten zu den vorgelagerten Inseln und zu den ▶Hebriden und herrliche Ausflüge in die Bergwelt und das traumhaft schöne Gebiet der Lochs unternehmen. Gute Bademöglichkeiten gibt es am Gavavan Sands. Geschäftiges Treiben herrscht um den Bahnhof – hier sind die meisten Geschäfte, Hotels und Restaurants. Empfehlenswert ist ein Besuch der Caithness Glasfabrik und der 1794 erbauten Whisky-Brennerei, deren Malt Whisky einen ausgezeichneten Ruf genießt.

Grampian Mountains • ZIELE

Unbedingt empfehlenswert ist eine Schifffahrt von Oban über Staffa nach Iona, vorbei an der Ostküste der Insel Mull (▶Hebriden). Auf der Fahrt hat man großartige Ausblicke, so auf den Ben Nevis, die Peaks von Glencoe und Loch Linnhe, auf den Ben More, den mit 966 m höchsten Berg von Mull, sowie die zahlreichen Inseln.

**Ausflug zu den Inneren Hebriden

Sehenswerte Burgruinen im Umkreis von Oban sind **Dunollie Castle** 1,6 km nördlich oberhalb vom Loch Linnhe, **Castle Stalker** 20 km nördlich auf einer kleinen Insel im lieblichen Loch Creran und **Carnasserie Castle**, Mitte des 16. Jh.s erbaut und Sitz von John Carswell, dem letzten Bischof der Inseln und Abt von Iona.

Castles in der Umgebung

*Dunstaffnage Castle ca. 5 km nördlich sollte man sich auf jeden Fall ansehen; es steht auf einem Felsen, der den Eingang zum Loch Etive bewacht. Dort soll der »Stone of Destiny« (Schicksalsstein) gestanden haben, auf dem jahrhundertelang die schottischen Könige gekrönt wurden (▶S. 316, 329, 330). Der Legende nach ist der sagenumwobene Stein von Iona nach Dunstaffnage gebracht worden. Flora MacDonald (▶Hebriden, Skye) war in der Festung für kurze Zeit gefangen. In der Kapelle sollen einige frühe schottische Könige begraben sein. Auf dem Wall steht eine alte Kanone von einer in der Tobermory Bay gesunkenen spanischen Galeone.

Dunstaffnage Castle: April – Sept. tgl. 9.30 – 17.30, Okt. bis 16.30, Nov. – März Sa. – Mi. 9.30 – 16.30 Uhr; Eintritt 4 £

Einer der größten und schönsten Lochs von Schottland ist Loch Awe mit vielen Inseln und Eilanden und umgeben von waldigen Hügeln. Nahe Ford im Westen steht die **Kilneuair Church**, in der nach alter Überlieferung ein Gespenst hausen soll. Am Südostufer liegen die Ruinen von **Castle Fincharn**. Jenseits von Portsonachan kommt man an **Priest's Isle**, einst Sitz einer Priester-Kolonie, und **Inishail**, früher Sitz eines Zisterzienser-Klosters, vorbei. An der Nordspitze liegt ausgesprochen malerisch die Ruine von **Kilchurn Castle**.

*Loch Awe

Ein guter Ausgangspunkt für die südlichen und westlichen Highlands ist das Städtchen Inveraray an dem von bewaldeten Hügeln umgebenen Loch Fyne. Der Ort ist Schauplatz mehrerer Romane von Sir Walter Scott, einem Bewunderer von ***Inveraray Castle**. Das klassizistische Castle, Sitz der Herzöge von Argyll, den Führern des Campbell-Clans, entstand Mitte des 18. Jh.s auf den Fundamenten einer mittelalterlichen Burg, die der Duke of Argyll hatte abreißen lassen. Zu den Sehenswürdigkeiten des Castle gehören Gobelins von Robert Mylne sowie Gemälde von Gainsborough, Ramsay und Raeburn. Einen Besuch lohnen auch der Park und das heute als Museum eingerichtete Gefängnis, in dem schottische Kriminalgeschichte originell dokumentiert ist.

Inveraray am Loch Fyne

● April – Okt. tgl. 10.00 – 17.45 Uhr; Eintritt 10 £; www.inveraray-castle.com

ZIELE • Grampian Mountains

Loch Lomond Loch Lomond, Großbritanniens größter Binnensee, ist laut Sir Walter Scott »The Queen of the Scottish Lakes«. 2002 wurde der »Loch Lomond and the Trossachs National Park« als erster **Nationalpark in Schottland mit guten Wanderwegen, Naturlehrpfaden und Schutzhütten eröffnet. Hier präsentiert sich Schottland mit einer einmalig schönen Naturkulisse, die allerdings auch jede Menge Wassersportler und Erholungssuchende anlockt. Wer Lust hat, kann mit dem Raddampfer den See erkunden, Wanderfreunde steigen auf den 974 m hohen Ben Lomond, um den Panoramablick auf den See zu genießen. In den Restaurants werden Forellen, Lachse und Felchen aus den Wassern des Loch Lomond angeboten.

! BAEDEKER TIPP

Rad fahren

Den 19,2 km langen Uferweg vom Trossachs Pier nach Stronachlacher am anderen Ende des Loch Katrine kann man wunderbar mit dem Fahrrad erkunden. Katrinewheelz (www.katrinewheelz.co.uk) am Trossachs Pier vermietet Tourenräder, Mountainbikes, Helme und Kindersitze. Lunchpakete für unterwegs kann man im Captain's Rest Café nebenan vorbestellen (Tel. 01877 37 62 75).

Balloch im Süden des Loch Lomond ist idealer Ausgangsort zum Nationalpark. In dem schön gelegenen Loch Lomond Shores Visitor Centre kann man Räder oder Kanus mieten und organisierte Trips buchen. Am Ostufer liegt der weite Park von **Balloch Castle**, der für seine Rhododendren und Azaleen berühmt ist.

Nordöstlich des Loch Lomond liegt zwischen Loch Katrine und Loch Achray das wildromantische Tal der ****Trossachs**. Dorothy Wordsworth notierte 1803 nach einem Besuch der Trossachs in ihr Tagebuch: »Hier war es absolut einsam, und alles, was wir erblickten, waren Lieblichkeit und Schönheit in Perfektion.« Und Sir Walter Scott lieferten die bewaldeten Schluchten den Rahmen für seine »Lady of the Lake«. Die Liebesromanze wurde zum Bestseller, der u. a. Theodor Fontane 1858 zu einem Besuch der Trossachs bewog.

**Loch Katrine Loch Katrine wurde vermutlich nach dem räuberischen Stamm der »Catterins« benannt, die einst die Gestade des Sees unsicher machten. Die kleine Insel Ellen's Island trägt ihren Namen nach Scotts heldenhafter »Lady of the Lake«. Mit dem Dampfer »Sir Walter Scott« (von 1900) kann man vom Trossachs Pier aus auf den See fahren (April – Okt.). Da Glasgow sein Trinkwasser aus dem See bezieht, ist Wassersport verboten.

Vollkommen zugewachsen: Blair Athol Distillery

PITLOCHRY UND UMGEBUNG

Geografischer Mittelpunkt von Schottland soll Pitlochry im Tummel-Tal sein, ein beliebter Ferienort schon zu Queen Victorias Zeiten und heute Schauplatz des alljährlichen Theaterfestivals im »Theatre in the Hills«. Eine besondere Attraktion ist die Unterwasser-Beobachtungsstation der ***Salmon Ladder** (Lachstreppe), über die Tausende von Lachsen den Weg flussaufwärts zu ihren Laichgründen nehmen. Dabei überwinden sie eine 20 m hohe Staustufe – der Staudamm war in den 1950er-Jahren zur Stromerzeugung angelegt worden. Am Ortseingang steht die schöne **Blair Athol Distillery**, die auf 1798 zurückgeht. Ein Großteil des leicht fruchtigen Malt wird für die Blends der Firma Bell's verwendet.

Pitlochry

Schon die Fahrt zum Blair Castle 12 km nordwestlich lohnt sich. Man kann über »Queen's View« fahren und die Aussicht auf Loch Tummel genießen und passiert dann den Killiecrankie-Pass. Blair Castle nördlich des kleinen Ortes Blair Atholl ist seit dem 17. Jh. Sitz des Duke of Atholl vom Murray Clan, der von Queen Victoria als Einziger in Großbritannien das Privileg erhielt, eine private Armee, die »Atholl Highlanders«, zu unterhalten. Am letzten Sonntag im Mai halten sie eine farbenfrohe Parade ab, ansonsten spielt ein Dudelsackbläser aus ihren Reihen vor dem Castle Weisen aus den Highlands.

**Blair Castle

❶ April – Okt. tgl. 9.30 – 17.30, Nov. – März Sa., So. 10.00 – 16.00 Uhr; Eintritt 9,50 £; www.blair-castle.co.uk

Prunkvoll: die Innenausstattung von Glamis Castle

*Loch Tay
Südwestlich von Blair Atholl erstreckt sich Loch Tay, der als einer der schönsten Lochs in Schottland gilt. Einen guten Blick auf den See hat man vom 1214 m hohen Ben Lawers nördlich von Loch Tay.

*Schiehallion
Am Nordfuß des fast 1100 m hohen Schiehallion liegt Kinloch Rannoch am Ufer des **Loch Rannoch**. Einst scharten sich um den Loch über 30 Clan-Dörfer mit 2500 Mitgliedern der MacDonalds, Mac Gregors, Menzies, Robertsons und Stewarts, heute leben nur noch knapp 400 Menschen am See. Die westliche Fortsetzung bildet das von Tümpeln durchsetzte **Rannoch Moor**, eine unwirtliche baumlose Landschaft, die einen magischen Zauber ausübt.

Glencoe
Nach Südwesten grenzt das Moor an die Black Mountains, am Horizont ragen die Buachaille-Gipfel über 900 m auf. Dort beginnt Glencoe mit dem Skigebiet der White Corries. Über den Glencoe Pass kommt man vor dem gleichnamigen Dorf zum alten Clachaig Hotel, wo der Hinweis »Hausierer und Campbells nicht zugelassen« an ein düstereres Kapitel der Clan-Geschichte erinnert, das Glencoe-Massaker. Am Morgen des 13. Februar 1692 hatten die bei den MacDonalds eingeladenen Campbells ihre Gastgeber ermordet, da diese zögerten, das englische Königshaus zu unterstützen.

Dunkeld
Knapp 20 km südöstlich von Pitlochry liegt das idyllische Dunkeld. Als Kenneth Mac Alpin 844 die Reiche der Pikten und Schotten vereinte, erhob er Dunkeld und Scone zu seinen Residenzen. Die wunderschön am Tay gelegene Kathedrale wurde kurz nach ihrer Vollen-

dung 1560 von den Reformatoren zerstört. Das Schiff blieb ohne Dach, der Chor dient heute als Kirche.

ZWISCHEN PERTH UND MONTROSE

An der A94, die von ▶Dundee in Richtung Montrose an der Küste führt, liegt eines der schönsten Schlösser des Landes. Das Kleinod schottischer Burgenromantik ist von einer herrlichen, um 1770 von Capability Brown angelegten Parklandschaft umgeben. Über eine lange Eichenallee kommt man zur L-förmigen Schlossanlage, die in der zweiten Hälfte des 17. Jh.s gebaut wurde. Bereits 1000 Jahre zuvor stand hier eine Burg, die Sitz der Earls of Strathmore war. Nach Shakespeare soll Macbeth, 1040 – 1057 König von Schottland und Lehnsherr von Glamis Castle, hier König Duncan ermordet haben. Noch im 19. Jh. wurde Besuchern in der Duncan's Hall das Mordbett vorgeführt, das Verbrechen wurde indessen in der Nähe von Elgin verübt. Im Castle sind kostbare Stilmöbel und Tapisserien, chinesisches Porzellan, alte Waffen und Gemälde, darunter Porträts von Elizabeth I. und der Königinmutter als Duchess von York zu sehen. Auch das Schlafgemach von »Queen Mum« ist zu besichtigen. 1930 wurde Prinzessin Margaret hier geboren; sie war seit über 300 Jahren die erste königliche Prinzessin, die auf schottischem Boden zur Welt kam.

**Glamis Castle

❶ März – Okt. 10.00 – 18.00, Nov. – Dez. 10.30 – 16.30 Uhr; Eintritt 10,50 £; www.glamis-castle.co.uk

Knapp 6 km westlich von Montrose liegt das 1730 – 1742 für Lord David Erskine erbaute House of Dun. Entworfen wurde der zweistöckige palladianische Bau von William Adam nach dem Vorbild des Château d'Issy bei Paris. Besonders schön sind der große Salon mit allegorischem Stuckdekor und der neobarocke Speisesaal.

*House of Dun

BRAEMAR UND BALMORAL CASTLE

Einer der beliebtesten Hochland-Ferienorte der Grampians ist **Braemar** im Tal des Dee. Berühmt sind die schottischen Hochlandfestspiele, **The Braemar Gathering**, am ersten Samstag im September, an denen auch Mitglieder der königlichen Familie teilnehmen. Ihr Sommersitz Balmoral Castle liegt nur wenige Kilometer entfernt. Über 20 000 Zuschauer finden sich jedes Jahr ein, viele in traditioneller schottischer Tracht – die Frauen in Tartanröcken, die Männer mit Kilt und Plaid –, Dudelsackpfeifer spielen zum Tanz, während die geschälten Stämme junger Lärchen beim »Tossing the Caber« geworfen werden (▶S. 112) **Braemar Castle**, ursprünglich von 1628, wurde

**Braemar Gathering

nach einem Brand Mitte des 18. Jh.s neu erbaut. Bei der Besichtigung hat man auch Zugang zum unterirdischen Verlies.
Castle: April – Okt. Sa., So. 11.00 – 16.00, Juli, Aug. auch Mi.; Eintritt 6 £; www.braemarcastle.co.uk

Balmoral Castle
Die Sommerresidenz der Königin 11 km südöstlich von Braemar wurde zum Inbegriff des schottischen Baronialstils im viktorianischen Zeitalter. Queen Victoria kaufte das Anwesen 1852 und ließ das Castle nach Plänen von Prince Albert erneuern. Besichtigen kann man die weitläufigen Parkanlagen; im Innern den Ballsaal und eine Kutschensammlung, sofern sich die königliche Familie nicht im Schloss aufhält.
❶ in der Regel April – Juli 10.00 – 17.00, Ende Nov. – Mitte Dez. Sa. 11.00 – 14.00 Uhr Führungen; Eintritt 10 £; www.balmoralcastle.com

*Royal Lochnagar Distillery
Höchster Punkt der Balmoral-Wälder ist der 1155 m hohe, oft schneebedeckte Lochnagar. Nach ihm benannte John Begg 1845 seine Whisky-Brennerei, die Quellwasser aus der Bergregion bezieht. Queen Victoria und Prince Albert waren bei einem Besuch der Distillery von dem Scotch so begeistert, dass sie Begg zum Hoflieferanten ernannten, ein Privileg, das die Brennerei noch heute besitzt.

CAIRNGORM MOUNTAINS

**Nationalpark, Skigebiet und Wanderparadies
Das beliebteste Skigebiet in Schottland sind die als Nationalpark ausgewiesenen Cairngorm Mountains nordwestlich von Braemar. Der höchste Berg ist der 1309 m hohe **Ben Macdhui**. Von der Gipfelregion verläuft ein großartiger Höhenweg über den Cairn Gorm nach Glenmore Lodge. Der Cairn Gorm, der dem ganzen Gebirge seinen Namen gab, kommt mit 1245 m Höhe erst an vierter Stelle, nach dem Ben Macdhui, dem Braeriach (1296 m) und dem Cairn Toul (1291 m). Zahlreiche Skilifte führen in die Skigebiete, auf den Cairn Gorm fährt die Cairngorm Funicular Railway. Zwischen den roten Granitbergen liegen einige Lochs, so Loch Avon und Loch-an-Eilean.

** MALT WHISKY DISTILLERIES (▶BAEDEKER WISSEN S. 380)

Speyside
Für viele Whisky-Fans ist der schottische Malt Whisky vor allem mit dem Namen Speyside verbunden. Das Gebiet zwischen Grantown-on-Spey, Elgin, Dufftown und Keith weist die weltweit größte Konzentration von Malzwhisky-Brennereien auf, **berühmte Brennereien** wie Glenfiddich, Glenlivet, Glen Grant und Glenfarclas haben sich in und um das Tal des River Spey angesiedelt.

Grampian Mountains • ZIELE

Die von Pagoden gekrönte **Glenlivet Distillery** im Tal des Livet zeugt von der langen Geschichte des charaktervollen Malt Whisky; »The Ballad of The Glenlivet« ist im Besucherzentrum dokumentiert. Der junge Hochländer Thomas Smith hatte sich 1715 hier niedergelassen und betrieb neben seiner Landwirtschaft eine kleine Schwarzbrennerei. Sein Urenkel George erwarb 1824 als einer der Ersten eine Brennlizenz. Mit Unterstützung des Duke of Gordon baute George Smith eine neue Brennerei, The Glenlivet, die schnell zu einer der führenden schottischen Brennereien avancierte und per Gerichtsbescheid die Einzige ist, die sich »The« Glenlivet nennen darf. 1953 fusionierte Glenlivet mit Glen Grant, 2001 übernahm Pernod Ricard den Betrieb.

Livet-Tal

> **BAEDEKER TIPP !**
>
> *Malt Whisky Trail*
>
> Um wenigstens einige der teilweise noch in Familienbesitz befindlichen Betriebe kennenzulernen, folgt man am besten dem 110 km langen ausgeschilderten »Malt Whisky Trail«. Jede der alten Destillerien liegt, empfängt, riecht und entlässt anders, mindestens aber mit einem »dram«, dem genüsslichen Probegläschen Scotch (www.maltwhiskytrail.com).

Wo die Flüsse Spey und Avon sich vereinen, ließ John Smith im Jahre 1869 die Brennerei **Cragganmore** errichten. Der bernsteinfarbene Whisky mit seinem leicht blumigen Duft, einer angenehm rauchigen Note und einem langen Abgang reiht sich in die Reihe der großen »Classic Malts« ein.

Glenlivet Distillery: April – Okt. Mo. – Sa. 9.30 – 16.00, So. ab 12.00 Uhr; Eintritt frei; www.theglenlivet.com

Cragganmore Distillery: Mai – Sept. Mo. – Fr. 10.00 – 17.00 Uhr; Tour 5 £; www.discovering-distilleries.com

Elizabeth Cumming, Schwiegertochter des Gründers und eine der großen Persönlichkeiten der Whiskyindustrie, verlegte 1872 die **Cardhu Distillery** an ihren heutigen Standort bei Knockando. Ihr Sohn wurde später Direktor beim Fusionspartner Johnnie Walker, der den malzig-süßen Whisky als Kern seiner Blends verwendet. Für die Herstellung des »schwarzen Felsens«, wie die Übersetzung des gälischen Namens lautet, wird Quellwasser aus den Mannoch Hills verwendet.

Knockando

❶ Jan. – März Mo. – Fr. 11.00 – 15.00, April – Sept. 10.00 – 17.00 Uhr; Tour 5 £; www.discovering-distilleries.com

Das einst von James Duff zum Textilzentrum ausgebaute Dörfchen Dufftown wurde von der Grant-Familie zur Whisky-Hauptstadt erkoren. Seit 1887 befindet sich die von William Grant gegründete **Glenfiddich Distillery** in Familienbesitz – Grant hatte das Anwesen nebst der Quelle des Robbie Dubh gekauft und mit seinen sieben Söhnen die Destillengebäude gebaut. Am Weihnachtstag desselben

Dufftown

Whisky

The Spirit of Scotland

Nationalgetränk und Exportartikel Nummer eins ist der schottische Whisky. 2012 wurden weltweit mehr als 4 Mrd. Pfund für das schottische Wasser des Lebens ausgegeben. Die meisten der rund 110 Destillerien liegen im Speyside, wo berühmte Markennamen wie Glenlivet, Glenfiddich und Macallan zu Hause sind.

▶ **Herstellung von Scotch Whisky**

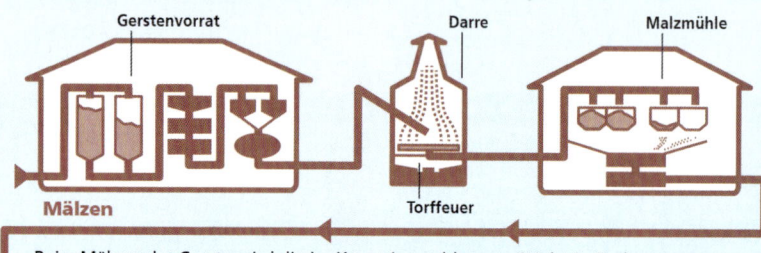

Beim Mälzen der Gerste wird die im Korn eingeschlossene Stärke in Zucker umgewandelt. Dann wird das Malz mit örtlichem Quellwasser zur Maische vermischt, in der sich der Zucker löst. Die süßliche »Würze« wird mit Hefe in hölzernen Washback-Behältern fermentiert, wobei sich der Zucker in Alkohol umwandelt.

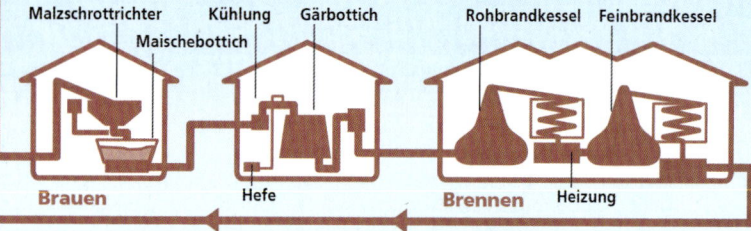

Schließlich folgt eine zweifache Destillation in großen kupfernen Brennblasen, den »Pot stills«. Bei der ersten Destillation entstehen die 20- bis 25-prozentigen Low Wines. Bei der erneuten Destillation im »Spirit Still« wird nur aus dem reinen Mittellauf, dem »Centre Cut«, die fertige Spirituose mit ca. 68 % Alkohol erzeugt.

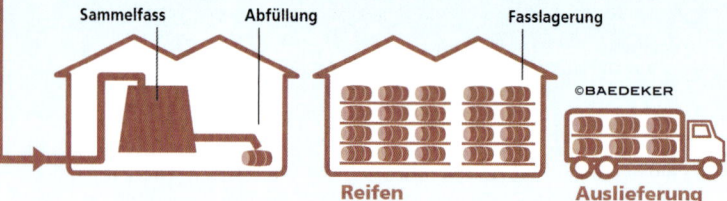

Seine Bernsteintönung erhält Whisky durch die Lagerung in Eichenfässern. Pro Jahr verliert er durch Verdunstung bis zu 2,5 % Alkohol, den »Angels' Share«. Jeder Scotch muss mindestens drei Jahre reifen, aber die meisten lagern 8, 12 oder 15 Jahre im Holzfass.

berühmte Brennereien

Leicht
Gehaltvoll
Rauchig
Weich

k aff your dram!

as ursprüngliche Trinkgefäß für Whisky war der Quaich« (»Trinkschale der Freundschaft«), der an vei Griffen in einer Runde herumgereicht wurde. uerst war der Quaich nur aus Holz, später aus Horn d ab dem 17. Jh. auch aus Messing, Zinn oder Silber. m Whisky zu probieren, eignet sich am besten ein osing-Glas mit weitem Bauch und engem Rand, as die Aromen konzentrierter einfängt.

Die Strathisla Distillery ist eine der ältesten Brennereien der Welt.

Jahres wurde der erste Malt bei Glenfiddich destilliert. Heute produziert die fünfte Generation den prominenten Whisky, der als einziger schottischer Hochland-Malt auch direkt in der Brennerei abgefüllt wird – in jene markanten Dreiecksflaschen, deren Etikett ein Hirsch ziert, Wahrzeichen für das heimatliche »Valley of the deer«. William Grant & Sons Ltd. haben durch ihre intensive Vermarktung seit 1963 wesentlich zum Comeback des schottischen Single Malt beigetragen. Besuchern wird neben einer kostenlosen Führung ein guter sechssprachiger Film über die Herstellung von Scotch geboten.

❶ Mo. – Sa. 9.30 – 16.30, So. ab 12.00 Uhr; www.glenfiddich.com

*Glenfarclas Distillery Auch Glenfarclas 19 km westlich von Dufftown ist im Besitz der Familie Grant. Erster Lizenznehmer war 1836 Robert Hay, von dem John Grant 1865 den Betrieb übernahm. Zur Reifung wird der schwere, vollmundige Whisky bis heute mindestens zehn Jahre in spanischen Sherryfässern gelagert.

❶ Okt. – März Mo. – Fr. 10.00 – 16.00, April – Sept. bis 17.00 Uhr; Tour 5 £; www.glenfarclas.co.uk

*Keith Strathisla Distillery Die sorgsam restaurierte »old fashioned« Distillery in Keith wurde 1746 unter dem Namen **Milltown** gegründet und gehört zu den ältesten Brennereien der Welt. 1950 wurde sie von den Chivas Brothers ersteigert, so dass man hier außer dem kräftigen, eichentönigen Strathisla Single Malt auch den Blended Chivas Regal probieren kann.

❶ April – Okt. Mo. – Sa. 9.30 – 17.00, So. ab 12.00 Uhr; Tour 5 £; www.maltwhiskydistilleries.com

Der Malt von **Glen Grant** in Rothes gilt als einer der meistverkauften Einzelwhiskys überhaupt. Die altehrwürdige Brennerei, 1840 von den Gebrüdern James und John Grant errichtet, 1953 mit Glenlivet fusioniert, 1977 vom Chivas-Konzern übernommen und 2001 an Pernod Ricard weiterverkauft, kam Anfang des 20. Jh.s mit ihrem frischen, leicht fruchtigen Single Malt auf den internationalen Markt.

Rothes

❶ Mai – Okt. tgl. 9.30 – 17.00, Nov. – April Mo. – Sa. 9.30 – 17.00, So. ab 12.00 Uhr; Tour: 3,50 £; www.glengrant.com

Dass die Grafschaftshauptstadt Elgin im Mittelalter eine wichtige Rolle spielte, belegen die eindrucksvollen Ruinen des ehemaligen **Bischofspalastes** und der **Kathedrale**, der einstigen »Laterne des Nordens«, die 1390 von Alexander Stewart, dem »Wolf von Badenoch«, aus Rache für seine Exkommunikation zerstört wurde. Weitere Verwüstungen folgten später durch plündernde Anhänger des Reformators John Knox und die Truppen Oliver Cromwells.

Elgin

Elgin gilt als Kapitale des Malt, zumal hier große Abfüllanlagen wie die von Gordon & MacPhail angesiedelt sind. Fundgrube für Kenner ist der **Laden von Gordon & MacPhail** mit mehr als 700 Whiskys.

Bei Elgin liegen mehrere Brennereien, darunter die 1899 gegründete malerische **Dallas Dhu Distillery** ca. 3 km südlich von Forres, die heute als lebendiges Whiskymuseum betrieben wird.

Gordon & MacPhail (Shop): 58 – 60 South St.; Mo. – Sa. 8.30 – 17.00 Uhr; www.gordonandmacphail.com
Dallas Dhu Distillery: April – Sept. tgl. 9.30 – 17.30, Okt. tgl. bis 16.30, Nov. – März Sa. – Mi. 9.30 – 16.30 Uhr; Tour 5,50 £; www.dallasdhu.com

Guildford

R 18

Höhe: 173 m ü. d. m:
Grafschaft: Surrey
Einwohnerzahl: 66 780

Guildford ist ein guter Ausgangspunkt für den Besuch des westlichen Teils der North Downs, einem Höhenzug, der sich von hier nach Osten bis zu den Kreideklippen bei Dover erstreckt.

In der Grafschaftshauptstadt südwestlich von London wohnen viele gut betuchte Pendler, die in der Metropole arbeiten. Der einstige Wohlstand von Guildford hatte seinen Grund in der Lage an einer wichtigen Handelsroute zwischen London und Portsmouth.

SEHENSWERTES IN GUILDFORD

*High Street In Guildford gibt es eine der schönsten und steilsten Hauptstraßen ganz Englands, die High Street, an der einige interessante Gebäude stehen: oben auf dem Hügel die von Eduard VI. 1553 gegründete **Royal Grammar School**, ein sehenswertes Tudorhaus, in dessen »Chained Library« 90 alte Folianten mit Ketten gegen Diebstahl gesichert sind. Das **Abbot's Hospital** wurde 1619 – 1622 von George Abbot, dem Erzbischof von Canterbury, für zwölf Männer und acht Frauen gebaut. Die **Guildhall** erhielt 1683 ihre berühmte Uhr und eine neue Fassade. Spätnormannisch ist die Kirche **St. Mary's** weiter unten. Vom einst königlichen **Castle** ist nur der Bergfried von 1170 recht gut erhalten. Das **Guildford Museum** am Fuß der Burg widmet sich dem Leben und Werk von Lewis Caroll (s. u.) und der Gärtnerin und Schriftstellerin Gertrude Jekyll.
Guildford Museum: Castle Arch; Mo. – Sa. 11.00 – 17.00 Uhr; Eintritt frei

Guildford erleben

AUSKUNFT
155 High St., Guildford
Surrey GU1 3AJ
Tel. 01483 44 43 33
www.guildford.gov.uk

The Chestnuts Im Haus »The Chestnuts« am Castle Hill lebte zeitweise Lewis Carroll (1832 – 1898), Mathematikprofessor aus Oxford und Autor des weltberühmten Kinderbuchs »Alice in Wonderland« (1865). Der Schriftsteller, der eigentlich Charles Lutwidge Dodgson hieß, ist auf dem Friedhof The Mount jenseits des River Wye begraben.

Cathedral Holy Spirit Eine der wenigen neuen Kathedralen in England ist Holy Spirit, ihr Grundstein wurde 1936 gelegt. Wegen der Kriegswirren erfolgten Fertigstellung und Weihe der Kirche erst 1961.

UMGEBUNG VON GUILDFORD

*Polesden Lacey Richting Osten abseits der A246 steht die ansehnliche Regency-Villa Polesden Lacey. Zu den Schätzen des Anwesens gehört die Grenville-Kunstsammlung mit Gemälden von Reynolds, Lawrence, Raeburn und italienischen Meistern des 14. bis 16. Jh.s, flämischen Gobelins, Porzellan aus Meißen, Chelsea und Zürich sowie Renaissancemöbeln. Das Anwesen zählt zu den beliebtesten Liegenschaften des National Trust, die Eltern von Königin Elisabeth II. verbrachten hier 1923 ihre Flitterwochen.
❶ Nov. – Feb. Sa., So. 11.00 – 15.30, März – Okt. Mi. – So. 11.00 – 17.00 Uhr; Eintritt 10,80 £

Im Dörfchen Albury 6,5 km südöstlich von Guildford liegt Albury Park, Sitz der Herzöge von Northumberland. Das Haus präsentiert eine wertvolle Sammlung von Gemälden und Uhren, außerdem 64 verschiedene Kamine. Die Gartenanlage versah man mit einem römischen Bad und einer Höhle, die der Grotte von Posilippo bei Neapel nachempfunden ist.

*Albury Park

✱✱ Hadrian's Wall

M – P 10

Landesteil: Nordengland
Grafschaften: Cumbria und Northumberland

Zwei große Befestigungswälle errichteten die Römer gegen die schottischen »Barbaren«: den Antonine Wall und weiter südlich den Hadrian's Wall, der auf manchen Karten nur als »Roman Wall« bezeichnet wird.

Der Hadrian's Wall zieht sich zwischen Newcastle-upon-Tyne und Carlisle auf einer Länge von 118 km einmal quer durchs Land. Er wurde auf Befehl des Kaisers Hadrian im Jahr 122 n. Chr. begonnen und 132 fertiggestellt. In erster Linie diente er der Verteidigung, wurde jedoch auch mit Toren für den Nord-Süd-Verkehr versehen. Der Hadrian's Wall bestand ursprünglich aus zwei Mauern aus behauenen Steinen, deren Zwischenräume mit Erde, Steinmörtel und Schotter gefüllt wurden. Der Steinwall war bis zu 3 m dick; seine

Hadrain's Wall erleben

AUSKUNFT
Hadrian's Wall Tourism Partnership
14b Gilesgate, Hexham, Northumberland, NE46 3NJ
Hadrian's Wall Information Line Tel. 01434 32 20 02
www.hadrians-wall.org

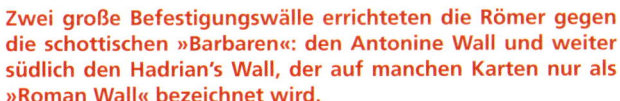

Hadrian's Wall

- ⋂ Vallum Hadriani
- ▪ Römisches Fort
- 1 Cilurnum
- 2 Brocolitia
- 3 Vercovicium
- 4 Vindolanda
- 5 Aesica

ZIELE · Hadrian's Wall

Höhe betrug bis zu 6 m, ist aber heute nirgends mehr höher als 1,8 m. Ein tiefer Fallgraben auf der einen, ein flacherer Graben auf der anderen Seite begleiteten den Wall. Große Militärstützpunkte – 17 bis 19 Kastelle – schützten den Wall. Sie boten jeweils Unterkunft für 500 oder 1000 Mann und waren mit Kasernen und Hauptquartier, Vorratslagern und Werkstätten ausgestattet. Daneben gab es außerdem auch noch kleine Forts und Wachttürme. Eine Heerstraße zog sich an der Mauer entlang, und außerhalb der Forts entstanden Dörfer mit Läden, Gasthäusern und Tempeln. Im Lauf der späteren Jahrhunderte wurde die Mauer häufig als Steinbruch missbraucht – Steine davon finden sich in den Mauern vieler Kirchen und vieler Privathäuser. Hadrian's Wall ist heute ein sehr beliebter Spazierweg. Einige der gut erhaltenen Militärstützpunkte kann man besichtigen.

Chollerford
Etwa 1 km westlich von Chollerford befindet sich das am besten erhaltene römische Kastell, **Cilurnum**, das 500 Kavalleristen als Besatzung hatte. Tore sind erhalten, zudem Kasernen, Gebäude des Hauptquartiers, Badehäuser, Ställe und Heizungsanlagen unter dem Fußboden (Hypokausten). In der Eingangshalle des Hauses Chester wird eine hervorragende Sammlung von römischen Funden gezeigt. Am gegenüberliegenden Ufer des North Tyne sind noch Reste einer römischen Brücke erhalten. Die Kirche in Chollerton 4 km östlich von Chollerford zeigt einen Bogengang (ca. 1150) mit monolithischen römischen Säulen und einem römischen Altar, der als Taufstein benutzt wird.

Carrawburgh
In Carrawburgh lag der Militärstützpunkt **Brocolitia**, wo ein dem Sonnengott Mithras geweihter Schrein aus dem 3./4. Jh. ausgegraben wurde. Der mystische Mithras-Kult hat sich von etwa 70 v. Chr.

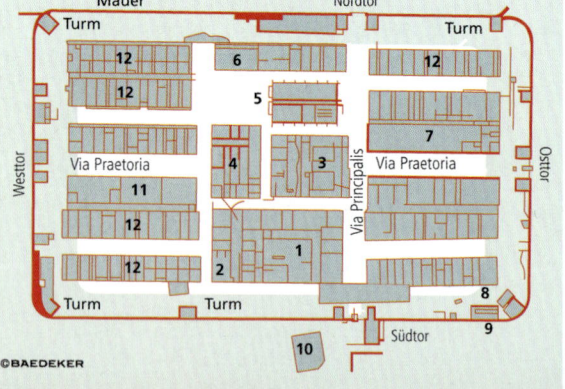

Fort Vindolanda

1 Haus des Kommandanten
2 Bad des Kommandanten
3 Hauptquartier
4 Hospital
5 Kornspeicher
6 Ställe (?)
7 Badehaus
8 Zisterne
9 Latrine
10 Zivilistensiedlung
11 Werkstatt
12 Kasernen

Das Haus des Kommandeurs – Reste von Fort Vindolanda

durch die römischen Soldaten bis nach Germanien und Britannien ausgebreitet. In ▶Newcastle-upon-Tyne befindet sich im Museum of Antiquities eine Nachbildung.

Ein Besuchermagnet ist Housesteads, wo die umfangreichsten Ausgrabungsfunde zu sehen sind. Das sehr gut erhaltene Kastell **Vercovicium** hat vier Tore, Hauptquartier, Kornkammern, Kasernen, Badehäuser, Krankenhaus, Ställe, Latrine, Werkstätten, Wassertanks; es konnte 100 Fußsoldaten aufnehmen. Das Gelände gehört dem National Trust, der auch ein kleines Museum unterhält.

Housesteads

❶ tgl. Sonnenaufgang – Sonnenuntergang; Eintritt 5 £

In Chesterholm 3,2 km südlich liegt das **Fort Vindolanda** mit einem der interessantesten Hauptquartier-Gebäude und einem römischen Meilenstein; im angeschlossenen Museum sind Schreibtafeln, Textilien und Holzgegenstände aus römischer Zeit zu besichtigen.

Chesterholm

❶ Feb., März, Okt. tgl. 10.00 – 17.00, April – Sept. tgl. bis 18.00 Uhr; Eintritt 6,50 £, Kombi-Ticket mit Roman Army Museum 10 £; www.vindolanda.com

Das Roman Army Museum in der ehemaligen Corvoran-Farm bei Greenhead zeigt Modelle und Rekonstruktionen des Walls.

*Roman Army Museum

❶ Feb., März, Okt. tgl. 10.00 – 17.00, April – Sept. tgl. bis 18.00 Uhr; Eintritt 5,25 £; Kombi-Ticket mit Fort Vindolanda 10 £; www.vindolanda.com

Hebrides · Hebriden

✴ C–F 4–8

Landesteil: Schottland
Region: Western Isles Area, Highland Region, Strathclyde Region

Wind- und wettergepeitscht, doch von herber Schönheit – das sind die Hebriden, über 500 Inseln mit ureigenem Charakter vor der Nordwestküste von Schottland. Knapp 90 von ihnen sind bewohnt.

Die wichtigsten der 500 Inseln
Die wichtigsten und größten Inseln der küstennahen Inneren Hebriden sind Skye, Mull, Islay, Jura, Rhum, Eigg, Coll und Colonsay. Die Äußeren Hebriden – die Outer Hebrides oder Western Isles – sind ein 210 km langer Inselbogen weiter nordwestlich, seine wichtigsten Inseln sind Lewis mit Harris, North Uist, Benbecula, South Uist, Eriskay und Barra. Die Äußeren Hebriden bilden verwaltungsmäßig als Western Isles eine der drei schottischen Islands Areas mit Verwaltungssitz in Stornoway, die Inneren Hebriden sind Teil der Council Areas Highland und Argyll and Bute.

Landesnatur
Bedingt durch das windige, kühl-feuchte Klima überwiegen atlantische Grasheiden und Moore. Neben Viehwirtschaft und klein parzelliertem Ackerbau bilden Wollprodukte (vor allem Tweedherstellung), Fischfang und Fremdenverkehr die wirtschaftliche Grundlage.

✴ SKYE

*Traumhafte Inselwelt
Die größte der **Inner Isles** hieß bei den Wikingern »Sküyo« (Wolkeninsel), auf Gälisch hatte sie dank ihrer unregelmäßig gezackten Küstenform den Namen »Eilean Sgiathanach« (geflügelte Insel) und wetterbedingt den Zweitnamen »Eilean a Cheo« (Nebelinsel). Die ziemlich gebirgige Insel mit ihren grünen Tälern, Höhlen, verwunschenen Glens, wilden Wasserfällen und einsamen Sandstränden bietet **Natur pur**. Sie ist rund 80 km lang und 6 bis 24 km breit. Zur artenreichen Fauna gehören u. a. Fischotter und Seehunde, Lachse und Forellen sowie über 200 Vogelarten.

Flora MacDonald und Bonnie Prince Charlie
Mit Skye ist eine der **romantischsten Episoden** der schottischen Geschichte verbunden. Sie dreht sich um den Prätendenten Charles Edward Stuart, von den Schotten liebevoll »Bonnie Prince Charlie« genannt, der als Nachfahre von Maria Stuart Anspruch auf die Krone erhob, die sein Großvater Jakob II. verloren hatte. Der in Italien aufgewachsene Prinz mobilisierte die schottischen Clans gegen die Eng-

Hebriden erleben

AUSKUNFT
Portree (Skye, Innere Hebriden)
Bayfield House, Bayfield Rd., Portree, Isle of Skye, Scotland, IV51 9EL
Tel. 01478 61 49 06
www.visithighlands.com

Stornoway (Lewis, Äußere Hebriden)
26 Cromwell St., Stornoway
Isle of Lewis, Western Isles,
Scotland, HS1 2DD, Tel. 01850 70 30 88
www.visithebrides.com

AN- UND ABREISE
Flugzeug
Die Flugplätze der Inneren Hebriden befinden sich auf den Inseln Skye, Islay, Colonsay, Coll und Tiree, die Flugplätze der Äußeren Hebriden auf den Inseln Lewis, Benbecula und Barra.

Schiff
Fähren nach Islay verkehren ab Kennacraig; Fähren nach Jura ab Port Ashaigi; Fähren nach Colonsay ab Oban und Kennacraig; nach Mull ab Oban, Lochaline und Kilchoan; nach Tiree ab Oban; nach Coll ab Oban; nach Rum, Canna, Muck und Eigg ab Mallaig; nach Skye ab Mallaig und Glenelg; nach Lewis ab Ullapool und Skye; nach Barra ab Oban; nach South Uist ab Oban; nach North Uist ab Skye (www.calmac.co.uk, www.skyeferry.co.uk).

ESSEN
Cafe Fish ©©©
Isle of Mull, Tobermory
Tel. 01688 30 12 53
www.thecafefish.com
Wie der Name vermuten lässt gibt es hier Fische und Meerestiere – und das bei wunderbarem Blick auf den Hafen.

The Old School Restaurant ©©©
Dunvegan, Isly of Skye
Tel. 01470 52 14 21
www.oldschoolrestaurant.co.uk
Familiengeführtes kleines Restaurant in einem ehemaligen Schulhaus. Schottische Küche aus frischen regionalen Zutaten.

ÜBERNACHTEN
Highland Cottage ©©©©
Isle of Mull, Tobermory
Tel. 01688 30 20 30
www.highlandcottage.co.uk
Himmelbetten, Blick auf die Tobermory Bay und dazu ein Feinschmeckerrestaurant; sechs Zimmer.

Park Guest House ©©©
Isle of Lewis, Stornoway
30 James St.
Tel. 01851 70 24 87
www.theparkguesthouse.co.uk
Viktorianisches Gästehaus mit neun Zimmern; gutes Restaurant, in dem Fisch und Wild von der Insel serviert werden.

Seaside Cottage ©©©
Tarbert, Isle of Harris
Tel. 01859 50 21 57
www.seaside-cottage.com
Über 100 Jahre altes Cottage für Selbstversorger mit wunderbarem Ausblick auf die Berge und das Meer.

Shorefield House ©©
Isle of Skye, Edinbane, Portree
Tel. 01470 58 24 44
www.shorefield-house.com
Familienfreundliches Gästehaus mit fünf Zimmern am Loch Grehornish mit fantastischem Frühstück.

Invasion der Öljacken: Schiffsausflug zum unbewohnten Eiland Staffa

länder, die am 21. September 1745 eine Niederlage bei Prestonpans erlitten. Wenig später zog Bonnie Prince Charlie, der seinen Vater zum König Jakob VIII. proklamiert hatte, unter dem Jubel der Hochländer in Edinburgh ein, und Schottland war wieder jakobinisch. Am 16. April 1746 wurde sein Heer bei Culloden allerdings vernichtend geschlagen. Der Prinz, auf dessen Kopf eine Prämie von 30 000 £ ausgesetzt worden war, konnte fliehen und wanderte monatelang durch die Highlands. Schließlich kam er nach South Uist auf den Äußeren Hebriden, wo man ihn um ein Haar gefangen genommen hätte, wäre ihm nicht die 24-jährige Bauerntochter Flora aus dem MacDonald-Clan zu Hilfe gekommen und hätte ihn – als Dienstmädchen verkleidet – mit einem Ruderboot nach Skye gebracht. Ob dies aus Liebe oder Mitleid geschah, bleibt offen, das Ende der Geschichte verlief jedenfalls wenig spektakulär, da der Prinz resigniert nach Frankreich ging und nie wieder von sich hören ließ. Flora wurde wegen Hochverrats in den Londoner Tower geworfen, lebte nach ihrer Begnadigung zunächst auf Skye, wanderte dann mit ihren sieben Kindern nach Amerika aus und kehrte erst fünf Jahre vor ihrem Tod nach Trotternish zurück, wo ihr viel besuchtes Grab liegt. Diese alte Geschichte ist in Schottland – vor allem auf den Hebriden – noch sehr lebendig und lebt in Liedern und Balladen weiter.

*Talisker Whisky   Einer der besten Single Malt Whiskys des Landes, der Talisker, wird in der einzigen Brennerei der Insel (gegr. 1830) in Carbost am Loch Harport hergestellt.

   ❶ regelmäßig 45-minütige Touren; Eintritt 7 £; www.malts.com

*Loch Scavaig Elgol   Ein interessanter Ausflug führt von Broadford, dem zweitgrößten Ort auf der Insel, zum Loch Scavaig (24 km) mit herrlicher Aussicht auf den 928 m hohen Blaven. Man kommt nach Elgol, einer kleinen

Siedlung mit einem steilen Abstieg zur Küste;. Den unvergleichlich schönen *Loch Coruisk, inmitten einer traumhaften Felsenlandschaft, muss man per Boot genießen. Er ist durch einen Fluss mit Loch Scavaig verbunden und liegt am Fuß der *Cuillins, einem Paradies für geübte Bergsteiger mit Klettertouren aller Schwierigkeitsgrade; der höchste Berg ist der 992 m hohe Sgurr Alasdair.

Portree ist mit 2000 Einwohnern der größte Ort von Skye. »Old Man of Storr« heißt ein 50 m hoher schwarzer Stein, der von kleineren Felsnadeln umgeben ist. Unbedingt ansehen sollte man sich den *Quiraing, eine Ansammlung von seltsam geformten Basaltsteinen mit Nadeln, Zinnen und Treppen.

<small>Portree</small>

Das Dorf Dunvegan am gleichnamigen Loch im Westen der Insel ist vor allem wegen seines Castles bekannt, dem letzten noch ständig bewohnten Stammsitz der MacLeods. Der schottische Clan hat über Jahrhunderte mit den MacDonalds blutige Kämpfe um die Vorherrschaft auf Skye ausgefochten. Die Anlage soll schon im 9. Jh. erbaut worden sein; der Turm stammt aus dem 14. Jahrhundert.
ⓘ April – Okt. tgl. 10.00 – 17.30 Uhr; Eintritt 9,50 £; www.dunvegancastle.com

<small>*Dunvegan Castle</small>

MULL

Mull ist die drittgrößte Hebriden-Insel mit 2400 Bewohnern. Die Inselhauptstadt mit 650 Einwohnern ist **Tobermory** – Fischerei- und Fährhafen sowie Touristenzentrum mit hübschen Häusern entlang der Pier. Der Süden und Osten der Insel sind gebirgig mit Erhebungen bis über 915 m; der Norden ist hügelig. Es gibt ein gutes Sport- und Freizeitangebot (Golf, Ponytrekking, Wassersport und Wandern). Whiskyfreunde sollten den Ledaig Malt der 1798 gegründeten Tobermory Distillery probieren. Eine empfehlenswerte Tour geht mit dem Schiff über Staffa nach Iona, vorbei an Ulva und der Ostküste von Mull.

<small>Drittgrößte Insel der Hebriden</small>

STAFFA

Staffa ist eine unbewohnte Insel, auf der man nur bei gutem Wetter mit einem Boot landen kann. Lohnend ist auf Staffa vor allem die große Grotte Fingal's Cave. Die Höhle ist 69 m lang und begeistert mit bizarren Felsformationen in herrlichen Farben. Fingal war ein keltischer Held. Der keltische Name »Uaimh Binn« bedeutet »musikalische Grotte«, weil man das dröhnende Echo der Wellen hört. Der Komponist Felix Mendelssohn soll hier 1829 zum Motiv der Hebriden-Ouvertüre inspiriert worden sein. Westlich von Fingal's Cave liegt Boat Cave, die man nur mit einem Boot besuchen kann.

<small>*Fingal's Cave</small>

IONA

Heilige Insel — Auf dieser kleinen, etwa 10 km von Staffa entfernten Insel gab es bereits in keltischer Zeit ein Druidenheiligtum. 563 landete der später heiliggesprochene irische Abt Columba auf Iona und gründete ein Kloster, von dem aus die Hebriden christianisiert wurden. Dichter, darunter auch Fontane, haben die Insel besungen.

Baile Mor — Normalerweise leben rund 100 Menschen auf der Insel, und zwar in Baile Mor, was »große Stadt« bedeutet. Lohnend ist ein Blick vom Dun-I, einem Hügel hinter der Kathedrale, 101 m hoch, von dem man bei gutem Wetter mehr als 30 Inseln überblicken kann.

*Abbey — Das Kloster, in dem eines der berühmtesten Bücher der Welt, das **Book of Kells**, entstanden ist, wurde mehrfach von Wikingern zerstört, aber immer wieder aufgebaut. Um 1200 stiftete Reginald MacDonald an der Stelle der früheren Klosterkirche ein Benediktinerkloster, von dem noch der Chor und Teile der Kapelle (13. Jh.) in normannischem Stil erhalten sind. Westlich davon verläuft die Straße der Toten. Sie führt zum **St. Oran's Cemetery**, Schottlands ältestem christlichen Friedhof. Hier fanden zahlreiche schottische und irische Herrscher ihre letzte Ruhestätte. Auf dem Friedhof befinden sich auch die Gräber von Macbeth und seinem Opfer König Duncan; die Grabmäler wurden allerdings zur Zeit der Reformation ins Meer geworfen. **McLean's Cross** ist ein über 3 m hohes und reich verziertes Steinkreuz aus dem 15. Jahrhundert. Die **St. Oran Chapel** auf dem Friedhof wurde im 11. Jh. gebaut und ist das älteste Gebäude der Insel.

Cathedral — Dieses Gotteshaus entstand im 12. Jh. und ist überwiegend normannisch geprägt. Es wurde später in anderen Baustilen erweitert. Das nördliche Querschiff ist der älteste Teil der Kirche. Sehenswerte Kapitelle sind im Chor erhalten.
Das berühmte Steinkreuz **St. Martin's Cross** vor dem Westportal der Bischofskirche wurde im 12. Jh. errichtet. Sein Skulpturenschmuck zeigt u. a. die Heilige Familie.

WEITERE INSELN DER INNEREN HEBRIDEN

Islay — Islay ist eine noch unberührte Insel mit Felsenriffen, vielen Buchten und Sandstränden. Es gibt hier zwei verfallene Castles und mehrere alte keltische Kreuze. Die Bade- und Angelmöglichkeiten sind sehr gut. Haupttor der Insel ist **Bowmore** mit der 1769 gebauten Kilarrow-Kirche, einer für diese Zeit seltenen Rundkirche.
Islay besitzt sieben ***renommierte Brennereien**, in denen ein ausgezeichneter Malt Whisky hergestellt wird. Die Bowmore-Brennerei

blickt auf eine über 200-jährige Tradition, Bruichladdich, Schottlands westlichste Brennerei, wurde 1881 gegründet und stellt einen leichteren Whisky her, ebenso Bunnahabhain bei Port Askaig an der Nordostspitze der Insel; hier befindet sich auch die 1846 erbaute Caol Ila Distillery. Rund um Port Ellen an der Südspitze finden sich einige der klingendsten Namen im Whiskygeschäft, darunter die Ardbeg Distillery, die Lagavulin Distillery und die zeitweilig von einer Frau geleitete Laphroig Distillery, die für ihren torfigen Malt bekannt ist.

Die baumarme Insel Jura mit 420 Bewohnern ist wenig vom Tourismus berührt. Höchstes Gebirge ist der 784 m hohe Zweiergipfel »The Paps«, eine altschottisch-derbe Bezeichnung für Brüste. Man kann ihn gut von Feolin aus besteigen, wo auch die Fähre landet. Im Barnhill Farmhouse am Nordende der Insel verfasste Eric Blair alias **George Orwell** seinen 1949 veröffentlichten Roman »1984«. Seit Beginn des 16. Jh.s wird auf Jura **Whisky** gebrannt. Der Isle of Jura Single Malt ist dank des weichen Inselwassers leicht und mild.

Jura

Die nach St. Columba und seinem Mitbruder St. Oran benannten Inseln Colonsay und Oronsay sind nur durch einen schmalen Meeresarm voneinander getrennt. Bei Ebbe kann man in gut zwei Stunden zu Fuß nach Oronsay hinübergehen, wo die Ruinen einer Priorei aus dem 14. Jh. mit einem interessanten Kreuz aus dem 16. Jh. und die Fundstätte eines **Wikingergrabes** zu sehen sind; der Mann wurde in seinem Schiff beerdigt, sein Pferd neben ihm. Botaniker wird interessieren, dass hier sehr seltene Orchisarten wachsen.

Colonsay, Oronsay

Von der Inselgruppe Eigg, Muck, Rum und Canna, die jeweils nur von ein paar Dutzend Familien bewohnt werden, ist die Vulkaninsel

*Canna, Eigg, Rum

Die Standing Stones of Callanish auf der Insel Lewis

Canna die reizvollste. Berüchtigt ist der **Compass Hill** im Nordosten, dessen hoher Eisengehalt Schiffskompasse in früherer Zeit so stark beeinflusste, dass die Schiffe vom Kurs abkamen. Geologisch interessant ist auf Eigg der An Sgurr mit schwarzen Pechsteinpfeilern, die fast 400 m aus einem Felsmassiv aufragen. Zur Fauna der Insel Rum gehören Rotwild, Sturmvögel und Seeadler.

LEWIS

Stornoway

Moor und Heide, viele winzige Seen und einfache Häuser prägen das Landschaftsbild der **Äußeren Hebriden**. Auf den zwölf bewohnten Inseln leben etwa 30 000 Menschen, die nördlichste ist Lewis. Dort gibt es nur eine Stadt, Stornoway mit 8000 Einwohnern, deren Naturhafen für die Fischerei bedeutend ist. Außerdem werden Bohrinseln für die Ölindustrie montiert. Flugverbindungen bestehen nach Glasgow; mit dem Bus sind fast alle Orte der Insel gut zu erreichen.
Sehenswert sind die ****Standing Stones of Callanish**, der wohl schönste Steinkreis in Schottland 24 km westlich von Stornoway. Die 47 kreis- und strahlenförmig angeordneten Steine bilden ein Sonnenkreuz. Die Anlage wurde zwischen 3000 und 1500 v. Chr. vermutlich zur Sonnenverehrung und Zeitberechnung errichtet. Der **Broch of Carloway** ist ein von Pikten erbauter Wehrturm mit 3 m dickem Mauerwerk, er wurde in 50 m Höhe über der Westküste gebaut.

Harris

Harris ist ein Teil der Hauptinsel Lewis. Wichtigste Stadt und Fährhafen ist **Tarbert**. Vom höchsten Berg der Western Isles, dem 800 m

Fast menschenleer: im Südwesten von Harris

hohen Clisham, der von Tarbert aus bequem bestiegen werden kann, hat man bei klarem Wetter eine Fernsicht bis zum schottischen Festland. Ansonsten bietet dieser relativ hügelige Teil der Insel ausgezeichnete Badestrände und schöne Buchten.
Berühmt ist die Insel für den ***Harris-Tweed**. Der Name Tweed ist eine schottische Ableitung des französischen Wortes »toile« (Tuch). Um die renommierte »orb mark«, das mit Weltkugel und Malteserkreuz versehene Gütezeichen des Harris Tweed, zu erhalten, darf nur auf den Äußeren Hebriden gefärbte und gesponnene reine Schurwolle verwendet werden, die von den Einwohnern der Inseln Harris, Lewis, Uist und Barra in deren Wohnhäusern gewebt wurde.

NORTH UIST · BENBECULA · SOUTH UIST

North Uist (1300 Einw.) ist durch einen Damm mit South Uist verbunden. In der zerklüfteten Landschaft gibt es zahlreiche Lochs, teils mit Süß-, teils mit Salzwasser. North Uist hat einen besonders reichen Wildbestand und bietet gute Möglichkeiten zum Fischfang. Die Bewohner sind vorwiegend Kleinbauern, die ihr Einkommen durch Wollprodukte und Ernten von Seetang, den eine Fabrik zu Viehfutter verarbeitet, im Nebenerwerb aufbessern. Hauptstadt ist Lochmaddy. Der Fährhafen ist das wichtigste Zentrum dieser südlichen Inseln. Eine Straße führt quer über die Insel nach Carinish am südlichen Ende und dann weiter über den 1960 gebauten Damm durch den North Ford zur Nachbarinsel **Benbecula**, auf der rund 1250 Menschen leben und auf der es einen Flughafen, den Balivanich Airport, gibt.
South Uist hat ca. 1800 Bewohner und ist die zweitgrößte Insel der Äußeren Hebriden. Wichtigster Ort ist Lochboisdale mit einem Hafen. Von Norden nach Süden verläuft eine gut ausgebaute Straße. Der zweitgrößte Berg, der 606 m hohe Hecla, lohnt einen Aufstieg. Bei Askernish besichtigen Reisende aus Großbritannien gern das **Geburtshaus von Flora MacDonald** (1727 – 1790), die »Bonnie Prince Charlie« 1746 bei seiner Flucht vor den Engländern half.

BARRA

Barra ist die südlichste einigermaßen bedeutende Insel der Äußeren Hebriden mit dem Flugplatz Logonair. Viele Bewohner der 12,8 km langen und 8 km breiten Insel sprechen außer Englisch auch Gälisch. In der Hauptstadt Castlebay lebt man vom Hummer- und Krabbenfang. Das aus dem Mittelalter stammende Castle Kisimul thront malerisch auf einer Felseninsel inmitten der Bucht. Seit dem 14. Jh. residierte hier der Clan MacNeil of Barra, dessen Mitglieder als überaus geschickte Seefahrer bekannt waren.

* Hereford

N 16

Landesteil: Mittelengland
Höhe: 197 ft/60 m ü.d.M.
Grafschaft: Herefordshire
Einwohnerzahl: 65 800

Hereford ist Mittelpunkt eines großen Agrargebietes. Die Hereford-Rinder sind weltberühmt – zu den Auktionen kommen Landwirte aus ganz Europa. Bekannt ist auch der Cider, mehr als die Hälfte des englischen Apfelweins wird in der Region hergestellt.

Hereford – sprich: Herriford – war bereits im 7. Jh. Bischofssitz, im Mittelalter erhielt der Ort eine Festung. In der Kathedrale ist die **Mappa Mundi** ausgestellt, eine der ältesten Weltkarten überhaupt.

SEHENSWERTES IN HEREFORD

*Kathedrale Eine erste Kathedrale aus dem 9. Jh. war die Begräbnisstätte von St. Ethelbert, König der Ostangeln, der 794 enthauptet wurde. Nach der Zerstörung durch die Walliser 1056 wurde die heutige Kathedrale im 11. Jh. als Rundkirche neu erbaut – **normannisch** sind noch die Arkaden, die Pfeiler des Turms, der größte Teil des südlichen Querschiffs und das Triforium des Chors. Die Westfront wurde nach einem Einsturz 1786 von James Wyatt im **neugotischen Stil** wiederaufgebaut. Im **Innern** sind die Gräber von mehreren Bischöfen erhalten, im Chor befinden sich Bischofsthron und Chorgestühl aus dem 14. Jh. – außerdem die berühmte ***Mappa Mundi** von Richard of Haldingham, eine große Bildkarte auf Pergament, die die Welt als Scheibe darstellt; im Mittelpunkt liegt Jerusalem, im äußeren Umkreis sind Tiere, historische und mythologische Personen zu sehen. Angefertigt wurde das Kartenwerk um 1275 in ▶Lincoln. Zweite Kostbarkeit ist die ***Ketten-Bibliothek**. Mehr als 1440 Bände sind mit Ketten an den Regalen so festgemacht, dass man sie zwar lesen, aber nicht mitnehmen kann. Rund 266 der Bände sind Manuskripte, über 70 der Bücher wurden bereits vor 1500 gedruckt; zu besichtigen sind ferner Druckstöcke und Druckpressen von 1611. Sie befinden sich teilweise über dem Nordquerschiff, teilweise über den Bishop's Cloisters.

● Mappa Mundi & Ketten-Bibliothek: April – Okt. Mo. – Sa. 10.00 – 17.00 Uhr; Eintritt 6 £; www.herefordcathedral.org

Old House Old House ist ein Fachwerkbau von 1621, der heute ein kleines **Museum** birgt. Zur Sammlung gehören u. a. Erinnerungsstücke an David Garrick, der 1747 – 1776 Leiter des Drury-Lane-Theaters in London

Hereford erleben

AUSKUNFT
1 King St., Hereford HR4 9BW
Tel. 01432 26 84 30
www.visitherefordshire.co.uk

ESSEN
Café @ All Saints ❸
All Saints Church, High St.
Tel. 01432 37 04 15
www.cafeatallsaints.co.uk
Mo. – Sa. 8.00 – 17.00 Uhr
Hausmannskost in ungewöhnlichem Ambiente

ÜBERNACHTEN
Castle House ❸❸❸❸
Castle St.
Tel. 01432 35 63 21, www.castlehse.co.uk
Stilvolles Hotel in einem georgianischen Stadthaus in der Nähe der Kathedrale. Im Jahr 2002 wurde das Castle House zu einem der Top-Ten-Hotels in England gekürt. Die zehn Suiten und fünf Zimmer sind verschiedenen Epochen und Regenten der englischen Geschichte gewidmet.

Das Old House in Hereford ist Sitz eines interessanten Theatermuseums.

war und im Angel Inn von Hereford zur Welt kam. Er deutete als Charakterdarsteller die Werke von Shakespeare auf eine neue, menschlichere Art und schrieb selbst zahlreiche Lustspiele.

❶ Di. – Sa. 10.00 – 17.00, April – Sept. auch So. bis 16.00 Uhr

UMGEBUNG VON HEREFORD

Idyllische Fachwerkdörfer sind typisch für die Gegend um Hereford. Die örtlichen Tourismusbüros haben eine Route entlang der so genannten »Black-and-White Villages« beschildert. Zu den schönsten Orten gehören **Eardisland** und **Pembridge**. Attraktiv ist das abgelegene **Golden Valley** am Flüsschen Dore. Einen Besuch lohnt die schöne Pfarrkirche **Abbey Dore** (1147) am Ende des Golden Valley.

Black & White Village Trail

Auch das kleine romantische Ledbury blickt stolz auf seine vielen schwarz-weißen Fachwerkhäuser, besonders auf das **Market House** von 1633, das auf 16 Eichenpfeilern ruht. Von dort führt eine hübsche Straße zur großen Pfarrkirche St. Michaels and all Angels, die vor allem Stilarten des späten 13. und frühen 14. Jh.s aufweist.

Ledbury

ZIELE • **Hexham**

Eastnor Castle Eastnor Castle 2,4 km östlich wurde 1812–1817 von Sir Robert Smirke erbaut. Bei einer Restaurierung wurden erst kürzlich viele ältere Stücke, darunter venezianische Möbel aus dem 17. Jh., wiederentdeckt. Zu den ausgestellten Erinnerungsstücken gehören auch Briefe und Gegenstände einstiger Freunde des Hauses, etwa Elizabeth Barrett Browning, die in Ledbury einen Teil ihrer Kindheit verlebte, Lord Alfred Tennyson und Virginia Woolf.

❶ Ostern–Mai an Feiertagen, Juni–Sept. So., August So.–Do. jeweils 11.00–16.30 Uhr; Eintritt 9,50 £ (nur Garten 6 £); www.eastnorcastle.com

Hexham

✦ O 11

Landesteil: Nordengland
Höhe: 198 ft/60 m ü.d.M.
Grafschaft: Northumberland
Einwohnerzahl: 11 500

Dort wo England am schmalsten ist, liegt am Südufer des Tyne das Städtchen Hexham – ungefähr in der Mitte des Landes und fast gleich weit von der Nordsee und der Irischen See entfernt.

Hexham erleben

AUSKUNFT
Wentworth Car Park, Hexham NE46 1QE
Tel. 01434 65 22 20
www.visitnortheastengland.com

ESSEN
Lord Crewe Arms Hotel ❸❸❸
▶ Übernachten

ÜBERNACHTEN
Beaumont Hotel ❸❸❸
Beaumont St., Tel. 01434 60 23 31
www.bw-beaumonthotel.co.uk
Gediegenes Hotel mit schönem Blick auf die Abtei.

Lord Crewe Arms Hotel ❸❸❸
Blanchland bei Hexham
Tel. 01434 67 52 51
www.lordcrewehotel.co.uk
Achtung: noch bis voraussichtlich Herbst 2013 wegen Renovierung geschl.!
Die Räume waren ursprünglich Teil der Abtei von Blanchland, sie datieren teilweise aus dem 12. Jahrhundert. Kein Wunder, dass dieses gediegene Hotel über einen eigenen Geist verfügt: Dorothy Foster, Nichte des Bischofs von Durham und Schwester des jakobinischen Rebellen Tom Foster, geht hier um. Die Gäste sitzen derweil unbehelligt am Kamin.

Gibbs Hill Farm ❸
Once Brewed, Bardon Mill, Hexham
Tel. 01434 34 40 30
www.gibbshillfarm.co.uk
Schöne Unterkünfte in den Cottages eines Bauernhofs.

Die kleine Marktstadt, die bereits im 7. Jh. unter dem Namen Hagulstald zum Bischofssitz erhoben worden war, ist ein guter Ausgangspunkt für die Erkundung des ▶Hadrian's Wall.

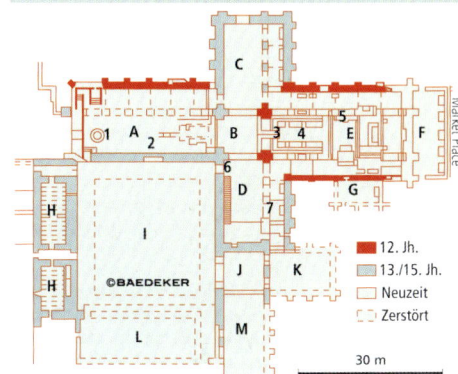

Hexham Priory

1 Taufstein
2 Zugang zur Krypta
3 St. Wilfrid's Chair
4 Ehem. Apsiden (7. u. 12. Jh.)
5 Kanzel
6 Röm. Monument
7 Röm. Altar

A Hauptschiff
B Vierungsturm
C Nördliches Querschiff
D Südliches Querschiff
E Chor
F Kapelle der fünf Altäre
G Kapelle
H Keller
I Kreuzgang
J Vestibül
K Kapitelhaus
L Refektorium
M Dormitorium

Die **Priory** von Hexham ist ein Beispiel der **Early-English-Architektur**. Wilfrid of York hatte 674 an dieser Stelle ein Benediktinerkloster gegründet und zum Bau Steine des Hadrian-Walls benutzt. Die Krypta des ersten Kirchenbaus ist erhalten. Darüber wurde zwischen 1180 und 1250 die jetzige Kirche, die zu einem Augustiner-Priorat gehörte, errichtet.
Die Schale des Taufsteins im Kircheninnern stammt aus römischer Zeit. Die massive »Night stair« im südlichen Querschiff führte zum Schlafsaal der Mönche. Am Fuß der Treppe blieben das angelsächsische Acca Cross (um 740) und der Grabstein eines Kavalleristen namens Flavinus erhalten. Der aus Stein gehauene sächsische Bischofssessel ist vermutlich Wilfrids Thron aus dem ersten Gotteshaus. Bedeutsamster Teil der Abtei ist die **Krypta**, hier wurden die Reliquien aufbewahrt. Die dazu verwendeten Steine – ebenfalls vom Hadrian-Wall – lassen teilweise noch Inschriften erkennen.
Unter dem Chor liegen die Grundmauern von **St. Peter's Chapel**. Vom Kloster sind nur Teile erhalten: der Waschraum (um 1300), das Vestibül des Kapitelhauses (13. Jh.) und das Priory Gate (um 1160).

❶ tgl. 9.30 – 17.00, Krypta tgl. 11.00 u. 15.30 Uhr; Eintritt frei, Spende von 3 £ erwünscht; www.hexhamabbey.org.uk

Um den Market Place

Die 1766 von Sir Walter Blackett erbaute **Markthalle** ruht auf einer Seite auf steinernen, auf der anderen auf hölzernen Pfeilern. Die **Moot Hall** (Bücherei), ein großer Festungsturm von 1400, war einst Sitz der Vögte des Erzbischofs von York. Das benachbarte **Old Goal** (1330 – 1332) diente seit dem 14. Jh. als Gefängnis, heute ist hier ein Museum untergebracht. Wenige Schritte weiter nördlich steht das 1684 vollendete Gebäude der Old Grammar School, die 1599 von Elizabeth I. (▶Berühmte Persönlichkeiten) gegründet wurde.

* Hull · Kingston-upon-Hull

S 13

Landesteil: Nordengland
Höhe: 13 ft/4 m ü.d.M.
Grafschaft: East Yorkshire   **Einwohnerzahl:** 263 000

Kingston-upon-Hull, meist kurz Hull genannt, liegt am nördlichen Ufer des River Humber, der ca. 35 km weiter südöstlich in die Nordsee mündet. Über Jahrhunderte lebte man vom Schiffsbau und von der Fischerei. Heute ist Hull ein wichtiger englischer See- und Fährhafen.

Die Weigerung des Gouverneurs Sir John Hotham, Karl I. in die Stadt einzulassen, war 1642 ein erster Akt des Widerstandes und eines der Elemente, die den Bürgerkrieg auslösten. Im weiteren Verlauf dieses Krieges wurde Hull mehrfach erfolglos von den Royalisten belagert.

SEHENSWERTES IN HULL

Queen Victoria Square

Das **Maritime Museum** in den ehemaligen Dock Offices am Queen Victoria Square gibt einen Überblick über die Seefahrtsgeschichte der Stadt mit Schiffsmodellen, Gemälden und Fischfanggeräten. Zur umfangreichen Sammlung der gegenüberliegenden ***Ferens Art Gallery** gehören Arbeiten von Frans Hals, Canaletto und Constable sowie von William Hogarth und Henry Moore.
Maritime Museum u. Ferens Art Gallery: Mo.–Sa. 10.00–17.00, So. 13.30–16.30 Uhr; Eintritt frei

Trinity House

Die Whitefriargate führt zum ältesten Teil der Stadt, und über die Trinity House Lane kommt man zum Trinity House, 1369 von den Humber-Lotsen gegründet und seit 1456 **Zunfthaus der Seeleute**. 1787 wurde hier die erste Marineschule der Welt eingerichtet; noch heute tragen die Kadetten die Seemannsuniformen des 18. Jh.s.
Die Kirche ***Holy Trinity** am Market Place ist im Perpendicular- und Decorated Style gehalten. Bemerkenswert sind ihr schöner Vierungsturm und die Kirchenfenster im gotischen Stil.

*High Street

In der High Street steht das Geburtshaus von William Wilberforce (Nr. 25), das ein **Museum** mit Exponaten zur Geschichte des 18. und 19. Jh.s, vor allem über den Sklavenhandel, beherbergt – Wilberforce setzte sich im 18./19. Jh. für die Bekämpfung des Sklavenhandels ein. Angeschlossen sind zwei georgianische Häuser (Nr. 23/24) aus der Mitte des 18. Jh.s mit schönem Mobiliar. Durch das Wilberforce Museum kommt man zum **Arctic Corsair**, einem restaurierten Muse-

Hull erleben

AUSKUNFT
1 Paragon St., Hull HU1 3NA
Tel. 01482 22 35 59
www.visithullandeastyorkshire.com

ESSEN
❶ Port-Side Bistro €
16 Princes Dock St.
Tel. 01482 21 32 02
www.portsidebistro.co.uk
Mo. geschl.
Kleines, aber feines Bistro direkt am Princes Dock.

❷ George Hotel €
Land of Green Ginger
Tel. 01482 22 63 73
Einer der ältesten Pubs in Hull; urige Atmosphäre und diverse Kleinigkeiten zum Essen.

❸ Leonardo's Bistro Bar €
22 Princes Dock St.
Tel. 01482 22 84 75
www.leonardoshull.co.uk
Bistro am Princes Dock, bei schönem Wetter kann man direkt am Wasser sitzen.

ÜBERNACHTEN
❶ Kingston Theatre Hotel €€
1 – 2 Kingston Square
Tel. 01482 22 58 28
www.kingstontheatrehotel.com
An einem ruhigen grünen Platz gegenüber des New Theatre gelegenes Mittelklassehotel.

In der Marina von Hull

umsschiff. Wenige Schritte weiter liegt das **Streetlife Museum of Transport**, das Transportmittel aller Art zeigt. Nächste Adresse im Museumsviertel ist das **Hull and East Riding Museum**, eine archäologische Sammlung über East Yorkshire, darunter das »Hasholme Boot« aus prähistorischer Zeit und eine römische Galerie.
Museen: Mo. – Sa. 10.00 – 17.00, So. 13.30 – 16.30 Uhr; Eintritt frei
Arctic Corsair: Touren April – Okt. Mi., Sa. 10.00 – 16.30, So. ab 13.30 Uhr (Buchung im Infopoint des Museumsviertels)

Im Mittelalter erstreckte sich der Hafen zwischen der Drypool Bridge und dem River Humber. Die alten Dockanlagen haben zum Teil einen Funktionswandel erfahren. In der Marina im ehemaligen Humber und Railway Dock und am Princes Quay liegen heute elegante

*Historisches Hafenviertel

Jachten vor Anker. Das **Spurn Lightship**, das 48 Jahre lang Schiffen den Weg in den Humber wies, kann besichtigt werden.
Spurn Lightship: Mitte April – Sept. Mo. – Sa. 10.00 – 16.00, So. 13.30 – 16.30 Uhr

Tidal Surge Barrier — Seit 1980 gewährleistet die 100 m hohe Tidenhubbarriere am Humber den Hochwasserschutz der Altstadt von Hull.

*The Deep — Das Aquarium »The Deep« ist das tiefste Aquarium Europas. Mit dem weltweit einzigen Unterwasser-Fahrstuhl können Besucher quasi in die tiefsten Tiefen der Ozeane hinabfahren.
tgl. 10.00 – 18.00 Uhr; Eintritt 10,75 £; www.thedeep.co.uk

*Humber Bridge — Westlich der Stadt wurde 1981 die Humber Bridge eingeweiht, eine harmonische Vereinigung von Technik und Ästhetik. Mit 1510 m ohne Zwischenpfeiler gehört sie zu den längsten Einzelspann-Hängebrücken der Welt.

Hull

Essen
1. Port-Side Bistro
2. George Hotel
3. Leonardo's Bistro Bar

Übernachten
1. Kingston Theatre Hotel

UMGEBUNG VON HULL

Grimsby 45 km südöstlich an der Mündung des Humber ist heute der bedeutendste Fischereihafen Englands. Die Stadt ist wichtiger Industriestandort mit ausgedehnten Dockanlagen. Im National **Fishing Heritage Centre** wird über Leben und Arbeit der Fischer informiert.
Fishing Heritage Centre: Alexandra Dock; Nov.–März Di.–So. 10.00–16.00, April–Okt. bis 17.00 Uhr; Eintritt 6 £

Grimsby

Das benachbarte Cleethorpes entwickelte sich von einem kleinen Fischerdorf zu einem sehr beliebten **Seebad** mit feinem Sand, einer Promenade und Schwimmbädern.

Cleethorpes

Beverley ist eine hübsche alte Marktstadt an den Ausläufern der East Yorkshire Wolds. Zu Wohlstand kam Beverley, wie auch andere Städte in Yorkshire, durch den prosperierenden Wollhandel. Das für die kleine Stadt erstaunlich große ****Minster** zählt zu den herausragend schönen gotischen Kathedralen Englands. Gründer eines ersten Klosters an dieser Stelle war St. John of Beverley, Bischof von York (721), der im 11. Jh. heilig gesprochen wurde. Der Ort wurde daraufhin zur Wallfahrtsstätte. Zwischen 1220 und 1420 baute man die Kathedrale, die trotz der langen Bauzeit und der verschiedenen gotischen Stilrichtungen in sich sehr harmonisch wirkt. .

Beverley

* Isle of Man

J/K 12

Lage: in der Irischen See
Einwohnerzahl: 84 500

Die Isle of Man in der Irischen See zwischen England, Nordirland und Schottland ist eine der beliebtesten Ferieninseln der Briten. Sie gehört nicht zum Vereinigten Königreich, sondern ist als »Dependancy of the Crown« Kronland.

Sanfte Hügel, auf denen Loghtan-Schafe grasen, kleine Gebirge, tiefe Schluchten mit steil abstürzenden Wasserfällen, Moor und Heide, sandige Badebuchten und Klippenküsten prägen das Bild der Insel. Das Klima ist mild; im Winter sinkt die Temperatur selten unter 5°C. Ein Drittel der Bevölkerung lebt heute in der Hafenstadt Douglas. In der Sommersaison kommen fast eine halbe Million Urlauber auf die Insel.

Die Königin ist Souverän und Lord Proprietor of Man, repräsentiert durch einen Lieutenant-Governor. Die **autonome Insel** hat ein **eigenes Parlament** (Court of Tynwald), das als **das älteste der**

Kronland – Dependency of the Crown

ZIELE • Isle of Man

> **BAEDEKER TIPP**
>
> ### St. John's: Tynwald-Feier
>
> Wer am 5. Juli auf der Insel ist, sollte die Tynwald-Feier an der Tynwald Hall in St. John's 13,6 km östlich von Peel nicht versäumen. Dieser Hügel ist in uralten Zeiten aufgeworfen worden, möglicherweise war er ein Grabhügel aus der Bronzezeit. Alle neuen Manx-Gesetze werden dort entsprechend einer uralten Tradition, in Manx und Englisch verkündet.

Welt gilt. Nach wie vor gibt es eine Reihe überkommener Privilegien, eigenes Landrecht, seit 1866 eine eigene Verfassung sowie Steuer- und Zollhoheit, die unter dem direkten Schutz der englischen Krone stehen. Mit den **juristischen Eigenarten** der Insel musste sich nicht nur London, sondern auch der Europäische Gerichtshof wiederholt beschäftigen. So wurde etwa die Prügelstrafe erst Anfang der 1990er-Jahre abgeschafft, obwohl sie schon lange nicht mehr angewandt wurde. Die **moderate Steuerpolitik** mit niedrigen Angabesätzen und hohen Kapitalverzinsungen hat zahlreiche Banken, Devisenhändler und Investoren dazu veranlasst, sich hier niederzulassen, und den gesamten Finanzsektor expandieren lassen.

Geschichte Keltischen Bewohnern werden Reste von Eisenzeit-Forts und von großen Rundhäusern zugeschrieben. Von den Römern wurde die Insel niemals besetzt. St. Patrick (gest. 463) soll die Insulaner schon früh zum Christentum bekehrt haben. Das keltische Christentum florierte bis zur Ankunft der Wikinger, die das Königreich Man vom 9. bis zur Mitte des 13. Jh.s besetzt hatten, bevor es in schottischen Besitz überging. Das Inselparlament, Tynwald, hat seinen Ursprung vermutlich in den 979 gegründeten, gesetzgebenden Versammlungen der Wikinger. 1765 erwarb die britische Krone Man.

Manx Das Eigenständigkeitsgefühl der Insulaner drückt sich auch darin aus, dass sie sich nicht als »Engländer«, sondern als »Manx« bezeichnen. Die alte Manx-Sprache, ein keltisches Idiom, wird so gut wie nicht mehr gesprochen. Sie hat sich nur in Orts- und Familiennamen erhalten. Die schwanzlose Manxkatze hingegen lebt munter weiter, und Züchter sorgen dafür, dass die Art erhalten bleibt.

Tourist Trophy Auf der Isle of Man findet alljährlich die Tourist Trophy (▶S. 117) statt. Die Trophäe stiftete der Marquis de Mouzilly St. Mars vor über 80 Jahren für einen Wettbewerb mit Touren-Krafträdern.

INSELRUNDFAHRT

Douglas Fast alle größeren Inselorte haben sich an der Küste entwickelt. Die Hafenstadt Douglas mit 26 000 Einwohnern liegt an einer herrlichen Bucht. Auf der Promenade herrscht im Sommer lebhaftes Treiben.

Isle of Man • ZIELE

Vom Luxushotel bis zur einfachsten Pension ist in Douglas alles zu finden, außerdem gibt es diverse Touristen-Attraktionen.
Interessant ist das **Manx Museum**. Es zeigt sämtliche Epochen der Inselgeschichte, außerdem Werke von einheimischen Künstlern. Besonders sehenswert sind Hauseinrichtungen aus früheren Zeiten. Die Sammlung der keltischen und der Wikingerperiode ist von überragender Bedeutung, speziell die Manx-Kreuze.
Wenn man die Insel in **südlicher Richtung** umrundet, fährt man zuerst auf einer schönen Panoramastraße rund um Douglas Head nach **Port Soderick**, einem bekannten Badeort. Von dort kommt man nach Ballasalla, wo die Ruinen der 1134 gegründeten **Rushen Abbey** stehen. Das Kloster wurde als letztes auf den britischen Inseln 1540 aufgelöst. Die Halbinsel Langness wartet mit sehr schönen Sandstränden und dem kleinen Badeort Derbyhaven auf.
Manx Museum: Kingswood Grove; Mo. – Sa. 10.00 – 17.00 Uhr; Eintritt frei;

Castletown

Castletown im Süden ist die frühere Hauptstadt der Insel. Das mittelalterliche **Castle Rushen** steht an der Stelle einer früheren Wikingerburg, Mittelpunkt der alten Manx-Geschichte. Die einstige königliche Residenz ist hervorragend erhalten. Im **Old House of Keys** kann man sich über die Geschichte der Isle of Man informieren.
Castle Rushen: Feb. – Mitte März Sa., So. 10.00 – 16.00, Mitte März – Mai tgl. 10.00 – 16.00, Juni – Aug. tgl. bis 17.00 Uhr; Eintritt 5,80 £
Old House of Keys: April – Okt. tgl.; Eintritt 4,50 £

Port St. Mary

Port St. Mary ist ein kleiner, recht ruhiger Badeort mit Bootshafen. Eine landschaftlich wunderschöne Halbinsel erstreckt sich jenseits von Port St. Mary. Den Weg nach Calf Sound sollte man zu Fuß an den Klippen entlang machen – so erschließt sich die wildromantische Schönheit dieser Landschaft am besten. Das Cregneash Folk Museum zeigt ländliches Leben im 19. Jahrhundert.

Isle of Man erleben

AUSKUNFT
St. Georges Court, Upper Church St.
Douglas, Isle of Man IM1 1EX
Tel. 01642 68 67 66
www.visitisleofman.com

AN- UND ABREISE
Flugzeug
Von den großen englischen, schottischen und irischen Flughäfen gehen Flüge zum Isle of Man Airport im Südosten (www.iom-airport.com).

Schiff
Fährverbindungen nach Douglas gibt es von Liverpool, Heysham, Dublin und Belfast (www.steam-packet.com).

Das malerische **Port Erin** ist Endpunkt einer kleinen, altertümlichen Eisenbahn, die von Douglas aus bis hierher führt.
Von Port Erin aus fahren außerhalb der Brutzeit Boote zu der kleinen Insel **Calf of Man**, wo es über 130 Seevogelarten, Robben und die für die Insel charakteristischen Loghtan-Schafe mit vier Hörnern gibt.

Peel Etwa in der Mitte der Westküste liegt Peel, ein hübscher Fischereihafen, aus dem angeblich die besten Bücklinge Englands kommen. Interessant ist das **House of Manannan**, in dem Besucher multimedial in die Geschichte der Wikinger, Kelten und der Manx eingeführt werden. Vor dem Hafen liegt die Felseninsel **St. Patrick**, die mit Peel durch einen Damm verbunden ist. Dort steht Peel Castle, aus rotem Sandstein erbaut und von einem Wall umschlossen. Die Kathedrale, die kleinste der Church of England, befindet sich ebenfalls auf dieser Insel.

Kirk Michael Von Peel aus führt eine Panoramastraße nach Kirk Michael, vorbei am White Strand, einem ausgezeichneten Badeplatz. Kirk Michael, größter Ort an der Nordwestküste der Insel, liegt wunderschön zwischen Küste und einigen fast 500 m hohen Hügeln. Interessanter als die Fahrt an der Küste entlang zum Point of Ayre ganz im Norden ist die Fahrt landeinwärts, über die weite Ebene von Ayre und kleinere Hügel.

Laxey Zwischen Ramsey, der zweitgrößten Inselstadt, und Douglas liegt der kleine Badeort Laxey. Eine elektrische Bahn verbindet ihn mit den beiden größten Orten der Insel, eine Fahrt, die sich wegen der landschaftlichen Schönheit lohnt. Von hier aus geht auch die Bahn zum Snaefell, dem mit 620 m höchsten Berg der Insel, von dem man an klaren Tagen Irland, Schottland, England und Wales sieht.

✴ Isle of Wight

✦ **Q 19**

Lage: Südengland
Grafschaft: Isle of Wight
Bewohnerzahl: 140 000

Mit ihren Beinamen »Insel der Blumen«, »Garteninsel« oder »Diamant im Meer« ist die Isle of Wight direkt vor Englands Südküste gut charakterisiert. Ein äußerst mildes Klima zieht das ganze Jahr über Besucher an – über 1 Mio. Gäste kommen jedes Jahr, Tagesbesucher nicht eingerechnet.

Besonders schön ist es auf der 37 x 20 km großen Insel im Frühling, wenn es üppig blüht, und im Herbst mit angenehmen Temperaturen für ausgedehnte Spaziergänge und Wanderungen in der herrlichen

Ilse of Wight erleben

AUSKUNFT

County Hall, High St.
Newport, Isle of Wight PO30 1UD
Tel. 01983 81 38 13
www.islandbreaks.co.uk

AN- UND ABREISE

Schiff

Auto- und Personenfähren fahren von Portsmouth, Southampton, Southsea und Lymington (Dauer: 10 – 60 Minuten). Ausflugsschiffe machen im Sommer Fahrten um die Insel.

VERKEHRSMITTEL

Es gibt ein gut ausgebautes Straßen- und öffentliches Busnetz und eine Bahnlinie zwischen Ryde und Shanklin. Wanderwege führen kreuz und quer über die Insel.

ESSEN

The Royal €€€

Belgrave Rd., Ventnor
Tel. 01983 85 21 86
www.royalhoteliow.co.uk
Bei Klavierklängen und unter Kristallleuchtern sitzt man in diesem gediegenen, altehrwürdigen Hotel und genießt die exquisite Küche.

Vernon Cottage €

8 Eastcliff Rd., Shanklin Old Village
Tel. 01983 86 83 69
www.vernoncottage.co.uk
Alteingesessenes Restaurant, traditionelle englische Gerichte.

ÜBERNACHTEN

Luccombe Hall €€€

Shanklin, Tel. 01983 86 27 19
www.luccombehall.co.uk
Das auf einem Kliff mit Seeblick gelegene Hotel mit 30 Zimmern wurde 1870 als Sommerresidenz für den Bischof von Portsmouth errichtet; mit Restaurant, Hallenbad, Swimmingpool, Fitnessraum und Zugang zum Strand.

Hillside Private Hotel €€€

Mitchell Ave., Ventor
Tel. 01983 85 22 71
www.hillsideventnor.co.uk
Gepflegtes B&B mit elf Zimmern oberhalb der Stadt mit Wintergarten. Gute Küche mit vegetarischem Angebot.

Zur Isle of Wight vor der südenglischen Küste schippern Fähren.

Insellandschaft. Hochbetrieb herrscht im August, wenn in Cowes die berühmte Regattawoche stattfindet. Der **Inselwein** gilt als der beste in Großbritannien – so wurden schon mehrfach Weine von der Isle of Wight als »English Wine of the Year« ausgezeichnet.

Geschichte
Bis etwa 6000 v. Chr. war die Insel noch mit der Küste von Hampshire verbunden, und die heutige Meerenge, The Solent, war ein Flusstal. Nach dem Grabenbruch war die Insel sporadisch besiedelt, Spuren aus der Bronzezeit und eine eisenzeitliche Siedlung sind erhalten, mehrere Landhäuser, **Roman Villas**, zeugen von römischer Lebensart. Später wurde die Isle of Wight über mehrere Jahrhunderte von königlichen Verwaltern regiert, während die Einheimischen sich ihr Geld mit »Freihandel«, Schmuggel und Bergung von Strandgut, verdienten. 1845 entdeckten die Könige die Isle of Wight: Queen Victoria verbrachte viele Sommer auf der Insel, und ihr Enkel Kaiser Wilhelm II. besuchte seine englischen Verwandten hier, residierte in Norris Castle und nahm an der Regatta von Cowes teil, nach deren Vorbild er die Kieler Woche ins Leben rief.

> **BAEDEKER TIPP !**
>
> *Hier entstand »David Copperfield«*
>
> Wo Charles Dickens einen Großteil von »David Copperfield« geschrieben hat, kann man heute luxuriös wohnen:
> Winterbourne Country House,
> Bonchurch Village,
> Isle of Wight, PO38 1RQ,
> Tel. 01983 85 25 35.

* INSELRUNDFAHRT

Newport
Die **Inselhauptstadt** ist Newport (20 500 Einw.). ihr Mittelpunkt der St. James Square mit einer Statue von Queen Victoria. Sehenswert sind die **Townhall** in der High Street und eine Römervilla aus dem 2. Jh. mit schönen Mosaikböden und Teilen einer Badeanlage.
*Carisbrooke Castle, malerisch auf einer Anhöhe bei Newport gelegen, war Zwangsdomizil von Karl I. und seiner Tochter Elizabeth, die 1647/1648 hier in Gefangenschaft saßen – Elizabeth starb in dieser Zeit, Karls Gefangenschaft wurde durch seine Hinrichtung beendet.

*Cowes
An der Mündung des River Medina liegt Cowes, das weltberühmte Segelzentrum. Alljährlich am ersten Augustwochenende bei der prominenten Cowes Week und alle zwei Jahre beim Admiral's Cup platzt Cowes aus allen Nähten – es wird gesegelt und gefeiert. Cowes Castle, 1540 von Heinrich VIII. erbaut, ist Sitz der Royal Yacht Squadron von 1815, einem der weltweit renommiertesten Jachtclubs.

**Osborne House
Osborne House ist die ehemalige Sommerresidenz von Queen Victoria und Prince Albert. Albert selbst hat das Ferienschlösschen als

asymmetrische Anlage im italienischen Villenstil entworfen. Nach seinem frühen Tod im Jahr 1861 wurde Osborne House zum bevorzugten Aufenthaltsort von Queen Victoria. 1901 starb sie hier. Der Großteil der Räume blieb seitdem unverändert. Staatsgemächer, die privaten Räume und das Museum im Schweizerhaus, das als Spielhaus für die Kinder von Albert und Victoria aus der Schweiz importiert worden war, sind zu besichtigen.
❶ Nov. – März Sa., So. 10.00 – 16.00, April – Sept. tgl. bis 18.00, Okt. tgl. bis 17.00 Uhr; 13,40 £

Quarr Abbey Zwischen Cowes und Ryde steht die Benediktinerabtei Quarr Abbey. Das Kloster aus rotem Ziegelstein wurde 1911 auf dem Gelände einer früheren Zisterzienserabtei aus dem 12. Jh. von Benediktinern gebaut und gilt als Meisterwerk expressionistischer Sakralbaukunst.

Ryde Ryde ist der größte Ort auf der Insel. Einige viktorianische Bauten, eine **Strandpromenade** und ein Pier sind bemerkenswert. In der Umgebung von Ryde gibt es einige schöne weitläufige Sandbuchten.

Bembridge In Bembridge, einem gepflegten Badeort und Segelzentrum, informiert das Shipwreck Centre über die Schmugglervergangenheit der Insel. Ein schöner **Kliff-Wanderweg** führt zum östlichsten Punkt der Insel, Foreland, und um die Whitecliff Bay zum **Culver Cliff**.

Sandown Sandown und Shanklin bilden zusammen das größte Seebad der Insel. Das populäre, moderne Sandown ist wegen des sanft abfallenden Strandes besonders gut für Kinder geeignet.
Das südlich anschließende *****Shanklin** ist seit jeher ein von Künstlern bevorzugtes Domizil. Der Ort liegt malerisch in einer Bucht, in der Altstadt gibt es viele reetgedeckte, kleine Cottages mit hübschen Vorgärten. Shanklin hat einen guten Strand, viele Sport- und Freizeitmöglichkeiten und schöne Promenadenwege. Der Dichter John Keats (1795 – 1821) bewohnte 1819 Englatine Cottage in der High Street. Sehr eindrucksvoll ist die Schlucht von *****Shanklin Chine**, die in früheren Jahrhunderten Schmugglern als Versteck diente.

*****Godshill** Lohnend ist ein Abstecher von Shanklin ins Landesinnere in das 7 km westlich gelegene Godshill, ein gepflegtes Dorf mit strohgedeckten Steinhäusern und einem Spielzeugmuseum. Durch den Godshill Park und über Stenbury Down kommt man zu dem prächtigsten Herrenhaus der Insel, **Appuldurcombe House**, von dem allerdings nur noch die Fassaden original sind. Im Zweiten Weltkrieg war es von einer Bombe getroffen worden.

Freshwater Freshwater an der Westküste ist ein geruhsamer Badeort, in dem der Dichter Alfred Lord Tennyson (1809 – 1892) mehr als 30 Jahre lebte.

Bizarre Felsformation: The Needles an der Westspitze der Isle of Wight

Sein Wohnhaus, in dem er so illustre Gäste wie Garibaldi, Lewis Carroll, Charles Darwin und den Prinzgemahl empfing, ist heute Hotel.

**Freshwater Bay Einer der schönsten Inselspaziergänge führt am Tennyson-Gedächtniskreuz vorbei zur Freshwater Bay. Von dort hat man einen unvergesslichen Blick auf die Küstenlandschaft und ihr Farbenspiel: schneeweiße Kreidekliffs und das tiefe Blau der See.

In der ***Dimbola Lodge** lebte von 1860 bis 1875 Julia Margaret Cameron (1815 – 1879), die hier im Alter von 48 Jahren zu fotografieren begann und Porträts von Insulanern und bekannten Künstlern machte. Ihr Wohnhaus, in dem einst die geistige Elite des viktorianischen Englands verkehrte (darunter auch Alfred Lord Tennyson) ist heute ein **Museum**.

❶ April – Okt. tgl. 10.00 – 17.00, Nov. – März Di. – So. 10.00 – 16.00 Uhr; Eintritt 4 £; www.dimbola.co.uk

**Alum Bay Alum Bay ist ein Mekka für Geologen: Die Sandsteinschichten in den Klippen verlaufen hier fast senkrecht und zeigen wunderschöne rote, gelbe, grüne und graue Färbungen, die sich deutlich vom Weiß des Kalksteins abheben; mit einer Seilbahn kann man zum Fuß der steilen Klippen hinunterfahren, wo Ausflugsboote auf Passagiere warten.

**The Needles Ein Klippenwanderweg führt zu den bizarren »Needles« an der Westspitze der Insel, drei bis zu 30 m hohe vorgelagerte Kreidefelsen, die spitz wie Nadeln erscheinen. Einen guten Rundblick hat man von den »Needles Batteries«, Befestigungsanlagen des 19. Jh.s, die während der beiden Weltkriege reaktiviert wurden.

An der flachen Mündung des West Yar River liegt Yarmouth, ein *Yarmouth
hübscher Ort mit Fährhafen für die Schiffe aus Lymington und ein
beliebtes Segelzentrum. Sehenswert sind die Überreste einer Festung
aus der Zeit Heinrichs VIII. und die St.-James-Kirche mit einer Ge-
dächtniskapelle für Sir Robert Holmes (1692). Holmes bemächtigte
sich 1664 der holländischen Besitzungen in Nordamerika, nahm
New York ein und wurde Gouverneur der Isle of Wight. Den Kopf
einer erbeuteten Statue Ludwigs XIV. ließ er abnehmen, ein Bildnis
seiner selbst aufsetzen und dieses Denkmal in der Kapelle aufstellen.

* Isles of Scilly · Scilly-Inseln

F 21

Landesteil: Südwestengland
Grafschaft: Cornwall
Einwohnerzahl: 2100

**Zu dem Atlantik-Archipel gehören neben fünf bewohnten In-
seln 40 Eilande und 150 Felsen mit klangvollen Namen von teils
großartiger landschaftlicher Schönheit und unberührter Natur.**

Früher waren die Inseln der Albtraum aller Seefahrer – heute sind sie
ein Urlaubsparadies mit besonders mildem Golfstrom-Klima, herrlichen Sandstränden, gigantischen Granitformationen, schönen
Laubwäldern und Moorlandschaften. Einige der unbewohnten Inseln stehen unter Naturschutz und dürfen nur mit Sondergenehmi-

Isles of Scilly erleben

AUSKUNFT
Hugh St., Hugh Town, St. Mary's
Isles of Scilly, England, TR21 0LL
Tel. 01720 42 40 31
www.simplyscilly.co.uk

AN- UND ABREISE
Schiff
Von Penzance (Cornwall) geht's in knapp
drei Stunden zur größten Insel St. Mary's.

VERKEHRSMITTEL
Auf den Inseln Busse, Taxis und Fahrräder; zwischen den Inseln Boote

ESSEN
Star Castle Hotel ❸❸❸❸
The Garrison
St. Mary's
Tel. 01720 42 23 17
www.star-castle.co.uk
Preisgekrönte Küche

ÜBERNACHTEN
Star Castle Hotel ❸❸❸❸
▶Essen
Fantastische Aussichten über die Insel
und die See hat man vom Burghotel aus
dem 16. Jh.; 34 Zimmer.

Geschichte

gung betreten werden. Die Bewohner der Isles of Scilly – sprich: Silly – 45 km südwestlich von Land's End, der äußersten Spitze von Cornwall, leben vom Tourismus und von der Blumenzucht.

Die Scilly-Inseln waren schon in der Bronze- und Eisenzeit besiedelt. Zwischen 400 und 1000 n. Chr. lebten hier zahlreiche Eremiten, auf Tresco gab es eine Mönchsgemeinschaft. Heinrich I. übergab Tresco 1144 an Benediktiner der Abtei Tavistock zum Aufbau eines Klosters. Die Insulaner lebten von Fischfang, Landwirtschaft und Schmuggel. 1834 wurde Squire Augustus Smith Besitzer der Inseln, die nun eine vierzigjährige wirtschaftliche Blüte erlebten. Häuser, Kirchen, Schulen und fünf Werftanlagen wurden gebaut, die Blumenzucht initiiert.

ST. MARY'S

Hugh Town

Die meisten der 1650 Insulaner auf St. Mary's leben in Hugh Town. Das kleine Dorfmuseum zeigt Geschichtliches und gibt Informationen zur Tier- und Pflanzenwelt auf den Inseln. Auf einer dem Ort vorgelagerten Halbinsel steht eine **Garnisonsfestung** aus 16. – 18. Jh. Überall auf der Insel gibt es kleine, durch Hecken abgeteilte **Blumenfelder**. Westlich von Hugh Town stehen die Ruinen eines Forts Heinrichs VIII., bekannt als **Harry's Walls**. In der Nähe des Telegraf Tower sind eine Grabkammer aus dem 3. Jh. v. Chr., **Bant's Carn**, und die Überreste eines eisenzeitlichen Dorfes, **Ancient Village**, erhalten.

TRESCO

*Abbey

Auf der zweitgrößten Insel Tresco steht die für ihren subtropischen, terrassenartig angelegten Park berühmte Abbey. Außer den Resten der Abtei kann man eine Sammlung von Galionsfiguren besichtigen, die von gesunkenen Schiffen stammen. Die Forts King Charles' und Cromwell's Castle stammen aus dem 17. und 18. Jahrhundert.

WEITERE INSELN

St. Martin's, St. Agnes, Bryher

Reizvoll ist St. Martin's mit seinem zerklüfteten Norden und der blumenreichen lieblichen Bucht im Süden. Von St. Martin's Head genießt man einen spektakulären **Panoramablick**.
Auf St. Agnes gibt es den zweitältesten **Leuchtturm** des Landes (1680) und mit Horse Point eine überaus beeindruckende Felsformation.
Bryher, die kleinste bewohnte Insel, hat zwei hübsche Buchten, Rushy und Hell Bay. Faszinierende Gegensätze sind die kleinen **Blumenfelder**, die schroffen Felsen und die tosende See.

King's Lynn

✈ T 15

Landesteil: Ostengland
Höhe: 16 ft/5 m ü.d.M.
Grafschaft: Norfolk **Einwohnerzahl:** 42 000

King's Lynn – einst führende Hafen- und Marktstadt – gehörte zeitweilig der Hanse an und war damals die viertwichtigste Stadt im Königreich.

Die typisch englische Kleinstadt am River Ouse trug ursprünglich den Namen Lynn. Den Zusatz »King« erhielt sie, als Heinrich VIII. ihr außer dem ersten ein weiteres Marktrecht verlieh. Daher gibt es bis heute auch zwei Marktplätze: den »Tuesday Market Place« für den Dienstagsmarkt und den »Saturday Market Place« für den Markt am Samstag. Von der blühenden Hansezeit zeugt heute noch das Hansekontor mit dem Lagerhaus, dem einzig erhaltenen Gebäude der Hanse in England.

King's Lynn erleben

AUSKUNFT
The Custom House, Purfleet Quay
King's Lynn, Norfolk, England, PE30 1HP
Tel. 01553 76 30 44
www.west-norfolk.gov.uk

SEHENSWERTES IN KING'S LYNN

Am **Saturday Market** in der Nähe der Ouse steht die Hauptkirche St. Margaret aus dem 12. Jh., die mit ihren mächtigen Westtürmen fast ein wenig wie eine Kathedrale wirkt. Zwei Messing-Gedenkplatten im Innern, die vermutlich Meisterwerke von flämischen Künstlern aus dem 14. Jh. sind, stellen eine Weinlese und ein Pfauen-Fest dar.

St. Margaret

Die 1421 vollendete Guildhall of the Holy Trinity birgt im Untergeschoss eine *Schatzkammer, in der seit 1978 Krönungsinsignien aufbewahrt werden – darunter befinden sich ein wertvoller Becher und ein Schwert. Beidewerden König Johann zugeschrieben, dessen Kronschatz im Jahr 1216 in der Nähe von Lynn versunken sein soll; eine hereinbrechende Flut hatte ihn zum übereilten Aufbruch veranlasst. Der König starb nur wenige Tage später an Ruhr.
Schatzkammer: April – Okt. Mi. – Sa. 10.00 – 16.00,
Nov. – März Fr. 10.00 – 16.00 Uhr; Eintritt frei

Guildhall of the Holy Trinity,

Aus der glanzvollen Zeit, als King's Lynn bedeutende Hafenstadt war, von der aus die Grönlandfahrer in See stachen, stammt die Greenland Fishery in der Bridge Street, ein 1605 aus Holz errichtete Kontor.

Greenland Fishery

ZIELE • King's Lynn

King Street — In der King Street steht das 1683 von Henry Bell im Palladio-Stil erbaute ehemalige Zollhaus mit einem Bildnis Karls II. über der Tür. Eine ganze Reihe schöner Tudor- und georgianischer Häuser befinden sich in der Umgebung der King Street. Eine der reizvollsten Ecken liegt dort, wo der alte Schiffskanal in die Ouse mündet. Vorbei an der 1406 eingeweihten *St. George's Guildhall, die heute als Theater und Kunstgalerie genutzt wird, führt die King Street zum Tuesday Market.

Greyfriars Tower — Der achteckige Greyfriars Tower aus dem späten 14. Jh. ist der Überrest eines alten Franziskanerklosters.

Red Mount Chapel — Die Red Mount Chapel, ein interessantes achteckiges Gebäude aus rotem Backstein aus dem 15. Jh. war früher einmal die Kapelle für Pilger nach Walsingham.

South Gate — Aus dem Mittelalter ist noch das Südtor erhalten. Es wurde Mitte des 15. Jh.s an der London Road gebaut, die von King's Lynn aus nach Süden führt.

UMGEBUNG VON KING'S LYNN

Castle Rising — Vom einst mächtigen Castle Rising 7 km nordöstlich sind ein normannischer Wehrturm und der Ringwall gut erhalten. Gegenüber steht ein 1614 von Henry Howard für Frauen eingerichtetes Altenheim, das **Trinity Hospital**, zu dem neun um einen Hof gruppierte Einheiten mit Gemeinschaftsraum und einer kleinen Kapelle gehören. Die alten Damen, die heute dort leben, tragen zu besonderen Anlässen die jakobinische Tracht: rote Mäntel und schwarze, spitze Hüte.
Castle Rising: April–Okt. 10.00–18.00, Nov.–März Mi.–So. 10.00–16.00 Uhr; Eintritt 4 £; www.castlerising.co.uk

*Sandringham House — Sandringham House 13 km nordöstlich von King's Lynn ist ein Landhaus der Königin. Das 1867–1870 im neuelisabethanischen Stil errichtete Gebäude kann besichtigt werden, wenn die königliche Familie nicht dort ist. Der weitläufige Park ist zur Azaleen- und Rhododendren-Blüte von Mai bis Ende Juni besonders schön. Queen Alexandra, George V. und George VI. sind in Sandringham gestorben. Das **Museum** zeigt Jagdtrophäen und Oldtimer der Royal Family, darunter einen Daimler Tonneau (1900) von Edward VII. und einen Daimler Brougham (1928) von Königin Maria.
❶ April–Sept. tgl. 11.00–16.45 Uhr; Eintritt 11,50 £; www.sandringhamestate.co.uk

*Wisbech — Die hübsche Stadt Wisbech im ▶Fen District lag früher nur etwa 6 km vom Meer entfernt, heute liegt sie im Marschland – fast 18 km sind es bis zur Küste. Der Hafen am River Nene ist umgeben von Obstgärten, Tulpenfeldern und grünen Marschen. Die Wohnhäuser entlang der Kanäle erinnern an Holland. Im Ort gibt es zwei Marktplätze. Das normannische Castle ist schon lange verschwunden, aus dem Material baute sich Thomas Thurloe, Cromwells Staatssekretär, ein Haus. Daneben findet man das **Wisbech & Fenland Museum**, eines der ältesten Museen in England, zu dessen Schätzen das Originalmanuskript von Charles Dickens' »Great Expactations« zählt.

Wisbech & Fenland Museum: Museum Square; Di. – Sa. 10.00 – 16.00 Uhr; Eintritt frei, Spenden erwünscht; www.wisbechmuseum.org.uk

* Kintyre

G/H 9/10

Landesteil: Schottland
Council Area: Argyll and Bute

Durch Paul McCartneys Song über den Leuchtturm am Mull of Kintyre ist sie in die Musikgeschichte eingegangen: die landschaftlich schöne schottische Halbinsel Kintyre.

Bei Claonaig im Norden steht **Skipness Castle**, die Ruine einer Grenzfeste des Campbell-Clans aus dem 13. Jh., von der man einen weiten Blick über den Kilbrannan Sound hat. Entlang der weitgehend unberührten Ostküste fährt man nach Süden bis zum wichtigsten Städtchen auf Kintyre, **Campbeltown**, das einst Sitz der Campbells of Argyll war. Seinen Aufschwung im 18./19. Jh. verdankte das Städtchen der Fischerei und der Whiskyproduktion – die lokale Springbank Distillery produziert bis heute einen ausgezeichneten Malt Whisky. Tipp für Golfspieler: der Platz von Machrihanish, 8 km entfernt an der Westküste. Hier gibt es auch einen kilometerlangen Sandstrand.

*Rundfahrt

Kintyre erleben

AUSKUNFT
MacKinnon House, The Pier
Campbeltown, Kintyre
Scotland, PA28 6EF
Tel. 01586 55 20 56
www.visitscottishheartlands.org

Am Mull of Kintyre (»mull« = Vorgebirge) steht der erwähnte Leuchtturm, von dem sich eine herrliche Aussicht bis hinüber zur nordirischen Küste bietet.

Mull of Kintyre

Angeblich hat der heilige Columba in der Carskey Bay erstmals schottischen Boden betreten – ein Fußabdruck in Stein soll dieses Ereignis belegen.

St. Columba's Footprints

ZIELE • Lake District

*MacAlister Clan Centre — Das Herrenhaus von Laird und Lady Glenbarr (Mr. und Mrs. MacAlister) kann besichtigt werden. Die beiden führen selbst durch das schmucke Haus aus dem 18./19. Jh. und erzählen die Geschichte des MacAlister-Clans.

Gigha Island — Von Tayinloan setzen Fähren nach Ardminish auf die kleine grüne Insel Gigha über, deren Hauptattraktion die Achamore House Gardens mit ihrer subtropischen Pflanzenwelt sind.

Tarbert — Hinter Kennacraig, von wo Fähren auf die Hebriden – auf die Insel Islay – starten, kommt man zwischen West Loch Tarbert und Loch Fyne zu dem Wassersportzentrum Tarbert, einst Stützpunkt der Heringsfischerei.

** Lake District

✧ M – O 11/12

Landesteil: Nordengland
Grafschaft: Cumbria

Seinen Namen verdankt der Lake District 16 größeren Seen und etlichen kleinen Stauseen. Dazwischen erstrecken sich herrliche Hügel- und Bergketten. 1951 wurde ein Großteil dieses einmalig schönen Gebiets zum Nationalpark erklärt.

Landschaft — Vulkanausbrüche und eiszeitliche Gletscher haben dem Lake District in Millionen von Jahren sein Gesicht gegeben. Nicht weniger als 180 Berge ragen über 610 m hoch auf, so auch Englands höchster Gipfel, der 979 m hohe Scafell Pike. Oben in den Hochtälern sammelt sich das Wasser in runden Becken, die durch Wildbäche oder Flüsse die tiefer liegenden Seen speisen

Geografie — Untergliedert wird der Raum in fünf große Teile: den südlichen oder Windermere-Teil, das nördliche oder Keswick-Gebiet, das östliche oder Ullswater-Gebiet, den westlichen Teil und die Pässe. An der Küste lohnen Grange-over-Sands, ein eleganter Kurort an der Morecambe Bay, und Seascale weiter nördlich; beide Orte gelten als gute Ausgangspunkte für Touren in den Lake District.

Lake Poets — »Entdeckt« wurde der Lake District vom Dichter Thomas Gray, der die Region 1769 besuchte und danach sein Buch »A tour in the Lakes« verfasste. Später haben viele englische Literaten das Gebiet ebenfalls beschrieben und besungen, darunter William Wordsworth, Dorothy Wordsworth, Robert Southey und Samuel Taylor Coleridge, die als Lake Poets bekannt geworden sind.

Lake District • ZIELE

Lake District erleben

AUSKUNFT
Windermere Rd., Staveley
Kendal, Cumbria LA8 9PL
Tel. 01539482 22 22, www.golakes.co.uk

ESSEN
Black Bull ⊕⊕
Coniston
Tel. 01539441335
www.blackbullconiston.co.uk
Im Black Bull stieg 1797 William Turner ab; er soll hier auch gemalt haben. Heute lohnt der gemütliche Pub auch wegen des hauseigenen Bieres »Bluebird Brew«.

Dove Cottage Tea Rooms & Restaurants ⊕
Grasmere, Town End
Tel. 0153943 52 68
Gute vegetarische Küche

Tower Bank Arms ⊕
Near Sawrey, Hawkshead
Tel. 01539436334
www.towerbankarms.co.uk
Das Tower Bank Arms ist im Werk von Beatrix Potter verewigt und einer der wenigen Pubs im Besitz des National Trust (auch B&B).

ÜBERNACHTEN
Rothay Garden Hotel ⊕⊕⊕⊕
Broadgate, Grasmere
Tel. 01539435334
www.rothaygarden.com
Viktorianisches Haus mit schöner Gartenanlage und einem gepflegten Restaurant

Raise View Guest House ⊕⊕⊕
White Bridge, Grasmere
Tel. 0153943 52 15
www.raiseviewhouse.co.uk
Sieben stilvoll eingerichtete Zimmer mit schönen Ausblicken

Riverside Hotel ⊕⊕⊕
Under Loughrigg, Ambleside
Tel. 0153943 23 95
www.riverside-at-ambleside.co.uk
Viktorianisches Landhaus, zehn Gehminuten vom Dorf am Ufer des Rothay gelegen

Hazelwood Court ⊕⊕
Lindale Road, Grange-over-Sands
Tel. 01539534196
www.hazelwoodcourt.co.uk
Ferienwohnungen in einem Herrenhaus mit Park

Cavendish Arms ⊕⊕
Cartmel, Cavendish St.
Tel. 0153953 62 40
www.thecavendisharms.co.uk
Das Cavendish Arms ist ein schön restaurierter Gasthof aus dem 16. Jahrhundert. Gute Küche und hauseigenes Bier.

WANDERN · WASSERSPORT
Der Lake District ist ein wahres Paradies für Wanderer. Gutes Kartenmaterial ist überall erhältlich; auch organisierte Touren werden vielerorts angeboten. Segeln, Rudern und Schwimmen sind auf den meisten Seen möglich; zum Angeln ist eine Lizenz erforderlich.

Der Windermere ist mit 17 km Länge und 65 m Tiefe Englands größter See. Seine Ufer sind schön bewaldet und teils von Häusern gesäumt. Zu einigen kleinen Inseln und nach Belle Isle – der größten Insel – fahren Schiffe.

*Windermere

In Hill Top nahe Sawrey schrieb **Beatrix Potter** ihre viel gelesenen selbst illustrierten Tierbüchlein. In dem heute als **Museum** eingerichteten Cottage wohnte sie die letzten 30 Jahre ihres Lebens.

Der Ort **Windermere** (8530 Einw.) besteht aus dem älteren Teil Bowness am See und den moderneren Neubauten am Hügel. Die Pfarrkirche St. Martin's ist im spätgotischen Perpendicular-Stil gebaut; besonders schön ist das Ostfenster des Chores. In der High Street hat das Information Centre des Nationalparks seinen Sitz.

Nördlich von Bowness zeigt das **Steamboat Museum** alte Dampfschiffe und Segelboote, darunter die 1850 erbaute »Dolly«. Derzeit ist das Museum geschlossen, an Plänen zu einer Wiedereröffnung wird gearbeitet.

Für Beatrix-Potter-Fans und Kinder lohnt sich die **»World of Beatrix Potter«** mit allen Potter-Helden.

Ein bemerkenswerter Aussichtspunkt ist **Orrest Head**, zu erreichen durch den Wald von Elleray. Von dort genießt man einen herrlichen Blick auf den südlichen Lake District bis zur Morecambe Bay.

Steamboat Museum: www.steamboats.org.uk
World of Beatrix Potter: Old Laundry, Crag Brow; April – Sept. 10.00 – 17.30, Okt. – März bis 16.30 Uhr; Eintritt 6,95 £; www.hop-skip-jump.com

*Hawkshead
In dem hübschen Dorf Hawkshead knapp 10 km westlich stehen malerische Steinhäuser am Market Square, in der Flag Street und in der Main Street. In der Main Street findet man die für ihre gelungene Restaurierung ausgezeichnete Beatrix Potter Gallery mit Originalzeichnungen der Schriftstellerin. Nördlich vom Marktplatz steht die **Grammar School**, in die **William Wordsworth** ging – das Pult, in das er seinen Namen ritzte, ist hier ausgestellt.

Coniston
In Coniston, einem Dorf in wunderschöner Lage, ist auf dem Kirchhof der Schriftsteller und Sozialreformer John Ruskin (1819 – 1900) begraben, dessen Bücher, Zeichnungen und sonstige Besitztümer im **John Ruskin Museum** nördlich der Kirche zu sehen sind. Sein Wohnhaus Brantwood, 3,6 km entfernt am Ostufer des Sees gelegen, birgt ebenfalls Zeichnungen und Aquarelle.

Coniston Water
Eindrucksvollster Teil des Sees ist das Nordende mit den Fells, aber auch die bewaldeten Ufer sind sehr reizvoll. Auf den Old Man of Coniston kann man von hier in 1,5 – 2 Stunden steigen.

Ambleside
Der wichtigste Ausgangspunkt für den südlichsten Teil des Lake District ist das Dorf Ambleside 8 km von Windermere unterhalb der Fairfield-Berge, ein typischer Touristenort mit einem sehenswerten Bridge House. Wohltuend ist ein Spaziergang durch die **Hayes Garden World** mit ihren prachtvollen Blumenbeeten. **»The Armitt«**, ein

In eine Hügellandschaft eingebettet: der Windermere

Museum an der Rydal Road, widmet sich den weniger bekannten Literaten, die durch die Seen inspiriert wurden.
Von Ambleside kann man in das Tal des Little Langdale wandern oder fahren oder zur Loughrigg Terrace, außerdem kann man den Wansfell Pike und den Loughrigg Fell besteigen. Für die Langdale Pikes benötigt man etwa zwei Stunden. Dungeon Ghyll ist ein beliebtes Zentrum der Bergsteiger.

Rydal, ein ruhiges Dorf 1,6 km nordwestlich von Ambleside, liegt am Ostende des Rydal Water. Dieser hübsche See, gut geschützt durch den 621 m hohen Rydal Fell, friert im Winter schnell zu, dadurch ist Rydal als Eislauf-Zentrum bekannt.   **Rydal Water**

*Rydal Mount, ein schönes Haus aus dem 16. Jh., war zwischen 1813 und 1815 **Wordsworths letzter Wohnsitz**. Den Garten hat Wordsworth selber angelegt. Das Anwesen ist noch immer im Besitz seiner Nachfahren. Im Frühling wird »**Dora's Field**«, das zum Gedenken an Wordsworths Tochter an der Kirche unterhalb Rydal Mounts angelegt wurde, von Narzissen in helles Gelb getaucht.
Rydal Mount: März – Okt. tgl. 9.30 – 17.00, Nov., Dez., Feb. Mi. – So. 11.00 – 16.00 Uhr; Eintritt 6,45 £; www.rydalmount.co.uk

Der kleine Grasmere mit einer einsamen, grünen Insel in der Mitte ist fast rund. Der Ort Grasmere war bei den Lakeland-Dichtern besonders beliebt. Wordsworth, der südlich in **Dove Cottage** lebte (jetzt Museum), liegt hier auf dem Friedhof begraben – ebenso seine Frau Mary und seine Schwester Dorothy. Sehr schöne Wanderungen   ***Grasmere**

Morgenröte über dem Derwentwater, dahinter der Catbells

sind von Grasmere aus möglich. Zirka 3 – 4 Stunden dauert beispielsweise der Aufstieg zum 951 m hohen **Helvellyn**.

*Ullswater   Ullswater, der zweitgrößte See im Lake District, bietet ideale Bedingungen zum Segeln und Fischen. Der angrenzende Gowbarrow Park ist Schauplatz von Wordsworths »Daffodils« (Narzissen).

*Wastwater   Der im Wasdale gelegene Wastwater ist der tiefste See Englands, mit 79 m liegt seine tiefste Stelle unter dem Meeresspiegel. Am nordöstlichen Ende des Sees liegt das Dörfchen Wasdale Head, wo sich mit der **St. Olaf's Church** die kleinste Kirche Englands befindet.

*Keswick   Keswick gehört zu den meistbesuchten Zentren des Lakelands. Der Ort liegt am River Greta dicht am Derwentwater mitten in einer bezaubernden Bergwelt, in der nach der Artus-Legende Sir Gawain auf den grünen Ritter stieß. Greta Hall, in dem sich jetzt Ferienwohnungen befinden, war Wohnsitz der Dichter Coleridge und Southey, über die man sich im **Keswick Museum & Art Gallery** genauer informieren kann. Das **Pencil Museum** dokumentiert die Geschichte der Bleistift- und Buntstiftherstellung seit Entdeckung des Borrowdale-Grafits um 1500.

Die 3 km östlich gelegene Kultstätte **Castlerigg Stone Circle** besteht aus 38 kreisförmig aufgestellten Steinen, deren Alter auf 4000 bis 5000 Jahre geschätzt wird.

Lake District • ZIELE

Von Keswick führen Wanderungen nach Wasdale Head über den Styhead-Pass (5 – 6 Std.) oder über Scarth Gap und Black Sail.
Keswick Museum & Art Gallery: momentan wegen Umbaus geschl.; http://keswickmuseum.webs.com
Pencil Museum: Southey Works; tgl. 9.30 – 17.00 Uhr; Eintritt 4,25 £; www.pencilmuseum.co.uk

Der Derwentwater vor der Kulisse einer grandiosen Bergkette, mit bewaldeten Klippen und grünen Hügeln, die von den Ufern aus ansteigen, gilt als der schönste der Seen. Eine Reihe kleiner Inseln laden zu einer Bootsfahrt ein. Der See, der vom River Derwent durchflossen wird, ist berühmt für seine Lachse und Forellen. ****Derwentwater**

Einen herrlichen Aussichtspunkt in der Nähe bietet Castle Head. Ausflüge gehen von hier in eines der wildromantischen Täler des Lake District, ins ****Borrowdale** oder rund um den See (16 km). Dabei kommt man an den **Lodore Falls** vorbei, die Southey mit seinen Versen berühmt gemacht hat. Hübsche Orte im Borrowdale sind Grange-in-Borrowdale und Rosthwaite. **Castle Haed**

Der kleine Ort Buttermere liegt zwischen Buttermere und Crummock Water, zwei kleinen Seen im Besitz des National Trust, die durch einen Fluss verbunden sind. Der ca. 50 m hohe **Scale Force**, der sich in den Crummock Water ergießt, gilt als eindrucksvollster Wasserfall im Lake District. **Buttermere**

In Cockermouth wurde William Wordsworth 1770 geboren. Sieben Räume des georgianischen Stadthauses sind mit Möbeln aus dem 18. Jh. und persönlichen Gegenständen des Dichters ausgestattet. ***Cockermouth Wordsworth House**
❶ Main St.; März – Okt. Sa. – Do. 11.00 – 17.00; Eintritt 6,40 £

Am Ostrand des Lake District liegt der Ort Kendal mit den Ruinen eines Castle aus dem 12. Jahrhundert. Die 1759 von John Carr im georgianischen Stil entworfene **Abbot Hall** zeigt eine bemerkenswerte Gemäldesammlung, darunter Porträts von George Romney und Daniel Gardner. In den ehemaligen Stallungen gibt das **Museum of Lakeland Life & Industry** einen umfassenden Überblick zur Geschichte von Handwerk und Industrie des Raumes. In der früheren Brauerei wurde das **Brewery Arts Centre** eingerichtet: Hier finden heute wechselnde Kunstausstellun- **Kendal**

> **BAEDEKER TIPP !**
>
> *Für Bierfans: Jenning's Brewery*
>
> Der Lake District ist nicht nur das Land der Dichter. Auch Bierfreunde kommen auf ihre Kosten. Jenning's Brewery in Cockermouth stellt seit über 170 Jahren Bier her (Führungen Mo. – Sa. 11.00, 14.00, Juli, Aug. auch So., Nov. – März nur 14.00 Uhr; www.jenningsbrewery.co.uk).

gen, außerdem Theater- und Musikveranstaltungen statt; angeschlossen ist ein gutes Bistro.
Museum of Lakeland Life & Industry: März – Okt. Mo. – Sa. 10.30 – 17.00, Nov. – Feb. bis 16.00 Uhr; Eintritt 5 £; www.lakelandmuseum.org.uk

*Furness Abbey Im Süden des Seengebiets steht mitten in dem bewaldeten »Dale of Deadly Nightshade« die Ruine der 1123 gegründeten Furness Abbey. Zeitweilig war sie die zweitreichste Zisterzienser-Abbey in England, übertroffen nur noch von Fountains Abbey (▶Yorkshire Dales). Querschiffe, Chor und Westturm stehen in voller Größe, vom Schiff wurde viel zerstört. Auch die Rundbogen des Kreuzgangs, das Kapitelhaus, Schlafräume und Krankensaal sind erhalten. Die Kapelle birgt zwei Ritterbilder (12. Jh.), die als die ältesten ihrer Art gelten.

Lancaster

✴ N 12

Landesteil: Nordengland
Höhe: 223 ft/68 m ü.d.M.
Grafschaft: Lancashire   **Einwohnerzahl:** 45 900

Wer heute nach Lancaster kommt, glaubt kaum, dass diese Stadt durch den Handel mit Westindien – Baumwolle, Rum, Tabak – einst bedeutender war als Liverpool und einer Dynastie, dem Hause Lancaster, ihren Namen gab.

Selbst ihren Titel als Grafschaftshauptstadt musste Lancaster an Preston abgeben. Was blieb, ist eine charaktervolle Stadt am Ufer des River Lune mit moderner wie historischer Bausubstanz und mit schönen Ausflugszielen in einer reizvollen Umgebung: die North West Coast und der ▶Lake District.

SEHENSWERTES IN LANCASTER

Castle Der River Lune gab der Stadt zur Römerzeit ihren Namen: Lun-Castrum, Kastell am Lune. Die in nachfolgenden Jahrhunderten erweiterte Festung dient seit dem 17./18. Jh. als Gerichtsgebäude und Gefängnis. Ein fast 25 m hoher Turm stammt noch aus normannischer Zeit; vom Lungess-Tower mit einem Leuchttürmchen – John of Gaunt's Chair genannt – wurde 1588 die nahende spanische Armada gesichtet. In der Shire Hall sind über 600 Wappenschilder aus dem 18. Jh. erhalten.

St. Mary's St. Mary's Church gegenüber vom Castle ist größtenteils im **Perpendicular Style** gehalten. Das Westportal stammt noch aus sächsischer

Lancaster erleben

AUSKUNFT
Lancaster
Meeting House Lane,
Lancaster, Lancashire
England, LA1 1TH
Tel. 01524 58 23 94
www.visitlancaster.co.uk

Blackpool
97 Church St., Blackpool
Lancashire FY1 1HL
Tel. 01253 47 82 22
www.visitblackpool.com

ESSEN
Maxwell's Cafe & Delicatessen ☻
71 Penny St., Tel. 01542 38 84 35
www.maxwellscafe.co.uk
abends, So. geschl.
Preiswerter Mittagstisch

ÜBERNACHTEN
Travelodge Lancaster Central ☻☻
King St., Tel. *0871 9 84 64 53
www.travelodge.co.uk
Zentral gelegenes preiswertes Kettenhotel

Zeit. Bemerkenswert sind das um 1340 aus Eichenholz gefertigte Chorgestühl und die kunstvoll verzierte Kanzel im Stil der Spätrenaissance.
❶ www.lancasterpriory.org

Cottage Museum
Das Cottage Museum, ein 1736 erbautes Handwerkerhaus, ist noch original viktorianisch eingerichtet.
❶ 15 Castle Hill, Tel. 01524 6 46 37; Ostern – Sept. tgl. 13.00 – 16.00 Uhr; Eintritt 1 £

City Museum
Die Ende des 18. Jh.s errichtete und bereits knapp hundert Jahre später, nämlich 1873, erneuerte Old Town Hall dient heute als Stadtmuseum. Besonders erwähnenswert sind prähistorische und römische Funde und eine interessante Ausstellung zur Geschichte der örtlichen Industrie.
❶ Market Square, Tel. 01524 6 46 37; Mo. – Sa. 10.00 – 17.00 Uhr; Eintritt frei

Ruskin Library
Die von Richard MacCormac entworfene Ruskin Library auf dem Universitätsgelände wurde 1998 eröffnet und mit einem Preis ausgezeichnet. Das Gebäude beherbergt eine herausragende Sammlung von Bildern, Büchern, Fotografien und Manuskripten von John Ruskin. Auch die Peter Scott Gallery mit einer Kunst- und Keramiksammlung der Universität liegt dort.
❶ Bailrigg, Tel. 01524 59 35 87; Ausstellungen Mo. – Fr. 10.00 – 16.00; www.lancs.ac.uk/users/ruskinlib

Millennium Park
Über etwa 15 km zieht sich der Millennium Park mit interessanten Kunstobjekten am Ufer des Lune entlang.

Weitere Sehenswürdigkeiten

Sehenswert sind außerdem das **Judges' Lodgings Museum** (1620) in der Church Street mit einem Museum of Childhood und das 1764 gebaute Custom House am St. George Square, das seit 1985 ein Seefahrtmuseum beherbergt. Die Skerton Bridge über den Lune, 1783 – 1788 von Thomas Harrison konstruiert, war damals die erste Straßenbrücke ohne Pfeiler in England. Einen weiten Rundblick hat man von der Galerie des Ashton Memorials (1909) im **Williamson Park**. Im Butterfly House gegenüber kann man exotische Pflanzen und seltene Schmetterlinge bewundern.

Judges' Lodgings Museum: 15 Castle Hill; Ostern – Juni, Okt. Mo. – Fr. 13.00 – 16.00, Sa., So. ab 12.00, Juli – Sept. Mo. – Fr. ab 10.00, Sa., So. ab 12.00 Uhr; Eintritt 3 £

Williamson Park: Quernmore Rd.; Okt. – März 10.00 – 16.00, April – Sept. bis 17.00 Uhr; Eintritt Park frei, Ashton Memorial 0,50 £, Butterly House 3,60 £

UMGEBUNG VON LANCASTER

*Blackpool

Südwestlich von Lancaster liegt Blackpool, eines der größten **Seebäder** im Norden Englands. Die quirlige Stadt kann in den Ferienmonaten über eine halbe Million Urlauber unterbringen. Es gibt ein breites Freizeit- und Unterhaltungsangebot, eine lange Promenade und drei Piers. Wahrzeichen ist der große Aussichtsturm am Strand, »The Tower« genannt, zu dem ein Aquarium gehört. Die herbstliche Festbeleuchtung gilt als ein Höhepunkt im Jahr. Zu den Attraktionen im Ort gehört auch »The Big One«, eine monströse Achterbahn, die bei der Abfahrt im 65-Grad-Neigungswinkel auf eine Geschwindigkeit von mehr als 100 km/h kommt.

Der Blackpool Tower ist das Wahrzeichen des lebhaften Seebads.

Preston ist die Hauptstadt von Lancashire und ihr kultureller Mittelpunkt. Die Stadt hat ein lebhaftes Zentrum, in dem das Harris-Museum zur Geschichte der Stadt eine kleine Attraktion ist. Die früheren Docklands an der Mündung des River Ribble sind zum Riversway mit Yachthafen, Pubs, Kinos etc. umgestaltet worden.

Preston

Morecambe, das mit dem benachbarten Heysham quasi zusammengewachsen ist, hat einen guten Sandstrand und zudem ein schönes Hinterland. Bei Ebbe kann man auf abgesteckten Wegen über die Bucht wandern. Von Heysham bieten sich Tagesausflüge zur ▶Isle of Man an, außerdem fahren hier Schiffe nach ▶Belfast ab. Auf dem Kirchhof der St. Peter's Church ist ein mit Menschen- und Tierfiguren verzierter Wikinger-Grabstein aus dem 10. Jh. erhalten.

Morecambe, Heysham

Ein landschaftlich äußerst reizvolles Wandergebiet ist der Forest of Bowland 45 km südöstlich, ein Hochmoor, das von teilweise zwar steilen und engen, aber gut begeh- und befahrbaren Wegen durchzogen wird. In dem Gebiet liegen eine Reihe hübscher kleiner Orte, darunter **Whitewell** im malerischen Tal des River Hodder, in dem Forellen geangelt werden können. Browsholme Hall ist ein 1507 erbautes Tudorhaus mit einer beachtlichen Kunstsammlung.

*Forest of Bowland

* Leeds

✈ P/Q 13

Landesteil: Nordengland
Höhe: 150 ft/46 m ü.d.M.
Grafschaft: West Yorkshire   **Einwohnerzahl:** 787 000

Leeds ist Großbritanniens drittgrößte Stadt – eine Mixtur aus traditionsreicher Industriestadt und Kulturmetropole, die in der Kulturszene im Land für einiges Aufsehen sorgt.

Die Großstadt am River Aire ist seit dem 19. Jh. von der Textil-, Möbel-, Papier-, Leder- und Elektroindustrie geprägt. Heute ist Leeds auch wichtiges Handels- und Finanzzentrum, die Universität genießt einen hervorragenden Ruf. Die Stadt bietet mit ihren schönen Galerien aus viktorianischer Zeit gute Einkaufsmöglichkeiten, und viele gepflegte Grünanlagen laden zu erholsamen Spaziergängen ein. Eine Reihe sehenswerter Museen, eine hervorragende Oper und die interessante, lebhafte Musikszene sind weithin bekannt.

Bereits in römischer Zeit gab es eine Furt durch den Aire, die eigentliche Stadtgründung erfolgte aber erst mit dem Wollhandel im 18. Jahrhundert. Für den Transport der Kohle aus dem knapp 5 km

Geschichte

entfernten Bergwerk von Middleston wurde 1758 die erste britische Eisenbahnlinie eingerichtet, 1812 fuhren hier die ersten Dampflokomotiven. Das 19. Jh. brachte mit der Industrialisierung den wirtschaftlichen Aufschwung, der vor allem durch die Textilfabriken und Manufakturen begründet wurde.

SEHENSWERTES IN LEEDS

City Square Der City Square gegenüber dem Bahnhof ist das Verkehrszentrum von Leeds. Statuen erinnern u. a. an den »Schwarzen Prinzen« (Sohn Edwards III.) und den Erfinder James Watt.

Victoria Square, Town Hall Die Geschäftsstraße Park Row führt zum Victoria Square mit der Town Hall, einem palladianischen Gebäude, das 1858 von Queen Victoria eingeweiht wurde. Die Victoria Hall ist eine Konzerthalle.

*City Art Gallery Die 1888 eröffnete City Art Gallery zeigt Werke britischer Maler. Allein 750 Aquarelle von J. S. Cotman (1782 – 1842), einem der Haupt-

Leeds

Essen
1. Brasserie 44
2. Akbar's

Übernachten
1. 42 The Calls
2. Malmaison
3. Glengarth Hotel

Leeds erleben

AUSKUNFT
Leeds Visitor Centre
PO Box 244, Leeds City Train Station,
Leeds, West Yorkshire
England, LS1 1PL
Tel. 01132425242
www.visitleeds.co.uk

AN- UND ABREISE
Flugzeug
Der Leeds-Bradford-Airport liegt 23 km nördlich (www.lbia.co.uk); es gibt Bahn- und Busverbindung ins Zentrum.

Bahn
Gute Zugverbindungen besteht von der City Station in alle Landesteile.

ESSEN
❶ *Brasserie 44* ●●●
The Calls (am Flussufer)
Tel. 01132343222
www.brasserie44.com
So. geschl.
Tipp für Feinschmecker: Die exklusive »Brasserie 44« wurde mit zwei Rossetten ausgezeichnet. Reservierung erforderlich!

❷ *Akbar's* ●
16 Greek St.
Tel. 01132425426
www.akbars.co.uk
Preiswerte und gute indische Küche

ÜBERNACHTEN
❶ *42 The Calls* ●●●●
42 The Calls
Tel. 01132440099
www.42thecalls.co.uk
Reiner Luxus in einer einstigen Getreidemühle.

❷ *Malmaison* ●●●
1 Swinegate
Tel. 01133981000
www.malmaison.com
Designer-Hotel mit schicker Brasserie und Bar.

The Crown Hotel ●●●
Crown Place, Harrogate
Tel. 01423567755
www.crownhotelharrogate.com
114 Zimmer
Stilvolles Postkutschen-Gasthaus aus dem 18. Jahrhundert.

The Old Swan Hotel ●●●
Swan Rd., Harrogate
Tel. 01423500055
www.classiclodges.co.uk
Im »Old Swan« tauchte Agatha Christie 1926 unter, als sie durch den Tod ihrer Mutter und die Untreue ihres Mannes in eine Lebenskrise geriet. Schönes, efeubewachsenes Haus.

❸ *Glengarth Hotel* ●●
62 Woodsley Rd.
Tel. 01132457940
www.theglengarth.co.uk
Familiäres Hotel nahe der Universität

EINKAUFEN
Die besten Einkaufsmöglichkeiten hat man in den Seitenstraßen der Headrow, der in den 1920er-Jahren angelegten Hauptstraße. Besonders schön ist ein Bummel durch die liebevoll restaurierten Arkaden des angrenzenden Victoria Quarter, einer glasüberdachten Flanierzeile mit Designerläden, noblen Juweliergeschäften und hübschen Cafés im Stil der viktorianischen Epoche.

meister der Schule von ▶Norwich, sind ausgestellt, Gemälde von Constable und Gainsborough sowie italienischen und französischen Meistern, darunter Courbet, Corot, Renoir, Signac. In den Henry Moore Sculpture Galleries sind Arbeiten von Henry Moore und seinen Zeitgenossen, darunter Jacob Epstein und Barbara Hepworth, zu sehen. Das benachbarte Henry Moore Institute zeigt Wechselausstellungen mit modernen Bildhauerarbeiten.

ⓘ The Headrow; Mo., Di., Do. – Sa. 10.00 – 17.00, Mi. ab 12.00, So. ab 13.00 Uhr; Eintritt frei; www.leedsartgallery.co.uk

Millennium Square
Ein recht neuer Veranstaltungsort ist der Millennium Square. Der Platz wird für Konzerte und Veranstaltungen und im Winter als Eisbahn genutzt. Die Türme der Civic Hall am Platz tragen Eulenfiguren, die Wappentiere der Stadt.

St. John
Einen Blick lohnt St. John's Church (1632 – 1634) in New Briggate. Sie ist fast ganz im ursprünglichen Zustand erhalten und besitzt noch den Renaissancelettner sowie die originale Kanzel und Bestuhlung.

Corn Exchange
Die ovale Corn Exchange, die im viktorianischen Stil gebaute ehemalige Getreidebörse in der Kirkgate, wird heute von kleinen Boutiquen, Cafés und Restaurants bevölkert.

**Royal Armouries
Erbaut wurde das spektakuläre Museum, um die königliche Waffensammlung aus dem Londoner Tower aufzunehmen. Geschichte zum Anfassen versprechen Vorführungen in authentischen Kampfausrüstungen und Jagdkostümen, Armbrustschießen und Falknerei.

ⓘ Armouries Drive; tgl. 10.00 – 17.00 Uhr; Eintritt frei; www.royalarmouries.org

*Armley Mills
Gut 3 km westlich des Stadtzentrums kann man in der ehemaligen Wollspinnerei Armley Mills die hiesige Wollverarbeitung seit dem 18. Jh. studieren.

ⓘ Canal Rd.; Di. – Sa. 10.00 – 17.00, So. ab 13.00 Uhr; Eintritt 3,30 £

UMGEBUNG VON LEEDS

Bradford
Bradford liegt unmittelbar westlich von Leeds. Mitte des 19. Jh.s war die Stadt weltweit bekannt als Zentrum für Textilprodukte, speziell für Kammgarntuch. Sehr interessant ist das **National Media Museum** mit Ausstellung zur technologischen und künstlerischen Bedeutung verschiedener Medien. Das Colour Museum beschäftigt sich mit der Geschichte des Färbens und Bedruckens von Stoffen. Das **Bradford Industrial Museum** zeigt die Maschinen in einer ausgedienten Spinnerei. Werke von David Hockney, der 1937 in Bradford

Harewood House in einem von Capability Brown gestalteten Park

geboren wurde, sind in der **1853 Gallery** in Saltaire, einer viktorianischen Mustersiedlung und Weltkulturerbe der UNESCO, zu sehen.
National Media Museum: tgl. 10.00 – 18.00 Uhr; Eintritt frei; www.nationalmediamuseum.org.uk
Bradford Industrial Museum: Moorside Rd.; Di. – Fr. 10.00 – 16.00, Sa., So. ab 11.00 Uhr; Eintritt frei
1853 Gallery: Mo. – Fr. 10.00 – 17.30, Sa., So. bis 18.00 Uhr; Eintritt frei; www.saltsmill.org.uk

Harewood House, Residenz des Earl of Harewood (12,8 km nördlich), ist ein wahres Kleinod. Das Herrenhaus, 1759 – 1771 nach Plänen von John Carr gebaut, hat drei Stockwerke. In den Prunkgemächern sind Dekorationen von Robert Adam ausgestellt, hervorragende Stuckarbeiten, Decken- und Wandgemälde von beachtlichem Kunstwert, u. a. von Angelika Kauffmann (1741 – 1807), und Möbel von Thomas Chippendale. Außer einer Porzellansammlung gibt es eine Fülle von Gemälden, u. a. von Reynolds, El Greco und Gainsborough. Princess Mary, die Tochter von George V., wohnte 35 Jahr lang hier. Erinnerungsstücke aus ihrem Leben finden sich in ihren Räumen. Auch der von Capability Brown (▶S. 68) angelegte Park mit einem großen See und Resten eines Castle aus dem 12. Jh. lädt zum Verweilen ein. *Harewood House
❶ April – Sept. tgl. 11.00 – 16.00 Uhr; Eintritt 14 £; www.harewood.org

Harrogate weiter nördlich ist der bedeutendste Kurort in Nordengland – wegen seiner blumenreichen Parks auch »Britain's Floral Resort« genannt. Seine Heilquellen wurden im 16. Jh. entdeckt. *Harrogate
Der **Royal Pump Room**, das ehemalige Brunnenhaus über der größten Schwefelquelle, wurde als Museum eingerichtet. Schöne Parks laden zu ausgedehnten Spaziergängen ein, der berühmte Stray gilt als

eine der größten Rasenflächen der Welt. Prächtig sind die **Valley Gardens** im Herzen des Kurortes, einen Blick lohnt auch der Fountain Court mit seinen sprudelnden Quellwassern. Ein Muss für Blumenfreunde ist ein Besuch der ausgedehnten Garden Harlow Carr.

Haworth – Heimat der Brontë-Schwestern

Haworth nordwestlich von Leeds ist ein idyllisches Yorkshiredorf und der Heimatort der Brontë-Schwestern – als Pilgerstätte erreicht Haworth fast die Bedeutung von Stratford-upon-Avon. Das Pfarrhaus, in dem Charlotte, Emily und Anne lebten und bei Kerzenlicht Weltliteratur zu Papier brachten, ist heute **Museum** mit viel Atmosphäre. Viele Gegenstände aus dem Besitz der Familie sind noch erhalten. Der Friedhof vor den Fenstern hallt wider vom Krähengeschrei, der Wind fegt über die Hügel, im Pfarrhaus tickt die alte Standuhr, die Vater Brontë allabendlich vor dem Zubettgehen aufzog … Ein Brontë-Wanderweg beginnt an der Kirche und führt durch die Moorlandschaft, die vor allem Emily inspirierte.

Brontë Personage Museum: Church St.; April – Sept. 11.00 – 17.30, Okt. – März 11.00 – 17.00 Uhr; Eintritt 7 £; www.bronte.org.uk

Kirkstall Abbey

Die Ruine der 1152 gebauten Kirkstall Abbey liegt 5,6 km nordwestlich im Tal des River Aire. Der Kirche fehlt das Dach, auch der Turm ist verfallen. Fast vollständig erhalten ist das Kapitelhaus. Das Torhaus gehört zum Abbey-House-Museum, das mit Wohnhäusern, Läden und Werkstätten vom einstigen Leben in Yorkshire erzählt.

● Abbey Rd.; April – Sept. Di. – So. 10.00 – 16.30, Okt. – März Di. – So. bis 16.00 Uhr; Eintritt frei

Leicester

✈ Q 15

Landesteil: Mittelengland
Höhe: 200 ft/62 m ü.d.M.
Grafschaft: Leicestershire
Einwohnerzahl: 306 000

Leicester – sprich »Lester« – ist die Hauptstadt der Grafschaft Leicestershire, eine attraktive Großstadt in landschaftlich reizvoller Umgebung am River Soar, traditionell Industriestadt und heute ein modernes Handelszentrum mit ordentlichem kulturellen Angebot.

»Vater des englischen Parlaments«

1239 nahm Simon de Montfort, Earl of Leicester, die Stadt in Besitz. Er gilt heute als »Vater des englischen Parlaments«; sein Hauptverdienst lag darin, dass er durchsetzte, dass wichtige Staatsgeschäfte in einer ständischen Versammlung zur Diskussion stehen müssen und dabei auch Vertreter der unteren Stände einbezogen werden.

SEHENSWERTES IN LEICESTER

Mittelpunkt der City ist der 1866 erbaute Glockenturm mit vier Statuen der Stifter und Wohltäter der Stadt. — **Clock Tower**

Die High Street führt weiter zum St. Nicholas Circle. Hier steht die älteste Kirche von Leicester mit einem frühnormannischen Turm, einem sächsischen Schiff und noch einigen römischen Ziegeln. — **St. Nicholas Circle**

An der Westseite verläuft die »Judenmauer«, ein letztes Zeugnis römischer Besiedlung. Daneben kann man die Ausgrabungen des Forums mit den Resten einer Thermalbadanlage besichtigen. Die Funde, darunter schöne Mosaikfußböden und Straßenpflaster, sind im benachbarten Museum of Roman Antiquities ausgestellt. — **Jewry Wall**

Das im 15. Jh. erbaute Roger Wygston's House, dessen Fassade aus dem 18. Jh. stammt, beherbergt ein kleines Trachtenmuseum. — **Roger Wygston's House**
❶ geöffnet im Rahmen von Heritage Building Tours; www.leicester.gov.uk

Die Kirche St. Mary de Castro in der Castle Street wurde 1107 teils im normannischen, teils im Early-English-Stil erbaut und diente als Burgkapelle. Beachtenswert sind der spätnormannische Chor und die Taufkapelle. — **St. Mary de Castro**

Der Turret Gateway führt zum Newarke Houses Museum, in dem Stadtgeschichte seit 1500 dokumentiert ist. Zu sehen sind u. a. Uhren und Spielzeug, anhand derer die Entwicklung der lokalen Industrie aufgezeigt wird. — ***Newarke Houses Museum**
❶ Mo.–Sa. 10.00–17.00, So. ab 11.00 Uhr; Eintritt frei

Die St. Martin's Church in der High Street wurde 1919 zur Kathedrale erhoben; im Innern birgt sie ein 1656 von Joshua Marshall geschaffenes kunstvolles Grabmal. 2014 sollen hier die Gebeine Richard III. bestattet werden, die Archäologen 2012 in Leicester auf dem Gebiet eines ehemaligen Franziskanerklosters gefunden haben. — **St. Martin's Church**

Leicester erleben

AUSKUNFT
7/9 Every St., Town Hall Square
Leicester, Leicestershire
England, LE1 6AG
Tel. *08448885181
www.goleicestershire.com

ÜBERNACHTEN
Fairfield Hotel ❷❸
Markfield Lane, Markfield
Tel. 01530245454
www.oldenglishinns.co.uk
Bauernhaus aus dem 17. Jahrhundert

ZIELE • Leicester

> **BAEDEKER WISSEN**
>
> **? Bahntourismus**
>
> In Leicester wurde eines der ersten Kapitel des modernen Massentourismus geschrieben. Thomas Cook organisierte eine erste Sonderzugverbindung für die Strecke Leicester–Loughborough; die stolze Entfernung betrug knapp 24 km. Der Touristikkonzern Thomas Cook hat hier seine Wurzeln.

In der Silver Street steht die **Guildhall**, ein Fachwerkbau aus dem 14. Jahrhundert. Im 15./16. Jh. wurde die Zunfthalle im Tudorstil umgebaut, seit dem 17. Jh. diente sie dann als Rathaus. Besonders erwähnenswert ist neben der Great Hall die seit 1587 bestehende Bibliothek, zu deren Schätzen der Codex Leicestrensis zählt, eine kostbare griechische Handschrift des Neuen Testaments (15. Jh.). Bis 2014 ist in der Guildhall eine Ausstellung zu **Richard III.** und dem Sensationsfund seiner Gebeine im Jahr 2012 zu sehen: »Leicester's Search for a King«.
 ❶ Tel. 0116 2 53 25 69; tgl. 11.00 – 16.30 Uhr; Eintritt frei

National Space Centre
Am Exploration Drive erhebt sich der »Rocket Tower« des neuen National Space Centre. Fünf Galerien informieren Besucher auf unterhaltsame Weise über den neuesten Stand der Weltraumforschung; ausgestellt sind Raketen, Raumkapseln und Satelliten.
 ❶ Di. – Fr. 10.00 – 16.00, Sa., So. bis 17.00 Uhr; Eintritt 13 £;
 www.spacecentre.co.uk

New Walk Museum & Art Gallery
Das Museum zeigt u. a. Werke europäischer Meister seit dem 15. Jh., darunter namhafte deutsche Expressionisten und französische Impressionisten, und eine sehenswerte Keramik-, Glas- und Silbersammlung.
 ❶ 53 New Walk; Mo. – Sa. 10.00 – 17.00, So. ab 11.00 Uhr; Eintritt frei

The Abbey
Erholsam ist ein Spaziergang durch den Abbey Park mit den Ruinen einer ehemaligen, 1143 gegründeten Augustiner-Abtei.

*Abbey Pumping Station
Zu den Exponaten des Technischen Museums in einem ehemaligen Pumpwerk (1891) gehören u. a. vier Balancier-Dampfmaschinen. Eine Ausstellung widmet sich dem Thema Hygiene und Gesundheitswesen.
 ❶ Corporation Rd.; Feb. – Okt. tgl. 10.00–16.30 Uhr; Eintritt frei;
 www.abbeypumpingstation.org

UMGEBUNG VON LEICESTER

Brocks Hill Country Park
Südlich von Leicester werden im 30 ha großen Brocks Hill Country Park und im Visitor Centre anschaulich neue Erkenntnisse rund um den Umweltschutz demonstriert. Das Spektrum reicht von Forstpflege bis zur Nutzung von Solarenergie für Privathäuser.
 ❶ Mo. – Fr. 10.00 – 17.00, Sa., So. bis 16.00 Uhr; Eintritt frei

Im Norden liegt der Charnwood Forest – einst dicht bewaldet, jetzt offenes Heideland. Das herrliche Wandergebiet mit Klippen- und Felslandschaft wird überragt vom Bardon Hill, der eine weite Aussicht bis Derbyshire und auf die Walisischen Marschen bietet. **Charnwood Forest**

Die Kleinstadt Ashby-de-la-Zouch erhielt ihren Namen nach der normannischen Familie La Zouch. Von der einstigen Burg, im 15. Jh. von Lord Hastings erbaut und 1648 geschleift, stehen nur noch Ruinen. Sir Walter Scott machte sie zum Schauplatz seines »Ivanhoe«. **Ashby-de-la-Zouch**

Freunde des Rennsports dürfte die Donington Grand Prix Collection mit Rennwagen seit 1911 im Castle Donington knapp 15 km nordöstlich von Ashby-de-la-Zouch interessieren. **Grand Prix Collection**
❶ Tel. 01332 81 10 27; tgl. 10.00 – 17.00 Uhr; Eintritt 10 £; www.donington-park.co.uk

✶ Lichfield

✈ P 15

Landesteil: Mittelengland
Höhe: 266 ft/80 m ü.d.M.
Grafschaft: Staffordshire   **Einwohnerzahl:** 30 500

Die gemütliche Kleinstadt Lichfield ist bekannt für ihre Kathedrale und als Geburtsort von Samuel Johnson (1709 – 1784), der mit dem »Dictionary of the English language« das erste bedeutende Wörterbuch der englischen Sprache schuf, das als Standardwerk erst 1884 vom »Oxford English Dictionary« abgelöst wurde.

Lichfield erleben

AUSKUNFT
Schloss Dyke, Lichfield
Staffordshire, England, WS13 6HR
Tel. 01543 41 21 12, www.visitlichfield.com

ESSEN
Tudor of Lichfield ❸❸
32 Bore St.
Tel. 01543 26 39 51
www.tudorrow.com
abends geschl.

In dem 1510 gebauten Fachwerkhaus gibt es köstliche Kuchen, und man isst hier auch gut zu Mittag.

ÜBERNACHTEN
The George Hotel ❸❸❸
Bird St.
Tel. 01543 41 48 22
www.thegeorgelichfield.co.uk
Traditionelles 45-Zimmer-Haus mit beliebtem Restaurant im Herzen der Stadt.

ZIELE • Lichfield

**Kathedrale

Die rote Sandsteinkathedrale, die »Queen of English Minsters«, wurde zwischen 1198 und 1325 gebaut; ein erstes Gotteshaus an dieser Stelle war um 700 entstanden, ein zweites vermutlich um die Jahrtausendwende. Die ältesten Teile des heutigen Sakralbaus sind die untere Partie des Westteils vom Chor (um 1198) und die 1208 vollendete Sakristei. Im Early English Style folgten 1220–1240 die Querschiffe, um 1250 das Langschiff und bis 1280 die frühgotische Westfront. Die Marienkapelle und das Presbyterium stammen aus der ersten Hälfte des 14. Jahrhunderts. Die Kathedrale hat als einzige in England drei elegante Kirchturmspitzen aus Stein, »Ladies of the Vale« genannt. Besonders beeindruckend ist die Westfassade mit über 100 Heiligenstatuen; aufgrund der Verwitterung sind fast alle Nachbildungen.

Das **Innere** der Kathedrale besticht durch die schönen Proportionen und die Farbgebung. Die Kapitelle im Schiff sind schöne Beispiele der Frühgotik. In den Seitenschiffen stehen verschiedene Monumente; eines davon erinnert an Lady Mary Wortley Montagu (1689–1762), die die Pocken-Impfung einführte. Im südlichen Seitenschiff befindet sich die berühmte Skulptur der »Sleeping Children« aus dem Jahr 1817 von Francis L. Chantrey. Das Dreifaltigkeitsfenster darüber ist in der original flämischen Verglasung erhalten. Ein Medaillon erinnert an Erasmus Darwin (1731–1802), Botaniker und Großvater von Charles Darwin.

Die **Lady Chapel**, die Marienkapelle, wurde 1324 im Decorated Style gebaut. Ihre neun wunderschönen Fenster (1532–1539) stellen die Passion dar. Sieben davon wurden 1802 aus der Zisterzienserabtei von Herkenrode bei Lüttich nach Lichfield gebracht. Die beiden westlichsten Fenster sind ebenfalls Zeugnisse alter flämischer Glasmalerei.

Über dem schönen **Kapitelhaus** von 1240 liegt die **Bibliothek**, die als größten Schatz die irische Evangelienhandschrift »St. Chad's Gospel« von 721 birgt, ein herrliches Beispiel keltischer Ornamentik, und ein Manuskript der »Canterbury Tales« von Chaucer.

❶ Mo.–Fr. 7.30–16.15, Sa. ab 8.00, So. bis 17.00 Uhr; Eintritt frei, Spenden erbeten; www.lichfield-cathedral.org

Samuel Johnson Museum

Das Johnson Museum befindet sich gegenüber vom Marktplatz. Das Haus, in dem der berühmte Lexikograf als Sohn eines Buchhändlers geboren wurde, beherbergt persönliche Erinnerungsstücke und Bücher sowie Sekundärliteratur.

❶ Breadmarket St.; April–Sept. 10.30–16.30, Okt.–März 11.00–15.30 Uhr; Eintritt frei; www.samueljohnsonbirthplace.org.uk

Heritage and Treasury Exhibition

Im 1981 in der Kirche St. Mary eröffneten Lichfield Heritage and Treasury Centre wird die Stadtgeschichte auf anschauliche Weise dokumentiert; zu sehen sind u. a. Trachten und Silber.

❶ Market Square; Mo.–Fr. 9.30–16.00, Sa. bis 17.00, So. 10.00–16.00 Uhr; Eintritt 2,50 £; www.lichfieldheritage.org.uk

Erasmus Darwin lebte von 1756 bis 1781 in der Beacon Steet. Ein Museum widmet sich Leben und Werk des Wissenschaftlers, Philosophen und Dichters.

Erasmus Darwin Centre

❶ April – Okt. Di. – So. 11.00 – 17.00, Nov. – März Do. – So. 12.00 – 16.30 Uhr; Eintritt 3 £.www.erasmusdarwin.org

★★ Lincoln

R 14

Landesteil: Mittelengland
Höhe: 299 ft/91 m ü.d.M.
Grafschaft: Lincolnshire **Einwohnerzahl:** 88 500

Lincoln am River Whitham, die Grafschaftshauptstadt von Lincolnshire, gehört zu den bedeutenden Königs- und Bischofsstädten in England. Das Stadtbild wird von der Kathedrale beherrscht, die auf einem Hügel oberhalb der Stadt thront. Sie ist eine der größten gotischen Kirchen im Land.

Die Römer richteten im Jahr 48 hier ihren ersten Militärstützpunkt für die 9. Legion ein, der 96 in Lindum Colonia – daraus die Namensableitung Lincoln – als Stadt für römische Veteranen umgewandelt und mit einer Vielzahl öffentlicher Einrichtungen versehen wurde. Im 9. Jh. bauten die Wikinger Lincoln zu einem wichtigen Handelszentrum aus. Die Normannen errichteten 1068 das mächtige Castle

Geschichte

Die Kathedrale von Lincoln beherrscht die Silhouette der Stadt.

Lincoln erleben

AUSKUNFT
9 Castle Hill, Lincoln
Lincolnshire, England, LN1 3AA
Tel. 01522 54 54 58
www.visitlincolnshire.com

ESSEN
❶ Restaurant in the Jew's House €€€
15 The Strait, Tel. 01522 52 48 51
www.jewshouserestaurant.co.uk
So., Mo. geschl.
Gediegenes Restaurant in wunderschönem Gebäudes aus dem 12. Jahrhundert

❷ Brown's Restaurant and Pie Shop €€
33 Steep Hill, Tel. 01522 52 73 30
www.brownspieshop.co.uk
In der Nähe der Kathedrale und berühmt für seine Pasteten.

ÜBERNACHTEN
❶ The Castle Hotel €€€
Westgate
Tel. 01522 55 88 01
www.castlehotel.net
Gemütlich und mitten im historischen Stadtkern gelegen, mit schöner Sicht auf Schloss und Kathedrale.

EINKAUFEN
Goodies
5 Strait, Steep Hill
Tel. 01522 52 53 07
Hier werden nicht weniger als 300 verschiedene traditionell gefertigte und leckere Süßigkeiten verkauft.

---

als Ausdruck ihrer neu gewonnenen Herrschaft, 1072 wurde mit dem Bau der Kathedrale für die größte Diözese Englands begonnen. Im Domesday Book von 1086 ist Lincoln als wirtschaftskräftige Stadt mit einer beachtlichen Einwohnerzahl von ca. 6000 verzeichnet. Sehr früh entstand eine Selbstverwaltung, das 1206 eingerichtete Bürgermeisteramt ist das älteste in Großbritannien. Die Magna Charta von 1215 brachte Lincoln zusätzliche Privilegien. Die Stadt entwickelte sich zu einem bedeutenden Wollzentrum – u. a. wurde der »Lincoln Green« hier produziert, den angeblich schon Robin Hood trug. Wohlhabende Kaufleute ließen sich stattliche Häuser bauen. Mit der wirtschaftlichen Rezession im 14. Jh. verarmte die Stadt, im 16. Jh. lebten hier lediglich noch 2000 Einwohner. Erst Ende des 18. Jh.s setzte allmählich ein erneuter Aufschwung ein, nun als Agrarzentrum. Im 19. Jh. entwickelte sich in Lincoln Eisen- und Stahlindustrie; heute spielen Halbleiterherstellung, Baugewerbe und Unternehmen des tertiären Sektors eine wichtige Rolle.

SEHENSWERTES IN LINCOLN

Unterstadt Die geschäftige, moderne Unterstadt bildet einen starken Kontrast zur historischen Oberstadt um die Kathedrale. Beginnt man die Besichtigung in der High Street, so trifft man zunächst auf die Kirche **St. Peter-at-Gowts** mit einem sächsischen Turm. Etwas weiter liegt die normannische **St. Mary's Guildhall**, ursprünglich königliches Lagerhaus, dann Zunftgebäude, mit bemerkenswerten römischen Ausgrabungen. Rechter Hand liegt die Kirche **St. Mary-le-Wigford** im Early English Style. **St. Mary's Conduit** wurde im 16. Jh. mit Steinen des abgetragenen Karmeliter-Klosters gebaut.

Der nahe gelegene, vom Witham River gespeiste **Brayford Pool** ist Lincolns ehemaliger Binnenhafen. Im 18./19. Jh. galt er als bedeutender Getreideumschlagplatz, heute beherbergen die umfunktionierten alten Lagerhäuser der **Brayford Waterfront** Restaurants und Hotels, Jachten und Motorboote liegen hier vor Anker.

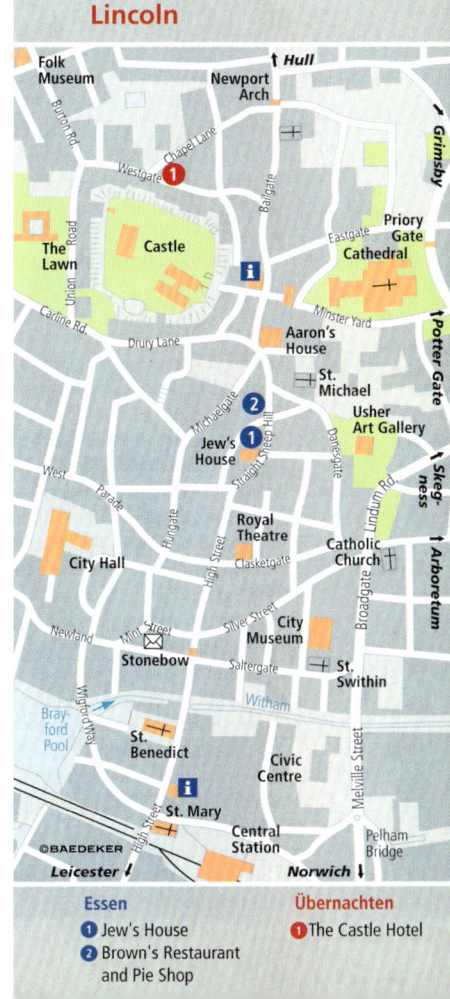

An der Westseite der alten **High Bridge** steht eine Reihe alter Fachwerkhäuser. Von der High Bridge führt die **High Street** durch den Stonebow (15. Jh.), den südlichen Zugang zur mittelalterlichen Stadt mit der großen Ratshalle im Obergeschoss, die daran erinnert, dass das Bürgermeisteramt zu den ältesten kommunalen Ämtern im Land zählt. Am Ende der High Street sollte man die Strait entlang zum **Steep Hill** gehen, jener steilen Straße, die zur Oberstadt führt.

In der *Oberstadt findet man die interessantesten mittelalterlichen Baudenkmäler: am Fuß des Steep Hill das **Jew's House**, ein normannischer Steinbau, der einem Juden gehörte, und angrenzend der Jew's Court, vermutlich Überrest der Synagoge (spätes 12. Jh.). Jüdische Kaufleute besaßen im 12./13. Jh in Lincoln gewichtigen Einfluss, bevor sie nach einem Pogrom 1290 wie alle Juden auf königlichen Befehl das Land verlassen mussten.

Etwas weiter stehen der Kaufmannssitz **Harding House** (16. Jh.), der Fachwerkbau The Harlequin, im 16. Jh. als Gasthaus errichtet, und das normannische Aaron's House. Georgianische Häuser säumen den oberen Teil von Steep Hill. Das Wirtshaus **The Wig and the Mitre** stammt aus dem 14. Jh..

**Kathedrale Ab 1072 entstand in Lincoln einer der monumentalsten mittelalterlichen Dombauten Englands. Der anglonormannische Bau wurde 1141 durch ein Feuer im Holzdachstuhl schwer beschädigt, die wiederhergestellte romanisch-normannische Kirche fiel 1185 einem Erdbeben zum Opfer. Der zum Bischof gewählte französische Kartäusermönch Hugo von Avalon ließ einen Neubau im frühgotischen Stil unter Verwendung brauchbarer romanischer Bauteile errichten. Nach dem Einsturz des Vierungsturms 1239 wurde dieser erneuert, und dem ursprünglich polygonalen Chor wurde 1280 ein Engelschor angefügt – ein würdevoller Aufbahrungsort für den Schrein des inzwischen heilig gesprochenen Hugo.

Die imposante, doppeltürmige **Westfassade** schmückt eine Mischung aus romanischer und gotischer Bauzier. Das mittlere Rundbogenportal (um 1150) trägt noch normannische Ornamente, aus dem 12. Jh. stammen die friesartigen Darstellungen mit Szenen aus dem Alten Testament (u. a. Noahs Arche, Daniel in der Löwengrube), die Königsfiguren über dem Hauptportal entstanden im 13. Jh.

Das **dreischiffige Innere** der frühgotischen Pfeilerbasilika beeindruckt durch seine Länge und Größe mit zwei Querhäusern, aus goldgelbem Kalkstein und dunklem Purbeck-Marmor errichtet. Im Langhaus beachte man den **Taufstein** aus schwarzem Tournai-Marmor (12. Jh.) mit Tiermotiven. Die Stirnseiten der Querhäuser zeigen herrliche gotische Maßwerkfenster; nördlich ein Rundfenster (um 1200), **»Auge des Dekans«** genannt, mit mittelalterlichem Glas, südlich das **»Auge des Bischofs«** (frühes 14. Jh.) mit Glasfragmenten verschiedener Epochen. Der Legende nach achtete das »Auge des Dekans« auf dessen Wohnstatt, aber auch auf den Teufel, während das »Bischofsauge« den Palast im Blick hatte und die Botschaft des Heiligen Geistes erwartete. Durch den südlichen Chor- umgang gelangt man zu den Gräbern von Katherine Swynford und ihrer Tochter. **Katherine Swynford** (gest. 1403) ist als dritte Frau des John of Gaunt Ahnherrin der jetzigen Königsfamilie und von George Washington, dem ersten Präsidenten der USA. Anya Seton hat in ihrem Roman »Katherine« die Liebesgeschichte mit John of Gaunt, dem Ahnherrn der Tudordynastie, populär gemacht. Durch ein schmiedeeisernes Gitter kommt man dann in den St. Hugh's Choir, eines der besten Beispiele frühgotischer Baukunst. Beachtenswert ist das **»verrückte« Gewölbe über dem Chorgestühl**, bei dem statt vier nur drei Rippen pro Joch auf den Schlussstein geführt werden. Man vermutet als Urheber den Theologen und Wissenschaftler Robert Grosseteste, der sich schon vor seiner Ernennung zum Bischof von Winchester 1235 mit optischen Experimenten beschäftigt hatte und nach dem Einsturz des Vierungsturms die beschädigten Chorjoche erneuern ließ. Die kombinierte Sedilia (Dreisitz) mit Ostergrab ist eines der seltenen Beispiele der Bildhauerkunst des 14. Jahrhunderts. Durch den südlichen Chorumgang erreicht man anschließend den Retrochor, bekannt als **The Angel Choir** (um 1280 vollendet) wegen der 28 Engelskulpturen in der Triforiumzone, ein gotischer Bauteil von großer Eleganz und Harmonie, in dem der Schrein des hl. Hugo aufgestellt war. Im Bogenwickel des vorletzten nördlichen Pfeilers sitzt der **»Lincoln Imp«**, ein teuflischer Kobold, der der Legende nach die Engel im Chor störte und deshalb versteinert wurde. Vom nördlichen Chorumgang hat man Zugang zum Kreuzgang (um 1300) mit schönen Schnitzarbeiten an den Schlusssteinen. Der Nordgang wurde 1647 von Christopher Wren wieder aufgebaut.

Im **Kapitelhaus**, einem zehnseitigen Gebäude, dessen Gewölbe von einem einzigen Mittelpfeiler gestützt wird, tagten unter Edward I. und Edward III. verschiedene Parlamente. Im malerischen **Cathedral Close** stehen einige sehenswerte Gebäude, so die Reste des Old Bishop Palace, Cantilupe Chantry und Vicar's Court (14. Jh.).

❶ tgl. 7.15 – 18.00, Juli, Aug. bis 20.00 Uhr; Eintritt 6 £;
www.lincolncathedral.com

Castle

Auf dem Castle Hill thront die Burg, die ab 1068 unter Wilhelm dem Eroberer errichtet wurde; die Holzpalisaden ersetzte man 1113 durch starke Umfassungsmauern. Die Anlage ist gut erhalten, weil hier bis 1878 das Gefängnis untergebracht war. Zu den Exponaten des Stadtarchivs im Old Prison zählt eine Präsentation der Magna Charta von 1215, eine von vier noch existierenden Abschriften.

❶ Okt.–März tgl. 10.00–16.00, April, Sept. tgl. bis 17.00, Mai–Aug. tgl. bis 18.00 Uhr; Eintritt 6 £

Bailgate

Bailgate nördlich des Castle war das Zentrum der römischen Stadt. Kreise markieren die Lage der Säulen des Forums, und im Keller des Hauses Nr. 29 (Roman House) kann man Reste der römischen Marktbasilika sehen. St. Paul's ist an der Stelle gebaut worden, wo die Kirche des Paulinus stand, der 627 das Christentum nach Lincoln brachte. Am Nordende des Bailgate steht Newport Arch, eines der besterhaltenen römischen Stadttore (1. Jh.) in England. Übrigens: Ein Teil der römischen Stadtmauer ist noch in **East Bight** zu sehen.

Museen

Die **Usher Gallery** im Park südlich der Kathedrale zeigt eine gute Sammlung von Uhren, Juwelen, Miniaturen und Porzellan, das **Museum of Lincolnshire Life** regionales Brauchtum.

Usher Gallery: Danes Terrace; tgl. 10.00 – 16.00 Uhr; Eintritt frei;
www.thecollectionmuseum.com
Museum of Lincolnshire Life: Burton Road; tgl. 10.00 – 16.00,
Okt. – März So. geschl.; Eintritt frei

UMGEBUNG VON LINCOLN

Newark-on-Trent | Newark-on-Trent 25 km südwestlich ist eine lohnende hübsche Kleinstadt. Obwohl sie nicht direkt am Trent liegt, wird immer von Newark-on-Trent gesprochen. Sehenswert ist die **Burgresidenz** des Bischofs von Lincoln, wo King John 1216 starb. Auf dem Marktplatz steht die **St. Mary Magdalene Church** im Perpendicular Style. In der **Town Hall** ist ein Teil der Kunstsammlung des Newark Town Council ausgestellt; zu sehen sind Werke des 19. und 20. Jahrhunderts.

** Liverpool

✦ M/N 14

Landesteil: Mittelengland
Höhe: 184 ft/56 m ü.d.M.
Grafschaft: Merseyside
Einwohnerzahl: 445 000

Liverpool: Bei diesem Namen denkt man an die Beatles, an Fußball und manch einer auch an den typischen Akzent der »Scousers«, wie sich die Leute aus Liverpool nennen.

Mit einem der größten tidenunabhängigen Häfen der Welt ist Liverpool wichtiger Umschlagplatz für den Überseeverkehr – die Stadt liegt am River Mersey knapp 5 km vor dessen Mündung in die Irische See. Die modernen Dockanlagen für die Abfertigung der großen Containerschiffe befinden sich heute außerhalb der City bei Bootle und dem gegenüberliegenden Birkenhead. In der zweiten Hälfte des 20. Jh.s erlebte die Stadt einen wirtschaftlichen Niedergang sondergleichen. Massenarbeitslosigkeit und Armut prägten das Stadtbild, die EU half mit Geldern. Mittlerweile hat Liverpool sich neu strukturiert – verfallene Hafenbereiche sind saniert und umfunktioniert worden, interessante Viertel sind entstanden. Und neben Fußball hat die Stadt auch Kultur zu bieten: Bekannt sind die Philharmoniker und die Philharmonic Hall, die als eine der besten Konzerthallen in Europa gilt, die lebendige Kunstszene, die zahlreichen Museen, darunter die berühmte Walker Art Gallery und die Tate Liverpool.

Stadtname | Der Name Liverpool wird meistens in Verbindung gebracht mit dem mythologischen **»Liver-bird«**. Dieser möwen- oder kormoranähnliche Vogel mit Seetang im Schnabel – möglicherweise die symbolische »planta genista« (Ginsterzweig) der Plantagenets – ist im Stadtwappen zu sehen.

Geschichte | Liverpool ist eine Gründung des 12. Jh.s, der Seehafen wurde 1207 angelegt, als der Hafen von ▶Chester versandete. 1715, als die Stadt rund 5000 Einwohner zählte, wurde das erste Dock am Mersey eröffnet. Wie Bristol beteiligte sich Liverpool am lukrativen »Dreieckshandel«: Man exportierte Glasperlen, Baumwollstoffe u. a. nach Afrika, transportierte von dort Sklaven nach Westindien und Nordamerika, wo man wiederum Baumwolle, Rohzucker, Tabak, Kakao etc. für die heimischen Märkte erwarb. Der regelmäßige Handelsverkehr mit Nordamerika, 1840 eröffnet, war eine weitere Grundlage für den Wohlstand der Stadt.

Highlights Liverpool

▶ Albert Dock
Lebendiger, neuer Stadtteil am Hafen. Hier ist vorbildlich umfunktioniert und saniert worden – aus Alt mach Neu!
Seite 444

▶ Walker Art Gallery
Eine der wichtigsten Gemäldesammlungen in Großbritannien. Europäische Malerei aus sechs Jahrhunderten: Flämisches, Französisches, Italienisches.
Seite 447

▶ Tate Liverpool
Filiale der Londoner Tate mit hervorragender Kunst des 20. Jahrhunderts. In den einstigen Lagerräumen hat Henry Tate früher seinen Zucker aufbewahrt.
Seite 444

▶ »Mendips«
Hier wohnte John Lennon bis er 23 war: 251 Menlove Avenue, etwas außerhalb in Woolton.
Seite 444

Blick vom Wasser auf den Pier Head mit dem »Gebäudetrio«

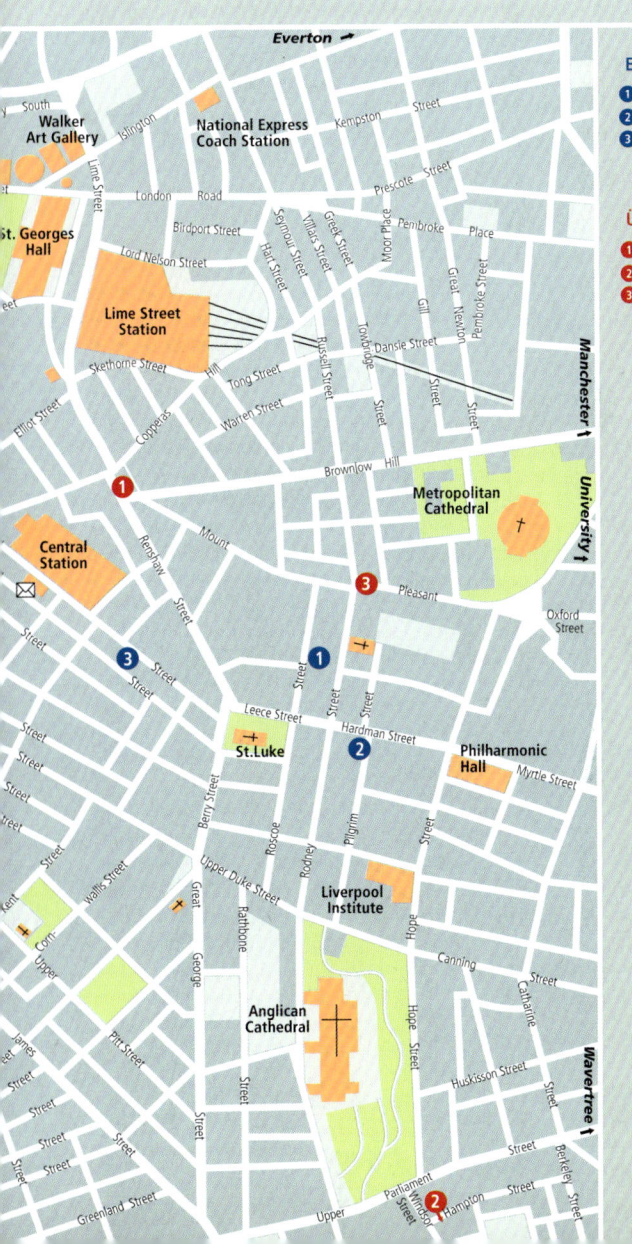

Beatles Liverpool ist die Geburtsstadt der Beatles, die in den 1960er-Jahren die Welt im Sturm eroberten. Fans können auf unterschiedlichsten Besichtigungstouren die zahlreichen Stätten der vier legendären Popmusiker aufsuchen, darunter »**The Beatles Story**« im Albert Dock, die Mathew Street mit dem rekonstruierten **Cavern Club**, in dem die Beatles am 21. Februar 1961 ihr Debüt gaben, die **Mathew Street Gallery** mit Zeichnungen von John Lennon und Fotografien von den Beatles, das **Cavern Walks Center** mit Wandbildern von Cynthia Lennon, den Beatles Shop, John Doubledays Bronzefiguren der Musiker und Arthur Dooleys umstrittene Statue für die »four lads who shook the world«. Paul McCartney eröffnete 1996 in seiner Heimatstadt die weltweit erste **Entertainment-Universität für Rock-/Popmusik**, das Liverpool Institute for Performing Arts. Ziel des dreijährigen Studiums ist die Ausbildung zum Allrounder. Auch das Elternhaus von Paul McCartney in der Forthlin Road kann man besichtigen, wo die »Pilzköpfe« für ihre ersten Auftritte probten, und das Lennon Museum im **»Mendips«**, dem Haus, in dem John Lennon bis zu seinem 23. Lebensjahr wohnte, beide heute im Besitz des National Trust.

The Beatles Childhood Homes: Besichtigung März – Nov. Mi. – So. im Rahmen von Führungen; Eintritt 8,90 £; www.nationaltrust.org.uk/beatles

> **BAEDEKER TIPP !**
>
> *Magical Mystery Tour*
>
> Von »The Beatles Story« am Albert Dock startet die Magical Mystery Tour zu allen einschlägigen Beatles-Stätten in Liverpool. Man kann sich alles anschauen: wo sie geboren sind, wo sie gewohnt haben, wo sie zur Schule gegangen sind, Penny Lane, Strawberry Field und den Cavern Club (2-stündige Touren tgl. 11.30 u. 14.00 Uhr; Ticket 15,95 £, Kombi-Ticket für Story und Tour erhältlich; Tel. 01512369091; www.beatlestour.org).

★★ ALBERT DOCK

alle Museen außer Beatles Story tgl. 10.00 – 17.00 Uhr; Eintritt frei; www.liverpoolmuseums.org.uk

*Sanierung Das 1846 von Prince Albert eröffnete Albert Dock südwestlich der Innenstadt wurde Anfang der 1990er-Jahre edel saniert und gilt als Paradebeispiel für die Wiederbelebung und Umfunktionierung verfallener Stadtbereiche. Ein fünfstöckiges Blockkarree zieht sich um das Hafenbecken, in dem einst Baumwolle, Tabak und Zucker verladen wurden. In die viktorianischen Lagerhäuser sind Designerboutiquen, Büros, Restaurants, Cafés und Museen eingezogen.

*Tate Gallery In der Tate Gallery des Albert Dock hat das gleichnamige Museum in London eine anspruchsvolle Dependance gefunden – durch einen Zufall in eben den Lagerhallen, in denen der Zucker-Magnat Sir Hen-

Liverpool • ZIELE

Liverpool erleben

AUSKUNFT
Anchor Courtyard, Albert Dock
Liverpool L3 4BS, Tel. 0151 2 33 20 08
www.visitliverpool.com

Merseyside Maritime Museum
Albert Dock, Liverpool
Merseyside L3 4AQ, Tel. 0151 4 78 44 99
www.liverpoolmuseums.org.uk

AN- UND ABREISE
Flugzeug
Der John-Lennon-Airport (www.liverpoolairport.com) liegt in Speke 9 km südöstlich; es gibt Bahn- und Busverbindung ins Zentrum. Umfangreicheren internationalen Flugverkehr hat der International Airport von Manchester 50 km östlich (Autobahnanschluss).

Bahn
Hauptbahnhof ist die Lime Street Station.

Schiff
Mersey-Fähren pendeln zwischen den beiden Ufern, es werden auch Ausflugsfahrten angeboten.

ESSEN
❶ *Puschka* ❊❊❊
16 Rodney St.
Tel. 0151 7 08 86 98, www.puschka.co.uk
Exzellente britische Küche, reservieren!

❷ *The Pilgrim* ❊
Pilgrim St., Tel. 0151 7 09 23 02
Pub mit künstlerischer Atmosphäre neben dem Institute of Performing Arts.

❸ *Leaf* ❊
Bold St., Tel. 0151 7 07 77 47
www.thisisleaf.co.uk

Cafe, Bar und Bistro mit Galerie und Livemusik

ÜBERNACHTEN
❶ *Britannia Adelphi* ❊❊❊
Ranelagh Place, Tel. *0871 2 22 00 29
www.britanniahotels.com
Das Britannia Adelphi galt bei seiner Fertigstellung 1912 als eines der luxuriösesten Hotels der Welt. Hier logierten die Transatlantik-Passagiere der großen Schiffe. Heute ist es bezahlbar.

❷ *The Alicia Hotel* ❊❊❊
3 Aigburth Drive, Tel. 0151 7 27 44 11
www.bestwestern.co.uk
Stilvolle Zimmer, am Sefton Park gelegen.

❸ *Aachen Hotel* ❊❊
89 – 91 Mount Pleasant
Tel. 0151 7 09 34 77
www.aachenhotel.co.uk
Im Herzen der Stadt gelegen mit gemütlicher Bar.

Scarisbrick Hotel ❊❊
239 Lord St., Southport
Merseyside PR8 1NZ
Tel. *0871 2 22 70 06
www.britanniahotels.com
Mitten in Southport gelegenes schönes Traditionshaus.

EINKAUFEN
Probe Records
School Lane
Tel. 0151 7 08 88 15
www.probe-records.com
Der legendäre Platten- und CD-Laden ist seit Jahrzehnten fester Bestandteil der Liverpooler Musikszene – auch nach seinem Umzug von der Slater Street ins Bluecoat.

Charme einer Hafenstadt: Albert Dock

ry Tate seinerzeit den Rohzucker aufbewahren ließ. Für den Umbau zeichnete der in Liverpool aufgewachsene Architekt James Stirling verantwortlich, der auch die Tate Gallery am Millbank-Themse-Ufer erweitert hatte. Gezeigt wird moderne Kunst des 20. Jahrhunderts.

Museen zu Schifffahrt
Das **Merseyside Maritime Museum** zeigt die Dauerausstellung »The Emigrants to a New World« über die ca. 7 Mio. Auswanderer, die zwischen 1830 und 1930 vom Mersey in die Neue Welt aufbrachen. Andere Ausstellungen dokumentieren den Sklavenhandel, die Handelsschifffahrt und Liverpools Seefahrtsgeschichte bis ins 20. Jahrhundert. Das **UK Border Agency National Museum** im selben Gebäude erzählt die Geschichte von Zöllnern und Schmugglern.
Das 2007 eröffnete **International Slavery Museum** nebenan befasst sich mit dem historischen und modernen Vermächtnis des transatlantischen Sklavenhandels.

*Beatles Story
Im Untergeschoss des Britannia Pavilion zeigt Beatles Story diverse Erinnerungsstücke, Fotos und Filme über die »Pilzköpfe«.
❶ April–Okt. 9.00–19.00, letzter Einlass 17.00, Nov.–März 10.00–18.00, letzter Einlass 17.00 Uhr; Eintritt 12,95 £; www.beatlesstory.com

Museum of Liverpool
Die Musik, der Sport, der Mersey – mit diesen und anderen Einflüssen auf die Geschicke der Stadt beschäftigt sich das Museum of Liverpool am Pier Head.

Am Pier Head nördlich des Albert Dock steht ein traditionsreiches Gebäudetrio: das von Arnold Thornely entworfene **Port of Liverpool Building**, das nach dem Kanadier **Samuel Cunard** benannte Nachbargebäude – Cunard eröffnete 1840 die erste Schiffslinie auf der Strecke Liverpool – Halifax – Boston – und der von W. A. Thomas errichtete Granitbau des **Royal Liver Building**. Das Titanic Memorial daneben erinnert an »Die Helden im Maschinenraum« des 1912 untergegangenen Luxusliners.   *Pier Head

STADTZENTRUM
❶ alle Museen tgl. 10.00 – 17.00 Uhr; Eintritt frei; www.liverpoolmuseums.org.uk

Die Fassade der klassizistischen St. George's Hall in der Lime Street wurde 1838 – 1854 gebaut. Die große Halle dient für Kongresse und Musikveranstaltungen, insbesondere für Orgelkonzerte – die herrliche Orgel gehört zu den größten weltweit.   *St. George's Hall

Das World Museum in der William Brown Street beherbergt eine Fülle unterschiedlicher Sammlungen. Die ägyptologische Sammlung etwa zeigt 15 000 Exponate, aber auch die ethnologische Sammlung gehört zu den größten des Landes. Neben den Abteilungen für Naturgeschichte, Geologie und Physik ist vor allem das Planetarium eine ganz besonders beliebte Attraktion.   World Museum

Dem Bierbrauer Sir Andrew Barclay Walker, der 1873 zugleich Bürgermeister war, verdankt die Stadt ihr berühmtestes Museum, die 1874 – 1876 erbaute Walker Art Gallery. Die Kunstgalerie enthält eine umfangreiche Gemäldesammlung italienischer, flämischer und französischer Meister vom 14. Jh. bis zur Gegenwart, darunter Arbeiten von Rubens, Rembrandt, von französischen Impressionisten und Rodin. In Großbritannien – außerhalb Londons – unübertroffen ist der Überblick über die englische Malerei und Bildhauerei speziell des 18. bis 20. Jh.s, darunter Werke von Gainsborough, Hogarth und Moore sowie die von John J. Lee gemalte, eindringliche Darstellung einer Abschiedszene am Pier Head von Liverpool, betitelt als »Sweethearts and Wives« (1860).   **Walker Art Gallery

Zur Walker Gallery gehört das Sudley House in Mossley Hill etwa 5 km südlich – zu sehen sind dort in erster Linie englische Maler des 18. und 19. Jahrhunderts.   Sudley House

Mittelpunkt des Einkaufszentrums St. John's ist ein 137 m hoher, bei Dunkelheit spektakulär beleuchteter Turm, in dem die Studios und Büros des örtlichen Radiosenders Radio City untergebracht sind.   St. John's, Centre Radio, City Tower

*Römisch-katholische Kathedrale   Dass Liverpool zwei Kathedralen besitzt, verdankt die Stadt u. a. den Iren, die im 19./20. Jh. aus wirtschaftlichen Gründen nach Liverpool kamen – daher ist der Anteil der Katholiken recht groß. Der gewaltige, 1967 geweihte Rundbau basiert auf dem mittelalterlichen Laternen-Element. Um den zylindrischen Laternenturm in der Mitte wurde ein riesiges »Zelt« gebaut. Da die Kathedrale auf einem Hügel steht, erscheint sie wirklich wie eine Art Laterne über der Stadt.

*Anglikanische Kathedrale   Die neugotische Kirche steht stilistisch im krassen Gegensatz zur katholischen Schwesterkirche. 1978 fand nach einer ca. 70-jährigen Bauzeit die Weihung der damals sechstgrößten Kirche der Welt statt. Die Willis-Orgel ist eine der größten Orgeln der Welt. Ein Gedenkstein erinnert an die 96 Liverpooler Fußballfans, die 1989 während eines Spiels im Hillsborough-Stadion im Gedränge umkamen.

UMGEBUNG VON LIVERPOOL

*Speke Hall   Eines der schönsten Tudor-Häuser Englands ist Speke Hall südöstlich außerhalb der Stadt. Dieses Fachwerkhaus am nördlichen Ufer des Mersey stammt aus den Jahren 1530 – 1598. Zur Originaleinrichtung gehören der große Saal, schöne Stuckarbeiten und Stilmöbel.
🛈 März – Okt. Mi. – So. 11.00 – 17.00, Nov. Sa., So. bis 16.00 Uhr; Eintritt 9 £

Birkenhead, Halbinsel Wirral   Birkenhead mit ca. 140 000 Einwohnern liegt auf der anderen Seite des Mersey auf der Halbinsel Wirral, die mit Liverpool durch Tunnel und Fähren verbunden ist. In Birkenhead lohnt die **Williamson Art Gallery** mit einer Gemälde- und Keramiksammlung einen Besuch. Die Seebäder New Brighton, West Kirby und Hoylake auf Wirral sind beliebte Ziele für den Ballungsraum Liverpool und Birkenhead.

Port Sunlight   Die Gebrüder Lever hatten mit Seife gut verdient und gründeten 1888 für ihre Arbeiter an der Merseymündung eine Wohnstadt mit angenehmen Häusern, guten Schulen und Ausbildungsstätten. Ein Kunstkleinod hat Port Sunlight auch zu bieten: In der ***Lady Lever Art Gallery** kann man Jugendstilarbeiten, kostbare Stilmöbel des 18. Jh.s, Wedgwood-Porzellan und Werke englischer Maler besichtigen.

Southport   Das viel besuchte Seebad Southport nördlich von Liverpool gilt als älteste **Gartenstadt** in England. Die Stadt bietet mit ihren baumbestandenen, breiten Straßen und Parkanlagen ausgesprochen viel Grün. Lohnend ist ein Bummel über die bunte Lord Street oder am weiten Strand entlang mit Blick auf die Irische See. Es gibt eine Promenade und eine Mole, außerdem einen Salzwassersee und gute Golfplätze.

Moderne Kirchenarchitektur: die römisch-katholische Kathedrale

★★ London

✦ E/F 37–41

Einwohner: 8,2 Mio.
(Greater London)

Die Hauptstadt des Vereinigten Königreichs ist nicht nur wirtschaftlicher und kultureller Mittelpunkt Großbritanniens, sondern eine echte »Weltstadt«, in der Menschen aus aller Herren Länder eine kulturelle Vielfalt schaffen, die in Musik, Theater, Tanz, Literatur und der Gastronomie zum Ausdruck kommt – kurzum: eine der aufregendsten Städte der Welt.

Die City – Finanzzentrum der Welt

London ist Sitz von Königshaus, Parlament und Regierung. Die Themse, die London in großen Schleifen durchfließt, teilt das Stadtgebiet in das Nordufer, wo sich die Hauptsehenswürdigkeiten konzentrieren, und eine Südhälfte, die touristisch besonders entlang der Southbank interessant ist. Die City of London umfasst mit 2,6 km² nur ungefähr eine Quadratmeile, und wird daher auch **»Square Mile«** genannt. Die City ist Weltfinanzzentrum. Hier schlägt das Herz der kosmopolitischen Metropole, die ihre bunte Völkervielfalt dem Erbe des Empire verdankt.

Keine andere europäische Stadt hat sich in den letzten Jahren so gewandelt wie London – gut sichtbar an Wolkenkratzern wie der »Gherkin«.

Stadtgeschichte

43	Die Römer gründen »Londinium«.
um 450	Sächsischer Hafen »Lundenwic«
886	Alfred der Große macht London zur Hauptstadt.
1066	Krönung Wilhelms des Eroberers in Westminster Abbey
1176	Erste Steinbrücke über die Themse
1189	Erster Lord Mayor
1565	Gründung der Börse
1666	Great Fire
1863	Erste U-Bahnlinie
1940/1941	Schwere deutsche Luftangriffe
1982	Beginn der Sanierung der Docklands
2000	Erstmals wird ein Oberbürgermeister gewählt.
2005	Terroranschläge in der Londoner U-Bahn
2011	Hochzeit von Prinz William und Kate Middleton
2012	Olympische Spiele
	60-jähriges Thronjubiläum von Königin Elisabeth II.

Vier römische Legionen eroberten 43 n. Chr. Südengland und errichteten am Nordufer der Themse **»Londinium«**. Sie bauten eine erste Holzbrücke über den Fluss und sicherten die Stadt 150 Jahre später mit einer 5 km langen Mauer, die für 1000 Jahre die Stadtgrenze bilden sollte. Ab 240 war Londinium Hauptstadt von Britannien, bis die Legionen zur Verteidigung Roms abgezogen wurden und Kaiser Honorius 410 die britischen Städte in die Unabhängigkeit entließ. Um 450 legten die **Angelsachsen** den Hafen »Lundenwic« an. 604 gründete König Ethelbert die Kathedrale St. Paul's, 750 folgte St. Peter, die spätere Westminster Abbey. Am »Strand« blühten Schifffahrt und Handel. 796 wurde London Hauptstadt von Essex, 802 Residenz von König Egbert, 886 unter Alfred dem Großen neben Winchester Hauptstadt seines Reiches. Nach der Schlacht bei Hastings 1066 ließ sich Wilhelm der Eroberer in Westminster Abbey krönen und gab der Stadt Privilegien, die bis heute gelten. 1176 wurde die alte Holzbrücke durch die steinerne London Bridge ersetzt. 1189 wählten die Zünfte Henry Fitzailwyn zum ersten Lord Mayor.

1565 gründete Thomas Gresham die Börse, am Ende des 16. Jh.s war die 300 000 Einwohner zählende Stadt der **bedeutendste Handelsplatz der Welt**. 1605 versuchte der Katho-

BAEDEKER TIPP

Routemaster

Londons Wahrzeichen, die **roten Doppeldeckerbusse**, wurden 2005 abgeschafft. Nur auf zwei Sightseeingtouren durch das Herz der Hauptstadt blieben die nostalgischen »Heritage«-Routemaster in Betrieb: die Linien 9 (Kensington – Aldwych) und 15 (Trafalgar Square – Tower) – am besten sitzt man oben, ganz vorne. Seit 2012 fahren neue Busse nach Routemaster-Bauart durch die City, nun emissionsarm, aber wieder rot und mit der geliebten Heckplattform zum Auf- und Abspringen während der Fahrt.

ZIELE • London

London • ZIELE 453

Ausgehen	Essen		Tea Time	Übernachten
• Cittie of Yorke	❶ Gordon Ramsey	❾ Chutney Mary	❶ Brown's Hotel	❶ Claridge's
• The Fox and Anchor	❷ Marcus Wreing at The Berkeley	❿ Moro	❷ The Berkeley	❷ The Goring
• The George Inn		⓫ Chuen Cheng Ku		❸ Shangri-La
• Sherlock Holmes	❸ Rules	⓬ Inamo		❹ The Stafford London Kempinski
	❹ Fifteen	⓭ Manze		
	❺ Orrery			❺ Pavilion Hotel
	❻ Oxo Tower Restaurant, Brasserie & Bar			❻ The Windermere Hotel
				❼ Garth
	❼ The Wolseley			❽ Hampstead Guesthouse
	❽ Calabash			❾ St Christopher's Inn

London erleben

AUSKUNFT
City of London Information Centre
www.visitlondon.com
St. Pauls Churchyard
London EC4M 8BX
Tel. 020 73 32 14 56
Zwischen St Paul's Cathedral und Millennium Bridge, tgl. geöffnet; Informationen auch auf Deutsch

Weitere Information Centres
Victoria Station, gegenüber Gleis 8
In der U-Bahn-Station Piccadilly Circus
Am Flughafen Heathrow, Terminal 1,2,3
Liste aller Tourist Information Centres in London unter www.visitlondon.com/tag/tourist-information-centre

LONDON PASS
Die Chipkarte verbindet die freie Fahrt in Bus, Bahn und Dockland Light Railway (DLR) mit freiem Eintritt in 55 Attraktionen wie dem Tower (www.londonpass.com). Ein Tag 54 £, ohne ÖPNV 46 £, erhältlich online und bei den Tourist Information Centres.

VERKEHR
Wichtigstes Verkehrsmittel ist die **U-Bahn (Underground)**, die in sehr kurzen Intervallen zwischen 5.00 und 1.00 Uhr verkehrt. Flexibel und preisgünstig wird der Londoner Nahverkehr mit der **Visitor Oyster Card**, einer übertragbaren elektronischen Fahrkarte mit wählbarem Guthaben zwischen 5 und 90 £, das auch übers Internet geladen werden kann. Restguthaben werden bei Rückgabe erstattet (https://oyster.tfl.gov.uk). Die Karte gilt innerhalb der Zonen 1 bis 6 für alle U-Bahnen, Busse, die Docklands Light Railway, die London Overground und auf allen Nahverkehrsverbindungen. Die **Day Travelcard** gibt es als »Peak«-Karte (werktags ab 1.00 Uhr) und »Off-Peak«-Karte (werktags ab 9.30 Uhr sowie Sa., So. durch-gehend, ab 8,40 £ pro Tag), die **7 Day Travelcard** ab 30 £.
Hop-On, Hop-Off auf der Themse bietet **City Cruises**, deren Barkassen zwischen Westminster, London Eye, Tower und Greenwich verkehren (River Red Rover-Ticket, Erw. 14,50 £, http://citycruises.com). Zwischen Westminster, Richmond und Hampton Court fährt der Westminster Passenger Service (www.wpsa.co.uk). Auf der Themse fahren die Thames Clippers alle 20 Minuten Attraktionen zwischen Waterloo und O2 an, auch beide Tate-Galerien (www.thames clippers.com).

THEATER- UND MUSCIALKARTEN
tkts
Leicester Square, WC2, Mo. – Sa. 10.00 – 19.00, So. 12.00 – 15.30 Uhr
Karten zum halben Preis für Vorstellungen am selben Tag – großer Andrang! Tickets online gibt es direkt beim Veranstalter oder Visit London.

Musical-Tickets
www.officiallondontheatre.co.uk
www.london-musicals.de
www.reallyuseful.com/theatres

SHOPPING
Susie Bubble
Keiner kennt sich so in der Londoner Modeszene aus wie Susie Bubble – in ihrem Blog http://stylebubble.typepad.com porträtiert sie die heißesten Trends und Events der Londoner Fashion-Welt.

Wohin zum Shoppen?
Mehr als 50 000 Geschäfte, 85 Straßenmärkte, Sonntagsöffnungen: London ist ein Einkaufsparadies.

Die größte Auswahl findet man im West End zwischen **Oxford**, **Regent** und **Bond Street**, Piccadilly und Jermyn Street, um Covent Garden und in Soho mit seinen Secondhand-Läden. Das zweite große Einkaufsviertel verteilt sich auf **Knightsbridge**, **South Kensington** und **Kensington**. **Chelsea** fällt mit der King's Road etwas ab, doch lohnt sich die Sloane Street mit ihren Designerläden. Schrilles, Trash und Trödel gibt es in **Camden Town**. Shopping der Superlative verspricht das Kaufhaus **Harrods** mit 300 Abteilungen und der legendären Food Hall in der Brompton Road. Bei **Harvey Nichols** und im **House of Fraser** findet man in- und ausländische Topdesigner. Bei **Fortnum & Mason** am Piccadilly Circus verwöhnt seit 1707 ein sagenhafter Schlemmertempel. Londons größte Kosmetik- und Schuhabteilung hat **Selfridges** an der Oxford Street. Unverwechselbare Stoffe und Tücher begründeten den Weltruf des Warenhauses **Liberty's** in der Regent Street. Das benachbarte **Hamley's**, Großbritanniens größtes Spielzeuggeschäft, lässt auf sieben Etagen Kinderträume wahr werden. Bei Pink in der Jermyn Street 85 gibt es tolle Herrenhemden, in der **Savile Row** bestellen Männer von Welt Anzüge nach Maß. Der Flagschiffstore von Stella McCartney ist in der Bruton Street 20, von Vivienne Westwood in der Kings Road 430. Alles über die Fan Four hat der **Beatles Store** in der Baker Street 231. Täglich geöffnet ist die **Westfield** Shopping Mall mit 280 Einzelhändlern und 50 Restaurants (http://uk.westfield.com/london).

Exzentrisch mit Stil: Schuhe und Taschen von Vivienne Westwood

AUSGEHEN / PUBS

❶ Cittie of Yorke
22 High Holborn, WC1, U-Bahn: Holborn
Im 17. Jh. gegründeter Pub mit einer der längsten Theken Londons

❷ The Fox and Anchor
115 Charterhouse St., EC1
www.foxandanchor.com
U-Bahn: Farringdon
Einstige Stammkneipe der Metzger vom Smithfield Market, heute ein Gastropub, dem der Spagat zwischen Tradition und Trend perfekt gelingt: Welsh Rarebit oder Austern-Pie? Zum Pub gehören auch sechs luxuriöse Zimmer – sämtliche Kopfteile der Betten schmücken ungewöhnliche London-Ansichten in XXL.

❸ The George Inn
75-77 Borough High St., SE1
http://gkpubs.co.uk
U-Bahn: London Bridge
Genau das Richtige für ein Pint in altenglischer Atmosphäre. Der 1676 erbaute Pub ist der einzige original erhaltene Fuhrmannsgasthof Londons. Die knarrenden Dielen und blank gescheuerten Tische erzählen von der Zeit, als die Fuhrleute hier in Southwark abstiegen, bevor sie ihre Waren am anderen Ufer der Themse in der City ablieferten. Im Sommer sitzt man draußen im Hof.

❹ Sherlock Holmes
10 Northumberland St., WC2
www.sherlockholmespub.com
U-Bahn: Charing Cross
Alles ist mit Erinnerungen an den genialen Meisterdetektiv geschmückt. Mit Dachterrasse!

ESSEN

Die Gastrotests von **Time Out** sind Pflichtlektüre auf der Suche nach neuen, aufregenden Lokalen (www.timeout.com/london/restaurants).

❶ Gordon Ramsay ££££
68–69 Royal Hospital Rd., Chelsea SW3
Tel. 020 7352 4441
www.gordonramsay.com
U-Bahn: Sloane Square
Mit 31 Jahren eröffnete Starkoch Gordon Ramsay sein erstes Lokal in Kensington, heute zieren es drei Michelinsterne.

❷ Marcus Wareing at The Berkeley ££££
Wilton Place, Knightsbridge SW1
Tel. 020 7235 1200
www.marcus-wareing.co.uk
U-Bahn: Knightsbridge
Vom Sohn eines Kartoffelhändlers zum Spitzenkoch: Marcus Wareing, einst Protégé von Gordon Ramsay, ist ein Perfektionist am Herd.

❸ Rules ££££
35 Maiden Lane, Covent Garden
Tel. 020 7836 5314, www.rules.co.uk
U-Bahn: Covent Garden
Roter Plüsch und Regency-Dekor zieren den ältesten Londoner Speisesaal von 1798, in dem schon Dickens und der Prince of Wales dinierten.

❹ *Fifteen* ❸❸❸❸
15 Westland Place, N1 7LP
Tel. 02033951515
www.fifteen.net, U-Bahn: Old Street
Jamie Olivers Trendlokal im Retrostyle feierte 2012 zehnjähriges Bestehen. Probieren Sie das walisische Lamm! Erschwinglicher als der Dining Room im Keller ist die Trattoria im Erdgeschoss.

❺ *Orrery* ❸❸❸❸
55 Marylebone High St., W1
Tel. 02076168000
www.orrery-restaurant.co.uk
U-Bahn: Baker Street
Durchgestylt vom Designerpapst Sir Terence Conran. Sonntags sind die exzellenten Dinner am günstigsten. Britisch-mediterrane Küche.

❻ *Oxo Tower Restaurant, Brasserie & Bar* ❸❸❸❸
Barge House St., SE1
Tel. 02078033888
www.harveynichols.com/oxo-tower-london
U-Bahn: Blackfriars, Waterloo
Fantastischer Panoramablick, deshalb angesagt, aber auch teuer; australasiatisches Fusion Food

❼ *The Wolseley* ❸❸❸❸
160 Piccadilly, W1, Tel. 02074996996
www.thewolseley.com
U-Bahn: Greenpark
Angesagter Treffpunkt für Stars und Gourmets. Zauberhaftes Ambiente im Wiener Stil der 1920er-Jahre.

❽ *Calabash* ❸❸❸
Africa Centre, 24 Vicarage Lane, WC2
Tel. 02085031664
U-Bahn: Covent Garden
Afrikas Küche von Nord nach Süd und Ost nach West, und das exzellent!

❾ *Chutney Mary* ❸❸❸
535 Kings Road, SW1
Tel. 02073513113
www.chutneymary.com
U-Bahn: Fulham Broadway
Preisgekrönte Klassiker und moderne indische Trends. Im Palmengarten genießt man bei Kerzenschein ein Madras Curry und eine Masala-Crème-brûlée.

❿ *Moro* ❸❸❸
34–36 Exmouth Market, EC1
Tel. 02078338336, www.moro.co.uk
U-Bahn: King's Cross, Angel, Barbican
Die maurische Küche von Samuel und Samantha Clark kombiniert spanische und nordafrikanische Einflüsse, die seit Jahren die Londoner begeistert. Drei Kochbücher erlauben das Nachkochen.

⓫ *Chuen Cheng Ku* ❸❸
17 Wardour St., W1, Tel. 02074340533
www.chuenchengku.co.uk
U-Bahn: Leicester Square/Piccadilly Circus
Klassischer, großer Dim-Sum-Tempel mitten in Chinatown

⓬ *Inamo* ❸❸
134–136 Wardour St., Soho, W1
Tel. 02078517051
www.inamo-restaurant.com
Food 2.0: Am interaktiven Tisch suchen Sie nicht nur die Speisen aus, sondern auch die Tischdeko – und verfolgen die Zubereitung der asiatischen Gerichte per Webcam. Besonders lecker: ein vegetarisches Tempuragericht Kakiage

⓭ *Manze* ❸
87 Tower Bridge Rd., SE1
Tel. 02077393603, www.manze.co.uk
U-Bahn: London Bridge
Seit 1892 unverfälschte London-Küche: Stammgericht ist »Pies, eels & mash«: Erbsen, Aal und Kartoffelbrei.

TEA TIME

❶ Brown's Hotel
Albemarle St., W1,
Tel. 020 74 93 60 20
www.brownshotel.com
U-Bahn: Green Park
Mit einem »Award of Excellence« der Tea Guild 2012 geschmückt. Im Tea Room des Brown's Hotel mit Kamin und Kassettendecke beraten zwei Teesommeliers bei der Auswahl edler Sorten. Traditional Afternoon Tea 39,50 £, mit Champagner 49,50 £

❷ The Berkeley
Wilton Place, Knightsbridge, SW1
Tel. 02072356000
www.the-berkeley.co.uk
U-Bahn: Hyde Park Corner
Genießen Sie »Prêt-à-Portea« tgl. 13.00 – 18.00 Uhr im Caramel Room: Tee und Törtchen, inspiriert von den aktuellen Kollektionen angesagter Designer – 2012 standen Dolce & Gabbana, Jason Wu und Valentino Pate. Prêt-à-Portea 39 £, mit Champagner 49 – 55 £.

ÜBERNACHTEN

❶ Claridge's ❻❻❻❻
Brook St., Mayfair, W1K 4HR
Tel. 020 76 29 88 60
www.theclaridgeshotellondon.co.uk
U-Bahn: Bond Street, 197 Zimmer
Audrey Hepburn, Onassis und Queen Mom liebten das Art-déco-Juwel, heute logieren hier Jade Jagger, Lulu Guinness und Kate Moss.

❷ The Goring ❻❻❻❻
Beeston Place, SW1W 0JW
Tel. 020 73 96 90 00, www.thegoring.com
U-Bahn: Victoria Station
2010 feierte die edwardianische Nobelherberge der Familie Goring ihr 100-jähriges Bestehen. 69 elegante Zimmer und Suiten – am schönsten die mit Blick auf den kleinen Garten. Preisgekrönte Küche und ein zurückhaltender, aber höchst aufmerksamer Service.

❸ Shangri-La ❻❻❻❻
32 London Bridge St., Southwark,
SE1W 1RX, Tel. 020 87 47 84 84
www.shangri-la.com/london
U-Bahn: London Bridge
Spektakulär sind nicht nur Lage und Aussicht, sondern auch die Innenausstattung der 2013 eröffneten Luxusherberge: Renzo Piano gestaltete die 170 Deluxe-Doppelzimmer und 25 Suiten des ersten Shangri-La-Hotels in Großbritannien. Wer nicht im Spezialitätenrestaurant schlemmen möchte, kann sich im Food Theatre Café an mehreren Stationen Leckereien zusammenstellen oder Kleinigkeiten in der Lounge Lobby & Bar genießen. Für Entspannung sorgen ein Fitnessraum sowie ein edles Spa mit Whirlpool, Dampfbad, Sauna und Innen-Infinity-Pool.

❹ The Stafford London Kempinski ❻❻❻❻
16-18 St. James's Place, SW1A 1NJ
Tel. 020 74 93 01 11
www.kempinski.com
U-Bahn: Green Park
Die viktorianische Stadtresidenz von Lord und Lady Lyttelton vereint Eleganz und Tradition im Herzen von London. Das preisgekrönte Hotel ist ein Ruhepol am Green Park, 15 Gehminuten vom pulsierenden Piccadilly Circus. Neben dem Haupthaus mit stilvollen Zimmern bieten die ehemaligen Stallungen charmante Unterkünfte im Landhausstil, die Suiten der Mews zeigen modernes Design. Im Lyttelton Restaurant verwöhnt Brendan

Fyldes mit dem Besten der britischen Küche, bei der Wahl der Weine berät Mastersommelier Gino Nardello.

❺ Pavilion Hotel €€€
34–36 Sussex Gardens, W2 1UL
Tel. 02072620905
www.pavilionhotel uk.com
U-Bahn: Edgeware Road
Bryan Ferry, Naomi Campbell und Jarvis Cocker sind Stammgäste des extravaganten Boutiquehotels, dessen 30 Mini-Zimmer mal kitschig, mal funky, aber immer farbenfroh gestylt sind.

❻ The Windermere Hotel €€€
142–144 Warwick Way, Victoria
SW1V 4JE, Tel. 02078345163
www.windermere-hotel.co.uk
U-Bahn: Victoria Station
Charmantes, 2012 renoviertes Haus mit 19 Zimmern. Probieren Sie in der Brasserie die gegrillte Hühnerbrust mit »bubble and squeak« – Gemüse und Kartoffeln!

❼ Garth €€
69 Gower St., Bloomsbury, WC1E 6HJ,
Tel. 02076365761
www.garthhotel-london.com
17 Zimmer
Denkmalgeschütztes georgianisches Stadthaus aus dem 18. Jh. mit netten Zimmern und mediterranem Garten.

❽ Hampstead Guesthouse €€
2 Kemplay Rd., Hampstead, NW3 1SY
Tel. 02074358679
www.hampsteadguesthouse.com
U-Bahn: Hampstead
Seit über 20 Jahren empfangen Annemarie van der Meer und ihr Mann Jim Conwell Gäste in ihrem viktorianischen Zuhause voller Antiquitäten, Bücher und Nippes und mit kleinem Garten.

❾ St. Christopher's Inn €€
161–165 Borough High St.,
Southwark, SE1 1HR
Tel. 02079399970
www.st-christophers.co.uk
U-Bahn: London Bridge
25 saubere Zimmer mit Etagenbad und Sauna auf dem Dach, in der Nähe von Tower und Themse – das Haus diente übrigens als Kulisse für die Bridget-Jones-Filme.

Stylish bunt: der »Honky Tonk Afro Room« im Pavilion Hotel

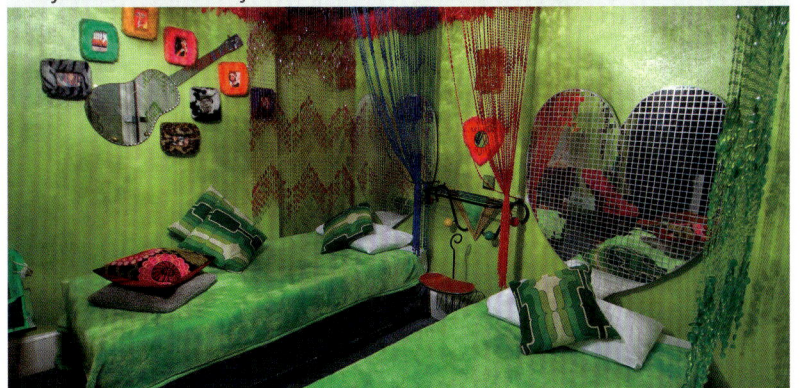

lik Guy Fawkes mit dem »Gunpowder Plot«, das Parlament in die Luft zu sprengen. Während der **Bürgerkriege** wurde Karl I. 1649 in Whitehall enthauptet. Die **Pest** forderte zwischen 1664 und 1666 über 100 000 Tote, im September 1666 legte das **große Feuer** in vier Tagen vier Fünftel der Stadt in Schutt und Asche. Beim Wiederaufbau drückte Sir Christopher Wren mit 53 Kirchenbauten, darunter St. Paul's Cathedral, der Stadt seinen Stempel auf. Das wachsende Kolonialreich ließ die Wirtschaft prosperieren und führte 1694 zur Gründung der Bank von England.

Hauptstadt des Empire Unter den **hannoveranischen Königen** stieg England zur **Weltmacht** auf. 1801 hatte London 860 000 Einwohner. Unter Queen Victoria erlebte die Stadt ihre größte städtebauliche Entwicklung. Der **Ausbau der Eisenbahn** ließ einen breiten Gürtel von Wohnvorstädten entstehen. 1863 fuhr die erste **U-Bahn** von Bishop's Road nach Farringdon. Auch eines der dunkelsten Kapitel der Stadtgeschichte fällt in diese Zeit: 1888 trieb Jack the Ripper im East End sein Unwesen. In beiden **Weltkriegen** war London Ziel deutscher Luftangriffe. Die Luftschlacht um England 1940/1941 und die V-Waffen ab Juni 1944 forderten über 30 000 Tote, drei Viertel aller Londoner Gebäude wurden getroffen.

Erster Höhepunkt der Nachkriegszeit war 1953 die Krönung von **Queen Elizabeth II.** in Westminster Abbey. In den 1960er-Jahren spiegelte »Swinging London« das neue Lebensgefühl der jungen Generation. 1997 betrauerte die Welt in London den Tod von Lady Di. Mit London Eye, Millennium Bridge und Millennium Dome begrüßte London das neue Jahrtausend und wählte erstmals mit Ken Livingstone einen Oberbürgermeister.

2005 durchlebte die Stadt höchste Freude und tiefste Trauer: Auf den Freudentaumel über die Ausrichtung der Olympischen Spiele 2012 folgte wenige Tage später das Entsetzen über die **Terroranschläge** in der U-Bahn.

Am 29. April 2011 gaben sich **Prinz William und Kate Middleton** in Westminster Abbey das Jawort. Und 2012 schließlich stand im Zwichen zweier Großereignisse: Die **Olympischen Spiele** fanden statt und für das **60. Thronjubiläum** von Königin Elisabeth II. wurden große Feierlichkeiten abgehalten, darunter bunte Straßenfeste und eine Schiffsparade auf der Themse.

> **BAEDEKER WISSEN ?**
>
> *London 2012*
>
> Mit den **Olympischen und Paralympischen Spielen 2012** war London nach 1908 und 1948 als einzige Stadt weltweit zum dritten Mal Gastgeber der internationalen Sportwettbewerbe. Im Stadtteil Stratford entstand mit dem 5000 ha großen Olympiagelände der größte urbane Park Europas seit 150 Jahren. Weitere 12 Wettkampfstätten wurden olympiatauglich gemacht, darunter Wimbledon für Tennis und Horseguards Parade für Beachvolleyball.

Highlights London

- **British Museum**
  Die Schätze dieser Erde
  Seite 469

- **Greenwich**
  Wo Britanniens Seemacht wuchs
  Seite 487

- **Harrods**
  Legendäres Kaufhaus
  Seite 482

- **London Eye**
  Die Stadt von oben für Mutige
  Seite 485

- **Natural History Museum**
  Wenn Kinder dabei sind: ein Muss!
  Seite 483

- **Oxford und Regent Street**
  Shopping ohne Ende
  Seite 455, 477

- **Tower**
  Ein Blick auf die Kronjuwelen
  Seite 463

- **Westminster Abbey**
  Englands Krönungskirche
  Seite 474

- **Whitehall**
  Wachsoldaten hoch zu Ross
  Seite 473

- **National Gallery**
  Kunst aus acht Jahrhunderten
  Seite 468

WESTLICHE CITY

Das Temple Bar Memorial markiert die Grenze zwischen City und Westminster Abbey. Will der König die City betreten, muss er am Denkmal von 1880 symbolisch den Lord Mayor um Erlaubnis bitten. **U-Bahn: Temple, St. Paul's**

Hinter dem Memorial auf der Fleet Street tut sich ein verträumtes georgianisches Häuser- und Gassengewirr auf: die Anwaltskammer und Juristenschule The Temple. In der Inner Temple Hall stehen Standbilder von Templern und Rittern des Johanniterordens, in den **Inner Temple Gardens** erinnern weiße und rote Rosen an die Rosenkriege zwischen den Yorks (weiß) und den Lancasters (rot) im 15. Jahrhundert. Kostbarkeit der Temple Church sind **neun Grabfiguren von Tempelrittern** des 12./13. Jh.s aus Marmor. ***Temple**
Inner Temple Gardens: Mo. – Fr. 12.00 – 15.00 Uhr

Fleet Street war bis in die späten 1980er-Jahre das Zentrum der **britischen Presse.** Ende des 15. Jh.s wurde hier die erste Druckerpresse aufgestellt, 1702 mit dem »Daily Courant« die erste Tageszeitung verlegt. Treffpunkt ist der **Pub Ye Old Cheshire Cheese** (Nr. 145) von 1667, Lieblingskneipe von Dickens und Arthur Canon Doyle. **Fleet Street**

ZIELE • London

St. Bartholo-mew-the-Great
In der ältesten Pfarrkirche der City, 1123 am West Smithfield vom Mönch Rahere gegründet, wurde der Maler und Kupferstecher William Hogarth getauft. Der 800 Jahre alte **Smithfield Meat Market** ist für 70 Mio. £ in seinen viktorianischen Hallen zu einem der modernsten Fleischmärkte der Welt umgebaut worden.

*Museum of London
Das größte **Stadtmuseum** der Welt lädt am London Wall zu einem Streifzug durch Londons Vergangenheit – seit 2010 mit neu gestalteten Sälen. Prunkstück ist die goldene Kutsche des Lord Mayor, spannend die Audioschau »Fire of London« zum Großen Brand 1666.
❶ tgl. 10.00 – 18.00 Uhr; Eintritt frei; www.museumoflondon.org.uk

**St. Paul's Cathedral
Seit 604 erhebt sich eine dem Heiligen Paulus geweihte Kirche über London. Nach ihrer Zerstörung beim Großen Brand 1666 wurde sie 1675 – 1711 nach Plänen von Sir Christopher Wren als 170 lange Kathedrale mit einer 111 m hohen Kuppel wieder aufgebaut. Im linken Turm hängt die größte Glocke Englands, die 17 t schwere »Great Paul« von 1882. In der **All Souls Chapel** wird Lord Kitcheners gedacht. Im nördlichen Querschiff stehen Statuen von Joshua Reynolds und Dr. Samuel Johnson, im Umgang des Chorraums eine Skulptur von John Donne, bei den Pfeilern des Hauptschiffs das Wellington-Monument. In der weitläufigen **Krypta** ruhen britische Persönlichkeiten: die Maler Constable, Turner, Landseer und Reynolds, der Penicillin-Entdecker Alexander Fleming, Admiral Nelson und Christopher Wren. In der **Whispering Gallery** (Flüstergalerie) hört man selbst von der 48 m im Halbkreis entfernten gegenüberliegenden Seite jedes geflüsterte Wort. Von der **Kuppellaterne** genießt man einen wunderbaren Blick über die Stadt.
❶ Mo. – Sa. 9.30 – 16.00 Uhr; Eintritt 15 £; www.stpauls.co.uk

ÖSTLICHE CITY

U-Bahn: Mansion House, Bank
Von der ursprünglich 1411 erbauten **Guildhall** an der Gresham Street sind nur wenige Mauern erhalten, der größte Teil des Rathauses wurde nach 1666 in neugotischem Stil errichtet. Die Great Hall, Tagungsort des Common Council, schmücken die Banner der zwölf großen Londoner Gilden. Das **Clockmakers' Company Museum** besitzt eine erlesene Uhrensammlung.
Clockmakers' Company Museum: Mo. – Fr. 9.30 – 16.30 Uhr; Eintritt frei; www.clockmakers.org

Bank of England
Rund um die U-Bahn-Station Bank stehen drei der wichtigsten Gebäude der City: das **Mansion House**, Amtssitz des Lord Mayor, die 1694 durch königliche Charta gegründete **Bank of England** mit angeschlossenem **Museum** und die **Royal Exchange**, 1565 von Tho-

Entree an der Themse: die Londoner Tower Bridge

mas Gresham gegründet. Das 61,5 m hohe **»Monument«** am Ende der King William Street wurde 1671 – 1677 zur Erinnerung an den Großen Brand nach Entwürfen von Wren errichtet. Von der Plattform der Steinsäule hat man einen herrlichen Blick über die City.
Bank of England Museum: Mo. – Fr. 10.00 – 17.00 Uhr; Eintritt frei; www.bankofengland.co.uk

Das viktorianische Wunderwerk wurde nach achtjähriger Bauzeit 1894 fertiggestellt. Die beiden Hälften der Zugbrücke können in 90 Sekunden nach oben gezogen werden, um Schiffe passieren zu lassen. Heute geschieht dies elektrisch, doch kann die alte, dampfbetriebene Hydraulikanlage noch besichtigt werden. In den beiden 65 m hohen Türmen erläutern Ausstellungen Geschichte und Technik. ****Tower Bridge**
❶ April – Sept. tgl. 10.00 – 18.30, Okt. – März 9.30 – 18.00 Uhr; Eintritt 8 £; www.towerbridge.org.uk

** TOWER OF LONDON

❶ März – Okt. Di. – Sa. 9.00 – 17.30, So., Mo. 10.00 – 17.00, Nov. – Feb. Di. – Sa. 9.00 – 16.30, So., Mo. 10.00 – 16.00 Uhr, letzter Einlass 1 Std. vorher; Eintritt 20,90 £, online günstiger; www.hrp.org.uk
Im Winter Schlittschuhbahn im einstigen Wassergraben um den Tower, Leihschuhe vor Ort; www.toweroflondonicerink.com

In seiner 900-jährigen Geschichte diente der Tower, im 11. Jh. unter Wilhelm dem Eroberer fertiggestellt, als königliche Residenz, Ge- **U-Bahn: Tower Hill**

Tower Bridge

✱✱ *Wahrzeichen mit Technik*

Die Tower Bridge wetteifert mit Big Ben darum, Londons berühmtestes Wahrzeichen zu sein. Einen Vorteil hat sie gegenüber dem Parlamentsturm auf jeden Fall: Man kann ihre Türme besteigen und die Technik, die in ihr steckt, besichtigen. Und wenn man dann nocherlebt, wie sie hochgeklappt wird, hat man Glück gehabt. Diesem Glück kann man nachhelfen, indem man vorher auf der Website die Zeiten und Namen nachschaut.

❶ April – Sept. tgl. 10.00 – 18.30, Okt. – März 9.30 – 18.00 Uhr; Eintritt 8 £; www.towerbridge.org.uk

❶ Nordturm
Wie sein Pendant ist der Nordturm 65 m hoch und steht auf einem 71 120 t schweren Pfeiler – zur Bauzeit die schwersten der Welt. Heute ist hier der Eingang zur Brückenausstellung.

❷ Verbindungssteg
Der Fußgängersteg zwischen den beiden Türmen verläuft in 33,5 m Höhe über der Fahrbahn und 42,4 m über dem mittleren Hochwasser.

❸ Südturm
Im Südturm wird die Ausstellung fortgesetzt: Hier gibt es Einblick in den Alltag der Menschen, die die Brücke bauten.

❹ Stahlskelett
Jeder Turm besteht aus einem mit Mauerwerk verkleideten Stahlskelett. Insgesamt wurden für die Brücke 11 481 t Stahl und Eisen, 37 477 t Beton, 20 320 t Zement, 29 696 t Ziegelsteine und 30 480 t Naturstein verbaut.

❺ Brückenklappe
Jede der beiden Brückenklappen wiegt 1220 t. Sie funktionieren nach dem Prinzip einer Wippe und öffnen sich in einer Minute 86° weit.

❻ Durchfahrt
Sind die Klappen geöffnet, können Schiffe bis 10 000 BRT die 61 m breite Durchfahrt passieren - 1952 musste ein vollbesetzter Doppeldeckerbus die sich öffnenden Hälften überspringen – die Brückenwächter hatten den Fahrer falsch informiert und der Bus befand sich noch auf der Fahrbahn.

Die Einweihung der Tower Bridge am 30. Juni 1894 war ein Ereignis ersten Ranges. Der Prinz von Wales drehte einen großen silbernen Knauf, die Brücke hob sich, und damit war sie offiziell eröffnet.

fängnis, Hinrichtungsplatz, Münze, Waffenlager, Menagerie und Safe für die Kronjuwelen. Die schottischen Könige David II. und Jakob I., Sir Walter Raleigh und William Penn waren unter den Eingekerkerten; Heinrich VI., Edward V., Thomas More und auch Heinrichs VIII. Gattinnen Anne Boleyn und Katharine Howard wurden hier hingerichtet. Die Bewachung des Towers obliegt den **Yeoman Warders**, die allabendlich um 21.40 Uhr die feierliche Schlüsselübergabe vornehmen, die **Ceremony of the Keys**. Wer sie beobachten will, muss einen schriftlichen Antrag an The Ceremony of the Keys, Tower of London, EC3N 4AB, stellen. Im Tower werden noch heute sechs Raben gehalten, die ihn der Legende nach nie verlassen dürfen – ansonsten ginge das Empire unter.

Outer Ward Am Traitor's Gate (Verrätertor) wurden die in Westminster Verurteilten mit dem Boot angelandet. Im Bell Tower wurde Prinzessin Elisabeth (die spätere Elisabeth I.) festgehalten; im Bloody Tower ließ Richard III. 1483 die Söhne Edwards IV. ermorden, im Wakefield Tower soll Heinrich VI. ermordet worden sein.

Inner Ward Im Inner Ward steht das Kommandantengebäude **Queen's House**, in dem Anne Boleyn ihre letzten Tage verbrachte, und das Haus des Kerkermeisters und Scharfrichters, **Yeoman Gaoler's House**. In der **Royal Chapel of St. Peter and Vincula** befinden sich die Gräber

Tower

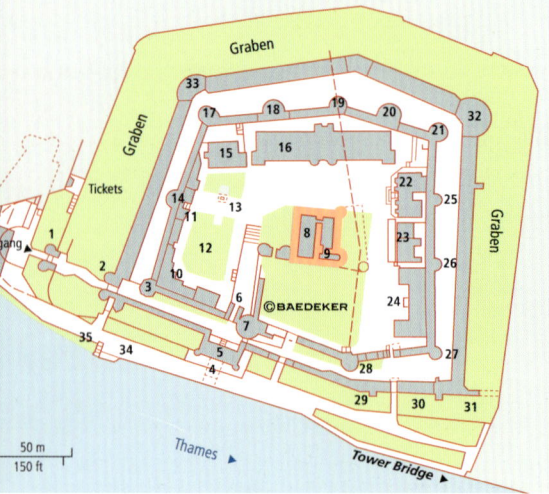

1 Middle Tower
2 Byward Tower
3 Bell Tower
4 Traitor's Gate
5 St. Thomas's Tower
6 Bloody Tower
7 Wakefield Tower
8 White Tower
9 Chapel of St. John the Evangelist
10 Queen's House
11 Gaoler's House
12 Tower Green
13 Scaffold site
14 Beauchamp Tower
15 Royal Chapel of St. Peter ad Vincula
16 Waterloo Barracks mit Kronjuwelen
17 Devereux Tower
18 Flint Tower
19 Bowyer Tower
20 Brick Tower
21 Martin Tower
22 Fusiliers' Museum
23 Former Hospital
24 Workshop
25 Constable Tower
26 Broad Arrow Tower
27 Salt Tower
28 Lanthorn Tower
29 Cradle Tower
30 Well Tower
31 Develin Tower
32 Brass Mount
33 Legge's Mo[unt]
34 Tower Wharf
35 Queen's Sta[irs]

von Thomas More, Anne Boleyn, Katharine Howard und Jane Grey, die im Tower starben. Im Jewel House in den Waterloo Barracks werden die ****Kronjuwelen** aufbewahrt – anlässlich des Kronjubiläums 2012 erhielt die Schatzkammer mit Hightech Gänsehauteffekte. Die **St. Edward's Crown** wurde aus purem Gold für die Krönung Karls II. neu geschaffen und ist die Krönungskrone der Monarchen. Trotzdem wurde für die Krönung Viktorias 1837 die **Imperial State Crown** angefertigt mit über 2800 Diamanten und einem der beiden »Sterne von Afrika« – der zweite ist im Royal Sceptre eingearbeitet. Noch heute trägt sie Königin Elisabeth II. zur Parlamentseröffnung. In der Queen Elizabeth's Crown ist der 108 Karat schwere **»Koh-i-Noor«**-Diamant (»Berg des Lichts«) eingearbeitet. Insgesamt funkeln 23 578 Edelsteine in den Schwertern und Kronen. Im Zentrum der Festung erhebt sich der **White Tower**, der 1078 – 1100 auf Befehl von Wilhelm dem Eroberer aus weißen Steinen aus Caen in der Normandie erbaut wurde. Im 28 m hohen Turm ist eine Waffen- und Rüstungssammlung ausgestellt, die Stücke aus dem persönlichen Besitz von Heinrich VIII. und die vergoldete Rüstung Karls I. enthält.

St. Edward's Crown

STRAND UND COVENT GARDEN

Der »Strand« bildet die Hauptverbindung von der City zum West End. Vorbei an St. Mary-le-Strand, ebenfalls von Wren, erreicht man Somerset House, 1777 – 1786 von Sir William Chambers erbaut. Der **Strand Level** birgt die von dem Großindustriellen Samuel Courtauld zusammengetragene ***Courtauld Gallery** mit impressionistischen Gemälden sowie Meisterwerken von Botticelli, Rubens und Goya, einen Design-Shop, den Rizzoli Bookshop sowie das Café Fernandez & Wells. Auf dem **Embankment Level** befinden sich die Embankment Galleries mit der Gilbert Collection sowie Ausstellungsflächen für Sonderschauen. Zu einem lebendigen Kulturzentrum hat sich Somerset House schließlich auch durch die vielen Kreativagenturen und Studios gewandelt, die seit der Renovierung hier ihre Räume haben und das Haus nicht nur als Büro- und Arbeitsraum, sondern auch als Event- und Veranstaltungsfläche nutzen.

Somerset House

U-Bahn: Temple, Holborn, Covent Garden

❶ Embankment Level tgl. 10.00 – 18.00, Eintritt 8 £; The Courtauld Gallery tgl. 10.00 – 18.00, Eintritt 6 £, Mo. 10.00 – 14.00 Uhr, Eintritt frei; The Edmond J. Safra Fountain Court tgl. 7.30 – 23.00; River Terrace & Seamen's Hall 8.00 – 23.00 Uhr; kostenlose Führungen Do. 13.15, 14.45, Sa. 12.15, 13.15, 14.15 und 15.15 Uhr; www.somersethouse.org.uk

Covent Garden beherbergte 300 Jahre lang Londons Blumen- und Gemüsemarkt und ist heute ein Shoppingplatz mit schicken Geschäften, Straßenkünstlern und zwei Museen: dem **London Transport Museum**, das nicht nur Oldtimer des Nahverkehrs und die erste

*Covent Garden

elektrische U-Bahn der Welt vorstellt, sondern auch die neuen Londoner Busse. An der Westseite von Covent Garden erhebt sich die Schauspielerkirche **St. Paul's Church**, die Inigo Jones 1633 erbaute.
London Transport Museum: Sa.–Do. 10.00–18.00, Fr. 11.00–21.00 Uhr; Eintritt 1350 £, www.ltmuseum.co.uk

✲✲ TRAFALGAR SQUARE

Nelson Column

U-Bahn: Charing Cross

Blickfang am Trafalgar Square ist die 1840 – 1843 zu Ehren **Lord Nelsons** errichtete Säule mit dem Standbild des Admirals, der am 22. Oktober 1805 vor dem spanischen Kap Trafalgar die französisch-spanische Flotte besiegte. Am Sockel verzeichnen aus französischen Kanonen gegossene Reliefs die vier großen Siege des Nationalhelden. Unterhalb der Brüstung zur National Gallery sind die alten **britischen Längenmaße** »Imperial Standards of Length« eingelassen: 1 foot, 2 feet, 1 imperial yard.

St. Martin-in-the-Fields Gallery

Die 1726 geweihte Kirche der Admiralität und des Königshofs entwarf der Wren-Schüler James Gibb. Jeden Donnerstag-, Freitag- und Samstagabend lädt das weltberühmte Kammerorchester der Academy of St. Martin-in-the-Fields zu ✲**Barockkonzerten bei Kerzenlicht**.
❶ Tickets für die beliebten »Concerts by Candlelight« online buchbar unter www.st-martin-in-the-fields.org.uk

✲✲National Gallery

Die Nordseite des Trafalgar Square dominiert die National Gallery, mit 2300 Gemälden europäischer Künstler aus der Zeit von 1250 bis 1900 ein Wallfahrtsort für Kunstfreunde. Der von den Brüdern Sainsbury gestiftete Flügel hat **Gemälde von 1260 bis 1510** aufgenommen, darunter von Fra Angelico, Piero della Francesca (»Christi Taufe«), Bellini (»Pietà«), Botticelli, Leonardo da Vinci (»Jungfrau und Kind mit hl. Anna und Johannes dem Täufer«, »Leonardo-Karton«) und Raffael (»Madonna mit den Nelken«), Jan van Eyck

BAEDEKER TIPP

Leihräder

An 400 Stationen der City-Zone 1 können rund 6000 Drei-Gang-Räder an Docking Stations per Kreditkarte gemietet werden. Für 1 £ können Nutzer an einem Tag beliebig oft eine halbe Stunde kostenlos zur nächsten Station fahren. Unter www.tfl.gov.uk gibt's Routenvorschläge.

(»Hochzeit der Arnolfini«), Hans Memling (»Marienaltar«) und Hieronymus Bosch (»Christus mit Dornenkrone«).
Im Westflügel sind **Gemälde von 1510 bis 1600** ausgestellt: Michelangelo (»Grablegung Christi«), Tizian (»Venus und Adonis«), Tintoretto, Veronese, El Greco, Dürer (»Bildnis des Vaters«), Hans Holbein d. J. und Pieter Bruegel. **Zwischen 1600 und 1700** entstanden die Werke im Nordflügel: Rubens (»Raub der Sabinerinnen«), van Dyck (»Karl I. zu Pferd«), Frans Hals, Rembrandt (»Saskia und Flora«), Vermeer, Velázquez, Zurbarán, Murillo und Nicolas Poussin. Im Ostflügel sind Werke aus der Zeit **von 1700 bis 1920** zu sehen: Hogarth, Reynolds, Gainsborough (»Morgenspaziergang«), Constable, Turner (»Margate von See aus«), Watteau, Delacroix, Daumier, Monet (»Wasserlilienteich«), Manet, Degas (»Tänzerinnen«), Cézanne (»Les Grandes Baigneuses«), van Gogh (»Sonnenblumen«), Goya und Canaletto.
»Start your weekend at the Gallery« heißt es freitags, wenn länger geöffnet ist – für mehr als nur Gemälde betrachten, denn es gibt Führungen, Livemusik, Diskussionsrunden und entspannte Gespräche an der Bar.

◐ tgl. 10.00 –18.00, Fr. bis 21.00 Uhr; Eintritt frei; www.nationalgallery.org.uk

Die National Portrait Gallery am St. Martin's Place präsentiert Porträts berühmter Briten aus 400 Jahren. Zu ihnen gehören die lebensgroße Darstellung Heinrichs VIII. von Hans Holbein d. J., Elisabeth I. von einem unbekannten Künstler, Selbstbildnisse von Hogarth und Reynolds, ein Bildnis von James Cook von John Webber, Sir Walter Scott von Landseer und das Dreierbildnis der Schwestern Brontë, gemalt von ihrem Bruder Branwell.

**National Portrait Gallery

◐ tgl. 10.00 – 18.00, Do., Fr. bis 21.00 Uhr; Eintritt frei; www.npg.org.uk

** BRITISH MUSEUM
◐ tgl. 10.00 – 17.20, Fr. bis 20.20 Uhr; Eintritt frei, Sonderschauen kostenpflichtig; www.britishmuseum.org

Jährlich 7 Mio. Besucher machen das 1753 gegründete British Museum in Bloomsbury zu einer Hauptattraktion Londons. Kassen, Museumsshop und Cafeteria sind im **Great Court** zu finden, den Stararchitekt Lord Norman Foster 1999 mit einem Glasdach überkuppelt hat. Er umschließt den weltberühmten, kreisrunden Lesesaal (Reading Room), in dem schon Karl Marx, George Bernard Shaw und Mahatma Gandhi arbeiteten. Der Saal wurde von Sidney Smirke entworfen und 1857 vollendet.

U-Bahn: Russell Square

Herausragende Exponate sind in Saal 4 die ägyptischen **Kolossalbüsten** von Ramses I. und Amenophis III. aus Theben-West und der

ZIELE • London

British Museum

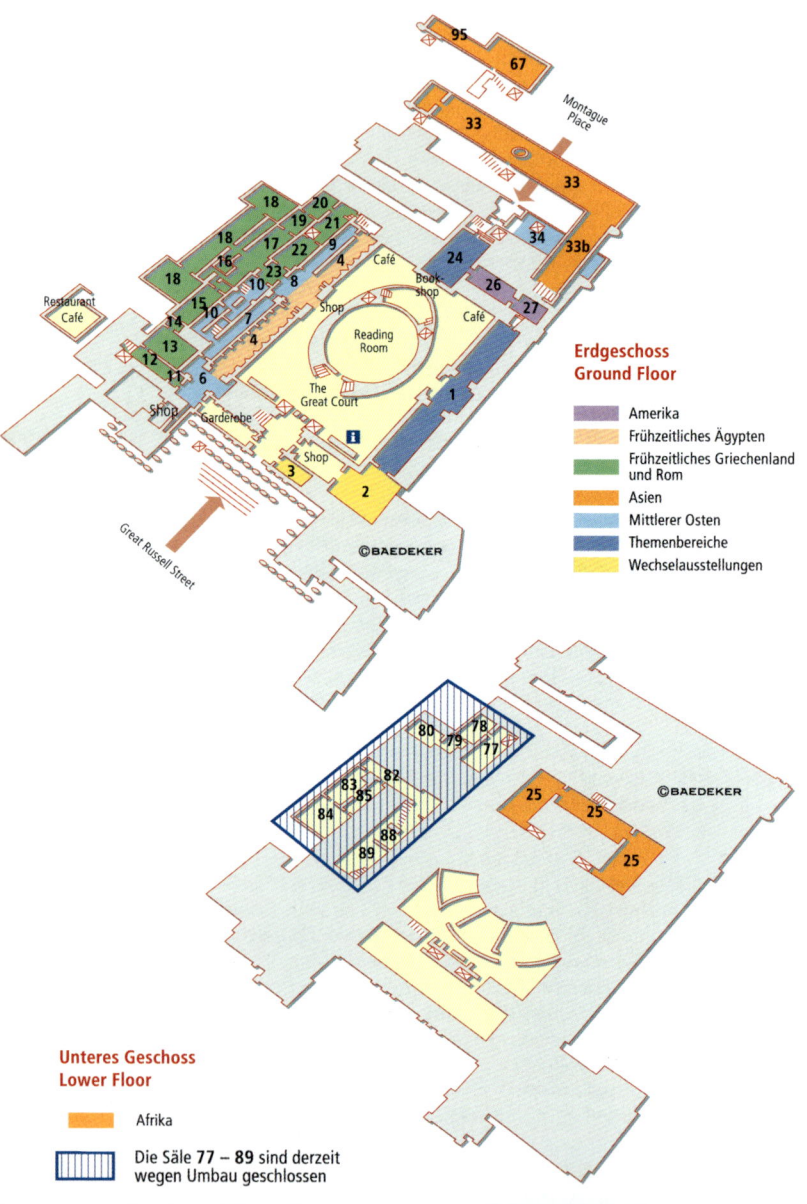

London • ZIELE

Oberes Geschoss
Upper Floor

- Frühzeitliches Ägypten
- Frühzeitliches Griechenland und Rom
- Asien
- Europa
- Mittlerer Osten
- Themenbereiche
- Wechselausstellungen

Oberes Geschoss • Upper Floor

- 35 Wechselausstellung
- 38/39 Uhren, Zeitmesser
- 40 Europäisches Mittelalter
- 43 Mittelalterliche Keramik
- 45 Waddesdon-Nachlass
- 46-47 Europa im 15.–19. Jh.
- 48 Europa vom 20. Jh. bis heute
- 49 Britannien zur Römerzeit
- 50 Britannien und Europa in der Eisenzeit
- 51 Britannien und Europa in der Jungsteinzeit und Bronzezeit
- 52 Iran im Altertum
- 53 Südarabien im Altertum
- 54 Anatolien im Altertum
- 55-56 Mesopotamien im Altertum
- 57-59 Naher Osten im Altertum
- 61-64 Ägypten
- 65 Sudan, Ägypten, Nubien
- 66 Äthiopien, Kopten
- 68 Münzen und Medaillen
- 69 Alltagsleben im antiken Griechenland und Rom
- 69a Wechselausstellungen
- 70 Stadt und Reich Rom
- 71 Etrusker
- 72 Zypern im Altertum
- 73 Hellenistisches Süditalien
- 90 Drucke und Zeichnungen
- 91 Wechselausstellungen
- 92-94 Japan

Erdgeschoss • Ground Floor

- 1 Aufklärung
- 2/3 Wechselausstellungen
- 4 Ägyptische Großplastiken
- 6 Assyrische Skulpturen
- 7/8 Nimrod
- 9 Ninive
- 10 Löwenjagdreliefs, Chorsabad, Lachish
- 11 Kykladen in der Bronzezeit
- 12 Kreta, Mykene
- 13 Archaisches Griechenland
- 14 Griechische Vasen
- 15 Athen, Lykien
- 16 Bassae (½ Treppe höher)
- 17 Nereidenmonument
- 18 Skulpturen v. Parthenon
- 19 Athen
- 20 Griechen und Lykier
- 21 Mausoleum von Halikarnassos
- 22 Hellenistische Welt
- 23 Griechische und römische Skulpturen
- 24 Leben und Tod
- 26 Nordamerika
- 27 Mexiko
- 33 Süd- und Südostasien, China
- 33b Chinesische Jade
- 67 Korea
- 95 Chinesische Keramik

Unteres Geschoss • Lower Floor

- 25 Afrika

Im British Museum faszinieren die Architektur, die kulturgeschichtlich bedeutenden Funde und die herausragende Kunstsammlung.

Stein von Rosette (195 v. Chr.), eine schwarze Basalttafel, durch die die Entzifferung der Hieroglyphenschrift gelang. Die Säle 6 – 10 widmen sich der assyrischen Kunst aus den Königspalästen in Nimrud, Khorsabad und Ninive, darunter **Löwenjagdreliefs** aus der Zeit Assurbanipals aus seinem Palast in Ninive (7. Jh. v. Chr.). Das **Nereiden-Monument** in Saal 17 ist ein auf 380 v. Chr. datiertes Grabgebäude aus Xanthos, das griechische und persische Elemente vereint. Die **»Elgin Marbles«** in Saal 18 sind Skulpturen vom Parthenon der Akropolis in Athen, darunter das »Pferd der Selene« vom Ostgiebel und der größte erhaltene Teil des Parthenon-Frieses. Funde aus dem **Mausoleum von Halikarnassos** und vom Artemis-Tempel in Ephesos zeigt der Saal 21, **nigerianische Messingtafeln** vom königlichen Palastdach aus Benin aus dem 16. Jh. der Saal 25. Beim **Schiffsgrab von Sutton Hoo** in Saal 41 handelt es sich um Funde aus einem angelsächsischen Hügelgrab des 7. Jh.s – der König wurde prachtvoll im Rumpf eines Langschiffes bestattet. Um 1200 entstanden die **»Lewis Chessmen«** in Saal 42, Schachfiguren der Wikinger aus Walross- und Walzähnen von der Hebrideninsel Lewis. In Saal 49 ist der **Mildenhall Treasure** zu bewundern, ein in Suffolk gefundener römischer Silberschatz aus dem 4. Jahrhundert. Saal 50 stellt **»The Lindow Man«** aus, eine ca. 2000 Jahre alte mumifizierte Leiche eines Mannes aus dem Moor von Cheshire. In den Sälen 61 – 63 sind **Ägyptische Mumien** und Sarkophage sowie Papyri zu sehen, darunter die berühmten Totenbücher. In Saal 70 präsentiert die **Portland-Vase** vollendete römische Kameo-Glaskunst.

** WHITEHALL

Kein Bauwerk, sondern eine Straße ist das Synonym für die britische Regierung und Bürokratie. Vor **Horse Guards**, 1753 von William Kent erbaut, halten Soldaten der Household Cavalry mit stoischer Ruhe Wache. Ihre Geschichte erzählt das **Household Cavalry Museum**. Die berühmte ****Wachablösung** ist eine Touristenattraktion ersten Ranges und findet bei nahezu jedem Wetter werktags um 11.00, sonntags um 10.00 Uhr statt; man sollte rechtzeitig vor Ort sein.

**U-Bahn:
Charing Cross,
Embankment,
Westminster**

Household Cavalry Museum: März – Sept. tgl. 10.00 – 18.00, sonst bis 17.00 Uhr; Eintritt 6 £; www.householdcavalrymuseum.co.uk

Gegenüber erhebt sich Banqueting House, letzter Rest des Whitehall Palace, der im 13. Jh. Sitz der Erzbischöfe von York war. Heinrich VIII. ließ ihn zur königlichen Residenz ausbauen; hier heiratete er Anne Boleyn, hier starb er. Auch Oliver Cromwell lebte und starb in diesen Mauern, und vor dem Gebäude wurde Karl I. geköpft. Der Palast brannte 1619 ab, der Neubau von Inigo Jones war 1622 vollendet. Schönster Raum ist die 18 m hohe Banqueting Hall mit einem **Deckengemälde von Rubens**.

*Banqueting House

❶ Mo. – Sa. 10.00 – 17.00 Uhr; Eintritt 5 £; www.hrp.org.uk

Seit 1735 ist **10 Downing Street** die offizielle Adresse jedes britischen Premierministers. Am **Cenotaph** (»leeres Grab«) in der Straßenmitte von Whitehall wird am 11. November ein Gedenkgottesdienst zu Ehren der britischen Opfer beider Weltkriege abgehalten.

Downing Street

Von den bombensicheren unterirdischen 19 Räumen der Churchill War Rooms operierten Churchill und sein Kabinett während des Zweiten Weltkriegs. Das 90-jährige Leben des Kriegspremiers dokumentiert das weltweit einzige **Churchill Museum**.

Churchill War Rooms

❶ April – Sept. tgl. 9.30 – 18.00, Okt. – März tgl. ab 10.00 Uhr; Eintritt 16,50 £; www.iwm.org.uk

** HOUSES OF PARLIAMENT

Der offizielle Name des Parlamentsgebäudes – The Palace of Westminster – erinnert an den alten Königspalast, der unter Edward dem Bekenner erbaut worden war und nach der Verlegung der Residenz in den Whitehall Palace ab 1547 als **Parlamentssitz** diente. Die heutigen Gebäude wurden 1840 – 1888 nach Entwürfen von Sir Charles Barry errichtet. Schon 1852 fand hier die erste offizielle Parlamentseröffnung statt. Den besten Blick auf die imposante Fassade hat man vom gegenüberliegenden Themseufer. Den Hauptakzent setzt rechts

**U-Bahn:
Westminster**

Big Ben, das Wahrzeichen Londons. Seinen Namen verdankt der 97,5 m hohe Uhrturm seiner nach Sir Benjamin Hall benannten Glocke, deren Klang als Pausenzeichen von BBC in alle Welt getragen wird (zum »Innenleben« des Parlaments ▶Baedeker Wissen S. 34).

St. Margaret's Church
St. Margaret's Church aus dem 11. Jh. ist die offizielle Kirche des Unterhauses. Die in Flandern gefertigten Ostfenster sind ein Geschenk von Ferdinand und Isabella von Spanien zur Hochzeit von Prinz Arthur, dem älteren Bruder Heinrichs VIII., mit Katharina von Aragón. Als die Fenster eintrafen, war Arthur allerdings schon gestorben. Auch Sir Walter Raleigh ist hier begraben. Der Kapitän zur See im Dienst der Königin Elisabeth I. hatte den Tabak und die Kartoffel aus Amerika nach England mitgebracht.

**Tate Britain
Südlich vom Parlament folgt das neoklassizistische Gebäude der Tate Britain. Das Stammhaus an der Millbank zeigt ausschließlich britische Kunst vom 16. bis 20. Jh.; zur Tate Modern (▶S. 484) mit internationaler moderner Kunst besteht ein Schiffs-Shuttle. Unter den gezeigten Werken ragen heraus »Endymion Porter« (1643/1645) von James Dobson, »O' the Roast Beef of England/The Gate of Calais« (1748) von William Hogarth, Porträts von Peter Lely, »Chain Pier, Brighton« (1826/1827) von John Constable, weiterhin Werke von Joshua Reynolds, Thomas Gainsborough, George Stubbs, Edwin Landseer, Henry Fuessli oder James Abbot McNeill Whistler. Britische Kunst des 20. Jh.s ist u. a. mit Lucian Freud, Gilbert & George und David Hockney vertreten. In der Clore Gallery, ein Anbau von James Stirling, werden die besten Werke aus dem gesamten **Nachlass von William Turner** ausgestellt.

❶ tgl. 10.00 – 17.50, 1. Fr. im Monat bis 22.00 Uhr; Eintritt frei; www.tate.org.uk

** WESTMINSTER ABBEY

❶ Mo., Di., Do., Fr. 9.30 – 16.30, Mi. 9.30 – 19.00, Sa. 9.30 – 14.30 Uhr, So. keine Besichtigung; Eintritt 16 £; www.westminster-abbey.org

U-Bahn: Westminster

Das 1065 von **Edward dem Bekenner** als Grabkirche erbaute Gotteshaus wurde im 13. Jh. von Heinrich III. durch eine von der französischen Gotik inspirierten Kathedrale ersetzt. Erst 1740 erhielt sie ihre Westfassade mit den beiden 68 m hohen Türmen. Seit 1066 wurden hier fast alle englischen Könige gekrönt und bis 1760 auch begraben. Das 34 m hohe Querschiff ist das höchste gotische Kirchenschiff Englands. Die **St. George's Chapel** rechts vom Eingang birgt mit dem Porträt Richards II. aus dem 14. Jh. das älteste Bildnis eines englischen Herrschers. Im Mittelschiff befinden sich Gedenkplatten für u. a. Winston Churchill (▶Berühmte Persönlichkeiten), Neville

London • ZIELE

Westminster Abbey

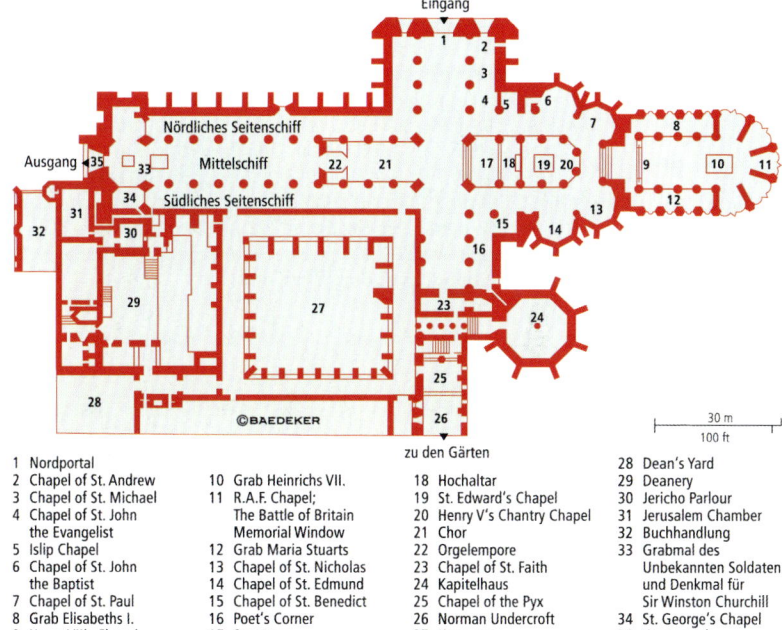

1 Nordportal
2 Chapel of St. Andrew
3 Chapel of St. Michael
4 Chapel of St. John the Evangelist
5 Islip Chapel
6 Chapel of St. John the Baptist
7 Chapel of St. Paul
8 Grab Elisabeths I.
9 Henry VII's Chapel
10 Grab Heinrichs VII.
11 R.A.F. Chapel; The Battle of Britain Memorial Window
12 Grab Maria Stuarts
13 Chapel of St. Nicholas
14 Chapel of St. Edmund
15 Chapel of St. Benedict
16 Poet's Corner
17 Sanctuary
18 Hochaltar
19 St. Edward's Chapel
20 Henry V's Chantry Chapel
21 Chor
22 Orgelempore
23 Chapel of St. Faith
24 Kapitelhaus
25 Chapel of the Pyx
26 Norman Undercroft
27 Kreuzgang
28 Dean's Yard
29 Deanery
30 Jericho Parlour
31 Jerusalem Chamber
32 Buchhandlung
33 Grabmal des Unbekannten Soldaten und Denkmal für Sir Winston Churchill
34 St. George's Chapel
35 Westportal

Chamberlain und David Livingstone, im nördlichen Seitenschiff Gedenktafeln für William Pitt d. J., den Komponisten Henry Purcell und Charles Darwin sowie der schwarze Sarkophag von Isaac Newton, im südlichen Seitenschiff wird des Reformators John Wesley und des Gründers der Pfadfinderbewegung, Baden Powell, gedacht. In der **»Poets' Corner«** im südlichen Querschiff sind Geoffrey Chaucer und Tennyson begraben. Für Sir Walter Scott, William Shakespeare, Lord Byron, Rudyard Kipling und T. S. Eliot wurden Gedenkplatten aufgestellt, an Georg Friedrich Händel erinnert eine Statue.

Hinter dem Sanktuarium beginnen die reich verzierten Königlichen Kapellen mit den Grabmälern englischer Herrscher. Zwölf schwarze Marmorstufen führen in die **Chapel of Henry VII.** Die Grabkapelle Heinrichs VII. ist ein **Meisterwerk des Perpendicular Style**. 1503 bis 1519 wurde sie von Robert Ertue erbaut und mit über 100 Figuren und Grabmälern ausgestattet. In der Mitte befinden sich die von dem

**Royal Chapels

Florentiner Torrigiani geschaffenen goldbronzenen Liegefiguren von Heinrich VII. und Elisabeth von York, über ihnen die Banner und zu beiden Seiten das Gestühl des Ordens der Ritter von Bath. Im selben Grabgewölbe sind auch Jakob I., Georg II. und Edward IV. beerdigt. In der »Innocent's Corner« ruhen die im Alter von drei Tagen bzw. zwei Jahren verstorbenen Töchter Jakobs I., daneben liegen die Gräber der im Tower ermordeten Söhne Edwards IV. und schließlich die von Elizabeth I. und Maria Tudor. Im rechten Seitenschiff befindet sich u. a. die Liegefigur von Maria Stuart, im Gewölbe davor die Gräber Karls II., Wilhelms II. und von Queen Anne. Älteste Königskapelle ist die **St. Edward's Chapel** mit dem 1269 aufgestellten Schrein Edwards des Bekenners. Der **Stone of Scone**, Krönungsstein der schottischen Könige, wurde 1996 in einer feierlichen Zeremonie in das Schloss von Edinburgh zurückgebracht.

ST. JAMES'S

U-Bahn: Charing Cross, St. James's Park, Green Park

St. James's ist ein hochherrschaftliches Viertel westlich vom Trafalgar Square. Entlang der Straße Pall Mall und rund um Waterloo Place und St. James's Square haben sich die noblen Clubs niedergelassen. Die Pall Mall endet am *** St. James's Palace**, dem unter Heinrich VIII. nach Plänen von Hans Holbein d. J. erbauten Königspalast. Er wurde nach dem Brand von Whitehall Palace 1619 Residenz, und fortan waren Botschafter – nominell bis heute – »am Hof von St. James's« akkreditiert. Der Palast, der noch von Mitgliedern der Königlichen Familie bewohnt wird, kann nicht besichtigt werden.

Parade der Bärenfellmützen – ein Publikumsrenner

London • ZIELE

Zu ihrem Amtsantritt 1837 verlegte Queen Victoria die Residenz in den Palast, der 1703 nach einem Entwurf des Herzogs von Buckingham begonnen und 1825 durch John Nash sowie 1913 durch Aston Webb vergrößert und umgebaut wurde. Buckingham Palace ist die Londoner **Residenz des britischen Monarche**n – wenn die königliche Standarte weht, ist die Queen zu Hause (und an ihrem Arbeitsplatz), umsorgt von über 300 Angestellten. Im Spätsommer können zwei Monate lang, während die Queen im schottischen Balmoral weilt, 19 State Rooms, die private Gemäldegalerie und die Kutschensammlung in den Royal Mews besichtigt werden. Massen von Touristen verfolgen das ****Changing of the Guard**. Wer früh kommt, hat vom Denkmalsockel aus einen sehr guten Überblick, wenn die Wachablösung beginnt (▶Baedeker Wissen S. 478).

**Buckingham Palace

Wachablösung: Mai, Juni tgl., sonst alle zwei Tage 11.30 Uhr
Buckingham Palace: Aug., Sept. tgl. 9.30 – 16.30 Uhr; Eintritt State Rooms 18 £, The Queen's Gallery 9,25 £ (inkl. Audiotour), Royal Mews 8,25 £ (inkl. Audiotour), Tickets online: www.royalcollection.org.uk

> **BAEDEKER TIPP !**
>
> *www.royal.gov.uk*
>
> Hier stellt sich das Haus Windsor online vor. Für alle, die enttäuscht sind, den Royals in Buckingham Palace nicht persönlich begegnet zu sein, gibt es unter News/Engagements auch den offiziellen Terminkalender der »Firma«, wie Prinz Philip seine Familie nennt – vielleicht findet sich ja ein Termin, um die Queen abzupassen.

St. James's Park, ältester und schönster der königlichen Parks, wurde von André Le Nôtre angelegt, der auch Versailles gestaltete. Sein heutiges Aussehen verlieh ihm 1829 John Nash.

St. James's Park

WEST END

Das West End lockt **zwischen Oxford, Regent und Bond Street** mit sensationellen Shoppingmöglichkeiten von fein bis funky, mit kulinarischen Weltreisen, Theater, Kino und buntem Völkergemisch.

**Shoppingparadies

❶ Alle Shoppingadressen nach Straßen: www.streetsensation.co.uk;
U-Bahn: Piccadilly Circus, Leicester Square, Oxford Circus, Charing Cross, Bond Street, Tottenham Court Road, Marble Arch.

Für die Londoner ist Piccadilly Circus **»The Hub of the World«**, der Angelpunkt der Welt. Riesige Leuchtreklamen erhellen seit 1890 am Abend das lärmende Herz des West End mit dem berühmten »Eros-Brunnen« – seine Brunnenfigur ist tatsächlich jedoch der Engel der Nächstenliebe und dem Philanthropen Earl of Shaftesbury gewidmet. Alle vom Circus ausgehenden Straßen haben ihren eigenen Charakter: Regent Street mit dem altehrwürdigen Kaufhaus **Liberty's**,

*Piccadilly Circus

BAEDEKER WISSEN

Wachablösung am Buckingham Palace

Changing of the Guard

Immer um 11.30 Uhr verfolgen Tausende die Wachablösung vor Buckingham Palace. Die Wachsoldaten werden im Wechsel von einem der fünf Regimenter der Royal Foot Guards gestellt. Zur selben Zeit reitet die Household Cavalry zur Wachablösung an Horseguards am Palast vorbei.

Erkennungsmerkmale ▼

Grenadier Guards *Coldstream Guards* *Scots Guards*

Feder ▶ Farbe und Trageseite

Kragen ▶ Symbol des Regiments

Knöpfe ▶ Anzahl und Reihung

▶ **Anmarsch und Choreografie**

A Wellington Barracks **B** Marschroute **C** Wachablösung im Vorhof von Buckingham Palace **D** Route Household Cavalry

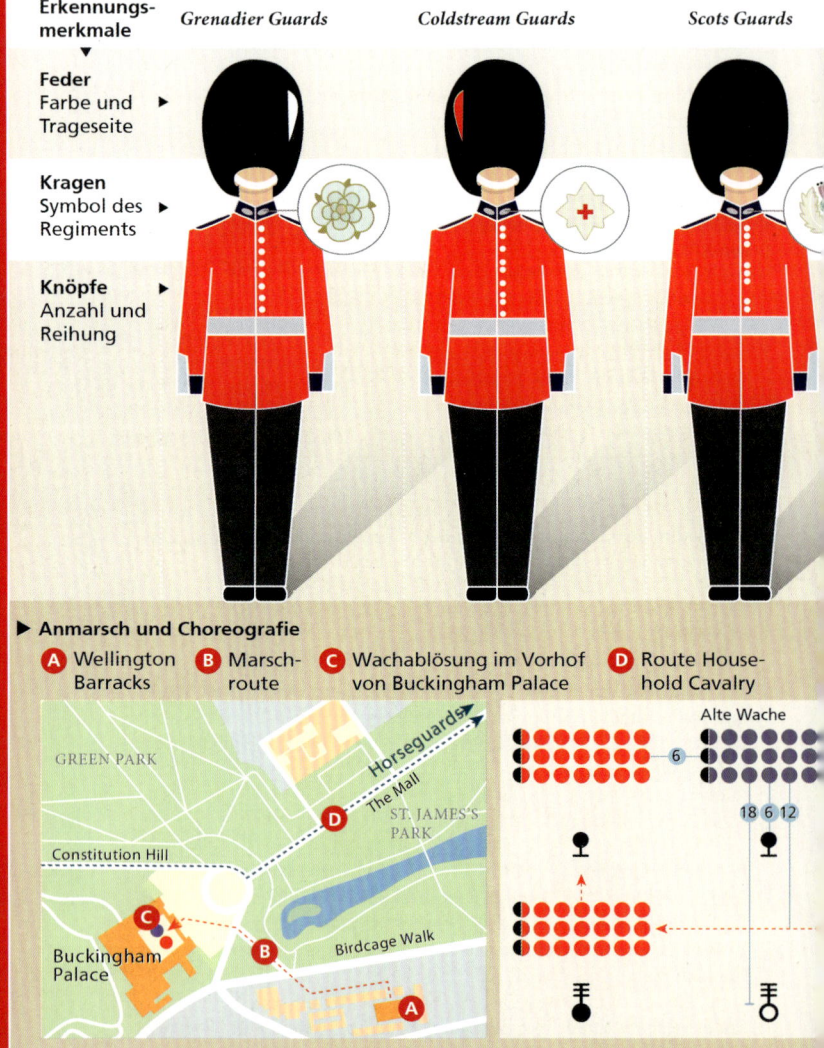

Zeitplan der Wachablösung

Irish Guards *Welsh Guards*

▶ **Die Bärenfellmütze**
Offiziersmützen bestehen aus dem schwarz eingefärbten Fell nordamerikanischer weiblicher Braunbären. Mannschaftmützen sind aus dem dünneren Fell von Schwarzbären.

Offiziere

Mannschaften

▶ **Bestand**
2009/2010 setzten die Royal Foot Guards offiziell 1900 Bärenfellmützen ein. Jede Mütze wird mindestens 50 Jahre lang getragen. 39 Mützen wurden restauriert und **139 neue** angeschafft.

©BAEDEKER

☱	Offizier des Tages
☲	abgelöster Offizier des Tages
☰	Kommandeur der Wache
◐	Kommandeur der Reihe
●	Soldaten neue Wache
◑	Kommandeur der Reihe
●	Soldaten alte Wache
6	Schritte / Abstand

Neue Wache

Piccadilly Circus – für Londoner das Zentrum der Welt

Piccadilly mit dem Schlemmertempel **Fortnum & Mason** und dem Hotel **The Ritz**, während Haymarket und Shaftesbury Avenue Theater säumen. Der Piccadilly Circus verdankt seinen Namen Robert Baker, der im 18. Jh. die besten »Pickadils«, hohe Kragen mit steifen Ecken, herstellte.

Royal Academy of Arts

Burlington House ist seit 1869 Sitz der 1768 gegründeten Königlichen Akademie der Schönen Künste. Ihr größter Schatz, eine Skulptur von Michelangelo, ist das einzige bildhauerische Werk des Italieners in England. Die sich anschließende **Burlington Arcade** gehört zu den exklusivsten Einkaufspassagen der Stadt mit mehr als 70 allerfeinsten Geschäften.

tgl. 10.00 – 18.00, Fr. bis 22.00 Uhr; Eintritt 9 £; www.royalacademy.org.uk

*Soho

Soho, das Viertel zwischen Regent Street, Shaftesbury Avenue und Oxford Street, hatte lange des Ruf des Sündenpfuhls, in dem es in den 1980er-Jahren 174 Striplokale gab. Heute geht es hier auch nicht verruchter zu als andernorts, im Gegenteil: Eine lebendige Kneipen- und Cafészene schafft den Nährboden für Medienleute, Banker und ganz normale Menschen. In der quirligen **Carnaby Street**, in den 1960ern Inbegriff fürs »Swinging London«, findet man gute, ausgefallene und witzige kleine Läden.

Wo einst die Verurteilten vom Newgate-Gefängnis zu ihrer Hinrichtung marschierten, drängen sich heute auf 3 km riesige Warenhäuser wie **Selfridges** und Marks & Spencer, Themenshops und Trendboutiquen mit angesagten Modelabels. Am Westende von Oxford Street steht **Marble Arch**. 1890 wurde der Triumphbogen, den John Nash nach Vorbild des Konstantinsbogens in Rom eigentlich als Haupttor für den Buckingham Palace entworfen hatte, am alten Hinrichtungsplatz Tyburn aufgestellt – der Durchlass für die königliche Staatskarosse war zu klein geraten.

**Oxford Street

* HYDE PARK UND KENSINGTON GARDENS

Hyde Park, der bekannteste und mit den westlich anschließenden Kensington Gardens größte aller königlichen Parks, wurde bereits 1635 von Karl I. für das Volk geöffnet. An der Nordostecke kann an der berühmten Speakers' Corner jeder seine Meinung der Öffentlichkeit kundtun – besonders sonntags ist hier allerhand los.
 U-Bahn: Lancaster Gate, Hyde Park Corner, Knightsbridge

Speakers' Corner

Apsley House, Londoner Wohnsitz des 1. Duke of Wellington, zeigt heute Gemälde von Van Dyck, Velázquez, Breughel und Goya. Wellington Arch feiert den Sieg der Herzogs, als Bronzereiter dargestellt, über Napoleon in der Schlacht bei Waterloo.
 Sommer Mi. – So. 11.00 – 17.00, Winter bis 16.00 Uhr; Eintritt 6,50 £; www.english-heritage.org.uk

*Wellington Museum

Hauptattraktion der Kensington Gardens ist der ***Kensington Palace**, von 1689 bis 1760 Privatresidenz der englischen Herrscher, später Wohnung von Charles und Diana und Residenz von Prinzessin Margaret. Palast und Gärten wurden bis 2012 für 12 Mio. Pfund grundlegend erneuert und erhielten im Zuge der Umgestaltung vier neue Besucherrouten, die das private und öffentliche Leben seiner Bewohner lebendig werden lassen. Am Südrand der Kensington Gardens ließ Queen Victoria für ihren 1861 verstorbenen Gemahl Albert von Sachsen-Coburg-Gotha das **Albert Memorial** errichten. Gegenüber sieht man die **Royal Albert Hall**, in der jedes Jahr von Juli bis September die legendären Proms-Konzerte stattfinden.
Kensington Palace: tgl. 10.00 – 18.00 Uhr; Eintritt 14,50 £;
www.hrp.org.uk/KensingtonPalace
Royal Albert Hall: Tickets für die Proms unter www.royalalberthall.com

Kensington Gardens

Vergeblich sucht man nordwestlich vom Hyde Park an der Portobello Road in Notting Hill die blaue Tür aus der Filmromanze mit Julia Roberts und Hugh Grant. Sie ist längst überstrichen, aber den Buchladen gibt es noch (▶S. 718). Viele Fassaden in dem hübschen Stadt-

Notting Hill

War da nicht irgendwo die Buchhandlung, in der Julia Roberts auf Hugh Grant traf? Hilfsbereite Bobbies weisen den Weg in Notting Hill.

teil leuchten rosa, gelb und grün. Während Touristen sich samstags am Portobello Market durch die Stände des Antiquitätenmarktes wühlen, lohnt sich ein Spaziergang durch die Seitenstraßen mit rosenumrankten Hauseingängen und kleinen Gärten. Ein Riesenspektakel: der ***Notting Hill Carnival** im August (▶S. 119).

KENSINGTON, KNIGHTSBRIDGE UND CHELSEA

Konsumtempel Kensington und Knightsbridge locken mit vier Topmuseen, der zweiten großen Einkaufsgegend Londons – und mit ***Harrods**, dem wohl berühmtesten Kaufhaus der Welt. Der Konsumtempel an der Brompton Road hat die beste Food Hall, bei Harrods gibt es alles – und was es nicht gibt, wird selbstverständlich besorgt.

❶ U-Bahn: Knightsbridge, High Street Kensington

Victoria and Albert Museum Das V & A Museum an der Cromwell Road ist neben dem British Museum das umfangreichste Museum Londons. Die Grundidee, kunsthandwerkliche Gegenstände höchster Güte zu sammeln, stammt von Prinz Albert, der zur Finanzierung die »Great Exhibition« von 1851 abhalten ließ. Attraktiv sind u. a. die Textil- und Kostümabteilung, Keramik und Porzellan, Silber, Möbel, asiatische und islamische Kunst sowie Waffen und die hoch gesicherte Edelsteinabteilung. Zur Gemäldesammlung gehören englische Miniaturen und Aquarelle, die **»Raffael-Kartons« – 1516 für Papst Leo X. als Vorlage für die Sixtinische Kapelle angefertigt – und zahlreiche Werke von **John Constable** im Henry Cole Wing. Seit 2009 befindet sich hier auch die Gilbert Collection mit kostbarem Tafelsilber und italieni-

schen Mosaiken des 16.–19. Jh.s. Werfen Sie auch einen Blick in den prachtvollen Morris Room, das erste Museumsrestaurant Englands!
🛈 tgl. 10.00–17.45, Fr. bis 22.00 Uhr; Eintritt frei, Sonderschauen und Events kostenpflichtig; www.vam.ac.uk

Grundstock für das Naturgeschichtliche Museum war die Sammlung von Sir Hans Sloane, die von 1881 an im kathedralartigen Bau an der Cromwell Road präsentiert wurde. Dazu kamen weitere Präparate, die u. a. Joseph Banks von den Entdeckungsfahrten mit James Cook und Charles Darwin von seinen Forschungsreisen mitbrachten. Heute können die Besucher in vielen Abteilungen selbst aktiv werden. Die Attraktionen sind die fantastische **Dinosaurierabteilung**, die Spinnen- und Kriechtierabteilung »Creepy Crawlies«, die Mineraliensammlung mit 130 000 Gesteinsarten und das ****Darwin Centre** mit 40 interaktiven Installationen zur Arbeit des Naturforschers.
🛈 tgl. 10.00–17.50 Uhr; Eintritt frei; www.nhm.ac.uk

**Natural History Museum

Das Wissenschaftsmuseum lädt in 40 Galerien zum Experimentieren und zu einer Zeitreise durch Forschung und Fortschritt ein. Zu den ausgestellten Objekten gehören Teleskope von Galilei, die Dampfmaschine von Boulton und Watt von 1788, die älteste erhaltene Lokomotive »Puffing Billy« von 1813, die Raumschiffe Apollo 10 und Sojus sowie die älteste bekannte Konservendose von 1823. In prähistorische Unterwasserwelten entführen die 3D-Filme im IMAX-Kino.
🛈 tgl. 10.00–18.00 Uhr; Eintritt frei; www.sciencemuseum.org.uk

*Science Museum

SOUTHWARK, SOUTH BANK UND LAMBETH

Southwark am Südufer der Themse gehörte lange Zeit der Kirche und unterstand somit nicht der Gerichtsbarkeit der City. So blühten auf dieser Seite der Themse deftige Vergnügungen – Kneipen, Bordelle und Theater. Shakespeare führte im Hof des George Inn seine ersten Stücke auf, ehe er 1599 sein berühmtes **Globe Theatre** eröffnete, das 1613 während einer Aufführung abbrannte und 1996 originalgetreu nachgebaut wurde.

U-Bahn: London Bridge, Waterloo Station

Gegenüber vom neuen **Rathaus**, das Lord Norman Foster als Symbol für die Demokratie entwarf, liegt seit 1963 als **Museumsschiff** am Themseufer der letzte große Kreuzer der Royal Navy, HMS Belfast, der die Alliierten bei der Landung in der Normandie unterstützte.

City Hall, HMS Belfast

Southwark Cathedral gilt nach Westminster Abbey als bedeutendstes gotisches Gotteshaus Londons. Es entstand ab 1106, als Gifford, Bischof von Winchester, an der Stelle eines Klosters aus dem 9. Jh. eine normannische Kirche erbauen ließ. Schlagzeilen machte die Kirche,

*Southwark Cathedral

als 1997 der homosexuelle Anglikaner Jeffrey John hier Bischof werden sollte – worauf anglikanische Kirchen in aller Welt mit dem Bruch mit der Church of England drohten. John verzichtete. Das Innere birgt die Harvard Chapel zu Ehren des 1607 hier getauften Universitätsgründers John Harvard, der in Southwark geboren wurde, sowie Grabmäler des Hofdichters John Gower, des Shakespeare-Bruders Edmund und dessen Kompagnons Lawrence Fletcher sowie von Bischof Lancelot Andrews, der das Neue Testament ins Englische übersetzte. Die hölzerne Totenfigur eines Ritters aus dem 13. Jh. gehört zu den ältesten Skulpturen dieser Art. Versteckt hinter der Kathedrale findet man den **Borough Market**, den Insidertreff für alle Londoner. Am letzten Samstag im Monat wird hier sogar »urban honey« made in Hackney verkauft.

London Bridge Quarter
Das Revitalisierungsprojekt im London Bridge Quarter hat Southwarks Antlitz in den letzten Jahren völlig verändert: Wahrzeichen der Vision von Immobilieninvestor Irvine Sellar ist der höchste Wolkenkratzer der EU: das 310 m hohe Gebäude namens ****The Shard**, das nach Plänen des italienischen Stararchitekten Renzo Piano errichtet und im Juli 2012 von Prinz Andrew und Scheich Abdul-lah Bin Saoud Al Thani von Qatar eröffnet wurde. Die spitze »Scherbe« aus Stahl mit 11 000 Glasplatten und zentralem Betonschacht versteht sich als vertikale City. 44 Hochgeschwindigkeitsaufzüge verbinden die 87 Stockwerke mit Geschäften, Restaurants, Büroräumen und dem Luxushotel Shangri-La (▶S. 458). Level 53 – 65 sind für zehn Luxusapartments reserviert, Kaufpreis zwischen 30 und 50 Mio. £. Darüber erlaubt in 221 – 232 m Höhe eine Aussichtsplattform an klaren Tagen einen 70 km weiten Blick über die Stadt.
🌐 www.londonbridgequarter.com; http://the-shard.com

**Tate Modern
Picasso, Hockney, Matisse und Max Ernst: Das zur Tate Modern umgebaute Kraftwerk Bankside Power Station präsentiert mit spannungsreichen Hängungen moderner Kunst der Tate Gallery (▶S. 474) völlig neue Sichtweisen. Das weltweit meistbesuchte Museum für zeitgenössische Kunst will bis 2016 seine Ausstellungsfläche um 60 % vergrößern – mit zehn neuen Galerien, sechs Bars, Cafés und Restaurants, öffentlicher Dachterrasse sowie zwei Shops in einem futuristischen elfstöckigem Turm aus Glas und Stahl, den die Schweizer Jacques Herzog und Pierre de Meuron entworfen haben. Zwei Bühnen in den früheren Lagern des Kraftwerks und die Öffnung der ehemaligen Öltanks versprechen aufregende Ausstellungsflächen für Kunst aus aller Welt. Eingebettet werden Tate Britain und der Turm der Tate Modern 2 in den neuen Bankside Urban Park mit 1350 neu gepflanzten Bäumen. Die filigrane Fußgängerbrücke **Millennium Bridge** von Norman Foster führt direkt zur St. Paul's Cathedral am Nordufer.
🌐 So. – Do. 10.00 – 18.00, Fr., Sa. bis 22.00 Uhr; Eintritt frei; www.tate.org.uk

Wahrzeichen am Queen's Walk von Southbank: die futuristische London City Hall und die traditionsreiche Tower Bridge

Das Kulturzentrum South Bank besteht aus dem 1963 gegründeten **National Theatre**, der **Hayward Art Gallery** für moderne Kunst und der **Royal Festival Hall**, der Poetry Library mit der seit 1914 bestehenden Lyriksammlung der Arts Council und der **Queen Elizabeth Hall** mit dem Purcell Room und The Front Room als zweite Konzertstätte am Südufer.

Kulturzentrum South Bank

Hayward Art Gallery: tgl. 10.00 – 18.00, Do., Fr. bis 22.00 Uhr; Eintritt 10 £; www.southbankcentre.co.uk

Mehr als 14 Mio. Menschen haben seit der Eröffnung zur Jahrtausendwende aus den 32 UFO-artigen Kapseln des 135 m hohen Riesenrades »London Eye« die Aussicht genossen. In der County Hall dahinter ist das **SEA LIFE London Aquarium** untergebracht, mit 500 Arten in 14 thematischen Becken nach eigenen Angaben das größte Meeresmuseum Europas. Beim Shark Reef Encounter können Sie drei Dutzend Haie aus zwölf Arten hautnah kennenlernen.

*London Eye

London Eye: diverse Tickets, Eintritt 17 £, www.londoneye.com
SEA LIFE London Aquarium: Mo. – Do. 10.00 – 18.00, Fr. – So. 10.00 – 19.00 Uhr; Eintritt ab 18 £; www.visitsealife.com/London

Das Museum in Lambeth dokumentiert Großbritanniens Rolle in den beiden Weltkriegen. Mittelpunkt ist die große Halle mit Flugzeugen, Panzern und Geschützen.

*Imperial War Museum

❶ U-Bahn: Elephant & Castle; tgl. 10.00 – 18.00 Uhr; Eintritt frei; www.iwm.org.uk

Aufstrebende Neubauten am Canary Wharf in den Docklands

DOCKLANDS

*Trendviertel Östlich der Tower Bridge schlug das kommerzielle Herz des Empire. Bis in die 1960er-Jahre waren die Docklands Werftgelände und Warenhaus der Welt. 1982 begann ihre Sanierung. Innerhalb weniger Jahre wurden kühne, oft umstrittene Neubauten hochgezogen, darunter der Bürokomplex **Canary Wharf** auf den West India Docks mit einem 344 m hohen Turm von Stararchitekt Cesar Pelli. Die Vergangenheit des Londoner Hafens wird im exzellenten ***Museum of London Docklands** am West India Quay lebendig. Beste Ausblicke auf das neue In-Viertel bietet die computergesteuerte Hochbahn **Docklands Light Railway** (DLR) ab Bank oder Tower Hill. In den beiden Hafenbecken des **St. Katharine's Dock** liegen am Nordufer schmucke Jachten vor Anker, in den ehemaligen Lagerhäusern haben sich kleine Cafés, Galerien und Boutiquen etabliert – ein netter Pub ist das Dickens Inn am Marble Quay.

Museum of London Docklands:
tgl. 10.00 – 18.00 Uhr; Eintritt frei
www.museumoflondon.org.uk/docklands, www.skdocks.com

> **BAEDEKER TIPP !**
>
> ### Shad Thames
>
> Wie es in den Docklands einst aussah, zeigen noch die traditionellen hohen Lagerhäuser zu beiden Seiten von Shad Thames. Wo einst Tee und Gewürze gestapelt wurden, sind heute schicke Restaurants wie das Le Pont de la Tour eingezogen. Am Ende von Shad Thames sollte man einen Blick in das Design-Museum werfen (tgl. 10.00 – 17.45 Uhr, Eintritt 8 £). Von seinem Blueprint Café sieht man direkt auf die Tower Bridge.

GREENWICH

Die schnellste Möglichkeit, nach Greenwich zu kommen, in dem seit Jahrhunderten das Herz der britischen Marine schlägt und der Nullmeridian die Welt in Ost und West teilt, ist die DLR. Viel schöner aber ist es, bereits in Island Gardens auszusteigen und zu Fuß im **Greenwich Foot Tunnel** unter der Themse hindurchzugehen. Das einmalige, maritim-städtische Ensemble mit Royal Naval College, Greenwich Park, Royal Observatory und Maritime Museum ist seit 2007 als »Royal Borough of Greenwich« **UNESCO-Weltkulturerbe**.

Am King William Walk liegt der letzte der legendären **Teeklipper**, die im 19. Jh. Gewürze und Tee aus dem Fernen Osten nach Europa brachten: die »Cutty Sark« von 1869, nach fünfjähriger Restauration nach einem verheerenden Brand seit 2012 wieder zu besichtigen. ***Cutty Sark**
❶ tgl. 10.00 – 17.00 Uhr; Eintritt 16 £; www.rmg.co.uk/cuttysark

Wo sich heute das majestätische Royal Naval College nahe der Themse erhebt, stand bis zum Abriss 1660 ein Palast. 1427 baute der Herzog von Gloucester den »Bella Court«, den sein Neffe Heinrich IV. zur Lieblingsresidenz erkor und in »Placentia« umbenannte. Heinrich VII. machte ihn als »Greenwich Palace« zur Residenz, **Heinrich VIII.** kam hier – wie seine Töchter Maria. I. und Elizabeth I. – zur Welt, heiratete Katharina von Aragón und Anna von Cleve und unterzeichnete das Todesurteil für Anne Boleyn. Der Neubau von 1664 im Auftrag Karls II., den Christopher Wren 1698 abschloss, wurde als Pendant zu Wrens Royal Hospital in Chelsea als Altersitz für Marine-Veteranen errichtet. Bei seinen Bewohnern war das Marinehospital mit der prachtvollen Royal Chapel und opulenten Sälen wie der Painted Hall nur wenig beliebt. Sie beschwerten sich: »Säulen, Kolonnaden und Deckengemälde gehen nur schlecht zusammen mit gepökeltem Rindfleisch und gesäuertem Bier, vermischt mit Wasser«. ***Royal Naval College**

Ältestes Gebäude von Greenwich ist das Queen's House, einer der vollendetsten Bauten im palladianischen Stil. 1616 begann **Inigo Jones** mit dem Bau des Palastes, den Jakob I. für seine Gemahlin Anna von Dänemark vorgesehen hatte. Nach Annas Tod ruhten die Arbeiten, bis Karl I. den Palast von 1629 bis 1635 für seine Gemahlin Henrietta Maria fertigstellen ließ. ****Queen's House**
❶ tgl. 10.00 – 17.00 Uhr; Eintritt frei; www.rmg.co.uk/queens-house

Ein Kolonnadengang verbindet das Queen's House mit dem Museum der königlichen Marine und der Handelsmarine. Auch die britische Kolonialisierung sowie Entdeckungsfahrten sind hier dokumentiert. Zu den Höhepunkten gehören prachtvolle königliche Barkassen, Lord Nelson's Uniformrock aus der Schlacht von Trafalgar 1805, die ****National Maritime Museum**

ZIELE • **London**

	Kinderabteilung »All Hands« und eine nachgebaute Brücke, auf der man ein Schiff elektronisch aus dem Hafen steuern kann. ❶ tgl. 10.00–17.00 Uhr; Eintritt frei; www.nmm.ac.uk
Greenwich Park	Herzstück des weitläufigen, sanft ansteigenden Greenwich Parks ist das **Royal Greenwich Observatory**, das Sir Christopher Wren 1675 für König Charles I. entwarf. Punkt 13 Uhr fällt der rote Ball auf Flamsteed House an seinem Mast herab und weist ankernde Schiffe an, ihre Uhren genau auf die Greenwich Mean Time zu stellen. Eine Stahlschiene mitten durch das Meridian Building symbolisiert den Nullmeridian. Im Equatorial Building ist das größte Teleskop Großbritanniens eingebaut. Neu: das Peter-Harrison-Planetarium. **Observatory:** tgl. 10.00–17.00 Uhr; Eintritt 15 £; www.nmm.ac.uk
Thames Flood Barrier	Bootsausflüge führen zurück nach London oder flussabwärts zur Thames Flood Barrier, der weltgrößten Sturmflutbarriere – zehn mächtige Tore fangen die hereindrückenden Wassermassen ab.
North Greenwich Arena	Was das London Eye für die Innenstadt ist, sollte der **Millennium Dome** für Greenwich werden: eine Attraktion der Superlative zum neuen Jahrtausend. Jahrelang war der Bau von Richard Rogers mit dem größten Zeltdach der Welt eine ungeliebte Altlast, bevor man die Konzerthalle unter dem Namen **The O$_2$** zur Multifunktionshalle umbaute. Für die Olympischen Spiele 2012 in North Greenwich Arena umbenannt, fanden hier Turnwettbewerbe, das Basketball-Finale und die Rollstuhl-Basketball-Matches der Paralympics statt. Integriert ist ein interaktives Museum zur britischen Popmusik – die **British Music Experience**. Highlights der 600 Exponate sind das Ziggy-Stardust-Kostüm von David Bowie, die Union-Jack-Gitarre von Noel Gallagher und ein Bühnenanzug von Freddie Mercury. **British Music Experience:** tgl. 11.00–19.30 Uhr; Eintritt 12 £; www.britishmusicexperience.com

AUSSENBEZIRKE

*Wimbledon	Das älteste, prestigeträchtigste **Tennisturnier**, bei dem traditionell Erdbeeren mit Sahne genossen werden, wird alljährlich zwei Wochen im Sommer im südlichen Vorort Wimbledon ausgetragen: die »All England Lawn Tennis Championships«, das einzige Grand-Slam-Turnier auf Rasen (▶S. 109). Das **Tennismuseum** illustriert originell den weißen Sport, man darf sogar den geheiligten Centre Court betreten. ❶ tgl. 10.30–17.00 Uhr; Eintritt ab 8,50 £; www.wimbledon.com
**Kew Gardens	Ein Tag in den **Royal Botanic Gardens** in Kew im Südwesten Londons an der Themse ist eigentlich ein Muss. In den Gärten, seit 2003

UNESCO-Weltkulturerbe, wachsen Pflanzen, die sonst nirgendwo in Europa zugänglich sind. Hauptattraktion sind die drei gewaltigen viktorianischen Gewächshäuser von Decimus Burton und Richard Turner. Im Arboretum kann man vom 18 m hohen **Baumwipfelpfad** den Bäumen von Kew in die Kronen schauen. Im kleinen Kew Palace lebte George III., nachdem er für geisteskrank erklärt worden war. Queen Victoria verbrachte viel Zeit im Queen's Cottage.
❶ U-Bahn: Kew Gardens; tgl. ab 9.30 Uhr; Eintritt 13,90 £; www.kew.org

Rohrdommeln, Eisvögel und eine Kolonie der vom Aussterben bedrohten Wühlmäuse leben im 43 ha großen unberührten Seen-, Teich- und Marschgebiet bei Barnes nahe der Themse. Die unterschiedlichen **Biotope**, die auf vier ehemaligen Wasserreservoiren entstanden, verbindet ein 3,4 km langer Rundweg (rollstuhlgerecht). Im Besucherzentrum vermitteln Touch-Screen-Terminals Wissenswertes über Flora und Fauna des spannenden Naturschutzgebietes.   *WWT, London Wetland Centre
❶ Queen Elizabeth's Walk, Tel. 020 8409 4400, tgl. 9.30–18.00, im Winter bis 17.00 Uhr, kostenlose Führungen 11.00, 14.00 Uhr; Eintritt 10,99 £, Wildlife Watching-Tour mit Experten 45 £; www.wwt.org.uk

In **East Molesley**, 25 km südwestlich der Londoner City, befindet sich der wohl schönste und interessanteste englische Königspalast. Hampton Court Palace wurde 1520 für Lordkanzler Wolsey erbaut,   **Hampton Court Palace

Viktorianische Pracht: das Palmenhaus der Kew Gardens

der ihn später Heinrich VIII. schenkte. Außer Katharina von Aragón lebten alle Frauen Heinrichs hier. Seine dritte Frau Jane Seymour und seine fünfte Frau Catharine Howard sollen gar noch herumspuken. Besichtigt werden können nicht nur die Prunkräume, sondern auch Küche und Keller. An mehreren Wochenenden im Jahr wird bei historischen Kochkursen gezeigt, wie vor 500 Jahren die Speisen zubereitet wurden. Der weite Park umschließt den Privatgarten des Königs, den Tudor- und Elisabethanischen Garten, die Lower Orangery mit Mantegnas »Triumph des Cäsar« und einen Irrgarten.

❶ April – Okt. Mo. – So. 10.00 – 18.00, Nov. – März Mo. – So. 10.00 – 16.30 Uhr; Eintritt ab 13 £; www.hrp.org.uk

** Lough Erne

C 12

Landesteil: Nordirland
Grafschaft: Fermanagh

Der Lough Erne gilt als Irlands schönster See – ein Vogelparadies und ein beliebtes Ziel von Wassersportlern und Anglern. Im Sommer kann man Hausboote mieten, die auch ausgesprochene Landratten gut bedienen können.

Der zweigeteilte See ist etwa 80 km lang, die breiteste Stelle misst knapp 10 km. Der nördliche Teil wird als »Lower«, der südliche als »Upper« Lough Erne bezeichnet. Letzterer ist ein verzweigtes Labyrinth mit immer neuen Armen und Krümmungen, das von zahlreichen kleinen Inseln übersät ist. Seetaucher, Graureiher und Schwäne leben hier, im Wasser tummeln sich Plötzen, Rotaugen, Flussbarsche, Brassen, Lachse und Hechte. Im Sommer kann man mit Schiffen über den See fahren.

Enniskillen Zwischen dem Lower und dem Upper Lough Erne, die durch den River Erne miteinander verbunden sind, liegt die Inselstadt Enniskillen. Der lebhafte Ferienort besitzt eine Reihe alter Herrenhäuser und zauberhafte Parkanlagen, darunter **Florence Court**, Sitz der Grafen von Enniskillen, und **Castle Coole**, 1796 von James Wyatt im palladianischen Stil erbaut. Die günstige Lage am alten Handelsweg zwischen Ulster und Connaught war einst Grund für die Wahl von Enniskillen als Sitz der Maguires, der Häuptlinge von Fermanagh, die den See mit einer privaten Flotte von zeitweilig 1500 Booten überwachten. Einen guten Einblick in die historische Entwicklung des Raumes erhält man im **Grafschaftsmuseum**, das im Castle eingerichtet worden ist. Sehenswert sind auch die protestantische Kathedrale, in der die Banner der früheren Königsregimenter hängen, und

Lough Erne erleben

AUSKUNFT

Fermanagh Tourist Information Centre
Wellington Rd.
Enniskillen, Fermanagh BT74 7EF
Tel. 02866323110
www.fermanagh.gov.uk

ÜBERNACHTEN

Hotel Carlton ●●●
2 Main St., Belleek
Tel. 02868658282
www.hotelcarlton.co.uk
In Belleek im Nordwesten des Lough Erne liegt dieses Hotel mit 34 schönen Zimmern.

die Anfang des 16. Jh.s gegründete Portora Royal School, auf der u. a. Oscar Wilde und Samuel Beckett Schüler waren.

Florence Court: Haus Mai – Sept. tgl., März, April, Okt. Sa., So. 11.00 – 17.00; Garten ganzjährig 10.00 – 19.00/16.00 Uhr; Eintritt 4,50 £; www.nationaltrust.org.uk

Castle Coole: Haus Juni – Aug. tgl., Mai, Sept. Sa., So. 11.00 – 17.00, Garten ganzjährig 10.00 – 19.00/16.00 Uhr; www.nationaltrust.org.uk; Eintritt 4,50 £

Grafschaftsmuseum: Mo., Sa. 14.00 – 17.00, Di. – Fr. ab 10.00, Juli, Aug. auch So. 14.00 – 17.00 Uh; Eintritt 4 £; www.enniskillencastle.co.uk

Devenish Island
Auf der Insel Devenish am Südende des Sees stehen die Überreste eines im 6. Jh. gegründeten Klosters. Von St. Mary's Abbey und der Great Church aus dem 12. Jh. sind ebenfalls noch Teile vorhanden.

Boa Island
Auf dem Friedhof von Caldragh auf der Insel Boa im unteren See – erreichbar über eine Brücke – stehen zwei keltische, doppelgesichtige Janus-Skulpturen, die auf das 1. Jh. n. Chr. datiert sind.

Weitere Ausflugsziele
Weitere Ferienorte in diesem Gebiet sind **Ballinamallard** am gleichnamigen Fluss 8 km nordöstlich, das Dorf **Bellanaleck** im Herzen der Seenlandschaft 8 km südlich von Enniskillen, **Kesh**, malerisch gelegen am Lower Lough Erne, **Lisbellaw** am oberen See mit alteingesessenen Wollspinnereien und -webereien, das Anglerzentrum **Lisnaskea**, ebenfalls am oberen See sowie der kleine Ort **Belleek** mit einer traditionsreichen, renommierten **Porzellanmanufaktur**.

Pottery Visitor Centre: Sommer Mo. – Sa. 10.00 – 17.00, So. ab 12.00 Uhr; Winter nur Mo. – Fr.; Eintritt frei; www.belleek.ie

Marble Arch Caves
Südwestlich von Enniskillen lohnen die Marble Arch Caves einen Blick, die auf einer Länge von rund 700 m zugänglich sind. In den Höhlen findet man Tropfsteinformen, Sinterterrassen und Wasserfälle.
❶ Mitte März – Sept. tgl. 10.00 – 16.30 Uhr; Eintritt 8,50 £; www.marblearchcavesgeopark.com;

Lowlands

✦ J – P 9/10

Landesteil: Schottland
Council Areas: Ayrshire, Dumfries Galloway, Lanarkshire, Scottish Borders

Die schottischen Lowlands faszinieren vor allem Naturliebhaber und Wanderer. Das Landschaftsbild ist äußerst abwechslungsreich: karge Hügel, üppige Weiden und liebliche Flusstäler, raue Heiden und Hochmoore, die mit fruchtbarem Ackerland wechseln. Dazwischen liegen stille Dörfer.

Die schottischen Lowlands, die sich von der englischen Grenze bis etwa Glasgow und Edinburgh erstrecken, sind trotz ihres Namens keineswegs flach – immerhin ragt der Merrick, der höchste Berg Südschottlands, 843 m hoch auf. Lowlands heißen die südschottischen Berge vielmehr im Vergleich zu den nördlicheren Highlands; die Bezeichnung »Southern Uplands« hört man fast genauso häufig. Landwirtschaft, insbesondere die Schafzucht, und damit verbunden Woll- und Textilindustrie sind bis heute die wichtigsten Wirtschaftszweige. Verschiedene Webereien und Textilzentren bieten Führungen an, und in Hawick lädt das Borders Textile Towerhouse dazu ein, mehr über die Geschichte der Strickwaren zu erfahren, angefangen von Bekleidung aus Schurwolle über die Herstellung von Tweed bis hin zu schicken Kreationen für den Laufsteg.

* SÜDWESTSCHOTTLAND

Der Westen der Lowlands, also Südwestschottland, trägt inoffiziell den Namen »Robert-Burns-Land« nach dem schottischen Nationaldichter, der in Ayr geboren wurde und in Dumfries die letzten Jahre seines Lebens verbrachte. Wer sich für Robert Burns interessiert, kann auf dem **Burns Heritage Trail** Stätten seines Lebens kennenlernen. Der mit Schildern markierte Trail startet am Geburtshaus in Alloway und führt nach Dumfries. Ein Begleitbuch ist im Robert Burns Birthplace Museum in Alloway (s. u.) erhältlich. ***Burns Country**

In Alloway 3 km südlich von Ayr, einem beliebten Urlaubsort an der Westküste, wurde Robert Burns 1759 geboren. Dort dreht sich heute fast alles um den Nationaldichter. Das schlichte strohgedeckte Burns Cottage, in dem der Dichter geboren wurde und aufwuchs, ist heute ***Museum** mit einer Ausstellung von Manuskripten und Büchern **Alloway**

Loch Trool, eingebettet in die Landschaft von Dumfries and Galloway

Lowlands erleben

AUSKUNFT
Südwestschottland
28 Harbour St., Stranraer
Dumfries & Galloway, Scotland, DG9 7RA
Tel. 01776 70 25 95
www.visitdumfriesandgalloway.co.uk

Scottish Borders
Abbey St., Abbey House
Melrose, Scottish Borders
Scotland, TD6 9LG
Tel. 01898 22 2 83
www.visitscottishborders.com

New Lanark
Ladyacre Rd., Horsemarket, Lanark
South Lanarkshire, Scotland, ML11 7LQ
Tel. 01555 66 16 61, www.seeglasgow.com

ESSEN
Carrick Lodge Hotel €€€
46 Carrick Rd., Ayr
Tel. 01292 26 28 46
www.carricklodgehotel.co.uk
Schottische Spezialitäten wie Haggis und Cullen Skink und andere fantasievoll zubereitete Fisch- und Fleischgerichte vom Feinsten werden hier serviert.

The Auld Alliance €€€
60 Moffat Rd., Dumfries
Tel. 01387 25 68 00
www.theauldalliancedumfries.co.uk
Bistro So. geschl.
Restaurant Mo. – Mi. geschl.
Die schon sehr lange existierende schottisch-französische Freundschaft findet sich hier in köstlicher Art und Weise auf den Tellern wieder.

ÜBERNACHTEN
New Lanark Mill Hotel €€€
New Lanark
Tel. 01555 66 72 00
http://newlanarkhotel.co.uk
Preisgekrönter Umbau einer Textilfabrik aus dem 18. Jh. in dem zum Weltkulturerbe erklärten Zentrum.

Horizon Hotel €€€
Esplanade, Ayr
Tel. 01292 26 43 84
www.horizonhotel.com
Moderne, angenehme Zimmer, viele mit Blick über den Firth of Clyde; fünf Minuten vom Zentrum von Ayr entfernt.

Dunfermline House €€
Buccleuch St., Melrose
Tel. 01896 82 24 11
www.dunfermlinehouse.co.uk
Zentral gelegenes, gemütliches B & B mit Zimmern, die Ausblick auf die Melrose Abbey oder die Eildon Hills bieten, ein köstliches Full Scottisch Breakfast darf auch nicht fehlen.

---

und der früheren Einrichtung. In der **Kirche von Alloway** siedelte Burns Teile seiner Ballade »Tam o'Shanter« an. 1823 haben die Schotten für ihren Nationaldichter einen griechisch inspirierten Tempel, **Burns' Monument**, gebaut, der ebenfalls zu besichtigen ist. In **Mauchline** östlich von Ayr wohnte und heiratete der Dichter. Die Poosie Nansie's Tavern, in der er seine spätere Frau Jean Armour kennenlernte, existiert noch. Sein Cottage in der Castle Street ist heute **Burns House Museum** – eingerichtet mit dem Mobiliar, das Burns

1788 für Jean Armour ausgesucht hatte. In der Industriestadt **Kilmarnock** nördlich von Ayr gibt es eine Burns-Sammlung im **Burns Club** in der Eglington Street 28.

Robert Burns Birthplace Museum: April – Sept. tgl. 10.00 – 17.30,
Okt. – März bis 17.00 Uhr; Eintritt 8 £; www.burnsmuseum.org.uk
Burns' Monument: Mo. – Do. 9.15 – 16.45, Fr. bis 15.45, Sa. 10.00 – 16.00
Uhr; www.burnsmonumentcentre.co.uk
Burns House Museum: Di. – Sa. 10.00 – 16.00 Uhr; Eintritt frei;
www.visiteastayrshire.com;

In Kirkoswald südwestlich von Ayr kann man **Souter Johnnie's Cottage**, das heute als Museum eingerichtete Cottage des Schusters (»souter«) John Davidson, einem Jugendfreund von Burns, besichtigen. Souter Johnnie und sein Zechkumpan Douglas Graham wurden in Burns Ballade »Tam o'Shanter« verewigt. *Kirkoswald*

Nach Plänen von Robert Adams, Schottlands berühmtestem Vertreter des Klassizismus, entstand im 18. Jh. das georgianische ***Culzean Castle** mit wunderschönen Parkanlagen auf den Klippen am Meer bei Kirkoswald. Das Schloss besticht durch elegante Räume, die u. a. mit Chippendale- und Regencymobiliar ausgestattet sind. Präsident Eisenhower hatte in der Gästesuite Wohnrecht auf Lebenszeit.

Souter Johnnie's Cottage: April – Sept. Fr. – Di. 11.30 – 17.00 Uhr;
Eintritt 6 £; www.nts.org.uk
Culzean Castle: Schloss April – Okt. tgl. 10.30 – 17.00, Park ganzjährig ab
9.30 Uhr; Eintritt (Schloss & Park) 15 £; www.culzeanexperience.org;

Von Girvan, einem Badeort, in dem jedes Jahr im Spätsommer ein internationales Jazz Festival stattfindet, kann man mit dem Boot zu der Felseninsel **Alisa Craig** fahren, Nistplatz für Tausende Basstölpel. *Girvan*

Die A77 führt parallel zur Küste in die Hafenstadt Stranraer. Von Stranraer verkehren regelmäßig Fähren nach Belfast und Larne (Nordirland). In der Umgebung lohnt **Castle Kennedy** einen Besuch, dessen Garten für die Farbenpracht seiner Rhododendren, Magnolien und Azaleen bekannt ist, und auch **Glenluce Abbey**, ein 1192 gegründetes Zisterzienserkloster. Südöstlich erstreckt sich die Halbinsel Machars mit prähistorischen Stätten. **Whithorn** an der Südostspitze gilt als die »Wiege des Christentums in Schottland«. An dieser Stelle soll Bischof Ninian in römischer Zeit die erste Kirche auf schottischem Boden gegründet haben. Im Museum wird u. a. ein bearbeiteter Stein, der Latinus-Grabstein, gezeigt, der auf das Jahr 450 zurückgeht und vermutlich das erste christliche Zeugnis in Schottland ist. *Stranraer*

Castle Kennedy: April – Sept. tgl. 10.00 – 17.00 Uhr; Eintritt 5 £;
www.castlekennedygardens.co.uk
Glenluce Abbey: April – Sept. Fr. – Mo. 9.30 – 17.30 Uhr; Eintritt 4 £;
www.historic-scotland.gov.uk

ZIELE • Lowlands

Leuchtturm bei Portpatrick auf der Halbinsel The Rhins bei Stranraer

Dumfries Dumfries, die Hauptstadt der Region Dumfries and Galloway, ist ebenfalls eng mit Robert Burns verbunden. Burns verbrachte hier die letzten Jahre seines Lebens. In seiner Stammkneipe, dem **Globe Inn**, ist eine Fensterscheibe mit einer von ihm eingeritzten Widmung für eine Kellnerin erhalten, außerdem gibt es hier immer noch den Lieblingsstuhl von Burns. Das Haus in der Burns Street, in dem er 1796 mit 37 Jahren starb und in dem seine Frau Jean Armour bis zu ihrem Tod 1834 lebte, ist heute ein **Museum**. Das **Robert Burns Centre** in der Mill Road zeigt Ausstellungen über den Dichter. Sein Grab findet man auf dem Kirchhof von St. Michael's in der Nähe.

Burns Museum: April – Sept. Mo. – Sa. 10.00 – 17.00, So. ab 12.00, Okt. – März Di. – Sa. 10.00 – 13.00 u. 14.00 – 17.00 Uhr; Eintritt frei
Robert Burns Centre: April – Sept. Mo. – Sa. 10.00 – 17.00, So. ab 14.00, Okt. – März Di. – Sa. 10.00 – 13.00, 14.00 – 17.00 Uhr; Eintritt frei

*Sweetheart Abbey Südwestlich von Dumfries steht die verwunschene Ruine der Sweetheart Abbey. Die Zisterzienser-Abtei wurde 1273 von Devorgilla, Lady of Galloway, in Erinnerung an ihren verstorbenen Mann John Balliol gegründet, dessen einbalsamiertes Herz sie in einem Kästchen aus Silber und Elfenbein bei sich trug. Nach ihrem Willen sollte sein Herz mit in ihr Grab gelegt werden – daher der Name der Abtei.

❶ April – Sept. tgl. 9.30 – 17.30, Okt. bis 16.30, Nov. – März Sa. – Mi. 9.30 – 16.30 Uhr; Eintritt 4 £

23 km nordwestlich stehen mitten im einsamen Hochmoor beim Landgut Glenkiln (etwas südlich von Moniaive) die lebensgroßen Bronzefiguren »König und Königin« von Henry Moore. Sir William Keswick hat unter freiem Himmel sechs Skulpturen aufgestellt, darunter auch eine Plastik von Auguste Rodin sowie von Jacob Epstein.

*Glenkiln, Skulpturenpark

Lohnend ist eine Besichtigung von Drumlanrig Castle, Stammsitz des Douglas-Clans, der späteren Herzöge von Buccleuch & Queensberry. Eine Buchenallee führt zu dem von barocken Türmchen gekrönten Schloss, zu dessen Porträtgalerie Gemälde von Kneller, van Dyck, Ramsay, Reynolds und Gainsborough gehören.

*Drumlanrig Castle

❶ Schloss April – Aug. tgl. 11.00 – 16.00, Garten & Anlage April – Sept. tgl. 10.00 – 17.00 Uhr; Eintritt 10 £; www.drumlanrig.com

Wer sich für Industriegeschichte interessiert, kann weiter nordöstlich in Schottlands höchstgelegenes Dorf Wanlockhead fahren. Hier informiert das **Museum of Lead Mining** über die Blütezeit der Bleigewinnung. Zu sehen sind u. a. alte Minenschächte, Abbaugeräte, Cottages der Grubenarbeiter mit Mobiliar von 1740 – 1890.

Wanlockhead

❶ April – Okt. tgl. 11.00 – 16.30, Juli, Aug. tgl. 10.00 – 17.00 Uhr; Eintritt 7,50 £; www.leadminingmuseum.co.uk

Auf dem Weg von Dumfries nach Gretna Green steht Caerlaverock Castle, Sitz der Familie Maxwell. Die dreieckige Festungsanlage mit doppeltem Graben und Zugbrücke geht auf das 12. Jh. zurück.

*Caerlaverock Castle

❶ April – Sept. tgl. 9.30 – 17.30, Okt. – März bis 16.30 Uhr; Eintritt 5,50 £; www.historic-scotland.gov.uk

In einer Nische der Kirche von Ruthwell, die eigens dafür gebaut worden ist, wird eines der beiden berühmtesten Runenkreuze aus angelsächsischer Zeit aufbewahrt. Das vermutlich im 8. Jh. angefertigte Sandsteinkreuz ist 5,20 m hoch und mit Figurenreliefs, Blattornamenten, lateinischen Inschriften und Runen verziert.

*Ruthwell Cross

In Gretna Green traute einst der Schmied vom ***Blacksmith's Shop** verliebte »Runaways«, die in England nicht heiraten durften, hier aber ohne Genehmigung ihrer Eltern ab 16 Jahren in den Stand der Ehe eintreten konnten. Die schottischen Gesetze verlangten nur eine Erklärung vor zwei Trauzeugen, während in England eine Hochzeit ohne elterliche Einwilligung erst ab 21 Jahren möglich war – 1977 wurde das Mindestalter auf 18 Jahre heruntergesetzt. 1940 erklärte man die über dem berühmten Amboss geschlossenen Ehen per Gesetzesänderung für illegal. Der romantische Mythos wilder Eheschließungen bewirkt einen bis heute anhaltenden Hochzeitstourismus.

*Gretna Green

Blacksmith's Shop: April, Mai tgl. 9.00 – 17.30, Juni – Sept. bis 18.30, Okt. – März bis 17.00 Uhr; Eintritt 3,50 £; www.gretnagreen.com

★ SCOTTISH BORDERS

Das schottische Grenzland

Samtgrüne Hügelketten und fruchtbares Ackerland, dazwischen romantische Klosterruinen, stattliche Herrenhäuser, mächtige Castles und hübsche Kleinstädte, an der Küste schöne Sandstrände, karstige Felsbuchten und geschäftige Fischerhäfen – das sind die Borders, das jahrhundertelang heftig umkämpfte Grenzgebiet zwischen England und Schottland. Die Geschichte dieser Region wurde maßgeblich von vier berühmten Abteien aus dem 12. Jh. bestimmt. Trotz häufiger Kriege und Überfälle aus England entwickelten sich diese Klöster zu bedeutenden wirtschaftlichen und kulturellen Zentren – bisweilen nahmen sogar Könige hier Kredite auf –, bis die Engländer Mitte des 16. Jh.s die Klöster bis auf die Grundmauern niederbrannten. »Land des Sir Walter Scott« werden die Borders auch gern genannt, weil sich hier das Wohnhaus des viel gelesenen Schriftstellers befindet.

Carter Bar

Wer von England durch die Cheviot Hills über die 418 m hohe Passhöhe Carter Bar kommt, wird beim ersten Blick auf Schottland möglicherweise etwas von dem Heimatgefühl der Schotten verstehen. Meist wird man hier oben von einem Dudelsackspieler begrüßt. In Hawick, der größten Stadt der Borders, findet jedes Jahr im Herbst das Teribuskers Music Festival statt (www.teribuskers.co.uk).

Jedburgh

In Jedburgh ca. 16 km hinter der Grenze wurde der aus zwei verschiedenen Garnen gewebte »Tweedy«-Look kreiert. Wer sich mit Wollwaren, Tartans und Whisky eindecken möchte, findet in der Jedburg Woollen Mill und der Edinburgh Woollen Mill im Bankend North an der Edinburgh Road eine gute Auswahl. Hauptsehenswürdigkeit sind die malerischen Ruinen der 1138 gegründeten ★**Jedburgh Abbey**, die 1544 von den Engländern zerstört wurde. Bei dem Angriff blieb die Kirche fast vollständig erhalten. Besonders schön sind zwei normannische Torbögen, ein herrliches Rosenfenster an der Westfassade, die Arkaden im Hauptschiff und das Maßwerk der Fenster. Im Besucherzentrum erhält man Einblicke in das Leben der Mönche.
Jedburgh Abbey: April – Sept. tgl. 9.30 – 17.30, Okt. – März bis 16.30 Uhr; Eintritt 5,50 £

★Dryburgh Abbey

Östlich von Jedburgh liegen auf einer Halbinsel am Tweed-Ufer die Ruinen der Dryburgh Abbey. Das 1150 gegründete Kloster war zeitweilig ausgesprochen wohlhabend und einflussreich. 1544 wurde die Abtei zerstört. Zu den Überresten der im hochgotischen Stil gebauten Klosterabtei gehören das schöne Westportal, das Rosenfenster am Westende des Refektoriums, das Kapitelhaus und die St.-Modans-Kapelle. Im nördlichen Querschiff liegt Sir Walter Scott, dem die Dryburgh Abbey als »die romantischste Ruine« galt, begraben.
● April – Sept. tgl. 9.30 – 17.30, Okt. – März bis 16.30 Uhr; Eintritt 5 £

Melrose, eine gemütliche Kleinstadt im Tweedtal, ist beliebter Ausgangspunkt für Touren durch die Borders und auf dem knapp 100 km langen St. Cuthbert's Way, der in Lindisfarne auf Holy Island endet. Für Theodor Fontane war die 1136 gegründete **Melrose Abbey** »überhaupt unter allen Ruinen durchaus die schönste und fesselndste«. Sie gilt als Höhepunkt unter den schottischen Abtei-Ruinen. Gerühmt wird vor allem die kunstvolle Steinmetzarbeit – Kapitelle und Skulpturen sind ausgesprochen detailliert gestaltet, u. a. sieht man naturgetreue Darstellungen des Handwerks und einen fantastischen Wasserspeier in Form eines Dudelsack pfeifenden Schweins. Unter dem Ostfenster soll das Herz von Robert the Bruce, der den Wiederaufbau nach der Zerstörung durch Edward II. ermöglicht hat, begraben worden sein – 1920 fand man im Kapitelhaus tatsächlich ein mumifiziertes Herz. Einen Teil ihrer Popularität verdankt die Abtei William Turners stimmungsvollen Zeichnungen und Sir Walter Scotts »The Lay of the Last Minstrel« (Das Lied des letzten Minnesängers), in dem der Magier Michael Scott bei Mondschein melancholische Verse auf Melrose ersann.

*Melrose

Melrose Abbey: April – Sept. tgl. 9.30 – 17.30, Okt. – März bis 16.30 Uhr; Eintritt 5,50 £

Abbotsford am Ufer des Tweed war das Traumdomizil von Sir Walter Scott (1771 – 1832); in dieser »Romanze aus Stein und Mörtel«, wie er es selbst bezeichnete, verfasste er einen Großteil seiner Gedichte und Historienromane. Durch seine Schriftstellertätigkeit zu Geld ge-

**Abbotsford

In den Ruinen der Dryburgh Abbey liegt Sir Walter Scott begraben.

kommen, ließ Scott ein bereits vorhandenes Farmhaus zum schottischen Herrenhaus umbauen. Die Bezeichnung Abbotsford wählte er, weil sich das Anwesen und die Furt unterhalb des Gebäudes früher im Besitz der Äbte von Melrose befunden hatten. Das Haus steckt voller Erinnerungen an den berühmten Schriftsteller: Manuskripte, Porträts und alle möglichen Kuriositäten. Im Studierzimmer ist die Totenmaske von Scott zu sehen.

❶ Juli–Sept. 10.00–17.00, Okt.–Dez. bis 16.00 Uhr, Garten ab April, Visitor Centre ganzjährig; Eintritt 8,75 £; www.scottsabbotsford.co.uk

Traquair House

Traquair House nahe Innerleithen ist das älteste kontinuierlich bewohnte Herrenhaus Schottlands. Der Landsitz diente den Stuarts als Residenz und Jagdschloss. 1745 war der berühmte schottische Freiheitskämpfer Bonnie Prince Charlie in Traquair House zu Besuch. Als er abreiste, wünschte der Hausherr ihm viel Erfolg und schloss die von zwei steinernen Bären bewachten »Bear Gates« mit dem Schwur, sie erst wieder zu öffnen, wenn ein Stuart den Thron besteigt. Folglich blieben sie bis heute geschlossen.

❶ April–Sept. tgl. 11.00–17.00, Okt. bis 16.00,
Nov. nur Sa., So. bis 15.00 Uhr; Eintritt 8 £; www.traquair.co.uk

Thirlestane Castle

Thirlestane Castle 18 km nördlich von Melrose beherbergt das **Border Country Life Museum**, in dem Kultur und Geschichte des Grenzlandes dokumentiert ist; außerdem gibt es dort eine hübsche Spielzeugsammmlung zu bewundern.

❶ Mai, Juni, Sept. So., Mi. u. Do., Juli, Aug. Mo.–Sa. 10.00–15.00 Uhr; Eintritt 9 £; www.thirlestanecastle.co.uk

Kelso

Die hübsche Kleinstadt am Tweed hat einen schönen Marktplatz, wo jeden Abend zum Zapfenstreich geblasen wird. Im September kommen Landwirte aus ganz Großbritannien zum berühmten Schafmarkt. Die 1128 gegründete *Kelso Abbey war die größte der vier Grenzland-Abteien. Heute ist sie eine Ruine. Am besten erhalten sind die Querschiffe und der Westturm, der an eine Burg erinnert.

**Floors Castle

Im Westen der Stadt thront Floors Castle. Das Märchenschloss wurde 1721 von William Adam für den ersten Herzog von Roxburghe gebaut und 120 Jahre später von William Playfair erweitert. Zur Innenausstattung gehören französische Stilmöbel des 17. und 18. Jh.s, feine Tapisserien, chinesische Arbeiten der Ming-Dynastie, Dresdner und Meißener Porzellan, außerdem Porträts von Gainsborough und Reynolds. Erst 1991 wurde eine wertvolle Münzsammlung entdeckt, die ein wohlhabender Aristokrat 1643 in der Nähe von Kenso vergraben hatte. Zu Floors Castle gehört ein herrlicher Garten.

❶ Mai, Okt. tgl. 11.00–16.30, Juni–Sept. tgl. ab 10.30 Uhr; Eintritt Haus u. Garten 8,50 £; www.roxburghe.net

Das georgianische Mellerstain House 10 km nordwestlich von Kelso wurde 1725 von William Adam begonnen und wenig später von seinem Sohn Robert Adam vollendet. Das Herrenhaus besitzt kostbare Stilmöbel von Chippendale, Sheraton und Hepplewhite sowie eine kostbare Gemäldesammlung, darunter Arbeiten von Constable, van Dyck, Ramsay, Aikman und Gainsborough.

Mellerstain House

❶ April – Okt. So., Mo u. Mi. 11.30 – 17.00 Uhr;
Eintritt Haus u. Garten 8,50 £; www.mellerstain.com

Das edwardianische Landschloss Manderston 24 km nordöstlich von Kelso befindet sich in Besitz von Lord and Lady Palmer. Das Herrenhaus ist von einem Garten mit herrlichen Rhododendren umgeben.

Manderston House

❶ Mai – Sept. Do., So. Haus 13.30 – 17.00, Garten 11.30 Uhr – Sonnenuntergang; Eintritt 9 £; www.manderston.co.uk

* STONYPATH · LITTLE SPARTA

Offiziell heißt der Garten des schottischen Künstlers Ian Hamilton Finlay (1925–2006) »Stonypath«, Finlay selbst nannte seine Kulturoase 40 km südwestlich von Edinburgh »Little Sparta«. Mit seiner Frau Sue begann der Kunstgärtner 1966 aus einem verlassenen Bauernhof eine **Welt aus Märchen, Mythen und Geschichte** zu erschaffen. Zwischen Ginster, Lilien und Lupinen stößt man auf Sonnenuhren, klassische Kapitele und markante Steingruppen mit eingravierten Denksprüchen. Steinplatten am Seeufer tragen die Parole »Die Ordnung der Gegenwart ist die Unordnung der Zukunft«, eine Gedenkpyramide erinnert an Caspar David Friedrich, Flugzeugträger-Skulpturen in Miniaturausgabe sind als Parodie auf kriegerische Aktionen zu lesen. Finlay wurde 2003 mit dem Creative Scotland Award ausgezeichnet.

Kunstgarten

❶ Juni – Sept. Mi., Fr. u. So. 14.30 – 17.00 Uhr; Eintritt 10 £;
www.littlesparta.org.uk; Garten für Kinder unter 10 Jahren nicht geeignet

** NEW LANARK

Die einst größte und fortschrittlichste Baumwollspinnerei Schottlands, 2001 von der UNESCO zum Weltkulturerbe erklärt, liegt ca. 40 km südöstlich von Glasgow am Ufer des River Clyde. Die berühmte Mustersiedlung des großen Sozialreformers Robert Owen (1771 – 1858) mit mehrstöckigen Fabrikgebäuden und lang gestreckten Wohnhäusern für die Arbeiter war schon im 19. Jh. ein bekanntes Reiseziel für technisch und sozial Interessierte. So machte u. a. Preußens Baumeister Friedrich Schinkel 1826 auf seinem Weg nach Edinburgh in New Lanark Station.

Museum für Industrie- und Sozialgeschichte

Bis 1968 wurden in New Lanark Garn und Textilien hergestellt. Nach sorgsamer Restaurierung dient die Spinnerei nun als Museum, in die alten Reihenhaussiedlungen sind wieder Familien und Kunsthandwerker eingezogen, außerdem gibt es Geschäfte, eine Jugendherberge und ein Hotel. Wie eine ideale Wohnung für eine Arbeiterfamilie ausgesehen hat, verdeutlicht das Millworkers' House. Im Visitor Centre und in der früheren Schule kann man sich über die Geschichte von New Lanark und über Owens »Betriebsphilosophie« informieren.

❶ April – Okt. tgl. 10.00 – 17.00, Nov. – März bis 16.00 Uhr; Eintritt 8,50 £; www.newlanark.org

Geschichte von New Lanark

Gründer des Industriedorfes war Owens geschäftstüchtiger Schwiegervater **David Dale**, von Zeitgenossen als ebenso humorvoll wie erfinderisch beschrieben. Der Textilkaufmann Dale kam 1783 hierher und erkannte den besonderen Standortvorteil: die Wasserkraft der Clyde-Fälle, die zusammen mit den neu entwickelten Maschinen grundlegende Voraussetzung für die berühmten Baumwollspinnereien war. Zwei Jahre später ging die erste Fabrik in Betrieb. 2500 Menschen lebten und arbeiteten hier. Unter den Beschäftigten waren zeitweise fast 70 % Kinder, die Dale aus den Waisenhäusern von Glasgow und Edinburgh hatte holen lassen und für damalige Verhältnisse vorbildlich versorgte.

Als **Robert Owen** die Fabriken übernahm, war die Baumwollspinnerei eine der bedeutendsten in Großbritannien. Owen, der im walisischen Newton geboren wurde, stammte aus einfachen Verhältnissen. Mit 19 Jahren erhielt er bereits die Leitung einer Baumwollmanufaktur in ▶Manchester, der Hochburg des frühen Industriekapitalismus. Der reformbewusste Unternehmer war von der Deckungsgleichheit der Arbeiter- und Unternehmensinteressen überzeugt. Gute Wohn- und Arbeitsverhältnisse sowie eine gute Erziehung förderten seiner Meinung nach nicht nur das Wohlergehen, sondern auch die Leistungsfähigkeit der Arbeiter und kamen damit den Unternehmen zugute. Soziale Kosten wie für den Ausbau der Arbeiterwohnungen und Verbesserungen am Arbeitsplatz betrachtete er daher als notwendige Investitionen. Die Produktivität des einzelnen Arbeiters ließ er ebenso genau kontrollieren wie die Organisation seiner Wohlfahrtseinrichtungen. Dazu gehörten Krankenversicherung und kostenloser Arztbesuch sowie die en gros bezogenen Waren im Dorfladen, die fast zum Selbstkostenpreis abgegeben wurden. Ein Interesse Owens galt auch der Kindererziehung, und so führte er ein privat finanziertes Schulsystem ein. Im Institute for the Formation of Charakter, das als Schulhaus und Kulturzentrum diente, betreuten im Eröffnungsjahr 1816 14 Lehrer rund 300 Kinder. Tanz, Musik und Naturkunde nahmen einen breiten Raum im Lehrplan ein, Prügelstrafen waren verboten. Der Arbeitstag wurde schließlich von Owen auf 10,5 Stunden begrenzt, das Mindestalter für Kinderarbeit setzte er auf zehn Jahre fest. Durch sein Engagement, das auch die Mitwirkung bei der Reform der Fabrikgesetzgebung umfasste, regte Owen die ersten britischen Arbeitsschutzgesetze an. Seine sozialreformerischen Ideen wurden später zum Vorbild weiterer Modellsiedlungen. Durch den Erfolg in New Lanark ermutigt, versuchte Owen ab 1825 mit »New Harmony« (Indiana, USA) ein ähnliches Experiment zu verwirklichen, scheiterte dort aber an politischen und religiösen Differenzen und musste daraufhin seine Anteile an New Lanark verkaufen.

* Manchester

O 13/14

Landesteil: Nordengland
Höhe: 115 ft/35 m ü. d. M.
Verwaltungseinheit:
Greater Manchester

**Einwohnerzahl von
Greater Manchester:** 2,6 Mio.

Manchester war Ausgangspunkt der industriellen Revolution und Hochburg der englischen Arbeiterbewegung. Heute ist die Stadt vor allem bekannt für ihren legendären Fußballclub Manchester United und als Szenetreff von Pop und Rave – sie ist die Heimat von Gruppen wie Simply Red, Oasis und Take That.

Manchester ist das Handels- und Kulturzentrum des englischen Nordwestens. Mit neun Gemeinden ist die Stadt zum Verwaltungsbezirk Greater Manchester zusammengefasst worden, in dem heute über 2,6

»The United Trinity«: Manchester Uniteds wichtigste Spieler in Bronze

Mio. Menschen leben – nach London der größte Ballungsraum der Insel. Mitte des 19. Jh.s kam der Wuppertaler Unternehmerssohn Friedrich Engels (1820 – 1895) in die damals wichtigste Industriestadt des Britischen Empire und veröffentlichte seine Beobachtungen über die elende »Lage der arbeitenden Klasse in England« – bis heute ein Hauptwerk kommunistischer Literatur. Nach dem Niedergang ganzer Industriezweige folgten Jahrzehnte des Verfalls und rekordverdächtiger Arbeitslosenzahlen, bevor Manchester sich zum attraktiven Wirtschaftsstandort wandelte. Neben diversen Großunternehmen haben sich in Manchester auch die BBC North and Granada Studios angesiedelt, Großbritanniens größte private Film- und Fernsehproduzenten – u. a. federführend bei »Vier Hochzeiten und ein Todesfall« (1994). Die University of Manchester liegt laut Bildungsministerium auf Platz drei der Zuwendungsliste – unmittelbar nach den Eliteschmieden Oxford und Cambridge.

> **BAEDEKER TIPP !**
>
> *Manchester United*
>
> Ein Muss für Fußballfreunde ist das Old-Trafford-Stadion von Traditionsverein Manchester United, Rekordmeister und für viele Mancunians die beste Mannschaft der Welt (für die Manchester-City-Fans natürlich nicht). Die ruhmreiche Geschichte des 1878 gegründeten Vereins, Pokale und Trophäen der »Red Devils« kann man im United Football Museum bestaunen. Bei einer Stadiontour geht es bis in die Umkleidekabinen der Spieler (Sir Matt Busby Way, Old Trafford; Eintritt Museum 11 £, Museum u. Tour 16 £; www.manutd.com).

Geschichte   Wirtschaftliche Bedeutung erlangte Manchester erstmals durch die Herstellung von Wolle und Leinen, die flämische Einwanderer im 14. Jh. eingeführt hatten. Ein im 18. Jh. ausgebautes Kanalnetz und die Eisenbahn förderten die Textilindustrie, die sich auf die Schafhaltung in den Pennines und eine geschulte Arbeiterschaft stützte. Die ersten mit Dampfkraft betriebenen Spinnereimaschinen wurden entwickelt: 1764 die »Spinning Jenny« und 1780 die »Spinning Mule«; fünf Jahre später wurde der erste elektrische Webstuhl erfunden. Im Norden der Stadt konzentrierten sich die Webereien, im Süden die Spinnereien. Die Blütezeit der Tuchherstellung dauerte bis zum Ende des 19. Jh.s, das 20. Jh. war durch Krisen gekennzeichnet.

✱ CASTLEFIELD

Alter und neuer Mittelpunkt der Stadt ist das industriell geprägte Freizeitgelände von Castlefield, ein wohl einmaliges städtisches Freilichtmuseum westlich der Deansgate Station. Ein Bummel zwischen den restaurierten viktorianischen Häusern – an alten Kanälen entlang oder zur rekonstruierten römischen Festung – vermittelt auf eindrucksvolle Weise die Stadtgeschichte von den Anfängen bis heute.

Zahlreiche technische Entwicklungen präsentiert das Industriemuseum, das mit zwölf Galerien an der Stelle des ältesten Bahnhofs der Welt errichtet wurde. In der Power Hall (Ecke Lower Byrom Street) kann man mit Wasser- und Dampfkraft betriebene Maschinen aus der Boomzeit der Textilindustrie, alte Dampflokomotiven und in Manchester produzierte Oldtimer (u. a. Belsize Motor Car, 1912; Rolls-Royce, 1904; Crossley Shelsey 15.7 hp Saloon, 1929) bewundern. Nördlich der Power Hall im Lower Byrom Street Warehouse sind Druck- und Spinnmaschinen sowie verschiedene Computermodelle von den ersten Anfängen an zu sehen. Die **Air and Space Gallery** auf der östlichen Straßenseite der Lower Byrom Street zeigt Flugzeuge, die Geschichte schrieben, u. a. eine Replik des Dreideckers Triplane 1 von A. V. Roe, die 1909 mit einem 9 PS starken Motor als erstes britisches Flugzeug abhob, und den Prototyp der English Electric »Lightning«.

**Museum of Science and Industry

🛈 Liverpool Rd.; tgl. 10.00–17.00 Uhr; Eintritt frei; www.mosi.org.uk

Südlich gegenüber der Air and Space Gallery liegen die Ruinen der römischen Befestigung, die heute von Grünanlagen umgeben sind.

Roman Fort

Manchester erleben

AUSKUNFT
Manchester Visitor Information Centre
45 – 50 Piccadilly Plaza
Portland St., Manchester M1 4AJ
Tel. *0871 222 82 23
www.visitmanchester.com

AN- UND ABREISE
Flugzeug
Manchester Airport liegt ca. 16 km südlich der City (www.manchesterairport.co.uk); es gibt Bus- und Bahnverbindungen ins Zentrum.

Bahn
Die Piccadilly Station ist der größte Bahnhof in Manchester, von hier fahren Züge in alle Landesteile. Der Bahnhof Oxford Road ist Fern- und Regionalbahnhof, die Victoria Station bedient hauptsächlich Orte in Nordwestengland.

ESSEN
❶ *Bistro West 156* €€€
156 Burton Rd., Tel. 0161 4 45 19 21
www.bistrowest156.co.uk
So. geschl.
Eine kulinarische Reise durch Europa, die auch über die englische Küche führt.

❷ *Armenian Taverna* €€€
Princess St. 3 – 5
Tel. 0161 8 34 90 25
http://armeniantaverna.co.uk
Mo. geschl.
Gute armenische Küche

ÜBERNACHTEN
❶ *The Lowry Hotel* €€€€
50 Dearmans Place
Chapel Wharf, Salford
Tel. 0161 8 27 40 00
www.thelowryhotel.com
Zentral gelegenes Designer-Luxushotel, das keine Wünsche offenlässt.

❷ *Ascott Hotel* €€
6 Half Edge Lane
Ellesmere Park
Tel. 0161 9 50 24 53
www.ascotthotelmanchester.co.uk
Individuell und freundlich gestaltete Zimmer in einer viktorianischen Villa etwas außerhalb des Stadtzentrums.

AUSGEHEN
The Printworks
27 Withy Grove
www.theprintworks.com
Manchesters Unterhaltungskomplex im ehemaligen Gebäude der Zeitung »Daily Mirror« am Exchange Square versammelt Bars, Restaurants (beispielsweise mexikanische Küche im »Chiquito«, die Nudelbar »Waga-mama« oder Unvermeidliches wie das Hard Rock Café), ein Kino mit 20 Leinwänden und verschiedene Clubs unter einem Dach.

EINKAUFEN
Einkaufen kann man in der City in den eleganten Geschäften von St. Ann's Square, King Street und Royal Exchange. Nördlich der Piccadilly Gardens gibt es in »Affleck's Palace«, einem alten Fabrikgebäude, Designerboutiquen, Trödler und Plattenläden, rund um die Oldham Street Mode aus Manchester, Streetwear und Second-Hand-Kleidung. Im Zentrum findet man das weltgrößte Marks & Spencer-Kaufhaus; relativ preiswerte Designerware bekommt man im »Designer Outlet« an den Salford Quays.

Highlights Manchester

▶ **Castlefield**
Ein Spaziergang durch die Stadtgeschichte: von römischen Mauern über Transportkanäle bis zu Wohnhäusern aus dem 19. Jahrhundert.
Seite 504

▶ **Museum of Science and Industry**
Früher stand hier der erste Bahnhof der Welt, heute erfährt man in dem Industriemuseum alles über Dampfmaschinen, Eisenbahnen, Computer etc.
Seite 505

▶ **The Lowry**
Futuristisch anmutendes Kulturzentrum an den Salford Quays: Galerien, Theater, Bars, Restaurants.
Seite 507

▶ **Imperial War Museum North**
Bestechende Architektur: Das erste Werk von Daniel Libeskind in Großbritannien.
Seite 508

▶ **Manchester United/ Old-Trafford-Stadion**
Ein Muss für Fußballfans: Besichtigung des legendären Old-Trafford-Stadions und ein Blick ins Vereinsmuseum.
Seite 504

▶ **Chinatown**
Geschäfte, Restaurants, Kunsthandwerk und mehr – hier lebt eine der größten chinesischen Gemeinden in Großbritannien.
Seite 509

Der angrenzende Bridgewater Canal wurde 1759 – 1761 fertiggestellt, um Kohle aus den Minen von Worsley in das aufstrebende Manchester zu transportieren. Hier, wie auch am 1804 eröffneten Rochdale Canal, am Wigan Pier und an den westlich gelegenen Salford Quays zwischen dem River Irwell und dem Manchester Ship Canal, hat man viele der alten Lagerhäuser restauriert und zu Büros, Geschäften, Hotels und Restaurants umfunktioniert. Empfehlenswert ist eine Bootsfahrt mit einem der Bridgewater Packet Boats. **Waterways**

THE QUAYS

Die Salford und Trafford Quays, die alten Docks von Manchester, sind zur Jahrtausendwende revitalisiert worden und beherbergen neben Hotels und für die Commonwealth Spiele 2002 errichteten Sportanlagen einige von Manchesters wichtigsten Attraktionen.

An der Spitze der Salford Quays steht das Kulturzentrum der Stadt mit zwei Theatern und Galerien. Wie die Brücke eines Schiffes thront das verglaste Restaurant auf Michael Wilfords kühner Gebäudekonstruktion. Namengeber war der Maler **Lawrence Stephen Lowry**, ***The Lowry** ein künstlerischer Chronist des Industriekapitalismus, als von Manchester Tausende Schiffe ausfuhren, um die Erträge des Empire in der Welt zu verteilen. In dem als »Gebäude des Jahres 2001« ausgezeichneten Museum sind mehr als 400 von Lowrys Gemälden und Zeichnungen ausgestellt.

❶ So. – Fr. 11.00 – 17.00, Sa. ab 10.00 Uhr; Eintritt frei; www.thelowry.com

*Imperial War Museum North

In diesem eindrucksvollen Bau – dem ersten von Daniel Libeskind in England – ist das Thema Krieg museal aufbereitet. In der Nord-Dependance des Londoner Imperial War Museum wird Besuchern u. a. eine 360°-Audio-Video-Show mit Kriegsbildern und -geräuschen geboten. Zudem werden Sonderausstellungen gezeigt.

❶ Trafford Wharf Rd., Trafford Park; tgl. 10.00 – 17.00 Uhr; Eintritt frei; www.iwm.org.uk

INNENSTADT

*Kathedrale

Die Kathedrale stammt im Wesentlichen aus der Zeit von 1422 bis 1506, im Jahre 1847 wurde sie zur Kathedrale erhoben. Der Chor hat, im Gegensatz zum Schiff, seine Seitenkapellen behalten. Besonders bemerkenswert ist das Chorgestühl mit reich verzierten Miserikordien. St. John's Chapel ist heute die Regiments-Kapelle von Manchester. Die kleine Marienkapelle besitzt eine hölzerne Schranke von etwa 1440, das achteckige Kapitelhaus zeigt Wandgemälde des 20. Jh.s von C. Weigh, u. a. einen modern gekleideten Christus.

❶ Mo. – Fr. 8.30 – 18.30, Sa. bis 17.00, So. bis 19.00 Uhr; Eintritt frei; www.manchestercathedral.org

Chetham's Hospital

Das Chetham's Hospital (15. Jh.) an der Nordseite der Kathedrale war ursprünglich ein Herrensitz, wurde dann Priester-Kolleg und ist jetzt Schulgebäude. Die angeschlossene Bücherei ist eine der ältesten öffentlichen Bibliotheken in England. Sie verfügt über einen Bestand von mehr als 100 000 Büchern – zur Hälfte sind sie vor 1850 gedruckt worden.

❶ Mo. – Fr. 9.00 – 12.30, 13.30 – 16.30 Uhr; www.chethams.org.uk

John Rylans Library

Die John Rylans Library an der Deansgate wurde 1653 gegründet und gilt mit ihren mehr als 5 Mio. Büchern und Manuskripten als Englands Schatzkammer für frühe Drucke.

❶ 150 Deansgate; So., Mo. 12.00 – 17.00, Di. – Sa. ab 10.00 Uhr; www.library.manchester.ac.uk

Town Hall

Die imposante Fassade der neugotischen Town Hall ziert den fußgängerfreundlich umgestalteten **Albert Square**. Vom Turm des Rathauses hat man einen guten Rundblick, im Gebäude verdienen der Ratssaal (Council Chamber) und der die Stadtgeschichte darstellende Bilderzyklus von Fort Madox Brown besondere Beachtung. Die angrenzende **Central Library**, ein großer Rundbau von 1934, beherbergt neun Büchereien und das Library Theatre.

Manchesters **Cornerhouse** bietet Filmvorführungen, Video-Workshops sowie Ausstellungen rund ums Thema zeitgenössische Kunst.
❶ 70 Oxford St.; Di. – Sa. 12.00 – 20.00, So. bis 18.00 Uhr; Eintritt frei; www.cornerhouse.org

Die **Manchester Art Gallery** birgt eine der umfassendsten Kunstsammlungen in ganz Großbritannien außerhalb von London. Ausgestellt sind flämische Maler des 17. Jh.s, Präraffaeliten und außerdem französische Impressionisten, deutsche Künstler – u. a. Max Ernst –, Rodin, Maillol, Henry Moore und viele namhafte englische Maler, darunter Stubbs, Constable und Turner.
❶ Mosley St.; tgl. 10.00 – 17.00, Sommer Do. bis 21.00 Uhr; Eintritt frei; www.manchestergalleries.org

Albert Square: bunter Stilmix aus mehreren Jahrhunderten

In Chinatown lebt eine der größten chinesischen Gemeinden Großbritanniens. In diesem Viertel haben sich zahlreiche Geschäfte und Restaurants mit kulinarischen Köstlichkeiten vor allem aus Hongkong und Peking angesiedelt; chinesisches Kunsthandwerk findet man in **Chinese Arts Centre** im Northern Quarter. Eindrucksvolles Wahrzeichen ist ein reich verzierter chinesischer Torbogen.
Chinese Arts Centre: Thomas St.; Di. – Sa. 10.00 – 17.00 Uhr; Eintritt frei; www.chinese-arts-centre.org

*Chinatown

Im **Urbis Building**, an den Cathedral Gardens erfahren Fußballfans im neu eröffneten **National Football Museum** alles über die schönste Nebensache der Welt, dürfen die weltgrößte Sammlung an FIFA-Memorabilien bestaunen und können einen Blick in die UEFA-Bücherei werfen, in der Bücher, Poster und DVDs die Geschichte aller bisherigen Europameisterschaften und der UEFA erzählen.
Das **People's History Museum** zeigt Exponate zur Industriellen Revolution, das **Jewish Museum** eine Sammlung über die jüdische Gemeinde Manchesters und das **Museum of Transport** über 60 alte Busse und Lastkraftwage städtischer Busunternehmen.

Weitere Museen

Der japanische Garten im Tatton Park bei Knutsford

Die elegante georgianische Platt Hall von 1764 beheimatet die **Gallery of Costume**, ein Kleider- und Kostümmuseum mit englischer Mode von 1600 bis heute. Die **Whitworth Art Gallery** mit ihrer edwardianischen Fassade beherbergt zudem eine große Sammlungs an Aquarellen, Drucken und Tapeten.

National Football Museum: Mo.–Sa. 10.00–17.00, So. ab 11.00 Uhr; Eintritt frei; www.nationalfootballmuseum.com
People's History Museum: Left Bank, Salford; tgl. 10.00–17.00 Uhr; Eintritt frei; www.phm.org.uk
Jewish Museum: 190 Cheetham Hill; So.–Do. 10.00–16.00, Fr. bis 13.00 Uhr; Eintritt 3,95 £; www.manchesterjewishmuseum.com
Museum of Transport: Boyle St./Cheetham Hill; Mi., Sa., So., Aug. tgl. 10.00–16.30 Uhr; Eintritt 4 £; www.gmts.co.uk
Gallery of Costume: Wilmslow Rd./Rusholme; Mo.–Fr. 13.00–17.00, Sa., So. ab 10.00 Uhr; Eintritt frei; www.manchestergalleries.org
Whitworth Art Gallery: Whitworth Park; Mo.–Sa. 10.00–17.00, So. 12.00–16.00 Uhr; Eintritt frei; www.whitworth.manchester.ac.uk

Universität

Die Universität in Manchester ist 1851 als Owens College gegründet worden. John Owens (1790–1846) war ein wohlhabender Fabrikant, der 100 000 Pfund Sterling für eine Universität ohne kirchlichen Einfluss stiftete. Drei Nobelpreisträger gingen aus der Universität hervor: Ernest Rutherford (1871–1939), der mit seinem Atommodell die Grundlagen der heutigen Atomphysik schuf, James Chadwick, der 1932 die Existenz des Neutrons nachwies, und der zeitweilig in Manchester wirkende Sir John Douglas Cockcroft (1897–1967), ein bedeutender Physiker der britischen und kanadischen Atomforschung. Der Universität angeschlossen ist das **Manchester Museum** mit umfangreichen naturwissenschaftlichen Sammlungen.

Manchester Museum: Oxford Rd.; Di.–Sa. 10.00–17.00, So. 11.00–16.00 Uhr; Eintritt frei; www.museum.manchester.ac.uk; Eintritt frei

UMGEBUNG VON MANCHESTER

In dem neoklassizistischen Herrenhaus in Knutsford knapp 10 km westlich vom Flughafen Manchester ist neben italienischen und flämischen Gemälden die Porzellan- und Glassammlung der Familie Egerton zu sehen. Die viktorianischen Küchen und Keller illustrieren das Leben der Dienerschaft. Sehr hübsch ist auch der Park mit italienischen und japanischen Gärten und einem Labyrinth.   **Tatton Park**

❶ April–Okt. Park tgl. 10.00–19.00, Farm bis 16.00, Haus Di.–Sa. 13.00–17.00, Okt.–März Park Di.–Sa. 11.00–17.00, Farm Di.–So. 11.00–16.00 Uhr; Eintritt 11 £; www.tattonpark.org.uk

Little Moreton Hall nahe Congleton ist einer der eindrucksvollsten Fachwerk-Landsitze Englands (1480–1563). Obwohl es keine originale Innenausstattung mehr gibt, bietet die mehrstöckige Anlage mit hübschem Innenhof, Wassergraben und Garten einen guten Einblick in die ländliche Kultur von Cheshire im 16. Jahrhundert.   ***Little Moreton Hall**

❶ April–Okt. Mi.–So. 11.00–17.00, Nov. Sa., So. bis 16.00 Uhr; Eintritt 7 £; www.nationaltrust.org.uk

* Mid Wales

 K–M 14/15

Landesteil: Wales/Cymru
Grafschaften: Powys, Dyfed, Ceredigion

Sanft gewellte Hügel mit Schafweiden, winzige Orte mit hübschen Fachwerkhäusern, alte Steincottages inmitten grüner Felder – das ist Mid Wales. An der Küste, der weiten sandigen Cardigan Bay, gibt es im Norden Dünen, im Süden Klippenlandschaften.

Mid Wales erstreckt sich von der Cardigan Bay über die Cambrian Mountains bis hin zur Grenze nach England. Das Grenzgebiet war jahrhundertelang schwer umkämpft. Große Wasserspeicher aus Mid Wales versorgen heute die Ballungszentren von ▶Liverpool und ▶Birmingham »jenseits der Grenze« mit Trinkwasser – nicht gern gesehen von den walisischen Nationalisten, die darin einen Ausverkauf ihrer Landschaft sehen.

ZIELE • Mid Wales

*Llangranog Llangranog, ein pittoreskes Dorf mit guten Pubs, B & Bs und Cafés, liegt an einer kleinen Bucht zwischen imposanten Klippen. Der vom National Trust verwaltete Klippenpfad führt zum entlegenen Cilborth Beach und nach Ynys Lochtyn mit den Resten einer Burg.

> **BAEDEKER TIPP**
>
> *Delfine*
>
> Der Küstenabschnitt zwischen New Quay und Aberaeron wird gerne von Delfinen besucht – manchmal kann man sie sogar bei einem Hafenspaziergang entdecken. Eine Bootstour vergrößert aber die Chance, diesen Tieren zu begegnen; das New Quays Wildlife Centre veranstaltet ca. zweistündige Touren (April – Okt. 10.00 – 17.00 Uhr; www.new-quay.com).

Aberaeron weiter nördlich an der Mündung des Aeron hat einen alten Fischerhafen und ist sehenswert wegen seines architektonisch einheitlichen Ortsbilds im georgianischen Stil.

Von Aberaeron lohnt sich ein Abstecher ins Landesinnere. Nach 5 km taucht **Llanerchaeron House** auf, 1794 – 1796 gebaut und in Besitz des National Trust.
❶ April – Nov. tgl. 10.30 – 17.00 Uhr; Eintritt 6,45 £

Lampeter Weiter geht es in die kleine Stadt Lampeter im Tal des Teifi, die bekannt für ihren Pferdemarkt im Mai ist. Das 1822 gegründete St. David's College rühmt sich, die älteste und zugleich entlegenste Universität von Wales zu sein.

Tregaron Im Sommer ist das kleine Tregaron 10,5 km nordöstlich von Lampeter sehr beliebt. Es liegt eingebettet zwischen Moorhügeln, und für Naturfreunde empfiehlt sich von hier aus ein Ausflug in das wildromantische, unter Naturschutz stehende Hochmoor Cors Caron.

Strata Florida Abbey Wenige Kilometer weiter nordöstlich stehen die Ruinen der Strata Florida Abbey (walisisch »Ystrad Fflur« = Tal der Blumen), einer Zisterziensergründung aus dem Jahr 1196. Von der einstigen Pracht zeugt noch das frühgotische Rundbogenportal der Westfassade.
❶ April – Okt. tgl. 10.00 – 17.00, Nov. – März bis 16.00 Uhr; Eintritt 3,20 £, im Winter Eintritt frei; http://cadw.wales.gov.uk

*Devil's Bridge Eindrucksvoll ist ein Besuch der Devil's Brigde einige Kilometer nördlich. Hier stürzt der River Mynach in eine tiefe Schlucht und bildet eine gewaltige Kette von Wasserfällen, die sich dann mit dem Fluss Rheidol vereinigen. Von den drei existierenden Brücken stammt die unterste, die Devil's Bridge, vermutlich aus dem 12. Jahrhundert.
❶ www.devilsbridgefalls.co.uk

Aberystwyth Aberystwyth mit 12 250 Einwohnern ist Universitäts- und Einkaufszentrum. Die Stadt liegt in der Cardifan Bay an der Mündung der Flüsse

Rheidol und Ystwyth (»Aber-yst-wyth« = Mündung des Ystwyth). Eine geschützte Bucht und eine einheitliche viktorianische Strandpromenade machen Aberystwyth zu einem beliebten Badeort. Direkt am Meer stehen die 1872 gegründete Universität und die Ruinen einer Burg aus dem 13. Jahrhundert. Aberystwyth ist jugendlich-lebendig und seit jeher stolz auf ein ausgeprägtes walisisches Nationalbewusstsein.

Im Nordosten der Stadt liegt auf dem modernen Universitätscampus die 1907 gegründete *National Library of Wales, eine der sechs »libraries of deposit«, die von jedem in Großbritannien erscheinenden Buch ein Exemplar erhalten müssen. Infolgedessen umfasst ihr Bestand über 2 Mio. Bücher und viele tausend Manuskripte; Spezialgebiete sind

Mid Wales erleben

AUSKUNFT
Terrace Rd., Aberystwyth
Ceredigion, Wales, SY23 2AG
Tel. 01970 61 21 25
www.visitmidwales.co.uk

ÜBERNACHTEN
Helmsman ❸❸❸
43 Marine Terrace
Aberystwyth
Tel. 01970 62 41 32
www.helmsmanguesthouse.co.uk

Sehr freundliches Bed & Breakfast mit zwölf Zimmern; das Haus steht direkt an der Strandpromenade.

The Wynnstay ❸❸❸
Maengwyn St.
Machynlleth
Tel. 01654 70 29 41
www.wynnstay-hotel.com
Georgianisches Hotel mit 23 Zimmern in einem liebevoll restaurierten Gebäude; angeschlossen ist ein gutes Restaurant.

Ausreiten im Elan Valley

Kleine Kapelle mit Friedhof mitten in der Landschaft – typisch für Wales

das walisische und keltische Schrifttum. Weiter bergauf kommt man zum **Aberystwyth Arts Centre** mit zeitgenössischer Kunst.

National Library of Wales: Mo. – Fr. 9.30 – 18.00, Sa. bis 17.00 Uhr; www.llgc.org.uk

Aberystwyth Arts Centre: Galerie 1: Mo. – Mi. 10.00 – 17.00, Do. – Sa. bis 20.00, So. 13.00 – 17.00; Galerie 2: Mo. – Sa. 9.30 – 20.00, So. 13.00 – 17.30 Uhr; Eintritt frei; www.aberystwythartscentre.co.uk

*Rheidol Railway Eine 1902 gebaute Schmalspurbahn führt von Aberystwyth durch eine fantastische Landschaft zur Devil's Bridge. Ursprünglich wurde auf dieser Linie Blei aus den Minen der Umgebung befördert – die letzte Mine wurde 1912 geschlossen. Hin- und Rückfahrt dauern je ca. eine Stunde; die kleine Reise beginnt am Bahnhof in der Park Avenue.
  ❶ www.rheidolrailway.co.uk

Machynlleth Machynlleth liegt an der Grenze nach Nord-Wales am River Dovey. Der Rebell Owen Glendower versammelte 1404 hier sein erstes »Parlament«, um Wales unabhängig zu regieren: Im »Parliament House« in der Mengwyn Street gibt es eine Ausstellung zu diesem Aufstand.

Ynyslas Das Naturreservat südlich der Mündung des Dovey bei Ynyslas ist ein Muss für Vogelfreunde. Das Visitor Centre informiert über Wanderpfade und Führungen durch die spektakuläre Dünenlandschaft.
  ❶ Ostern – Anfang Sept. 9.30 – 17.30 Uhr

Tywyn Auf der Nordseite des River Dovey führt die beschauliche Küstenstraße in den wenig einladenden Badeort Tywyn. Hauptattraktion ist die seit 1865 existierende ***Talylln Railway**, die durch enge Täler, bewaldetes Gebiet und an den Dolgoch Wasserfällen vorbei bis hinauf nach Abergynolwyn fährt. An mehreren Stellen kann man die Fahrt für Wanderungen unterbrechen.

Der kleine Ort Rhayader östlich der Cambrian Mountains eignet sich als Ausgangspunkt für Ausflüge ins Elan Valley. Die hübsche Hügel- und Seenlandschaft entstand um 1900 mit dem Bau eines Trinkwasserreservoirs für die rapide wachsende Industriestadt Birmingham. Im Elan Valley Visitor Centre beim Caban Coch-Damm wird der Konstruktionsprozess erläutert und gezeigt, wie Täler und ganze Dörfer dabei überflutet wurden.

*Elan Valley

Von Rhayader kommt man über die A470 oder die A44 nach Llandrindod Wells, dem bedeutendsten Heilbad (»Wells«) in Wales. In viktorianischer Zeit kamen rund 80 000 Besucher im Jahr in das Bad, um Rheuma und Gicht zu kurieren. Als Erbe blieben breite Straßenzüge, geräumige Parkanlagen und der jüngst restaurierte Pump Room, in dem das Heilwasser genossen werden kann.

Llandrindod Wells

Newcastle-upon-Tyne

P/Q 10

Landesteil: Nordengland
Höhe: 89 ft/27 m ü. d. M.
Grafschaft: Tyne and Wear   **Einwohnerzahl:** 284 000

»To carry coals to Newcastle« heißt die englische Version des Sprichworts »Eulen nach Athen tragen« – lange Zeit bestimmte die Kohle das Leben in der wirtschaftlichen und kulturellen Kapitale des englischen Nordostens, deren Wahrzeichen die sieben Flussbrücken über den Tyne sind.

Ihren Namen erhielt die heutige Grafschaftshauptstadt von Wilhelm dem Eroberer, der – wie schon die Römer – die strategische Lage erkannte und an der Stelle eines Römerkastells eine Burg, das »New Castle«, bauen ließ. Die Blütezeit begann mit dem Kohlebergbau; Newcastle entwickelte sich zum bedeutenden Ausfuhrhafen insbesondere für Kohle. 1823 wurde der Grundstein für die Lokomotiven-Herstellung gelegt. Im 19. Jh. erstrahlte die Stadt in neuem Glanz, noch heute dominieren viktorianische Straßenzüge im Zentrum. Der allgemeinen Strukturkrise im 20. Jh. begegneten die »Geordies« mit einfallsreichen Initiativen; seit geraumer Zeit spielt die Off-shore-Öl-industrie eine Rolle. Heute ist die Industriestadt mit den benachbarten Gemeinden zum Ballungsraum Tyneside zusammengewachsen.

Newcastle-upon-Tyne erleben

AUSKUNFT

Newcastle Gateshead Tourist Information Centre
8–9 Central Arcade
Newcastle-upon-Tyne, England,
NE1 5BQ
Tel. 01912778000
www.newcastlegateshead.com

AN- UND ABREISE

Flugzeug
Der Flughafen von Newcastle liegt 10 km nordwestlich vom Stadtzentrum (www.newcastleairport.com); es besteht Metro-Anschluss ins Zentrum.

Bahn
Der Hauptbahnhof ist die Central Station.

Schiff
Fähren aus den Niederlanden empfängt der North Shields Ferry Terminal östlich der Stadt.

ESSEN

Rani Indian Restaurant €€€
2 Queen St.
Tel. 01912312202
www.raniindianrestaurant.com
Gute indische Küche und freundlicher Service

David Kennedy's Food Social €€
The Biscuit Factory
Shieldfield
Tel. 01912605411
www.foodsocial.co.uk
Frisch zubereitete, moderne britische Küche in ungezwungener Atmosphäre

Mamma Mia €€
46 Pudding Chare
Tel. 01912327193
http://mammamias.co.uk
So. geschl.
Gemütliches Restaurant, das preiswerte Pizza, Pasta und andere italienische Gerichte serviert.

SEHENSWERTES IN NEWCASTLE-UPON-TYNE

*Tyne Bridges   Wenn man sich Newcastle von Süden nähert, sieht man sieben Brücken, die den Tyne überspannen. Die drei bekanntesten waren international wegweisend für den Brückenbau. Die älteste ist die knapp 50 m hohe, doppelstöckige **High Level Bridge**, über deren obere Trasse der Bahnverkehr verläuft. Die 1876 eröffnete **Swing Bridge** steht an der gleichen Stelle wie der einst von den Römern gebaute »Pons Aelius«. Die kühnste Brückenkonstruktion ist die 1928 von George V. eingeweihte **Tyne Bridge** mit dem damals weltweit größten Brückenbogen mit einer Spannweite von 162 m. Die **Gateshead Millennium Bridge** öffnet und schließt sich wie ein überdimensionales Auge.

*Quayside Sandhill   Im sanierten Viertel am Quayside um Tyne und die High Level Bridge haben sich in den alten Häusern Hotels, Läden und Restaurants angesiedelt; sonntags kann man über den bunten **Trödelmarkt** bummeln.

ÜBERNACHTEN

Royal Station Hotel ●●●
Neville St.
Tel. 0191 2 32 07 81
www.royalstationhotel.com
1858 von Queen Victoria und Prince Albert eröffnet und noch immer elegant und komfortabel.

Kenilworth Hotel ●●
44 Osborne Rd., Jesmond
Tel. 0191 2 81 81 11
www.thekenilworthhotel.co.uk
Günstig gelegenes Hotel. Angeschlossen ist ein spanisches Restaurant.

EINKAUFEN

In der Innenstadt gibt es zahlreiche Geschäfte, von denen viele im Eldon Square untergebracht sind. Der Fenwick Department Store ist eines der größten Warenhäuser in Großbritannien. In Vivian Westwoods Geschäft in der Hood Street finden sich die wichtigsten Designerlabel. Der riesige Shopping Komplex Metrocentre befindet sich auf der anderen Seite des Tyne in Gateshead. Einen Besuch lohnt auch die Biscuit Factory, in der auf 3000 m² Kunstwerke zum Verkauf angeboten werden.

Die Central Arcade von 1906

Am Sandhill stehen mehrere historische Gebäude, darunter die **Guildhall** (1658) und der **Merchants' Court**. Das **Bessie Surtees House** besteht aus zwei Kaufmannshäusern des 16./17. Jh.s; im Innern ist eine Ausstellung zur Geschichte der beiden Häuser zu sehen.
Bessie Surtees House: 41–44 Sandhill; Mo.–Fr. 10.00–16.00 Uhr; Eintritt frei

Baltic Centre

Das »Baltic«, das 2002 am Südufer des Tyne in einem Getreidespeicher der einstigen »Baltic Flour Mills« eröffnet wurde, ist ein immenses **Kunstzentrum**. Die »Kunstfabrik« hat keine ständige Sammlung, sondern konzentriert sich auf die Produktion und Präsentation zeitgenössischer Kunst.
❶ South Shore Rd.; Mi.–Mo. 10.00–18.00, Di. ab 10.30 Uhr; www.balticmill.com

Castle Keep

Ein normannischer Wehrturm nördlich der High Level Bridge an der St. Nicholas Street ist der letzte Rest des einstigen »New Castle«. Zu

ZIELE • **Newcastle-upon-Tyne**

sehen sind eine spätnormannische Kapelle und die »King's Chamber«; vom Turm selbst hat man einen schönen Rundblick.
❶ Mo.–Sa. 10.00–17.00, So. ab 12.00 Uhr; Eintritt 4 £;
www.castlekeep-newcastle.org.uk

Life Science Centre
Das Zentrum westlich vom Bahnhof widmet sich in einer spannend aufbereitete Hightech-Ausstellung der Menschheitsgeschichte und der Geschichte der DNA-Forschung. Hier arbeiten Wissenschaft, Biotechnologie, Forschung, Bildung, Unterhaltung und Ethik zusammen, um zu erforschen, wie Leben entsteht und funktioniert.
❶ Times Square; Mo.–Sa. 10.00–18.00, So. ab 11.00 Uhr; Eintritt 9 £;
www.life.org.uk

St. Nicholas Cathedral
Die relativ kleine St. Nicholas Cathedral entstand im 14./15. Jahrhundert. Ihr knapp 60 m hoher Laternenturm wird gekrönt von der herrlichen zinnenbewehrten »Scottish Crown«, die nachts eindrucksvoll erleuchtet ist. Im Innern sind der Taufstein mit Baldachin und ein Lesepult (beides um 1500) sowie die Orgel von 1676 und die teilweise sehr originellen Statuen aus dem 15., 16. und 20. Jh. von Interesse.
❶ Mo.–Fr. 7.30–18.30, Sa. 8.00–16.00, So. 7.30–19.15 Uhr;
www.stnicholascathedral.co.uk

Chares
Östlich der Tyne-Brücke kommt man zu einem der ältesten Teile der Stadt, den Chares, mit engen Straßen und Treppen. Man sollte einen Blick auf das Custom House (1766) und das Trinity House (1721) werfen.

*Grey Street
Treffpunkt im Herzen der Stadt ist die 42 m hohe Säule des **Earl Grey's Monument** am Nordende der Grey Street. Von der Aussichtsplattform oben auf der Säule hat man einen fantastischen Rundblick.

*Grainger Street
Die Grainger Street, die am Grey's Monument ihren Ausgang nimmt, gilt als eine der schönsten **Einkaufsstraßen** der Stadt. Der Baumeister Richard Grainger war um 1830 leitender Architekt bei der Neugestaltung des Stadtzentrums.

*Eldon Square
Um den Eldon Square ist mit dem gleichnamigen Shopping Centre und dem **Eldon Garden** ein riesiges Einkaufsparadies entstanden, in dem zahlreiche Ladenpassagen, elegante Geschäftsarkaden, exklusive Designerboutiquen, Restaurants, Cafés und Pubs zum Flanieren einladen.

Chinesisches Viertel
Westlich vom Eldon Square Shopping Centre hat sich um die Stowell Street ein chinesisches Viertel herausgebildet, das für seine ausgezeichneten Restaurants bekannt ist.

Newcastle-upon-Tyne • ZIELE

Die Laing Art Gallery westlich des Grey's Monument am Higham Place wurde zu Beginn des 20. Jh.s eröffnet. Zum Museum gehört eine umfangreiche Gemälde- und Skulpturensammlung mit Werken alter Meister, Arbeiten von Gauguin, John Martin und Stanley Spencer, Plastiken von Henry Moore, Antiquitäten des 16. – 18. Jh.s, Glas und Keramik aus der Region Tyneside sowie archäologischen Funden aus griechischer und römischer Zeit.
❶ Mo. – Sa. 10.00 – 17.00, So. ab 14.00 Uhr; Eintritt frei

Laing Art Gallery

Vom **Glockenspiel** des Civic Centre erklingen traditionelle Lieder der Region. Eine Statue stellt den Flussgott Tyne dar.

Civic Centre

Der Gebäudekomplex des Great North Museum umfasst verschiedene Sammlungen: Im **Hancock Museum** sind ägyptische Mumien, Nachbildungen von Dinosauriern und Mammuts, zoologische Sammlungen und Lehrpfade zur Geologie der Region zu sehen. Beachtlich sind die Sammlung der römischen und angelsächsischen Gegenstände im **Museum of Antiquities** (The Quadrangle), die Ausgrabungsfunde und das anschauliche Modell vom ▶Hadrian's Wall sowie ein bei Housestead gefundener, rekonstruierter Mithrasaltar aus dem 3. Jahrhundert. Im Armstrong Building ist das **Shefton Museum of Greek Art & Archaeology** untergebracht, eine bedeutende Sammlung von griechischen und etruskischen Vasen, Terrakotten und Bronzegeräten. Die benachbarte **Hatton Gallery** zeigt Arbeiten europäischer Maler vom 14. bis 18. Jh. sowie Gemälde moderner englischer Künstler.
❶ Mo. – Sa. 10.00 – 17.00 Uhr; Eintritt frei; www.twmuseums.org.uk

Great North Museum

Das Museum am Blandford Square präsentiert technische Pionierleistungen der letzten 200 Jahre: Dampfmaschinen, hochmoderne Jet-Turbinen, die von George Stephenson 1830 für die Kohleminen von Killingeorth gebaute Lokomotive, verschiedene Schiffsmodelle, darunter den ersten turbinenbetriebenen Dampfer der Welt, die 1914 vom Stapel gelaufene »Turbinia«. Die »Newcastle Story« erzählt die Stadtgeschichte von der Römerzeit bis heute.
❶ Mo. – Sa. 10.00 – 17.00, So. ab 14.00 Uhr; Eintritt frei

Discovery Museum

Beeindruckend ist auch das von Sir Norman Foster entworfene Sage Gateshead – **Konzerthaus**, Veranstaltungszentrum und Musikschule unweit der Millennium Bridge.

The Sage Gateshead

Jesmond Dene ist ein reizvolles Tal im Nordosten der Stadt. »Dene« ist die lokale Bezeichnung für ein schmales, glaziales Schmelzwassertal. Hier gibt es eine der schönsten Parkanlagen in England. In dem von Lord William Armstrong für die Öffentlichkeit zugänglich gemachten Park ist auch ein Naturlehrpfad angelegt worden.

*Jesmond Dene

✱ New Forest

✈ P/Q 19

Landesteil: Südengland
Grafschaft: Hampshire und Wiltshire

Der New Forest ist keineswegs neu, wie man dem Namen entnehmen könnte, und das Gebiet besteht auch nicht durchgehend aus Wald, vielmehr sind weite Gebiete von Heide und Moor bedeckt. Eine Besonderheit sind die halbwilden »New Forest Ponies«, die man überall sieht.

Das Gebiet erstreckt sich von ▶Southampton bis zum Avon bei Ringwood. Seit dem 11. Jh. war es königliches Jagdrevier, im 19. Jh. wurde der New Forest zum Wandergebiet erklärt, heute ist er Naturschutzgebiet. Nach wie vor gehören weite Teile der Krone. Besonders schön ist der New Forest zur Blütezeit im Frühling und später zur Zeit der Heideblüte. Im Knightwood Oak, einem Waldstück 3,5 km südwestlich von Lyndhurst, gibt es herrliche alte Eichen von teilweise immensem Umfang. Man kann ausgedehnte Spaziergänge unternehmen. Für Autofahrer gilt: langsam fahren, da überall auf der Fahrbahn mit Ponys zu rechnen ist!

SEHENSWERTES IM NEW FOREST

Ein guter Ausgangspunkt für eine Rundfahrt ist **Lyndhurst**, die Hauptstadt des New Forest. In der viktorianischen Pfarrkirche St. Michael sind schöne Kapitele mit Nachbildungen der Blätter und Früchte des New Forest zu sehen, von Edward Burne-Jones stammen das farbige Ostfenster sowie das nördliche Querschifffenster. Auch das Grab von Reginald Hargreares – besser bekannt als Alice Liddell, die Lewis Carroll zu Alice in Wonderland inspirierte – befindet sich hier.

New Forest erleben

AUSKUNFT

Lyndhurst Visitor Information Centre
Main Car Park, Lyndhurst,
Hampshire, England, SO43 7NY
Tel. 023 80 28 22 69
www.thenewforest.co.uk

ÜBERNACHTEN

Ormonde House Hotel ❸❸❸
Southampton Rd., Lyndhurst
Tel. 023 80 28 28 06
www.ormondehouse.co.uk
Angenehmes kleines Hotel mit 19 Zimmern und vier Suiten in hübschem Haus mit großem Garten.

»Emily« im National Motor Museum in Beaulieu

Eine Perle ist Beaulieu, der »schöne Ort«, 12,8 km südöstlich von Lyndhurst. Beaulieu Abbey wurde 1204 als Zisterzienser-Kloster gegründet. Margarete von Anjou und ihr Sohn fanden hier 1471 Zuflucht. Das große Torhaus wurde 1538 in ein Wohnhaus umgewandelt, heute ist das Palace House Sitz von Lord Montagu of Beaulieu. Hauptattraktion des Herrenhauses ist das **National Motor Museum** mit über 250 Oldtimern, u. a. berühmten Rennwagen und Motorrädern. Zum Anwesen gehört ein schöner Park. *Beaulieu Abbey
❶ Juni – Sept. tgl. 10.00 – 18.00, Okt. – Mai tgl. bis 17.00 Uhr; Eintritt 20 £; www.beaulieu.co.uk

Exbury Gardens, ein wunderschöner, von Edmond de Rothschild (gest. 1942) angelegter Park, liegt 6,4 km südöstlich von Beaulieu. *Exbury Gardens
❶ Mitte März – Okt. tgl. 10.00 – 17.00 Uhr; Eintritt 12,50 £; www.exbury.co.uk

Northampton

R 16

Landesteil: Mittelengland
Höhe: 300 ft/92 m ü. d. M.
Grafschaft: Northamptonshire   **Einwohnerzahl:** 210 000

Northampton am Ufer des River Nene ist Grafschaftshauptstadt und wichtige Industriestadt – einst war sie Zentrum der Schuhfabrikation. In Northampton gibt es einen der größten Marktplätze Englands.

Northampton erleben

AUSKUNFT
The Visitor Centre
St Giles Square, Northampton NN1 1DA
Tel. 01604 62 26 77
www.visitnorthamptonshire.co.uk

ESSEN
Wig & Pen ⓔⓔ
19 St Giles St., Tel. 01604 62 21 78
www.wigandpennorthampton.co.uk
Charmanter Gastro-Pub mit neu angelegtem Garten und einer schönen Auswahl an Sandwiches, Pies und anderen traditionellen englischen Köstlichkeiten.

Ein folgenschweres Ereignis ereignete sich im Castle von Northampton, das heute allerdings nicht mehr steht: Der Streit zwischen Heinrich II. und Thomas Becket im Jahr 1164, der die Ermordung von Becket zur Folge hatte (▶Canterbury).

SEHENSWERTES IN NORTHAMPTON

Church of the Holy Sepulchre In der Sheep Street steht die Church of the Holy Sepulchre, eine von vier Rundkirchen in England. Urbild der Kirche ist die Grabeskirche in Jerusalem. Gegründet wurde sie als Klosterkirche im 12. Jh. von Simon de Senlis, Earl of Northampton (gest. 1109), der an einem Kreuzzug ins Heilige Land teilgenommen hatte. Das jetzige Schiff, acht Stufen höher als das ursprüngliche, ist im Early English Style gehalten, die Apsis ist modern. Im eindrucksvollen Kircheninnern mit seinen mächtigen normannischen Pfeilern verdient der 1860 – 1864 unter Sir Gilbert Scott gebaute Chor Beachtung.
ⓘ www.stseps.org

Weitere Kirchen In der Nähe des großen Market Square steht All Saints mit einem Turm aus dem 14. Jh.; St. Peter in Marefair ist ein Beispiel des reich verzierten mittelnormannischen Stils um 1160. St. Matthew's in der Kettering Road beherbergt Henry Moore's »Madonna mit dem Kind« (1944).

In der **Central Museum and Art Gallery** wird die Schuhindustrie gewürdigt, zu sehen sind Fußbekleidungen und besondere Kunstwerke aus Leder von der Antike bis heute.
ⓘ Guildhall Rd.; Di. – Sa. 10.00 – 17.00, So. ab 14.00 Uhr; Eintritt frei

> **BAEDEKER TIPP !**
>
> *The Malt Shovel Tavern*
>
> Eine fantastische Auswahl an Real Ales und anderen Bieren sowie ein großes Angebot an Single Malts zeichnen diesen prämierten Pub in der Bridge Street aus. Alle zwei Wochen wird Donnerstags ein Pubquiz veranstaltet. (http://maltshoveltavern.com).

UMGEBUNG VON NORTHAMPTON

Bedford an der Ouse südöstlich von Northampton ist Grafschaftshauptstadt. Bekannt ist die Stadt durch ihre Schulen: Sir William Harpur of Harper (1496 – 1573), Tuchhändler und 1561/1562 Bürgermeister von London, gründete 1552 in seiner Heimatstadt Bedford eine Schule – heute verwaltet der Harpur Trust vier Schulen mit 3500 Schülern. Mit Bedford verbindet sich auch der Name John Bunyan (1628 – 1688), ein Schriftsteller und Wanderprediger der Nonkonformisten. Als diese verboten wurden, kam er ins Gefängnis, 1675 schließlich ins Stadtgefängnis von Bedford. Dort schrieb er den größten Teil seines berühmtesten Werkes »The Pilgrim's Progress« (Des Pilgers Reise). Ein Denkmal, die Scheune, in der er seine Predigten hielt, Bibliothek und Museum erinnern an Bunyan.
John Bunyan Museum: Mill St.; März – Okt. Di. – Sa. 11.00 – 16.00 Uhr; Eintritt frei; www.bunyanmeeting.co.uk

*Bedford

Silverstone weiter westlich an der A43 ist eine der schnellsten Autorennbahnen Europas, hier wird jedes Jahr im Sommer der britische Formel-1-Grand-Prix ausgetragen. Der Silverstone Circuit ist die Heimat des britischen Automobilrennsports.

Silverstone

Der Familiensitz der Spencers 10 km nordwestlich wurde 1573 gebaut, sein heutiges Aussehen erhielt er Ende des 18. Jh.s. Eine kleine Insel im gutseigenen See mit stilisierter Urne auf einem steinernen Sockel ist zur viel besuchten Wallfahrtsstätte geworden: hier ruht »die Königin der Herzen«, die 1997 tödlich verunglückte Prinzessin Diana, Princess of Wales (1961 – 1997).
❶ Juli, Aug. tgl. 11.00 – 17.00 Uhr; Eintritt 15,50 £; www.althorp.com

*Althorp House

٭ North Devon Coast

─── ✦ K – N 18

Landesteil: Südwestengland
Grafschaft: Devon

Die Atlantikküste von North-Devon am Bristol Channel hat atemberaubende Klippenlandschaften und goldene Sandstrände, es gibt schöne belebte Seebäder und im Hinterland die winzigen, verträumten Dörfer von Exmoor.

Eines der beliebtesten Ferienziele an der North Devon Coast ist Clovelly. Der im Sommer überlaufene »Beauty Spot« liegt auf einem schmalen Kamm, der fast senkrecht ins Meer abfällt. Von dem kleinen Pier oder – noch besser – von der See aus hat man einen herrli-

*Clovelly

North Devon Coast erleben

AUSKUNFT
Landmark Theatre, The Seafront
Ilfracombe, North Devon, England, EX34 9BX
Tel. 01271 86 30 01
www.visitilfracombe.co.uk

ESSEN
Tyme Restaurant at Trimstone Manor siete
Trimstone nahe Woolacombe
Tel. 01271 86 28 41
www.trimstone.co.uk
Frische saisonale und lokale Küche, dazu ein wunderschön gepflegter Garten und ein reizvolles 400 Jahre altes Landhaus versprechen einen kulinarischen und sinnlichen Hochgenuss.

ÜBERNACHTEN
Yeoldon House Hotel
Durrant Lane, Notham
Tel. 01237 47 44 00
www.yeoldonhousehotel.co.uk
Charmantes viktorianisches Haus nahe Bideford mit zauberhaftem Garten und grandiosen Ausblicken. Die zehn Zimmer sind liebevoll eingerichtet.

Porlock Vale House
Porlock Weir, Tel. 01643 86 23 38
www.porlockvale.co.uk
Die ehemalige Jagdhütte mit 15 Zimmern ist vor allem bei Pferdefreunden beliebt, da Ausritte ins Exmoor organisiert werden. Geräumige Zimmer, ein offener Kamin und herzhaftes Essen versprechen einen erinnerungswürdigen Aufenthalt.

Huxtable Farm
Barnstaple, West Buckland, North Devon
Tel. 01598 76 02 54
www.huxtablefarm.co.uk
North Devon ist ideal für Urlaub auf dem Bauernhof. Viele Farmer verdienen sich mit liebevoll eingerichteten Zimmern und einem meist üppigen Frühstück ein paar Pfund dazu. Zur Huxtable Farm gehört ein schönes altes Bauernhaus aus dem Jahr 1520, in dem man eine angenehme Urlaubsunterkunft hat.

Frühmorgens an North Devons Küste: Ein Fischerboot fährt aufs Meer hinaus.

chen Blick auf Clovelly und seine reizvolle Umgebung. Yellery Gate an der Ortsspitze ist der Zugang zum Park von Clovelly Court. Von dort sollte man unbedingt einen Spaziergang durch die überwältigend schöne Landschaft machen, zu empfehlen sind der Rundweg von etwa 8 km und der Hobby Drive von 5 km.

17,6 km vor Hartland Point liegt Lundy Island, nach den hier lebenden Papageientauchern auch Puffin Island genannt. Zu der wind- und wetterumtosten Granitinsel kann man von Bideford und Ilfracombe aus mit dem Schiff fahren; es gibt auch eine Hubschrauberverbindung. M. C. Harman, der einstige Besitzer des 5,6 km langen und 0,8 km breiten Tafellandes, dessen Klippen bis zu 152 m aus dem Meer aufragen, gründete hier eine Gesellschaft zur Erforschung seltener Flora und Fauna. 1929 führte er zudem eine eigene Währung und Briefmarken ein. Weite Teile der Insel, heute Eigentum des National Trust, sind als Vogelschutzgebiet ausgewiesen worden. Historische Zeugnisse sind u. a. die Ruinen der Piratenfestung Marisco Castle und das Millcombe House (1836).

Lundy Island

Gute Ausgangsbasis für Nord-Devon ist Barnstaple an der Taw-Mündung, das stolz darauf ist, Englands älteste Stadtgemeinde – nämlich seit 830 – zu sein. Schon zu normannischer Zeit war Barnstaple ein Seehafen, die Brücke über das Mündungsdelta des Taw wurde 1273 errichtet. Das Museum of North Devon zeigt Erinnerungsstücke an John Gay, der 1685 in Barnstaple geboren wurde. Seine »Beggar's Opera« (1728) lieferte 200 Jahre später die Vorlage für Bertolt Brechts »Dreigroschenoper«.

Barnstaple

❶ Sommer Mo. – Sa. 10.00 – 17.00, Winter bis 16.00 Uhr; Eintritt frei; www.devonmuseums.net

Ilfracombe ist das älteste Seebad an der Nordküste Devons. Es ist zwischen Hügeln angelegt, die benachbarten Buchten mit **Badestränden** lassen sich durch Felstunnel erreichen. Die ehemalige Kapelle St. Nicholas, auf einem Felsen über dem malerischen Hafen erbaut, wurde in einen Leuchtturm umfunktioniert. Ein Tipp für Wanderer ist der Torrs Walk.

Ilfracombe

Lohnende Ziele sind Lynton und Lynmouth. Letzteres liegt direkt an der Küste, das viktorianisch geprägte Lynton thront in 120 m Höhe über dem Punkt, wo sich der East und West Lyn vereinigen, bevor sie ins Meer fließen. Eine Klippenbahn verbindet die beiden Orte miteinander. Das altenglische Wort »Hlynn« bedeutet »reißender Fluss«. Diesem Namen machte der River Lynn alle Ehre: 1952 zerstörte er große Teile von Lynmouth, so dass der Ort fast völlig neu aufgebaut werden musste. Die Landschaft ringsum ist von außergewöhnlicher Schönheit. Zu den Höhepunkten zählen das **Valley of Rocks**, die

Lynton, Lynmouth

Woody Bay und **Watersmeet**. Die Bademöglichkeiten sind dagegen weniger attraktiv.

**Exmoor Exmoor, großenteils Nationalpark, ist weitgehend kultiviert, einige Bereiche mit Moor- und Heideflächen hat man aber erhalten. Mit 519 m Höhe bietet der höchste Berg Dunkery Beacon eine herrliche Aussicht über die menschenleere Landschaft. Am nordöstlichen Rand des Exmoor erhebt sich eine mächtige Burg (17. – 19. Jh.) über der Weinstadt Dunster.

* North East Coast

P – T 9 – 13

Landesteil: Nordengland
Grafschaften: North Yorkshire, Durham, Tyne and Wear, Northumberland

Die englische Nord-Ost-Küste zieht sich vom Gebiet nördlich der Humber-Mündung bei Hull bis zur schottischen Grenze. Die z. T. sehr charmanten Seebäder sind weniger bekannt und vom Klima nicht so begünstigt wie die Bäder Südenglands, dafür aber auch nicht so überlaufen.

* KÜSTENFAHRT

Withernsea Beliebtes Naherholungsziel östlich von ▶Hull ist der Sandstrand von Withernsea, der sich weit an der Küste entlang zieht.

Bridlington Der Badeort Bridlington 50 km nördlich hat einen langen Strand, der sich in Richtung Süden fast über die gesamte Küste erstreckt. Einen Besuch lohnt in der Altstadt die Kirche **St. Mary**. Beachtung verdienen vor allem an der Ostseite das Jesse-Fenster mit 30 Feldern und die frühgotischen Fenster im Hauptschiff.

*Burton Agnes Hall Empfehlenswert ist ein Ausflug zur Burton Agnes Hall 9 km westlich, einem prachtvollen Beispiel elisabethanischer Renaissance-Architektur. Der 1598 erbaute Herrensitz birgt kostbare Stilmöbel und eine schöne Sammlung französischer Impressionisten.
❶ April – Okt. tgl. 11.00 – 17.00 Uhr; Eintritt 8 £; www.burtonagnes.com

*Scarborough Das renommierte Seebad Scarborough verdankt seinen herrlichen Sandbuchten den Beinamen »Queen of the Yorkshire Coast«. Seit 1734 gilt es als führendes Seebad im Norden, bis heute hat es seinen viktorianischen Charakter bewahrt. Scarborough bietet viele Grün-

North East Coast • ZIELE

North East Coast erleben

AUSKUNFT
Tourist Information Centre
Brunswick Shopping Centre
Westborough, Scarborough YO11 1UE
Tel. 01723 38 36 36
www.yorkshire.com

ESSEN
The Copper Horse ⓔⓔⓔ
Main St., Scarborough
Tel. 01723 86 20 29
www.thecopperhorse.co.uk
In gemütlicher Pub-Atmosphäre genießt man authentische britische Küche modern zubereitet.

Magpie Cafe ⓔⓔ
14 Oier Rd, Whitby
Tel. 01947 60 20 58
www.magpiecafe.co.uk
Der womöglich beste Fish-&-Chips-Shop in Whitby.

ÜBERNACHTEN
Gisborough Hall Hotel ⓔⓔⓔⓔ
Whitby Lane, Guisborough
Tel. *0844 8 79 91 49
www.macdonaldhotels.co.uk
Viktorianische Pracht und 71 opulent eingerichtete Zimmer erwarten den Gast im in die zauberhafte Landschaft Yorkshires eingebetteten Landhaus unweit der Küste.

The Crescent Hotel ⓔⓔⓔ
The Crescent, Scarborough
Tel. 01723 36 09 29
www.thecrescenthotel.com
Angenehmes Hotel mit 20 geschmackvoll eingerichteten Zimmern und einem guten Preis-Leistungs-Verhältnis.

The White Swan ⓔⓔⓔ
Bondgate Within, Alnwick
Northumberland
Tel. 01665 60 21 09
www.classiclodges.co.uk
Das White Swan Hotel war schon vor 300 Jahren Gasthaus an der Postkutschen-Strecke von London nach Edinburgh. Die »Olympic Suite« ist mit Spiegeln, Vertäfelungen, der Decke und Glasfenstern der Olympic, Schwesterschiff der Titanic, eingerichtet. Wer will, kann dort auch gleich noch heiraten.

---

anlagen, gemütliche Cafés und Freizeitmöglichkeiten aller Art. Auf dem Felsen, der die beiden Badebuchten trennt, steht ein **Castle** aus dem 12. Jahrhundert. Einen Blick lohnt die Kirche St. Mary aus dem 12./13. Jahrhundert. Auf dem Kirchhof liegt die Dichterin Anne Brontë (1820 – 1849), eine der Brontë-Schwestern, begraben.

Der traditionsreiche Seehafen Whitby lockt mit feinen Sandstränden. Die Trennlinie zwischen altem und neuem Ortsteil bildet der River Esk. In früheren Zeiten war Whitby eine wichtige Walfangstation. Vampirfreunde kennen das Städtchen durch den Grafen Dracula. Der irische Autor Bram Stoker ließ seinen blutdürstigen Vampir auf dem schwarzen Geisterschiff »Demeter« von Transsylvanien nach Whitby kommen, um dort auf Brautschau zu gehen.

Whitby

ZIELE • North East Coast

> **BAEDEKER TIPP**
>
> ! *Dracula Trail*
>
> In Whitby führt ein »Dracula Trail« zu den Schauplätzen des Dracula-Romans von Bram Stoker. Den Wegweiser dazu gibt es beim Tourismusbüro (Langborne Rd.). Umfassende Infos über die Verbindung Draculas zu Whitby gibt's auf www.dracula-in-whitby.com.

Atemberaubend schön ist die Lage des Golfplatzes auf den Klippen hoch über dem Strand, von der Klippe hat man einen traumhaften Blick auf Küste und Ort.

Hoch oben auf dem Gipfel des Kliffs thronen die Ruinen der 657 gegründeten ***Whitby Abbey**, die einen etwas unheimlichen Eindruck vermitteln. Der markanteste Überrest ist die im 13. und 14. Jh. im Early English Style errichtete Kirche. Die 199 Stufen der »Jakobsleiter« führen zu der normannischen St. Mary's Church mit einem schönen Südportal.

Whitby Abbey: April – Sept. tgl. 10.00 – 18.00, Okt. Do. – Mo., Nov. – März Sa., So. bis 16.00 Uhr; Eintritt 6,20 £

Robin Hood's Bay Das Whitby benachbarte Dorf Robin Hood's Bay ist ein altes Schmugglernest, das sich idyllisch an die Steilküste klammert. Es besitzt einige heimelige Pubs. Von hier führen einige attraktive Wanderwege durch die Küstenlandschaft.

Saltburn-by-the-Sea In dem schon zu viktorianischer Zeit beliebten Badeort verkehrt Großbritanniens älteste wasserbetriebene Trambahn. Da der Zugang zum Strand am Fuß der Klippen äußerst schwierig war, entschloss man sich zum Bau der 1884 eröffneten Standseilbahn. Sie überwindet von der unteren zur oberen Strandpromenade, wo sich der eigentliche Ort befindet, einen Höhenunterschied von 36 m. Auf einer herrlichen Strecke mit gewaltigen Klippen kommt man zum nächsten Seebad Redcar.

Seaton Delaval Hall Weiter nördlich liegt Seaton Sluice mit der Seaton Delaval Hall etwas weiter landeinwärts, dem Sitz von Lord Hastings. Dieses gewaltige palladianische Herrenhaus wurde 1718 – 1729 erbaut und enthält eine hervorragende Sammlung von kostbaren Stilmöbeln und Gemälden englischer Meister, u. a. Arbeiten von Reynolds.

❶ Mai – Sept. Fr. – Mo. 11.00 – 17.00, Okt. – April bis 15.00 Uhr; Eintritt 4,50 £

Warkworth Castle Der folgende 65 km lange Küstenstrich zwischen Amble und Berwick trägt das Prädikat »von außergewöhnlicher Schönheit«. Warkworth liegt malerisch in einer Schleife des Coquet. Die von Shakespeare in »Henry IV.« erwähnte Burg wurde 1139 gegründet und war einst Heim der mächtigen Familie Percy, die jetzt Alnwick Castle bewohnt.

❶ April – Sept. tgl. 10.00 – 17.00, Okt. tgl., Nov. – März Sa., So. bis 16.00 Uhr; Eintritt 4,90 £

Atmosphärisch: die Ruinen von Whitby Abbey

ZIELE • North East Coast

Bamburgh Castle, eine im 19. Jh. restaurierte mittelalterliche Festung

Alnwick Landeinwärts von Alnmouth, einem kultivierten Badeort mit schickem Jachtzentrum, liegt Alnwick, eine mittelalterliche Kleinstadt hoch über dem Ufer des Aln. ***Alnwick Castle**, seit 1309 Sitz der Dukes of Northumberland, ist ein schönes Beispiel einer mittelalterlichen Festung. Zu den Kunstschätzen im Schloss gehören französische Stilmöbel des 17.–19. Jh.s, Funde aus der Römerzeit, eine Gemäldekollektion mit Werken von Tizian, Tintoretto, Canaletto, van Dyck und Turner, kostbares Porzellan, die Staatskarosse des Dritten Herzogs von Northumberland und eine Bibliothek mit rund 8000 Bänden, darunter handgeschriebene Gebetsbücher und seltene Frühdrucke.

Jane Percy (geb. 1958), Duchess of Northumberland und Hausherrin von Alnwick Castle, hat bei der Gestaltung von ***Alnwick Garden** ihre persönlichen Ideen eingebracht und bei der Umsetzung selbst Hand angelegt. Die Gartenarchitektur stammt vom belgischen Landschaftsdesigners Jacques Wirtz. Berühmt ist die Anlage vor allem wegen ihres »Giftgartens«; im Rahmen von Führungen erzählen Gartenexperten furchterregende Geschichten über tödliche Pflanzen, die teilweise auch in unseren Breitengraden zu finden sind. Neben den Wasserspielen ist auch das Baumhaus eine Augenweide. Es ist weltweit eines der größten, in luftiger Höhe kann man vorzüglich speisen.

❶ Schloss April–Sept., Garten April–Nov. tgl. 10.00–18.00 Uhr; Eintritt Kombiticket 24 £, das Ticket ist 12 Monate für beliebig viele Besuche gültig; www.alnwickcastle.com

Bamburgh, einst Hauptstadt des Königreichs von Bernicia, ist heute ein angenehmer kleiner Badeort. Das riesige Castle mit normannischem Wehrturm ist weitgehend Produkt einer im 19. Jh. durchgeführten, umfassenden Restaurierung. ***Bamburgh Castle**

❶ Mitte Feb.–Okt. tgl. 10.00–17.00, Nov.–Mitte Feb. Sa., So. 11.00–16.30 Uhr; Eintritt 9 £; www.bamburghcastle.com

Beal 18 km weiter nördlich ist Ausgangspunkt für die ***Lindisfarne Priory** auf Holy Island. die teilweise Vogelschutzgebiet ist. Bei Ebbe kommt man zu Fuß oder mit dem Auto über einen Damm auf die Insel. Den Namen »Holy Island« erhielt die Insel aufgrund ihrer Bedeutung als wichtiges Zentrum des Christentums. St. Aidan war von Iona hierher geschickt worden, um die Einwohner Northumbriens zu missionieren, und baute ein kleines Kloster auf der Insel. Nach dem Däneneinfall flohen die Mönche mit den Gebeinen des hl. Cuthbert, Bischof des Klosters, der hier und auf den Farne Islands als Einsiedler gelebt hatte. 1093 wurde in Lindisfarne eine neue Benediktinerabtei gegründet, von der nur Reste erhalten sind. **Holy Island**

Das gegenüberliegende **Lindisfarne Castle** wurde Mitte des 16. Jh.s zum Schutz gegen die Schotten gebaut.

Lindisfarne Priory: April–Sept. tgl. 9.30–17.00, Okt. tgl., Nov.–Sa., So. 10.00–16.00 Uhr; Eintritt 4,90 £
Lindisfarne Castle: Feb.–Okt. Di.–So. tagsüber je nach Gezeiten; Eintritt 6,30 £

Nördlichste Stadt Englands ist seit 1482 Berwick-upon-Tweed, eine alte Grenzsiedlung, die in 300 Jahren dreizehnmal den Besitzer wechselte. Zeitweilig war Berwick Schottlands wichtigster Seehafen. Markantes Wahrzeichen der Stadt sind drei große Brücken, die den Tweed überspannen. Die 15-bogige **Berwick Bridge** bzw. Old Bridge wurde 1634 eingeweiht, die 28-bogige Eisenbahnbrücke **Royal Border Bridge** 1847–1850 nach Plänen von Robert Stephenson gebaut. **Berwick-upon-Tweed**

Größte Sehenswürdigkeit sind die von Sir Richard Lee 1558 »kanonensicher« entworfenen ***Elizabethan Ramparts**, die Stadtbefestigung, die Berwick noch heute im Osten und Norden umschließt und seinerzeit Vorbild für ganz Europa war. Die 1560 fertiggestellten »Walls« sind mit ihren fünf Bastionen das einzige Beispiel dieser Art in England.

** North Wales

✦ J – N 14/15

Landesteil: Wales/Cymru
Grafschaften: Gwynedd und Clwyd

»Croeso i Cymru« – Willkommen in Wales – heißt es zur Begrüßung bei der Einfahrt nach Wales. Die Schilder am Straßenrand künden von der großen und traditionellen Gastfreundschaft der Waliser. Das abwechslungsreiche kleine Nordwales gehört zu den ältesten Touristikregionen Großbritanniens.

In angelsächsischer Zeit war Wales Rückzugsgebiet der Kelten, die schon 800 v. Chr. auf die britischen Inseln kamen, erste Städte gründeten und auf den Hochflächen Befestigungsanlagen errichteten, die so genannten »Celtic Hill Forts«. Von den Römern wurden auch die Täler besiedelt und die Festungen ausgebaut, ihnen folgten christliche Iren und schließlich die Normannen, aus deren Festungsanlagen und Siedlungen die heutigen Dörfer und Städte hervorgingen. Aus Nordwales kam die Dynastie der Tudors auf den englischen Thron, und noch heute wird auf der Burg Caernarfon der britische Thronfolger zum »Prince of Wales« proklamiert – 1969 erfolgte die feierliche Einsetzung von Prinz Charles. Auch die Nationalpartei Plaid Cymru wurde 1925 in der nordwalisischen Provinz gegründet, 1966 zog der erste Abgeordnete für Plaid Cymru ins Londoner Unterhaus, Gwynfor Evans (geb. 1912), Symbolfigur des neu erwachten Waliser Nationalismus.

Lovespoons Begehrtes Souvenir aus Wales sind die handgeschnitzten »Lovespoons«. Lovespoons sind hölzerne Liebeslöffel, die etwa seit dem 17. Jh. bekannt sind und als Zeichen der Liebe an die Auserwählte verschenkt wurden. Die kunstvoll verzierten »Verlobungslöffel« fertigte man aus einem einzigen Holzstück – Bergahorn, Eiche, Buche oder Eberesche. Verziert sind sie mit Initialen, glücksbringenden Hufeisen, Herzchen oder verschiedenen Symbolen, die eine feststehende und allgemein bekannte Bedeutung haben: Anker (»Dauerhafte Liebe«), keltische Kreuze (»Hochzeit«), Schlüssel (»Mein Haus gehört dir«). Auch heute noch sind die Lovespoons ein beliebtes Präsent als Zeichen der Zuneigung. Sie werden bei familiären Festen, Hochzeiten und anderen Gelegenheiten verschenkt.

** KÜSTENSTRASSE

Flint Von ▶Chester fährt man am Mündungsdelta des River Dee vorbei durch stark industrialisiertes Gebiet nach Flint. Die 1277 begonnene

North Wales erleben

AUSKUNFT
Tourist Information Centre
Library Building
Mostyn St., Llandudno LL30 2RP
Tel. 01492 57 75 77
www.visitllandudno.org.uk

ESSEN
The Terrace Restaurant ☕☕☕☕
North Parade, Llandudno
Tel. 01492 87 44 11
www.st-tudno.co.uk
Dieses ausgezeichnete und in der Region weithin bekannte Restaurant ist im St. Tudno Hotel untergebracht. Serviert werden hervorragende Gerichte aus frischen Produkten der Region; auch atmosphärisch fühlt man sich hier gut aufgehoben.

Gales Wine Bar ☕☕☕
18 Bridge St., Llangollen
Tel. 01978 86 00 89
www.galesofllangollen.co.uk
In diesem Weinkeller sitzt man auf alten Kirchenbänken. Man bekommt einfache, aber sehr leckere kleine Gerichte.

Castell ☕☕☕
Caernarfon, 33 Y Maes
Tel. 01286 67 79 70
www.castellcaernarfon.co.uk
Nach dem Besuch des Caernarfon Castle lohnt der Weg in dieses freundliche Restaurant, in dem man bei angenehmer Atmosphäre walisische Gerichte genießen kann.

ÜBERNACHTEN
St. Tudno Hotel ☕☕☕☕
Promenade, Llandudno
Tel. 01492 87 44 11, www.st-tudno.co.uk
Ein mehrfach preisgekröntes Hotel direkt gegenüber dem Pier mit insgesamt 19 individuell gestalteten hübschen Zimmern, Schwimmbad und exzellentem Restaurant.

VERANSTALTUNG
Poetisch-politischer Höhepunkt des walisischen Kalenderjahrs und nationale Institution ist das Eisteddfod, das seit 1947 jedes Jahr in der ersten Juliwoche in Llangollen stattfindet (▶S. 118).

Festung war die erste von 17 Burgen, die Edward I. zum Schutz der nordwalisischen Küste errichten ließ. Auch literarisch erhielt die Burg eine markante Rolle: In Shakespeares »Richard II.« ergab sich der König hier 1399 Bolingbroke.
Festung: tgl. 10.00 – 16.00 Uhr; Eintritt frei

Point of Ayr Am Point of Ayr beginnt ein Küstenabschnitt mit sandigen Buchten und guten Badestränden, der sich bis nach Llandudno erstreckt. Beliebte **Seebäder** sind Prestatyn, Colwyn Bay und Rhos-on-Sea mit umfangreichem Freizeitangebot, kleinen Jachthäfen und Seepromenaden. Rhyl ist ein bekanntes Familienbad.

Bodelwyddan Castle Fährt man auf der A 55 in Richtung Nordwesten, kommt man nach Bodelwyddan. Bodelwyddan Castle aus dem 19. Jh. beherbergt eine beträchtliche Sammlung viktorianischer und präraphaelitischer Port-

North Wales • ZIELE

rätmalerei. Besonders eindrucksvoll ist die im William-Morris-Stil dekorierte »Watts Hall of Fame« mit 26 Porträts des Malers G. F. Watts.
● April – Okt. Mi. – So. 10.30 – 17.00, Nov. – März Sa., So. bis 16.00 Uhr; Eintritt 6,30 £; www.bodelwyddan-castle.co.uk

*Llandudno

Das elegante Llandudno ist das meistbesuchte Seebad in Wales. Mit dem Aufkommen des Fremdenverkehrs im 19. Jh. wurde die viktorianische Stadt zum Treffpunkt der gehobenen Mittelklasse aus der benachbarten Industrieregion von Liverpool und Manchester. Der prachtvolle **spätviktorianische Pier** wurde 1994 nach einem Brand wieder instand gesetzt. Für einen Einkaufsbummel empfiehlt sich die Mostyn Street mit ihren Ladenpassagen. Kinder können sich im Alice in Wonderland Centre vergnügen: Alice Lidell, die Lewis Caroll zu seinem berühmten Kinderbuch inspirierte, verbrachte alljährlich ihre Sommerferien in Llandudno.

> **BAEDEKER TIPP !**
> *Schöne Aussichten*
>
> Vom 207 m hohen Great Orme's Head, auf den eine Seilbahn hinaufführt, hat man einen fantastischen Weitblick; vom 141 m hohen Little Orme's Head ebenfalls einen schönen Blick auf eine herrliche Klippenlandschaft.

*Conwy

Conwy an der Mündung des Conwy-Flusses gilt als eines der reizvollsten Städtchen in Wales. Im historischen Kern sind die mittelalterlichen Stadtmauern mit drei Toren und 22 halbrunden Türmen noch nahezu vollständig erhalten. Ein Meisterwerk mittelalterlicher Architektur ist das im 13. Jh. von Edward I. in Auftrag gegebene **Castle**. Der große Saal ist heute ohne Dach. Ursprünglich wurde es durch acht Bogen getragen, von denen einer rekonstruiert worden ist, um die einstige Schönheit zu demonstrieren. Die Kirche **St. Mary** aus dem 13. Jh. birgt einen Grabstein für Nicholas Hookes, 41. Sprössling seines Vaters und selbst wiederum Vater von 27 Kindern.
Plas Mawr ist eines der schönsten aus elisabethanischer Zeit erhaltenen Stadthäuser. Die Innenräume aus dem 16. Jh. sind teilweise noch original ausgestattet. Ältestes Fachwerkhaus des Ortes ist das aus dem 14. Jh. stammende **Aberconwy House** mit einer wertvollen Sammlung antiker Möbel.
Ein hübscher Weg verläuft von Conwy nach **Penmaenmawr**, einem besonders bei Seglern beliebten Badeort. Bei Capelulo führt ein History Trail zu Druidenkreisen und Fundstätten alter Steinäxte, die hier in Massen angefertigt wurden.
Castle: März – Juni, Sept., Okt. tgl. 9.30 – 17.00, Juli, Aug. tgl. bis 18.00, Nov. – März Mo – Sa. 10.00 – 16.00, So. ab 11.00 Uhr; Eintritt 4,80 £

Idyllisch: Baden in den Wassern des Conwy im gleichnamigen Tal südlich von Llandudno

Plas Mawr: April – Sept. Di. – So. 9.00 – 17.00, Okt. Di. – So. 9.30 – 16.00 Uhr; Eintritt 5,20 £
Aberconwy House: Mitte März – Okt. Mi. – Mo. 11.00 – 17.00, Nov. – Mitte März Sa., So. bis 16.00 Uhr; Eintritt 3,40 £

*Vale of Conwy, Bodnant Gardens

Im schönen Vale of Conwy liegen die herrlichen Bodnant Gardens, zauberhafte Parkterrassen aus dem 19. Jh. Üppig wachsen Rhododendren, Azaleen und Kamelien, dazu gibt es einen Rosen- und Felsengarten.
❶ März – Mitte Nov. tgl. 10.00 – 17.00 Uhr; Eintritt 8 £;
www.bodnantgarden.co.uk

Bangor

Bangor gegenüber der Insel Anglesey ist mit 13 000 Einwohnern die größte Stadt der Grafschaft Gwynedd. Die kleine **Kathedrale** wurde wahrscheinlich schon 548 gegründet. Die **Bangor Museum and Art Gallery** zeigt altwalisisches Mobiliar, Trachten und Lokalgeschichtliches aus dem 17. – 19. Jahrhundert. Das 1827 – 1840 im neonormannischen Stil erbaute **Penrhyn Castle** erinnert an die große Zeit des Schieferabbaus, als die Penrhyn Quarries der Familie Pennant im 19. Jh. rund ein Viertel des gesamten Waliser Schiefers hervorbrachten. Der graue Stein findet sich im Interieur wieder: ein Billardtisch, ein Kamin und ein wuchtiges Himmelbett sind aus Schiefer. Die beiden Speisesäle dienen als Gemäldegalerie: Werke von Gainsborough, Canaletto und Rembrandt sind zu sehen.

Caernarfon Castle, Ort der Prinzenkrönung von Charles

Penrhyn Castle: Schloss Mitte März – Okt. Mi. – Mo. 12.00 – 17.00, Juli, Aug. ab 11.00, Anlage Nov. – März tgl. 12.00 – 15.00, April – Okt. tgl. 11.00 – 17.00; Juli, Aug. tgl. ab 10.00 Uhr; Eintritt 10 £

Grafschaftshauptstadt von Gwynedd ist der viel besuchte Badeort Caernarfon, der malerisch an der Menai Strait und der Mündung des River Seiont liegt. Den romantisch anmutenden Ortskern prägen enge Straßenzüge und mittelalterliche Stadtmauern. Im Jachthafen liegen schmucke Boote vor Anker.

*Caernarfon

1283 ließ Edward I. den Grundstein für **Caernarfon Castle** legen, ein würdiger Sitz für seinen ältesten Sohn Edward of Caernarfon, den ersten Prince of Wales, sollte entstehen. Knapp 37 Jahre dauerte es, bis das Castle fertig war. Der wuchtige Komplex gehört zu den eindrucksvollsten und äußerlich am besten erhaltenen mittelalterlichen Festungsanlagen in Europa. Es steht an der Stelle eines früheren normannischen Castle, von Seiont und Menai Strait umflossen und auf der

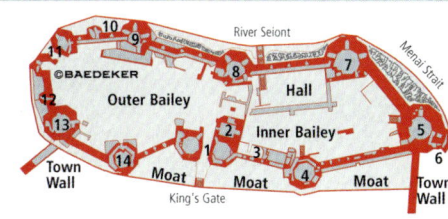

Caernarfon Castle

1 King's Gate
2 Prison Gate
3 Kitchen
4 Well Gate
5 Eagle Tower
6 Water Gate
7 Queen's Tower
8 Chamberlain Tower
9 Black Tower
10 Cistern Tower
11 Queen's Gate
12 Watch Tower
13 North East Tower
14 Granary Tower

Landseite durch Wassergräben geschützt. Symbole königlicher Macht sind die großen Steinadler auf dem Eagle Tower und die Form der Burgmauern und Wehrtürme, die an den Römerwall von Konstantinopel erinnern. Die Festung erlebte 1969 die Investitur von Prinz Charles als Prince of Wales, die in einer Sonderausstellung dokumentiert ist.

❶ März – Juni, Sept., Okt. tgl. 9.30 – 17.00, Juli, Aug. tgl. bis 18.00, Nov. – Feb. Mo. – Sa. 10.00 – 16.00, So. ab 11.00 Uhr; Eintritt 5,25 £

Die Halbinsel Lleyn (sprich »Lihn«) war eines der ersten besiedelten Gebiete in Wales, was an einer Vielzahl prähistorischer Zeugnisse abzulesen ist. Lleyn zählt heute zu den Bollwerken der walisischen Sprache. Die felsige Nordküste der landschaftlich ausgesprochen schönen Halbinsel, die als geschütztes »Gebiet von außerordentlicher Naturschönheit« gilt, ist nur dünn besiedelt, während sich im Süden kleine Strandbäder aneinander reihen; hier liegt auch die Hauptstadt Pwllheli. Der kleine Ort **Llanystumdwy** im Mündungsdelta des Dwyfor und des Dwyfach ist durch das **Lloyd-George-Museum** bekannt, das dem aus Manchester stammenden liberalen Politiker David Lloyd George (1863 – 1945) gewidmet ist.

*Lleyn Peninsula

An der Mündung des Glaslyn River liegen die Zwillingsstädte **Porthmadog** und **Tremadog**, kleine Industriestädte, die früher für die Verschiffung von Schiefer internationale Bedeutung hatten und heute Badeorte sind. Das Maritime Museum in Porthmadog informiert über die Hafengeschichte. In Tremadog lebte der Dichter Shelley (1792 – 1822), Lawrence of Arabia (1888 – 1935) wurde hier geboren.
Lloyd-George-Museum: April, Mai, Okt. Mo. – Fr., Juni Mo. – Sa 10.00 – 17.00, Juli – Sept. tgl. 10.30 – 17.00 Uhr; Eintritt 5 £

Blaenau Ffestiniog
Zentrum des walisischen Schieferabbaus ist Blaenau Ffestiniog, das von gewaltigen Abraumhalden umgeben ist. Mit **Schiefer** sind die Reihenhäuser an der Hauptstraße gedeckt, mit Schiefer sind die Schafweiden eingemauert. Während man Schiefer andernorts im Tagebau gewinnen konnte, waren durch die ungünstige Diagonalschichtung bei Blaenau Stollen und Schachtanlagen nötig. Auf dem Höhepunkt des Schieferbooms um 1900 zählte Blaenau knapp 12 000 Einwohner. In 18 Gruben waren 4000 Mann beschäftigt, heute arbeiten in den verbliebenen zwei Gruben nur noch knapp 150. Mit dem Schiefer aus Blaenau Ffestiniog wurden der Kölner Dom, der Friedenspalast von Den Haag und die AEG-Gebäude in Berlin gedeckt.
In den **Llechwedd Slate Caverns** ist das harte Leben der »rockmen« dokumentiert, die hier unter Tage bei Kerzenlicht die Sprengung des Schiefers vorbereiteten. Auf zwei Untertagetouren können Besucher das Abbauverfahren nacherleben.
❶ April – Sept. tgl. 9.30 – 18.00, Okt. – März bis 17.00 Uhr; Eintritt 10,25 £; www.llechwedd-slate-caverns.co.uk

Portmeirion
Zwischen Porthmadog und Harlech liegt Portmeirion, eine Ferienkolonie im italienischen Stil mit Häusern in mediterranen Farben, Campanilen und Plätzen. Der Architekt Sir Clough Williams-Ellis (1884 – 1978) erfüllte sich hier seinen Traum von einem italienischen Dorf in Wales, das er zusammen mit Gwylt Gardens und einem Herrenhaus (Hotel) auf seiner privaten Halbinsel errichten ließ.
❶ www.portmeirion-village.com

*Harlech Castle
Wie eine Märchenkulisse wirkt der Anblick der mächtigen Burg Harlech – ein Symbol des walisischen Patriotismus. 1404 wurde die Festung von Owain Glyndwr, dem letzten walisischen Anführer, im erbitterten Kampf gegen die Vorherrschaft der verhassten Engländer erobert und fast fünf Jahre lang gehalten. Hervorstechendes Merkmal ist das dreistöckige, doppeltürmige Torhaus. Man hat von hier einen herrlichen Blick über die Tremadog Bay, auf die Gipfel von Snowdonia und die Halbinsel Lleyn.
❶ März – Juni, Sept., Okt. tgl. 9.30 – 17.00, Juli, Aug. bis 18.00, Nov. – Feb. Mo. – Sa. 10.00 – 16.00, So. ab 11.00 Uhr; Eintritt 3,80 £

Von großem landschaftlichen Reiz ist das Mündungsdelta des Mawd-dach. Eine Straße führt am Fluss entlang nach Dolgellau, einer wunderschön im Tal des Wnion gelegenen Stadt. Um 1900 kam es zu einem kurzen »Goldrausch«, als in den Bergbächen der Umgebung Gold gefunden wurde. Aus den Quarzadern der Clogau St. David's Mine kam das Gold für die Eheringe von Queen Mum, Queen Elizabeth II. sowie Prince Charles und Diana.

Dolgellau

Die Landschaft ist von einmaliger Schönheit und Dolgellau ein empfehlenswerter Standort für Ausflüge in die fantastische Bergwelt und zum Gipfel des 893 m hohen **Cader Idris**, dem beliebtesten Berg nach dem Snowdon, der diesem in Bezug auf sein Panorama in nichts nachsteht. Drei Touren führen hinauf, sie dauern zwischen 2,5 und 4 Stunden.

** SNOWDONIA

Snowdonia bezeichnet eine Berglandschaft in Nordwales mit 14 Gipfeln über 915 m. Der höchste ist der **Snowdon** (walisisch Eryri) mit 1085 m Höhe, der dem Gebiet den Namen gab. Die nächsthöheren Berge sind der der Crib-y-Ddysgl oder Garnedd Ugain (1065 m), der Crib Goch (922 m), Lliwedd (899 m) und Yr Aran (748 m). Den besten Blick auf die ganze Gruppe hat man von Capel Curig; die Gipfel selbst sieht man sehr gut von Porthmadog oder vom Tal des Nantlle weiter nördlich. Die fantastische Snowdonia-Landschaft zieht schon seit Jahrhunderten Kletterer und Wanderer an. 1951 wurde das Gebiet zum Snowdonia National Park erklärt. Informationszentren für den Nationalpark befinden sich in Aberdovey, Beddgelert, Betws y Coed, Dolgellau und Harlech. Ausgeschilderte Wege erschließen die landschaftliche Schönheit, die Flora und Fauna des Gebiets. Fünf ebenfalls ausgeschilderte, relativ gefahrlose Wege führen auf den Gipfel des Snowdon, sie starten in Llanberis, Pen-y-Pass, Beddgelert, Nant Gwynant und der Snowdon Ranger. Der direkteste, aber am wenigsten reizvolle Weg beginnt in Llanberis; besonders empfehlenswert ist der Aufstieg von Beddgelert und der Abstieg zum Pen-y-Pass oder umgekehrt.

**Snowdonia National Park

● www.visitsnowdonia.info

Viele Touren starten im schön gelegenen Llanberis am Beginn des Llanberis-Passes. Um 1870 entstanden Werkstätten für den Schieferabbau von Dinorwic, dem damals weltweit größten Schiefersteinbruch. Hier ist heute das **Welsh Slate Museum**, das Walisische Schieferbergbaumuseum, eingerichtet.

Llanberis

Die bequemste Verbindung von Llanberis auf den Snowdon bietet die 1896 gebaute ***Snowdon Mountain Railway**, die in einer knappen Stunde zum Gipfel hinaufdampft. Man kann die Fahrt an meh-

Snowdonia-Panorama

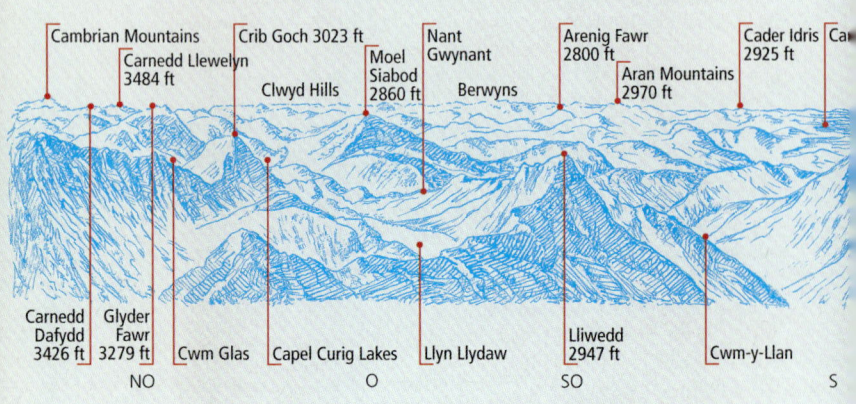

reren Stellen unterbrechen, der Gipfelaufenthalt beträgt 30 Minuten (www.snowdonrailway.co.uk).
Welsh Slate Museum: April – Okt. tgl. 10.00 – 17.00, Nov. – März So. – Fr. bis 16.00 Uhr; Eintritt frei; www.museumwales.ac.uk

★★Snowdon-Panorama Vom mehrgipfeligen Snowdon, besonders von seinem höchsten Gipfel Y Wyddfa (1085 m), bietet sich ein grandioses Panorama. Östlich des Snowdon liegt im Gwyryr-Wald dort, wo sich die Täler des Conwy, Lledr und Llugwy treffen, der bezaubernde Ort Betws-y-Coed, dessen Name »Bethaus im Wald« bedeutet. Die nähere Umgebung bietet mit Fairy Glen, Swallow Falls und Conwy-Wasserfällen »Natur pur«.

ÖSTLICHES NORDWALES

Wrexham Wrexham ist mit 42 000 Einwohnern die größte Stadt in Nordwales. Am südlichen Stadtrand steht die 1722 erbaute **Erdigg Hall** mit einer beachtlichen Möbelsammlung aus dem 18. Jahrhundert. 11 km weiter südlich vereint das seit über 400 Jahren konstant bewohnte **Chirk Castle** mittelalterliche und barocke Baustile; der Landschaftsgarten wurde im 18. Jh. von William Evans angelegt.
Erdigg Hall: Haus Mitte März – Okt. tgl. 12.30 – 16.30, Nov. – Mitte März 11.00 – 15.30, Garten Mitte März – Okt. tgl. 11.00 – 17.30, Nov. – Mitte März bis 16.00 Uhr; Eintritt 9,90 £
Chirk Castle: Schloss & Garten April – Sept. tgl. 10.00 – 17.00, März, Okt. bis 16.00 Uhr, Eintritt 9 £

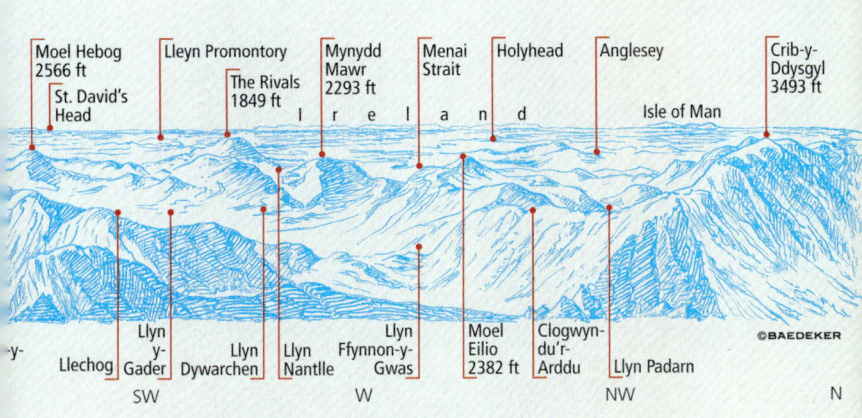

Populäres Reiseziel in Nordwales ist der Ort Llangollen (sprich Chlangochlen), wunderschön gelegen am Ufer des River Dee. Die wildromantische Landschaft im bewaldeten Flusstal hat William Turner auf mehreren Bildern eindrucksvoll festgehalten.

Sehenswert ist **St. Collen's** aus dem 14. Jh. mit einer mit geschnitzten Engeln, Blumen und Tiermotiven verzierten Eichendecke.

Zwei kapriziösen Frauen verdankt Llangollen das kuriose Wohnhaus *Plas Newydd** (Neuer Platz), ein Black-and-White-Fachwerkbau am Butler Hill. Sarah Ponsonby und die 16 Jahre ältere Eleanor Butler hatten Ende des 18. Jh.s mit den Konventionen im irischen Elternhaus gebrochen. Im Tal des River Dee fanden sie eine Bleibe. Am Dorfrand von Llangollen bezogen sie ein Cottage, das sie zwischen 1789 und 1814 gemeinsam bewohnten und dessen Garten sie zu einem Kleinod gestalteten. Bei den »berühmtesten Jungfrauen Europas«, wie Fürst Pückler die beiden exzentrischen »Ladies von Llangollen« nannte, verkehrten namhafte Zeitgenossen wie der Herzog von Gloucester, der Lakeland-Dichter William Wordsworth, Sir Walter Scott und die Schauspielerin Sarah Siddons.

Llangollen

Plas Newydd: Haus Mitte März – Okt. Sa. – Mi. 13.00 – 17.00, Garten Mitte März – Okt. Sa. – Mi. 10.00 – 17.30 Uhr; Eintritt 8,90 £

Im Südosten von Nordwales steht 2 km südlich der Stadt Welshpool/Trallwng Powis Castle, das seit mehr als 500 Jahren ununterbrochen Sitz der Earls of Powis ist. Das Bauwerk aus rotem Sandstein hat weitgehend das Aussehen einer Burg aus dem 13. – 14. Jh. bewahrt, obwohl es im 16. Jh. restauriert wurde. In der Long Gallery stehen frühe

*Powis Castle

Powis Castle, seit mehr als 500 Jahren Sitz der Grafen von Powis

georgianische Möbel, im Oak Drawing Room hängt ein Porträt des 1. Earl of Powis von Thomas Gainsborough.

Die im frühen 18. Jh. mit Balustraden und Arkaden angelegten Terrassengärten führen in einen Landschaftspark mit herrlichem altem Eichenbestand.

❶ Schloss April–Sept. tgl. 12.00–17.00, Okt.–Dez., März bis 16.00, Garten April–Sept. tgl. 11.00–17.30, Okt.–Dez., März bis 16.00 Uhr; Eintritt 11,80 £

Offa's Dyke   Offa's Dyke ist ein Erdwall, der vom angelsächsischen König Offa von Mercien Ende des 8. Jh.s als Grenze gegen Wales errichtet wurde. Offa hatte Caradoc, einen walisischen Prinzen, südlich von Rhyl geschlagen. Danach baute er eine durchgehende Grenzmarkierung von der Mündung des Severn bis zur Mündung des River Dee, deren Verlauf fast genau mit der heutigen Grenze zwischen England und Wales übereinstimmt. Die Befestigung bestand aus einem ca. 6 m hohen Erdwall, neben dem auf walisischer Seite ein zusätzlicher Graben verlief. An mehreren Stellen in England und Wales ist Offa's Dyke noch gut erhalten, so etwa in Mid Wales bei Kington und etwas weiter nördlich bei Knighton, einer Kleinstadt an der Teme. In Knighton hat man auch Zugang zum 1971 eröffneten **Offa's Dyke Path**, der mit einer Gesamtlänge von 285 km von Chepstow bis nach Prestayn führt. Im Ortskern erteilt das Offa's Dyke Centre Auskunft über den beliebten Weg und dessen historische Bedeutung. Bei Montgomery ist Offa's Dyke noch in seiner ursprünglichsten Form zu sehen.

Montgomery ist eine hübsche kleine Ortschaft 16 km südlich von Welshpool mit vielen **georgianischen und elisabethanischen Häusern** im Ortskern. Früher war sie Grafschaftshauptstadt von Montgomeryshire, das durch die Gebietsreform zusammen mit anderen Waliser Grafschaften zu Powys wurde. Grafschaftshauptstadt war die kleine Stadt ohnehin nur auf dem Papier. Sie liegt an keiner Hauptverkehrsstraße, und der Bahnhof ist 1,6 km vom Ortskern entfernt. Den Namen verdankt die Stadt Roger de Montgomery, Earl of Shrewsbury (gest. um 1093), der Powys eroberte.

Montgomery

Das **Castle**, von dem noch einige Reste oberhalb des Städtchens existieren, wurde allerdings erst 1223 von Henry III. gebaut; von der Burg hat man einen hervorragenden Rundblick.

In Montgomery wurde der Dichter George Herbert (1593 – 1633) geboren. In der **Pfarrkirche** aus dem 13. Jh. steht ein Monument seines Vaters, der starb, als Herbert drei Jahre alt war. Die Kirche birgt zudem einen frühen normannischen Taufstein, geschnitzte Misericordien und einen schönen Lettner, der wahrscheinlich aus der zerstörten Abtei von Chirbury/Salop stammt. Die **Town Hall** von Montgomery wurde ingeorgianischem Stil erbaut.

** Northwest Highlands

G 7–L 4

Landesteil: Schottland
Council Area: Highlands

Menschenleere Heideflächen, karge Berglandschaften, weit ins Land dringende Fjorde und einsame Lochs – eine geradezu überwältigende Naturschönheit erwartet Besucher der Northwest Highlands, über denen ein zeitloser Zauber liegt.

Als Northwest Highlands wird im Allgemeinen das nördlichste Drittel Schottlands bezeichnet. Durch den markanten Kaledonischen Graben, der sich von Küste zu Küste zieht, werden die Northwest Highlands von den ▶Grampian Mountains getrennt. Der höchste Berg Großbritanniens, der 1343 m hohe Ben Nevis, ist hier oben zu finden, ansonsten sind die absoluten Höhen im Allgemeinen nicht beträchtlich. Klimatisch sind die Northwest Highlands vom warmen Golfstrom beeinflusst, sie gehören zu den feuchtesten Gebieten Großbritanniens. Auf den moorigen Böden wachsen Zwergstrauchheiden, an den Gebirgshängen Wildgräser.

ZIELE • Northwest Highlands

Northwest Highlands erleben

AUSKUNFT
Fort William Information Centre
15 High St., Fort William PH33 6DH
Tel. 01397 70 18 01
www.visitscotland.com

ESSEN
Rocpool Restaurant ◉◉◉◉
1 Ness Walk, Inverness
Tel. 01463 71 72 74
www.rocpoolrestaurant.com
So. geschl. (nicht im Sommer)
In diesem schicken Restaurant mit Blick über den Fluss Ness wird auf die Verwendung von lokalen Produkten höchster Wert gelegt. Rindfleisch von den berühmten Highland-Rindern, Wild aus Speyside und frischer Fisch von der Westküste kommen auf den Tisch.

Old Pines ◉◉◉
Spean Bridge bei Fort William
Tel. 01397 71 23 24
www.oldpines.co.uk
Exzellente schottische Regionalküche und ausgesuchte Weine.

Forss Country House Hotel ◉◉◉
6 km von Thurso an der A836
Tel. 01847 86 12 01
www.forsshousehotel.co.uk
Ausgezeichnete traditionelle Küche; herrlicher Blick über den River Forss.

Fiddler's ◉◉◉
Main St.
Drumnadrochit am Loch Ness
Tel. 01456 45 06 78
www.fiddledrum.co.uk
Gute regionaltypische Gerichte wie in Scotch marinierter Lachs oder Haggis mit Zwiebel-Whisky-Sauce.

ÜBERNACHTEN
Dundonnell Hotel ◉◉◉
Dundonnell by Garve (nahe Ullapool)
Tel. 01854 63 32 04
www.dundonnellhotel.com
Seit über 100 Jahren werden die Gäste hier am Little Loch Broom herzlich empfangen und gut bewirtet.

The Grange ◉◉◉
Grange Rd., Fort William
Tel. 01397 70 55 16
www.thegrange-scotland.co.uk
Fünf Zimmer, offene Kamine, Seeblick und ein wunderschöner Garten.

Cairnsmore ◉◉
41 Charles St., Inverness
Tel. 01463 23 34 85
www.scotland-inverness.co.uk/cairnsmore
Zentral gelegenes viktorianisches Haus mit zwei hübschen Zimmern und Superfrühstück.

John o'Groats Guest House ◉◉
John o'Groats, Tel. 01955 61 12 51
http://joggh.getfreehosting.co.uk
Am Fähranleger zu den Orkney-Inseln mit Panoramablick über den Pentland Firth, 17 Zimmer.

Clans Das traditionelle Wirtschafts- und Sozialsystem des schottischen Hochlands gründete sich – mit Ausnahme von Caithness – auf ein System von über 170 Clans, die räumlich weitgehend voneinander getrennt in den Hochlandtälern mit Gerste, Hafer und Kartoffeln

Ackerbau für den Eigenbedarf betrieben und schwarze Rinder, die »black cattles«, züchteten. Das Land befand sich in Gemeinbesitz des Clans, dem ein Clanchief vorstand; jedes Mitglied war durch Rechte und Pflichten mit seinem Clan verbunden. Als es 1707 zur staatlichen Vereinigung mit England kam, wehrten sich die Hochlandclans energisch gegen die »Union« und unterstützten den schottischen Thronprätendenten Bonnie Prince Charlie. Nach dessen vernichtender Niederlage bei Culloden im Jahr 1746 wurde das Clansystem verboten und das Gebiet an englische Verwalter übergeben. Ab 1780 wurden die Ländereien zwar vielfach wieder an königstreue Clanchiefs zurückgegeben, diese nun aber, mit Feudalrechten ausgestattet, zu Grundherren ernannt: den »lairds«.

»Die letzten des Clans« verlassen ihre Heimat (Thomas Faed, 1865)

Highland Clearances

Das 19. Jh. brachte eines der bittersten Kapitel schottischer Sozialgeschichte. Angeregt durch die wachsende Nachfrage der aufstrebenden englischen Textilindustrie sahen die neuen Grundherren des Hochlands Profitmöglichkeiten in einer Umstellung von der traditionellen Landwirtschaft auf eine großflächige Schafhaltung – zahlungskräftige Züchter boten für das Weiden ihrer Cheviot- und Linton-Schafe bis zu dreimal höhere Pachtsätze. Dafür musste ein Großteil der ansässigen Bauern in die Küstenräume umgesiedelt werden. Diese als »Highland Clearances« bekannt gewordene, zum Teil mit brutaler Gewalt durchgeführte Zwangsumsiedlung von ca. zwei Drittel der damaligen bäuerlichen Bevölkerung führte zu einer fast vollständigen Entvölkerung des Hochlands und einer Übervölkerung der Küsten. Fischerei und Tangnachfrage boten den umgesiedelten Kleinbauern (»crofters«) kaum Existenzmöglichkeiten. Etliche wanderten in die schottischen und englischen Industriegebiete ab oder emigrierten nach Übersee. Bis heute gibt es eine Abwanderung aus dem strukturschwachen Raum. Allerdings wurden am Caledonian Canal Gewerbe- und Industrieansiedlungen und damit die Städteentwicklung staatlich gefördert.

**Caledonian Canal

Der knapp 100 km lange Caledonian Canal gehört zu den schönsten Wasserwegen Europas. Er verbindet Nordsee und Atlantik und ist eine beliebte Wasserstraße für Freizeitkapitäne, Paddler und Ruderer.

ZIELE • **Northwest Highlands**

Anfang des 19. Jh.s machte man sich die geologische Formation des Kaledonischen Grabens zunutze, und Stararchitekt Thomas Telford wurde damit beauftragt, den Caledonian Canal anzulegen, um Fischerbooten und Handelsschiffen die weite und nicht ungefährliche Fahrt durch den Pentland Firth zwischen dem äußersten Norden Schottlands und den ▶Orkney Islands zu ersparen. Inzwischen haben längst Eisenbahn und Lkw den Transport übernommen, nur noch wenige kleine Frachtschiffe befahren den Kanal. Die künstlichen Kanalbauwerke machen nur etwa ein Drittel der Gesamtlänge aus. Den größeren Teil bilden die wundervollen, lang gestreckten, schmalen Lochs, darunter das bekannte Loch Ness. Beim Bau der Wasserstraße bestand die größte Schwierigkeit darin, Loch Lochy mit dem Meer bei Corpach zu verbinden, da der See 28,5 m über dem Meeresspiegel liegt. Acht Schleusen schufen die Verbindung – eine Glanzleistung damaliger Technik. Die Endpunkte des Kanals sind Fort William und Inverness.

** VON FORT WILLIAM NACH INVERNESS

Fort William

Hauptferienort des Distrikts Lochaber ist Fort William, bevorzugte Ausgangsbasis für Besteigungen des majestätischen Ben Nevis. Das im 17. Jh. von William of Orange erbaute Fort, dem der Ort seinen Namen verdankt, musste 1890 dem Bau der Eisenbahn weichen. Die **Ben Nevis Distillery** hat ein Besucherzentrum.

Das kleine **West Highland Museum** am Cameron Square zeigt eine interessante Sammlung von Möbeln, Gemälden und Whisky-Utensilien aus dem 19. Jh., Dokumente zum Caledonian Canal und über die Bezwinger des Ben Nevis, darunter Henry Alexander, der 1911 als erster Autofahrer mit einem Ford Model T den Gipfel erreichte.

Ben Nevis Distillery: Mo.–Fr. 9.00–17.00, Ostern–Sept. auch Sa. 10.00–16.00, Juli, Aug. auch So. 12.00–16.00 Uhr; Eintritt 4 £; www.bennevisdistillery.com

West Highland Museum: April–Okt. Mo.–Sa. 10.00–17.00, Nov., Dez., März bis 16.00 Uhr; Eintritt frei; www.westhighlandmuseum.org.uk

Ben Nevis

Hauptattraktion ist natürlich der Ben Nevis, der mit 1343 m höchste Berg Großbritanniens. Für den Namen gibt es verschiedene Deutungen, die wahrscheinlichste ist »von Nebel bedeckt«. Der Aufstieg ist nicht zu unterschätzen – besonders im letzten Drittel gibt es ausgedehnte Geröllfelder. Alljährlich im September findet ein Wettrennen zum Gipfel statt; die Rekordzeit liegt bei knapp 86 Minuten. Ein längerer Weg führt über den ähnlich attraktiven Nachbarberg **Carn Mor Dearg**. Auf dem Gipfel des Ben Nevis, der einer Steinwüste gleicht, stehen die Überreste einer 1894 aufgegebenen Wetterstation und eines 1915 geschlossenen Hotels. Das überwältigende ****Panorama** vom

Friedliche Ruhe liegt über dem Bergland der Northwest Highlands.

Ben Nevis reicht an klaren Tagen nahezu 240 km weit über die schottische Berg- und Inselwelt bis zu den Hebriden und zur irischen Küste. Manche Wanderer übernachten oben im Schlafsack, um den Sonnenaufgang zu erleben – wenn der Nebel mal keinen Strich durch die Rechnung macht. In jedem Fall sind plötzliche Wetterumschwünge einzukalkulieren; passende Ausrüstung sollte man dabei haben. Der flache Gipfel fällt nach Süden zunächst allmählich, dann sehr steil zum wildromantischen **Glen Nevis** ab, der als Kulisse für Mel Gibsons Film »Braveheart« diente. Auf den östlichen Nebengipfel **Aonach Mor** (1237 m) kann man von Torlundy mit einer Seilbahn hinauffahren.

Die Straße von Fort William nach Inverness zählt zu den schönsten Panoramastraßen des Landes. Die erste Strecke bis Spean Bridge gewährt immer wieder grandiose Ausblicke auf den nördlichen Teil des Ben Nevis. **Spean Bridge** ist Ausgangspunkt für Wanderungen ins Glen Roy. **Invergarry** ist gute Ausgangsbasis für Wanderungen in die herrliche Bergwelt und Zentrum für Sportfischer.

*Panorama-straße

Am Beginn des berühmten Loch Ness liegt **Fort Augustus**, das ebenfalls ein beliebtes Tourenzentrum ist. Eine nach dem englischen Herzog von Cumberland benannte Festung aus dem 18. Jh. gab dem Ort seinen Namen. 1876 errichtete der Benediktinerorden an dieser Stelle eine Abtei mit einer angesehenen Schule. Die Hauptstraße A82 verläuft nördlich, eine Nebenstraße (B862/B852) südlich des Loch.

*Loch Ness

Typisch Schottisch

BAEDEKER WISSEN

Schottisches mit Tradition

Spätestens seit König George IV bei seinem Besuch in Edinburgh 1822 im Kilt erschien, war der Siegeszug des Schottenkaros nicht mehr aufzuhalten. Organisationen wie Amnesty International, das Königshaus und sogar Papst Benedikt XVI. besitzen inzwischen ein eigenes Muster.

▶ **Der Dudelsack**

Die drei Bordunpfeifen spielen immer den gleichen Ton.

▶ **Highland-Dress**
Jedes Teil der schottischen Tracht hat eine Funktion oder Symbolik.

Bonnet
Ein Emblem aus Metall zeigt das Clanwappen. Der Clanchief trägt zusätzlich drei Federn am Bonnet.

Mundrohr

Luftsack

Sporran
Beutel aus Leder oder Fell. Er dient als Geldbeutel, da der Kilt keine Taschen hat.

Melodiepfeife

Kilt
Knielanger Wickelrock. Er muss bis zu den Knien reichen, darf aber beim Knien nicht den Boden berühren.

Sgian Dubh
Dolch, der in einen Strumpf gesteckt wird.

Kilt Socks
Schwere, knielange Wollstrümpfe, die unter dem Knie gefaltet werden.

Flashes
Kleine, bunte Stückchen Stoff, die an den Kilt Socks getragen werden.

Gillie Brogues
Halbschuhe, deren Schnürsenkel um die Waden gebunden werden.

Tartans und Clans

Nirgendwo auf der Welt gibt es ein so vielseitiges Textildesign, dabei ist der Tartan nichts anderes als ein Webmuster, das »Schottenkaro«. Die Zuordnung zu einem Clan wird erst seit Beginn des 19. Jh.s vorgenommen. Außer den Clans sind auch Familen, Einzelpersonen oder Berufsstände berechtigt, einen Tartan zu führen. Neue Tartans können im 2008 per Parlamentsakte gegründeten Scottish Register of Tartans gemeldet werden und erhalten dann offiziellen Status. Dort sind inzwischen mehr als 7000 registriert, und jährlich kommen rund 150 dazu.

www.tartansauthority.com
Tartansuche, Kilthersteller und die Geschichte des Schottenmusters

Northwest Highlands • ZIELE

Auf beiden Straßen fährt man durch schöne Wälder, Letztere ist aber die landschaftlich reizvollere; bei Foyers gibt es einen herrlichen Wasserfall. Die A82 passiert ungefähr auf der Hälfte des Sees eine Landzunge mit der fotogenen Ruine von **Urquhart Castle**, das in seinen Ursprüngen aus dem 12. Jh. stammt und heute eine vielbesuchte Touristenattraktion ist.

Berühmtester Lochbewohner ist natürlich ***Nessie**, der nach einer ersten Begegnung mit dem irischen Missionar St. Columba im 6. Jh. erst 1933 beim Bau der A82 beim Nordufer wieder aufgetaucht sein soll und bis heute Anlass für die wildesten Spekulationen gibt. Nicht nur überzeugte Nessie-Fans halten Ausschau nach dem illustren Seeungeheuer. **The Loch Ness Centre & Exhibition** in Drumnadrochit unterrichtet über die Entstehungsgeschichte Schottlands und den Stand der Nessie-Forschung. Man wird informiert über erste Fotografien, Unterwasseraufnahmen von Sonargeräten und die Ergebnisse der 1987 durchgeführten Operation »Deepscan«, bei der verschiedene Messungen in dem fischreichen, über 325 m tiefen See vorgenommen wurden, die auf eine mögliche Existenz hindeuten – zumindest aber den Fortbestand des geliebten Monstermythos nicht in Frage stellen. Vor dem Besucherzentrum grüßt eine schwimmende Bronzeplastik des legendären Fabeltieres, das vielleicht nur zu schüchtern ist, um sein Geheimnis preiszugeben. Ein knapp 5 km langer Kanal verbindet Loch Ness mit dem Inverness Firth, dem Endstück des Caledonian Kanal.

Urquhart Castle: April – Sept. tgl. 9.30 – 18.00, Okt. bis 17.00, Nov. – März bis 16.30; Eintritt 7,90 £

The Loch Ness Centre & Exhibition: April, Mai, Sept., Okt. tgl. 9.30 – 17.00, Juni 9.00 – 17.30, Juli, Aug. bis 18.00, Winter 10.00 – 15.30 Uhr; Eintritt 6,95 £; www.lochness.com

Inverness an der Mündung des Ness (gälisch »Inver Ness«) ist die Hauptstadt der Highland Region und war bereits im 6. Jh. Hauptstadt des Pictenreichs. Aufgrund seiner günstigen Lage am Ausgang des Great Glen ist Inverness ein beliebtes und zeitweilig recht belebtes **Touristenzentrum**. Im 12. Jh. soll hier die Burgfeste von Macbeth gestanden haben, den Shakespeare literarisch verewigt hat. Die erste Festung ließ David I. Mitte des 12. Jh.s erbauen, 500 Jahre später gab Cromwell den Befehl zur Errichtung des **Scone Fort**. Das heutige viktoriani-

Inverness

> **BAEDEKER TIPP**
>
> *Monstertrip*
>
> Von Inverness aus kann man einen Tag lang auf dem Loch Ness und dem Caledonian Canal rumschippern, die Hochlandszenerie genießen und nach Nessie Ausschau halten. Abfahrt: Tomnahurich Bridge an der Glenurquhart Rd. (www.jacobite.co.uk).

Urquhart Castle am Ufer des Loch Ness ist seit 1692 verlassen.

sche Schloss aus dem 19. Jh. ist Verwaltungsgebäude. Zwei Hängebrücken überspannen den River Ness im Stadtbereich. Gegenüber vom Castle Hill, über die Graig Street Footbridge erreichbar, liegt die 1871 geweihte St. Andrew's Cathedral. Das älteste Haus ist **Abertarff House** (1592) in der Church Street, hier hat das National Trust for Scotland sein Hauptbüro für die Highlands. Das reiche Erbe der Highlands illustrieren die natur- und sozialgeschichtlichen Abteilungen der **Museum & Art Gallery** am Castle Wynd.

Museum & Art Gallery: April – Okt. Di. – Sa., Nov. – März Do. – Sa. 10.00–17.00 Uhr; Eintritt frei; http://inverness.highland.museum

Schlachtfeld von Culloden

Im Tal des Nairn rund 10 km östlich von Inverness fand am 16. April 1746 die Schlacht von Culloden statt – Höhepunkt einer jahrhundertelangen Feindschaft –, bei der die englischen Regierungstruppen die Highländer vernichtend schlugen. Die »Eingemeindung« Schottlands nach Großbritannien war damit besiegelt. Letzte Zeugnisse auf dem Schlachtfeld sind heute das Bauernhaus Old Leanach Cottage, in dem das gälische Lied »Mo Run Gealog« (Meine schöne, junge Liebste) erklingt, und Gedenksteine und Gräber für die Gefallenen beider Armeen. Im neuen Visitor Centre mit interaktiver Ausstellung erfährt man, warum die Schlacht nur eine Stunde dauerte und doch so verheerende Folgen hatte. Das restaurierte Schlachtfeld darf betreten werden.

❶ April – Sept. tgl. 9.00 – 18.00, Okt. bis 17.00, Nov. – März 10.00 – 16.00 Uhr; Eintritt 10 £

*Cawdor Castle

Knapp 16 km nordöstlich von Culloden steht Cawdor Castle, laut Shakespeare 1040 Schauplatz der Ermordung Duncans durch König Macbeth. Dieser Vermutung widerspricht – ebenso wie bei der Macbeth-Theorie von Glamis Castle (▶Grampian Mountains) – die Tatsache, dass das Schloss erst Mitte des 14. – 15. Jh.s erbaut wurde und Duncan in der Schlacht von Elgin durch Macbeth den Tod fand. Zur Schlossanlage gehören kostbare Stilmöbel, umfangreiche Shakespeare-Literatur und ein wunderschöner Garten.

❶ Mai – Sept. tgl. 10.00 – 17.00 Uhr; Eintritt 9,50 £; www.cawdorcastle.com

* VON INVERNESS ZUM PENTLAND FIRTH

Beauly Priory

Eine reizvolle Strecke führt von Inverness meist an der Küste entlang bis zur nordöstlichen Spitze Schottlands, John o'Groats, und nach Thurso. Von Inverness geht es zunächst am Beauly Firth entlang nach Beauly, dem »schönen Ort« (»beau lieu«), mit Resten eines Priorats aus dem 13. Jh. in herrlicher Lage.

Man überquert die ***Black Isle**, eine wunderschöne grüne Halbinsel zwischen Beauly und Cromarty Firth, das am intensivsten genutzte

Agrargebiet der Highlands. Bekanntester Ort ist Fortrose, früher ein wichtiger Hafen, heute Badeort mit gutem Golfplatz. Von der Kathedrale blieb wenig erhalten, u. a. das Kapitelhaus. Rosemarkie, das heute zu Fortrose gehört, ist älter; es wurde im 6. Jh. gegründet. Die Industrieareale mit Petrochemie und Bohrinselwerften am **Cromarty Firth** sind Zeichen der staatlich geförderten Erdölindustrie.

Am Südende des Cromarty Firth liegt Dingwall. Von hier führt die landschaftlich eindrucksvolle A835 in Richtung Nordwesten nach Ullapool. Lohnend ist die herrliche Corrieshalloch Gorge, eine Schlucht, die die 46 m tief herabstürzenden Falls of Measach in die Landschaft gegraben haben.

Straße nach Ullapool

Tain, einst königlicher Marktflecken, ist heute angenehmer Badeort am Dornoch Firth. Von der Kapelle St. Duthus aus dem 14. Jh. sind nur noch spärliche Reste erhalten, im Mittelalter war sie viel besuchtes Wallfahrtsziel. Die 1843 eingeweihte und seit 1918 im Besitz von MacDonald and Muir befindliche **Glenmorangie Distillery** am Südufer des Dornoch Firth produziert den meistverkauften Malt des Landes. Der würzige, blassgoldene Whisky wird in den höchsten »Stills« von Schottland gebrannt und in Bourbon- oder Sherryfässern gelagert.
Glenmorangie Distillery: ganzjährig geöffnet; Eintritt 2,50 £;
http://de.glenmorangie.com

Tain

> **BAEDEKER TIPP**
>
> *Bottlenose-Delfine*
>
> Bei EcoVentures am Victoria Place in Cromarty kann man eine 2,5-stündige Bootstour in den Moray Forth buchen. Bei einlaufender Flut spielen hier die seltenen Bottlenose-Delfine in der Strömung. Mit einem Unterwassermikrofon werden die Laute der eleganten Schwimmkünstler an Bord übertragen (Ticket 25 £; www.ecoventures.co.uk).

In dem hübschen Dorf Dornoch gibt es eine Kathedrale aus dem 13. Jh. mit schönen Arkaden und beachtenswertem Westfenster. Von dem alten Castle, einst Bischofspalast, steht nur noch der Turm, der einem Hotelbau angegliedert worden ist.
***Skibo Castle** 8 km westlich wurde 1898 im Auftrag des gebürtigen Schotten Andrew Carnegie (1835 – 1919) erbaut, der in den Vereinigten Staaten zum Stahlkönig geworden war, 350 Mio. $ für wissenschaftliche und wohltätige Zwecke stiftete und die nach ihm benannten Carnegie Institutes gründete. Zu seinen Hausgästen gehörten Rockefeller, Rudyard Kipling und Edward VII. Ende 2000 gaben Popqueen Madonna und Guy Richie sich hier das Jawort. Sean Connery und Jack Nicholson kommen zum Golfspielen hierher, das Schlösschen ist nämlich exklusiver Privatclub, in dem man allerdings auch als Nichtmitglied übernachten kann (www.carnegieclub.co.uk).

Dornoch

ZIELE • Northwest Highlands

*Dunrobin Castle
Dunrobin Castle ist Sitz der einflussreichen Herzöge von Sutherland. Die Geschichte des Schlosses geht auf das 13. Jh. zurück. Zu den Kostbarkeiten des Interieurs gehört eine hervorragende Gemäldesammlung mit Werken von Canaletto, Reynolds und John Hoppner, Möbel im Louis-XV.-Stil, Mortlake-Tapisserien, Gobelins und einer Kuriositätenkollektion im Untergeschoss, darunter Küchenutensilien, Jagdtrophäen und eine dampfbetriebene Feuerlöschmaschine. Ein Spaziergang führt durch die weitläufigen, herrlich konzipierten Garten- und Parkanlagen mit Blick auf die See.
❶ April, Mai, Sept., Okt. Mo. – Sa. 10.30 – 16.30, So. ab 12.00, Juni – Aug. bis 17.30 Uhr; Eintritt 9,50 £; www.dunrobincastle.co.uk

Brora
Der gemütliche Badeort Brora an der Mündung des Brora ist bei Golfern wegen seines spektakulären 18-Loch-Golfplatzes bekannt. In Hunters Woolen Mill werden feinste Tweedstoffe hergestellt.
1819 ließ der Herzog von Sutherland die Whisky-Brennerei ***Clynelish Distillery** bauen. Der zart-fruchtige 14-jährige Clynelish gehört zu den besten Küstenmalts.

Helmsdale
Das hübsche Hafenstädtchen Helmsdale verdankt seine Entstehung dem Boom der Heringsfischerei. Im **Timespan Heritage Centre** gibt es eine interessante Audiovisionsshow über die Pikten, die Wikinger, die Highland Clearances und Nordseeöl.
Timespan Heritage Centre: Mo. – Sa. 10.00 – 17.00, So. ab 12.00 Uhr; Eintritt 4 £; www.timespan.org.uk

Dunrobin Castle ist von weitläufigen Parkanlagen umgeben.

Berriedale

Die Strecke nach Berriedale durch eine herrliche Bergwelt mit tiefen Schluchten ist landschaftlich einfach traumhaft. Schon von Weitem sieht man landeinwärts den 705 m hohen Morven und die Spitzen des etwas niedrigeren Scaraben aufragen.

Wick

Im Hafenstädtchen Wick beherbergt das **Wick Heritage Museum** u. a. eine Sammlung an formschönem Kristallglas, das über fünfzig Jahre vor Ort produziert wurde, bevor die Fabrik 2005 der Schließung zum Opfer fiel. An der Felsenküste südlich der Stadt thront die markante Ruine des Old Wick Castle, während nördlich die Überbleibsel von Girnigoe und Sinclair Castle erhalten sind.
Wick Heritage Museum: Ostern – Okt. Mo. – Sa. 10.00 – 15.45 Uhr; Eintritt frei; www.wickheritage.org

John o'Groats

Von Wick in Richtung Nordwesten geht die Hauptstraße nach Thurso. Die Küstenstrecke in nordöstlicher Richtung führt an der Sinclair's Bay entlang. Unübersehbar kennzeichnet ein Wegweiser vor dem viktorianischen Hotel am Fährhafen von John o'Groats das Ende des schottischen Festlands. Die Spitze von Duncansby Head wird durch einen Leuchtturm markiert. Bei Klippenwanderungen hat man einen schönen Blick auf die ▶Orkney Islands.

Thurso

Außer schöner Aussicht, einem verfallenen Castle und Bischofspalast aus dem 13.Jh. bietet Thurso wenig. Die Stadt war früher Zentrum eines blühenden Steinexports und einer Steinindustrie. Vom benachbarten Scrabster legen die Fähren nach Stromness auf den ▶Orkney Islands ab. **Dunnet Head** ist der nördlichste Punkt des schottischen Festlands.

WESTTEIL DER NORTHWEST HIGHLANDS

Eine sehr schöne Straße führt an der Nord- und an der Westküste entlang, im Norden meist dicht am Meer, im Westen weiter landeinwärts, weil die Küste hier viele tiefe Einbuchtungen hat. Lohnend sind auch die Straßen, die von Westen nach Osten die Highlands durchziehen und oft an kleinen Flüssen entlangführen, wobei man immer auf größere oder kleinere Lochs trifft.

Loch Shin

Einer der großen ist der relativ zentral gelegene Loch Shin mit sehr guten **Wassersport- und Angelmöglichkeiten**. Lairg ist der wichtigste Ort am Loch Shin. Von dort aus lässt sich das nordöstlich liegende Gebiet gut erkunden, so auch den Loch Naver mit Altnaharra oder den Loch Loyal mit dem merkwürdig geformten 764 m hohen Ben Loyal. Am Loch Choire erhebt sich der 961 m hohe Ben Kilbreck.

Oskar Kokoschka kam mehrfach hierher: Loch Broom bei Ullapool

Scourie   Sehr empfehlenswert ist eine Fahrt über die A838 und die A894 zur Küste nach Scourie, vorbei am Loch More und am Loch Stack, die beide zwischen Bergen von 701 bis 854 m Höhe liegen.

Ullapool   Einer der beliebtesten Ferienorte in den westlichen Highlands ist Ullapool, ein malerischer Fischerort am geschützten Loch Broom, den Oskar Kokoschka (1886 – 1980) während mehrerer Aufenthalte auf ausdrucksstarken Aquarellen festgehalten hat. Von hier geht eine Fähre nach Stornoway auf Lewis (▶Hebrides). Das Klima in dieser Region ist sehr mild – in **Inverewe Gardens** bei Poolewe westlich von Ullapool blühen sogar subtropische Pflanzen.

Ein schönes Ausflugsziel auf der Seeseite sind die **Summer Isles** an der Mündung des Loch Broom, während man landeinwärts wunderbare Touren in das landschaftlich ungewöhnliche Gebiet in Richtung Norden machen kann. Man fährt auf der gut ausgebauten A837 über Ledmore; wilder und reizvoller ist die Bergszenerie, wenn man den küstennahen Inverkirkaig-Weg an den Kirkaig-Wasserfällen vorbei wählt. Hinter Loch Lurgainn und Loch Bad a'Ghaill tauchen dann der Cul More und der Suilven auf, der von manchen Seiten einem Zuckerhut ähnelt.

*Loch Assynt, berühmt für seine Forellen, ist ringsherum von Bergen umgeben. Die Straße am Nordufer des Loch Assynt zählt zu den schönsten Panoramastrecken Schottlands, mit grandioser Bergkulisse und einsamen Burgruinen. Weiter westlich soll es in der Umgebung von Lochinver nicht weniger als 280 meist namenlose Lochs mit guten Angelmöglichkeiten geben.

Inverewe Gardens: April – Aug. tgl. 10.00 – 18.00, Sept., Okt. bis 16.00, Nov. – März bis 15.00 Uhr; Eintritt 9,50 £

★ Norwich

→ V 15

Landesteil: Ostengland
Höhe: 60 ft/18 m ü. d. M.
Grafschaft: Norfolk
Einwohnerzahl: 132 200

Die normannische Kathedrale, die alten Stadttore und verwinkelten Gassen spiegeln die lange Tradition der früheren Kapitale von East Anglia wider. Heute ist Norwich Grafschaftshauptstadt von Norfolk und reges Geschäfts- und Einkaufszentrum.

Der würzige Colman's Mustard, Englands schärfste Senfsorte, wird hier produziert, aber auch feine Schokoladensorten. Die Stadt liegt in der Nähe der schönen Norfolk Broads, die man bestens mit Segel-, Paddel- oder Ruderbooten durchstreifen kann.

SEHENSWERTES IN NORWICH

Vom Tombland, einem ursprünglich sächsischen Marktplatz, betritt man die Domfreiheit durch zwei mittelalterliche Tore, St. Ethelbert's Gate aus dem 13. Jh. und Erpingham Gate von 1420.

Tombland

**Kathedrale Nachdem der Bischofssitz 1092 von Thetford nach Norwich verlegt worden war, wurde mit dem Bau der heutigen Kathedrale begonnen. Bis 1146 war sie fertiggestellt. Nachdem der spitze Turm 1362 zusammengebrochen war, wurde er im Decorated Style neu aufgebaut. Im 15. Jh. bekamen Langschiff und Presbyterium neue Gewölbe sowie die Westfassade ein neues Perpendicular-Fenster.

Das **Innere** des Langschiffs mit niedrigen, massiven Pfeilern und insgesamt 14 Nischen ist spätromanisch. Die Fenster sind im Decorated und Perpendicular Style gehalten, das Glas stammt größtenteils aus dem 19. Jahrhundert. Beachtenswert ist das Rippengewölbe mit 326 Schlusssteinen; in der ganzen Kirche gibt es mehr als 800 davon. Zwei Nischen im südlichen Seitenschiff bergen Stifterkapellen von Bischof Nyx oder Nykke (Bischof 1501 – 1535). Der Chor wurde in der Perpendicular-Periode umgebaut, behielt aber seine Apsis. Hauptaugenmerk gilt den gotischen Altarbildern in den Chorseitenkapellen: »Anbetung der Hl. Drei Könige« (1480) und »Despenser Reredos« (1380). In den Seitenschiffen sind verschiedene Grabmäler zu sehen, darunter das von James Goldwell, Bischof von 1472 bis 1499. Hinter dem Hochaltar steht der steinerne Bischofsthron (6./8. Jh.).

Monk's Door und Prior's Door führen weiter zum zweistöckigen, im 14. Jh. angelegten **Kreuzgang**. In den mit dekorativem Schmuck im Decorated und Perpendicular Style ausgestatteten Gängen finden sich mehr als 400 wunderschöne Schlusssteine.

Norwich Cathedral

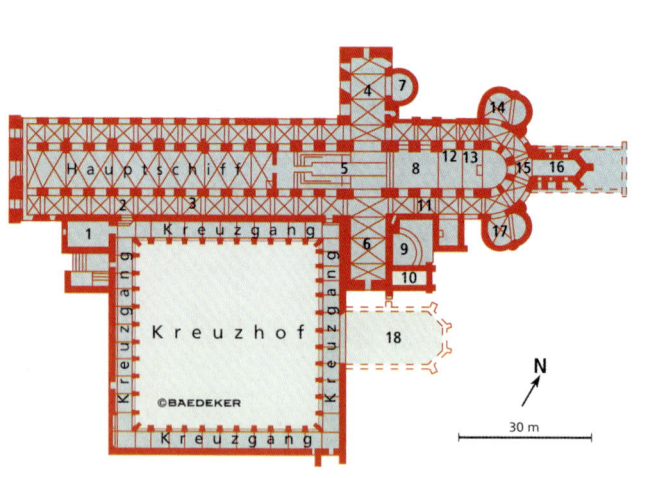

1 Laden
2 Mönchspforte
3 Kapelle von Bischof Nyx
4 Nördl. Querschiff
5 Chor
6 Südl. Querschiff
7 St. Andrew's Chapel
8 Altarraum
9 St. Peter's Chapel
10 Sakristei
11 Denkmal für Bischof Goldwell
12 Denkmal für Herbert de Losinga
13 Denkmal für Sir Thomas Erpingham
14 Jesuskapelle
15 Chorumgang
16 Erlöserkapelle
17 St. Lucas' Chapel
18 Ehem. Kapitelhaus

Norwich erleben

AUSKUNFT
The Forum, Millennium Plain
Norwich, Norfolk, England, NR2 1TF
Tel. 01603 21 39 99
www.visitnorwich.co.uk

ESSEN
❶ *Tatlers* ☻☻☻
21 Tombland
Tel. 01603 76 66 70
www.tatlersrestaurant.co.uk
So. geschl.

Nur einen Steinwurf von der Kathedrale entfernt liegt dieses Restaurant, das in schickem Ambiente feine englische Küche anbietet.

ÜBERNACHTEN
❶ *Beaufort Lodge* ☻☻
60 Earlham Rd., Tel. 01603 66 74 02
www.beaufortlodge.com
Mehrfach ausgezeichnetes Guest House mit hübschem Garten, nur wenige Gehminuten vom Stadtzentrum entfernt.

Der **Bischofspalast** und St. John's Chapel (1322) sind jetzt Teil der Public School. Die früher nach King Edward VI. benannte, 1240 gegründete Klosterschule zählte u. a. Lord Nelson (▶Berühmte Persönlichkeiten) und den Gartenarchitekten Humphry Repton zu ihren Schülern.
❶ tgl. 7.30 – 18.30 Uhr; Eintritt frei, Spenden willkommen;
www.cathedral.org.uk

Am Nordende der Tombland Alley zweigt die mittelalterliche Kopfsteinpflasterstraße Elm Hill ab, in der sich hübsche Geschäfte in malerischen alten Häuschen aneinanderreihen. ***Elm Hill**

In der Bridewell Alley zeigt das Bridewell Museum Exponate zu Industrie und Handwerk aus Norfolk, darunter eine Ausstellung über die von Queen Victoria so geschätzten Seidenschals. Das **Mustard Museum**, das Senfmuseum, in derselben Straße dokumentiert 150 Jahre Geschichte des Colman's Mustard. **Bridewell Museum**
Bridewell Museum: Di. – Sa. 10.00 – 16.30 Uhr; Eintritt 4,40 £
Mustard Museum: Mo. – Sa. 10.00 – 17.00, Juli – Sept. auch So. 11.00 – 16.00 Uhr; Eintritt frei; www.mustardshopnorwich.co.uk

Norwich Castle wurde wahrscheinlich um 1160 auf einem künstlichen Erdwall erbaut. Der normannische Wehrturm war bis 1884 Gefängnis und ist seit 1894 Museum mit umfangreichen archäologischen Abteilungen, naturwissenschaftlichen Dioramen, mittelalterlichen Waffenkollektionen, Glas- und Keramikarbeiten und einer großen Gemäldesammlung mit englischen und niederländischen Meistern des 17. und 18. Jh.s sowie zahlreichen Werken der Schule von Norwich. Als Gründer der in Norwich beheimateten Malerschu- **Norwich Castle** le gilt John Crome (1768 – 1821), der fast ausschließlich Landschaftsbilder der Umgebung seiner Geburtsstadt malte. Einer der begabtesten Künstler der Norwich School war John Sell Cotman (1782 – 1842). Zu seinem Werk gehören zahlreiche Radierungen und Aquarelle wie »Devil's Elbow« und »Mousehold Heath« (1810).

❶ Mo. – Sa. 10.00 – 16.30, So. ab 13.00 Uhr; Eintritt 6,80 £; www.museums.norfolk.gov.uk

Market Place Der auf dem Market Place abgehaltene Markt ist einzigartig in Großbritannien, da er mit über 190 Verkaufsständen landesweit der größte Markt ist, der im Gegensatz zu anderen Märkten von Montag bis Samstag Waren anbietet. Verkauft werden neben frischen Lebensmitteln aller Art auch Bekleidung, Haushaltswaren, Schmuck und vieles mehr. Den Marktplatz säumen u. a. die aus dem 13. Jh. stammende **City Hall** mit ihrer schwarz-weißen Feuersteinfassade, die 1963 fertig gestellte **Central Library** und die **Guildhall**, die 1407 gebaut wurde und noch mit bemerkenswerten alten Glasfenstern ausgestattet ist.

❶ www.norwich-market.co.uk

*St. Peter Mancroft Die größte Pfarrkirche in Norwich ist die Kirche St. Peter Mancroft, die zwischen 1430 und 1455 gebaut wurde. Sie hat einen schönen, in Perpendicular-Style gebauten Turm und ein prachtvolles Ostfenster, das noch aus dem 15. Jh. erhalten ist. Im Innern sind u. a. das elisabethanische Kirchensilber und der gotische Taufstein von 1463 sehenswert.

❶ Mo. – Sa. 10.00 – 15.30 Uhr; www.stpetermancroft.org.uk

*Sainsbury Centre Ein interessantes Kunstzentrum befindet sich westlich vom Stadtzentrum im preisgekrönten Sainsbury Centre for Visual Arts der University of East Anglia. Ausgestellt sind etruskische, afrikanische, orientalische und präkolumbianische Skulpturen, außerdem Arbeiten von Alberto Giacometti, John Davies, Henry Moore, Francis Bacon und Lucy Rie.

❶ Di. – So. 10.00 – 17.00 Uhr; Eintritt frei; www.scva.org.uk

Riverside Walk Schön ist ein Spaziergang über den Riverside Walk am Wensum-Ufer nordöstlich der Kathedrale, wo der Cow Tower noch von der mittelalterlichen Stadtummauerung zeugt. Die **Bishop Bridge** (1395) unweit südlich ist eine der ältesten Brücken des Landes; von dort hat man einen guten Blick auf die Altstadtsilhouette.

UMGEBUNG VON NORWICH

*Norfolk Broads Die Norfolk Broads östlich von Norwich sind ein interessantes **Naturschutzgebiet**, ideal zum Segeln und Rudern. Im Bereich des

Flusses Bure mit seinen Nebenflüssen Ant, Thurne, Yare und Waveney gibt es insgesamt 320 km Wasserwege. Früher wurde in diesem Gebiet Torf gestochen; später haben sich dort flache Seen gebildet, deren Ränder meist mit Reet bewachsen sind, das zum Dachdecken, als Wandfüllung und zum Korbflechten verwandt wurde. Windmühlen wie die hölzerne Boardman's Mill bei Ludham oder die aus Backstein erbaute Thurne Dyke Windpump am Thurne-Ufer und die 25 m hohe Sutton Mill dienten der Entwässerung; sie erinnern an ähnliche Landstriche in Holland. Typisch für die Broads waren die »wherries«, Plattbodenschiffe für den Transport von Kohle, Holz und Lebensmitteln, heute existieren nur noch acht »Modellschiffe«. Naturfreunde finden in den Broads zahlreiche selten gewordene Wasservögel, Schmetterlinge, Libellen und Wildblumen. Für Angler sind die fischreichen Gewässer von Interesse: Hier tummeln sich Brassen, Rotaugen, Plötzen, Barsche und Hechte.

Von der Straße aus sieht man verhältnismäßig wenig von dieser schönen Landschaft. Besonders schön lässt sich die Landschaft dagegen vom Wasser aus erkunden. **Segel- und Motorboote** werden vermietet, außerdem verkehren **Dampfer** von Norwich nach Yarmouth und von Yarmouth nach Wroxham.

● www.norfolkbroads.com

Der größte und zudem einer der schönsten Broads ist Hickling Broad. Am besten durchstreift man dieses Gebiet von Potter Heigham aus. Den Thurne stromaufwärts kommt man nach Martham Horsey und Hickling Broads, stromabwärts zum Fluss Bure. Von dort kann man sich entweder südöstlich über Breydon Water und den Waveney-Fluss nach Lowestoft oder westlich durch eine Anzahl von Broads nach Wroxham mit dem gleichnamigen Broad orientieren. Potter Heigham ist nicht so überlaufen wie Wroxham. Andere Dörfer, die sich als Ausgangsbasis für die Broads eignen, sind Ranworth und South Walsham, kleine romantische Orte mit sehenswerten Kirchen.

*Hickling Broad Wroxham Broad

Die Heringsfischerei war Grundlage für die wirtschaftliche Entwicklung von Great Yarmouth, das auf einer schmalen Landzunge zwischen der See und dem River Yare liegt, der bis zum Stadtzentrum schiffbar ist. Great Yarmouth ist heute ein angenehmer, moderner Badeort mit 10 km langem Sandstrand.

Der ältere Teil der Stadt, durch Bomben im Zweiten Weltkrieg erheblich zerstört, besteht aus einem Gitternetz extrem schmaler Straßen, den *Rows, von denen es vor der Zerstörung 120 gab. Die engste dieser Gassen zwischen Hall Quay und Market Place ist die Kitty Witches Row. Das liebevoll restaurierte **Tollhouse** in der Middlegate Street beherbergt das Stadtmuseum. Das aus dem 17. Jh. stammende **Old Merchant's House** ist ebenfalls Museum. Den South Quay

Great Yarmouth

säumen eine Reihe sehenswerter alter Häuser; im Haus Nr. 4 ist ein hübsches **elisabethanisches Museum** untergebracht (Möbel und Gebrauchsgegenstände 16. – 19. Jh.s). Das **Time an Tide Museum** erzählt die Geschichte der Region, die vom Meer geprägt ist.

St. Nicholas' Church gilt als zweitgrößte Pfarrkirche im Land, nach der Holy Trinity in ▶Hull. Sie brannte im Zweiten Weltkrieg aus, so dass nur noch die Fassade aus dem 12. Jh. stammt. Der Kirchhof wird von Teilen der mittelalterlichen Stadtmauer begrenzt.

Tollhouse: unregelmäßig geöffnet, Tel. 01409385 89 00; Eintritt 3,60 £; www.museums.norfolk.gov.uk

Old Merchant's House: April – Sept. Mo. – Fr. 11.00 – 16.00 Uhr; Eintritt 4,30 £

Elizabethan House Museum: April - Okt. Mo. – Fr. 10.00 – 16.00, Sa., So. ab 12.00 Uhr; Eintritt 3,90 £; www.museums.norfolk.gov.uk

Time and Tide Museum: Mo. – Fr. 10.00 – 16.00, Sa., So. ab 12.00 Uhr; Eintritt 4,90 £; www.museums.norfolk.gov.uk

Cromer Cromer, das bekannteste Seebad an diesem Küstenabschnitt, bietet alle Voraussetzungen für angenehme Badeferien: langer Strand, Klippen, Golfplatz, ein breit gefächertes Unterhaltungsangebot und ein schönes Hinterland. In den Klippen tummeln sich bei Ebbe Fossiliensammler.

Empfehlenswert ist ein Ausflug zur **Felbrigg Hall** 5 km südwestlich, dem 1686 gebauten Landsitz der Familie Wyndham.

Noch im Klippenbereich, der sich von hier knapp 50 km nach Süden zieht, liegt Sheringham. Hier empfiehlt sich ein Besuch des *****Sheringham Park**, der Anfang des 19. Jh.s entworfen wurde.

Felbrigg Hall: Haus März – Okt. Sa. – Mi., Juli, Aug. tgl. 11.00 – 17.00, Garten März – Okt. tgl. 11.00 – 17.00 Uhr; Eintritt 8,70 £

* Nottingham

Q 14/15

Landesteil: Mittelengland
Höhe: 420 ft/128 m ü. d. M.
Grafschaft: Nottinghamshire

Einwohnerzahl: 306 700

Die Stadt dient vielen als Ausgangspunkt für den Sherwood Forest, Schauplatz der mittelalterlichen Legenden um Robin Hood, der als Geächteter die Reichen ausraubte und die Armen beschenkte.

Nottingham, Hauptstadt von Nottinghamshire, blickt auf eine lange Tradition als Industriestandort zurück. Die Blütezeit der Strumpfindustrie, die die ganze Grafschaft erfassen sollte, begann damit, dass

Nottingham erleben

AUSKUNFT
1 - 4 Smithy Row, Nottingham
Nottinghamshire, England, NG1 2BY
Tel. *0844 477 56 78
www.experiencenottinghamshire.com

ESSEN
Hart's ☕☕☕☕
Standard Hill
Park Row
Tel. 0115 988 19 00
www.hartsnottingham.co.uk
Feine britische Küche, dazu eine Auswahl an fantasievollen vegetarischen Gerichten zu entsprechenden Preisen.

The Cumin Restaurant ☕☕☕
62 - 64 Maid Marian Way
Tel. 0115 941 99 41
www.thecumin.co.uk
Authentische indische Küche wird in modernem Ambiente serviert.

White Rabbit Teahouse ☕
12 Hounds Gate
Tel. 0115 924 02 27
http://whiterabbitteahouse.com
In dieser kleinen und feinen Teestube gibt es neben Tee- und Kaffeespezialitäten auch köstliche Snacks für den Hunger zwischendurch.

ÜBERNACHTEN
Greenwood Lodge City Guest House
☕☕☕
Third Ave., Sherwood Rise
Tel. 0115 962 12 06
www.greenwoodlodge
cityguesthouse.co.uk, 6 Zimmer
Behagliches viktorianisches Haus.

---

ein elisabethanischer Geistlicher eine Maschine zum Strümpfestricken erfand, die schnell im ganzen Gebiet um Nottingham Einzug hielt. An die Stelle von Strümpfen sind Chemieprodukte, Textilien, Maschinen- und Fahrzeugbau getreten. Seit 1948 ist Nottingham Sitz einer Universität. Wegen ihrer breiten Straßenzüge und Grünanlagen, wie dem Arboretum, Embankment und Colwick Park, wird die Stadt auch »Queen of the Midlands« genannt. Im Vorort Eastwood wurden der Nuklearphysiker George Green (1793 – 1841) und William Booth, Gründer der Heilsarmee, geboren. Lord Byron ging in Nottingham zur Schule und wohnte später unweit nördlich in der Newstead Abbey.

Robin Hood ist überall in der Stadt präsent. Das Abbild des Volkshelden, der gemeinsam mit Little John und seinen Mannen raubte und beschenkte, den intriganten Sheriff von Nottingham besiegte und von King Richard rehabilitiert wurde, findet man denn auch vielerorts im Stadtbild wieder. Das einst riesige Waldgebiet hat sich erheblich verkleinert, seine abenteuerlich-romantische Atmosphäre indessen bewahren können. Nahe Edwinstowe, wo Robin seine »Maid Marian« im Beisein des Königs heiratete, steht die berühmte, über 1000 Jahre alte Eiche »Major Oak«.

Robin Hood

Wer wäre da nicht gern ein mutiger Robin Hood …

SEHENSWERTES IN NOTTINGHAM

City Centre
Nottinghams City Centre ist der größte **Marktplatz** in England. Früher wurde hier ein berühmter Gänsemarkt abgehalten. Das von einer Kuppel gekrönte **Council House** am Ende des Platzes wurde 1929 von Cecil Howitt errichtet.

Castle
Das Castle liegt auf einem Felsen, von dem sich eine gute Aussicht über die Stadt bietet. Unterhalb der Burg steht eine Bronze-Statue (1952) von Robin Hood und seinen »Merry Men«, die der gebürtige Nottinghamer James Woodford schuf. Die alte Festung, 1651 von Parlamentstruppen zerstört, wurde 1674 durch den Palast des Duke of Newcastle ersetzt. Dieser Bau ging 1831 in Flammen auf, wurde später wieder aufgebaut und dient seit 1878 als ***Museum and Art Gallery**. Zu sehen sind schöne angelsächsische Broschen (6. Jh.), mittelalterliche Keramik und Alabaster-Schnitzereien, Nottinghamer Steingut des 17. und 18. Jh.s, darunter ein »Liebesbecher« von 1679, englisches Haushaltssilber, Trinkgläser des 17. und 18. Jh.s, eine ethnografische Galerie (u. a. neuseeländischer Jadeschmuck, birmani-

sche Bronzestatuen, indo-persische Stahlwaren). Zur Gemäldekollektion in der Long Gallery gehören u. a. Werke von Charles le Brun, Richard Wilson, William Dyce, Marcus Stone, Ben Nicholson und Epstein.
Im Sandstein unter der Stadt befinden sich eine Vielzahl von Höhlen, wie die 98 m lange **Mortimer's Hole** unter dem Castle, die ihren Namen im 16.Jh. nach Roger Mortimer, Liebhaber von Königin Isabella, erhielt.

Museum and Art Gallery: März – Okt. Di. – So. 10.00 – 17.00, Nov. – Feb. bis 16.00 Uhr; Eintritt 5,50 £; www.nottinghamcity.gov.uk
Mortimer's Hole: Touren Di. – So. 11.00, 14.00 u. 15.00 Uhr; Eintritt 2,50 £

Der seit dem 12. Jh. bestehende Pub »Ye old Trip to Jerusalem« in der Castle Road gilt als der älteste Gasthof Englands. Hier vereinen sich auf typisch britische Weise alte Tradition und Gemütlichkeit. ***Ye Old Trip to Jerusalem**

In der angrenzenden Häuserzeile wird Nottinghamer Alltag vom 17. bis zum 19. Jh. wieder lebendig. Die dem Museum angeschlossenen, in den Burgfelsen gehauenen Höhlen dienten einst als Bierkeller. ***Brewhouse Yard Museum**

Das Erlebnismuseum führt Besucher auf anschauliche Art durch die Geschichte des englischen Rechtssystems. Im Rahmen von unterschiedlichen Touren und Live Acts fühlt man sich schnell in die grausame Zeit und die menschenverachtende Rechtsprechung früherer Zeiten zurückversetzt. ***Galleries of Justice Museum**

❶ The Lace Market; Mo. – Fr. 9.00 – 17.30, Sa., So. 10.00 – 17.00 Uhr; Eintritt 9,50 £; www.galleriesofjustice.org.uk

Die Kirche St. Mary in der Stoney Street ist im späten Perpendicular Style gebaut. Beachtenswert sind ihre Glasarbeiten (19. Jh.) aus den Werkstätten von Ward-Hughes und Clayton Bell. **St. Mary**

Wollaton Hall in einem ausgedehnten Park in der Nähe der Universität ist ein 1580 – 1587 erbautes elisabethanisches Herrenhaus, jetzt Sitz des Naturgeschichtlichen Museums von Nottingham. In den Stallungen ist ein Industriemuseum eingerichtet worden. **Wollaton Hall**

❶ März – Okt. tgl. 11.00 – 17.00, Nov. – Feb. bis 16.00 Uhr; Eintritt frei

UMGEBUNG VON NOTTINGHAM

Newstead Abbey 15 km nördlich ist das Stammhaus von Lord Byron (1788 – 1824), sein Grab befindet sich in der Pfarrkirche von Newstead. Als der Dichter den Besitz erbte, waren er und seine Mutter zu arm, um hier wohnen zu können. Trotz seiner Schulden zog er, nachdem er Cambridge verlassen hatte, 1811 hier ein, musste die Abbey **Newstead Abbey**

Newstead Abbey – obwohl er es sich nicht leisten konnte, wohnte Lord Byron sechs Jahre lang hier.

aber sechs Jahre später verkaufen. Das Gebäude, heute im Besitz der Stadt, war ursprünglich ein Augustinerkloster. Erhalten blieben die Westfront der Kirche, das Refektorium, das Kapitelhaus, jetzt Kapelle, und die Kreuzgänge. Die Räume Byrons sind mit Erinnerungsstücken so ausgestattet wie zu seinen Lebzeiten.

❶ Gärten ganzjährig 9.00 – 17.00 Uhr, Haus So. im Rahmen von Führungen 12.00, 13.00, 14.00 Uhr; Eintritt 6 £/Auto, Führung 4 £; www.newsteadabbey.org.uk

*Hardwick Hall

18 km nördlich von Newstead liegt Hardwick, wo der Herrensitz Hardwick Hall zu besichtigen ist. »Hardwick Hall, more glass than wall« (mehr Glas als Wand), reimten die Zeitgenossen, denn das Haus hat 50 Fenster und nur schmale Mauerflächen. Es wurde 1591 – 1597 von Robert Smythson für Bess of Hardwick gebaut. Sie heiratete viermal, zuletzt den 6. Earl of Shrewsbury. Innen kann man eine Fülle von Tapisserien, Stilmöbeln, kostbaren Handarbeiten und Porträts bewundern. Eine große, zweistöckige Halle bildet die Mitte des Hauses, großzügige Treppen führen in die Obergeschosse. Lohnend ist auch ein Blick in den Garten. Angrenzend stehen die Reste von Hard-

wick Old Hall mit herrlichen Stuckarbeiten. Im nördlichen Teil des Parks befindet sich die Ault Hucknall Church mit dem Grab von Thomas Hobbes (1588 – 1679), Philosoph und Verfasser des »Leviathan«.
● Haus Mitte Feb. – Okt. Mi. – So. 12.00 – 16.30, Park & Garten Mitte Feb. – März Mi. – Sa. 11.00 – 17.00, April – Dez. tgl. 9.00 – 18.00 Uhr; Eintritt 10,45 £

Grantham

Grantham knapp 40 km südöstlich ist bekannt für seine Würste und sein Fleisch und für das »Gingerbread«, eine Art Honigkuchen mit Ingwer. Berühmteste Tochter von Grantham ist die »Eiserne Lady« Baroness Margaret Thatcher. Und noch eine weitere Berühmtheit lebte hier: Isaac Newton besuchte die Grammar School von Grantham neben der Kirche. In einer Fensterleiste steht noch sein Name. Das Museum in St. Peter's Hill erinnert an den bahnbrechenden Physiker. Gegenüber der Guildhall ist ein Denkmal für ihn aufgestellt worden.

Das **Angel and Royal** (ursprünglich 13. Jh.) in der High Street gehört zu den ältesten Gasthöfen des Landes. Illustre Gäste waren Richard II. und Edward VII. (www.angelandroyal.co.uk).

Belvoir Castle 11 km westlich von Grantham ist der prächtige Sitz des Duke of Rutland. Die Anfänge der Burg reichen bis in normannische Zeit zurück. Sein heutiges Aussehen erhielt das Castle, als es im 19. Jh. nach Plänen von James Wyatt neu aufgebaut wurde. Das Schloss birgt eine hervorragende Gemäldesammlung mit Bildern von Rembrandt, Rubens, Holbein, Poussin und Reynolds, ferner schöne Möbel, Gobelins und Mortlake-Wandteppiche.

> **BAEDEKER TIPP !**
>
> *Spurensuche: D. H. Lawrence*
>
> Der Romancier blieb seiner Heimat Nottinghamshire lebenslang verbunden. Literaturpilger können sein Geburtshaus in Eastwood 6 km nordwestlich von Nottingham besuchen (The Birthplace Museum, 8a Victoria St.). Dort erhält man auch Wegweiser für den »DH Lawrence Trail«, der zu vielen Schauplätzen von Lawrences Romanen führt: Hagg Farm in Underwood wurde das Zuhause der Miriam in »Suns and Lovers«, Curch Cottage in Cossall war das Vorbild für das Yew Tree Cottage in »The Rainbow«. Rufford Abbey, in einem schönen Park gelegen, wurde zu Wragby Hall in »Lady Chatterley's Lover« (www.dhlawrenceheritage.org).

● Schlossführung Mai – Aug. So., Mo. 11.15, 13.15, 15.15, Garten So., Mo. 11.00 – 17.00 Uhr; Eintritt 15 £; www.belvoircastle.com

Woolstorpe Manor

Woolstorpe Manor 11,2 km südlich von Grantham ist der Geburtsort von Isaac Newton. Eine Ausstellung beschäftigt sich mit Newtons Werk. An das Haus grenzt der Obstgarten, in dem er angeblich das Gesetz der Schwerkraft entdeckte.
● März – Okt. Mi. – So. 11.00 – 17.00 Uhr; Eintritt 6 £

** Orkney Islands

✴ M – O 2/3

Landesteil: Nordschottland
Council Area: Orkney Islands

Die Orkneys sind in erster Linie ein Ziel für Naturfreunde und Wanderer – eine wahre Urschöpfungslandschaft, nordisches Klima und intensives Licht machen die herbe Schönheit der Inseln vor der Nordküste von Schottland aus.

Aber auch wer Sehenswürdigkeiten im klassischen Sinne sucht, wird auf den Inseln fündig: Schon in prähistorischen Zeiten waren diese klimatisch günstigen und fruchtbaren Fleckchen Erde besiedelt, wovon zahlreiche Kulturspuren zeugen, wie man sie in dieser Menge in Großbritannien kaum findet. Die Inseln, die sich in Nord-Süd-Richtung über 77 km und in Ost-West-Richtung über 56 km ziehen, sind durch den Pentland Firth vom Festland getrennt; die geringste Entfernung zwischen dem festländischen John O'Groats und der Südspitze der Insel South Ronaldsay beträgt 10,5 km. Etwa 20 000 Menschen, die »Orcadians«, leben auf 18 von 67 größeren und kleineren Inseln.

*Landschaftsbild Äcker und Felder, die sich über sanfte Hügel ziehen, Moore und Gras- und Heidelandschaften bestimmen das Bild der Orkneys. Nur die Insel Hoy fällt durch ihre steil aufragenden Klippen aus dem Rahmen.

Wirtschaft Neben der Landwirtschaft ist die Hummer- und Krabbenfischerei wichtiger Erwerbszweig. Bedeutender Arbeitgeber ist auch die Offshore-Ölindustrie, die auf der in der Bucht von Scapa Flow liegenden Insel Flotta eine Verladestation für Tanker betreibt.

Geschichte Nach ersten Siedlern und den Pikten gehörten die Orkneys wie die Shetlands, Hebriden und Nordschottland jahrhundertelang zu Norwegen; noch heute erinnern viele Namen an diese Zeit, wie überhaupt die Inselkultur eher nordisch als britisch geprägt ist. Bis ins 17. Jh. sprach man hier »Norn«, einen nordischen Dialekt, auch der Name Orkney soll vom nordischen »Orc«, dem wilden Bären, stammen. Die Geschichte der norwegischen Herrscher der Orkneys ist in der »Orkneyinga Saga« aufgezeichnet. Nach der Schlacht von Largs im Jahr 1263 verloren die Norweger bis auf die Shetlands und die Orkneys ihre schottischen Länder. 1468 verpfändete Christian I. die Inseln als Sicherheit für die Mitgift seiner Tochter Margaret, die James III. von Schottland heiratete. Die Schuld wurde nicht bezahlt, woraufhin Schottland die Inseln 1472 annektierte. Die Schotten brachten ihr Feudalsystem auf die Inseln, die zuvor das Clanwesen

MAINLAND

Die meisten der Orcadians, nämlich rund 15 300, leben auf Mainland, davon hat sich allein die Hälfte in der Hauptstadt Kirkwall (altnordisch »kirkjuvagr« = Kirchbucht) niedergelassen. Die Stadt liegt an einer weiten Bucht an der schmalsten Stelle der Insel. Ihre engen Straßen und grauen Häuser mit kleinen Fenstern und Giebeln, die zur Straßenseite hin gebaut sind, erinnern an norwegische Bauweise. Eindrucksvollstes Gebäude ist die große alte Kathedrale ***St. Magnus**, die der Kathedrale im norwegischen Trondheim ähnelt. Sie

Kirkwall

Orkney Islands erleben

AUSKUNFT
Castle St. West,
Kirkwall, Orkney
Scotland, KW15 1NX
Tel. 01856 87 28 56
www.visitorkney.com

AN- UND ABREISE
Schiff
Fähren gehen von Scrabster nach Stromness/Mainland, von Gills nach St. Margaret's Hope/South Ronaldsay, von John o'Groat nach Burwick/South Ronaldsay, von Aberdeen nach Kirkwall/Mainland; von Lerwick/Shetlands nach Kirkwall (www.northlinkferries.co.uk, www.jogferry.co.uk, www.orkneyferries.co.uk, www.pentlandferries.com); zwischen den Inseln gibt es tägliche Verbindungen.

Flugzeug
Direktflüge gehen von Aberdeen, Glasgow, Edinburgh und Inverness nach Kirkwall/Mainland und von dort aus auf die kleineren Inseln.

ESSEN
Creel ©©©©
Front Rd.
St. Margaret's Hope, South Ronaldsay
Tel. 01856 83 13 11
www.thecreel.co.uk
Mediterran beeinflusste Fischgerichte, Orkney-Rind und North-Ronaldsay-Lamm; Hefegebäck und selbst gebackenes Brot der Craigies.

ÜBERNACHTEN
Foveran Hotel ©©
St. Ola, Kirkwall
Tel. 01856 87 23 89
www.foveranhotel.co.uk
Acht hübsche Zimmer mit Seeblick und im angeschlossenen Restaurant (auch für Nicht-Gäste) fantastisches Essen.

Ferry Inn ©©
10 John St., Stromness
Tel. 01856 85 02 80, www.ferryinn.com
Kleines gepflegtes Hotel mit schönem Blick über den Hafen von Stromness. Im Restaurant gibt es gute Fischgerichte.

wurde 1137 auf Veranlassung von Jarl Rognvald dem Heiligen begonnen, der sie seinem Onkel, dem 1116 auf Egilsay ermordeten Graf Magnus, weihen ließ. Ende des 15. Jh.s war die Kirche mit der Westfassade im Wesentlichen abgeschlossen. Älteste Teile sind die Querschiffe und drei Nischen im Chor. Die mächtigen normannischen Säulen fallen durch ungleiche Abstände auf. 1263 wurde Haakon, König von Norwegen, in dieser Kirche begraben, später aber nach Trondheim überführt. 1926 fand man in zwei Säulen zwei Kiefernholzsärge mit Skeletten, die wohl die sterblichen Überreste von Magnus und seinem Neffen sind. St. Magnus ist zusammen mit der Kathedrale von ▶Glasgow die einzige schottische Kirche, die die Reformation unbeschadet überstanden hat (www.stmagnus.org).

In der Nähe der Kathedrale stehen die **Ruinen des Bischofspalasts** aus dem 13. Jh., in dem König Haakon starb. Das Gebäude war verbunden mit dem Earl's Palace, heute ebenfalls Ruine, einem schönen Beispiel der Profanarchitektur des 16. Jh.s in Schottland.

Tankerness House wurde 1574 für einen Kaufmann und Gutsherren gebaut. In dem stattlichen Haus ist eine Ausstellung zur Geschichte der Orkneys zu sehen.

Die 1798 gegründete ***Highland Park Distillery** in der Holm Road ist Schottlands nördlichste Whiskybrennerei; ihr Malt ist ausgewogen, etwas rauchig und von angenehmer Trockenheit.

Tankerness House: Mai – Sept. Mo. – Sa. 10.30 – 17.00,
Okt. – April Mo. – Sa. 10.30 – 12.30 u. 13.30 – 17.00 Uhr; Eintritt frei;
www.museumsgalleriesscotland.org.uk

St. Magnus Cathedral in Kirkwall mit wuchtigen normannischen Säulen

Highland Park Distillery: April, Sept. Mo.–Fr., Mai–Aug. Mo.–Sa. 10.00–17.00, So. ab 12.00, Okt.–März tgl. 13.00–17.00 Uhr; Tour 6 £; www.highlandpark.co.uk

Maes Howe

Westlich von Kirkwall liegt an der Straße nach Stromness das steinzeitliche Kammergrab Maes Howe (ca. 2700 v. Chr.). Ein 11 m langer, enger Gang, aus bis zu 5 m langen Steinplatten zusammengesetzt, führt in die Hauptkammer und drei Nebenkammern, die im 12. Jh. von Wikingern geplündert wurden, wie Runeneinritzungen belegen: »Haakon allein schaffte den Schatz aus diesem Hügel«, heißt eine von vielen Inschriften.

Stromness

An der Westküste liegt Stromness, zweitgrößte Stadt der Insel und wichtigster Fährhafen. Zwei Museen lohnen sich: Die Sammlung moderner Kunst im **Pier Arts Centre** wurde der Stadt von der Sammlerin Margaret Gardiner vermacht; das **Stromness Museum** informiert über die Vogelwelt der Insel, außerdem sind Relikte der in der Bucht von Scapa Flow versenkten deutschen Kriegsflotte zu sehen.
Pier Arts Centre: Di.–So. 10.30–17.00 Uhr; Eintritt frei; www.pierartscentre.com
Stromness Museum: April–Sept. tgl. 10.00–17.00, Okt.–März Mo.–Sa. 11.00–15.30 Uhr; Eintritt 3 £; www.orkneycommunities.co.uk

*Skara Brae

Die bedeutendste prähistorische Stätte der Orkneys ist das über 3000 Jahre alte Steinzeitdorf von Skara Brae nördlich von Stromness. Zehn Hütten mit einer Art steinzeitlicher Inneneinrichtung sind erhalten: Bettkästen aus Steinplatten, die mit Stroh gefüllt waren, und eine ebenfalls steinerne, schrankähnliche Konstruktion. Die Häuser lagen bis 1850 unter einer dicken Sandschicht und wurden dann bei einem Sturm freigelegt. Forscher vermuten, dass das Dorf durch eine Naturkatastrophe verschüttet wurde. Man fand nur die Skelette eines Jungen und eines Greises. Die wichtigsten Funde sind heute im National Museum of Scotland in ▶Edinburgh ausgestellt.
❶ April–Sept. tgl. 9.30–17.30, Okt.–März bis 16.30 Uhr; Eintritt 6,90 £

*Ring of Brodgar

Ein weiteres Zeugnis der frühen Orkney-Bewohner ist der ca. 5000 Jahre alte Ring of Brodgar am Loch Stenness nordöstlich von Stromness. Der Zweck der heute 27, ursprünglich 60 im Kreise stehenden und diesen exakt unterteilenden Monolithen ist nicht geklärt, doch hinterlässt das Zusammenspiel von Wasser, Landschaft, Wolken und den geheimnisvollen Steinsäulen einen bleibenden Eindruck.

Gurness Broch

Auf einer Halbinsel im Nordosten steht der Gurness Broch, ein Wehr- und Wohnturm der Pikten aus der ersten Hälfte des ersten Jahrtausends. Die fensterlosen »Brochs« wurden aus Steinen aufgeschichtet. Sie bestehen aus einem zylindrischen Innenbau und einer sich nach oben verjüngenden Außenwand; dazwischen verliefen Gänge und Treppen.

🕐 April–Okt. tgl. 9.30–17.30 Uhr; Eintritt 5 £

SCAPA FLOW

Geschichte Die Bucht von Scapa Flow war wegen ihrer strategisch günstigen Lage Hauptbasis der britischen Flotte im Ersten Weltkrieg. Nach der Kapitulation des deutschen Kaiserreiches wurden die restlichen 74 Schiffe der deutschen Kriegsmarine von den Siegermächten im Westteil von Scapa Flow interniert, um auf den Abschluss des Friedensvertrags zu warten. Über 4700 Mann Besatzung harrten sieben Monate auf den Schiffen aus, ohne an Land gehen zu dürfen. Am 21. Juni 1919 befahl Admiral von Reuter die Selbstversenkung der Flotte: Die Männer öffneten die Ventile und ruderten dann in den Booten an Land. Die Aktion erwies sich als tragischer Irrtum, denn der Admiral hatte geglaubt, Deutschland hätte den Friedensvertrag nicht unterzeichnet, die Unterzeichnung war aber nur um zwei Tage verschoben worden. Nachrichten trafen in Scapa Flow meist mit vier Tagen Verzögerung ein. Die meisten Schiffe wurden gehoben und verschrottet; heute liegen noch sieben deutsche Kriegsschiffe auf dem Grund.

Im Zweiten Weltkrieg lag die britische Home Fleet in Scapa Flow vor Anker. Am 14. Oktober 1939 drang das deutsche U-Boot U47 in die Bucht ein und versenkte die »Royal Oak«. Über 800 Seeleute kamen ums Leben. Die britische Regierung ließ daraufhin ausgemusterte Kriegsschiffe als Sperre zwischen Mainland und den Inseln Burray und South Ronaldsay versenken. Italienische Kriegsgefangene bauten später Churchill's Barrier, eine feste Zementsperre, die diese Inseln seither verbindet. Von ihr sieht man die Masten der versenkten britischen Schiffe aus dem Wasser ragen.

SEHENSWERTES AUF ANDEREN INSELN

Hoy Anders als die übrigen Orkneys ist Hoy schroff und bergig, die Insel erhebt sich bis zu 477 m über dem Meer. Ihre Nordwestspitze, ***St. John's Head**, ist mit 346 m eine der höchsten Klippen Großbritanniens. Im Süden sieht man die 137 m hohe Felsnadel Old Man of Hoy.

South Ronaldsay Diese südlichste der Orkney-Inseln kann man über die Straße auf Churchill's Barrier erreichen. Zu sehen gibt es auf der Mini-Insel Lambholm die Italian Chapel, die die italienischen Kriegsgefangenen aus einer Lagerhütte mit Wellblech und Bauholz errichteten, und das Orkney Wireless Museum in St. Margaret's Hope, das Funkgeräte und andere Kommunikationsmittel der britischen Marine ausstellt.

Rousay und Egilsay

Rousay nördlich von Mainland ist bekannt für zahlreiche prähistorische Grabanlagen wie die große Grabkammer von Blackhammer Cairn aus dem 3. Jt. v. Chr. oder Midhowe Cairn. Auf der westlich von Rousay gelegenen Insel Egilsay wurde der hl. Magnus ermordet. Ihm ist die im 12. Jh. im irischen Stil erbaute Kirche geweiht.

✶✶ Oxford

✦ Q 17

Landesteil: Südengland
Grafschaft: Oxfordshire
Einwohnerzahl: 149 300

Oxford ist eine der ältesten und berühmtesten Universitätsstädte in Europa und seit Jahrhunderten Rivalin von Cambridge um die akademische Vorherrschaft im Land.

Die malerischen alten Colleges, reizvolle Gärten, stille Plätze, geschäftiges Treiben in der Fußgängerzone und ein exzellentes kulturelles Angebot machen die besondere Atmosphäre dieser Stadt aus.

Geschichte

Oxford bedeutet möglicherweise Furt (»ford«) für Ochsen. Die Stadt wurde 912 erstmals schriftlich erwähnt, die Anfänge der Universität liegen dagegen im Dunkeln. Oxford wurde peu à peu zum Treffpunkt

Blick über die abendliche Silhouette von Oxford

von Gelehrten, die vor allem religiöse Fragen diskutierten. Lehrstätten – unabhängig von Klöstern und Kirchen – wurden im 13. Jh. eingerichtet. In der Folge entwickelte sich ein die geistige Elite des Landes formendes Bildungssystem, das dem Streben nach Individualität und der Forderung nach sozialer Verantwortung gleichermaßen gerecht zu werden versucht.

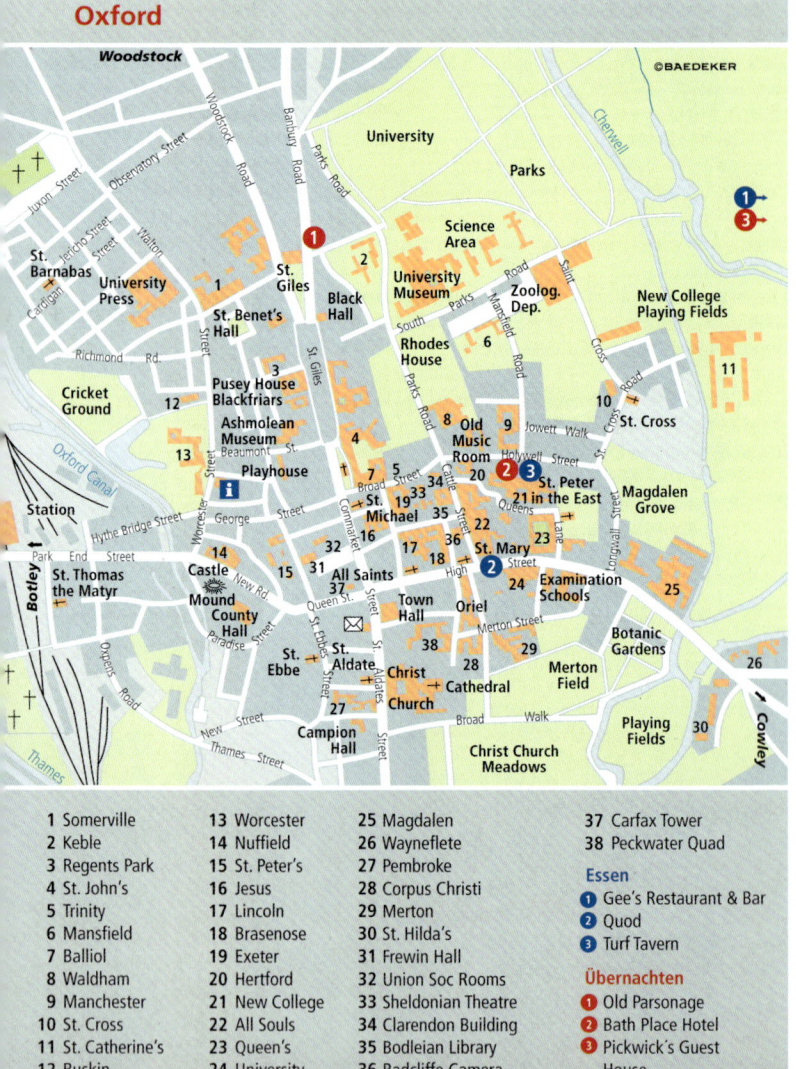

1 Somerville
2 Keble
3 Regents Park
4 St. John's
5 Trinity
6 Mansfield
7 Balliol
8 Waldham
9 Manchester
10 St. Cross
11 St. Catherine's
12 Ruskin
13 Worcester
14 Nuffield
15 St. Peter's
16 Jesus
17 Lincoln
18 Brasenose
19 Exeter
20 Hertford
21 New College
22 All Souls
23 Queen's
24 University
25 Magdalen
26 Wayneflete
27 Pembroke
28 Corpus Christi
29 Merton
30 St. Hilda's
31 Frewin Hall
32 Union Soc Rooms
33 Sheldonian Theatre
34 Clarendon Building
35 Bodleian Library
36 Radcliffe Camera
37 Carfax Tower
38 Peckwater Quad

Essen
❶ Gee's Restaurant & Bar
❷ Quod
❸ Turf Tavern

Übernachten
❶ Old Parsonage
❷ Bath Place Hotel
❸ Pickwick's Guest House

Highlights Oxford

▶ **Christ Church College**
Christ Church College ist eines der größten und bekanntesten Colleges in Oxford und wird im Allgemeinen von allen ganz einfach nur »The House« genannt.
Seite 576

▶ **High Street**
William Wordsworth sagte über die High Street in Oxford einmal, sie sei die prächtigste Straße in ganz England.
Seite 578

▶ **Merton College**
Merton College ist das älteste College in Oxford, hinter seinen Mauern verbirgt sich außerdem die älteste Bibliothek. J. R. R. Tolkien lehrte hier Englisch.
Seite 578

▶ **Ashmolean Museum**
Dieses ist das älteste Museum in Großbritannien mit einer hervorragenden Kunst- und Altertumssammlung.
Seite 586

Die Geschichte der Colleges verlief nicht ohne Spannungen. So kam es 1355 zu blutigen Auseinandersetzungen zwischen Bürgern der Stadt und Akademikern, bei Tavernenschlachten gab es unter den Studenten sogar Tote, wofür die Stadtväter regresspflichtig waren. Während der Reformation wurden in Oxford mehrere Reformatoren aus Cambridge wegen ihrer religiösen Überzeugung auf dem Scheiterhaufen verbrannt. Zur Zeit des Bürgerkriegs im 17. Jh. war Oxford ein Hort der Royalisten. Reformen der klösterlichen Ausbildungsregeln setzten erst im 19. Jh. ein, als mündliche Prüfungen durch schriftliche ersetzt wurden, Lehrer nur nach wissenschaftlichem Ruf und auch als Verheiratete eingestellt wurden und schließlich auch Frauen ein Studium aufnehmen konnten, wenngleich sie erst seit 1920 akademische Grade erwerben dürfen. Von den 57 Premierministern Großbritanniens sind 25 aus Oxford hervorgegangen.

Geschichte der Colleges in Oxford

SEHENSWERTES IN OXFORD

Oxfords Sehenswürdigkeiten brauchen Zeit. Interessant sind vor allem die 38 Colleges und sechs Private Halls, die in der Regel nur nachmittags während der Semester für Besucher zugänglich sind. Die College-Gebäude wurden von Beginn an um einen Hof, später mehrere Innenhöfe mit abschließbarem Tor, Kapelle, Speisesaal, Bibliothek und Zimmern für die Studenten und ihre Lehrer angelegt, so dass jedes College eine autonome Körperschaft bildet.

**Colleges

❶ www.ox.ac.uk

Christ Church College: Tom Quadrangle ist Oxfords größter College-Hof.

Pembroke College Pembroke College wurde 1624 gegründet, seine Ursprünge gehen auf 1446 zurück. Fast alle Gebäude stammen aus dem 19. Jahrhundert.

**Christ Church College Christ Church College gegenüber wurde 1525 gegründet und gehört zu den größten; es verzichtet auf den Titel College und heißt allgemein »The House«. Tom Tower mit der gewaltigen Glocke Great Tom, die jeden Abend um 21.05 Uhr mit 101 Schlägen den Zapfenstreich einläutet, wurde 1682 angebaut – zu Beginn waren hier 101 Studenten eingeschrieben.

*Tom Quad mit einem hübschen Brunnen ist der größte College-Hof in Oxford. Die Hall ist ein großräumiger, stilvoller Speisesaal mit prachtvoller Holzdecke und mehreren Porträts ehemaliger Mitglieder des Hauses, darunter Heinrich VIII., der Philosoph John Locke (1632 – 1704), der wegen Aufruhr relegiert wurde, und William Penn (1644 – 1718), der Gründer von Pennsylvania in den USA, der für die verfolgten Quäker eintrat und als Dissident von der Schule gewiesen wurde. Neben den Porträts vieler Premierminister findet sich auch das Bildnis von Lewis Carroll (1832 – 1898), dem Verfasser von »Alice im Wunderland«, der unter dem bürgerlichem Namen Charles L. Dodgson Professor für Mathematik in Oxford war.

Die Kapelle von Christ Church College erhielt 1546 den Rang einer ***Kathedrale**; der Eingang der im romanisch-frühgotischen Stil erbauten Kirche liegt an der Ostseite von Tom Quad. Mitte des 14. Jh.s erweiterte man den Kirchenbau nördlich der Marienkapelle um die Latin Chapel und schuf große Maßwerkfenster, um dem lichterfüllten gotischen Raumgefühl Ausdruck zu verleihen. Der Chor wurde um 1500 mit Netzgewölben über hängenden Schlusssteinen ausge-

Oxford erleben

AUSKUNFT
15–16 Broad St., Oxford
Oxfordshire, England, OX1 3AS
Tel. 01865 25 22 00
www.visitoxfordandoxfordshire.com

ESSEN

❶ *Gee's Restaurant & Bar* ©©©©
61 Banbury Rd.
Tel. 01865 55 35 40
www.gees-restaurant.co.uk
In dem viktorianischen Gebäude von 1898, das früher als Blumenladen diente, wird moderne britische Küche serviert. Sonntagsabends spielen Jazzmusiker zum Dinner auf.

❷ *Quod* ©©©
92–94 High St.
Tel. 01865 20 25 05
www.quod.co.uk
Restaurant mit viel Atmosphäre, italienisch beeinflusste Küche.

❸ *Turf Tavern* ©©
Bath Place
Tel. 01865 24 32 35
www.theturftavern.co.uk

Thomas-Hardy-Lesern wird die Turf Tavern bekannt vorkommen. Er verwendete sie als einen Schauplatz in seinem Roman »Jude the Obscure«. Hübscher Innenhof.

ÜBERNACHTEN

❶ *Old Parsonage Hotel* ©©©©
1 Banbury Rd., Tel. 01865 31 02 10
www.oldparsonage-hotel.co.uk
Sehr schöne und individuell gestaltete Zimmer.

❷ *Bath Place Hotel* ©©©
4–5 Bath Place, Holywell St.
Tel. 01865 79 18 12
www.bathplace.co.uk
Günstiger als das Old Parsonage und ebenfalls sehr schön in einer Gruppe kleiner Cottages aus dem 17. Jh. am Bath Place gelegen.

❸ *Pickwick's Guest House* ©©
5–17 London Rd., Headington
Tel. 01865 75 04 87
www.pickwicksguesthouse.co.uk
2 km vom Zentrum entfernt liegt dieses hübsche Guesthouse.

---

staltet. Beachtenswert sind im südlichen Querschiff das Becket-Fenster (um 1320), die fünf Glasfenster, nach Entwürfen von Edmund Burne-Jones 1871–1877 von William Morris ausgeführt, drei Grablegen des 14. Jh.s in der Lady Chapel, außerdem das Grab des Bischofs und Philosophen George Berkeley (1681–1735), nach dem die Stadt Berkeley in Kalifornien benannt wurde. Der kleine Kreuzgang ist im Perpendicular Style gehalten, der Eingang zum Kapitelhaus im spätnormannischen, das Innere im Early English Style.
An der Nordostecke des Tom Quad, jenseits des Dekanats, in dem Karl I. 1642–1646 untergebracht war, befindet sich der **Kill-Canon**, ein dermaßen zugiger Durchgang, dass man befürchtete, die Stiftsherren (»canons«) würden sich dort den Tod holen. Hier steht die Statue des Dekan Fell (gest. 1686) mit Tom Browns Epigramm: »I do

not like thee, Doctor Fell, The reason why I cannot tell« (Ich kann dich nicht leiden, Dr. Fell, weshalb kann ich nicht sagen).
Die **Picture Gallery** zeigt eine hervorragende Sammlung von Gemälden und Zeichnungen alter Meister aus Italien, Flandern, Frankreich überwiegend aus dem 15. – 17. Jahrhundert.
 www.chch.ox.ac.uk

Corpus Christi College

In der Merton Street steht das Corpus Christi College, 1517 von Richard Fox, Bischof von Winchester, gegründet. Besichtigen sollte man die schöne Gartenanlage und im Innenhof eine Sonnenuhr (1581) mit einem Pelikan, dem College-Symbol, und einem ewigen Kalender.

Oriel College

Oriel College gegenüber, 1326 von Edward II. gegründet und nach dem Vorgängerbau »La Oriole« benannt, ist die Wiege des Traktarianismus, benannt nach den »Tracts for the Times«, die John Henry Newman (1801 – 1890) hier schrieb. Er war einer der Führer der Oxford-Bewegung und wurde 1879 zum Kardinal ernannt.

Museum of Modern Art

Das Museum of Modern Art in der Pembroke Street zeigt in Wechselausstellungen zeitgenössische Kunstwerke.
 Di., Mi. 10.00 – 17.00, Do. – Sa. bis 19.00, So. 12.00 – 17.00 Uhr; Eintritt frei; www.modernartoxford.org.uk

****Merton College**

Das 1264 gegründete Merton College ist das älteste heute noch bestehende College. Die College Chapel besteht aus einem Chor von 1277 und einer großen Vorhalle von 1414. Die meisten Fenster im Chor haben noch alte Glasmalereien aus der Gründungszeit – besonders schön ist die »Jungfrau mit Kind« im Ostfenster.
Vom vorderen Trakt führt eine Passage unter der Schatzkammer entlang zu **Mob Quad** (um 1380). Die Bibliothek aus dem 14. Jh. ist die älteste in England, die noch benutzt wird. Merton College hatte viele berühmte Schüler, u. a. den Politiker Lord Randolph Churchill (1849 – 1894), den Dichter T. S. Eliot (1888 – 1965) und Max Beerbohm (1872 – 1956), englischer Schriftsteller und Zeichner. J. R. R. Tolkien lehrte hier Englisch.

****High Street**

Der Dichter Wordsworth beschrieb die hübsche High Street in einem Sonett, und der amerikanische Schriftsteller Nathaniel Hawthorne (1804 – 1864) nannte sie die prächtigste Straße in England. Heute ist die High Street eine der geschäftigen Innenstadtstraßen.

****Magdalen College**

In der High Street steht auch das Magdalen College, das 1458 außerhalb der damaligen Stadtmauern gegründet wurde. Der Magdalen Tower wurde 1482 – 1504 im späten Perpendicular Style erbaut. Unter dem Muniment Tower befindet sich der Eingang zur Kapelle, wo

Englands Elite-Unis

BAEDEKER WISSEN

Oxbridge-Connection

Eine Gruppe lässig gekleideter junger Menschen schlendert Oxfords High Street entlang. Sorglos wirken sie, und man merkt, dass diese Studenten weder Bafög-Nöte noch Prüfungsängste plagen. Mit Champagnerflaschen verschwinden sie hinter einer der schweren Türen zu den Innenhöfen der ehrwürdigen Colleges. »Mighty fine place«, notierte Samuel Pepys, englischer Chronist und Absolvent der »anderen« Universität, nämlich Cambridge, in seinen Tagebüchern anerkennend über Oxford, und seither hat sich nicht viel geändert. Mächtig schön und für Studenten wie Besucher gleichermaßen attraktiv sind beide Unis geblieben. Die Oxbridge-Connection – Tradition und Exklusivität prägen die berühmten Universitäten des Landes.

Die Geschichte Oxfords begann Ende des 11 Jh.s, als sich hier erstmals einige Gelehrte zusammenfanden, und entwickelte sich von da an rasant, nachdem Heinrich II. 1167 englische Studiosi von der Universität in Paris verbannt hatte. Peterhouse, das älteste College Cambridges, wurde 1284 gegründet, und seither gehören die beiden Elite-Unis zur englischen Identität wie das Königshaus – immer mal wieder kritisiert von allen, denen die traditionelle britische Gesellschaftsordnung aufstößt, aber nach wie vor unverrückbarer Fixpunkt im angelsächsischen Weltbild. Seit alters her stehen **beide Universitäten in freundlicher Konkurrenz zueinander,** was bis heute alljährlich im Frühjahr bei der weithin berühmten Ruderregatta auf der Themse zwischen Mortlake und Putney ausgelebt wird.

Altehrwürdig – modern

Selbst wenn sich Touristen durch die Straßen schieben, wirken beide Städte nie museal. Grund dafür ist vor allem der unbeeindruckte Umgang der Studentenschaft mit ihrer historischen Umgebung: Verstärker lassen die mittelalterlichen Mauern des Magdalen Colleges in Oxford erzittern, in denen schon Thomas Hobbes seinen Studien nachging und der Dichter und Dandy Oscar Wilde schrieb. Und auch die jungen Leute, die auf den »Punts« genannten Kähnen über den Cam staken, sind normale Studenten, die einem der unabhängigen **Colleges** angehören. Zusammen bilden diese **akademischen Mikrokosmen** die Universität. Jedes verfügt über eigene Dozenten, Studentenzimmer und Speisesäle. Die meisten Colleges öffnen ihre Pforten nachmittags Besuchern,

Viel Stoff zum Pauken:
College-Bibliothek in Cambridge

Englands Elite-Unis

die sich etwa im Oxforder Christchurch College davon überzeugen können, dass Mensa nicht gleich Mensa ist: Schwere Eichentafeln stehen dort im Speisesaal. Das Lehrpersonal nimmt die Mahlzeiten auf einer Empore ein, während das akademische Fußvolk unten sitzt, bei besonderen Anlässen stilecht in »**cap and gown**«, der traditionellen Gewandung der Akademiker. Der Große Saal hat es sogar zu Leinwandruhm gebracht: Er gab in der Verfilmung von »Harry Potter« den Speisesaal des Zauber-Internats Hogwarts.

Eliteschmieden

In Oxford und Cambridge wird gepaukt wie anderswo auch – nur mit etwas mehr Gelassenheit, denn zu Zukunftsängsten besteht wenig Anlass. Wenn sich das Klassensystem auch selbst im traditionsbewussten England mittlerweile relativiert hat – Oxford und Cambridge sind noch immer Eliteschmieden, die die besten Studenten und die besten Professoren anziehen. Wer das straffe Pensum bewältigt, hat allen Grund, auf eine vielversprechende Karriere zu hoffen. Beweis dafür sind etwa die **25 britischen Premierminister** und **40 Nobelpreisträger**, die die 38 Colleges der University of Oxford bislang hervorbrachten, und zahlreiche Größen aus Literatur und Politik – Margaret Thatcher und Indira Ghandi gehören in Oxford ebenso zu den Absolventen wie der Romantiker P. B. Shelley, sein Dichterkollege Keats und Schriftsteller von T. E. Lawrence (alias Lawrence von Arabien) und J. R. R. Tolkien über T. S. Eliot bis zu Graham Greene. 1968 wurde Bill Clinton für zwei Jahre ein Oxonian, zehn Jahre später schrieb sich Hugh Grant hier ein und entdeckte in der Theatertruppe seines Colleges sein Schauspieltalent.

Cambridge-Absolventen

Das **Ehemaligenverzeichnis** der 31 Colleges von Cambridge liest sich nicht minder glamourös: Der Revolutionär Oliver Cromwell, der Philosoph Francis Bacon, die Dichter Lord Byron, William Wordsworth und Lord Alfred Tennyson, der Dramatiker Christopher Marlowe und der Naturwissenschaftler Sir Isaac Newton saßen hier über den Büchern. In den 1950er-Jahren studierten die Dichterin Sylvia Plath hier und lernte ihren späteren Mann kennen, den Dichter Ted Hughes. Ein paar Jahre später entschied sich Thronfolger Prinz Charles für die Universität Cambridge. Sie gilt als die progressivere Uni, seit sich Oxford im Bürgerkrieg des 17. Jh.s auf die Seite der Royalisten schlug – wobei Modernität ein relativer Begriff sein dürfte bei zwei Institutionen, die noch bis 1950 selbstverständlich und selbstbewusst je zwei eigene Repräsentanten ins Unterhaus schickten.

Ausschweifungen

Neben der schönen alten Architektur ist es so auch immer noch das Flair von Exklusivität und Tradition, das den Reiz der Unistädte ausmacht. Im Juni streben die Studenten in Ballkleidung den Abschlussfesten in den Gärten ihrer Colleges zu oder lassen in »cap and gown« Champagnerkorken ploppen und freuen sich über bestandene Prüfungen. Nicht immer bleibt es dabei beim dezenten Nippen am Pappbecher. Vor ein paar Jahren geriet die traditionelle »Begrüßung des Lichts am Ende des Tunnels« nach den Prüfungen in Oxford zu einem Gelage, bei dem der Verkehr im Stadtzentrum zum Erliegen kam. Der Vorfall lieferte dem **uralten Konflikt** zwischen »town and gown« – **zwischen Stadtbevölkerung und Akademikern** – neuen Zündstoff. In früheren Jahrhunderten gab es bei solchen Auseinandersetzungen auch schon mal Tote. In diesem Fall wurde den Studenten fürs Folgejahr verboten, sich nach den Examina in der Nähe ihrer Prüfungsgebäude zu versammeln. Nicht näher definierte Ausschweifungen mussten in einer Entfernung von mindestens sechs Meilen über die Bühne gehen.

Heute liegt der Anteil der Absolventen öffentlicher Schulen an beiden Unis bei gut 50 % – wobei allerdings nur 7 % aller englischen Schüler die teuren Privatschulen besuchen, deren vergleichsweise wenige Absolventen die andere Hälfte der Studentenschaft stellen. Die Zeiten, als Lord Byron als Adliger von seinem Cambridger Trinity College von der Teilnahme an den Prüfungen befreit wurde, sind jedenfalls vorbei. Dass Macht und Geld den Zugang dennoch zumindest nicht erschweren, zeigte sich, als sich das finanziell wenig begünstigte Pembroke College in Oxford ins Gerede brachte: Dort wurde eine Anfrage, ob eine elterliche Spende – immerhin fast 500 000 Euro – der Bewerbung des nur durchschnittlich begabten Sprösslings zuträglich sei, nicht rundweg abgelehnt. Pech für den Professor: Das Ersuchen war der Versuchsballon eines Reporters der »Sunday Times« gewesen, die Geschichte wurde öffentlich – und der für die Studienplatzvergabe zuständige Gelehrte seines Amtes enthoben.

Pause: Studenten entspannen auf den Christ Church College Meadows.

während des Semesters die Abendandacht (Evensong) gesungen wird. Der Founder's Tower beherbergt Prunkräume mit Wandteppichen aus dem frühen 16.Jh. Der Durchgang unter diesem Turm führt zum Kreuzgang mit Figuren, die als »Hieroglyphen« bezeichnet werden. Hinter dem College liegt der Grove, ein Wildpark, durch den die so genannten Water Walks (Wasser-Spazierwege) führen.

University Botanic Gardens

Die University Botanic Gardens gegenüber dem Magdalen College wurden 1621 gegründet und gehören zu den ältesten Anlagen dieser Art in England. Pflanzen aus aller Welt sind hier zu sehen. Der Magdalen-Rosengarten ist ein Geschenk der Albert und Mary Lasker Foundation in New York (1953) zur Erinnerung an die Entwicklung des Penicillins, an der die Universität Oxford erheblichen Anteil hatte.

❶ März, April, Sept., Okt. tgl. 9.00 – 17.00, Mai – Aug. bis 18.00, Nov. – Feb. bis 16.00 Uhr; Eintritt 4 £; www.botanic-garden.ox.ac.uk

St. Hilda's College

Die Magdalen Bridge führt über den River Cherwell. Auf der anderen Seite liegt am Cowley Place das St. Hilda's College (1893), das einzige exklusive Studentinnen-College.

Queen's College

Gegenüber steht das 1692 – 1730 im palladianischen Stil gebaute Queen's College. Königin Caroline von Ansbach stiftete 1000 Pfund Sterling für das Gebäude, eine Statue erinnert an sie.

*St. Edmund Hall

Queen's Lane führt zur 1317 erstmals erwähnten St. Edmund Hall. Das mittelalterliche Studentenwohnheim wurde über Jahrhunderte vom Queen's College genutzt und bildet seit der Loslösung 1957 ein eigenes College. Malerisch ist der kleine Innenhof mit Brunnen aus dem 15. Jh., die übrigen Bauten stammen aus späterer Zeit.

University College

An der Südseite der High Street liegt das University College – das College, in dem Bill Clinton 1968 zwar Drogen rauchte, aber nicht inhalierte, wie er im Wahlkampf 1992 beteuerte. 1280 wurde mit dem Bau des College begonnen. Die heutige Anlage ist spätgotisch geprägt, teilweise aber erst im 17. Jh. ausgeführt. In einem kleinen Gebäude mit Kuppel erinnert eine Marmorstatue an Percy Bysshe Shelly. Der Dichter (1792 – 1822) wurde wegen seiner atheistischen Haltung vom College verwiesen.

*All Souls College

Das All Souls College neben Queen's College dient der Weiterbildung von Studenten, die bereits einen akademischen Grad erworben haben. 1438 wurde es vom Erzbischof von ▶Canterbury zur Erinnerung an die Gefallenen im Hundertjährigen Krieg gegründet. In der **Kapelle** ist die Hammerbalkendecke mit Engeln bemerkenswert. Nördlich schließt sich die Codrington Library mit einer Sonnenuhr an.

Freizeit: mit Punts auf der Themse durch Oxford staken

Die Universitätskirche **St. Mary the Virgin** hat einen für den Decorated Style typischen Turm (1280 – 1310). Der Chor wurde 1462 – 1466 neu erbaut, das Schiff und die Marienkapelle entstanden 1490 – 1503. Vom Turm hat man einen sehr schönen Blick über die Stadt.
🛈 Mo. – Sa. 9.00 – 17.00 Uhr; Eintritt Turm 3 £; www.university-church.ox.ac.uk

Universitätskirche

Der Name des 1509 gegründeten Brasenose College geht auf einen Messing-Türklopfer mit einem Löwenkopf zurück, der oberhalb des Tores zu sehen ist, ein weiterer ist in der Hall erhalten. Der Literatur-Nobelpreisträger William Golding studierte hier.

Brasenose College

Die Radcliffe Camera am Radcliffe Square wurde im 18. Jh. nach Entwürfen von James Gibbs als Rundbau errichtet. James Gibbs (1682 – 1754) gilt als bedeutendster Vertreter des englisch-italienischen Stils. Der Raum im Erdgeschoss bildet ein Sechzehneck. Er dient jetzt als Lesesaal der Bodleian Library.

Radcliffe Camera

An der Nordseite des Radcliffe Square liegt die Hauptgruppe der Universitätsgebäude. Die Bodleian Library, Universitätsbibliothek und erste öffentliche Bücherei im Land, wurde 1598 von Sir Thomas Bodley gegründet. Jedes in Großbritannien gedruckte Buch ist mit einem Exemplar in dieser Bibliothek vertreten, die über 9 Mio. Bände besitzt. Zum Bibliotheksbestand gehören außerdem rund 40 000 Manuskripte sowie 1,2 Mio. Karten.
🛈 Mo. – Fr. 9.00 – 17.00, Sa. bis 16.30, So. 11.00 – 17.00 Uhr; Eintritt frei außer zu Sonderausstellungen; www.bodleian.ox.ac.uk

*Bodleian Library

In der Catte Street steht das 1664–1669 erbaute **Sheldonian Theatre**. Es dient als Festsaal bei der Verleihung von akademischen Graden und bei den Treffen der Gründer und Mäzene Mitte Juni, bei dem Preise und Titel vergeben werden.

Im Old Ashmolean in der Broad Street befindet sich das **Museum of the History of Science**, das eine umfangreiche Sammlung von frühen naturwissenschaftlichen und astronomischen Instrumenten besitzt.
❶ Di.–Fr. 12.00–17.00, Sa. ab 10.00, So ab 14.00 Uhr; Eintritt frei; www.mhs.ox.ac.uk

»Bridge of Sighs« am Hertford College – Oxfords Seufzerbrücke

Holywell Music Room
In der schönen Holywell Street steht der Holywell Music Room, der vermutlich älteste Konzertsaal der Welt von 1748.

Hertford College
In der Cattle Street gegenüber der Bodleian Library liegen die Gebäude des Hertford College. Eine »Seufzer-Bücke« (Bridge of Sighs) über die New College Lane verbindet das alte und das neue Gebäude.

*New College
Das festungsartig aussehende New College ist – entgegen seinem Namen – eines der ältesten; 1379 wurde es von William of Wykeham, Bischof von Winchester, gegründet. Bis 1854 wurden dort nur Studenten aus Winchester zugelassen. Die Kapelle war eines der ersten Gebäude im Perpendicular-Stil. Ihre Glasfenster stammen größtenteils aus dem 14. Jh., das große Fenster in der Vorhalle wurde 1787 nach Entwürfen von Reynolds angefertigt. Bemerkenswert sind das El-Greco-Gemälde des hl. Jakob, die moderne Lazarus-Statue von Epstein und die Gedenktafel für drei im Krieg gefallene deutsche Mitglieder der Schule. Der 1711 angelegte Park wird an zwei Seiten von alten Stadtmauern begrenzt.

Wadham College
Das Wadham College ist seit seiner Gründung 1610 kaum verändert worden. Besondere Erwähnung verdienen der schöne Speisesaal und die Glasfenster der Kapelle, ebenso die prächtige Parkanlage. Admiral Blake (1599–1657), seit 1649 Flottenführer Oliver Cromwells, und Sir Christopher Wren (1632–1723), der berühmte Baumeister vieler Kirchen und Schlösser, waren Schüler von Wadham.

Jesus College gegenüber wurde 1571 von Queen Elizabeth I. gegründet. Traditionell ist hier der Anteil walisischer Studenten sehr hoch. Der britische Premier Harold Wilson, der Abenteurer Lawrence von Arabien, der Dandy »Beau« Nash und der Chemiker Thomas Vaughan waren Mitglieder des Jesus College.

Jesus College

Die Errichtung von Balliol College wurde 1263 von John de Balliol als Buße für die Gefangennahme des Bischofs von Durham gelobt und mithilfe des Vermächtnisses seiner Frau 1282 gegründet, die jetzigen Gebäude stammen aus dem 19. Jahrhundert. Die Bibliothek hat eine ausgezeichnete Sammlung von mittelalterlichen Handschriften. Balliol wird vor allem von schottischen Studenten bevorzugt. Zu den aus diesem College hervorgegangenen Berühmtheiten zählen **Adam Smith** (1723 – 1790), Philosoph, Volkswirtschaftler und Begründer der klassischen Nationalökonomie; Robert Southey (1774 – 1843), »poeta laureatus«; der Dichter Charles Swinburne (1837 – 1909); die Premiers Harold Macmillan und Edward Heath, König Olav von Norwegen und die Schriftsteller **Graham Greene** und **Aldous Huxley**.

Balliol College

Martyr's Memorial erinnert an Nicholas Ridley, Bischof von London, Hugh Latimer, Bischof von Worcester, und Thomas Cranmer, Erzbischof von Canterbury, die wegen ihrer Reformbestrebungen verbrannt wurden. Ein Kreuz auf der Broad Street bezeichnet die Stelle, an der die Märtyrer starben.

Martyr's Memorial

St. John's College wurde 1555 von Sir Thomas White, einem reichen Händler und Oberbürgermeister von London, gegründet. Berühmte Absolventen des St. John's College waren US-Außenminister Dean Rusk und der Schriftsteller Robert Graves. Ein Durchgang führt zum Canterbury Quad, der als einer der schönsten Gärten in Oxford gilt.

St. John's College

Von der St. Giles Street geht es am Regent's Park College (Baptisten-College) und an der St. Benet's Hall (Benediktiner) vorbei zur Museum Road. Hier steht Rhodes House. Der Rhodes Trust, gegründet nach dem Willen von **Cecil Rhodes** (1853 – 1902), einem britisch-südafrikanischen Wirtschaftsführer und Staatsmann, gewährt alljährlich rund 200 ausländischen Studenten ein Stipendium.

Rhodes House

Das Universitätsmuseum wurde 1855 – 1860 unter John Ruskin im viktorianischen Stil gebaut und beherbergt mehrere Sammlungen, darunter geologische, mineralogische und zoologische Abteilungen, die auch Arbeiten von Darwin, Burchell und Hope enthalten. Eines der größten ethnologischen Museen der Welt ist das angeschlossene **Pitt Rivers** mit über einer Million Exponaten.

University Museum of Natural History

University Museum: 2013 wegen Sanierungsarbeiten geschl.
Pitt Rivers Museum: Di.–So. 10.00–16.30, Mo. ab 12.00 Uhr; Eintritt frei; www.prm.ox.ac.uk

**Ashmolean Museum

Das im Jahr 1683 gegründete Ashmolean Museum ist das wichtigste der vier Universitätsmuseen und das älteste Museum im Land. Das neoklassizistische Gebäude enthält eine großartige Kunst- und Altertumssammlung, darunter klassische Skulpturen, fernöstliche Kunst, griechische und römische Keramik, eine wertvolle Juwelensammlung.

❶ Di.–So. 10.00–18.00 Uhr; Eintritt frei; www.ashmolean.org

*Cornmarket Street

»The Corn«, die Cornmarket Street, ist Oxfords belebteste Einkaufsstraße. Das Office des Oxford Preservation Trust ist das frühere Crew Inn, wo Shakespeare auf seinen Reisen zwischen London und Stratford-upon-Avon abgestiegen sein soll.

Somerville College

Am Somerville College an der Walton Street waren bis 1993 ausschließlich Studentinnen zugelassen. Zu den Absolventinnen gehörten u. a. Indira Gandhi und Margaret Thatcher, die Schriftstellerin Dorothy Sayers, die Chemie-Nobelpreisträgerin Dorothy Hadgkin und die Sopranistin Kiri Te Kanawa.

UMGEBUNG VON OXFORD

*Blenheim Palace

Blenheim Palace spricht sich »Blennim Palace«. Er steht 3 km nördlich von Oxford in Woodstock und ist Sitz der Familie Spencer-Churchill und der Herzöge von Marlborough. Außerdem ist er Geburtsort von **Winston Churchill**. In einem weitläufigen Landschaftsareal entstand zwischen 1701 und 1724 das prächtige Schloss mit etwa 200 Räumen für John Churchill, den ersten Herzog von Marlborough. Queen Anne unterstützte das Unternehmen finanziell, da der Herzog in Blenheim für einen Sieg über die Franzosen gesorgt hatte. Der Palast ist von der UNESCO zum Weltkulturerbe erklärt worden. Schön sind die Erinnerungszimmer an Sir Winston Churchill und die Staatsgemächer in barockem Prunk mit eleganten Möbelstücken und einer Vielzahl von Porträts, die u. a. van Dyck und Reynolds schufen. In der Schlosskapelle ist ein pompöses Grabmal für den ersten Herzog von Marlborough, seine Frau und Kinder zu sehen. Angeschlossen sind ein Garten mit französischen Rokoko-Rabatten, ein englischer Landschaftspark mit herrlichen alten Bäumen, ein Kräutergarten, ein Schmetterlingshaus und ein Abenteuerspielplatz.

❶ Palast tgl. 10.30–17.30, Gärten & Park 10.00–18.00 Uhr; Eintritt 20 £; www.blenheimpalace.com

* Peak District

✷ P 14

Landesteil: Mittelengland
Grafschaft: Derbyshire

Der landschaftlich reizvolle Peak District wurde Ende des 19. Jh.s zum Naherholungsgebiet für die Industriestädte Manchester, Derby und Sheffield. 1951 wurde er zum ersten Nationalpark des Landes erklärt und entwickelte sich im Lauf der Jahre zum meistbesuchten in ganz Europa.

Über Jahrhunderte hatte der Adel Mittelenglands im Peak District seine Jagdgründe und war entsetzt, als die Ausflügler aus den nahen Städten anrückten – massive Auseinandersetzungen waren die Folge. Heute herrscht an Sommerwochenenden auf den Straßen reger Verkehr, und in die lieblichen Täler ergießen sich wahre Besucherströme. An vielen Wasserläufen hat man befestigte Wege – »Public Footpaths« – angelegt, die zu ausgedehnten Wanderungen einladen.

Peak District erleben

AUSKUNFT
Pavilion Gardens, St. John's Rd.
Buxton SK17 6XN
Tel. 01298 25106
www.visitpeakdistrict.com

ÜBERNACHTEN
Barms Farm ☕☕☕
Fairfield Common, Fairfield
Buxton
Tel. 01298 77723
www.barmsfarm.co.uk
Angenehmes Übernachten in einem schönen Bauernhaus.

River Cottage ☕☕☕
Buxton Rd.
Ashford-in-the-Water
Tel. 01629 813327
www.rivercottageashford.co.uk
Geschmackvoll eingerichtetes, vielfach ausgezeichnetes B&B in einem Haus aus dem 18. Jh. mit einem entzückenden Garten direkt am Fluss Wye im Herzen des Peak Districts.

Manifold Inn ☕☕
The Hulme End, Hartington, Buxton
Tel. 01298 84537
www.themanifoldinn.co.uk
Gemütliches, 200 Jahre altes Gasthaus

WANDERN
Die Eichel ist das Symbol, mit dem die National Trails in Großbritannien beschildert sind – so auch der 431 km lange Fernwanderweg Pennine Way, der im Peak District beginnt. Andere klassische Spazierwege verlaufen durch das Chee Dale, Wye Dale, Ashwood Dale und das Manivold Valley. Der Kinder Scout, das mit 637 m höchste Plateau des Peak District, lässt sich am besten von Edale aus besteigen.

Chatsworth House in idyllischer Landschaft am Ufer des Derwent

Landschaft Der Peak District besteht aus zwei völlig verschiedenen Landschaften. Der Norden, der bis auf 610 m ansteigt, wird High oder Dark Peak genannt. Diese Anhöhen sind die südlichsten Ausläufer der Pennines. In der urwüchsigen Region findet man Wollgrasmoore, Zwergstrauchheiden und bizarre Felsformationen aus dunklem Sandstein, aus dem auch die Häuser hier im Norden gebaut sind. Flüsse haben sich ihren Weg durch den Kalkstein gebahnt und bilden anmutige Täler, so genannte Dales. Der White Peak im Süden, benannt nach dem hellen Kalkstein, ist flacher und nur leicht gewellt. Einsam liegen aus dem hellen Stein erbaute Farmhäuser in der Landschaft. Charakteristisch sind die Steinhecken, die im 18. Jh. angelegt wurden, als man aus den Äckern Weideflächen machte.

Buxton Hauptausgangspunkt für Ausflüge in den Peak District ist Buxton, ein mondäner Kurort, dessen heiße Quellen schon die Römer schätzten. Viele illustre Gäste, darunter auch Maria Stuart, suchten in Buxton Linderung ihrer Leiden. In Higher Buxton, dem ältesten Siedlungsteil, kann man sich im **Stadtmuseum** über die Entwicklung des Kur- und Badewesens informieren. Im Pump Room, in dem früher Heilwasser geschlürft wurde, sind heute wechselnde Kunstausstellungen zu sehen. Nebenan kann man am St. Ann's Well das Wasser kosten.
In den schönen ***Pavilion Gardens** laden das viktorianische Gewächshaus mit seinem tropischen Pflanzenreich, ein Café und der vom Wye gespeiste Gondelteich zum Verweilen ein. Kinder können eine Runde mit der Minibahn fahren. Sehenswert sind eine achteckige Kuppelhalle (1875) und das 1905 gebaute Opernhaus von Buxton.
Architektonisch interessant ist der **Crescent**, ein 1780 – 1788 aus lokalem Sandstein gebauter halbmondförmiger Straßenzug, der dem

Royal Crescent in Bath nachempfunden wurde. In den **Grin Low Woods** bietet sich vom Salomon's Temple ein weiter Rundblick. Knapp 20 Gehminuten entfernt kommt man zu der **Poole's Cavern** mit imposanten Tropfsteingebilden.

Stadtmuseum: Terrace Rd; Di. – Fr. 9.30 – 17.30, Sa. bis 17.00, Ostern – Sept. auch So. 10.00 – 17.00 Uhr; Eintritt frei

Castleton 20 km nordöstlich liegt sehr reizvoll am Westende des Hope-Valley und ist im Sommer immer gut besucht. Hauptattraktion sind die ***Tropfsteinhöhlen** , die man das ganze Jahr über besichtigen kann. Die eindruckvollste ist die 800 m lange Peak Cavern. Interessant ist auch die Speedwell Mine. Bei der Besichtigung dieser Höhle unternimmt man eine Bootsfahrt auf einem unterirdischen Kanal vorbei an fantastischen zapfen- und säulenförmigen Kalkgebilden, Sinterterrassen und Wasserfällen. Zur Blue John Mine gelangt man über die Winnats, einen von Felsen flankierten Passweg. Die Höhle erhielt ihren Namen vom bläulich gefärbten Feldspat.

Castleton

Chatsworth 24 km östlich von Buxton ist Sitz der Herzöge von Devonshire und eines der größten Herrenhäuser Englands. Von einem früheren elisabethanischen Gebäude am Ufer des Derwent sind noch Reste erhalten. Zwischen 1686 und 1708 entstand das jetzige Haus, im 19. Jh. ließ der 6. Herzog von Devonshire einen Flügel ergänzen. Chatsworth besitzt eine hervorragende Sammlung von Bildern alter Meister, Skulpturen, Wandteppichen, Möbeln, Silber und Porzellan. Der Garten ist ein wahres Kleinod mit romantischen Brunnen und spektakulären Wasserfällen, einer Orangerie, Rosengarten und Tropenhaus. Um die gesamte Anlage zieht sich ein Landschaftspark, der von Capability Brown gestaltet wurde. Auch ein Tiergehege gehört dazu. Nahe der Brücke erinnert der Queen Mary's Bower an Maria Stuart, die mehrmals als Gefangene in Chatsworth war.

*Chatsworth House

❶ Mitte März – Dez. Haus tgl. 11.00 – 17.30, Garten Sommer 10.30 – 17.00, Winter ab 11.00 Uhr; Eintritt 18 £; www.chatsworth.org

Haddon Hall 24 km südöstlich von Buxton liegt wunderschön an einem Hang oberhalb des Wye. Der Sitz des Duke of Rutland wurde ursprünglich als normannisches Bollwerk gebaut, Teile der Kapelle und der nordöstliche Turm stammen noch aus spätnormannischer Zeit. Sehenswert sind das Schlafgemach des Herzogs, die mittelalterliche Banqueting Hall mit wuchtigem Holzgewölbe, die Kapelle mit Wandmalereien aus dem 15. Jh. und einem weißen Marmorgrab für Lord Haddon, der im Kindesalter starb. In der großen Halle (14. Jh.) hängen flämische Gobelins, auf denen Jagdszenen und die fünf Sinne (Feeling, Hearing, Seeing, Tasting, Smelling) dargestellt sind.

*Haddon Hall

❶ Mai – Sept. tgl., Okt. Sa. – Mo. 12.00 – 16.00 Uhr; Eintritt 9,50 £; www.haddonhall.co.uk

Peterborough

✧ S 15

Landesteil: Ostengland
Grafschaft: Cambridgeshire
Einwohnerzahl: 171 200

Peterborough am River Nene ist eine eher gesichtslose Industriestadt. Besucher kommen vor allem wegen der Kathedrale hierher, die zu den bedeutendsten normannischen Kirchen Englands gehört. Übernachten kann man in den attraktiveren Städten Cambridge oder Stamford.

SEHENSWERTES IN PETERBOROUGH

*Kathedrale Ethelwold, Bischof von Winchester, ließ 972 ein Benediktinerkloster errichten, das 1116 einem Brand zum Opfer fiel; der Wiederaufbau war 1238 fertig. Reliquien des hl. Oswald und von Thomas Becket machten die Abtei zum Pilgerziel und begründeten ihren Reichtum. Das Grab Katharinas von Aragon, der ersten Frau Heinrichs VIII., bewahrte das Kloster vermutlich vor Auflösung und Abriss während der Reformation. Die Mönche, die 1118 mit dem Neubau der Abtei begannen, holten ihr Material aus den knapp 16 km entfernten Steinbrüchen bei Barnack, wo sie den schönen elfenbeinfarbenen Stein schlugen. Die im 13. Jh. vorgesetzte Westfront mit den drei riesigen Portalen, die triumphbogenartig ins Innere überleiten, ist eine der ungewöhnlichsten Fassadenlösungen der Frühgotik. Hinter den Ecktürmen der Fassade taucht die Silhouette des Vierungsturms aus dem 15. Jh. auf.

Das **Innere** der dreischiffigen Pfeilerbasilika hat sein normannisches Gepräge bewahrt: kraftvolle Arkadenreihen, zackengeschmückte Galeriebögen und Drillingfenster als Lichtgaden. Einmalig in England ist die figürlich und ornamental **bemalte Flachdecke** von 1220. Im südlichen Seitenschiff sind seltene normannische Kreuzgratgewölbe, Vorläufer der gotischen Kreuzrippengewölbe, zu sehen. Das nördli-

Peterborough erleben

AUSKUNFT
Peterborough Visitor Destination Centre
9 Bridge St., Peterborough PE1 1HJ
Tel. 01733 45 23 36
www.visitpeterborough.com

ÜBERNACHTEN
The George Hotel ❻❻❻❻
71 St. Martin St., Stamford PE9 2LB
Tel. 01780 75 07 50
www.georgehotelofstamford.com
Eine alte Postkutschenstation, die sich in ein äußerst komfortables Hotel mit ausgezeichnetem Restaurant verwandelt hat. Einige Teile des Gebäudes sind mehrere hundert Jahre alt.

che und südliche Querhaus zeigen eindrucksvolle normannische Architektur. An der Westwand nahe dem Hauptportal befindet sich ein aus dem 18. Jh. stammendes Porträt von Old Scarlett (1496 – 1594), Küster und Totengräber, der zwei Königinnen und zwei Generationen von Bürgern in dieser Kirche beerdigte.

Der **Chor** mit Hochaltar und Bischofsthron wurde Ende des 19. Jh.s umgestaltet, die Holzdecke datiert aus dem 15. Jh. und imitiert ein Steingewölbe. In der nördlichen Choreinfriedung befindet sich das **Grab der Katharina von Aragon** (1485 – 1536), die nach der erzwungenen Scheidung von Heinrich VIII. ab 1533 als königliche Gefangene in der Nähe von Peterborough lebte. In der südlichen Choreinfriedung erinnert eine **Gedenkplatte** an das Grab von **Maria Stuart**, die nach ihrer Hinrichtung in der Burg Fotheringhay in der Nähe von Peterborough hier bestattet wurde. Ihre Gebeine wurden 1612 von ihrem Sohn Jakob I. nach Westminster Abbey (London) überführt. Im Chorumgang ist u. a. das Marmorgrab von Abt Benedict von Canterbury (1193) erhalten, der das Langhaus errichten ließ und Reliquien des heiligen Thomas Becket mitbrachte.

Der Retrochor mit einem herrlichen Fächergewölbe aus der Zeit um 1500 birgt den **Hedda Stone**, eine um 780 entstandene sächsische Bildhauerarbeit. Sie war Teil eines Schreins, der über einem Massengrab von Mönchen aufgestellt war, die zusammen mit ihrem Abt Hedda 870 beim Dänenüberfall ermordet wurden.

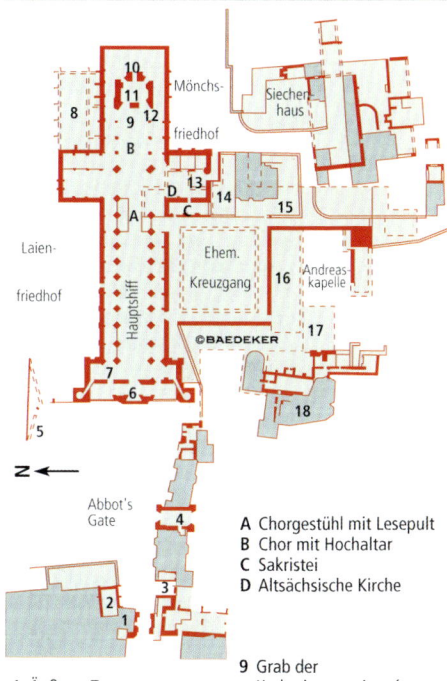

Peterborough Cathedral

A Chorgestühl mit Lesepult
B Chor mit Hochaltar
C Sakristei
D Altsächsische Kirche

1 Äußeres Tor (oben St. Nicholas´ Chapel)
2 Kapelle des hl. Thomas von Canterbury
3 Gefängnis
4 Rittersaal
5 Prior´s Gate
6 Westfassade und Zugang zur Schatzkammer
7 Porträt des Robert Scarlett
8 Ehem. Marienkapelle (1651 zerstört)
9 Grab der Katharina von Aragón
10 Neuer Bau (1508)
11 Stein der Mönche (8. Jh.)
12 Urspr. Grabstätte von Maria Stuart
13 Zugang zu den Fundamenten der altsächsischen Kirche
14 Ehem. Kapitelhaus
15 Ehem. Mönchsdormitorium
16 Ehem. Mönchsrefektorium
17 Ehem. Mönchsküche
18 Bischofspalais

❶ Mo. – Fr. 9.00 – 17.15, Sa. bis 15.00, So. 12.00 – 15.15 Uhr; Eintritt frei, Turmbesteigung & Tour 10 £; www.peterborough-cathedral.org.uk

Flag Fen Bronze Age Centre 1982 wurde östlich der Stadt mit Ausgrabungen begonnen. Heute befindet sich an der 3000 Jahre alten Fundstätte das britische Zentrum für das Bronzezeitalter (The Droveway, Northey Road), zu dem u. a. ein archäologischer Park und ein Museum gehören.
❶ Sa., So. 10.00 – 17.00 Uhr; Eintritt 5 £; www.flagfen.com

UMGEBUNG VON PETERBOROUGH

Stamford Mehr als 50 Pubs gibt es in Stamford 19 km nordwestlich. Stamford war früher Hauptverkehrsknotenpunkt an der Strecke Edinburgh – London, und so machte manch illustrer Besucher hier Station: Sir Walter Scott übernachtete hier, und Charles Dickens erwähnt den Ort in seinem Roman Nicholas Nickleby. Die alte Marktstadt hat ihren ursprünglichen Charakter weitgehend erhalten. Vier alte Kirchen sind sehenswert: St. Mary und All-Saints (frühgotisch), St. John's (Perpendicular Style) und St. George's (13–15. Jh.) mit schönen Glasfenstern.

Burghley House Burghley House 3 km südlich von Stamford, Sitz des Marquess of Exeter, ist ein hervorragendes Beispiel elisabethanischer Schlossbaukunst (1553 – 1587). Errichtet wurde der Adelspalast für William Cecil, Lord Burghley (1520 – 1598), einen einflussreichen Politiker während der elisabethanischen Ära. Überaus verschwenderisch ist die Innenausstattung mit zahlreichen Gemälden italienischer und englischer Barockmaler sowie großen Dekorationsmalereien. Den Landschaftspark schuf Capability Brown im 18. Jahrhundert.
❶ Mitte März – Okt. tgl. 11.00 – 17.00 Uhr; Eintritt 12,50 £;
www.burghley.co.uk

Plymouth

K 20

Landesteil: Südwestengland
Höhe: 100 ft/31 m ü.d.M.
Grafschaft: Devon
Einwohnerzahl: 256 700

Plymouth – sprich Plimth – an den Mündungen des Tamar und des Plym ist mit Stonehouse und Devonport zusammengewachsen. Ein herrlicher langer Strand, Wald, Wiesen und schöne Parkanlagen tragen zum freundlichen Charakter dieser Stadt bei.

Plymouth ist einer der größten See- und Kriegshäfen Englands, historisch vermutlich der bedeutendste. Von Plymouth segelte der Schwarze Prinz 1355 zum letzten Mal gen Frankreich, von hier legten viele Entdecker und Eroberer ab, u. a. Sir Francis Drake, der legendäre Freibeuter des Elisabethanischen Zeitalters, Raleigh, Hawkins, Martin Frobisher, Admiral Blake und James Cook. Am 31. Juli 1588 wurde die spanische Armada vor der Stadt vernichtend geschlagen. Die Pilgerväter von Plymouth setzten auf der von Southampton kommenden »Mayflower« am 6. September 1620 Segel nach Amerika – damit begann der Aufstieg Englands zur Weltmacht. Ihren Spuren folgten zahllose Auswanderer in die Neue Welt, wo es heute rund ein Dutzend Gemeinden namens Plymouth gibt. Während des Zweiten Weltkriegs wurde der Marinehafen sehr stark beschädigt.

SEHENSWERTES IN PLYMOUTH

Einen eindrucksvollen Blick über die Stadt und die Hafenbucht hat man von »The Hoe«, einem Aussichtspark mit breiter Promenade, von dem man über die Bucht »The Sound« und über Drake's Island hinweg bis zum 22,5 km entfernten berühmten Leuchtturm auf dem

*Aussichtspark The Hoe

Eddystone-Felsen sehen kann. Als Museum und Aussichtsturm hat man den oberen Teil des ehemaligen Leuchtturms von Smeaton eingerichtet, der 1882 einem modernen Platz machen musste und hier Stein für Stein wieder aufgebaut wurde.

Smeaton's Tower: März – Sept. Di. – Fr. 10.00 – 12.00, 13.00 – 16.30, Sa. bis 16.00, Okt. – März Di. – Sa. bis 15.00 Uhr; Eintritt 2,60 £

Plymouth erleben

AUSKUNFT
Mayflower Centre, 3 – 5 The Barbican
Plymouth, Devon, England, PL1 2LR
Tel. 01752 30 63 30
www.visitplymouth.co.uk

ESSEN
❶ *Platters* ❷❸
12 The Barbican
Tel. 01752 22 72 62
www.platters-restaurant.co.uk
Schon Andrew Lloyd Webber war von der Qualität der Fischspezialitäten angetan, die in diesem gemütlichen Lokal direkt am Sutton Harbour serviert werden.

ÜBERNACHTEN
❶ *Drake* ❷❸
1 & 2 Windsor Villas, Lockyer St.,
The Hoe
Tel. 01752 22 97 30
www.drakehotel.net
Ein gutes Preis-Leistungs-Verhältnis bietet das Drake, ein aus zwei zusammengelegten viktorianischen Häusern entstandenes Hotel mit 35 Zimmern.

❷ *Brittany Guest House* ❷❸
28 Athenaeum St., Tel. 01752 26 22 47
www.brittanyguesthouse.co.uk
Praktisches B&B mit 9 Zimmern und Parkmöglichkeit.

Die Altstadt von Plymouth scheint genügend Abwechslung zu bieten.

Royal Citadel

Um die Citadel (1566 – 1570) östlich des Hoe führt ein schöner Promenadenweg, von dem man einen Blick auf die verbliebenen Bürgerhäuser von Alt-Plymouth hat. Der Madeira Road folgend, kommt man zum alten Hafen, dem **Sutton Harbour**, wo an der Phoenix Wharf Ausflugsdampfer zu Rundfahrten ablegen.
❶ Mai – Sept. Di., Do. 14.30 Uhr nur im Rahmen einer Führung; Eintritt 5 £

Mayflower Steps

An den Mayflower Steps, einem zum Gedenken an die Pilgrim Fathers erbauten Portal, befindet sich die Anlegestelle für Schiffe zur gegenüberliegenden Drake-Insel. Das **National Marine Aquarium** am East Pier auf der anderen Hafenseite, das größte Aquarium im Vereinigten Königreich, gibt Einblick in die Unterwasserwelt.
In den schmalen Straßen des historischen Stadtviertels *Barbican ist das originalgetreu eingerichtete Elizabethan House (16. Jh.) in der New Street sehenswert, in der Southside Street sind die Überreste eines Dominikanerklosters aus dem 14. Jh. erhalten. Im Haus Nr. 60 kann man sich in der Black Friars Distillery über die Ginherstellung informieren und den Plymouth Dry Gin probieren.
National Marine Aquarium: Sommer tgl. 10.00 – 18.00, Winter bis 17.00 Uhr; Eintritt 11,75 £; www.national-aquarium.co.uk

Armada Way und Royal Parade

Um die Flaniermeilen Armada Way und Royal Parade, die sich nördlich an den Hoe-Park anschließen, liegt das heutige Stadtzentrum. Dort stehen die Hauptkirche St. Andrew's, das mittelalterliche Prysten House aus dem 15. Jh., der Tudorbau des Merchants' House (16. Jh.), in dem ein sozialgeschichtliches Museum untergebracht ist, und die Guildhall mit ihren hübschen Türmchen.

Civic Centre

Das Civic Centre, 1958 – 1962 nach Plänen von J. Stirling errichtet, ist ein 14-stöckiges Verwaltungshochhaus. Von der Aussichtsplattform in der 14. Etage hat man Blick auf ein fantastisches Stadtpanorama, bei klarem Wetter reicht die Sicht bis hinüber ins ▶Dartmoor.

Plymouth City Museum and Art Gallery

Das Stadtmuseum nordwestlich vom Zentrum zeigt Werke alter Meister, eine kostbare Porzellan- und Silbersammlung, italienische Bronzearbeiten sowie den Pokal, den Sir Francis Drake nach seiner dreijährigen Weltumsegelung von Queen Elizabeth I. erhielt.
❶ Drake Circus; Di. – Fr. 10.00 – 17.30, Sa. bis 17.00 Uhr; Eintritt frei; www.plymouthmuseum.gov.uk

UMGEBUNG VON PLYMOUTH

Mount Edgcumbe

Mit der Fähre kann man nach Cremyll übersetzen. Cremyll liegt schon in Cornwall. Dort lohnt sich vor allem ein Besuch des über 400 Jahre alten Herrensitzes der Earls of Mount Edgcumbe, in dem In-

neneinrichtungen des 18. Jh.s zu sehen sind. Außerdem gibt es einen schönen Landschaftspark mit herrlicher europäischer und exotischer Vegetation.
❶ April – Sept. So. – Do. 11.00 – 16.30 Uhr; Eintritt 7,20 £; www.plymouth.gov.uk/mountedgcumbe

*Cotehele House
Schön ist auch eine Fahrt auf dem Tamar nach Cotehele etwa 15 km nordwestlich. Cotehele House ist ein markantes Gebäude, das im Tudor-Stil gebaut wurde und sich ebenfalls im Besitz der Earls von Mount Edgcumbe befand. Das weitgehend unverändert erhaltene mittelalterliche Landhaus wurde zwischen 1485 und 1539 aus grauem Granit gebaut und birgt sehenswerte Möbel, Handarbeiten und Waffen.
❶ Haus März – Okt. Sa. – Do. 11.00 – 16.00 Uhr; Garten ganzjährig bei Tageslicht; Eintritt 9 £

*Saltram House
Saltram House 5 km östlich wurde ab 1750 von John Parker errichtet. Sehenswert sind vor allem 14 Gemälde von Reynolds, der sich gern in Saltram aufhielt und den Hausherrn und seine Familie porträtierte. Das Porträt des Künstlers (1767) im Treppenaufgang stammt von Angelika Kauffmann. Außerdem sind Arbeiten von Rubens, Stubbs sowie eine Porzellankollektion und Chinoiserien zu sehen.
❶ Haus März – Okt. Sa. – Do. 12.00 – 16.30, Garten Sommer 11.00 – 17.00, Winter bis 16.00 Uhr; Eintritt 9,40 £

*Antony House
Empfehlenswert ist zudem ein Besuch von Antony House (17./18. Jh.) 8 km westlich. Die Räume sind mit exquisiten Stilmöbeln eingerichtet, Höhepunkt aber ist der von Humphrey Repton entworfene Park.
❶ Haus April – Okt. Di. – Do. 13.00 – 17.00, Garten ab 12.00 Uhr; Eintritt 8,10 £

* Portsmouth

Landesteil: Südengland
Höhe: 27 ft/8 m ü.d.M.
Grafschaft: Hampshire

✧ Q 19

Einwoherzahl: 203 000

Portsmouth verdankt seine Bedeutung dem großen Naturhafen Solent. Heinrich VII. bestimmte die Stadt zur königlichen Werft; bis heute ist sie der Haupthafen der Royal Navy geblieben – ein tolles Ziel für alle, die maritimes Leben interessiert.

Traditioneller Marinehafen
Die Region Portsmouth ist die größte Marinebasis Europas: Hier liegen mehr als die Hälfte aller britischen Kriegsschiffe, darunter sämtliche Flugzeugträger, das U-Boot-Trainingszentrum (in Gosport)

Portsmouth erleben

AUSKUNFT
Clarence Esplanade, Southsea
Portsmouth, Hampshire
England, PO5 3PB
Tel. 023 92 82 67 22
www.visitportsmouth.co.uk

ESSEN
Bistro Montparnasse ❷❷❷❷
103 Palmerston Rd.
Tel. 023 9281 67 54
www.bistromontparnasse.co.uk
So. geschl.
Schickes Bistro in Southsea. Diverse Gerichte mit frischem Fisch.

Old Customs House ❷❷
Gunwharf Quays
Tel. 023 92 83 23 33
www.theoldcustomshouse.com

Sehr schöner neuer Pub in einem Marine-Ausrüstungsschuppen von 1790, große Karte mit klassischer Pub-Küche. Große Terrasse.

ÜBERNACHTEN
Holiday Inn Express ❷❷❷
Gunwharf Quays, Tel. 023 92 89 42 40
www.holidayinn-expressportsmouth.co.uk
Modernes Hotel mit 135 Zimmern direkt an den lebendigen Gunwharf Quays, absolut zentral.

Upper Mount House ❷❷
The Vale/Clarendon Rd.
Tel. 023 92 82 04 56
www.uppermountportsmouth.co.uk
Zwölf Zimmer. Stilvoll eingerichtetes B&B mit Garten in Southsea

---

und das Hauptquartier der Royal Navy. Im Zweiten Weltkrieg zerstörten deutsche Luftangriffe große Teile von Portsmouth.

SEHENSWERTES IN PORTSMOUTH

Britanniens Seemacht präsentiert sich in den historischen Schiffen und Ausstellungen im Kriegshafen. Direkt am Eingang ankert die **HMS Warrior**. Das 1860 vom Stapel gelaufene, 127 m lange Schiff galt seinerzeit als das größte und bestbewaffnete seiner Art und überdies als technische Sensation, war es doch das erste Schiff der Royal Navy mit Ganzmetallrumpf. \
**Historic Dockyard

Die **HMS Victory**, das 1759–1765 gebaute, knapp 60 m lange, mit fünf Decks und 104 Kanonen ausgestattete Flaggschiff von Lord Nelson, wurde 1921 gehoben und restauriert. Es liegt heute in Dock 2, dem ältesten Trockendock der Welt.

Die **Mary Rose** aus der Flotte Heinrichs VIII., ein 1510 gebauter Vierdecker aus bester Hampshire-Eiche, sank 1545 bei einer Seeschlacht gegen die Franzosen »a mile and a quarter« vom Heimathafen entfernt. Der Seegang während der Schlacht war so stark, dass durch die offenen Kanonenklappen Wasser in das untere Deck des

HMS Victory

** *Ein edles Schlachtschiff*

Sie gilt als das schönste Museumsschiff der Welt und ist – offiziell noch immer im Dienst – das berühmteste Admiralsschiff aller Zeiten. Am 23. Juli 1759 wurde das »Linienschiff erster Klasse« auf der Marinewerft Chatham auf Kiel gelegt. Im Oktober 1760 erhielt sie ihren Namen »Victory« und am 7. Mai 1765 lief sie schließlich vom Stapel.

❶ Captain Hardy's Kajüte
Kapitäns-Kajüte. Weniger komfortabel hatte es die Besatzung. 1805 teilten sich 850 Offiziere, Matrosen und Marinesoldaten die Besatzungsräume.

❷ Lord Nelsons Kajüte
Eine sehr komfortable Bleibe mit gediegener Einrichtung

❸ Steuerrad
Das Steuerrad wurde Tag und Nacht bewegt.

❹ Wassertank
Wasser im Überfluss gab es nicht.

❺ Brotkammer
Lebensmittel für 850 Mann

❻ Apotheke
Verbandsmaterial für Unfälle an Bord oder bei Kampfhandlungen; Salben, Pillen und Tinkturen zur Linderung und Heilung von Krankheiten

❼ Geschützkammer
Für die Schlacht bei Trafalgar waren 104 Kanonen auf dem Oberdeck, auf dem Back, im Batteriedeck und im Zwischendeck stationiert.

❽ Kerzenkammer
Für spärliche nächtliche Beleuchtung

❾ Pulverlager
Eine explosive Angelegenheit

❿ Nelsons tödlicher Standort
An dieser Stelle auf dem Achterdeck wurde Nelson von der Kugel getroffen.

⓫ »Cockpit« – Midshipman's Kajüte
In dieser Kammer starb Horatio Nelson. Die Szene wurde von Marinemaler W. L. Wyllie der Nachwelt überliefert.

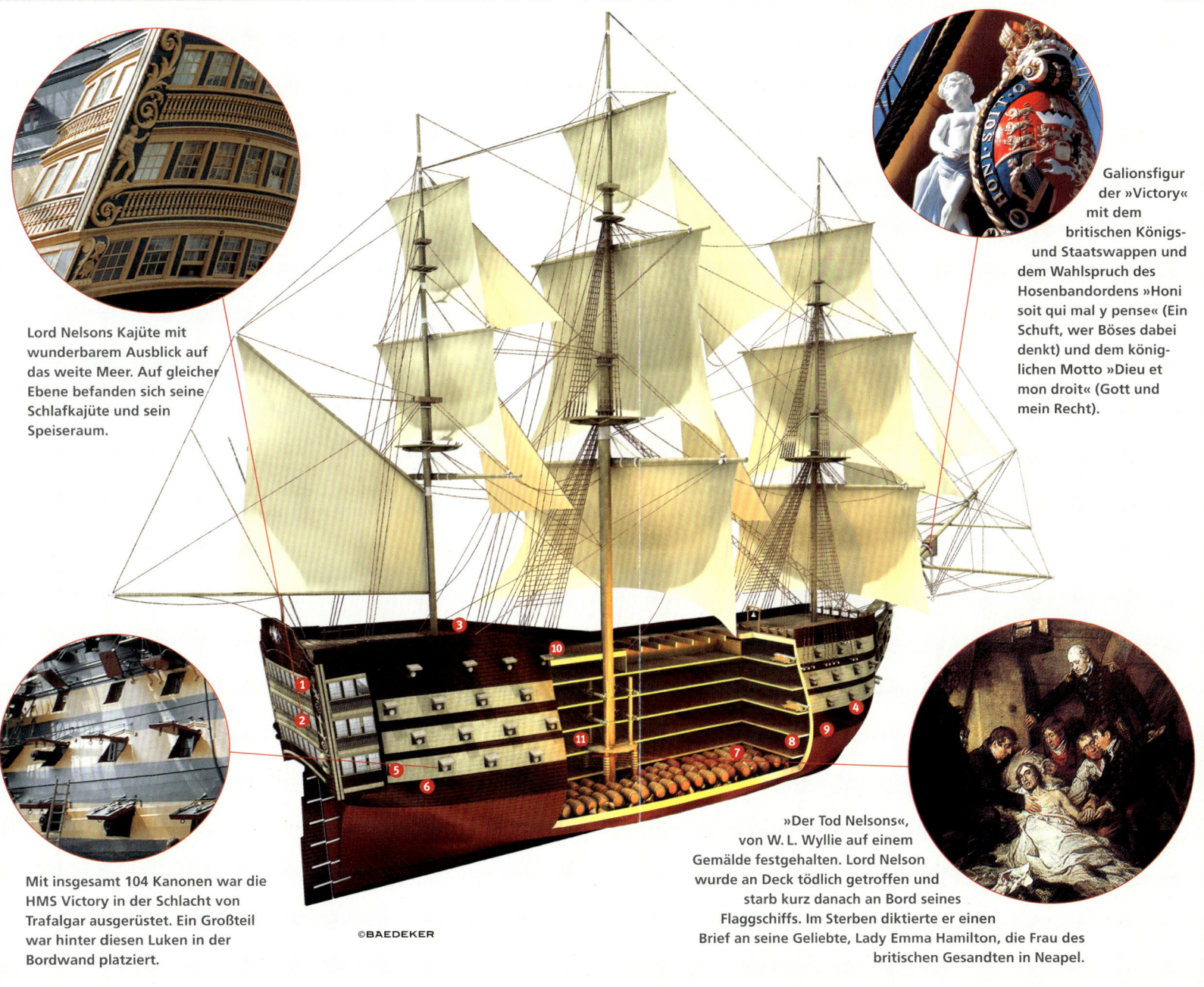

ZIELE • Portsmouth

Kriegsschiffes drang und die »Mary Rose« binnen Kurzem auf den Grund des Solent sank. 1836 suchten Taucher nach ihm, ab 1965 wurden die Nachforschungen intensiviert. Am 11. Oktober 1982 konnte das Tudorschiff endlich gehoben werden. Im Mary Rose Museum, das im Mai 2013 neu eröffnet wurde, sind neben 19 000 Artefakten auch die Überreste der Mary Rose selbst ausgestellt.

Im **National Museum of the Royal Navy** findet man zahlreiche Erinnerungsstücke an Lord Nelson; die Entscheidungsschlacht von Trafalgar ist auf einem 14 m breiten Panoramagemälde festgehalten.

HMS Warrior, HMS Victory, Mary Rose Museum: April – Okt. tgl. 10.00 – 17.30, Nov. – März bis 17.00 Uhr; Eintritt einzelne Attraktion 17 £, alle plus National Museum of the Royal Navy 26 £; www.historicdockyard.co.uk

National Museum of the Royal Navy: April – Okt. tgl. 10.00 – 17.00, Nov. – März bis 16.15 Uhr; Eintritt 11 £; www.royalnavalmuseum.org

*Gunwharf Quays
An den Kais der Gunwharf wurden früher die Kriegsschiffe bestückt und aufmunitioniert. Die lange brachliegenden Flächen wurden zu einem Einkaufs- und Freizeitzentrum mit einem großen Angebot an Geschäften und Restaurants umgebaut. Über allem ragt das Wahrzeichen von Portsmouth auf, der 170 m hohe Aussichtsturm **Spinnaker Tower** in Form eines Spinnakers.

Am Spinnaker Tower beginnt der **Millennium Trail**, der auf und an den alten Festungsmauern bis zur Clarence Pier entlangführt.

Spinnaker Tower: tgl. 10.00 – 18.00 Uhr; Eintritt 8,55 £; www.spinnakertower.co.uk

Stadtzentrum
Der Grundstein zur **Portsmouth Cathedral** in der St. Thomas's Street wurde 1185 gelegt. Aus normannischer Zeit stammen noch der Altarraum und die Querschiffe. Dass das südliche Chorseitenschiff den Mitgliedern der Royal Navy geweiht ist, zeigen die dortigen Erinnerungsstücke an die »Mary Rose« und die »Victory«. Beachtenswert ist Andrea della Robbias »Mutter und Kind«.

In der Museum Road vermittelt das **City Museum** in der Dauerausstellung »The Story of Portsmouth« ein Bild vom städtischen Alltag seit dem 17. Jahrhundert.

City Museum: April – Sept. 10.00 – 17.30, Okt. – März bis 17.00 Uhr; Eintritt frei; www.portsmouthcitymuseums.co.uk

Dickens Birthplace
In der Old Commercial Road nördlich des Zentrums wurde **Charles Dickens** geboren, dessen Vater bei der Marine arbeitete. Das Haus ist mit Regency-Möbeln der Familie eingerichtet; unter den Erinnerungsstücken befinden sich einige Manuskripte, frühe Drucke und das Sterbebett von Dickens aus seinem Haus Gads Hill (Kent).

ⓘ April – Sept. Di. – So. 10.00 – 17.30, Jan. – März bis 17.00 Uhr; Eintritt 6,50 £; www.charlesdickensbirthplace.co.uk

In der Nachbarschaft des Historic Dockyard reihen sich an The Hard gemütliche Pubs und Fachwerkfassaden.

Southsea

Das Seebad Southsea gehört heute als bevorzugte Wohngegend zu Portsmouth. Es hat eine schöne Promenade; von den Festungswällen hat man einen herrlichen Blick auf die ▶Isle of Wight und auf die drei Mitte des 19. Jh.s in den Solent gebauten Festungen No Man's Land Fort, Horse Sand Fort und Spitbank Fort. In Southsea schrieb der dort 1882 bis 1890 als Arzt tätige Sir Arthur Conan Doyle seinen ersten Sherlock Holmes-Roman »A Study in Scarlet«.

Southsea Castle an der Spitze der Halbinsel ließ Heinrich VIII. erbauen. Die Besatzung dieser Festung konnte den Untergang der »Mary Rose« hautnah beobachten.

Der Mittelpunkt des ***D-Day Museum** nebenan ist die vom Teppich von Bayeux inspirierte Overlord Embroidery, eine 80 m lange Tapisserie mit einer Chronik des Zweiten Weltkriegs; letztlich interessanter aber ist die mit viel Originalmaterial arbeitende Ausstellung über die Vorbereitungen zur Landung in der Normandie im Raum Portsmouth.

Im **Blue Reef Aquarium** haben auch Kinder ihren Spaß, denn außer Aquarienfische bestaunen können sie auch durch den Unterwassertunnel gehen und im Blue Reef Beach Club baden und toben.

Das **Royal Marines Museum** in der Eastney-Kaserne ist der Königlichen Marineinfanterie gewidmet.

Southsea Castle: März – Okt. Di. – So 10.00 – 17.00 Uhr; Eintritt frei; www.southseacastle.co.uk

D-Day Museum: April – Sept. tgl. 10.00 – 17.30, Okt. – März bis 17.00 Uhr; Eintritt 6,50 £; www.ddaymuseum.co.uk
Blue Reef Aquarium: April – Okt. tgl. 10.00 – 17.00, Nov. – März bis 16.00 Uhr; Eintritt 9,75 £; www.bluereefaquarium.co.uk
Royal Marines Museum: tgl. 10.00 – 17.00, Nov. – März Mo., Di. geschl.; Eintritt 9 £; www.royalmarinesmuseum.co.uk

UMGEBUNG VON PORTSMOUTH

Submarine Museum
Am gegenüberliegenden Ufer des Solent in Gosport zeigt das Submarine Museum der Royal Navy u. a. Großbritanniens erstes U-Boot »HMS Holland I« sowie ein deutsches Ein-Mann-U-Boot des Typs »Biber«.

❶ April – Okt. tgl. 10.00 – 17.30, Nov. – März Mi. – So. bis 16.30 Uhr; Eintritt 12,50 £; www.submarine-museum.co.uk

Portchester Castle
Portchester Castle auf der Landzunge am Nordende von Portsmouth Harbour war die einzige römische Festung in England und Nordeuropa, die nie zerstört wurde. Heinrich II. ließ sie ausbauen, später ließ Richard II. sie um einen Palast neben dem Bergfried vergrößern.

❶ April – Sept. tgl. 10.00 – 18.00, März, Okt. bis 16.00, Nov. – Feb. Sa., So. bis 16.00 Uhr; Eintritt 4,90 £

Richmond

✴ P 12

Landesteil: Nordengland
Höhe: 500 ft/152 m ü.d.M.
Grafschaft: North Yorkshire **Einwohnerzahl:** 8450

Die geradezu romantische Kleinstadt Richmond – laut British Council als »typically English« einzustufen – ist ein wahrer Geheimtipp. Historische Keimzelle des Städtchens war das normannische Castle, das um 1070 von Alan the Red, 1. Earl of Richmond, gebaut wurde.

Dessen umfangreicher Besitz in der Umgebung – nicht weniger als 164 Herrschaftshäuser – bekam den Namen Richmondshire. Heinrich VII., der den Titel des Earl of Richmond erbte, gab den Namen auch seinem neuen Palast in Surrey, jetzt Greater London; der dortige Ort Sheen heißt seither ebenfalls Richmond. Lohnende Ausflüge führen von Richmond in das Swaledale und das Wensleydale, zwei wildromantische Täler am Nordrand der ▶Yorkshire Dales.

Richmond erleben

AUSKUNFT
Friary Gardens
Victoria Rd., Richmond, North Yorkshire
England, DL10 4AJ
Tel. 01748 82 87 42
www.yorkshiredales.org.uk

ESSEN
Rustique ⓖⓖ
5 – 7 Chantry Wynd, Finkle St.
Tel. 01748 82 15 65
www.rustiqueyork.co.uk
Authentische französische Küche zu sehr moderaten Preisen.

The Frenchgate
▶ Übernachten

ÜBERNACHTEN
The King's Head Hotel ⓖⓖⓖ
Market Place, Tel. 01748 85 02 20
www.kingsheadrichmond.co.uk
Zentral am Marktplatz gelegen. Turner logierte hier, als er die Gegend malte. Auch das Restaurant lohnt einen Besuch.

The Frenchgate Restaurant & Hotel ⓖⓖⓖ
59 – 61 Frenchgate, Tel. 01748 82 20 87
www.thefrenchgate.co.uk
Kleines Boutiquehotel mit neun individuell gestalteten Zimmern. Das angeschlossene Restaurant mit teilweise original georgianischen Möbeln bietet feinste regionale Küche.

SEHENSWERTES IN RICHMOND

Wegen seiner günstigen Lage war das Castle von drei Seiten uneinnehmbar, die vierte schützte ein mächtiger Bergfried. Von der Spitze dieses knapp 35 m hohen normannischen Wehrturms bietet sich ein hervorragender Blick auf die Stadt. **Castle**

Wenige Schritte weiter nördlich liegt der große kopfsteingepflasterte Marktplatz, der von hübschen alten Häusern und Läden umzogen ist. Die kleine Trinity Church dient heute als Museum, in dem 300 Jahre des bekannten North Yorkshire Regiment, die Green Howards, dokumentiert sind. **Market Place**
Green Howards Museum: Feb. – Dez. Mo. – Sa. 10.00 – 16.30, April – Okt. auch So. ab 12.30 Uhr; Eintritt 3,75 £; www.greenhowards.org.uk

Eine Attraktion besonderer Art ist das liebevoll restaurierte Georgian Theatre Royal, das 1788 von Samuel Butler entworfen wurde. Berühmte Mimen wie Edmund Kean traten in diesem Haus auf. Kean stieß 1808 im Alter von 17 Jahren als singender Komiker zu Butlers Theaterensemble, bevor er nach London ging, wo er große Erfolge als Schauspieler feiern sollte. Die Geschichte des Theaters wird im **Theatermuseum** mit historischen Requisiten, Modellen, Kostümen, Plakaten, Fotos etc. illustriert. In der zweiten Galerie kann man das ***Georgian Theatre Royal and Museum**

ZIELE • Richmond

Die Kleinstadt Richmond mit dem wuchtigen alten Burgturm

älteste, vollständig erhaltene gemalte Bühnenbild in Großbritannien bewundern; 1836 wurde es angefertigt. Bemerkenswert ist die Vielzahl der auf den Kulissen dargestellten Baumarten.
❶ Führungen durch Theater und Museum Mo.–Sa. 10.00–16.00 Uhr stündl.; www.georgiantheatreroyal.co.uk

Richmondshire Museum
Das Richmondshire Museum in Ryder's Wynd – die Gässchen im Ort heißen »Wynds« – zeigt Exponate zur Geschichte der Region seit 1071, u. a. historische Kostüme, Kinderspielzeug und die Praxis aus der TV-Serie »Der Doktor und das liebe Vieh«.
❶ Ostern–Mitte Okt. tgl. 10.00–16.30 Uhr; Eintritt 3 £; www.richmondshiremuseum.org.uk

Easby Abbey
Zu den Ruinen der Easby Abbey führt ein schöner Fußweg am Ufer des Swale. Reste von Refektorium, Langhaus und Querschiffen sind erhalten. In der benachbarten St. Agatha Church sind bemerkenswerte Fresken aus der Mitte des 13. Jh.s und eine Nachbildung des Easby Cross zu sehen, ein angelsächsisches Kreuz von 800, dessen Original sich im British Museum in London befindet.

Rochester

✦ T 18

Landesteil: Südengland
Höhe: 125 ft/38 m ü.d.M.
Grafschaft: Kent   **Einwohnerzahl:** 27 000

Das beschauliche Rochester östlich von London ist die Stadt des Charles Dickens: Der Schriftsteller verlebte seine Kindheit im nahen Chatham und die letzten zwölf Jahre seines Lebens in seinem Haus Gads Hill in Higham bei Rochester.

In vielen seiner Bücher spielen Plätze in Rochester und Umgebung eine große Rolle; sein letztes Werk, der unvollendet gebliebene Roman »Das Geheimnis des Edwin Drood«, ist gänzlich in Rochester angesiedelt. Im Roman heißt es Cloisterham. Heute wird die Gemeinde offiziell City of Rochester-upon-Medway genannt, sie vereinigt Rochester mit den Nachbarorten Chatham und Strood. Heinrich VIII. ließ hier an der Medway-Mündung erstmals Kriegsschiffe für die englische Flotte bauen. Die Werften waren über Jahrhunderte bedeutend für den Flottenbau.

SEHENSWERTES IN ROCHESTER

Ethelbert von Kent gründete 604 an der Stelle einer römischen Siedlung den nach ▶Canterbury zweiten Bischofssitz in England. Auf den Fundamenten der damals gebauten Bischofskirche begannen die Normannen 1080 mit dem Bau der heutigen ***Kathedrale**. Aus dieser Zeit sind der wehrhafte Gundolfsturm an der Nordseite sowie die Krypta erhalten. Der beeindruckendste Bauteil ist die 1160 abgeschlossene, von zwei Türmen flankierte **Westfassade**. Das **normannische Portal** zeigt an den Seiten zwei Säulenfiguren: König Salomon und die Königin von Saba; es ist das einzige Beispiel in England, das diese für französische Kirchenbauten charakteristische Form der Portalgestaltung kopiert.

Im vorderen Teil des nördlichen Seitenschiffs sind die **Grundrisse der angelsächsischen Kirche** angedeutet. Im südlichen Querschiff

Rochester erleben

AUSKUNFT
95 High St., Rochester
Kent, England, ME1 1LX
Tel. 01634 84 36 66
www.visitmedway.org

ÜBERNACHTEN
Sovereign ●●
26 Medway Bridge Marina
Manor Lane
Tel. 01634 40 04 74
www.thesovereignbb.co.uk
B & B in einem historischen Rhein-Kreuzfahrtschiff aus den 1930er-Jahren auf dem River Medway.

erinnert eine **Gedenktafel** an **Charles Dickens**. Eine besondere Kostbarkeit im Chor ist ein im 13. Jh. entstandenes Freskenfragment am Nordpfeiler, das das **»Rad des Glücks«** zeigt. Zum Chorgestühl gehören einige der ältesten Chorstühle (1227) in England. In der Nordecke des Querchores befindet sich das Grab des Bischofs Walter de Merton. Es steht an der Stelle des Grabes des hl. William von Perth, eines schottischen Bäckers, der 1201 während einer Pilgerreise ins Heilige Land in der Kathedrale von Rochester ermordet wurde. Seinem Grab wurden bald Wunderkräfte nachgesagt, es entwickelte sich zu einem **Wallfahrtsort**. Eine sehr feine Arbeit ist das Portal des Kapitelhauses (14. Jh.) mit der Darstellung einer Kirche und einer Synagoge, der vier Kirchenväter und der Seele des Stifters Hamo de Hythe. Die Krypta ist eine architektonische Meisterleistung im Early-English-Style und eine der größten im Land.

🕐 tgl. 7.30 – 18.00 Uhr; Eintritt frei, Spende erwünscht; www.rochestercathedral.org

Umgebung der Kathedrale
Gleichzeitig mit der Kathedrale wurde ein Benediktinerkloster gegründet. Von den ursprünglich vier Zugangstoren sind drei aus dem 15. Jh. noch erhalten: zur High Street hin Chertsey's Gate, unmittelbar an der Kathedrale Deanery Gate, durch das die Pilger zum Schrein des hl. William gingen, und an der Südseite das Prior's Gate. Die Minor Canon Row, eine sehr hübsche Häuserzeile von 1723, wurde von Dickens in »Edwin Drood« verewigt.

*Castle
Das Castle gegenüber der Kathedrale ist eine der am besten erhaltenen normannischen Festungsanlagen in ganz Großbritannien. Vom mächtigen Bergfried, 1127 erbaut, hat man einen fantastischen Blick über die Stadt und das Tal.

🕐 April – Sept. tgl. 10.00 – 18.00 Uhr; Eintritt 5,65 £

High Street
Die Hauptstraße von Rochester ist von einigen sehenswerten Gebäuden gesäumt, von denen viele Eingang in die Werke Charles Dickens' gefunden haben. Aus Richtung Castle kommend sieht man links das über 400 Jahre alte frühere Bull Inn, seit dem Besuch der späteren Königin 1836 in **Royal Victoria and Bull Hotel** umbenannt. Bei Dickens ist es in den »Pickwick Papers« das Bull Hotel und in den »Great Expectations« The Blue Boar. Gegenüber steht die **Guildhall**, das 1687 erbaute ehemalige Rathaus, das heute als städtisches Museum dient, links kurz vor der Einmündung des Northgate die **Old Corn Exchange**, deutlich zu erkennen an der großen Uhr. Ein weiteres »Dickens-Haus« ist das elisabethanische Watt's Charity oder **Six Poor Travellers House**. Richard Watts richtete 1579 hier eine Übernachtungsmöglichkeit für sechs arme Reisende ein und begründete damit eine Tradition, die bis zum Zweiten Weltkrieg bestand. Dickens erwähnt das Haus in seinen Weihnachtsgeschichten. **Eastgate**

House die High Street weiter hinunter wurde in den Romanen »Pickwick Papers« und »Edwin Drood« als Westgate bzw. als Nun's House verewigt. Heute sind dort u. a. Ausstellungen zeitgenössischer Kunst zu sehen. Im Hof ist das Schweizer Chalet zu sehen, das der französische Schauspieler Charles Fechter Charles Dickens als Geschenk übergab. Dickens ließ es in Gads Hill aufbauen und verbrachte darin einen Teil des Sommers.

In der Crow Lane liegt Restoration House, in dem am 28. Mai 1660 Karl II. nach seiner Rückkehr aus Frankreich erstmals wieder eine Nacht auf englischem Boden verbrachte. Die prächtigen Innenräume können besichtigt werden, darunter »Miss Havisham's Room« aus Dickens' »Great Expectations«. **Restoration House**

❶ Haus und Garten Juni – Sept. Do., Fr. 10.00 – 17.00 Uhr; Eintritt 7,50 £, nur Garten 4 £; www.restorationhouse.co.uk

UMGEBUNG VON ROCHESTER

Das heute eingemeindete Chatham war das Zentrum des Kriegsschiffsbaus am Medway. Über 400 Jahre lang wurden in der berühmten Werft der Königlichen Marine Schiffe für die Kriegsflotte gebaut, darunter auch 1795 das Flaggschiff von Lord Nelson, die »HMS Victory« (▶Portsmouth). Die große Zeit des Schiffbaus ist für Besucher sehr aufwendig inszeniert, u. a. bekommt man die zum Bau eines Großseglers gebrauchten Berufe vorgeführt und kann sich ein Bild von der Arbeit der Werftarbeiter und Handwerker machen. Zum Schutz der Werften wurde 1756 **Fort Amherst** angelegt und angesichts der Bedrohung durch Frankreich 1802 – 1811 ausgebaut. Katakomben, Wehrgänge und ein kleines Museum sind zu besichtigen. **Charles Dickens** lebte 1817 – 1821 in Haus Nr. 2 (heute Nr. 11) in der georgianischen Häuserzeile Ordnance Terrace. ***Chatham**

Historic Dockyard Chatham: April – Okt. tgl. 10.00 – 18.00, Nov. bis 16.00 Uhr; Eintritt 17,50 £; www.thedockyard.co.uk

Fort Amherst: Gelände bei Tageslicht, Eintritt frei, Touren tgl. 11.00, 14.00 Uhr, Eintritt 5 £; www.fortamherst.com

Das westlich von Rochester gelegene hübsche Dorf Cobham ist allen Lesern der »Pickwick Papers« bekannt, denn hier steht das Gasthaus Leather Bottle Inn, wohin sich Tracy Tupman flüchtete. In der Kirche St. Mary Magdalene sind 18 Messinggrabplatten aus dem 14. bis 16. Jh. sehenswert, deren Abbildungen von Rittern, Damen und Geistlichen viel über damalige Trachten und Waffen verraten. **Cobham**

*Cobham Hall (1580 – 1670) ist ein prächtiges spätelisabethanisches Herrenhaus aus Backstein mit vier Türmchen, den typischen hohen Schornsteinen und einer vergoldeten Stuckdecke (1672) in der Gilt

Hall (Musikzimmer). Es ist umgeben von einem herrlichen Park, der wegen seiner großen Rhododendren berühmt ist. Heute ist dort eine Mädchenschule untergebracht, Gebäude und Park sind an wenigen Tagen im Jahr für Besucher geöffnet.

Gads Hill Gads Hill, das Haus, in dem Charles Dickens die letzten zwölf Jahre seines Lebens verbrachte, steht in Higham zwischen Rochester und Gravesend. Schon als Kind hatte er sich auf Spaziergängen mit seinem Vater in dieses Haus verliebt, 1856 konnte er es erwerben. Gads Hill ist heute Privatschule, die auch Führungen organisiert.

** Salisbury

P 18

Landesteil: Südengland
Höhe: 150 ft/46 m ü.d. M.
Grafschaft: Wiltshire
Einwohnerzahl: 41 000

Salisbury an der Mündung der Flüsse Nadder und Bourne in den River Avon ist Grafschaftshauptstadt von Wiltshire und berühmt für die große Kathedrale, ein Meisterwerk der Frühgotik in wunderschöner freier Lage innerhalb der Domfreiheit. Salisbury selbst ist ein anheimelndes Städtchen mit hübschen kleinen Einkaufsstraßen und netten Plätzen in der Altstadt.

Geschichte Die Gründung von Salisbury ist eng verknüpft mit der Geschichte des benachbarten Old Sarum, das früher Bischofssitz mit einer bedeutenden Kathedrale war. Im 13. Jh. beschloss man, Old Sarum aufzugeben, was möglicherweise mit Wassermangel oder auch mit Zwistigkeiten zwischen Geistlichkeit und Garnison zusammenhing. 1220 siedelten die Bewohner nach New Salisbury um, wo planmäßig eine neue Stadt mit einer Kathedrale angelegt wurde, wobei man für die Neubauten Baumaterial von Old Sarum verwendete. Der schachbrettartige Grundriss von Salisbury mit Gartenhöfen zwischen den Häusern gilt als Musterbeispiel mittelalterlicher Stadtplanung. 1244 setzte mit dem Brückenbau über den Avon ein reger Handelsverkehr in der Stadt ein – nicht weniger als vier Marktstätten gab es hier im Mittelalter.

SEHENSWERTES IN SALISBURY

Kathedrale Die Marienkathedrale von Salisbury ist der erste nach einem einheitlichen Gesamtplan errichtete große Sakralbau der englischen Gotik. Sie entstand zwischen 1220 und 1266 in verhältnismäßig kurzer Bauzeit. Im Unterschied zur reich gegliederten französischen Kathedralgotik derselben Zeit verkörpert die Kathedrale von Salisbury den nüchternen englischen Stil in Grundriss- und Baukörpergestaltung. Typisch ist die **Längsstreckung mit der für England charakteristischen Raumfolge von Langschiff, Langchor, Retrochor, westlichem Hauptquerschiff und östlichem Chorquerschiff, das durch Blendarkaden gegen den Chor abgeschirmt ist. Anstelle des französischen

Salisbury erleben

AUSKUNFT
Fish Row
Salisbury
Wiltshire
England, SP1 1EJ
Tel. 01722 34 28 60
www.visitsalisbury.com

ESSEN
The Cloisters ©
83 Catherine St.
Tel. 01722 33 81 02
Schöner alter Pub in der Nähe der Kathedrale mit guter Küche zu kleinen Preisen.

ÜBERNACHTEN
The Red Lion © © © ©
Milford St.
Tel. 01722 32 33 34
www.the-redlion.co.uk
Historisches Inn im Stadtzentrum mit 54 Zimmern, Parkgelegenheit und gutem Restaurant.

Websters Bed and Breakfast © ©
11 Hartington Rd.
Tel. 01722 33 97 79
www.websters-bed-breakfast.com
Gemütliche kleine »Bed & Breakfast«-Unterkunft mit fünf Zimmern in einer ruhigen Seitenstraße.

Die Kathedrale von Salisbury, heute wie früher von Rasenflächen umgeben.

Kathedralen üblichen Umgangschores bilden der lang gestreckte, rechteckige Retrochor und die Marienkapelle (Lady Chapel) in England eine separate Raumzone. Auffällig ist auch der **sparsame Fassadenschmuck** – nur wenige Skulpturen, etwa Christus als Weltenrichter mit Rangordnungen von Patriarchen, Aposteln und Heiligen, sind zu sehen.

Der **Innenraum** zeigt die für England **charakteristische horizontale, tiefenräumliche Wirkung** anstelle der sonst üblichen Höhenausdehnung der Gotik. Ein vierteiliges Kreuzrippengewölbe schließt das Langhaus in nur 25 m Höhe ab. Statische Schwierigkeiten ergaben sich Mitte des 14. Jh.s mit der Erhöhung des Vierungsturmes, des mit 123 m **höchsten Kirchturms** in England, als sich die Vierungspfeiler auf sumpfigem Gelände unter der gewaltigen Last von 6000 t Stein zu biegen begannen. Daran konnten auch die gleichzeitig eingebauten imposanten Stützbögen nichts ändern, so dass die Sicherung des Turms bis heute eine immer währende Reparaturaufgabe darstellt.

Der hochgotische **Kreuzgang** und das achteckige **Kapitelhaus**, Versammlungsort des Domkapitels, mit einer einzigen Mittelsäule als Gewölbeträger und herrlichem Wandfries mit Darstellungen des Alten Testaments sowie vierbahnigen Maßwerkfenstern stammen aus der Mitte des 14. Jahrhunderts. Hier wird u. a. eine der vier existierenden Original-Kopien der Magna Charta, der Grundlage der englischen Verfassung, aufbewahrt.

❶ Mo. – Sa. 9.00 – 17.00, So. 12.00 – 16.00 Uhr; Eintritt frei, Spende erwünscht; www.salisburycathedral.org

The Close Innerhalb der von der übrigen Stadt durch drei Torwege abgeschiedenen Domfreiheit mit weiten Rasenflächen stehen schöne Bürgerhäuser im elisabethanischen und georgianischen Stil. Die Häuser waren Wohnungen der kirchlichen Bediensteten, des Dekans und der Lehrer der Domschule. Besonders bemerkenswert: Mompesson House mit eleganter Innenausstattung und kostbarer Gläsersammlung sowie King's House mit dem **Salisbury and South Wiltshire Museum**, das Exponate aus ▶Stonehenge und Old Sarum zeigt sowie einige Landschaftsgemälde von Turner.

Salisbury and South Wiltshire Museum: 65 The Close; Mo. – Sa. 10.00 – 17.00, Juni – Sept. auch So. ab 12.00 Uhr; Eintritt 6 £; www.salisburymuseum.org.uk

Altstadt Nördlich der Kathedrale kommt man zu den Flussauen des Avon mit schönem Blick auf die Kathedrale, wie ihn bereits John Constable auf einem Gemälde von 1820 festgehalten hat. Ein Bummel durchs Zentrum führt zu der Pfarrkirche St.Thomas of Canterbury (15.Jh.), zum weiträumigen Marktplatz, zur Guildhall (1788 – 1795) und zum Plume of Feathers Inn (15./17. Jh.) schräg gegenüber. In der Milford Street lohnt sich ein Blick auf das Red Lion Hotel mit seiner prächtigen Fassade von 1820 und hübschem Innenhof, in der Gigant Street Joiner's Hall, ein schönes Fachwerkgebäude aus dem 16. Jahrhundert.

UMGEBUNG VON SALISBURY

Die Ruinen der Vorgängerstadt von Salisbury, **Old Sarum**, liegen 3 km nördlich vom heutigen Stadtzentrum auf einem Hügel, der schon in prähistorischer Zeit befestigt war und den später Römer und Sachsen besiedelten. Wilhelm der Eroberer ließ hier

Beim Mittelalterfest in Old Sarum

eine Burg bauen und verlegte den Bischofssitz 1075 hierher. Castle und Kathedrale sollten den normannischen Herrschaftsanspruch deutlich machen. Da man für den Aufbau von Salisbury Baumaterial aus Old Sarum verwendete, sind nur die spärlichen Reste der Burg im inneren Ringwall und die der zerstörten Kathedrale im äußeren zu sehen.

Wilton

Die alte Hauptstadt des sächsischen Königreichs Wessex und später der Grafschaft Wiltshire liegt 5 km westlich von Salisbury. In Wilton sind die 1655 gegründete Royal Carpet Factory und weitere bedeutende Teppichhersteller ansässig, die seit Mitte des 17. Jh.s von der einheimischen Wolle und zugewanderten Webern aus Flandern und Frankreich profitierten.
Wilton House liegt am Ortsrand und ist Sitz der Familie Herbert, der Grafen von Pembroke. Einstige Abteigebäude an dieser Stelle gingen 1544 als Schenkung von Heinrich VIII. an den General und Politiker William Herbert, der mit der Schwester der Königin verheiratet war. Er ließ die Bauten niederreißen und einen Tudor-Landsitz errichten, der 1647 einem Brand zum Opfer fiel. Nur der Ost-Turm und das Holbein-Portal (heute im Park) blieben übrig. Der neu erbaute, außen klassisch-schlichte Herrensitz entfaltet in seinem Innern in sieben Staatsgemächern barocke Pracht. Besonders der weiße »Doppelwürfel-Saal« (Double Cube Room; 20 x 10 x 10 m), dekoriert mit vergoldeten Blumen und Früchtegirlanden und einem Deckengemälde zur Perseus-Mythologie, ist ein Meisterwerk barocker Innenausstattung.
Wilton House: Mai – Aug. So. – Do. 11.30 – 14.30 Uhr; Eintritt 14 £; www.wiltonhouse.com

Die Straße »Gold Hill« in Shaftesbury – ein beliebtes Fotomotiv

Shaftesbury Shaftesbury 30 km südwestlich von Salisbury ist ein romantisches, kleines Städtchen mit reicher Vergangenheit. Alfred der Große gründete hier 888 ein Benediktinerinnenkloster mit großem Landbesitz; zur ersten Äbtissin ernannte er seine Tochter Elgiva. Als die Gebeine des 979 ermordeten und heilig gesprochenen Königs Edward der Märtyrer in der Abtei beigesetzt wurden, avancierte die Stadt zum Wallfahrtsort mit fast einem Dutzend Kirchen. Im 15. Jh. war das Kloster, in dem rund 140 Nonnen lebten, sehr wohlhabend geworden. Im Volksmund hieß es, eine Ehe der Äbtissin von Shaftesbury mit dem Abt von ▶Glastonbury würde Nachkommen hervorbringen, die reicher als die Königsfamilie wären. Es wundert daher wenig, dass Heinrich VIII. beide Klöster 1539 auflöste, ihren Besitz konfiszierte und die Klostergebäude auf Abbruch verkaufte. Im Abbey Ruins Museum ist neben vielen mittelalterlichen Fundstücken ein Klostermodell zu sehen. **St. Peter** ist als einzige von den zwölf mittelalterlichen Kirchen im Perpendicular Style erhalten. Schön sind die Krypta und das Portal.

Die steile, mit Kopfstein gepflasterte Straße *****Gold Hill** mit kleinen, geduckten Häusern aus der Zeit zwischen dem 16. und 18. Jh. führt zum Park Walk bzw. Love Lane; von dort bietet sich ein herrlicher Blick über das Blackmore Vale, das westliche Somerset und an klaren Tagen bis zum Glastonbury Tor. Oben auf dem Gold Hill befindet

sich in einer ehemaligen Unterkunft für fahrende Händler das kleine **Gold Hill Museum** mit einem zauberhaften Garten und einer Ausstellung zu Geschichte, Land und Leuten.
Gold Hill Museum: April – Okt. Do. – Di. 10.30 – 16.30 Uhr; Eintritt frei, Spenden willkommen; www.goldhillmuseum.org.uk

Sheffield

✴ P/Q 14

Landesteil: Mittelengland
Höhe: 230 ft/70 m ü.d. M.
Grafschaft: South Yorkshire   **Einwohnerzahl:** 547 000

Einst als triste Stahlmetropole bekannt, macht Sheffield seit dem Niedergang dieses Industriezweigs eine große Wandlung durch. Dank ihrer zahlreichen Parks und Grünlagen gilt die Stadt heute als die grünste Metropole in England.

Englands fünftgrößte Stadt liegt am River Don zu Füßen der Derbyshire Hills. Die Industriestadt ist beliebte Ausgangsbasis für Wanderungen in den ▶Peak District, das bevorzugte Naherholungsziel des mittelenglischen Ballungsraums. Sehenswert ist das Zentrum der Universitätsstadt, deren akademische Institutionen seit jeher eng mit der lokalen Industrie zusammenarbeiten. Sheffield ist weltberühmt für Messer, Schneidwerkzeuge aller Art, Gewehre und Edelstahlerzeugnisse. Schon Chaucer schreibt in seinen um 1478 erschienenen »Canterbury Tales« von einem »Sheffield thwitel«, dem Vorläufer des Taschenmessers. Ursprünglich wurden Messer und Werkzeuge in Heimarbeit hergestellt, später exportierten riesige Fabriken die Messer in alle Welt. Seit den 1980er-Jahren führten Rezession, Absatzeinbußen und Rationalisierung zu einem Rückgang der Arbeitsplätze in diesem Bereich um über 70 %.

Fünftgrößte Stadt des Landes

SEHENSWERTES IN SHEFFIELD

Die den Heiligen Peter und Paul geweihte Kathedrale in der Church Street steht an der Stelle einer Pfarrkirche, die nach 1100 von William de Lovetot, einem normannischen Baron, gegründet worden war. Ihren Platz nahm Mitte des 15. Jh.s eine neue Kirche im spätgotischen Perpendicular Style ein, von der noch Chor und Turm zeugen. Das Hauptschiff wurde im späten 18. Jh. neu erbaut und 1880 vergrößert. Als 1914 das Bistum gegründet worden war, sollte die Kirche umgestaltet und das heutige Schiff als Querschiff in eine viel größere Kirche integriert werden. Dieser Plan fiel den Weltkriegen zu Opfer.

*Cathedral SS. Peter and Paul

ZIELE • Sheffield

Sheffield erleben

AUSKUNFT
Tourist Information
Winter Garden, Surrey Street
Sheffield, South Yorkshire S1 2LH
Tel. 0114 2 21 19 00
www.sheffieldtourism.co.uk

ESSEN
Marco @ Milano ⊚⊚⊚
The Old Park Lodge
Archer Rd. (südwestlich des Zentrums)
Tel. 0114 2 22 352 302 80
www.marcoatmilano.com
So. u. Mo geschl.
Pasta und Meer: Gehobene italienische Küche mit täglich frischem Fisch. Eine Reservierung ist ratsam.

Rafters ⊚⊚⊚
220 Oakbrook Rd.
Nether Green
Tel. 0114 2 30 48 19
www.raftersrestaurant.co.uk

In diesem Restaurant werden ausschließlich frische Produkte aus der Region verarbeitet.

ÜBERNACHTEN
Barnfield House ⊚⊚
Loxley Rd.
Tel. 0114 2 33 63 65
www.barnfieldhouse.com
6 Zimmer
In ruhiger Umgebung in 8,5 km Entfernung am nordöstlichen Stadtrand von Sheffield gelegen. Die Zimmer, alle für Nichtraucher, sind sehr geschmackvoll eingerichtet.

Westbourne House Hotel ⊚⊚
25 Westbourne Rd.
Tel. 0114 2 66 01 09
www.westbournehousehotel.com
Gemütlich eingerichtetes Haus unweit des Stadtzentrums mit familiärer Atmosphäre.

Übrig blieb eine Kirche mit merkwürdigem Grundriss, die bis 1966 mit modernen Elementen wiederaufgebaut wurde. Beachtenswert sind im Innern der 1884 von Freimaurern gestiftete Taufstein und das Marmorgrabmal des Earls von Shrewsbury (†1538), das ihn zwischen seinen beiden Frauen zeigt, mit kunstvoll geschnitzten Alabasterfiguren. Aus dem 15. Jh. stammt die seltene tragbare Sedilia aus schwarzem Eichenholz in der St.-Katharinen-Kapelle. Hauptschmuck sind die Ende der 1960er-Jahre entstandenen bunten Glasfenster im Kapitelhaus, auf denen frühe Episoden der Stadtgeschichte geschildert sind. Im Chaucer-Fenster ist der Müller Trumpington mit einem Sheffield-Messer dargestellt.

❶ Mo. 8.30–17.00, Di.–Fr. 8.30–18.30, Sa. 9.30–15.30, So. 7.45–19.30 Uhr; Eintritt frei, Spende erwünscht; www.sheffieldcathedral.org

Cutler's Hall Gegenüber steht die neoklassizistische Cutler's Hall (1832), das Gebäude der Company of Cutlers, wie die Zunft der Messerschmiede genannt wird. Diese 1624 gegründete Innung besitzt das Recht, Handelsmarken und Schutzzeichen zu gewähren, wenn die Ware den geforderten Qualitätsansprüchen genügt; das Gründungsdatum wird bis heute alljährlich festlich begangen.

In den farbenfrohen Fußgängerzonen von Orchard Square und Fargate haben sich zahlreiche Läden, Restaurants und Pubs angesiedelt. Die Verlängerung der Fargate, Barker's Pool, führt zur 1932 eröffneten **City Hall**, die nach Entwürfen von Vincent Harris ausgeführt wurde; ihr Konzertsaal bietet Platz für 2000 Zuhörer.

Orchard Square, Fargate

In der Surrey Street steht die viktorianische Town Hall, ein gewaltiges Werk der Neo-Renaissance von 1897, das 1910 und 1923 vergrößert wurde. Der 59 m hohe Turm zeigt die Figur des antiken Gottes der Schmiede, Vulkan, der seine soeben geschmiedeten Pfeile hochhebt – ein Symbol für Sheffields heimische Industrie. Südlich schließen sich **Peace Gardens** an mit Grünflächen, Ruhebänken und eindrucksvollen Springbrunnen.

Town Hall

Ideal, um auch bei Schlechtwetter im Grünen zu sein: Östlich der Town Hall gedeihen 2500 Pflanzenarten in einem eindrucksvollen Gewächshaus aus gigantischen hölzernen Bögen und Glas.
❶ 90 Surrey St., tgl. 8.00 – 23.00 Uhr; Eintritt frei

Winter Garden

Um den neu gestalteten Tudor Square reihen sich mehrere Museen und Theater. Die 1934 eingeweihte **Central Library** mit der **Graves Art Gallery** birgt eine hervorragende Gemäldesammlung alter Meister, englischer Kunst vom 18. Jh. bis heute sowie französische Maler des 19. und 20. Jh.s, darunter Arbeiten von Cézanne, Corot, Picasso und Braque. Hervorgegangen ist die Graves Art Gallery aus einer Kunstsammlung von Dr. J. F. Grave, der den Museumsbau zum größten Teil ermöglichte und mehr als tausend Bilder stiftete.
Gegenüber stehen die Gebäude des nach umfangreicher Restaurierung 1990 wiedereröffneten **Lyceum Theaters** und des **Crucible Theatre**, deren Bühnen vorwiegend moderne Stücke aufführen.
Graves Art Gallery: Mi. – Fr. 10.00 – 15.00, Sa. ab 11.00 Uhr; Eintritt frei

Tudor Square

Das im April 2001 eröffnete Museum an der Arundel Gate zeigt große Wechselausstellungen, darunter zeitgenössisches Design und Schätze des Londoner Victoria & Albert Museum.
❶ Mo. – Sa. 10.00 – 17.00, So. 11.00 – 16 Uhr; Eintritt frei

*Millenium Galleries

In der Alma Street werden Stahl- und Silberwaren aus drei Jahrhunderten ausgestellt und man kann Messerschmieden und Schleifern bei der Arbeit zusehen. Hauptattraktion: eine 12 000 PS starke Dampfmaschine, die zweimal am Tag in Aktion tritt. Mit ihr wurden u. a. Panzerplatten für britische Schlachtschiffe gewalzt.
❶ Mo. – Do. 10.00 – 16.00, So. 11.00 – 16.45 Uhr; Eintritt 5 £; www.simt.co.uk

*Kehlham Island Museum

ZIELE • Shetland Islands

*Abbeydale Industrial Hamlet
Im viktorianisch geprägten Abbeydale Industrial Hamlet aus dem 18. Jh. kann man sich über die traditionelle Sensenherstellung informieren. Zur Anlage gehören Werkstätten, Lagerhäuser und Cottages der Arbeiter.
❶ Abbeydale Rd. South; April – Sept. Mo. – Do. 10.00 – 16.00, So. 11.00 – 16.45 Uhr; Eintritt frei; www.simt.co.uk

SEHENSWERTES IN DER UMGEBUNG

*Bolsover Castle
Bolsover Castle steht an einem steilen Hügel über dem Dorf Bolsover. Zwischen 1613 und 1617 wurde der normannische Turm des Schlosses von Charles Cavendish rekonstruiert, der außerdem den Bau des Wohnteils begann. Ein Teil des Wohntraktes ist heute Ruine, allerdings recht malerisch in Szene gesetzt. Im restaurierten Teil erwarten herrliches Wanddekor, opulente Vertäfelungen und offene Kamine den Besucher, dazu ein großer Schlosspark.
❶ Sommer tgl. 10.00 – 17.00, Nov. – März Sa., So. bis 16.00 Uhr; Eintritt 8 £

** Shetland Islands

✳ P – R 1 – 3

Landesteil: Nordschottland
Council Area: Shetland Islands

Sie sind ein Reiseziel für Liebhaber rauer, archaisch anmutender Natur: die 100 Shetland-Islands 160 km nordöstlich von Schottland. Obwohl wind- und wetterumtost sind die Shetlands keineswegs frostige Orte – bis hier reicht nämlich der Einfluss des warmen Golfstroms und sorgt für ein relativ günstiges Klima.

Die struppigen Shetland-Ponys

Die Shetlands sind der nördlichste Vorposten Großbritanniens, sie liegen auf gleicher Höhe wie das norwegische Bergen, die Südspitze Grönlands, der Golf von Alaska und Südsibirien. Atemberaubende Klippenlandschaften und tief eingeschnittene, sanfte Buchten (»voes«) bestimmen die Landschaft, auf den größeren Inseln wachsen Erika und Ginster, deren

Shetland Islands

AUSKUNFT
The Market Cross, Lerwick
Shetland Islands, Scotland, ZE1 0LU
Tel. 01595 69 34 34, www.visitshetland.org

AN- UND ABREISE
Schiff
Fähren gehen von Aberdeen und von Kirkwall/Orkney nach Lerwick/Mainland (www.northlinkferries.co.uk); außerdem bestehen Fährverbindungen zwischen den Inseln.

Flugzeug
Flüge nach Sumburgh/Mainland gibt es von Kirkwall/Orkney, Aberdeen, Edinburgh, Glasgow, Inverness und Bergen (www.hial.co.uk/sumburgh-airport).

ESSEN
Busta House Hotel €€€
Busta, Brae, Mainland
Tel. 01806 52 25 06
www.bustahouse.com
Elegantes Landhaus mit exquisitem Restaurant für Feinschmecker; 160 Malts.

ÜBERNACHTEN
Herrislea House Hotel €€€
Veensgarth, Tingwall
Tel. 01595 84 02 08
www.herrisleahouse.co.uk
Nordwestlich von Lerwick gelegenes, sehr familienfreundliches Haus mit dreizehn schönen Zimmern und kreativer Speisekarte im Phoenix Restaurant.

Fort Charlotte Guesthouse €€
1 Charlotte St., Lerwick
Tel. 01595 69 21 40
www.fortcharlotte.co.uk
Gemütliches kleines B & B mit fünf Zimmern im Zentrum von Lerwick.

VERANSTALTUNG
Up Helly Aa
Deutlich spürt man die Wikinger-Vergangenheit alljährlich am letzten Dienstag im Januar, wenn in Lerwick das Sonnwendfest »Up Helly Aa« gefeiert wird. Bei den Festivitäten wird alle Jahre wieder die Nachbildung eines Wikinger-Drachenboots verbrannt.

Farben einen schönen Kontrast zum Blau des Wassers, zum Grün der landwirtschaftlich genutzten Senken und zum Braun der Torfmoore bilden. Seevögel, Otter- und Robbenarten lassen sich hier beobachten. Eine andere Tierart ist in aller Welt berühmt: die zähen, struppigen Shetland-Ponys, einst als Zugtiere in den Kohlegruben eingesetzt und heute überall geduldiger Freund der Kinder.

Bewohner

Die 22 000 Shetländer bewohnen nur 13 der Inseln; mehr als die Hälfte lebt auf der Hauptinsel Mainland. Sehr stark hat sich auf den Shetlands das nordische Erbe bewahrt. Die Insulaner sind eher nach Norwegen und zu den Faröer-Inseln ausgerichtet als nach Großbritannien, und in ihrer Sprache sind mehr nordische Elemente zu finden als in der Sprache auf den Orkney-Inseln.
Haupterwerbsquelle ist die Landwirtschaft, insbesondere die Schafzucht. Produziert wird die feine **Shetland-Wolle**, aus der die be-

rühmten Shetland-Pullover mit immer wieder neuen, aber der Tradition verhafteten Mustern gestrickt werden. Wer sich echte Shetland-Ware kaufen will, sollte dies auf den Inseln tun, um nicht ein fabrikgefertigtes Massenprodukt vom Festland zu bekommen. Die bekanntesten Muster entwarfen die Strickerinnen von Fair Isle. Andere wichtige Wirtschaftszweige sind die Lachszucht, der Fischfang und die Ölförderung zwischen den Inseln und Norwegen. Die Ölindustrie bescherte den Shetlands Ende der 1970er-Jahre einen enormen Boom, doch es änderte sich auch der Charakter der Hauptinsel: Ein großer Flughafen wurde gebaut, neue Straßen, Europas größter Ölhafen. Bei Verhandlungen mit den Ölkonzernen ließ die britische Regierung den Insulanern freie Hand – was einmalig in den Beziehungen zwischen London und den Shetlands war. Inzwischen ist wieder Ernüchterung eingekehrt: Die Fördermengen wurden gedrosselt, die Versorgungsflüge für die Bohrinseln starten größtenteils von Aberdeen aus.

Geschichte Die Shetland-Inseln teilen ihre Geschichte im Wesentlichen mit den Orkney-Inseln. Auch auf den Shetlands belegen steinzeitliche Funde eine prähistorische Besiedlung, auch hier landeten die Drachenboote der Wikinger, die auf der Suche nach neuen Ländereien über das Meer gekommen waren und die hier ansässigen Pikten unterwarfen.

An der Südostküste von Mainland bei Sandwick

Ebenso währte bis zum 15. Jh. die skandinavische Herrschaft, deren Einfluss bis heute spürbar ist. In den letzten drei Jahrzehnten haben die beiden Inselgruppen eine etwas unterschiedliche Entwicklung genommen, da der Ölboom die Shetlands weit mehr verändert hat.

MAINLAND

Lerwick

Die mit 86 km Länge größte der Inseln ist Mainland. Ihre zerklüftete Küste hat so viele Fjorde und Einschnitte, dass keine Stelle weiter als 4,8 km vom Meer entfernt liegt. An der Ostküste liegt der Hauptort Lerwick mit etwa 7500 Einwohnern. Der Fischfang ist neben der Versorgung der Bohrinseln die Haupterwerbsquelle der Stadt. Es gibt nur wenige Sehenswürdigkeiten, ansprechend ist aber das Stadtbild mit den engen Gassen, die sich von der Hauptstraße Commercial Road in die Oberstadt hinaufziehen. Dort berichtet das **Shetland Museum** über die Inseln, u. a. über den »Shetland Bus«, eine Bootsverbindung, mit der norwegische Widerstandskämpfer gegen die deutsche Besatzung im Zweiten Weltkrieg von den Inseln in ihre Heimat gebracht wurden. Das Museum **Böd of Gremista** ist in einem Fischerhaus aus dem 18. Jh. eingerichtet und informiert über das Leben der Fischerfamilien um 1780. Das 1655 errichtete Fort Charlotte diente bis 1875 als Gefängnis.

Shetland Museum: Mo.–Sa. 10.00–16.00, So. 12.00–17.00 Uhr; Eintritt frei; www.shetland-museum.org.uk

St. Ninian's Isle

Bei Ebbe kommt man zu Fuß auf St. Ninian's Isle an der Westküste, auf der im 7. Jh. eine Kapelle für den schottischen Nationalheiligen errichtet wurde. 1958 fand man einen wertvollen keltischen Silberschatz, den die Mönche vergraben hatten, um ihn vor den Wikingern zu retten. Der Schatz ist im National Museum for Antiquities in Edinburgh ausgestellt.

Croft House Museum

Im Croft House Museum, eingerichtet in einem typischen Inselbauernhaus, ist das Leben der Shetlandbewohner im 19. Jh. dargestellt.

❶ Boddam, Dunrossness; Mitte April–Sept. tgl. 10.00–13.00 u. 14.00–17.00 Uhr; Eintritt frei, Spenden willkommen

*Jarlshof

Die bedeutendste Sehenswürdigkeit der Inseln ist Jarlshof auf der Südspitze von Mainland – ein Siedlungskonglomerat, dessen einzelne Teile von der Steinzeit über Bronze- und Eisenzeit bis hin zur Wikingerzeit reichen. Jüngste Bauten sind eine Farm aus dem 16. Jh. und ein Landsitz der berüchtigten Grafen Robert und Patrick Stewart. Ein kleines Museum erläutert die Ausgrabungen.

❶ April–Sept. tgl. 9.30–17.30, Nov.–März tgl. 9.30 Uhr–Sonnenuntergang; Eintritt 5,50 £

Inselnorden Der Norden von Mainland lockt mit wildromantischer Natur. Die kleinen Straßen enden meist im Nichts, und man muss zu Fuß bis zur Küste weiterwandern. Im äußersten Nordwesten liegen das Fischerdorf **Stenness** mit großartigen Felsformationen und Höhlen und das Gate of Giants. Markante Punkte sind auch die Felsformationen von Esha Ness. In Esha Ness informiert das **Tangwick Haa Museum** über vergangene Zeiten. Nordöstlich von Esha Ness erhebt sich **Ronas Hill**, der mit 452 m höchste Berg der Inseln, von dem man einen grandiosen Blick auf die gesamte Inselwelt hat.
Tangwick Haa Museum: Mitte April – Sept. tgl. 11.00 – 17.00 Uhr; www.tangwickhaa.org.uk

Sullom Voe Sullom Voe an einem tief eingeschnittenen Fjord ist der größte Ölhafen Europas. Im 1981 eröffneten Hafen enden die von den Nordseefeldern kommenden Pipelines und füllen die unzähligen Tanks; rund 60 % des britischen Ölbedarfs werden hier umgeschlagen.

SEHENSWERTES AUF ANDEREN INSELN

Bressay Bei gutem Wetter lohnt sich ein Bootsausflug von Lerwick nach Bressay, denn der Ward of Bressay bietet gute Aussichtspunkte. Am südlichsten Punkt kann man eine Bootsfahrt durch die Orkneyman's Cave machen.

Noss Die unbewohnte Isle of Noss östlich von Bressay ist ein wunderbares Vogelparadies (von Lerwick und von Bressay per Motorboot erreichbar). Auf den hohen Klippen nisten Papageientaucher, Eissturmvögel und Basstölpel, im Moor im Inselinnern u. a. Schmarotzerraubmöwen.

Mousa Mousa liegt vor der südlichen Ostküste (15-minütige Überfahrt; April – Sept.). Lohnend ist der eisenzeitliche *Mousa Broch, der besterhaltene piktische Wohn- und Wehrturm Schottlands. Im Turm gab es einen zentralen Raum für das Vieh und die Feuerstelle; in den drei ringsum liegenden Räumen lebten die Bewohner.

Unst Unst ist die nördlichste bewohnte Insel der Shetlands. An der Ostküste steht **Muness Castle**, Britanniens nördlichstes Schloss (1589). Ein Muss für Botaniker ist das Naturreservat **Keen of Hamar**, in dem alle Pflanzen nur in Miniaturformat gedeihen – der Boden hat einen hohen Metallgehalt und kaum organische Substanzen. Die Klippen von Hermaness an der Nordspitze werden von Zehntausenden von Seevögeln bevölkert. Großbritanniens nördlichster bewohnter Punkt ist der von einem Leuchtturm gekrönte 61 m hohe Felsen **Muckle Flugga**, davor markiert der **Out Stack** das allerletzte Ende der Britischen Inseln.

Fair Isle liegt 43 km südwestlich der Südspitze von Mainland mitten im Atlantik. Nur siebzig Menschen leben hier, aber Hunderttausende von Vögeln. Beobachtet wurden 340 Arten, darunter Eissturmvögel, Tordalke, Seeschwalben, Papageientaucher, Skuas, Dreizehenmöwen, zu denen sich im Frühjahr und Herbst unzählige Zugvögel gesellen. Ein Tagesausflug mit der Fähre von Sumburgh lohnt sich kaum. Im **Fair Isle Lodge & Bird Observatory** kann man übernachten – Zelten ist auf der Insel verboten – und sich über neue Forschungsergebnisse informieren.

*Fair Isle

Ein **prähistorischer Wall** teilt die Insel in zwei Hälften. Im Lauf der Jahrhunderte ist manche Schiffsbesatzung, deren Segler an den Klippen der Shetlands zerschellt war, auf Fair Isle wieder an Land geworfen worden. Unter ihnen waren im 19. Jh. 465 deutsche Amerikaauswanderer von der »Lessing« und 1588 mehr als dreihundert Männer der »El Gran Griffón«, Flaggschiff der spanischen Armada. Es heißt, dass die Muster der auf Fair Isle gestrickten Shetlandpullover von den Spaniern beeinflusst wurden.

Fair Isle Lodge & Bird Observatory: Tel. 01595 76 02 58; www.fairislebirdobs.co.uk

* Shrewsbury

N 15

Landesteil: Mittelengland
Höhe: 320 ft/98 m ü. d. M.
Grafschaft: Sheopshire   **Einwohnerzahl:** 71 000

Alte Fachwerkhäuser und enge Straßenzüge verleihen der schönen Tudor-Stadt ihr unverwechselbares Gesicht. Die Grafschaftshauptstadt wird umschlossen von einer fast kreisförmigen Mäanderschlinge des Severn, Englands längstem Fluss, der hier von zwei imposanten Brücken überspannt wird.

Lange Zeit war Shrewsbury bedeutende Grenzfestung gegen Wales. Edward I. machte die Stadt im 13. Jh. zum Regierungssitz und eroberte von hier aus Wales. Edward VI. rief die renommierte Shrewsbury Public School ins Leben, die u. a. Charles Darwin besuchte.

SEHENSWERTES IN SHREWSBURY

Viele gut erhaltene Fachwerkhäuser stehen unter Denkmalschutz. Sehenswert sind die Markthalle (1596), Owen's Mansion (1592) und Ireland's Mansion (1580); an der Butcher's Row, der ältesten Straße, steht Abbot's House, ein typischer Fachwerkbau des 15. Jh.s.

*Fachwerkbauten

ZIELE · Shrewsbury

Castle Ein Blick auf den Stadtplan verdeutlicht die einst bedeutende strategische Lage des Castle – es wurde an der einzigen Stelle errichtet, an der die Stadt nicht durch den River Severn geschützt war. Ende des 18. Jh.s wurde es zum Wohnsitz umgebaut, heute ist hier das **Shropshire Regimental Museum** mit Uniformen und Waffen eingerichtet.
● Ostern – Mitte Sept. Fr. – Mi. 10.30 – 17.00, Mitte Sept. – Mitte Dez., Feb. – Ostern Fr., Sa., Mo. – Mi. bis 16.00 Uhr; Eintritt 2,50 £;
www.shropshireregimentalmuseum.co.uk

St. Mary's Church St. Mary's Church ist bekannt für ihre wunderschönen Glasfenster aus dem 14. und 15. Jh., u. a. das Ostfenster mit dem Stammbaum Jesse. Beachtenswert sind außerdem die 19 Holztäfelungen mit Szenen aus dem Leben des hl. Bernhard, die um 1500 in Köln angefertigt und später von der Altenberg-Abtei in Sachsen hierher verkauft wurden.

Shrewsbury

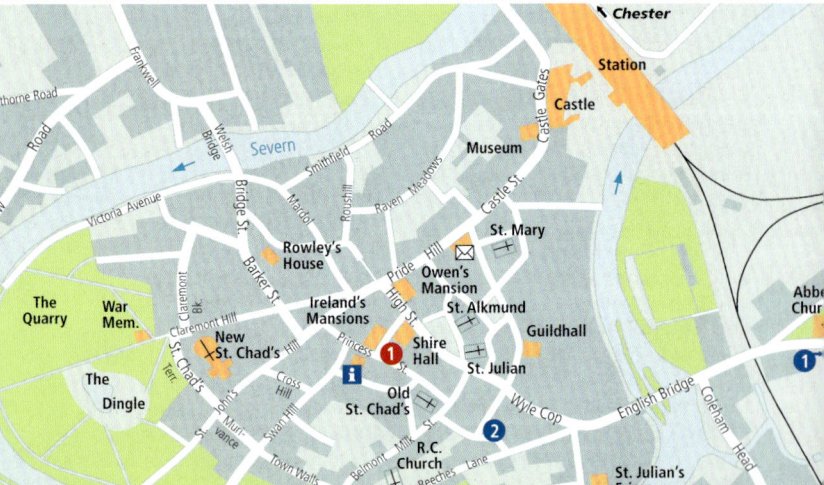

Essen
① The Peach Tree
② The Good Life Wholefood Restaurant

Übernachten
① The Golden Cross

Shrewsbury erleben

AUSKUNFT
Rowley's House Museum
Barker St., Shrewsbury SY1 1QH
Tel. 01743 25 88 88
www.visitshrewsbury.com

ESSEN
❶ The Peach Tree ☕☕
21 Abbey Foregate
Tel. 01743 35 50 55
www.thepeachtree.co.uk
Moderne britische Küche.

**❷ The Good Life
Wholefood Restaurant** ☕
Barracks Passage
Tel. 01743 35 04 55
Gute, preiswerte vegetarische Küche.

ÜBERNACHTEN
Rowton Castle ☕☕☕
Halfway House, Tel. 01743 88 40 44
www.rowtoncastle.com
Romantisch und außerhalb im Grünen
gelegenes Schlosshotel.

❶ The Golden Cross ☕☕
Princess St., Tel. 01743 36 25 07
www.goldencrosshotel.co.uk
Das älteste Public House am Platz.

Gemütlicher Pub in einem Fachwerkbau

Der ehemalige Steinbruch, der Material für ein Großteil der Häuser in der Stadt lieferte, ist zu einem Park mit kleinem See und hübschem Blumengarten, »The Dingle«, umgestaltet worden.	**The Quarry**
Grope Lane und **Fish Street** sind malerische enge Gassen mit Fachwerkhäusern und zählen zu den meistfotografierten Straßen der Stadt.	**Fachwerkhäuser**
Über die English Brigde kommt man zu der aus rotem Sandstein erbauten Abbey Church westlich der Innenstadt, die zu einem im 11. Jh. gegründeten Benediktinerkloster gehörte. Aus der Regierungszeit Richards II. stammt das große, mit Wappen verzierte Westfenster. Sehenswert sind die Grabmäler, die ältesten sind um 1300 entstanden.	**Abbey Church**
Nordöstlich der Innenstadt kommt man jenseits der Welsh Bridge zur Frankwell Street, an der mehrere schöne alte Häuser stehen. Die Straße führt zu **Charles Darwins' Geburtshaus**.	**Frankwell Street**

UMGEBUNG VON SHREWSBURY

*Attingham Park
Der 1797 gestaltete Attingham Park 5 km südöstlich von Shrewsbury ist ein herrlicher Landschaftspark mit einem 1785 gebauten Herrenhaus. Zur kostbaren Innenausstattung gehören Stilmöbel und Silber der Regency-Epoche sowie eine Sammlung von Gemälden italienischer und französischer Meister.
  ◉ März – Okt. tgl. 11.00 – 17.30 Uhr; Eintritt 9,90 £

Wroxeter
In der Nähe liegt Wroxeter mit den Ausgrabungen der römischen **Festung Viroconium**, der Hauptstadt von Britannia Secunda.

**Ironbridge Gorge Museum
Folgt man der B4380 weiter östlich durch das Severn-Tal, erreicht man nach ca. 2 km den Museumskomplex von Ironbridge Gorge. Ironbridge Gorge war einst führend in der Eisenproduktion. Nach dem Niedergang der Produktion wurde hier ein ausgesprochen interessantes Industriedenkmal mit einer Reihe bemerkenswerter Museen zum Industriezeitalter eingerichtet. Dazu gehören ein **Brennofen** für Eisenerzschmelze von 1709, ehemalige **Lagerhäuser** der Coalbrookdale Company, das **Rosehill House** mit einem Museum zum Alltagsleben des 18. Jh.s, das **Tollhouse**, in dem über den Brückenbau berichtet wird, das **Blists Hill Open Air Museum** zum viktorianischen Zeitalter, das **Coalport China Museum**, in dem Porzellanherstellung bis 1930 gezeigt wird, und das **Jackfield Tile Museum** in Räumen, in denen zwischen 1850 und 1960 Ziegel gebrannt und glasiert wurden. Die 35 Industriedenkmäler der Ironbridge Gorge wurden 1986 zum UNESCO-Weltkulturerbe ernannt.
  ◉ tgl. 10.00 – 17.00 Uhr; Eintrittspreise variieren je nach Museum; www.ironbridge.org.uk

*Stokesay Castle
Das romantisch anmutende Stokesay Castle 35 km südlich wurde im 12. Jh. für die normannische Say-Familie errichtet. Um 1280 kaufte der Wollhändler Lawrence of Ludlow das Anwesen und ließ es auf Geheiß von Edward I. befestigen. Heute gilt das Manor House als einer der besterhaltenen befestigten Landsitze des 13. Jahrhunderts.
  ◉ April – Okt. tgl. 10.00 – 17.00, Nov. – Mitte Feb. Sa., So. bis 16.00 Uhr; Eintritt 6,20 £

*Ludlow
Ludlow gut 45 km südlich von Shrewsbury ist wegen seiner schönen Lage am Teme-Fluss und der gepflegten Fachwerkhäuser ein beliebtes Ausflugsziel. Ludlow Castle wurde 1085 als Grenzfestung gegen Wales gebaut; ältester Teil ist der normannische Bergfried. In der St. Laurence's Church sind schöne Fenster erhalten: das farbenprächtige Ostfenster und das Jesse-Fenster (14. Jh.) in der Lady Chapel.
  ◉ April – Sept. tgl. 10.00 – 17.00 Uhr; Eintritt 6 £; www.ludlowcastle.com

Southampton • ZIELE **625**

Southampton

✦ Q 19

Landesteil: Südengland
Höhe: 56 ft/17 m ü.d.M.
Grafschaft: Hampshire
Einwohnerzahl: 240 000

Der Hafen von Southampton gilt als einer der besten Naturhäfen der Welt. Bis in die 1930er-Jahre war er der größte Hafen Englands für den Transatlantik-Passagierverkehr. Hunderttausende von Auswanderern schifften sich hier nach Übersee ein. 1912 lief die »Titanic« in Southampton zu ihrer Jungfernfahrt nach New York aus, die in einer Katastrophe endete.

Für die Schifffahrt ist der geringe Tidenhub von nur knapp 4 m im Southampton Water von Vorteil. Zudem bewirkt die Isle of Wight vor der Einfahrt in den Tiefwasserhafen, dass das Mündungsdelta bei Southampton viermal am Tag Hochwasser führt. Zu dieser Besonderheit kommt es, weil die Flutwelle zuerst von Westen in die Bucht einströmt, dann um die Isle of Wight herum fließt und dann erst zwei bis drei Stunden später von Osten her in das Southampton Water einläuft.

Der Hafen hat die Geschicke der Stadt wesentlich bestimmt. 1189 schifften sich die Ritter von Richard Löwenherz in Southampton zum Kreuzzug ein. Riesige Qzeandampfer wie die »Queen Mary« wurden in den Werften von Southampton gebaut. Während beider Weltkriege gingen zahlreiche Truppentransporte von dem bedeutenden Ma- **Geschichte**

Southampton erleben

AUSKUNFT
Central Library, Civic Centre
Southampton, Hampshire SO14 7FJ
Tel. 023 80 83 33 33
www.visitsouthampton.co.uk

ESSEN · ÜBERNACHTEN
De Vere Grand Harbour ⊚⊚⊚⊚
West Quay Rd.
Tel. 023 80 63 30 33
www.devere-hotels.co.uk
Das direkt am Wasser gelegene moderne Hotel bietet 173 gut ausgestattete Zimmer. Es besticht durch sein einzigartiges Glasdesign. Angeschlossen ist eines der besten Restaurants der Stadt mit exzellent zubereiteten Fleisch- und Fischgerichten.

ÜBERNACHTEN
Linden ⊚⊚
51 – 53 The Polygon
Tel. 023 80 22 56 53
www.lindenguesthouse.net
Zentral gelegenes B & B mit familiärer Atmosphäre, 13 Zimmer.

rinestützpunkt aus, Grund für die verheerenden Bombenangriffe von 1940/1941. Durch die Konkurrenz preisgünstiger und schneller Charterflüge ist das Passagieraufkommen seit den 1970er-Jahren ständig zurückgegangen, heute laufen vor allem Kreuzfahrtschiffe den Hafen an.

SEHENSWERTES IN SOUTHAMPTON

St. Michael's
Die einzige mittelalterliche Kirche ist St. Michael, die noch normannische Relikte und ein Taufbecken aus Tournai-Marmor birgt.

Tudor House
Das herrliche Tudor House am St. Michael's Square wurde im 16. Jh. für eine wohlhabende Kaufmannsfamilie erbaut.

Sea City Museum
Das 2012 eröffnete Sea City Museum erzählt die Geschichte der Hafenstadt und ihrer Verbindung zur »Titanic«, die auf ihrer Jungfernfahrt einen Eisberg rammte. Bei diesem Unglück verloren auch 549 Einwohner der Stadt, überwiegend Besatzungsmitglieder, ihr Leben.
❶ tgl. 10.00 – 17.00 Uhr; Eintritt 8,50 £, www.seacitymuseum.co.uk

Merchant's House
Das im mittelalterlichen Stil eingerichtete Merchant's House in der French Street (Nr. 58) präsentiert traditionelles Handwerk.
❶ April – Sept. So. 12.00 – 17.00 Uhr; Eintritt 4 £

! BAEDEKER TIPP

Pub mit Flair

Wer sich eine Pause der besonderen Art gönnen möchte, sollte im Pub »Duke of Wellington« einkehren. Er wurde in einem der letzten Fachwerkhäuser aus der Tudorzeit eingerichtet. Urgemütlich! Bei schönem Wetter kann man auch draußen sitzen (36 Bugle St., Tel. 023 80 33 92 22).

Die alten Dockanlagen am **Princess Alexandra Dock** östlich der Altstadt sind in ein modernes Freizeit- und Einkaufszentrum mit Designerboutiquen, Gourmetrestaurants und Markthallen umfunktioniert worden. Im Hafenbecken liegen Jachten und das letzte mit Dampf betriebene Frachtschiff, die SS Shieldhall, vor Anker.

Hall of Aviation
Nördlich der Ocean Village geht es in der Hall of Aviation um die Geschichte der Fliegerei in Southampton. Zu den Prunkstücken der Ausstellung zählt die legendäre Spitfire.
❶ Albert Rd. South; Di. – Sa. 10.00 – 17.00, So. ab 12.00 Uhr; Eintritt 6,50 £; www.spitfireonline.co.uk

Civic Centre
Das Civic Centre wurde nach Plänen von Berry Webber 1930 – 1936 gebaut. Zu den Gebäuden gehören Rathaus, Gericht, Theater, Bibliothek und ein 55 m hoher Glockenturm. Die städtische **Art Gallery**

zeigt eine sehenswerte Auswahl Alter Meister und englischer Maler von 1750 bis zur Gegenwart und eine Keramiksammlung.
Art Gallery: Commercial Rd., Tel. 023 80 83 30 07; Mo.–Fr. 10.00–15.00, Sa. bis 17.00 Uhr; Eintritt frei

UMGEBUNG VON SOUTHAMPTON

In Netley 5 km südlich liegt in bezaubernder Umgebung Netley Abbey, die Ruine einer 1239 errichteten Zisterzienser-Abtei. Die noch erhaltenen Gebäude sind überwiegend im Early English Style erbaut. — *Netley Abbey

In Romsey 12 km nordwestlich von Southampton steht Romsey Abbey, deren Kirche von Weitem eher wie eine Burg aussieht. Das Kloster wurde um 907 von Elfleda, Enkelin Alfreds des Großen, gegründet. Der Hauptteil der Kirche (1125) ist rein normannisch, das Ostfenster zeigt Early English Style des frühen 14. Jahrhunderts. Zwei steinerne sächsische Kruzifixe befinden sich im südlichen Chorseitenschiff und außerhalb des südlichen Querschiffs. — *Romsey Abbey

Auf dem Marktplatz steht eine Statue des Dritten Viscount Palmerston (1784–1865), des langjährigen englischen Außenministers und Premiers. Sein einstiger Landsitz *Broadlands knapp 1 km südlich wurde um 1767 neu gestaltet, Capability Brown legte die Parkanlagen an. Später ging das Anwesen an die Familie Mountbatten; in dem Landsitz wird über das Leben von Lord Mountbatten, dem letzten Vizekönig und ersten Generalgouverneur Indiens, berichtet.
Broadlands: Juli, Aug. Mo.–Fr. 13.00–17.30 Uhr; Eintritt 8 £; www.broadlandsestates.co.uk

** South Coast

G–V 18–20

Landesteil: Südengland
Grafschaft: Kent, East Sussex, West Sussex, Hampshire, Dorset, Devon und Cornwall

Englands Südküste gehört zu den klimatisch begünstigten Regionen des Landes. Eine Fülle von subtropischen Pflanzen gedeihen hier; sie zieren die vielen renommierten Seebäder, die sich das ganze Jahr über großer Anziehungskraft erfreuen.

Das Landschaftsbild zwischen den Grafschaften Kent und Cornwall ist überaus abwechslungsreich. Im Osten prägen abenteuerlich steile Kreideklippen die Küste, am eindrucksvollsten wohl in Dover, dem geschichtsträchtigen »Tor zu England«. An anderen Stellen

Tolle Stimmungen, grandiose Ausblicke: Wanderung an der South Coast

grenzt Marschland an die See, wie in der Romney Marsh östlich von Rye, während sich gegenüber der ▶Isle of Wight tief eingeschnittene Flussmündungen und fjordähnliche Einbuchtungen finden. Weiter westlich bei Torquay liegt die viel gerühmte »Englische Riviera« und jenseits von Plymouth die traumhafte Küstenregion von Cornwall.

* DOVER

Fährhafen zum Kontinent

Dover ist einer der wichtigsten Fährhäfen für die Verbindungen zum Kontinent – Tag und Nacht gibt es hier einen unermüdlichen Fährverkehr von und nach Calais und Dünkirchen. Von der römischen Besiedlung zeugen der Leuchtturm (1.Jh.) auf dem Castle Hill und das Roman Painted House in der New Street mit bemerkenswerten Fresken. Jahrhundertelang war Dover Bollwerk gegen Angriffe vom Kontinent. Im Zweiten Weltkrieg wurde der bedeutende Marinestützpunkt schwer zerstört.

**White Cliffs

Seit jeher sind die steilen Kreidefelsen stolzes Symbol der »splendid isolation« und gleichzeitig erstes weithin sichtbares Zeichen Englands. Die westlichen White Cliffs tragen den Namen Shakespeares, dessen Tragödie »King Lear« hier endet; aus »Richard II.« stammt der angesichts der Klippen oft zitierte Ausspruch »This precious stone set in the silver sea«.

South Coast erleben

AUSKUNFT
Westover Rd., Bournemouth
Dorset, England, BH1 2BU
Tel. 01202 45 17 00
www.bournemouth.co.uk

ESSEN
Wallett's Court ❋❋❋❋
West Cliffe, Dover
St. Margarets-at-Cliffe
Tel. 01304 85 24 24
www.wallettscourthotelspa.com
Wenige Meilen von Dover entfernt wird in diesem Herrenhaus Wildschwein und Lamm ebenso köstlich zubereitet wie frischer Fisch.

The Mermaid Inn ❋❋❋
Mermaid St., Rye
Tel. 01797 22 30 65
www.mermaidinn.com
Ein Restaurant voller Atmosphäre mit altem Kamin, Holzbalkendecke und guter englischer Küche.

White's Seafood & Steak Bar ❋❋
44–45 George St., Hastings
Tel. 01424 71 98 46
www.whitesbar.co.uk
Familiengeführtes Restaurant in denkmalgeschütztem Gebäude in der Altstadt, bekannt für seinen Fisch und Meeresfrüchte.

Saltern's Hotel ❋❋
38 Saltern's Way, Poole
Tel. 01202 70 73 21
www.salternshotelpoole.co.uk
Eine große Auswahl an oft leichten Gerichten und ein hervorragender Blick über den Hafen zur Brownsea Island lohnen den Aufenthalt im Hotelrestaurant.

Memories Bistro ❋❋
68 Fore St., Torquay
Tel. 01803 32 22 24
www.memoriesbistro.co.uk
Gutes Preis-Leistungs-Verhältnis in gemütlichem Bistro.

Left Bank ❋❋
4 Trinity Rd., Weymouth
Tel. 01305 78 57 99
www.leftbankweymouth.com
Direkt am Hafen gelegenes Restaurant, spezialisiert auf Fischgerichte.

Bistro on the Beach ❋
Esplanade, Bournemouth
Tel. 01202 43 14 73
www.bistroonthebeach.co.uk
Die Spezialitäten dieses direkt am Strand gelegenen Restaurants sind Steaks und Fischgerichte.

ÜBERNACHTEN
Royal Castle Hotel ❋❋❋❋
11 The Quay, Dartmouth
Tel. 01803 83 30 33
www.royalcastle.co.uk
Nicht nur die Lage des Hotels am Hafen ist unschlagbar, auch die 25 Zimmer sind anheimelnd eingerichtet. Bar und Restaurant werden auch von Einheimischen gern besucht.

Grand Hotel ❋❋❋❋
King Edwards Parade
Eastbourne
Tel. 01323 41 23 45
www.grandeastbourne.com
Dieser viktorianische Hotelpalast mit 152 Zimmern liegt direkt an der Strandpromenade und ist mit dem Komfort des 21. Jh.s ausgestattet.

Hotel du Vin ❸❸❸❸
Thames St., Poole
Tel. 01202 78 75 70
www.hotelduvin.com
Zentral gelegenes Hotel (38 Zimmer) in einem georgianischen Stadthaus mit Bar, Restaurant und Parkmöglichkeit.

Wallet's Court ❸❸❸❸
Westcliffe, Dover, St. Margaret's-at-Cliffe
Tel. 01304 85 24 24
www.walettscourt.com
6 km nördlich von Dover liegt dieses Herrenhaus in einer »Area of outstanding beauty« mit tollem Meerblick. Die ehemaligen Stallungen wurden in vierzehn komfortable Zimmer umgewandelt. Das Schwimmbad mit Sauna und das Restaurant machen den Hotelbesuch zum Erlebnis.

Powder Mills Hotel ❸❸❸
Powdermill Lane, Battle
Tel. 01424 77 55 11
www.powdermillshotel.com
Haus aus dem 18. Jh. in reizvoller Landschaft. Die besten Zimmer befinden sich in der alten Mühle, die anderen Räume sind in einem separaten Gebäude untergebracht.

Suncliff Hotel ❸❸❸
29 East Overcliff Drive, Bournemouth
Tel. 01202 29 83 50
www.suncliffbournemouth.co.uk
Großes Hotel (94 Zimmer) auf dem East Cliff mit herrlichen Ausblicken. Den Gästen stehen Hallenbad, Sauna, Squash, Fitnessraum und Jacuzzi zur Verfügung.

Jeake's House ❸❸❸
Mermaid St., Rye
Tel. 01797 22 28 28
www.jeakeshouse.com
Mit Antiquitäten ausgestattetes B & B in der schönsten Straße von Rye. Gutes Frühstücksbuffet.

Nonsuch House ❸❸❸
Kingswear, Dartmouth
Tel. 01803 75 28 29
www.nonsuch-house.co.uk
Freundliches kleines B & B mit schönem Blick auf den Dart. Die hausgemachten Kuchen für den Afternoon Tea sind eine Wucht.

Orestone Manor ❸❸❸
Rockhouse Lane, Torquay
Maidencombe, Tel. 01803 32 80 98
www.orestonemanor.com
Elegantes Hotel mit indischem Dekor, das den Maidencombe-Strand überblickt; 12 Zimmer. Im Garten gibt es einen Swimmingpool.

Camelot Lodge ❸❸
35 Lewes Rd., Eastbourne
Tel. 01323 72 52 07
www.camelotlodgehotel.co.uk
Erstklassig eingerichtetes B & B mit gemütlicher Lounge, Bar und hübschem Garten.

Lavender and Lace ❸❸
106 All Saints St., Hastings
Tel. 01424 71 62 90
www.lavenderlace1066.co.uk
Gemütliches B & B mitten im alten Stadtzentrum.

Mulberry House ❸❸
1 Scarborough Rd., Torquay
Tel. 01803 21 36 39
www.mulberryguesthousetorquay.co.uk
Viktorianische Villa in einer ruhigen Seitenstraße nur fünf Minuten vom Meer entfernt; 3 Zimmer.

Das Castle im Osten der White Cliffs ist die älteste konzentrisch an- *Castle
gelegte Burg Europas. Im 12. Jh. wurden auf prähistorischen Wällen
Mauern hochgezogen. Der normannische Bergfried beherbergt ein
umfangreiches Museum zur Landesgeschichte. Eine Sonderausstel-
lung ist den Ereignissen während des Zweiten Weltkriegs gewidmet.
Interessant ist eine Besichtigung der Kasematten und unterirdischen
Gänge, die im Zweiten Weltkrieg reaktiviert wurden. Bei klarem
Wetter sieht man vom Festungswall bis zur französischen Küste nach
Calais – bis dort setzte sich vor Jahrtausenden der südenglische Krei-
derücken fort. Die Überreste des römischen Leuchtturms und die aus
römischen Ziegeln von den Sachsen erbaute Kirche St.-Mary-in-
Castro (um 1000) sind in den Komplex integriert.

❶ April–Sept. tgl. 10.00–18.00, Aug. ab 9.00, Okt. bis 17.00, Nov.–März
Sa., So. 10.00–16.00 Uhr; Eintritt 17 £

** VON DOVER NACH SOUTHAMPTON

Folkestone westlich von Dover ist eines der bekannten Seebäder an   **Folkestone**
der Südküste, seine Entwicklung begann Mitte des 19. Jh.s mit dem
Bau der Eisenbahn, die prägenden
Bauten der Stadt sind viktorianisch.
In der Altstadt lohnt die Kirche St.
Mary and St. Eanswythe einen Besuch. Ein Fenster zeigt William Harvey, den Entdecker des Blutkreis-
laufs, der 1578 in Folkestone zur
Welt kam. Sehenswert ist das 1843
entstandene Wohnviertel »The Leas«
mit schönen Plätzen und Gärten.
Seit 1994 sind die Britischen Inseln
durch den ▶**Eurotunnel** zu erreichen, der die der Ärmelkanal zwischen
der französischen Hafenstadt Calais
und Folkestone unterquert. Zum
Tunnel kommt man über die M20/
Ausfahrt 11a westlich von Cheriton.

> *Port Lympne Wild Animal Park*
>
> BAEDEKER TIPP
>
> Westlich von Folkestone bietet
> sich vom Wildtiergehege von Port
> Lympne eine hervorragende Aus-
> sicht auf die weite Romney
> Marsh. Die Anlage, in der sich
> heute Gorillas, Tiger, Löwen und
> Elefanten bewegen, wurde 1912
> von Sir Philip Sasson ins Leben
> gerufen (Aldington Rd.,
> Tel. 01303 26 46 47, April–Okt.
> 9.30–18.30, Nov., Dez. bis 17.00
> Uhr, Eintritt 24 £, www.aspinall
> foundation.org).

Von Hythe an ist die Küste ziemlich flach; hier beginnt die Romney   **Romney**
Marsh, ein von Entwässerungsgräben durchzogenes eingedeichtes   **Marsh**
Marschland, das für Blumenanbau und Schafzucht bekannt ist.

Hythe ist Endstation der Romney, Hythe & Dymcurch Railway, eine   **Hythe**
Kleinbahn mit der angeblich schmalsten Spurweite der Welt; sie fährt
durch die Romney Marsh nach Dungeness am Rande der Halbinsel
Lydd (www.rhdr.org.uk).

Mermaid Street in Rye

Rye bedeutet »Insel«, und wie eine Insel liegt die Stadt über dem flachen Marschland. Die teilweise noch von mittelalterlichen Mauern umzogene Altstadt ist bevorzugtes **Künstlerdomizil**. Verwinkelte Gassen ziehen sich den Hang hinauf, in schmucken Häuschen und Cottages findet man kleine Kunsthandwerkerläden, Töpfereien und urgemütliche Pubs. Wunderschön ist die Mermaid Street mit dem dreigiebeligen Fachwerkbau des Old Hospital (15./16. Jh.) und dem traditionsreichen Mermaid-Inn, einer früher berüchtigten Schmugglerkneipe. Am oberen Ende der Straße steht das elegante georgianische Lamb House (18. Jh.), in dem der amerikanische Schriftsteller Henry James (1843 – 1916) die letzten Jahre seines Lebens verbrachte und die Romane »The wings of the dove« (1902) und »The golden bowl« (1904) verfasste. In der High Street sind die Old Grammar School (1635) und das Anfang des 18. Jh.s errichtete George Hotel bemerkenswert. In der nach Süden abzweigenden Lion Street kann man in der ältesten Teestube von Rye, im »Simon the Pieman«, seinen Tee nehmen. Am Ende der Straße steht die im 12. Jh. begonnene und später mehrfach umgestaltete Pfarrkirche St. Mary. Ihre 1561 in Winchelsea hergestellte Turmuhr gilt als eine der ältesten im Land, vom Kirchturm genießt man einen weiten Rundblick. Im nördlichen Seitenschiff gibt es ein Kirchenfenster (1897) von Edward Burne-Jones und William Morris. Über den Church Square kommt man zum Ypres Tower und zu den angrenzenden Canon Gardens, von denen man eine herrliche Aussicht über die Romney Marsh aufs Meer hat.

Winchelsea

Ähnlich schön liegt Winchelsea. Nach seiner Zerstörung wurde der Ort im 13. Jh. unter Edward I. schachbrettartig neu angelegt. Der wirtschaftliche Niedergang kam mit der Versandung des Hafens. Hauptsehenswürdigkeit ist die unvollendete Kirche St. Thomas, die um 1300 im frühen Decorated Style entstanden ist.

Hastings

Der nächste große Badeort ist Hastings, das mit St. Leonards-on-Sea eine städtische Zone mit ca. 87 000 Einwohnern bildet. Berühmtheit erlangte der Ort durch die Schlacht bei Hastings im Jahr 1066 – sie fand am heutigen Standort des benachbarten Battle statt. Hastings war einst wichtige Hafenstadt; Hochwasser und Überfälle der Franzosen im 14. Jh. brachten den Niedergang. Einen erneuten Aufschwung gab es im 19. Jh., als Hastings Seebad wurde.

In Alt-Hastings sind mehrere ***Net Lofts** erhalten, hohe Speicherschuppen, die die Fischer zum Trocknen der Netze benutzten; die quer verlaufenden Holzbretter erhielten durch den schwarzen Teeranstrich ihre Wetterbeständigkeit, eine als »weatherboarding« bezeichnete, für East Sussex und Kent charakteristische Bauweise.

In der engen High Street und in der All Saints Street stehen sehenswerte **Fachwerkhäuser**. Auf dem West Hill über der Stadt, der mit einer Seilbahn von der George Street aus zu erreichen ist, sind **Reste des normannischen Castle** erhalten; die Ereignisse von 1066 werden in der audiovisuellen Show »1066 Story« lebendig. Auf dem East Hill, der ebenfalls durch eine Standseilbahn erschlossen ist, befindet sich der 267 ha große **Hastings Country Park**, der sich über fünf Kilometer entlang der Küste erstreckt (www.wildhastings.org.uk).

Eben nicht in Hastings, sondern in dem 10 km weiter nördlich gelegenen Battle fand die berühmte Battle of Hastings statt, in der Wilhelm der Eroberer am 14. Oktober 1066 den Sieg über den angelsächsischen King Harold davontrug. Zur Erinnerung an den Kampf und zur Buße für das Blutvergießen ließ Wilhelm auf dem Schlachtfeld eine Benediktinerabtei bauen, die **Battle Abbey**. Drum herum entstand nach und nach der Ort Battle. Vom Pförtnerhaus führt ein Rundgang mit Schautafeln über das Schlachtfeld. Der Hochaltar der Klosterkirche markiert jene Stelle, an der Harold getötet wurde. Während der Reformation wurde die Kirche abgerissen und der Westflügel des Klosters zu einem Wohnhaus umgestaltet, das heute als Privatschule dient.

*Battle

Battle Abbey: April – Sept. tgl. 10.00 – 18.00, Okt. bis 17.00, Nov. – März Sa., So. 10.00 – 16.00 Uhr; 7,80 £

Eastbourne zählt zu den renommiertesten Seebädern Englands. Aus dem einst unbedeutenden Fischerdorf ließ der 7. Herzog von Devonshire ab 1835 ein großzügiges Seebad im viktorianischen Stil mit einer eleganten **Seepromenade** anlegen. Mitte des 19. Jh.s entstand die Grande Parade, an der sich stattliche weiße und pastellfarbene Häuser und Luxushotels aneinanderreihen. Am Ende der weiten Mole ragt ein Pier mit einem 1888 eröffneten Musikpavillon und Wintergarten weit hinaus ins Meer. Um die High Street herum gibt es eine Fülle von Geschäften, Kunst- und Antiquitätenläden. In Eastbourne beginnt der **South Downs Way**, ein beliebter Wanderweg durch die South Downs von Sussex.

*Eastbourne

Zum wunderschön gelegenen Beachy Head, einem beliebten Aussichtspunkt westlich der Stadt, kommt man über einen Klippenweg. Der Name des markanten schneeweißen Klippen leitet sich ab aus

**Beachy Head

dem Normannischen »beau chef« (schönes Haupt). Zu Füßen der Kreideklippe steht ein 44 m hoher, rot-weiß-gestreifter Leuchtturm. Ein herrlicher **Klippenwanderweg** (5,6 km) führt hinüber nach Cuckmere, Haven und Seaford.

Seven Sisters — Eine eindrucksvolle Klippenformation sind die fantastischen »Seven Sisters« bei Seaford südöstlich von ▶Brighton: Haven Brow, Short Brow, Rough Brow, Brass Point, Flagstaff Point, Bailey's Brow und Went Hill Brow. Den besten Blick auf die sieben Kreidehügel an den Ausläufern der South Downs hat man von Seaford Head.

* VON SOUTHAMPTON NACH EXETER

Lymington — Etwa 20 km südwestlich von ▶Southampton liegt das hübsche Lymington mit einem großen Jachthafen. Von hier aus fahren Fähren auf die ▶Isle of Wight. Landeinwärts lohnt der ▶New Forest.

Christchurch — Der benachbarte Ort Christchurch gab der weiten Bucht ihren Namen. Abseits der belebten Hauptstraße lohnt die 1150 geweihte Prioratskirche einen Besuch, die mit 95 m Länge in ihrer Größe einer Kathedrale entspricht. Der normannische Stil ist mit Flecht- und Schuppenmustern und Rundbögen noch gut erhalten.

Bournemouth, Poole — Bournemouth und Poole haben sich zu einem lang gezogenen Seebad entwickelt; dank des milden Klimas gibt es hier nahezu das ganze Jahr über **Kurbetrieb**, und aus demselben Grund ist es ein bevorzugter Alterssitz betuchter Senioren. Im Sommer kommen junge Leute aus aller Welt in die **Sprachschulen** von Bournemouth. Die noblen Villen, Luxushotels und weiß getünchten Häuserzeilen des renommierten Kurortes sind das Ergebnis viktorianischer Badelust. Treppen und zwei Kabinenlifte führen hinunter zu dem feinen Sandstrand mit Pier und Promenaden, die im Sommer für den Verkehr gesperrt sind. Im Stadtbild fällt das viele Grün auf, an der Südspitze bei den Canford Cliffs liegen die herrlichen, ganzjährig geöffneten
***Compton Acres Gardens** mit Schaugärten in italienischem, englischem und japanischem Stil.
Die **Russell-Cotes Art Gallery and Museum** am East Cliff birgt eine gute Kunstsammlung, u. a. Gemälde von Malern der viktorianischen Epoche und Kunstgegenstände aus Japan und Burma. Die Klippenlandschaft wird durch tiefe Täler, die »chines«, unterbrochen, in denen herrliche Rhododendren wachsen. Besonders eindrucksvoll sind der **Boscombe Chine** und der **Durley Chine**.
***Poole** hat einen einzigartigen Naturhafen mit regem Passagier- und Frachtverkehr. Am Poole Quay gibt es traditionsreiche Hafenkneipen neben umfunktionierten alten Speicherhäusern, in denen Geschäfte,

Spektakuläres Klippenpanorama: die Seven Sisters in der Abendsonne

Pubs und Werkstätten wie die berühmte Poole Pottery eingezogen sind. Außer einem **Oceanarium** kann man das **Poole Museum** zur Stadtgeschichte besichtigen.

Russell-Cotes Art Gallery and Museum: Russell-Cotes Rd.; Di.-So. 10.00–17.00 Uhr; Okt.–März Eintritt frei, Spenden willkommen, April–Sept. Eintritt 5 £; www.russell-cotes.bournemouth.gov.uk
Oceanarium: Pier Approach; tgl. 10.00–18.00 Uhr; Eintritt 9,95 £; www.oceanarium.co.uk
Poole Museum: 4 High St.; April–Okt. Mo.–Sa. 10.00–17.00, So. ab 12.00, Nov.–März Di.–Sa. bis 16.00, So. 12.00–16.00 Uhr; Eintritt frei

Nordwestlich von Bournemouth liegt Kingston Lacy, ein 1663 gebautes Landschloss, das Anfang des 19. Jh.s von William Banks übernommen und verändert wurde. Banks wurde wegen eines Skandals des Landes verwiesen und sandte von Italien aus verschiedene Kunstwerke nach Kingston Lacy – er selbst kehrte nicht mehr dorthin zurück. Die hervorragende Gemäldesammlung (Tizian, Jan Brueghel d.Ä., Rubens, spanische Meister) ist sehenswert.

❶ März–Sept. 11.00–17.00 Uhr; Eintritt 13 £

*Kingston Lacy

Lohnend ist eine Fahrt über die Halbinsel Purbeck, die wegen des Purbeck-Marmors, der kein echter Marmor ist, Berühmtheit erlangte. Man findet den muschelhaltigen Kalkstein in vielen Bauten. **Lulworth** liegt an einer fast kreisrunden Bucht, Lulworth Cove ge-

Isle of Purbeck

nannt. Am östlichen Klippenabschnitt gibt es den **Fossil Forest**, einen Wald mit versteinerten Pflanzen.

Schon von Weitem sieht man ***Corfe Castle**, die riesige Ruine einer normannischen Burg, in der Edward der Märtyrer 987 auf Veranlassung seiner Schwiegermutter Elfrieda ermordet wurde.

Im Seebad **Swanage** 8 km südöstlich an der Spitze der Halbinsel findet man ein etwas kurioses Kaleidoskop an Londoner Baufragmenten, die der Steinhändler John Mowlem im 19. Jh. hierher transportierte. So wurden etwa in den Pier Teile der London Bridge eingebaut. Der Dorset Coast Path führt zu der fantastischen Kalksteinformation ***Old Harry Rocks**.

Weymouth

Weymouth an einer weiten Bucht mit feinem Sand- und Kieselstrand südlich von ▶Dorchester ist Startpunkt der Fähren zu den ▶Channel Islands und nach Cherbourg (Frankreich). Es gibt eine Reihe eleganter georgianischer Häuser und Hotels, in der Trinity Street sind einige Tudorbauten erhalten, komplett eingerichtet mit Möbeln aus dem 17. Jahrhundert. Die ehemaligen Lagerhallen am alten Hafen sind umgestaltet worden und beherbergen nun kleine Geschäfte, Pubs und Feinschmeckerlokale. Im **Weymouth Sea Life Park** im Lodmoor Country Park kann man sich Robben, Haifische etc. ansehen. Im Nordosten von Weymouth ist eine ca. 100 m hohe Figur in den Kreidehügel eingeritzt: das **Osmington White Horse**. Den besten Blick hat man von der A 353 westlich von Osmington. Die **Isle of Portland** ist berühmt für ihre grauweißen Steinbrüche, die u. a. das Baumaterial für St. Paul's Cathedral in ▶London und das UN-Gebäude in New York lieferten.

Weymouth Sea Life Park: tgl. 10.00 – 17.00 Uhr; Eintritt 22,50 £

An der Küste oft zu sehen: urgemütliche reetgedeckte Cottages

Chesil Beach, eine etwa 16 km lange Kieselbarriere, die sich vom Nordende der Isle of Portland bis hinüber nach Abbotsbury zieht, stellt die schützende Begrenzung der Lagune »The Fleet« dar, einem der artenreichsten Wasservogelschutzreservate Europas.

*Chesil Beach

In Abbotsbury nordwestlich von Weymouth gibt es die schon 1393 erwähnte ***Swannery**, in der seit 600 Jahren Schwäne gezüchtet werden und die heute ca. 600 Tiere zu ihrem Bestand zählt. In einem geschützten Tal am Rand von Abbotsbury lohnen die 1765 vom Earl of Ilchester angelegten **subtropischen Gärten**; hier gedeihen Palmen, Bambushaine, exotische Pflanzen und üppige Rhododendren.
Swannery: New Barn Rd.; Mitte März - Okt. tgl. 10.00 – 17.00 od. 18.00 Uhr; Eintritt 11 £
Subtropical Gardens: Bullers Way; tgl. 10.00 – 17.00 od. 18.00, Winter bis 16.00 Uhr; Eintritt 11 £

Abbotsbury

Lyme Regis, eine Kleinstadt mit anheimelnden Gässchen und schönen georgianischen Häusern, war liebster Ferienort der Erzählerin **Jane Austen** (1775 – 1817), die ihn mit ihren Werken wie dem 1818 erschienenen Roman »Persuasion« bekannt machte.
Herrliche Panoramablicke hat man von der teilweise recht schmalen und steil ansteigenden ***Küstenstraße** von Lyme Regis nach Exeter.

Lyme Regis

** VON DER »ENGLISCHEN RIVIERA« NACH CORNWALL

Der etwa 35 km lange, klimatisch begünstigte Küstenstreifen der Torbay wird auch als »Englische Riviera« bezeichnet. Zentrum ist das elegante Seebad Torquay, das mit den benachbarten Badeorten Paignton und Brixham zusammengeschlossen wurde.

Englische Riviera

Die auf sieben Hügeln erbaute »Königin der Englischen Riviera«, wie Torquay auch genannt wird, entwickelte sich im 19. Jh. zu einem beliebten Kurort und ist wegen des Klimas begehrter Alterswohnsitz. In den Parks und Gärten von Torquay gedeihen subtropische Pflanzen. 1890 wurde Agatha Christie in Torquay geboren, Weihnachten 1914 verbrachte sie im Grand Hotel ihre Hochzeitsnacht. Ihr Sommerhaus Greenway am River Dart ist heute im Besitz des National Trust. Von den Gründungszeiten der Stadt zeugen noch die Überreste der 1196 gebauten **Torre Abbey**, einer Prämonstratenser-Abtei, von der noch das Turmhaus und die Überreste des Kapitelhauses existieren. In der ehemaligen Zehntscheune ist heute die städtische Kunstgalerie eingerichtet. Im Herrenhaus nebenan kann ein Agatha-Christie-Erinnerungszimmer mit ihrer Schreibmaschine, Fotos und antiken Möbeln besichtigt werden. Am Bahnhof des Familienbades

**Torquay

Ein Traumhaus in Torquay: Orestone Manor

Paignton laufen die dampfbetriebenen Züge der 11 km langen Torquay and Dartmouth Steam Railway ein. Der **Zoo von Paignton** ist einer der größten in England.

Noch bevor man nach Kingswear kommt, lohnt der Besuch des *Coleton Fishacre Garden*. In herrlicher Küstenlage wachsen hier seltene exotische Pflanzen. Auch das in den 1920 Jahren im Arts-and-Craft-Stil erbaute Haus mit seinem Art-déco-Interieur ist sehr sehenswert.

Von Kingswear gibt es eine Fährverbindung in das malerisch an der Flussmündung gelegene *Dartmouth* mit einem Castle von 1481. Um den Innenhafen ziehen sich verwinkelte Gässchen und pittoreske Häuserzeilen, besonders schön ist der *Butterwalk*, dessen Fachwerkhäuser aus dem 17. Jh. mit Kolonnaden versehen sind. Von Dartmouth aus kann man eine etwa zweistündige Bootsfahrt unternehmen, die durch das schöne Tal des River Dart bis nach **Totnes** führt, wo man durch die alten Gassen und hinauf zur Burg schlendern kann.

Paignton Zoo: Totnes Rd.; tgl. ab 10.00 Uhr, Schließzeiten unterschiedl.; Eintritt 14,15 £; www.paigntonzoo.org.uk

Coleton Fishacre Garden: März, Okt. Sa.–Mi. 10.30–17.00, April–Sept. Sa.–Do. 10.30–17.00 Uhr; Eintritt 9,75 £

Durch reizvolle Landschaft führt die Straße Richtung Süden an der Start Bay entlang. Über das hübsche Städtchen **Kingsbridge** kommt man nach ∗**Salcombe** mit einem geschütztem Jachthafen, gutem Sandstrand und subtropischer Vegetation. Der Ort schmiegt sich an einen Hügel, von dem man die fjordähnliche Landschaft überblickt. In Richtung Westen geht es weiter nach ▶Plymouth und ▶Cornwall.

Start Bay

Eine etwa 10 km lange Klippenwanderung von **Bolt Head** zu **Bolt Tail** südlich von Salcombe zeigt die Schroffheit dieses Küstenstreifens, an dem schon viele Schiffe zerschellten. Bei ruhiger See kann man in der Starhole-Bucht östlich von Bolt Head das Wrack des 1936 gesunkenen Schiffs »Herzogin Cecilie« auf dem Meeresgrund sehen. Die sandige und ruhige Bucht hinter Bolt Tail wurde »Hope« genannt, weil sie als letzte Hoffnung für in Seenot geratene Schiffe galt.

Klippenwanderung

∗ South Wales

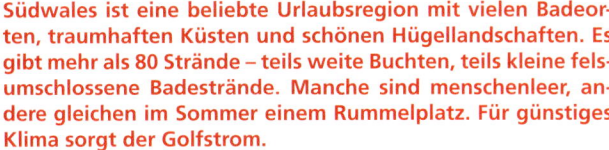

✦ H–N 16–18

Landesteil: Wales/Cymru
Grafschaften: Dyfed, Glamorgan und Gwent

Südwales ist eine beliebte Urlaubsregion mit vielen Badeorten, traumhaften Küsten und schönen Hügellandschaften. Es gibt mehr als 80 Strände – teils weite Buchten, teils kleine felsumschlossene Badestrände. Manche sind menschenleer, andere gleichen im Sommer einem Rummelplatz. Für günstiges Klima sorgt der Golfstrom.

Für die Wirtschaft von South Wales ist der Tourismus ein wichtiger Faktor, insbesondere seitdem der Kohlebergbau, von dem man hier lange lebte, zurückgegangen bzw. fast vollständig zum Erliegen gekommen ist. 1970 gab es 54 Bergwerke, heute sind fast alle geschlossen. Mittlerweile hat sich aber auch hier verstärkt die Computer- und Elektronikindustrie angesiedelt.

VON CHEPSTOW NACH SWANSEA

Chepstow/Cas-gwent im Südosten von Wales liegt malerisch am Wye. Die mittelalterliche Stadtmauer umschließt teilweise noch die engen Straßen des alten Siedlungskerns, das in der Bridge Street erhaltene Stadttor (14. Jh.) birgt ein Museum, das der Lokalgeschichte und Künstlern aus dem Wye-Tal gewidmet ist. An der wichtigsten Zufahrt von England nach Wales entstand auf einem hohen Felsen über dem Ort das große Kastell. Der Bergfried ist noch aus normannischer Zeit erhalten.

Chepstow/ Cas-gwent

South Wales erleben

AUSKUNFT
Plymouth St., Swansea,
Wales, SA1 3QG
Tel. 01792 46 83 21
www.visitswanseabay.com

ESSEN
The Cors ⓔⓔⓔⓔ
Newbridge Rd., Laugharne
Tel. 01994 42 72 19
www.thecors.co.uk
Do. – Sa. Abend geöffnet
Feinste walisische Küche in einem exquisit restaurierten viktorianischen Haus mit wunderbarem Garten.

The Stackpole Inn ⓔⓔ
Jasons Corner, Stackpole
Tel. 01646 67 23 34
www.stackpoleinn.co.uk
Preisgekröntes efeubewachsenes Gastropub mit schönem Biergarten.

Hamilton's Brasserie & Wine Bar ⓔ
11 – 12 Queen St.
Carmarthen
Tel. 01267 23 56 31
www.hamiltonsbrasserie.co.uk
Bei vernünftigen Preisen verbreitet dieses nette Restaurant eine angenehme Dinneratmosphäre.

ÜBERNACHTEN
The Druidstone Hotel ⓔⓔⓔ
Broadhaven, Haverfordwest
Tel. 01437 78 12 21
www.druidstone.co.uk
Kleines Ferienhotel mit individuellen Cottages und entspannter Familienatmosphäre. Herrliche Aussicht, Zugang zum Sandstrand und täglich Ausritte möglich. Interessante Speisekarte im Restaurant.

Atlantic ⓔⓔⓔ
The Esplanade, Tenby
Tel. 01834 84 28 81
www.atlantic-hotel.uk.com
Das beste und komfortabelste Hotel am South Beach mit kleinem Hallenbad und geräumigen Zimmern.

Manor Town House ⓔⓔ
Main St., Fishguard
Tel. 01348 87 32 60
www.manortownhouse.com
Gemütliches B & B am alten Hafen mit individuellem Flair und gutem Restaurant.

Windsor Lodge ⓔⓔ
Mount Pleasant, Swansea
Tel. 01792 64 21 58
www.windsor-lodge.co.uk
Modern eingerichtetes Stadthaus aus dem 18. Jh. in zentraler Lage.

**Tintern Abbey 8 km nördlich von Chepstow kommt man zu den Ruinen von Tintern Abbey, deren Anblick schon William Wordsworth zu romantischen Versen inspirierte. Die am Ufer des Wye gelegene Zisterzienserabtei wurde 1131 gegründet, die Kirche 1270 – 1325 im Decorated Style gebaut. Dach, Vierungsturm und die nördliche Wand des Hauptschiffs sind verschwunden, dennoch bietet sich ein bemerkenswertes Bild, das u. a. William Turner festgehalten hat. Über das Leben der Mönche informiert eine Ausstellung im Besucherzentrum.

● März – Okt. 9.30 – 17.00, Nov. – Feb. 10.00 – 16.00 Uhr; Eintritt 3,80 £

South Wales · ZIELE

Caerwent

Bei Caerwent 6 km westlich von Chepstow ist die am besten erhaltene **römische Stadtanlage** von Wales zu besichtigen. Die Reste von Mauern, Bädern, Läden, Stadttoren und dem Amphitheater der Kantons-Hauptstadt Venta Silurum vermitteln einen hervorragenden Eindruck von römischer Stadtplanung. In der Kirche befinden sich ein römisches Mosaik und der Grabstein eines römischen Offiziers.

Newport/ Casnewydd

Newport/Casnewydd, wichtiger Importhafen und drittgrößte Stadt in Wales, liegt an der Mündung des Flusses Usk. Der Tidenhub kann hier bei Hochflut bis zu 9,15 m betragen. Große Aluminium- und Chemiewerke sind in der Hafen- und Industriestadt zu Hause. Sehenswürdigkeiten sind die dreischiffige **St.-Woolo's-Kirche** mit normannischem Langschiff (12. Jh.), die zur Kathedrale erhoben wurde, und das ursprünglich ebenfalls normannische **Castle**.
An der Straße den Usk entlang liegt der Vorort *****Caerleon**, das römische Isca Silurum. Besonders sehenswert sind das **Amphitheater** – das einzige in ganz Großbritannien, das komplett ausgegraben wurde – und die gut erhaltene Badeanlage. Im Legionärsmuseum werden sämtliche gefundene Artefakte ausgestellt.

Barry

Barry 15 km südwestlich von ▶Cardiff hat mehrere Badestrände, die farbenprächtigen Dyffryn Gardens und mit St. Lythan Long Cairn und Tinkinswood Long Caim zwei prähistorische Grabkammern. Westlich des Flughafens Cardiff-Wales gibt es mehrere kleine Badeorte, darunter Llantwit Major und Porthcawl, dessen Sandstrände beliebtes Ziel von Tagesgästen aus Swansea und Port Talbot sind.

Port Talbot/ Aberavon

Wer sich Port Talbot nähert, wird vermutlich eher den Eindruck des britischen Historikers Roscoe teilen, der auf einer Durchreise im Jahre 1854 zusah, »die schmutzige Stadt Aberavon« so schnell wie möglich wieder hinter sich zu lassen. Steil zum Meer abfallende Berghänge mit eng aneinander gebauten Häuserzeilen, typische zweistöckige Arbeiterreihenhäuser aus rotem Backstein, Schornsteine, Lager und Werkshallen bestimmen das Bild, das aber irgendwie auch eine gewisse Faszination hat. Bekanntester Sohn der Stadt ist der Schauspieler **Richard Burton**, der im Vorort Pontrhydyfen bei Cwmavon zur Welt kam. Sein Geburtshaus mit einem kleinen Hinweisschild steht an einer Straßenbiegung im Afan-Tal wenige Kilometer vor dem Afan Argoed Country Park.

Swansea/ Abertawe

Swansea, walisisch Abertawe, ist die zweitgrößte Stadt von Wales. Der mit dem Export von Eisen und Kohle groß gewordene Seehafen an der Mündung des Tawe ist wichtiges Handelszentrum und Industriestandort, die regionalen Strukturprobleme zeichnen sich aber auch hier deutlich ab. Dennoch hat Kultur in der Stadt, in der Dylan

Thomas (1914 – 1953) geboren wurde, einen recht hohen Stellenwert; u. a. findet alljährlich im Oktober das Swansea-Musikfest statt. Historische Bauten gibt es kaum. Mit den **Clyne Gardens**, einem Botanischen Garten, der berühmt für seine über 800 Rhododendren, seine Azaleen sowie für den größten Magnolienbaum auf britischem Boden ist, hat Swansea aber wunderschöne Parkanlagen.

Das ***Maritime Quarter**, ein hübsches Viertel, hat sich um den modernen Jachthafen entwickelt. Am Kai reihen sich neben dem Dylan-Thomas-Theater kleine Fischlokale, Pubs und Hotels aneinander. Das neue **National Waterfront Museum** erzählt in 15 verschiedenen Ausstellungsbereichen die Industriegeschichte des Landes.

National Waterfront Museum: tgl. 10.00 – 17.00 Uhr; Eintritt frei; www.museumwales.ac.uk/en/swansea/

*Mumbles

Mumbles heißt ein bevorzugtes Naherholungsgebiet: eine weite Bucht mit langer Promenade, Piers, Cafés und Restaurants. Auf einem Hügel liegen die Ruinen des um 1287 erbauten Oystermouth Castle. Auf Mumbles Head, zwei Felsen, die der Gegend ihren Namen gaben, steht ein weithin sichtbarer Leuchtturm.

Die Mumbles sind das Tor zur ****Gower Peninsula**. Die als »Area of Outstanding Natural Beauty« ausgewiesene reizvolle Südküste ist Naturschutzgebiet. Die Sandstrände Langland und Caswell Bay sind vor allem bei Surfern beliebt.

In der Nähe des Badeorts **Port Eynon** gibt es die Culver Hole, eine Höhle, die lange als Schmugglernest diente. Westlich von Port Eynon beginnt die wunderschöne Mewslade Bay, angrenzend die Rhossili Bay mit herrlichem Sandstrand. Vor **Rhossili** liegt Worms Head, das bei Ebbe zu Fuß erreichbar ist, ebenso Burry Holms, eine kleine Insel in der Nähe des Badeortes Llangennith.

CARMARTHEN BAY – PEMBROKE – CARDIGAN BAY

Carmarthen/ Caerfyrddin

Carmarthen/Caerfyrddin, der Legende nach Geburtsort des keltischen Zauberers Merlin, liegt 15 km nördlich der Carmarthen Bay. Früher war Carmarthen wichtiger Seehafen, heute ist es Verwaltungszentrum des County Dyfed, das aus den Grafschaften Carmarthen, Pembroke und Cardigan entstand, und kultureller Mittelpunkt der ländlichen Region. Reste eines römischen Amphitheaters verweisen auf die frühe Gründung der Stadt.

*National Botanic Garden

Östlich von Carmarthen gibt es bei Llanarthe den noch jungen National Botanic Garden of Wales. Zentrales Glanzstück des botanischen Gartens ist ein von Norman Foster entworfenes Gewächshaus,

Fast menschenleer: der Strand von Rhossili bei Ebbe

in dem unterschiedliche Klimazonen und Biosphären angelegt wurden. Im Freien wachsen Baumgruppen aus so unterschiedlichen Regionen wie Südwestchina, Neuseeland und dem Kamerunischen Hochland heran, die alle das feuchtmilde Klima des walisischen Tywi-Valleys zu schätzen wissen.

❶ zu erreichen über die A40; April–Sept. tgl. 10.00–18.00, Okt.–März tgl. bis 16.30 Uhr; Eintritt 8,50 £; www.gardenofwales.org.uk

Carmarthen Bay

An der weiten Carmarthen Bay gibt es mehrere kleine Badeorte. Unter Seglern gilt **Ferryside** als guter Treffpunkt, im benachbarten **Kidwelly** beherrscht ein normannisches Kastell den Mündungstrichter des Gwendreath Fach.

Als »the strangest town in Wales« bezeichnete Dylan Thomas **Laugharne** an der Mündung des Taff, ein verschlafenes Nest von 400 Seelen, in dem er Anfang 1938 mit seiner Frau das schiefergedeckte »Boat House« über der Bucht bezog und bis zu seinem frühen Tode lebte. Sein Wohnhaus ist heute als **Dylan Thomas Museum** eingerichtet, auf dem Dorffriedhof ist er begraben. In Deutschland wurde vor allem sein 1954 erschienenes Hörspiel »Under Milk Wood« bekannt. Der dort und in seinen Gedichten erwähnte Ort »Llareggub« steht für Laugharne.

Dylan Thomas Museum: Mai–Okt. tgl. 10.00–17.30, Nov.–April tgl. 10.30–15.30 Uhr; Eintritt 4 £; www.dylanthomasboathouse.com

Tenby/Dinbych y Pysgod

Tenby/Dinbych y Pysgod liegt auf einer felsigen Halbinsel im Westen der Carmarthen-Bucht. Schon um die Jahrhundertwende hat der Maler Augustus John das Seebad als »so restful, so colourful and so unspoilt« gepriesen. Der **malerische Hafen** mit seinen pastellfarbenen Häuschen, die engen Gassen, Reste eines normannischen Schlosses und zwei herrliche Sandstrände machen die Schönheit aus. Sehenswert sind das **Tudor Merchant's House** und die Kirche St. Mary's, die größte Pfarrkirche in Wales. Das **Tenby-Museum**, südlich des Castle Hill, unterrichtet anschaulich über die Entwicklung der Region.

Einer der beliebtesten Ausflüge geht mit dem Boot nach ***Caldey Island**, einer wunderschönen Insel, die seit 1929 Zisterzienser-Mönchen gehört. Die erste Abtei an dieser Stelle wurde 1113 gegründet, Teile der Gebäude aus dem 14. und 15. Jh. sind erhalten. Zwischen roten Sandsteinklippen liegt der Badeort ***Manorbier**, über dem ein mittelalterliches Castle (1275–1325) thront.

Rund 10 km nördlich steht auf einem der vielen Hügel von Milford Haven die eindrucksvolle Ruine von ***Carew Castle** aus dem 13. Jahrhundert. Sein High Cross, das beachtliche Schnitzereien aufweist, soll aus dem 9. Jh. stammen.

Tenby Museum & Art Gallery: tgl. 10.00–17.00, Winter So., Mo. geschl.; Eintritt 4 £; Castle Hill; www.tenbymuseum.org.uk

South Wales • ZIELE

Boat House in Laugharne, ab 1938 Wohnhaus von Dylan Thomas

Pembroke/Penfro

Pembroke/Penfro ist eine historisch bedeutsame Stadt: Hier kam 1457 Henry Tudor zur Welt, der erste Waliser, der den englischen Thron bestieg (als Henry VII.).

Auf einem Hügelkamm erhebt sich das ****Castle**, die gewaltigste normannische Küstenburg in Westwales. 1090 wurde sie gebaut. Von dem wuchtigen, runden Hauptturm hat man einen herrlichen Rundblick. Erhalten sind außerdem der Gefangenenturm, die normannische Halle und der nördliche Saal, von dem aus eine Treppe zu der riesigen Wogan-Höhle führt.

Auf dem Hügel südwestlich der Burg steht **Monkton Priory**, um die gleiche Zeit wie das Castle für Benediktinermönche gegründet.

Pembroke Dock sollte eine der größten königlichen Werften werden, wurde aber 1926 stillgelegt. Heute legen im Hafen die Fähren aus Rosslare (Irland) an. Pembroke ist eine hervorragende Ausgangsbasis, um die herrliche Landschaft der Südwest-Küste kennenzulernen.

Pembroke Castle: April – Aug. 9.30 – 18.00, Sept. – März 10.00 – 16.00 Uhr; Eintritt 5 £, www.pembroke-castle.co.uk

Milford Haven

Einer der schönsten Naturhäfen Großbritanniens ist Milford Haven, an dem die gleichnamige Stadt liegt. Die Industriestadt, einst königliche Werft, hat heute einen der großen Ölhäfen Europas.

ZIELE • South Wales

Dale — Um den geschützten Jachthafen von Dale am Eingang von Milford Haven gibt es feinsandige Strände: Musselwick Sands, Martin's Haven, Marloes Sand und Westdale Bay. 1485 landete Henry Tudor in Dale und marschierte von hier aus durch Wales, um Richard III. zu schlagen und daraufhin als Henry VII. die englische Krone in Besitz zu nehmen. Im Sommer kann man zu den Inseln **Skomer**, **Skokholm** und **Grassholm** fahren, die für ihre Vogelkolonien bekannt sind.

St. David's/Tyddewi — St. David's/Tyddewi auf der St. David's Halbinsel war jahrhundertelang **Pilgerort**. Selbst Wilhelm der Eroberer unternahm 1081 eine Reise zu der Wallfahrtsstätte von St. David (Dewi Sant), Schutzpatron von Wales und Erbischof von Canterbury, der angeblich in einer stürmischen Nacht auf den Klippen südlich des Ortes zur Welt kam.
Die *\ **Kathedrale** wurde – wie es heißt – aus Angst vor Plünderern in eine Talsenke gebaut, so dass nur der Turm für die Umgebung sichtbar blieb. Sie ist ursprünglich spätnormannisch, Umbauten im Decorated Style haben ihr Äußeres aber weitgehend verändert. Wie bei vielen frühen Kirchenbauten stürzte auch hier der Turm ein (1220); 1250 wurde er wieder aufgebaut. Im **Innern** besticht das dreischiffige normannische Langhaus durch eine große Formenvielfalt. Die wunderschöne Holzdecke aus irischer Eiche wurde im späten 15. Jh. angefertigt, auch der mit Skulpturen reich verzierte Lettner stammt aus dieser Zeit. Von den vier Bogen, die den Vierungsturm tragen, stammt der westliche noch vom Vorgängerbau, die drei anderen entstanden nach 1220. Die Querschiffe sind zum Teil original, zum Teil nach dem Einsturz des Turms in dem für Südwales typischen frühgotischen Stil wiedererrichtet worden. Die Gebeine in einer kleinen Truhe in der Dreifaltigkeitskapelle stammen vermutlich von St. David, sein Schrein vor dem Hochaltar ist leer.
Im Westen schließen die Ruinen des 1280 – 1350 gebauten ***Bishop's Palace** mit wunderschönen, skulpturenreichen Arkaden an. Das ganze Gebäude steht auf gewölbten Krypten. Sehenswert ist vor allem der große Saal mit schmucker Vorhalle und Rosettenfenster.

Fishguard Bay — Das Gebiet von St. David's Head bis etwa nach Cardigan gehört mit steinigen Küsten, einsamen Hochflächen und schmalen Tälern zu den unberührtesten Landstrichen in Wales. Goodwick und Fishguard sind zu einer Zwillingsstadt zusammengewachsen. Der alte Ortsteil von Fishguard erstreckt sich um den schönen Hafen, von dem aus Fähren nach Rosslare (Irland) hinüberfahren. Bekannt wurde die Szenerie durch Dylan Thomas' »Under Milk Wood«. Wer sich für Kunsthandwerk interessiert, sollte die **Workshop Wales** in Manorwen aufsuchen. Wanderer finden schöne Wege entlang der Küste.

Pentre Ifan — 5 km südöstlich von Newport am Rande der Preseli Hills (Mynydd Preseli) liegt Pentre Ifan, der größte **steinzeitliche Dolmen** in Wales.

South Wales • ZIELE

Etwa 1,5 km südlich zeugt der Hügel Carningli von einer frühchristlichen Besiedlung. Dort wurden 33 Dolerit-Steine gesammelt und nach ▶Stonehenge transportiert. Mehrere Kilometer weiter südöstlich steht in einem Tal auf der anderen Seite der Preseli-Hügel Gors Fawr, ein Steinkreis in ähnlicher Art wie Stonehenge.

Carningli

In Nevern/Nanhyfer östlich von Newport empfiehlt sich ein Blick in die einem keltischen Heiligen geweihte **St.-Brynach's-Kirche**. Auf dem Friedhof steht ein keltisches Kreuz mit reicher Verzierung.

Nevern/ Nanhyfer

Cardigan/Aberteifi ist ein belebter Ort am Ufer des Teifi (spr. Tiwi), der für seine Lachse und Forellen bekannt ist. Im Ortskern führt eine im 17. Jh. gebaute **Brücke** über den Fluss. In der Nähe sind zwei **Rundtürme** einer mittelalterlichen Burg (13. Jh.) zu sehen.
Lohnend ist ein Ausflug zur malerischen Ruine von **Cilgerran Castle** 5 km südöstlich, das im 13. Jh. auf einem hohen Felsen auf der Südseite des Teifi-Tales erbaut worden ist.

Cardigan/ Aberteifi

Das Teifi-Tal ist traditionsreicher Standort der walisischen Wollindustrie. Über das Kämmen und Spinnen der Wolle, alte Webtechniken und -muster informiert das Museum in Dre-Fach Felindre östlich von Cardigan (zwischen Newcastle Emlyn und Llangeler).
❶ April – Sept. tgl. 10.00 – 17.00, Okt. – März So., Mo. geschl.; Eintritt frei

*National Wool Museum

VOM BRECON BEACONS NATIONAL PARK NACH MONMOUTH

Die Brecon Beacons sind einer der schönsten Naturräume in Wales. Den 1957 gegründeten, 1345 km² großen Nationalpark begrenzt im Westen der Black Mountain, in dem der River Usk entspringt. Im Osten erstreckt sich ein Gebirgszug mit dem fast gleichen Namen, nämlich Black Mountains, der für seine frei lebenden Ponys bekannt ist. Die höchsten Gipfel im Zentrum ragen bis 886 m auf und erscheinen durch ihre roten Sandsteinformationen wie Leuchtfeuer (»beacon«). Vermutlich kommt daher der Name, er könnte aber auch von den Signalfeuern abgeleitet worden sein, die im Mittelalter auf den Bergkuppen entzündet wurden. Wälder mit Laub- und Abendländischen Lebensbäumen und weite Hochmoore bestimmen das Bild.
Es gibt mehrere Wasserfälle, von denen die **Henryd-Fälle** bei Coelbren am bekanntesten sind. Interessant sind auch die Höhlen; die Höhle von *****Dan-yr-Ogof** im oberen Tal des Tawe lässt auf eine bronzezeitliche Besiedlung schließen.
Dan-yr-Ogof: Tel. 01639 73 02 84; April – Okt. tgl. 10.00 – 16.00 Uhr; Eintritt 13,75 £

**National Park

ZIELE • South Wales

Brecon/Aberhonddu
Der Ort Brecon/Aberhonddu, der dem Gebirge seinen Namen verlieh, ist malerisch im Tal des Usk an der Einmündung von Honddu und Tarell gelegen. In Brecon gibt es eine Reihe georgianischer Häuser sowie Überreste der mittelalterlichen Stadtmauer. Die rote Sandsteinkirche St. John wurde 1933 zur Kathedrale erhoben.

*Hay-on-Wye
34 km nordöstlich von Brecon liegt das Grenzstädtchen Hay-on-Wye, das am 1. April 1977 von Wahl-Waliser Richard Booth zum »unabhängigen Königreich« ausgerufen wurde. Mit der werbeträchtigen Krönung des »King of Hay« wurde das Dorf als »Booktown« bekannt, in der es die weltweit meisten Büchereien pro Einwohner gibt. Allein das Antiquariat des bibliophilen Booth zählt über 2 Mio. Bände zu seinem Bestand. Das Hay Festival of Literature findet alljährlich in der letzten Maiwoche statt.

Abergavenny
In Abergavenny am Ostrand des Nationalparks beginnt die »Head of the Valleys Road« (A465), die auf eindrucksvoller Strecke an der Nordseite der »Valleys« nach Swansea führt. Ein **Museum** im Castle von Abergavenny widmet sich der Geschichte der Region.
Abergavenny Museum: Castle St., März–Okt. Mo.–Sa. 11.00–13.00, 14.00–17.00, So. 14.00–17.00, Nov.–Feb. Mo.–Sa. 11.00–13.00, 14.00–16.00 Uhr; Eintritt frei; www.abergavennymuseum.co.uk

Die Brecon Beacons mit dem über 800 m hohen Pen-y-Fan

St. Albans • ZIELE

Etwa 13 km südöstlich von Abergavenny steht das imposante Raglan Castle. Aus normannischer Zeit stammt der sechseckige Turm, der eine herrliche Aussicht gewährt. Im ausgehenden 15. Jh. trafen sich auf der Festung berühmte walisische Sänger und Dichter.

*Raglan Castle

Schließlich erreicht man Monmouth am Zusammenfluss von Monnow und Wye, eine Kleinstadt mit den Ruinen eines mittelalterlichen Castles und einem noch aus dem 13. Jh. erhaltenen Brückenhaus. Das **Nelson Museum** stellt u. a. das Schwert des Admirals und seine Liebesbriefe an Lady Hamilton aus. Initiatorin der Nelson-Kollektion war Lady Llangatock, die Mutter von Charles Stewart Rolls, dem bei Monmouth geborenen Flugpionier und Gründer der Rolls-Royce-Werke. Ihm gelang 1910 der erste Non-Stop-Hin- und Rückflug über den Ärmelkanal. Auf dem Agincourt Square erinnert ein Denkmal an den berühmten Sohn der Stadt.

*Monmouth

Nelson Museum: Priory St., Mo. – Sa. 11.00 – 13.00, 14.00 – 17.00, So. 14.00 – 17.00 Uhr; Eintritt frei

St. Albans

S 17

Landesteil: Mittelengland
Höhe: 364 ft/111 m ü.d.M.
Grafschaft: Hertfordshire

Einwohnerzahl: 137 000

Seinen Namen verdankt der Ort einem der ersten christlichen Märtyrer in England. Der hl. Alban, ein römischer Soldat, wurde 304 hier in der Römersiedlung Verulamium geköpft, weil er einem Priester, der ihn zum Christentum bekehrt hatte, Schutz geboten hatte.

Seine Gebeine wurden gefunden, als Offa, der König von Mercien, 793 hier eine Benediktinerabtei gründete. St. Albans liegt auf einem Hügel über dem linken Ufer des Flüsschens Ver knapp 3 km nördlich der Londoner Ringautobahn M65. Ein Abstecher lohnt sich wegen der Kathedrale und der Reste der alten Römersiedlung Verulamium.

SEHENSWERTES IN ST. ALBANS

In der Altstadt steht ein **Uhrturm** (1403 – 1412), von dem sich ein schöner Ausblick bietet. Wenige Schritte weiter kommt man zum Marktplatz mit Town Hall (1831). Das **Museum of St. Albans** zeigt Exponate zur Stadtgeschichte, das **Organ Theatre** eine Sammlung mechanischer Musikinstrumente, alter Musikboxen und Drehorgeln.

In der Altstadt

Uhrturm: Ostern – Mitte Sept. Sa., So. 10.30 – 17.00 Uhr; Eintritt 1 £
Museum of St. Albans: Hatfield Rd.; Mo. – Sa. 10.00 – 17.00, So. ab 14.00 Uhr; Eintritt frei; www.stalbansmuseums.org.uk
Organ Theatre: Camp Rd.; geöffnet am 2. So. des Monats (mit Vorführung der Instrumente); Eintritt 5 £; www.stalbansorgantheatre.org.uk

*Abbey Church

Die Abbey Church von St. Albans ist eine der längsten Kathedralen in England, mit 168 m Länge wird sie nur von Winchester Cathedral übertroffen. Sie geht auf die 1077 – 1088 gebaute Klosterkirche der von Offa gegründeten Benediktinerabtei zurück. In späteren Jahrhunderten wurde sie mehrfach umgebaut und erweitert, erst 1879 – 1884 wurden die **Fassaden** gestaltet. Vom normannischen Gotteshaus zeugt heute vor allem noch der Vierungsturm.

An den normannischen Pfeilern der Nordseite im **Innern** sind Freskenreste aus dem 13./14. Jh. zu sehen, u. a. eine bemerkenswerte Kreuzigungsdarstellung (um 1220). Den Laienchor, durch den Lettner vom Langhaus getrennt, überspannt eine schöne hölzerne Kassettendecke. Die Decke der Vierung trägt eine entsprechend dem mittelalterlichen Original gestaltete Bemalung von 1951/1952; die roten und weißen Rosen erinnern an zwei entscheidende Gefechte, die zur Zeit der Rosenkriege bei St. Albans stattfanden. Das **Abbey Gate** an der Südwand zeugt als einziges Relikt von den früheren Klostergebäuden.

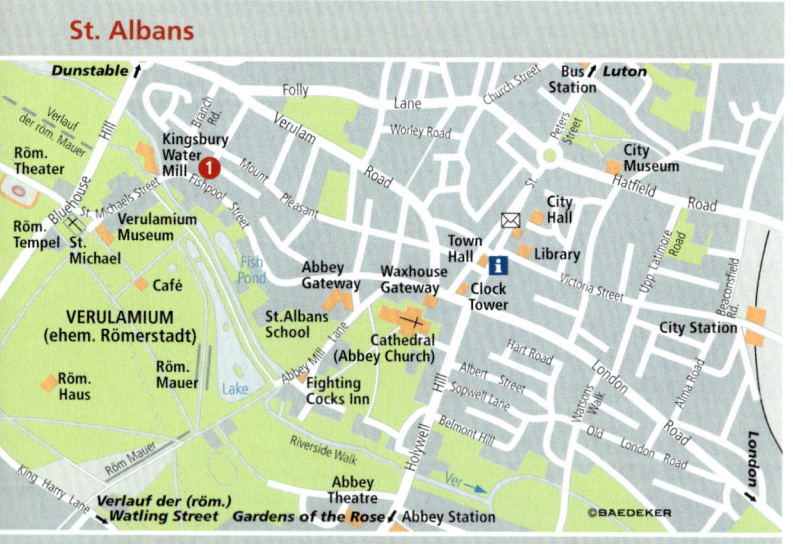

Übernachten
1 St. Michael's Manor

Über den **Mönchschor** wurde 1461 ein hölzernes Rippengewölbe gezogen und mit gemaltem Ornamentenschmuck ausgestattet. Den östlichen Chorabschluss bildet die mit Statuen verzierte Altarwand. Hinter der Altarwand schließt sich die **Saint's Chapel** an (um 1315), in der sich das Grabmal des hl. Alban befindet; es wurde zwischen 1872 und 1875 aus alten Fragmenten rekonstruiert und zeigt u. a. Darstellungen seines Martyriums. Besondere Beachtung verdient die Empore aus Eichenholz, die um 1400 gebaut wurde und von der aus die Mönche den Schrein bewachten. An der Nordwand des Chorumgangs befindet sich das Grab des heiligen Amphibalus, des Priesters also, der Alban zum Christentum bekehrte.

❶ tgl. 8.30 – 17.45 Uhr;
www.stalbanscathedral.org

St. Albans erleben

AUSKUNFT

Town Hall, Market Place
St. Albans
Hertfordshire
England, AL3 5DJ
Tel. 01727 86 45 11
www.stalbans.gov.uk

ÜBERNACHTEN

❶ *St. Michael's Manor* ★★★★
Fishpool St.
Tel. 01727 86 44 44
www.stmichaelsmanor.com
Ein Traum von einer Unterkunft: ein echtes Schmuckstück mit 22 stilvoll eingerichteten Zimmern. Das Haus liegt in wunderbaren Gärten; zu den Attraktionen gehört eine 700 Jahre alte libanesische Zeder.

Südwestlich der Kathedrale kommt man zum Ye Olde Fighting Cocks, einem der ältesten Gasthäuser Großbritanniens; mitunter heißt es sogar, es sei das älteste überhaupt in ganz Großbritannien. **Ye Olde Fighting Cocks**
❶ 16 Abbey Mill Lane; Tel. 01727 86 91 52; www.yeoldefightingcocks.co.uk

Auf der anderen Seite des Ver liegt das einstige Römerlager Verulamium. Eine erste Siedlung an dieser Stelle entstand um 45 n. Chr. Sie entwickelte sich damals schnell zur drittgrößten Stadt in Britannien. Die Reste dieser und einer später errichteten Ortschaft wurden in normannischer Zeit als Baumaterial für das Albanskloster verwendet. Zwischen 1930 und 1940 wurden Ausgrabungen vorgenommen; man stieß damals auf Befestigungsreste, auf ein römisches Theater und auf einen Mosaikfußboden mit Hypokausten, also eine Warmluftheizung. Weitere Ausgrabungsfunde aus jener Zeit sind im **Verulamium Museum** hervorragend präsentiert. **Verulamium**

Verulamium Museum: St. Michael's St.; Mo. – Sa. 10.00 – 17.30, So. ab 14.00 Uhr; Eintritt 3,80 £; www.stalbansmuseums.org.uk

Auf dem Platz des antiken Forums neben dem Museum steht die schmucke St. Michael's Church mit einem normannischen Schiff. In dem Kirchenschiff befindet sich das Grab des Philosophen Francis Bacon (1561 – 1626). **St. Michael**

UMGEBUNG VON ST. ALBANS

Gardens of the Rose
In den duftenden Gardens of the Rose 5 km südwestlich vom Zentrum wachsen unzählige verschiedene Rosenarten – für Rosenliebhaber ein wahres Paradies!
● Juni – Juli tgl. 10.00 – 17.00 Uhr; Eintritt 6 £; www.rnrs.org

*Hatfield House
Etwa 11 km östlich von St. Albans steht wenige Kilometer außerhalb von Hatfield inmitten wunderschöner Parkanlagen das Hatfield House. Die 17 ha umfassenden Anlagen bestehen aus einem formalen Garten, einem Obstgarten mit historischem Heckenlabyrinth, einem Küchengarten und einem Weinberg. Der imposante jakobinische Herrensitz wurde Anfang des 17. Jh.s im Auftrag des Earl of Salisbury von Robert Lyminge entworfen. Zur prachtvollen Innenausstattung gehören u. a. kostbare Stilmöbel und Gemälde, außerdem Gobelins aus dem 17. Jahrhundert. Sowohl die Innenräume als auch die Fassade von Hatfield House wurden immer wieder als **Drehorte** für Filme benutzt, so etwa für Tomb Raider: Angelina Jolie als Lara Croft lebt in diesem Schloss.
● April – Sept. Mi. – So. 12.00 – 17.00 Uhr; Eintritt 15,50 £; www.hatfield-house.co.uk

> **! BAEDEKER TIPP**
>
> *Alban Way*
>
> Der 10 km lange Alban Way führt von St. Albans zum Hatfield House – eine Strecke, die sich zum Wandern und zum Radfahren eignet. Der Alban Way folgt einer alten Eisenbahnlinie, auf der 1951 der Verkehr eingestellt wurde.

** St. Andrews

↔ N 8

Landesteil: Schottland
Council Area: Fife
Höhe: 40 ft/12 m ü.d.M.   **Einwohnerzahl:** 16 700

Golfer aus aller Welt kommen nach St. Andrews, der Heimat des 1754 gegründeten Royal and Ancient Golf Club, dessen Mitglieder seit 1897 die weltweit gültigen Golfregeln festlegen. Auf den Plätzen von St. Andrews finden alle zwei Jahre die berühmten »British Open«-Meisterschaften statt.

**Royal and Ancient Golf Club, Old Course
Vom Klubhaus des Royal and Ancient Golf Club aus zieht sich der »Old Course« (Par 72) direkt an der Küste entlang. Ursprünglich wurde über 22 Löcher gespielt, erst 1836 reduzierte man den Golfcourse auf 18 Löcher – »9 out« und »9 home«.
● www.randa.org

St. Andrews erleben

AUSKUNFT
70 Market St., St. Andrews
Fife, Scotland, KY16 9NU
Tel. 01334472021
www.standrews.co.uk

ESSEN
Sands Restaurant €€€
The Old Course Hotel
Tel. 01334474371
www.oldcoursehotel.co.uk
Hotelrestaurant neben dem berühmten Golfplatz; vorzügliche Küche, raffinierte Zubereitungen.

Kingarroch at the Byre €€
Abbey St.
Tel. 01334468720
www.kingarrochbyre.co.uk
Das Restaurant im Theater The Byre bietet moderne schottische Küche aus saisonalen Zutaten.

ÜBERNACHTEN
Old Course Hotel Golf Resort & Spa €€€€
Tel. 01334474371
www.oldcoursehotel.co.uk
146 traumhafte Zimmer mit Blick auf den Old Course. Das Hotel hat auch einen eigenen Championship Golfplatz. Spabereich mit Pool, Sauna und Fitnessräumen.

Ardgowan Hotel €€€
2 Playfair Terrace
Tel. 01334472970
www.ardgowanhotel.co.uk
Kleines Hotel mit neun Zimmern nahe des Old Course.

Golfen in St. Andrews – ein Traum vieler Freunde des Golfsports

SEHENSWERTES IN ST. ANDREWS

**British Golf Museum

Ein Muss für alle Freunde des Golfsports ist das 1990 eröffnete British Golf Museum, in dem die Geschichte der »Alma Mater of Golf« vom Mittelalter bis heute dokumentiert ist. Neben historischen Exponaten zeigt die Ausstellung verschiedenste Ballarten, Schläger, liefert detaillierte Informationen zu Spielregeln und -techniken, zu berühmten Meisterschaften, legendären Golfern und Golferinnen und heutigen Größen des Golfsports.

❶ Sommer tgl. 9.30–17.00, Winter tgl. 10.00–16.00 Uhr; Eintritt 6 £; www.britishgolfmuseum.co.uk

*Aquarium

Das Aquarium bietet Einblick in die faszinierende Unterwasserwelt: Verschiedene Aquarien, Meereslaboratorium, Haibecken und ein offener Pool für Seehunde sind zu besichtigen.

❶ The Scores; Mo.–Fr. 10.00–17.00, Sa., So. bis 18.00 Uhr; Eintritt 10 £; www.standrewsaquarium.co.uk

*Kathedrale

In der schottischen Kirchengeschichte spielte St. Andrews eine wichtige Rolle, was man bis heute an mehreren Kirchen bzw. Kirchenruinen merkt. Der kleine Ort war Sitz eines Erzbischofs; die 1160 gegründete Kathedrale war einst die größte in Schottland. Nach der Zerstörung im Jahr 1559 diente sie als Steinbruch, so dass sie heute nur noch als Ruine aufragt.

In der Nähe lohnt die kleine Kirche **St. Rule** aus dem 12. Jh. mit originalem Chor und quadratischem Turm einen Besuch.

University, Colleges

In St. Andrews hat die älteste Universität Schottlands ihren Sitz. 1411 wurde sie gegründet, heute sind hier rund 4000 Studenten eingeschrieben. St. Mary's College wurde 1538 eröffnet; St. Leonhard's – 1511 gegründet – und St. Salvator, seit 1450 in der North Street, wurden 1747 zusammengelegt. Alle diese Colleges sind in schönen alten Gebäuden untergebracht. In der **College-Kapelle**, einst die Kirche von St. Salvator, ist die Kanzel aus der Stadtkirche zu sehen, von der der Reformator John Knox seine ersten Predigten hielt. Ein Rosenbusch, den Maria Stuart beim St. Mary's College gepflanzt haben soll, blüht immer noch. Das Martyr's Monument erinnert an vier Reformatoren, die in St. Andrews im 16. Jh. verbrannt wurden.

Preservation Trust Museum

In dem Fischerhäuschen aus dem 16. Jh. sind historische Fotografien und Stadtansichten zu sehen; zum Haus gehört ein bezaubernder Garten.

❶ 12 North St.; tgl. 14.00–17.00 Uhr; Eintritt frei

Castle

Die Reste der um 1200 gebauten Bischofsburg stehen auf einem Felsen über dem Meer. Hier lebte Kardinal Beaton in höchstem Luxus, bis er 1546 vo n Protestanten ermordet wurde. John Knox wurde hier gefangen gehalten. Spannend sind das »Bottle dungeon« genannte Burgverlies der Festung und der unterirdisch angelegte Fluchtgang.

Lohnenswert ist ein Küstenspaziergang zu den etwa 3 km südöstlich von St. Andrews aufragenden Rock and Spindle genannten bizarren Basaltpfeilern.

Rock and Spindle

✱✱ Stonehenge

P 18

Landesteil: Südengland
Grafschaft: Wiltshire

Stonehenge ist Großbritanniens bekannteste Megalithkultstätte, Tausende von normalen Urlaubern und eingeschworenen Esoterikern kommen jedes Jahr hierher. Der monumentale Steinkreis gibt bis heute Rätsel auf, er wird mit Sonnenverehrung und Totenkult in Verbindung gebracht. Die immensen Steine sind exakt auf Untergang und Aufgang der Sonne zur Sonnenwende ausgerichtet.

Die tonnenschweren Steine sind auf den Sonnenlauf ausgerichtet.

ZIELE • Stonehenge

Durch ihre verfeinerte Bauweise ist die Stätte einzigartig unter den vorgeschichtlichen Steindenkmälern im nördlichen Europa. Sie lässt auf ein umfassendes astronomisches und arithmetisches Wissen der Erbauer schließen. Erst seit dem 20. Jh. hat man verlässliche Daten zur Entstehungsgeschichte der Kultstätte. Stonehenge (»hängende Steine«) wurde von etwa 3000 bis 2000 v. Chr. in drei Phasen errichtet. Gegen 2000 v. Chr. erhielt Stonehenge sein heutiges Aussehen. Bis in die römische Epoche scheint Stonehenge weiterbestanden zu haben und ist anschließend vermutlich gewaltsam zerstört worden – ob während der Römerherrschaft als Maßnahme gegen den Druidenkult oder erst im Mittelalter, um ein Fortbestehen heidnischer Geheimkulte zu verhindern, bleibt unklar.

Stonehenge erleben

AUSKUNFT
Fish Row, Salisbury
Wiltshire SP1 1EJ
Tel. 01722 34 28 60
www.visitsalisbury.com

Zugang Das rätselhafte Phänomen hat verschiedene Künstler, darunter William Turner und Henry Moore, inspiriert, Stonehenge ist ein Anziehungspunkt sondergleichen geworden. Um Zerstörungen der Anlage durch die Besucherströme zu verhindern, ist die Stätte heute nur noch aus mehreren Metern Abstand zu besichtigen.
❶ Mitte März – Mai tgl. 9.30 – 18.00, Juni – Aug. tgl. 9.00 – 19.00, Sept. – Mitte Okt. tgl. 9.30 – 18.00, Mitte Okt. – Mitte März tgl. 9.30 – 16.00 Uhr; Eintritt 7,80 £; Privater Zugang außerhalb der Öffnungszeiten: Tel. 01722 34 38 30

** MEGALITHKULTSTÄTTE

Entstehungsgeschichte Aus der ersten Bauphase der Kultstätte ab ca. 3000 v. Chr. stammt noch der schwach gewölbte, ursprünglich 2 m hohe Ringwall um das Heiligtum, der nach Nordosten hin einen Ausgang hat. Etwas außerhalb dieser Öffnung befand sich der Heel Stone (griech. helios = Sonne). An der Innenseite des Erdwalls lag ein Ring von 56 Gruben, nach ihrem Entdecker im 17. Jh. Aubrey Holes genannt, die wahrscheinlich als Begräbnisstätten nach Feuerbestattungen dienten. Die vier Stationssteine, Station Stones, könnten am Ende dieser Bauperiode hinzugefügt worden sein.
In einer zweiten Bauphase zwischen 2900 und 2600 v. Chr. erhielt Stonehenge Holzstrukturen innerhalb des Erdwalls.
Anschließend bauten Siedler der Becherkultur an der Megalithstätte weiter. Innerhalb des Erdwalls wurden von Wales herangeschleppte, bis zu 4 t schwere Blausteine (Dolorit) in einem doppel-

Stonehenge

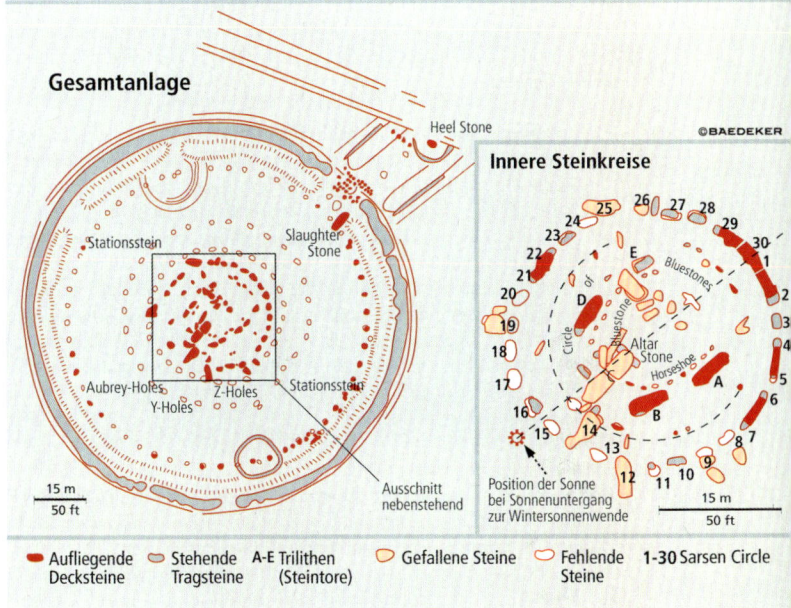

ten Halbkreis aufgestellt. Diese dritte Phase erreichte zwischen 2500 und 2000 v. Chr. ihren Höhepunkt, als mit enormem Arbeitskräfteeinsatz, wie er nur von sozial differenzierten Gesellschaften zu leisten ist, eine Riesenkonstruktion aus Sarsensteinen errichtet wurde. Diese über 25 t schweren Sandsteinblöcke wurden aus den 35 km nördlich gelegenen Marlborough Downs hertransportiert.

Das Zentrum bilden schließlich 19 hufeisenförmig angeordnete Blausteine, um die ein äußeres Hufeisen aus fünf bis zu 7 m hohen Trilithen (Dreisteinkonstruktionen) angeordnet war, die aus je zwei Tragsteinen und einem Deckstein bestanden. In das Zentrum der Anlage setzte man einen Altarstein. Die Hufeisen wurden umschlossen von einem Kreis von 60 Blausteinen, dieser wiederum wurde von einem etwa 4,5 m hohen Kreis aus 30 Sarsensteinen umringt, die durch ein umlaufendes Gebälk aus meterdicken Steinplatten miteinander verbunden waren. Um 1700 v. Chr. versuchte man, weitere Blausteine außen um den Sandsteinring anzuordnen, wozu Gruben, so genannte Y- und Z-Löcher, ausgehoben wurden, jedoch kam dieser Plan nicht mehr zur Ausführung. Von dem mit einem

Opferstein (Slaughter Stone) versehenen nordöstlichen Haupteingang führte ein Prozessionsweg zum Heel Stone, der nach dem Sonnenaufgang zur Sommersonnenwende ausgerichtet war. Stationssteine wurden innerhalb der Wallgrenzen in Zusammenhang mit den Mondzyklen und dem Sonnenuntergang zur Wintersonnenwende aufgestellt.

Transport der Steine

Die Errichtung von Stonehenge fasziniert bis heute. Wie wurden beispielsweise die tonnenschweren Steine an die Stätte transportiert? Die Blausteine mussten von ihrem Herkunftsort in Südwestwales eine Strecke von 385 km zurücklegen. Vermutlich schleppte man sie auf Rollschlitten zur nächsten Flussmündung, verlud sie auf Flöße und transportierte sie entlang der walisischen Küste und weiter auf den Flüssen Avon, Frome und Wyle, wobei immer wieder Landstrecken zurückgelegt werden mussten. Die gewaltigen Sarsensteine wurden über hügeliges Land und eine Distanz von 35 km wahrscheinlich auf riesigen Schlitten und Rollen fortbewegt und von ca. 500 Männern mithilfe von Seilen aus Rinderhaar oder geflochtenen Lederriemen gezogen.

Bautechnik

Die Steine wurden dann vor Ort bearbeitet. Die Decksteine erhielten eine leichte Krümmung für die kreisförmige Aufstellung, außerdem wurden sie vorbereitet für eine horizontale Verkeilung und vertikale Zapfen-Zapfenloch-Verbindungen mit den Tragsteinen.
Die mächtigen Tragsteine wurden an vorbereitete Fundamentgruben gebracht und hochgestemmt, bis sich die Fußenden in die Gruben senkten. Dann richtete man sie vermutlich mit Zugseilen, Hebeln und Stützwerk auf, wofür ca. 200 Männer benötigt wurden. Die Oberkanten erhielten dann eine passgenaue Abschleifung mit Steinzapfen, auf denen die Decksteine verankert werden konnten.

Bedeutung

Steht man während der Sommersonnenwende am Altarstein im Zentrum des Steinkreises, dann sieht man die Sonne direkt über dem Heel Stone aufgehen; das Gleiche gilt in entgegengesetzter Richtung für den Sonnenuntergang bei der Wintersonnenwende. Die Achse des Steinkreises weist auf jenen Punkt, von dem der Sonnenaufgang am längsten Tag des Jahres in seiner nördlichsten Stellung am Horizont gesehen werden kann. Die Erbauer von Stonehenge richteten die Anlage am Sonnenlauf und dementsprechend an den Jahreszeiten aus; alle anderen astronomischen Theorien können bislang von Archäologen nicht bestätigt werden. Bewiesen ist aber, dass eine sesshaft gewordene Bevölkerung ihre Toten in ca. 350 mittlerweile fast vollständig verschwundenen Gräbern in der Umgebung bestattete – möglicherweise wurde das enorme Arbeitskräftepotenzial für die Errichtung von Stonehenge also auch für ein zentrales Monument für den Totenkult aufgebracht.

** Stratford-upon-Avon

P 16

Landesteil: Mittelengland
Höhe: 120 ft/37 m ü.d.M.
Grafschaft: Warwickshire
Einwohnerzahl: 26 000

Stratford-upon-Avon ist weltweit als Geburtsstadt von William Shakespeare bekannt. Die elisabethanisch geprägte Kleinstadt am River Avon lebte früher vom Tuchhandel und heute von der Vermarktung ihres berühmten Sohnes – mit 3 Mio. Besuchern im Jahr ist Stratford nach London Englands beliebtestes Ziel.

Überall im Zentrum mit seinem geschlossenen Stadtbild aus dem 16./17. Jh. und schönen Grünanlagen wird man auf den berühmten Dichter hingewiesen. Internationale Bedeutung hat die Stadt zudem als Forschungs- und Spielstätte der Werke Shakespeares. Während der Sommerferien sollte man die Stadt nach Möglichkeit meiden.

SEHENSWERTES IN STRATFORD-UPON-AVON

Shakespeare's Birthplace

Der zweistöckiger Fachwerkkomplex in der Henley Street steht heute etwas isoliert, da aus Brandschutzgründen die umliegenden Fachwerkhäuser abgerissen wurden. Shakespeare's Birthplace besteht aus dem Geburtshaus und den später von Shakespeares Vater hinzugekauften Häusern. Das Innere des Geburtshauses zeigt die Wohnwelt einer Familie aus der unteren Mittelschicht in der zweiten Hälfte des 16. Jhs, jener Zeit, in der William Shakespeare als Sohn eines Handschuhmachers aufwuchs. In den mit zeitgenössischen Möbeln eingerichteten Zimmern ist u. a. die berühmte Folio-Ausgabe seiner Werke zu sehen, außerdem ein Fenster, in das erlauchte Besucher und Bewunderer ihre Namen eingraviert haben.

❶ April – Juni, Sept. 9.00 – 17.00, Juli – Aug. bis 18.00, Nov. – März 10.00 – 16.00 Uhr; Eintritt 14,95 £ (mit Hall's Croft, Nash's House u. Shakespeare's Grave); www.shakespeare.org.uk

Shakespeare Centre

Neben dem Geburtshaus entstand 1964 das moderne Shakespeare Centre, Wirkungsstätte des 1847 gegründeten privaten »Shakespeare Birthplace Trust« mit Studienräumen und einer Bibliothek.

Quiney House

An der Ecke High Street und Bridge Street steht Quiney House. Das Haus wurde zwischen 1616 und 1662 von dem Weinhändler Thomas Quiney und seiner Frau Judith, der jüngeren Tochter von Shakespeare, bewohnt. Nicht weit von Quiney House entfernt – in der High Street – steht das **Harvard House**, das der Mutter von John Harvard

(1607 – 1638), dem Gründer der berühmten Harvard-Universität in Massachusetts/USA, gehörte.

Town Hall Im klassizistischen Rathaus steht eine Shakespeare-Statue, die von David Garrick (1716 – 1779), Schauspieler und Leiter des Drury Lane Theatre in London, gestiftet wurde.

*Von Nash's House zur Guildhall Im Stadtmuseum New Place in Nash's House werden Erinnerungsstücke an David Garrick und William Shakespeare ausgestellt. Thomas Nash, dem das Haus gehörte, war mit Shakespeares Enkelin Elizabeth Hall verheiratet. Neben seinem Haus stand seinerzeit New Place, eines der schönsten Häuser in der Stadt, das Shakespeare 1597 kaufte. Hier lebte er nach seiner Rückkehr aus London von 1611 bis zu seinem Tod. Der nächste Besitzer, ein vom Dichterkult genervter Pfarrer, ließ das Haus 1759 abreißen; 1862 ging das Grundstück an den Shakespeare Trust, der dort einen wunderschönen Garten im elisabethanischen Stil anlegen ließ: **Knott Garden**, in dem jede bei Shakespeare erwähnte Pflanze vertreten sein soll.

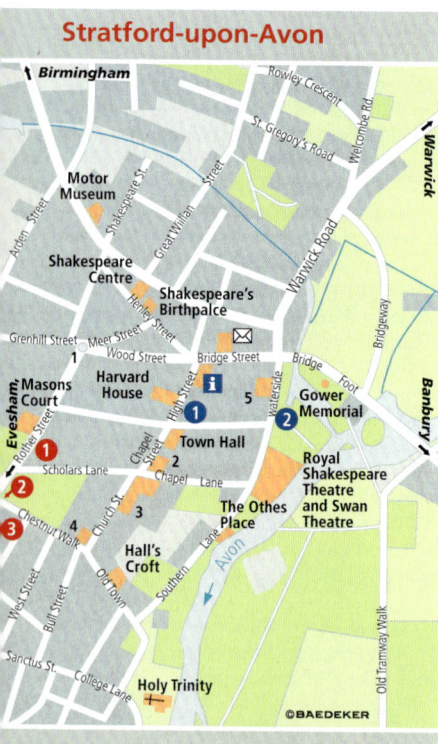

Stratford-upon-Avon

1 American Fountain
2 New Place
3 Guild Hall
4 Shakespeare Institute
5 World of Shakespeare

Essen
1 Lambs
2 The Dirty Duck

Übernachten
1 Caterham House
2 Virginia Lodge
3 Parkfield Guest House

Nash's House & New Place:
Nov. – März 11.00 – 16.00, April – Okt. 10.00 – 17.00 Uhr; Eintritt 14,95 £ (mit Hall's Croft, Shakespeare's Birthplace u. Shakespeare's Grave)

*Hall's Croft ist eines der ansehnlichsten Tudor-Häuser in Stratford. In diesem Haus mit hübschen Garten wohnte der Arzt Dr. John Hall, der Shakespeares älteste Tochter Susanna heiratete.

ⓘ Eintritt und Preis wie Nash's House

In der **Holy Trinity Church** befindet sich **Shakespeares Grab**. Eine schlichte Steinplatte im Chor zwischen Kanzel und Hochaltar trägt Shakes-peares Worte: »Good frend for Jesus sake forbeare, to digg the dust enclosed heare. Bleste be ye man y' spares thes stones and curst be he y' moves my bones« – »Guter Freund, unterlass um Jesus Willen,

Stratford-upon-Avon erleben

AUSKUNFT
Bridgefoot, Stratford-upon-Avon
Warwickshire, England, CV37 6GW
Tel. 01789 26 4 93
www.shakespeare-country.co.uk

ESSEN
❶ *Lambs* ⓔⓔⓔ
12 Sheep St., Tel. 01789 29 25 54
www.lambsrestaurant.co.uk
Restaurant im Bistrostil mit moderner Küche. Schöne Räumlichkeiten in einem Stadthaus aus dem 16. Jh.

❷ *The Dirty Duck* ⓔ
Waterside, nahe Shakespeare Company
Tel. 01789 29 73 12, www.dirtyduck-pub-stratford-upon-avon.co.uk
Die Schauspieler der Royal Shakespeare Company eilen nach der Vorstellung in den nahen Pub, dessen Wände mit Fotos früherer Inszenierungen tapeziert sind.

ÜBERNACHTEN
❶ *Caterham House* ⓔⓔⓔ
58 – 59 Rother St., Tel. 01789 26 73 09
www.caterhamhousehotel.co.uk
Individuelles Haus aus der georgianischen Zeit. Teilweise mit Antiquitäten eingerichtet.

❷ *Virginia Lodge* ⓔⓔ
12 Evesham, Tel. 01789 29 21 57
www.virginialodge.co.uk
Im Landhausstil eingerichtetes hübsches viktorianisches Haus mit 6 Zimmern; familienfreundlich.

❸ *Parkfield Guest House* ⓔⓔ
3 Broad Walk, Tel. 01789 29 33 13
www.stratford-upon-avon.co.uk/parkfield.htm
Gemütliches und bei Theatergängern beliebtes B & B.

SHAKESPEARE BIRTHPLACE TRUST
Der »Shakespeare Birthplace Trust« verwaltet die fünf Attraktionen, die mit dem Leben des Barden verbunden sind. Mit einem Kombiticket für alle fünf kann man etwa die Hälfte der Eintrittsgelder sparen (Five House Pass 22,50 £, www.shakespeare.org.uk).

den Staub zu durchwühlen, der hier eingeschlossen liegt. Gesegnet sei derjenige, der diese Steine verschont, verflucht, wer meine Gebeine anrührt«. An der Wand darüber sieht man ein Shakespeare-Bildnis von 1623, wahrscheinlich ein Werk des flämischen Bildhauers Geraert Janssen. In unmittelbarer Nähe befinden sich die Gräber seiner Frau, Anne Hathaway, seiner Tochter Susanna Hall, seines Schwiegersohns John Hall und des ersten Mannes seiner Enkelin Elizabeth, Thomas Nash. In der Kirche kann man sich auch den Taufstein ansehen, an dem der Dichter getauft wurde, außerdem eine Kopie des Kirchenregisters mit den Eintragungen seiner Taufe und seines Begräbnisses.

Das Royal Shakespeare Theatre am Ufer des Avon wurde 1920 – 1932 nach Plänen von Elizabeth Scott gebaut und 2010 nach dreijähriger Umbauzeit wiedereröffnet. Das alte »Memorial Theatre«, in dem ab **Royal Shakespeare Theatre**

Die Royal Shakespeare Company bei Proben zu »Troilus und Cressida«

1879 fast alle Werke Shakespeares mit großem Erfolg aufgeführt wurden, fiel einem Brand zum Opfer.
Im oberen Stockwerk sind in der ***Picture Gallery** Porträts von Shakespeare und berühmten Schauspielern, Kostüme und Bühnenbilder ausgestellt. 1936 eröffnete die Royal Shakespeare Company das **Swan Theatre**, dessen Architektur elisabethanischen Vorbildern nachempfunden wurde. **The Other Place** schräg gegenüber ist eine Studiobühne, die sich kleineren Produktionen widmet.
Vom Royal Shakespeare Theatre werden verschiedene Führungen durch das Theater angeboten, etwa die »Behind the Scenes Tour« oder eine »After Dark Tour«.
❶ Tel. *0844 800 11 10; Führungen 5 – 7,50 £; www.rsc.org.uk

Bancroft Gardens — In den Flussauen des Avon beim Royal Shakespeare Theatre liegen die Bancroft Gardens. Das **Gower Memorial**, ein Shakespeare-Denkmal von 1888, zeigt den Dramatiker im Lehnstuhl – umgeben von seinen literarischen Gestalten Lady Macbeth, Falstaff, Hamlet und Prince Hal.

UMGEBUNG VON STRATFORD-UPON-AVON

*Anne Hathaway's Cottage — Anne Hathaway's Cottage liegt in Shottery westlich vom Stadtzentrum. Das Landhaus, ein Backsteinbau mit Fachwerk, Reetdach und einem schönen Garten, befindet sich fast in dem gleichen Zustand wie damals, als Shakespeare hier um Annes Hand anhielt. Bis 1899 wurde es von Nachkommen der Hathaway-Familie bewohnt, inzwischen hat man es wieder im Stil des 16./17. Jh.s möbliert. Hinter dem Obstgarten ist ein kleiner Park angelegt worden.
❶ Nov. – März 10.00 – 16.00, April – Okt. 9.00 – 17.00 Uhr; Eintritt 9 £

Shakespeares Mutter soll Mary Arden's Farm in Wilmcote 6,5 km nordwestlich von Stratford bewohnt haben. Im hübschen Bauernhaus und der angeschlossenen Farm kann man erleben, wie es für den jungen William gewesen sein muss, zur Tudorzeit auf einem Bauernhof aufzuwachsen. **Mary Arden's Farm**
❶ Mitte März – Okt. tgl. 10.00 – 17.00 Uhr; Eintritt 9,95 £

Im Charlecote Park 6,5 km östlich soll Shakespeare gewildert haben; angeblich wurde er ertappt und von Sir Thomas Lucy mit Peitschenhieben bestraft, woraufhin Shakespeare ihn als Friedensrichter Shallow in »Heinrich IV.« der Lächerlichkeit preisgab. Der Lucy-Familie gehörte das Anwesen seit 1247. Sir Thomas errichtete den Landsitz 1558 neu und empfing dort sogar Elizabeth I. **Charlecote Park**

Die im Palladio-Stil gebaute Ragley Hall nordwestlich von Stratford ist Sitz des Marquis von Hertfort. Zu sehen sind Chippendale-Möbel, Gemälde von Rubens und Reynolds, Meissener- und Sèvres-Porzellan. Der Landschaftsgarten ist ein Werk von Capability Brown. ***Ragley Hall**
❶ Alcester; Mitte März – Okt. Haus So. 11.00 – 15.00 Uhr im Rahmen von Führungen, Garten Sa., So. 10.00 – 17.00 Uhr; www.ragley.co.uk

** Warwick

P 16

Landesteil: Mittelengland/West Midlands
Höhe: 197 ft/60 m ü.d.M.
Grafschaft: Warwickshire
Einwohnerzahl: 25 500

Die Grafschaftshauptstadt von Warwickshire, ein sehenswerter alter Ort am River Avon, wird seit 900 Jahren vom trutzigen Warwick Castle beherrscht. Die mächtigen Grafen von Warwick kontrollierten von ihrer uneinnehmbaren Festung aus nicht nur das Umland, sondern mischten kräftig in der englischen Politik mit.

Im Schutz der Burg kam die kleine Handelsstadt im späten Mittelalter zu Wohlstand. Nach einem Großbrand im Jahr 1694 wurde ein sorgfältig geplanter Wiederaufbau durchgeführt. Heute kann man wochentags über den Markt am Old Square und in der Jury Street bummeln oder einen der vielen Antiquitätenläden durchstöbern.

Warwick erleben

AUSKUNFT

The Court House, Jury St.
Warwick, Warwickshire
England, CV34 4EW
Tel. 01926 49 22 12
www.visitwarwick.co.uk

Warwick Castle erhebt sich über dem River Avon.

SEHENSWERTES IN WARWICK

**Castle Warwick Castle gehört zu den viel besuchten Sehenswürdigkeiten des Landes. Den schönsten Blick auf das Castle der Grafen von Warwick hat man von der Avonbrücke. Zum Gate House geht man durch die früheren Stallungen und den Burggraben, heute Parklandschaft mit verschiedenen Gartenanlagen, Pfauengehege und Rosengarten. Angeblich geht das Castle auf eine Festung aus dem Jahr 915 zurück. Die heutigen Festungsanlagen stammen aus dem 14. Jh., während die Burggebäude selbst im 17. und 18. Jh. zu einem schlossartigen Landsitz umgestaltet wurden. Aus dieser Zeit datiert die Kollektion von Möbeln, Porzellan, Skulpturen und Gemälden europäischer Meister. Die Wachsfigurenausstellung »A Royal Weekend Party 1898« von Madame Tussaud zeigt Szenen aus dem Leben des Hochadels.
❶ tgl. 10.00 – 17.00, Aug. bis 18.00 Uhr; Eintritt 22,80 £; www.warwick-castle.com

Altstadt In der Altstadt gibt es hübsche alte Bauensembles, darunter **Court House** (heute Touristeninformation) mit georgianischem Ballsaal. Das **Lord Leycester Hospital** in der High Street wurde 1571 vom Earl of Leicester für Soldaten in einem Haus von 1383 eingerichtet.
Lord Leycester Hospital: Sommer Di. – So. 10.00 – 17.00, Winter Di. – So. bis 16.30 Uhr; Eintritt 4,90 £; http://lordleycester.com

Das Prachtstück der Stiftskirche St. Mary ist die **Beauchamp Chapel** – sprich »Bihtschm« – an der Südseite des Chores im Perpendicular Style (1443 – 1464). Die spätmittelalterlichen Fenster sind zum großen Teil original. In der Mitte der Kapelle befindet sich das Grabmal des Stifters, Richard de Beauchamp, Earl of Warwick (1381 – 1439), mit 14 trauernden Figuren und der Liegefigur des Grafen aus vergoldetem Kupfer. Der einzige namentlich bekannte englische Bildhauer des Mittelalters schuf es, John Massingham.

*Stiftskirche St. Mary

UMGEBUNG VON WARWICK

In Gaydon 16 km südöstlich präsentiert das 1993 vom Rover-Konzern eröffnete Oldtimermuseum britische Automobilgeschichte. 17 Marken sind in dem Art-déco-Gebäude vertreten, darunter Austin-Healey, Morris Minor und Mini, Autolegenden des Konstrukteurs Issigonis, Triumph-Roadster, Riley-Limousinen, die aus Miss Marple-Krimis bekannten Wolseley-Polizeifahrzeuge und der seifenförmige EX.181, mit dem Stirling Moss 1957 fünf Weltrekorde errang.
ⓘ tgl. 10.00 – 17.00 Uhr; Eintritt 11 £;
www.heritage-motor-centre.co.uk

**Heritage Motor Centre

** Weald of Kent

T 18/19

Lage: Südengland
Grafschaft: Kent

Nordöstlich von Brighton erstreckt sich die Hügellandschaft des Weald. In dieser »Parklandschaft Englands« konstrastieren romantische Flusstäler mit hellen Laubwäldern, grünen Viehweiden, Obstgärten und Hopfenfeldern, dazwischen liegen schmucke Dörfchen und Kleinstädte, die sich ihren ureigenen Charme bewahrt haben.

Charakteristisch für das Hopfenanbaugebiet sind die Oast Houses, Backsteinbauten mit weißen spitzkegeligen Dächern, unter denen früher der Hopfen getrocknet wurde; heute sind sie begehrte Zweitwohnungen. Typische Kennzeichen sind die »tile hangings«, schuppenartige Holz- und Ziegelverkleidungen, und die »weatherboardings«, durch Pech und Teer wetterbeständig gemachte Holzlatten.

Oast Houses

An den Nordhängen des Weald liegt Royal Tunbridge Wells. Dank eisenhaltiger Quellen avancierte der hübsch gelegene Kurort im 18. Jh. zu einem beliebten Heilbad. Illustre Gäste waren der Dandy

*Royal Tunbridge Wells

»Beau« Nash (▶Bath) und Johanna Schopenhauer. Attraktionen sind die von Kolonnaden gesäumten und mit Pfannenziegeln gepflasterten Einkaufsstraßen ***Pantiles**, Englands erste Fußgängerzone, und die Säulengänge des Badehauses, unter denen man einst lustwandelte und Heilung durch Trinkkuren suchte.

**Knole

Am Rand des gutbürgerlichen Sevenoaks 20 km nordwestlich von Tunbridge Wells steht das elegante Knole, das mit sieben Innenhöfen, 52 Treppen und 365 Räumen zu den größten Herrenhäusern Englands zählt. 1456 wurde es von Erzbischof Bourchier of Canterbury begonnen, einem späteren Erzbischof von Heinrich VIII. abgefordert. Damit fiel Knole an die Krone. Elizabeth I. gab den Palast an ihren Cousin Thomas Sackville, den ersten Graf von Dorset, der ihn erheblich vergrößern ließ. Seitdem ist das heute im Besitz des National Trust befindliche Anwesen nahezu unverändert geblieben. Die Prunkgemächer, allen voran das königliche Schlafgemach, der Ballsaal und das Zimmer des venezianischen Botschafters, beherbergen eine beachtliche Kunstsammlung – darunter Bilder von Reynolds, Hoppner und Gainsborough –, seltenes, mit Goldbrokat und reinem Silber verziertes Mobiliar, persische Teppiche und kostbares Porzellan. Die in Knole geborene Schriftstellerin Viktoria Sackville West (1892 – 1962) hat dem Palast u. a. in ihren »Edwardians« (1930) ein Denkmal gesetzt, Virginia Wolf wählte ihn als Schauplatz ihres 1928 erschienen Romans »Orlando«. Die Besichtigung sollte man mit einem Spaziergang durch die herrliche Parkanlage abschließen, zu deren Bild auch das friedlich grasende Rotwild gehört.

❶ März – Okt. Mi. – So. 12.00 – 16.00 Uhr; Eintritt 10,40 £

*Ightham Mote

Wenige Kilometer östlich von Knole steht das alte Wasserschloss Ightham Mote, das zu den schönsten mittelalterlichen Relikten in England gehört.

*Hever Castle

Ein weiteres Zeugnis alter Ritterlichkeit in Kent ist das südwestlich gelegene Hever Castle, das aus dem 13. – 15. Jh. stammt, aber nach 1810 im gotischen Stil umgebaut wurde. In dem Schlösschen lebte Anne Boleyn in jungen Jahren. Die zweite Frau Heinrichs VIII. wurde wegen wiederholten Ehebruchs – vermutlich aber auch weil sie dem König keinen Thronfolger schenkte – im Londoner Tower geköpft. 1903 kaufte der Amerikaner William Waldorf Astor den heruntergekommen Besitz und ließ ihn vollständig restaurieren, der Park wurde nach italienischem Vorbild gestaltet – sehenswert sind die in Form von Schachfiguren gestutzten Hecken.

*Chartwell House

Nordwestlich von Hever Castle liegt Chartwell House, das vier Jahrzehnte lang Landsitz von Winston Churchill gewesen ist und

Weald of Kent • ZIELE

Weald of Kent erleben

AUSKUNFT
The Old Fish Market, The Pantiles
Tunbridge Wells, Kent
England, TN2 5TN
Tel. 01892 51 56 75
www.visittunbridgewells.com

ESSEN
Signor Franco ❸❸❸
Royal Tunbridge Wells
5a High St.
Tel. 01892 54 91 99
www.signorfrancorestaurant.com

Etwas versteckt liegt dieses kleine Restaurant mit hervorragender italienischer Küche.

ÜBERNACHTEN
Hotel du Vin & Bistro ❸❸❸
Royal Tunbridge Wells, Crescent Rd.
Tel. 01892 52 64 55
www.hotelduvin.com
Dieses zentral gelegene Hotel mit 36 Zimmern gehört zur »Hotel du Vin Group«, deren Markenzeichen stilvolle Zimmer und smarte Restaurants sind.

heute eine Gedenkstätte beherbergt, in der auch Gemälde von Churchill zu sehen sind.
❶ März – Okt. 11.00 – 17.00 Uhr; Eintritt 12 £

Penshurst Place etwas weiter östlich, ein Herrenhaus aus der Mitte des 14. Jh.s, ist Sitz des Viscount de I'lsle. Vorbei an getrimmten Eiben und wunderschönen akkuraten Parkanlagen kommt man zu dem Gemäuer aus grauem Stein. Der mittelalterliche große Saal von 1340 stützt sein Dach auf mächtige Kastanienbalken. Die Gemäldesammlung zeigt viele Porträts der Sidneys, die früher das Anwesen besaßen. Auf Besucher warten auch alte Weinberge, ein Farmmuseum und ein Abenteuerspielplatz für Kinder. ***Penshurst Place**
❶ April – Okt. tgl. 12.00 – 16.30 Uhr; Eintritt 9,80 £; www.penshurstplace.com

12 km südöstlich von Royal Tunbridge Wells steht bei Lamberhurst Scotney Castle, das aus den Ruinen eines Wasserschlösschens (14. Jh.) und den Teilen zweier Wohnhäuser aus dem 17. und 19. Jh. besteht. Besondere Zierde der gepflegten Gartenanlage sind die zahlreichen Rhododendronbüsche. ***Scotney Castle**

Bodiam Castle südlich von Scotney Castle gilt als eine der romantischsten Burgruinen in England und gehört zu den am besten erhaltenen mittelalterlichen Wasserburgen des Landes. Da das Castle nie belagert wurde, bietet es noch heute ein hervorragendes Beispiel dafür, wie man im Mittelalter bei der Konstruktion von Wehranlagen damit begann, dem Wohnkomfort mehr Beachtung beizumessen. Der Burggraben ist so breit angelegt, dass man fast glaubt, es handele sich um einen See. ***Bodiam Castle**

ZIELE • Weald of Kent

***Sissinghurst Castle**
Sissinghurst Castle östlich von Royal Tunbridge Wells, ein einstiger Tudor-Herrensitz aus der Zeit vor 1550, wurde 1930 von Victoria Sackville-West und ihrem Mann, dem Historiker Sir Harold Nicolson, erworben. In ihrem Arbeitszimmer im Turm steht die Druckerpresse, mit der Virginia und Leonhard Woolf Anfang der 1920er-Jahre frühe Ausgaben der später berühmten »Hogarth Press« herstellten.
❶ Mitte März–Okt. Fr.–Di. 10.30–17.30 Uhr; Eintritt 11,50 £

**Leeds Castle
10 km südöstlich der Grafschaftshauptstadt Maidstone steht Leeds Castle, laut Lord Conway »the loveliest castle in the world«. Seinen Namen erhielt das Castle nach Led, dem Ersten Minister von Ethelbert IV., König von Kent (857). Die ursprünglich normannische Festung wurde auf zwei Inseln in einem See gebaut, auf dem heute Enten und Schwäne ihre Kreise ziehen. Heinrich VIII. ließ die D-förmige, zweistöckige Gloriette in einen prächtigen Palast umbauen, der über 300 Jahre als königliche Residenz dienen sollte. Besonders schön sind der Bankettsaal Heinrichs VIII. mit wunderschönem Ebenholzboden und geschnitzter Eichendecke, der Gelbe Salon, dessen Seidendamastdesign 1936 von Boudin geliefert wurde, der Thorpe-Hall-Raum als hervorragendes Beispiel der dekorativen Kunst um die Mitte des 17. Jh.s und das sicherlich einmalige Hundehalsband-Museum, des-

Leeds Castle, auf zwei Inseln in einem See gebaut

Wells • ZIELE **669**

sen Exponate bis zu 400 Jahre alt sind. Zum 200 ha großen Parkland gehören Wald, der von Buchsbaumhecken umsäumte Culpeper Garden, ein Labyrinth aus 2400 Eiben, eine Grotte, die Voliere mit über 100 Vogelarten, Gewächshäuser, ein Weingarten und ein Golfplatz.
❶ tgl. 10.30 – 17.30 Uhr; Eintritt 21 £; www.leeds-castle.com

** Wells

N 18

Lage: Südengland
Höhe: 128 ft/39 m ü.d.M.
Grafschaft: Somerset   **Einwohnerzahl:** 10 500

Wells – die wohltuenden Quellen. Sie gaben der Stadt ihren Namen und versorgten einst ein Kloster, das der Wessex-König Ine um 700 gegründet hatte, mit Wasser. Hauptattraktion von Wells, das 909 Bischofssitz wurde, ist die beeindruckende gotische Kathedrale mit einer imposanten Skulpturengalerie an der Westfassade.

In der Kleinstadt 40 km südwestlich von Bristol scheint die Zeit stillzustehen: Hotels und Gasthäuser sind mehrere hundert Jahre alt, die Einwohnerzahl hat sich im Lauf der letzten 500 Jahre kaum verdoppelt. Die Altstadthäuser gruppieren sich um den Markt, wo donnerstags ein Antiquitätenmarkt stattfindet.

SEHENSWERTES IN WELLS

Die Kathedrale von Wells ist eine der frühesten gotischen Kathedralen Englands. In der ersten Bauphase ab 1180 entstanden das Hauptschiff im frühgotischen Early English Style und die Querschiffe noch mit spätnormannischen Elementen. 1240 setzte man die Westfassade vor. In der zweiten Bauphase wurden zwischen 1290 und 1340 der Vierungsturm, der Ostabschluss des Chores mit der Marienkapelle und das Kapitelhaus im hochgotischen Decorated Style gebaut. Die beiden gedrungenen Türme der Westfassade wurden 1386 und 1421 errichtet; sie erscheinen für Sehgewohnheiten von Kontinentaleuropäern und im Vergleich mit den Kathedraltürmen Frankreichs wie unvollendet. Anders als die ausgeprägten vertikalen Doppelturmfassaden der französischen Kathedralgotik zeigen die englischen Fassaden eine querhausartige Breitendehnung: Turmbauten und Fassadenwand sind in ungewöhnlicher Weise miteinander verbunden, indem die massiven Türme direkt neben die Seitenschiffe gesetzt werden.

**Kathedrale

Berühmtheit erlangte die Skulpturengalerie der **Westfassade** mit ihren einst mehr als 300 Figuren, die man sich farbig vorstellen muss, denn das waren sie im 13. Jh. Inzwischen sind die Figuren stark verwittert und haben ihre Farbe verloren, etliche fehlen, viele wurden neu angefertigt.

Das schlichte **Innere** ist typisch für die englische Gotik: Das Langhaus ist mit 20,5 m Höhe relativ niedrig, während es sich über 126,5 m in die Länge zieht. In der **Vierung** fallen sofort die einzigartigen, im Scheitel aufeinandergestellten Spitzbögen auf; diese unorthodoxen **Scherenbögen** wurden 1338 nachträglich zur statischen Absicherung gegen einen drohenden Einsturz des Vierungsturms eingezogen. Wunderschön sind die Knospen- und Figurenkapitelle, deren in Stein gehauene Szenen aus mittelalterlichem Alltag man sich genauer ansehen sollte: ein Mann mit Zahnweh, ein Dornauszieher, Obstdiebe, die stehlen, erwischt und bestraft werden.

Wells erleben

AUSKUNFT
Town Hall, Market Place,
Wells, Somerset, England,
BA5 2RB
Tel. 01749 67 25 52
www.visitsomerset.co.uk

ESSEN
Ancient Gate House Hotel €€
20 Sadler St.
Tel. 01749 67 20 29
www.ancientgatehouse.com
In diesem bezaubernden, 500 Jahre alten Gebäude gegenüber der Kathedrale isst man sehr gut italienisch.

ÜBERNACHTEN
Ancient Gate House €€€
20 Sadler St.
Tel. 01749 67 20 29
www.ancientgatehouse.com
Voller Atmosphäre steckt das kleine Hotel von 1473, dessen 19 Zimmer mit Himmelbetten eingerichtet und mit modernem Komfort ausgestattet sind. Einmalige Sicht auf die Kathedrale.

Canon Grange €€
Cathedral Green
Tel. 01749 67 18 00
www.canongrange.co.uk
B & B mit Blick auf die Westfassade der Kathedrale. 6 geräumige Zimmer.

Gruppenbild mit Kathedrale

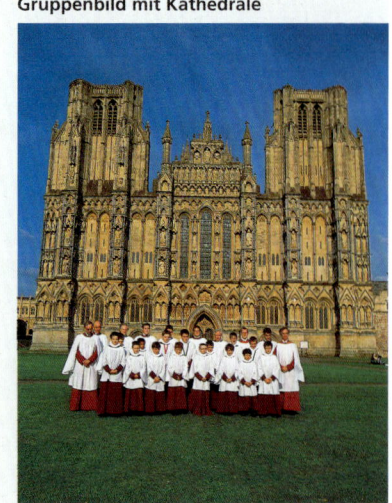

Wells · ZIELE

Im **Chorumgang** sieht man zahlreiche Bischofsfiguren und -gräber. Die Misericordien des Chorgestühls zeigen u. a. Darstellungen musizierender Tiere. Das große Chorschlussfenster von 1430, Golden Window genannt, zeigt die Wurzel Jesse, die Abstammung Jesu. Das palmenartige Rippengewölbe des achteckigen **Kapitelhauses** wird von einem einzigen Bündelpfeiler getragen.

❶ April–Sept. tgl. 7.00–19.00, Okt.–März bis 18.00 Uhr; Eintritt frei, Spende erbeten; www.wellscathedral.org.uk

> **BAEDEKER TIPP**
>
> *Astronomische Uhr*
>
> Im nordwestlichen Querschiff ist eine berühmte astronomische Uhr aus dem Jahr 1392 zu sehen. Alle 15 Minuten tauchen über dem Zifferblatt Ritter aus, die in die Schlacht ziehen – jeweils einer muss sein Leben lassen, zur vollen Stunde liegen vier Ritter darnieder. Eine goldene Sonne zeigt die Stunden am äußeren Kreis an, Minuten werden im zweiten Kreis und Monate ganz innen gezählt.

Vicar's Close

Englands älteste Reihenhausanlage stammt aus dem 14. Jh., sie befindet sich direkt nördlich der Kathedrale. Insgesamt 40 Häuser sind aneinandergereiht. Noch heute wohnen hier Kirchenangestellte und Theologiestudenten.

Bischofspalast

Südlich der Kathedrale steht der von einem Wall und einem Graben umzogene Bischofspalast, in dem der Bischof von Bath und Wells residiert. Angeschlossen sind die Palace Gardens mit den Quellen, den so genannten »welling springs«.

Altstadt

Ein Bummel durch die Altstadt von Wells führt über den Marktplatz, auf dem ein Brunnen aus dem 18. Jh. steht, und durch die High Street, die Hauptgeschäftsstraße mit Häusern, die zwischen dem 15. und dem 17. Jh. gebaut worden sind.

UMGEBUNG VON WELLS

*Wookey Hole

Im Wookey Hole, einem Naturhöhlensystem 3 km nordwestlich von Wells, lebten bis zur Römerzeit Menschen. In den riesigen Tropfsteingrotten haben sich durch das Wasser des River Axe Sinterterrassen und Seen gebildet. Bis heute ranken sich um die bizarren Kalksteinformationen Geister- und Hexenlegenden, die heute touristenwirksam in Szene gesetzt werden.

❶ April–Okt. 10.00–17.00, Nov.–März 10.00–16.00 Uhr; Eintritt 18 £; www.wookey.co.uk

Cheddar Gorge

Die bekannte Käsestadt **Cheddar** am Fuß der Mendip Hills ist wenig attraktiv. Interessant ist aber die Cheddar-Schlucht mit bis zu 120 m hohen Kalksteinwänden. 16 km nordwestlich von Wells kommt man auf der B3135 in die Schlucht. Am unteren Ende der Klamm kann man die Stalaktithöhlen **Gough's Cave und Cox's Cave** besichtigen; im Museum wird das 9000 Jahre alte Skelett des »Cheddar Man« aufbewahrt.

Wer bei der Herstellung von Cheddar-Käse zusehen möchte, hat im Ort bei der **Cheddar Gorge Cheese Company** Gelegenheit dazu.

Cheddar Gorge Cheese Company: tgl. 10.00 – 15.30 Uhr; Eintritt 1,95 £; www.cheddargorgecheeseco.co.uk).

** Winchester

Q 18

Landesteil: Südengland
Höhe: 128 ft/39 m ü. d. M.
Grafschaft: Hampshire
Einwohnerzahl: 42 000

»Eine angenehme Stadt, bereichert durch eine wunderschöne Kathedrale, umgeben von saftigen Wiesen« – so beschrieb der Romantiker Keats 1819 voller Begeisterung das am River Itchen gelegene, harmonisch in die Hügel der South Downs eingebettete Winchester, die einstige Hauptstadt von England.

Von angelsächsischer Zeit bis ins 13. Jh. war die heutige Grafschaftshauptstadt von Hampshire Hauptstadt des englischen Königreichs. Mit der politischen Bedeutung verband sich eine Zeit kultureller Blüte: Um seinen Anspruch auf den angelsächsischen Thron geltend zu

Winchester erleben

AUSKUNFT
Guildhall, High St., Winchester
Hampshire, England, SO23 9GH
Tel. 01962 84 05 00
www.visitwinchester.co.uk

ESSEN
Old Chesil Rectory ⓔⓔⓔ
1 Chesil St.
Tel. 01962 85 15 55
www.chesilrectory.co.u
Über zwei Etagen erstreckt sich dieses erstklassige Lokal in einem Haus aus Tudorzeiten.

ÜBERNACHTEN
The Wykeham Arms ⓔⓔ
75 Kingsgate St.
Tel. 01962 85 38 34
www.wykehamarmswinchester.co.uk
Historischer Pub zwischen College und Kathedrale mit gutem Restaurant und 14 stilvollen Zimmern.

Cathedral Cottage B & B ⓔⓔ
19 Colebrook St.
www.cathedralcottagebandb.co.uk
B & B in einem Gartenhaus nur drei Fußminuten von der Kathedrale entfernt.

machen, hatte sich Wilhelm der Eroberer sowohl hier als auch in London krönen lassen; außerdem veranlasste er einen Kathedralenneubau und den Bau einer Burg zur Verwahrung des Domesday Book und des königlichen Schatzes. Die europaweit bekannten Miniaturisten von Winchester brachten die einmalige Winchester Bible hervor. Erst unter Heinrich III. (1216 – 1271) wurde London endgültig zur Hauptstadt, Winchester verlor viele Privilegien und versank trotz mancher Wiederbelebungsversuche in Bedeutungslosigkeit. Reste der Königsburg, zahlreiche mittelalterliche Bauten und eine der längsten Kathedralen Europas im normannisch-gotischen Stil erinnern noch an die einstige Stellung der Stadt.

SEHENSWERTES IN WINCHESTER

Die Kathedrale, die bekannt ist für ihren Evensong, ist mit ihren 164 m der längste Sakralbau, der im mittelalterlichen Großbritannien errichtet wurde. Vier wichtige Bauphasen sind erkennbar: das normannische Querhaus samt gedrungenem Vierungsturm, ein frühgotischer Ostteil, an den sich das spätgotische Langhaus anschließt, und der im 16. Jh. umgestaltete Chorabschnitt. Die Fundamente für den heutigen Bau wurden 1079 gelegt. Der Eingang befindet sich in der spätgotischen Fassade (14. Jh.), die von einem neunbahnigen Lanzettfenster dominiert wird.

**Kathedrale

Das 12-jochige **Langhaus** entstand im 14. Jh., als der normannische Bau gotisch verkleidet wurde. Es ist mit einem für die englische Spätgotik typischen Netzgewölbe im Perpendicular Style und verzierten Schlusssteinen gedeckt. Im nördlichen Seitenschiff befindet sich die Grabplatte der Schriftstellerin Jane Austen. Sehenswert ist auch das normannische Taufbecken aus schwarzem Tournai-Marmor.

> **? BAEDEKER WISSEN**
> *Engagierter Retter*
>
> Rechts von der Marienkapelle fällt die kleine Statue des Tiefseetauchers William Walker auf, der ab 1905 fünf Jahre lang in einer einzigartigen Aktion den absinkenden südlichen Chor stabilisierte. Er tauchte in bis zu 6 m tiefe Gruben gefüllt mit Torf und Grundwasser entlang der Grundmauern. Er entfernte mit bloßen Händen das verrottete Holz des alten Fundaments und ersetzte es durch Zement – in absoluter Dunkelheit.

Im **nördlichen Querschiff** hat man einen herrlichen Blick auf reinste frühnormannische Architektur mit Rundbögen, Würfelkapitellen, tiefen Emporen und dickem Mauerwerk. Hier befindet sich die Kapelle der hl. Drei Könige mit einem Fenster von William Morris. Fresken aus dem 13. Jh. schmücken die Kapelle des Heiligen Grabes.
Auf dem **Lettner** sind angelsächsische und dänische Könige bestattet, etwa Alfred der Große, Knut, Aethelwulf und Edred.

Winchester Cathedral, einst angelsächsische Krönungskirche

1107 stürzte der **Vierungsturm** ein. Damals war man aufs Höchste alarmiert: In der Vierung war nämlich sieben Jahre zuvor der unbeliebte König Wilhelm Rufus II., Sohn von Wilhem dem Eroberer, begraben worden, der zur Finanzierung seines ausschweifenden Lebens auch die Kirche hart besteuert hatte. Sollte die Beisetzung ein Fehler gewesen sein und der Einsturz ein Zeichen Gottes? Reagiert hat man nicht auf den Vorfall – der Sarkophag steht immer noch unter dem Turm. Einen Blick sollte man auf das schöne Fächergewölbe des Vierungsturms werfen, das im 17. Jh. aus Eichenholz gearbeitet wurde.

Zu Beginn des 13. Jh.s wurde der enorme **Retrochor** angelegt. Mitten im Retrochor befindet sich ein moderner Schrein zu Ehren des Heiligen Swithun, dessen Grab im Mittelalter eine wichtige Pilgerstätte war, nachdem dort von mehreren Wundern berichtet worden war. Der Reliquienschrein stand bis zu seiner Zerstörung 1538 auf einem Podest hinter dem Hochaltar, das »Heilige Loch« aus dem 12. Jh. weist noch darauf hin: Hier konnten die Gläubigen förmlich hineinkriechen, um dem Heiligen so nah wie möglich zu sein. Im hinteren Chor trifft man auf die reich ausgeschmückte Kapelle des Kardinals Beaufort (1447), Widersacher der Jeanne d'Arc, deren Statue am Eingang zur Marienkapelle steht.

In der Kathedralbibliothek wird die berühmte Winchester-Bibel aus dem 12. Jh. aufbewahrt, deren kunstvoll ausgemalte Initialen zu den großen Leistungen der Buchmalerei von Winchester zählen.

❶ Mo.–Sa. 9.30–17.00, So. 12.30–15.00 Uhr; Eintritt 6,50 £; Evensong Mo.–Sa. 17.30, So. 15.30 Uhr; www.winchester-cathedral.org.uk

Winchester • ZIELE

Domfreiheit

In der Domfreiheit südlich der Kathedrale steht Pilgrims' Hall mit einer sehenswerten Balkendecke aus dem 14. Jahrhundert. Durch das King's Gate, ein Stadttor aus dem 12. Jh., hatten der Bischof und die Mönche direkten Zugang zur Stadt.

College Street

In der College Street Nr. 8 starb die Romanschriftstellerin Jane Austen 1817 im Alter von 42 Jahren.

Winchester College

Winchester College wurde 1382 als Teil des New College in Oxford gegründet. Es ist die älteste und räumlich am großzügigsten eingerichtete Public School – 70 »scholars« wohnen im Haus, 500 »commoners« kommen von auswärts in die Schule. Zwei der ursprünglichen Häuserblocks, Flint Court und Chamber Court, sind erhalten. Der älteste Schulraum des Landes ist Seventh Chamber. In die Säulen des Kreuzgangs haben Generationen von Schülern ihre Namen eingeritzt.

Weitere Sehenswürdigkeiten

Von der College Street geht es zum **Wolvesey Palace** und zu den Überresten der **Burg**, durch die **Abbey Gardens** und zur Brücke über den Itchen. Ein hübscher Uferweg führt auf der anderen Flussseite weiter südlich zum **Katharinenhügel** und einem rätselhaften Rasenlabyrinth mit einer Länge von über 25 m. Geht man vom Fluss westlich über den Broadway mit der **Guildhall** zur High Street, kommt man durch die Fußgängerzone zum Butter Cross und weiter bergauf zum eindrucksvollen **West Gate**, einem Torhaus aus dem 13. Jahrhundert.

Castle Great Halll

In unmittelbarer Nähe stehen die Überreste der normannischen Königsburg, die 1067 unter Wilhelm dem Eroberer erbaut wurde, um das Domesday Book zu verwahren. Blickpunkt in der Great Hall von 1236 ist die Tischplatte an der Stirnwand, an der König Artus seine *Tafelrunde abgehalten haben soll (▶S. 290). Allerdings wurde sie erst in der zweiten Hälfte des 13. Jh.s angefertigt, also Jahrhunderte nach der angeblichen Lebenszeit von König Artus. 1522 wurde der Tisch in den Tudorfarben Grün und Weiß bemalt, als Heinrich VIII. Kaiser Karl V. zum Gastmahl lud. Über einer Tudorrose erkennt man Heinrich VIII. als Artus verkleidet.

*St. Cross Hospital

Ein schöner Spaziergang führt vom Winchester College am Fluss entlang zum St. Cross Hospital, Englands ältestem Armenhaus 2 km südlich vom Zentrum. Das St. Cross Hospital wurde 1136 von Heinrich von Blois, dem Enkel von Wilhelm dem Eroberer, für 13 arme, fromme Männer gegründet. Kardinal Beaufort erweiterte die Stiftung 1445 für verarmte Adlige. Seit 800 Jahren dient St. Cross Hospital als Pflege- und Seniorenwohnheim. Die Wohnungen gruppieren sich um einen Innenhof. Die **Kapelle** ist ein schönes Beispiel für den Übergang von normannischer Romanik zu früher Gotik. Zickzackfriese, Querhaus und die massiven Rundpfeiler des östlichen Langhauses stammen noch aus dem 12. Jh. Eine einzigartige Fensterrahmung ist im nördlichen Querschiff zu finden: Im so genannten Vogelschnabelfenster scheinen steinerne Vögel das Rundfenster zu halten.

❶ April – Okt. Mo. – Sa. 9.30 – 17.00, So. ab 13.00, Nov. – März Mo. – Sa. 10.30 – 15.30 Uhr; Eintritt 4 £; http://stcrosshospital.co.uk

UMGEBUNG VON WINCHESTER

Jane Austen's House
Wer sich für die Schriftstellerin Jane Austen interessiert, kann ihren Altersruhesitz in **Chawton** 30 km nordöstlich besuchen, wo sie von 1809 bis 1817 mit ihrer Mutter und ihrer Schwester lebte. Das über 300 Jahre alte Gebäude ist als Museum mit Manuskripten, Illustrationen und anderen Erinnerungsstücken der Literatin eingerichtet.

❶ Jan. – Mitte Feb. Sa., So. 10.30 – 16.30, Mitte Feb. – Mai, Sept. – Dez. tgl. 10.30 – 16.30, Juni – Aug. tgl. 10.00 – 17.00 Uhr; Eintritt 7,50 £; www.jane-austens-house-museum.org.uk

** Windsor

R 18

Landesteil: Südengland
Höhe: 65,6 ft/20 m ü. d. M.
Grafschaft: Berkshire
Einwohnerzahl: 31 000

Seit über 900 Jahren ist die Königsfamilie in Windsor ansässig. Windsor Castle gilt als eine der schönsten Residenzen der Welt und ist die älteste und größte ständig bewohnte Burg Großbritanniens.

Auf dem Round Tower weht die königliche Flagge, wenn die Queen sich in Windsor aufhält. Ist sie nicht dort, können die Prunkgemächer besichtigt werden. Windsor liegt etwa 35 km westlich von London am Themseufer und bildet mit Eton einen Doppelort.

** WINDSOR CASTLE

Baugeschichte
Wilhelm der Eroberer ließ Windsor Castle um 1078 errichten, um London von Westen her – insbesondere gegen Eindringlinge über die Themse – zu schützen. Ein Dutzend Monarchen haben an Windsor Castle gebaut oder es verändert. Charles II. (reg. 1660 – 1685) ließ die Burg in ein bequemes Wohnschloss umbauen, das die folgenden

Herrscher allerdings nur selten nutzten. Im 19. Jh. erfolgten unter George IV., William IV. und Victoria nochmals größere Umbauten; für George V. hatte die Residenz eine solche Bedeutung, dass er den Namen Windsor für die Königsfamilie annahm – Windsor Castle wiederum hatte seinen Namen von dem kleinen Ort Windlesora übernommen. In die Schlagzeilen geriet Windsor Castle 1992 durch einen verheerenden Großbrand, dessen Schäden in Millionenhöhe lagen; alle zerstörten Räumlichkeiten wurden restauriert.

Edward III. gründete 1348 auf Windsor Castle den Hosenbandorden (The Most Noble Order of the Garter), den höchsten Orden des Königreiches. Nur 24 Knights oder Ladies dürfen ihm angehören, durch »Extra-Knights« kann diese Zahl überschritten werden. Anlass zur Ordensgründung soll ein Fest gewesen sein, bei dem eine Hofdame ihr Strumpfband verlor; in das allgemeine Gelächter hinein soll Edward bemerkt haben, dass es für seine Ritter eine Ehre sein solle, ein solches Band zu erhalten. Mit der Gründung des Hosenbandordens besann man sich auf die Tafelrunde von König Artus: Im ausgehenden Mittelalter deutete sich der Niedergang des Rittertums an, und man wollte mit der Gründung eine ausgewählte Gemeinschaft von Männern und Frauen etablieren, die die ritterlichen Tugenden bewahrten. Die Ordensinsignien sind bei feierlichen Anlässen die Ordenskette mit dem Ordenszeichen »The George«, bei geringeren Anlässen das Schulterband mit dem Motto »Honi soit qui mal y pense« (Ein Schuft, wer Schlechtes dabei denkt), das Herren unter dem linken Knie und Damen am linken Oberarm tragen.

Hosenbandorden

Windsor erleben

AUSKUNFT
Royal Windsor Information Centre
The Old Booking Hall, Thames St.
Windsor SL4 1PJ
Tel. 01753 74 39 00
www.windsor.gov.uk

ÜBERNACHTEN
The Christopher Hotel ❿❿❿❿
110 High St., Eton
Tel. 01753 85 23 59
www.thechristopher.co.uk
Gediegen und auf der anderen Flussseite in Eton gelegen.

Die Anlage besteht aus zwei umbauten Höfen, Upper Ward und Lower Ward, zwischen denen der Round Tower steht. Der Eingang befindet sich am monumentalen Henry VIII. Gateway von 1511. Man kommt zunächst in den Lower Ward. Direkt gegenüber dem Eingangstor stehen die Gebäude der Military Knights of Windsor, die dem Hosenbandorden angehören. Das hufeisenförmig angelegte **Horseshoe Cloister** wurde 1479 – 1481 errichtet.
*St. George's Chapel ist die Ordenskapelle der Hosenbandritter, sie ist dem Schutzpatron des Hosenbandordens geweiht und gilt als ei-

Besichtigung

nes der schönsten Beispiele des spätgotischen Perpendicular-Style. Die Fassaden zieren Wappentiere und Schildhalter der Herrscherhäuser Lancaster und York: im Norden Falke, Hirsch, Stier, schwarzer Drache, Hirschkuh und Windhund für die Yorks, im Süden Löwe, Einhorn, Schwan, Antilope, Panther und roter Drache für die Lancasters. Schiff und Chor werden von einem eindrucksvollen Fächergewölbe überspannt. St. George's Chapel ist Ruhestätte mehrerer englischer Herrscher, darunter George V. und Maria, Henry VIII., Jane Seymour und Charles I., Henry VI., Edward IV. und Edward VII. Sehenswert ist das aus Windsor-Eichen geschnitzte Chorgestühl (1478 – 1485) mit Szenen aus dem Leben des hl. Georg. Darüber sieht man Wappen und Banner von 700 Ordensrittern.

Die *Albert Memorial Chapel wurde um 1500 von Henry VII. als eigene Gruftkirche erbaut, blieb aber für diesen Zweck ungenutzt – er ist in der Westminster Abbey in London begraben. Queen Victoria ließ die Kapelle 1861 als Erinnerungsstätte für Albert einrichten.

In den *State Apartments sind eine umfangreiche Gemäldesammlung (u. a. Holbein, Leonardo da Vinci, Raffael, Michelangelo, van Dyck, Rubens, Rembrandt, Canaletto) zu sehen, Möbel, französische Gobelins, Porzellan, Glas- und Silberwaren, außerdem Waffen – u. a. im Grand Vestibule die Kugel, die Lord Nelson in der Schlacht von Trafalgar tötete. Audienzimmer und Kabinett der Queen sind mit herrlichen Deckengemälden und Holzschnitzarbeiten ausgestattet.

Sehenswert ist das *Doll House, das Puppenhaus der Königin, ein Meisterwerk der Handwerkskunst, das 1924 für Queen Mary angefertigt wurde.

◐ März – Okt. tgl. 9.45 – 17.15, Ende Juli – Mitte Aug. bis 18.15, Nov. – Feb. bis 16.15 Uhr, Sonderschließzeiten beachten!; Eintritt 17,75 £; www.royalcollection.org.uk

> **BAEDEKER TIPP**
>
> ### ! Teatime
>
> Die Teatime lässt sich very British im »Crooked House of Windsor« erleben. Das ursprüngliche Haus datiert aus dem 17. Jh., 1718 wurde es wiederaufgebaut. Vom Keller führt ein Geheimgang ins Windsor Castle – der ist allerdings fürs Publikum geschlossen (51 High St., tgl. 9.30 – 17.30 Uhr; www.crooked-house.com).
> Gleich nebenan verläuft die Queen Charlotte Street, mit ihren 15,80 m eine der kürzesten Straßen Großbritanniens.

Home Park Die Anlagen des Home Park umschließen Windsor Castle im Norden und Osten. Hier stehen **Frogmore House and Mausoleum**, in dem Queen Victoria zusammen mit Prince Albert bestattet ist. An der Südseite des Schlosses liegt der Great Park mit prächtigem Rotwildbestand.

◐ Mausoleen 2013 wegen Konservierungsarbeiten geschl.

WINDSOR UND ETON

Windsor hat noch heute einen **malerischen mittelalterlichen Kern** mit Fachwerkhäusern aus dem 17. und 18. Jh., schmalen, verwinkelten Kopfsteinpflastergassen und gemütlichen Pubs.

Schulbänke mit großer Tradition

Auf der anderen Themseseite liegt Eton mit dem weltberühmten ****Eton College**. Die Wahl der Schule spielt in England eine größere Rolle als in anderen europäischen Ländern; absolviert man die »richtige« Schule, kann dies ausschlaggebend für die spätere berufliche und gesellschaftliche Laufbahn sein. Synonym für englische Erziehung mit höchstem Ausbildungsniveau ist Eton College. Die traditionsreichste aller britischen Public Schools wurde 1440 gegründet. Die Schülerschaft besteht aus 70 »Collegers«, die als Beste ihrer Klasse kostenlos im College leben und studieren, und etwas mehr als 1200 »Oppidans« (Externe), die ihren Schulbesuch bezahlen und in Studentenheimen oder Pensionen wohnen. Alle Schüler tragen Cut und gestreifte Hose. Zu den Eton-Absolventen gehören u. a. Henry Fielding, William Pitt, William Gladstone, der Herzog von Wellington und 19 englische Premierminister. Um zwei schöne Innenhöfe zieht sich das Hauptgebäude aus rotem Backstein, das noch aus der Gründungszeit stammt. Besonders sehenswert ist die **Schulkapelle**, die 1441 im Perpendicular Style gebaut wurde. Eigentlich ist sie nur der Chor einer fast doppelt so groß geplanten Kirche.
❶ Ende März – Okt. tgl. außer Di. u. Do.; Touren je nach Länge 10,50/13 £; www.etoncollege.com

ZIELE IN DER UMGEBUNG

Von Windsor aus kann man Flussfahrten auf der Themse durch eine ungemein schöne Parklandschaft unternehmen. Die Themse verzweigt sich immer wieder und bildet kleine Inseln. **Themsefahrten**

Berühmte Bauwerke aus Lego sind im Legoland Windsor südwestlich der Stadt an der B3022 zu sehen. Zu sehen sind mehr als 800 Minigebäude, ein Duplo-Garten und eine Lego-Fahrschule (▶S. 126). ***Legoland Windsor**
❶ Mitte März – Okt. ab 10.00 Uhr; Eintritt 44,20 £; www.legoland.co.uk

Renn- und Wettsport

Hunderennen vs. Pferderennen

Ihre sprichwörtliche Wettleidenschaft leben viele Briten auf der Rennbahn aus: Sie setzen auf Pferde oder Windhunde. Der Besuch eines Galopp- oder Windhundrennens bietet einen guten Einblick in britisches Wochenendvergnügen. Berührungsängste sind fehl am Platze: Auch bei so vermeintlich exklusiven Veranstaltungen wie Ascot setzen viele Normalmenschen ein paar Pfund. Beim Hunderennen geht es sowieso um kleinere Summen.

▶ **Hunderennen**
Die Hunde starten aus Boxen und laufen einem künstlichen Köder hinterher, der ihren Hetztrieb anregt. Dabei gilt es unterschiedliche Renndistanzen zu bewältigen: Kurzstrecken für kleinere Windhundrassen wie den Whippet, längere für die Greyhounds.

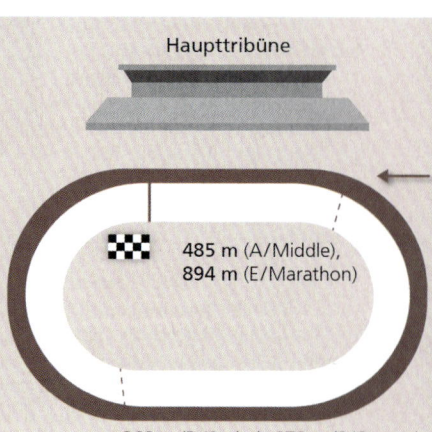

Haupttribüne

485 m (A/Middle), 894 m (E/Marathon)

Coventry Stadium, Brandon
- - - - Startpunkte
▢ Rennstrecke

263 m (D/Sprint), 672 m (S/Stayers)

▶ **Bewegungsablauf im Renntempo**

Greyhound
60 km/h

Gewicht
27-40 kg

▶ **Wettgrundlagen**

Startnummern
Tiere mit höheren Startnummern starten von den Außenbahnen und müssen eine weitere Strecke zurücklegen.

| 1 | 2 | 3 | 4 | 5 | 6 |

Die Quote

Ruf und Ansehen	+	Form	+	Buchmacher	=	QUOTE
Basierend auf den Rennergebnissen des Jockeys und des Tieres		Physische Kondition und emotionale Verfassung		Bewertung der Rennbahn-Buchmacher vor Ort		Geringste Quote = Tier mit größten Siegchancen

Berühmte Rennorte

Allein in England gibt es 52 Pferderennbahnen. Eines der populärsten Galopprennen ist das King George VI. and Queen Elizabeth Diamond Stakes Ascot in Ascot, Berkshire. Hunderennen sind nicht ganz so verbreitet: In ganz Großbritannien gibt es 26 professionelle Hunderennbahnen.

🏅 Die wichtigsten Galopp-Pferderennen
🏅 Die bekanntesten Hunderennen

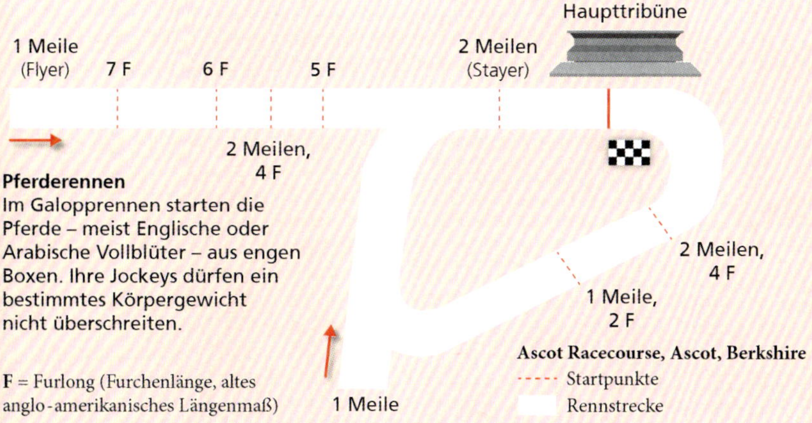

Pferderennen

Im Galopprennen starten die Pferde – meist Englische oder Arabische Vollblüter – aus engen Boxen. Ihre Jockeys dürfen ein bestimmtes Körpergewicht nicht überschreiten.

F = Furlong (Furchenlänge, altes anglo-amerikanisches Längenmaß)

Ascot Racecourse, Ascot, Berkshire
----- Startpunkte
      Rennstrecke

Rennpferd 68 km/h

Jockey max. 55 kg

Standardwetten

©BAEDEKER

Win — 1
Das Tier muss der Sieger des Rennens werden.

Place — 1 oder 2
Das Tier muss Erster oder Zweiter werden.

Show — 1 oder 2 oder 3
Das Tier muss Erster, Zweiter oder Dritter werden.

Der Gewinn ist abhängig von Quote, Einsatz und Anzahl der Starter.

ZIELE • **Worcester**

Ascot Jenseits des Windsor Great Park liegt Ascot. Zum berühmten **Pferderennen** (▶Baedeker Wissen S. 680) im Juni wacht die Kleinstadt auf: Neben Tausenden Gästen kommt auch die königliche Familie in glanzvollem Aufzug von Windsor Castle durch den Park zu Besuch.

* Worcester

O 16

Landesteil: Mittelengland
Höhe: 98 ft/30 m ü. d. M.
Grafschaft: Worcestershire   **Einwohnerzahl:** 94 700

Worcester – sprich »Wuster« – kennt man in Deutschland vor allem wegen der pikanten Worcester-Sauce und möglicherweise auch wegen des Porzellans, das seit 1750 hier hergestellt wird. Die Grafschaftshauptstadt liegt am Severn, an dessen Ufer eine schöne Kathedrale steht.

Durch Industrie und Neubauten hat die Stadt viel von ihrem einstigen Charme eingebüßt. Worcester hat sich als erste Stadt im Bürgerkrieg auf die Seite Charles I. gestellt und als letzte vor Cromwell kapituliert. Charles II. hatte in der Stadt sein Hauptquartier.

SEHENSWERTES IN WORCESTER

*Kathedrale Den besten Blick auf die Kathedrale hat man vom Ufer des Severn aus. In dem Sandsteinbau sind vom Norman bis zum späten Perpendicular Style alle Stilrichtungen zu sehen. Keine andere englische Kirche kann mit dem einheitlichen 118 m langen Gewölbe des ansonsten eher uneinheitlichen Kirchenraums konkurrieren.
Der *Chor mit schlanken Pfeilern aus Purbeck-Marmor und schön ausgearbeiteten Kapitellen stellt reinsten Early English Style dar. Das Grabmal des 1216 gestorbenen Königs John Lackland trägt ein Bildnis des Königs, das als das erste Bild eines englischen Monarchen überhaupt gilt. Der in die Spitze des königlichen Schwertes beißende Löwe verweist auf den Machtverlust, den der König durch die Unterzeichnung der Magna Charta hinnehmen musste. Die **Krypta**, die von 50 eleganten Pfeilern getragen wird, stammt aus der Zeit zwischen 1084 und 1092, ist also noch aus normannischer Zeit erhalten. Der schöne **Kreuzgang** ist im Perpendicular Style gebaut.
Das Gewölbe des **Kapitelhauses** wird von nur einem Zentralpfeiler getragen – eine architektonische Meisterleistung, die hier in Worcester erstmals erbracht wurde. Später gab es häufige Imitationen dieser Bauweise. Der ursprüngliche Rundbau stammt von 1150, seine zehn-

Worcester erleben

AUSKUNFT
The Guildhall, High St.
Worcester, Worcestershire
England, WR1 2EY
Tel. 01905 72 63 11
www.visitworcester.com

ESSEN
Saffrons Bistro ⓔⓔ
15 New St.
Tel. 01905 61 05 05
www.saffronsrestaurant.co.uk
So. geschl.
Nettes gemütliches Bistro mit einer schönen Auswahl an Fisch- und Fleischgerichten zu annehmbaren Preisen.

ÜBERNACHTEN
Diglis House Hotel ⓔⓔⓔ
Severn St.
Tel. 01905 35 35 18
www.diglishousehotel.co.uk
Sehr schön am Flussufer gelegen. Im 19. Jh. lebte hier der Maler Benjamin Williams Leader, sein Kollege John Constable kam häufig zu Besuch.

Osborne House ⓔⓔ
17 Chestnut Walk
Tel. 01905 2 22 96
www.osborne-house.co.uk
Gemütlich und nur wenige Gehminuten vom Zentrum entfernt.

Ländliche Idylle in der Umgebung von Worcester

eckige Außenform erhielt der Bau um 1400. Als wichtigster Rest des einstigen Klosters ist das **Refektorium** erhalten, ein großer Saal, unter dem eine normannische Krypta liegt. Er wird jetzt als Aula der King's School benutzt.

● tgl. 7.30–18.00, Turm Ostern–Ende Okt. Sa.; Eintritt Turm 4 £, Führung 3 £; www.worcestercathedral.co.uk

*The Commandery
The Commandery südöstlich der Kathedrale war 1651 Hauptquartier Charles' II. in der entscheidenden Schlacht gegen Cromwell. Charles II. setzte sich nach der Niederlage nach Frankreich ab.

● Sidbury; Mo.–Sa. 10.00–17.00, So. ab 13.30 Uhr; Eintritt 5,50 £

*Royal Worcester Porcelain Works
Südlich der Kathedrale befinden sich die Fabrikationsräume der 1750 gegründeten Königlichen Porzellanmanufaktur, die 1840 an ihren jetzigen Standort zog. Das Visitor's Centre zeigt das Leben der Töpfer im 19. Jh., das angegliederte Museum of Worcester Porcelain zeigt die schönsten Stücke aus der Produktion.

● Ostern–Okt. Mo.–Sa. 10.00–17.00, Nov.–Ostern Di.–Sa. 10.30–16.00 Uhr; Eintritt 6 £; www.worcesterporcelainmuseum.org.uk

Tudor House
In dem prächtigen Fachwerkhaus aus dem 16. Jh. werden Worcester Alltagsgegenstände aus viktorianischer Zeit gezeigt.

● Friar St.; Mi., Sa. 10.00–16.00 Uhr; Eintritt frei; www.tudorhouse.org.uk

Guildhall
An der High Street steht die stattliche Guildhall aus dem 18. Jh.; Statuen von Charles I. und Charles II. flankieren den Eingang, ihr Feind Cromwell hängt – an den Ohren festgenagelt – über der Tür.

! BAEDEKER TIPP

Theater im Klo

Great Malverns Beitrag zum Guinness Buch der Rekorde ist das kleinste Theater der Welt. Es befindet sich am Edith Walk in einem umgestalteten Herren-WC aus viktorianischer Zeit und bietet immerhin zwölf Plätze (www.wc-theatre.co.uk).

UMGEBUNG VON WORCESTER

In **Lower Broadheath** 5 km westlich steht das Geburtshaus des Komponisten Edward Elgar (1857 bis 1934). Das Haus ist als Museum eingerichtet.

● Crown East Lane; tgl. 11.00–17.00 Uhr; Eintritt 7,50 £; www.elgarmuseum.org

Malvern
Malvern 13 km südwestlich von Worcester ist wegen seiner idealen Lage an den Ausläufern der Malvern Hills einer der beliebtesten Kurorte in England. Die Stadtgemeinde (28 800 Einw.) besteht aus verschiedenen Ansiedlungen, deren Mittelpunkt Great Malvern ist. In Little Malvern liegt Edward Elgar begraben.

** York

Landesteil: Nordengland
Höhe: 57 ft/17 m ü. d. M.
Grafschaft: North Yorkshire

✈ Q 13

Einwohnerzahl: 202 400

Die Stadt rühmt sich ihrer schönen Sehenswürdigkeiten: Das Minster ist die größte mittelalterliche Kathedrale Englands und zweifellos eine der schönsten. Romantische Straßenzüge und Fachwerkbauten, zahlreiche Kirchen und öffentliche Bauten prägen das Bild.

York, das Zentrum der einstigen Grafschaft Yorkshire, die 1974 in vier Grafschaften aufgeteilt wurde, ist die Hauptstadt des nördlichen England und quasi ein Gegenpol zu London. Der Bürgermeister der mittelalterlichen und zugleich modernen Stadt gilt mehr als seine Amtskollegen, da nur die Bürgermeister von London und York den Titel »Right Honorable« führen dürfen. Dem zweitältesten Sohn der Königsfamilie wird der Titel des Herzogs von York verliehen.

Zentrum von Nordengland

York – 71 n. Chr. als »Eburacum« gegründet – war unter den Römern wichtiger Militär- und Handelsstützpunkt im Norden Britan-

Geschichte

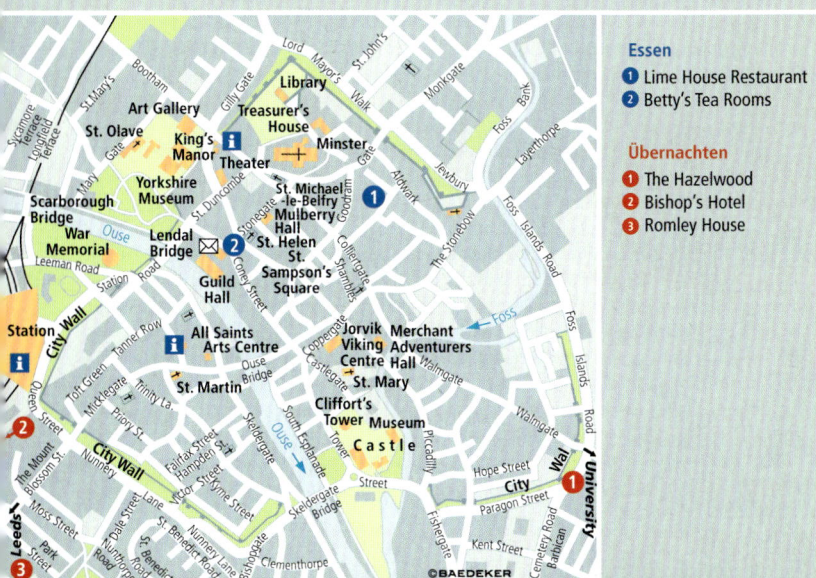

York

Essen
① Lime House Restaurant
② Betty's Tea Rooms

Übernachten
① The Hazelwood
② Bishop's Hotel
③ Romley House

York erleben

AUSKUNFT
Visit York Information Centre
1 Museum St.
York YO1 7DT
Tel. 01904 55 00 99
www.visityork.org

ESSEN
❶ Lime House Restaurant ●●●
55 Goodramgate
Tel. 01904 63 27 34
www.limehouserestaurant-york.co.uk
So. u. Mo. geschl.
Unweit des Minster und der Shambles liegt dieses geschmackvoll eingerichtete Restaurant, das schon mehrere Preise erringen konnte. Moderne britische Küche in angenehmer Atmosphäre.

❷ Betty's Tea Rooms ●●
St. Helen's Square
Tel. 01904 65 91 42
www.bettys.co.uk
In Betty's Tea Room kann man in elegantem Ambiente süße Spezialitäten zum Tee probieren.

ÜBERNACHTEN
White Swan Inn ●●●●
Market Place
Pickering
Tel. 01751 47 22 88
www.white-swan.co.uk
Die Zimmer im White Swan Inn in Pickering im Ryedale sind komfortabel; das Restaurant ist gut und bietet eine solide Auswahl an Ales.

❶ The Hazelwood ●●●
24–25 Portland St.
Tel. 01904 62 65 48
www.thehazelwoodyork.com
Sehr angenehme Unterkunft in einem eleganten Stadthaus, das im Herzen der Stadt liegt.

❷ Bishop's Hotel ●●
135 Holgate Rd.
Tel. 01904 62 80 00
www.bishopsyork.co.uk
Freundlich eingerichtete Zimmer in einer schönen Villa aus viktorianischer Zeit.

niens und eine bedeutende Stadt mit hoch stehender Kultur. Unter den Sachsen war sie die Hauptstadt des anglischen Königreichs Deirta und als Erzbischofssitz ab 625 das geistliche Zentrum, von dem aus das Christentum im Norden Englands verbreitet wurde.
Im Mittelalter kam York als Zentrum der Wollweber und Tuchhändler und als Hafenstadt mit internationalem Handel zu großem Wohlstand. Die Könige aus dem Haus Plantaganet förderten die Stadt nach Kräften. Edward III. (1327–1377) verlieh erstmals den Titel eines Herzogs von York. Richard Plantagenet, dritter Herzog von York,(1411–1460), begann die Rosenkriege gegen das seit 1399 regierende Haus Lancaster. Sein Sohn bestieg 1461 als Edward IV. den englischen Thron.
Die Industrialisierung ist spurlos an York vorbeigegangen. Wichtiger Wirtschaftsfaktor ist der Tourismus mit über 4 Mio. Besuchern pro Jahr.

York • ZIELE

York Minster, ein würdiger Kathedralbau für eine bedeutende Diözese

❸ *Romley House* €€
2 Millfield Rd.
Tel. 01904 65 28 22
www.romleyhouse.co.uk
Romley House ist freundlich und familiär geführt und liegt in Zentrumsnähe.

EINKAUFEN

Swinegate, im Mittelalter der Schweinemarkt, ist ein Gassengewirr voller Designerboutiquen, Souvenirläden, Cafés und Bars. Stonegate, einstmals das Terrain der Steinmetze, birgt heute exklusive Geschäfte. Schön zum Flanieren sind die Shambles, eine mittelalterliche Straße, deren Fachwerk-Fassaden hier und da große Fleischerhaken zieren: Eine Erinnerung an die Metzger, die früher hier zu Hause waren und ihre Läden hatten.

** MINSTER

Hauptattraktion ist die gewaltige Kathedrale, die einer bedeutenden Diözese würdig ist. Besonders eindrucksvoll ist neben den immensen Dimensionen die einzigartige Fülle ihrer mittelalterlichen Glasmalereien. Um 627 wurde eine erste Kirche aus Holz für die Taufe des angelsächsischen Königs Edwin gebaut. Mit dem Bau der jetzigen gotischen Kathedrale begann man im frühen 13. Jahrhundert.
Das im hochgotischen Stil vollendete **Langhaus** ist 158 m lang und 64 m breit und damit eines der breitesten gotischen Schiffe in Europa. In die Westwand ist das eindrucksvolle achtbahnige Maßwerkfenster (1338) mit Herzblattformen (Heart of Yorkshire) eingelassen, auf dem Szenen aus dem Neuen Testament, Apostel- und Bischofsfiguren zu sehen sind. Die an den Langhauswänden angebrachten Wap-

> **BAEDEKER TIPP !**
>
> *Blick aufs Minster*
>
> Wer mit dem Auto über die B1363 auf York zukommt, hat einen wunderbaren Blick auf das Minster, wie es sich majestätisch über den Feldern erhebt – und diese Aussicht ist seit Jahrhunderten unverändert.

penschilde erinnern an Adlige, die Edward I. und Edward II. in ihren Kriegen gegen Schottland unterstützten.

Im nördlichen **Seitenschiff** befindet sich das Wallfahrtsfenster (um 1312) mit Petrus, der von Pilgern umgeben ist, und ungewöhnlichen Details wie einem lesenden Hahn und einem Affenbegräbnis. Daneben erstrahlt das **Glockengießerfenster** (14. Jh.) mit entsprechenden Motiven. Im dritten Joch des südlichen Seitenschiffs ist das **Jesse-Fenster** (um 1310) mit Figuren der Vorfahren Jesu (u. a. David, Salomon, Propheten) bemerkenswert.

Das dreischiffige **Querschiff** ist im 13. Jh. errichtet worden. In der Schlusswand des nördlichen Querschiffs fasziniert das von Charles Dickens so benannte »Five Sisters Window« (ca.1260). Im südlichen Querschiff erinnert die herrliche **Fensterrose** (um 1500) an die Heirat Henrys VII. mit Elizabeth von York, durch die die Rosenkriege zwischen den Häusern Lancaster und York beendet wurden.

Die **Chorschranke** ist ein Meisterwerk der spätgotischen Bildhauerkunst: Zu sehen sind Statuen der 15 englischen Könige von William I. (links) bis Henry VI.(rechts). Im südlichen Chorumgang befindet sich das **St.-William-Fenster** von 1422 mit Szenen aus dem Leben des Heiligen, dessen Schrein im Mittelalter im Altarraum verehrt wurde. William Fitzherbert, Erzbischof von York, wurde vier Jahre nach seiner Wahl 1143 von Papst Eugen III. ungerechtfertigt abgesetzt, 1153 aber restituiert. Beim triumphalen Wiedereinzug in York brach die Brücke über die Ouse unter der Last der Menschen zusammen, ohne dass jemand verletzt wurde – ein deutliches Zeichen für die Heiligkeit des Erzbischofs. Im nördlichen Chorumgang befindet sich das **St.-Cuthbert-Fenster**, das Szenen aus dem Leben des Heiligen zeigt, der 685 zum Erzbischof geweiht wurde. Den Schluss der Chors bilden die Marienkapelle und das Ostfenster mit Darstellungen des Alten Testaments, das um 1408 entstand und wohl das **größte mittelalterliche Buntglasfenster der Welt** ist.

Die **Krypta** (12. Jh.) stammt aus einer normannischen Vorgängerkathedrale, außerdem sind Reste einer Apsis (11. Jh.) aus einer noch früheren Kirche erhalten. Ausstattungskostbarkeiten sind die Kapitelle, der Taufstein, im 15. Jh. als Erinnerung an die Taufe von Edwin im Jahr 627 aufgestellt, und der Schrein des St. William von York. Bei Grabungen, die 1967 – 1972 zur Sicherung der Kirchenfunda-

Am York Minster, offiziell »The Cathedral Church of St Peter«, wurde 250 Jahre lang gebaut.

York Minster

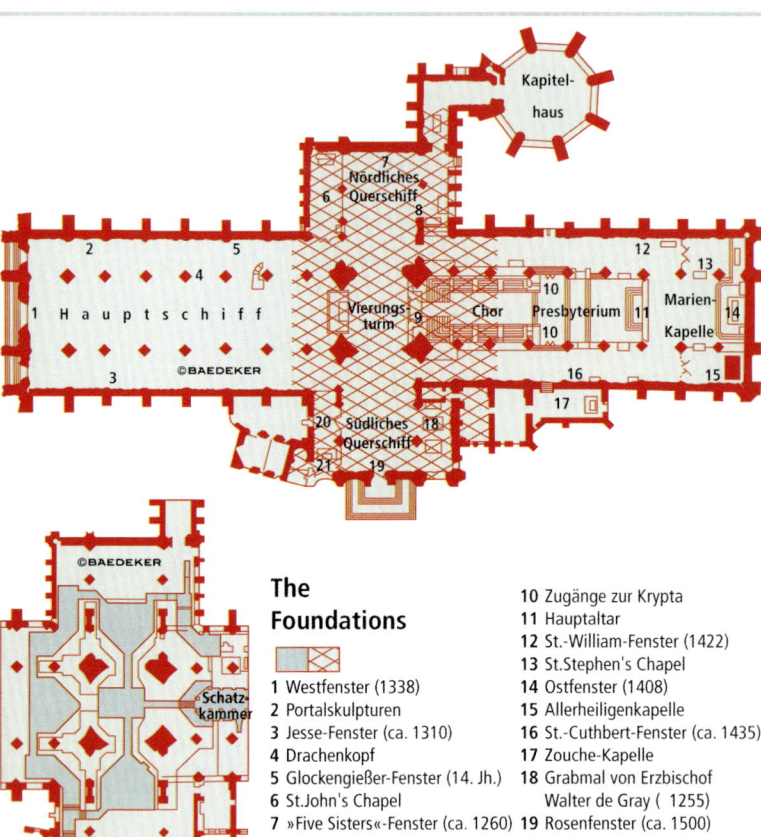

The Foundations

1 Westfenster (1338)
2 Portalskulpturen
3 Jesse-Fenster (ca. 1310)
4 Drachenkopf
5 Glockengießer-Fenster (14. Jh.)
6 St. John's Chapel
7 »Five Sisters«-Fenster (ca. 1260)
8 Astronomische Uhr
9 Lettner mit Königsstatuen
10 Zugänge zur Krypta
11 Hauptaltar
12 St.-William-Fenster (1422)
13 St. Stephen's Chapel
14 Ostfenster (1408)
15 Allerheiligenkapelle
16 St.-Cuthbert-Fenster (ca. 1435)
17 Zouche-Kapelle
18 Grabmal von Erzbischof Walter de Gray (1255)
19 Rosenfenster (ca. 1500)
20 St. George's Chapel
21 Eingang zu »The Foundations«

mente im Bereich des Mittelturms gemacht wurden, stieß man auf **The Foundations** – umfangreiche Unterbauten aus römischer und angelsächsischer Zeit. Fundstücke sind in einem archäologischen Museum zu sehen.

Im achteckigen **Kapitelsaal** fällt die freitragende, bemalte Gewölbedecke aus Holz mit 20 m Durchmesser auf.

🕐 Sommer Mo. – Sa. 9.00 – 17.00, So. ab 12.00, Winter ab 9.30 Uhr; Eintritt Minster & Turm 14 £; www.yorkminster.org

Zu den interessanten Bauten in der Domfreiheit zählen das St. William's College (15. Jh.), in dem eine Ausstellung zur Geschichte des Minster gezeigt wird, das Treasurer's House (17. Jh.), das frühere Wohnhaus des Domschatzmeisters mit hervorragendem Interieur, und die Minster Library, die in einer Kapelle aus dem 12./13. Jh. untergebracht ist. Hinter der St. Michael-le-Belfrey Church an der Südseite des Minster erinnert eine römische Säule (4. Jh.) an die Ausrufung Konstantins zum römischen Kaiser in York im Jahr 306.

*The Minster Close

* ALTSTADT

Westlich des Münsters liegen die Museum Gardens mit Überresten des St.-Leonard-Hospitals (11. Jh.) und Teilen der römischen Festung, in die die mittelalterliche Ummauerung eingefügt wurde. Das **Yorkshire Museum** besitzt eine bedeutende archäologische Sammlung mit überwiegend römischen und angelsächsischen Funden. Die **City of York Art Gallery** zeigt eine Sammlung englischer und europäischer Gemälde vom Mittelalter bis zur Neuzeit.
Yorkshire Museum: tgl. 10.00 – 17.00, Gärten tgl. ab 7.30 Uhr; Eintritt Museum 7,50 £, Gärten frei; www.yorkshiremuseum.org.uk
City of York Art Gallery: tgl. 10.00 – 17.00 Uhr; Eintritt frei; www.yorkartgallery.org.uk

Museum Gardens

Südlich der Kathedrale liegt die Fußgängerzone von York mit zahlreichen Geschäften. Schöne, mittelalterliche Gassen sind *Stonegate – in York heißen Straßen wie im Skandinavischen häufig »gate« (= Gasse), ein deutliches Relikt der Dänenherrschaft – und vor allem *Shambles: schmal und dunkel. In dieser Gasse wohnten die Metzger in alten Häusern, »shambles« genannt nach den Fenstersimsen, auf denen sie ihre Waren anboten.

Fußgängerzone

Im Jorvik Dig in der St. Saviourgate kann man bei Ausgrabungen selbst mit Hand anlegen.
❶ tgl. 10.00 – 17.00 Uhr; Eintritt 5,50 £, Kombiticket mit Jorvik Viking Centre erhältlich; www.digyork.com

Jorvik Dig

In der Straße Piccadilly steht der vornehmste Zunftbau der Kaufleute und reichen Handelsherren, die Merchant Adventurers' Hall.
❶ März – Okt. Mo. – Do. 9.00 – 17.00, Fr., Sa. bis 15.30, So. 11.00 – 16.00, Nov. – Feb. Mo. – Do. 10.00 – 16.00. Fr., Sa. bis 15.30 Uhr; Eintritt 6 £; www.theyorkcompany.co.uk

Merchant Adventurers' Hall

Ein Stück in Richtung River Ouse befindet sich in der Coppergate das Jorvik Viking Centre, das über den Alltag der Wikinger im 9./10. Jh.

**Jorvik Viking Centre

informiert. Zu sehen sind u. a. Rekonstruktionen von Wohnhäusern aus dem dänischen Jorvik, der Vorgängerstadt von York, und Nachbildungen frühmittelalterlicher Werkstätten.

❶ April – Okt. tgl. 10.00 – 17.00, Nov. – März bis 16.00 Uhr; Eintritt 9,25 £; Kombiticket mit Jorvik Dig erhältlich; www.jorvik-viking-centre.co.uk

Micklegate Bar, ein Überbleibsel der Stadtmauer

York Castle im Süden der Altstadt wurde 1068 in Holzbauweise von den Normannen errichtet. Im 13. Jh. wurde statt der Holzfestung eine weitläufige Burganlage gebaut, von der lediglich **Clifford's Tower** erhalten ist – der Keep, benannt nach Roger de Clifford, der als Führer der Lancaster Partei 1322 hier hingerichtet wurde. 1190 suchten rund 150 Juden in dem Turm Zuflucht vor Verfolgung durch die aufgebrachte Menge während der Kreuzzugspropaganda gegen die Juden. In ihrer aussichtslosen Lage nahmen sie sich das Leben. Im 18. Jh. entstanden auf dem Burgareal Gefängnisbauten, die heute musealen Zwecken dienen. Das **York Castle Museum** gibt hervorragende Einblicke in die englische Lebenswelt verschiedener Jahrhunderte. Dazu gehört auch die Kirkgate, ein nachgebauter viktorianischer Straßenzug mit kleinen Geschäften.

❶ tgl. 9.30 – 17.00 Uhr; Eintritt 8,50 £; www.yorkcastlemuseum.org.uk

Stadtmauern Einen bleibenden Eindruck hinterlässt ein Spaziergang auf den ca. 5 km langen Stadtmauern. Sie wurden größtenteils im 14. Jh. gebaut und folgten weitgehend den römischen Mauerlinien, schlossen auch Reste davon ein. Sechs Tore (»bars«) sind noch erhalten, vier davon aus dem Mittelalter; Walmgate Bar, Monk Bar und Bootham Bar haben sogar noch die alten Fallgatter. Im Monk Bar stellt das **Richard III. Museum** die Geschichte des berühmten Schurken dar.

Richard III. Museum: 6 Goodramgate; März – Okt. tgl. 9.00 – 17.00, Mitte Juli – Mitte Sept. bis 20.00, Nov. – Feb. 9.30 – 16.00 Uhr; Eintritt 3 £; www.richardiiimuseum.co.uk

Weitere Museen Das weltweit größte seiner Art ist das **Eisenbahnmuseum** am westlichen Stadtrand in der Leeman Road, das am Beispiel zahlreicher Lokomotiven und Waggons von 1820 bis heute die Entwicklung der

Eisenbahn aufzeigt. Zu sehen sind u. a. ein viktorianischer Postzug von 1838 und luxuriöse edwardianische Salonwagen.
Eine beachtliche Sammlung an Steppdecken aus antiker und moderner Zeit, die auf den britischen Inseln hergestellt wurden, sind im **Quilt Museum and Art Gallery** zu sehen.

Eisenbahnmuseum: tgl. 10.00 – 18.00 Uhr; Eintritt frei; www.nrm.org.uk
Quilt Museum and Art Gallery: St. Anthony's Hall; Mo. – Sa. 10.00 – 16.00 Uhr, Winter geschl.; Eintritt 6 £; www.quiltmuseum.org.uk

UMGEBUNG VON YORK

In Beningbrough Hall, einem frühgeorgianischen Landsitz ca. 13 km nordwestlich von York, sind über 100 Leihgaben aus der National Portrait Gallery zu sehen. — **Beningbrough Hall**
❶ März – Okt. Sa. – Mi. 12.00 – 17.00 Uhr; Eintritt 8 £

Selby liegt südlich von York ebenfalls am River Ouse. In dem Städtchen gibt es eine Reihe bemerkenswerter georgianischer Häuser und eine der schönsten Klosterkirchen Englands. Der Vorgängerbau der eindrucksvollen ****Abbey**, 1069 an dieser Stelle für Benediktinermönche gegründet, stellte das erste bedeutende Kloster nach der normannischen Eroberung dar. Die jetzige Kirche wurde um 1100 begonnen und St. Germanus geweiht. Sehenswert sind die spätnormannische Westfront und das Nordportal. Die östliche Hälfte des Hauptschiffs ist romanisch-normannisch, die westliche im Transitional Style des 13. Jh.s gehalten. Architektonisch bemerkenswert ist der im Decorated Style errichtete Chor (1280 – 1340). Höhepunkte sind das Ostfenster mit Darstellungen des hl. Michael und das »Washington Window« (14. Jh.) im Chor mit dem Wappen der Familie, von der auch Amerikas Präsident George Washington abstammte. — **Selby**
❶ www.selbyabbey.org.uk

The Wolds – zur Unterscheidung zu anderen Hügellandschaften gleichen Namens »Yorkshire Wolds« genannt – erstrecken sich nördlich, östlich und südlich von York. Früher war dieses Gebiet quasi eine riesige Schafweide, da die Böden wenig ertragreich waren. Inzwischen sind weite Landstriche in Kornfelder verwandelt worden. Dazwischen liegen weiße Klippen und malerische Baumgruppen, und schöne altmodische Alleen durchziehen die Landschaft. Weit verteilt liegen in dieser dünn besiedelten Gegend einige sehenswerte Plätze. Der 127 km lange Yorkshire Wolds Way führt Wanderer durch eine der schönsten und unberührtesten Landschaften Englands. — ***Yorkshire Wolds**

Malton, ein Städtchen am Ufer des Derwent, ist bekannt für die Zucht von Rennpferden. Das **Eden Camp Modern History Theme Museum**, ein Museum für Kriegsgeschichte nordöstlich von Malton, wid-

Die Ruine von Rievaulx Abbey im Nationalpark North York Moors

met sich visuell, akustisch und sogar in Gerüchen dem Zweiten Weltkrieg und den Folgejahren. Zu sehen sind u. a. die Nachbildung eines Kriegsgefangenenlagers und eher überraschende Attraktionen wie die »Gefangenenkantine«, in der sich Besucher stärken können.

Westlich von Malton lohnt ***Castle Howard** einen Besuch, ein imposantes Herrenhaus nach Entwürfen von John Vanbrugh im palladianischen Stil gebaut. Deutlich orientierte der Dramatiker und Architekt sich bei dieser ersten bedeutenden Arbeit an Plänen von Christopher Wren. Besonders gelungen ist die Gartenfront. Die eleganten Räume beherbergen großartige Gemälde, Stilmöbel und Kostüme sowie kostbare Vasen und Statuen. In dem Park gibt es hübsche Wasseranlagen, die einander nach einem ausgeklügelten System speisen.

Nordwestlich von Malton liegt am Ufer des River Rye **Nunnington Hall**, ein großer Herrensitz aus dem späten 16. Jh. mit einer schönen Gartenanlage. Zur Innenausstattung gehören feine Holztäfelungen, kostbare Tapisserien und chinesisches Porzellan.

Eden Camp Modern History Theme Museum: an der Kreuzung A64/A169; tgl. 10.00 – 17.00 Uhr; Eintritt 6 £; www.edencamp.co.uk

Castle Howard: Haus April – Okt. tgl. 11.00 – 16.00, Anlage April – Okt. tgl. 10.00 – 17.30, Nov., Jan. – März bis 16.00 Uhr; Eintritt 13 £; www.castlehoward.co.uk

Nunnington Hall: Mitte Feb. – Nov. Di. – So. 11.00 – 17.00 Uhr; Eintritt 6,35 £

*Nationalpark North York Moors Die North York Moors oder North Yorkshire Moors sind Nationalparkareal, das sowohl die reizvolle Klippenküste als auch das Hinterland – überwiegend Heide- und Moorlandschaften – umfasst. Kiefern, Stechginster und zahlreiche Wildblumen sind hier zu finden. Die North Yorkshire Moors Railway, ein von einer Dampflok betriebener Zug, durchquert den Nationalpark auf der Nord-Süd-Strecke von Whitby nach Pickering. Einen Zwischenstopp kann man in Goathland machen, einem der wenigen Dörfer in dem dünn besiedelten Gebiet.

Die Moors sind beliebtes Wandergebiet. Auf dem **Cleveland Way**, einem Fuß- und Reitweg von etwa 175 km Länge, lässt sich der Nationalpark fast umrunden.

Vom Seebad Bridlington geht eine wunderbare **Küstenstraße** nach Nordwesten bis nach **Whitby**. Ab Whitby gibt es mehrere landschaftlich sehr schöne Straßen, die durch die North York Moors führen (Bridlington, Scarborough und Whitby ▶North East Coast).

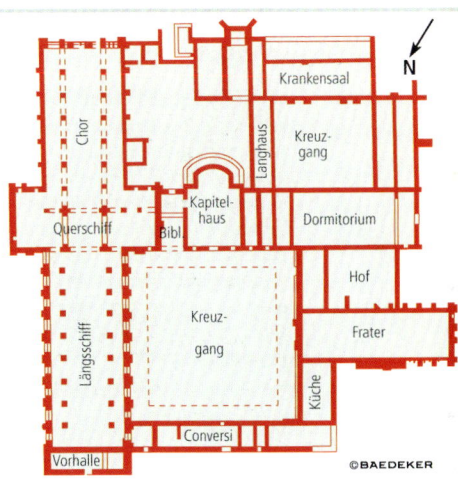

Rievaulx Abbey

Von kulturellem Interesse ist der Südwesten des Nationalparks. Ein Bild vollendeter Schönheit bieten die gewaltigen Ruinen der **Rievaulx Abbey**, die 1131 für Zisterzienser-Mönche gegründet wurde. Relativ gut erhalten ist das Kirchenschiff, von den Klosterräumen, in denen einst etwa 500 Mönche lebten, sind Krankenräume und der Schlafsaal aus dem 12. und 13. Jh. zu erahnen. Oberhalb der Abtei steht ein Schlösschen aus dem Jahr 1758, zu dem man hinaufsteigen kann, um den eindrucksvollsten Blick auf die Ruine und das ganze Tal zu genießen.

In dem malerischen Weiler **Coxwold** war der Schriftsteller Laurence Sterne (1713 – 1768) als Prediger tätig. In **Shandy Hall** verfasste er die »Sentimental Journey« (Empfindsame Reise). Seine damalige kleine Studierstube ist heute als Gedenkzimmer eingerichtet.

Wenige Kilometer nördlich von Kilburn kann man die Umrisse eines Pferdes erkennen, die in den weißen Kalkstein eingeritzt wurden.

Den »schönsten Blick Englands« nannte James Herriot alias Alf Wight, wie der vielleicht berühmteste Tierarzt der Welt in Wirklichkeit hieß, die Aussicht von der **Sutton Bank** am Südwestrand des Nationalparks in der Nähe von Sutton-under-Westcliff und Kilburn.

Rievaulx Abbey: April – Sept. tgl. 10.00 – 18.00, Okt. Do. – Mo. 10.00 – 17.00, Nov. – März Sa., So. 10.00 – 16.00 Uhr; Eintritt 5,80 £

* Yorkshire Dales

O/P 12

Landesteil: Nordengland
Grafschaft: North Yorkshire

Die Yorkshire Dales sind ein äußerst reizvolles und abwechslungsreiches Gebiet. Zu den Dales gehören das Wharfedale, also das Tal des Flusses Wharfe, das Upper Ribbledale, das Wensleydale, das Swaledale und die Südseite des Teesdale. Diese Flusstäler sowie zahlreiche Seitentäler bilden den Nationalpark Yorkshire Dales.

*Nationalpark

»Dale« leitet sich vom skandinavischen »Thal« ab und bezeichnet, anders als das allgemein gebrauchte »Vale« für Tal, ausschließlich die moorigen und sumpfigen Täler, die von Flüssen aus dem Pennine-Gebirge gespeist werden. Jedes der dünn besiedelten Täler hat einen anderen Charakter. Das Ribbledale mit Wasserfällen, aufragenden Felsen, Höhlen und großen Steinbrüchen ist das dramatischste. Auch das Swaledale hat wilde Schluchten mit zerklüfteten Felsformationen. Lieblich ist dagegen das obere Wharfedale. Das Wensleydale ist breiter, mit satten Wiesen, Wasserfällen und Heidelandschaft. Die Höhen liegen im Schnitt bei 180 m, manche steigen bis über 600 m an.

WHARFEDALE

Bolton Abbey

Das südlichste Tal der Yorkshire Dales ist das des Flüsschens Wharfe nordwestlich von ▶Leeds. Günstiger Ausgangspunkt für die Erkundung seiner landschaftlichen Schönheiten ist das Dorf Bolton Abbey mit der **Ruine der Bolton Priory**. Reste der Kirche sind erhalten, ein Teil des Kirchenschiffs wird sogar noch benutzt. Auf außerordentlich schönen Spazierwegen lässt sich Bolton Estate durchstreifen. Ein Spaziergang, den man sich nicht entgehen lassen sollte, geht am Westufer des Wharfe entlang zum ***»Strid«**, wo sich der Fluss auf weniger als 1 m Breite verengt und entsprechende Stromschnellen bildet. Von der Abtei bis zu der 1659 gebauten Barden Bridge sind es knapp 5 km. Für den Rückweg sollte man die andere Flussseite wählen.

*Upper Wharfedale

Eine schöne Strecke durch das Upper Wharfedale führt von Bolton Abbey am Westufer des Wharfe an der Barden Bridge und der Ruine des Barden Tower vorbei. Im Kilnsey Park kann man sich über die vielfältige Landwirtschaft der Dales informieren. Nach links zweigt eine Straße in das schmale Litondale Richtung Arncliffe ab. Ab Buck-

Yorkshire Dales • ZIELE

den am Fuß des etwa 700 m hohen Buckden Pike kann man weiter dem Wharfe folgen oder rechts zum Wensleydale abbiegen.

Das Städtchen Skipton westlich von Bolton Abbey ist der Hauptort der Region zwischen Wharfedale und Ribbledale. Das **Schloss** ist eines der besterhaltenen in ganz England.

Skipton

Skipton Castle: März – Sept. tgl. 10.00 – 18.00, Okt. – Feb. bis 16.00 Uhr; Eintritt 6,70 £; www.skiptoncastle.co.uk

Für Eisenbahnfreunde lohnt sich die Sammlung alter Lokomotiven und Wagen am Bahnhof von Embsay etwas nordöstlich. Im Sommer fährt fast täglich eine dampflokbetriebene Bahn von Embsay zur Bolton Abbey Station.

Embsay

❶ www.embsayboltonabbeyrailway.org.uk

Yorkshire Dales erleben

AUSKUNFT
Minster Rd., Ripon,
North Yorkshire
England, HG4 1LT
Tel. *0845 3890178
www.yorkshiredales.org.u

ESSEN
The King's Arms ❸❸
Main St., Askrigg
Tel. 01969 65 01 13
www.kingsarmsaskrigg.co.uk
Der hübsche Pub war Kulisse für den Dorf-Pub der Fernsehserie »Der Doktor und das liebe Vieh«. Die Speisekarte bietet kleine und große Köstlichkeiten aus der Region.

ÜBERNACHTEN
Devonshire Arms Country House Hotel ❸❸❸❸
Bolton Abbey, Skipton
Tel. 01756 710441
www.thedevonshirearms.co.uk
Das Haus ist seit 1733 in Besitz der Familie des Herzogs und der Herzogin von Devonshire. Der Herzogin obliegt die Inneneinrichtung. So finden sich in diesem Luxushotel schöne Gemälde und Antiquitäten.

The Lister Arms Hotel ❸❸❸
Malham (bei Skipton)
Tel. 01729 830330
http://listerarms.co.uk
Gasthaus aus dem 17. Jh. mit schönem Pub und Restaurant.

The Traddock ❸❸❸
Austwick, Settle
Tel. 01524 25 12 24
www.thetraddock.co.uk
Schönes, ruhig gelegenes Landhaushotel im georgianischen Stil mit zwölf traditionell und komfortabel eingerichteten Zimmern und einem gepflegten Garten mit gemütlichen Sitzgelegenheiten..

Napier's Restaurant ❸❸❸
Chapel Hill, Skipton
Tel. 01756 79 96 88
http://napiersskipton.co.uk
Gute Küche und gepflegte Zimmer in einem ehemaligen Bauernhaus.

Malham Schön ist ein Ausflug von Skipton in nordwestlicher Richtung nach Malham. Wanderungen durch wildromantische Szenerien führen hier zur amphitheaterartigen Felsformation Malham Cove, zur Schlucht von Gordale Scar und zu dem versteckten Moorsee Malham Tarn.

WENSLEYDALE

Das Wensleydale ist nicht nach einem Fluss benannt, sondern nach dem Städtchen Wensley südwestlich von ▶Richmond. Der Fluss, der durch das Tal fließt, ist der Ure.

Ripon Ein guter Tourenstützpunkt – noch nicht im eigentlichen Wensleydale gelegen – ist Ripon am Skell, einem Nebenfluss des Ure. Sehenswert ist die *Kathedrale, die auf eine 657 von Alchfrith gegründete Klosterkirche zurückgeht. Die ältesten Teile, Querschiffe und Chor, stammen aus dem 12. Jahrhundert. Die angelsächsische Krypta datiert von ca. 670.
Kathedrale: tgl. 8.30 – 18.00 Uhr; Eintritt frei, Spenden willkommen; www.riponcathedral.org.uk

**Fountains Abbey Fountains Abbey wird oft als eine der schönsten Ruinen Europas bezeichnet. Sie liegt 6,5 km südwestlich von Ripon und wurde 1986 von der UNESCO als Weltkulturerbe eingestuft. Fountain Abbey ist nicht nur eine der großartigsten, sondern auch größten und am besten erhaltenen Ruinen Großbritanniens und ein hervorragendes Beispiel der in England häufigen Umwandlung eines Klosters zu Wohngebäuden. Der Name stammt von mehreren Quellen, die in der Nähe entspringen. Der beste Eindruck ergibt sich, wenn man durch den georgianischen Landschaftsgarten *Studley Royal kommt – unvermittelt hat man Blick auf die 1132 als Zisterzienser-Abtei gegründete Anlage. Das gewaltige Bauwerk kündet vom Reichtum der Mönche, der durch Schafzucht und Wollhandel begründet wurde. Schönster Teil der Anlage ist die »Chapel of the Nine Altars«, in der erstmals in England der Spitzbogen eingesetzt wurde. Weitgehend erhalten sind die umfangreichen Wirtschaftsgebäude, die die Klosteranlage so gewaltig erscheinen lassen: Kapitelhaus, Schlaf- und Waschräume, Refektorium, Küche, Krankenhaus und Gästehäuser sind meist doppelt vorhanden: für Mönche und Laienbrüder.
In **Fountains Hall** (1595 – 1611), westlich außerhalb teils aus dem Material der Abtei gebaut, ist eine interessante Sammlung von Möbeln zu sehen.
❶ April – Sept. tgl. 10.00 – 17.00, Okt. – März bis 16.00 Uhr; Eintritt 9 £; www.fountainsabbey.org.uk

Middleham Castle – hier hielt sich Richard III. gerne auf.

*Jervaulx Abbey

Eine andere eindrucksvolle Ruine – ebenfalls malerisch in einem Wiesental gelegen – ist die der Jervaulx Abbey 22 km nordwestlich von Ripon. Von der Kirche (um 1200) steht nur noch wenig, zu sehen sind noch die Wirtschaftsgebäude des einstigen Zisterzienser-Hauses.
❶ www.jervaulxabbey.com

Middleham

Erst jenseits von Jervaulx trägt das Tal des Ure den Namen Wensleydale, und hier beginnt auch der reizvollste Abschnitt des Flusslaufs mit Wasserfällen und romantischen Dörfchen an den Ufern. Eines dieser hübschen Dörfer ist Middleham. **Middleham Castle** war ein Lieblingsaufenthaltsort von Richard III. Erhalten ist eine mächtige Ruine, deren Bergfried zu den größten in England zählt.
Castle: April – Sept. tgl. 10.00 – 18.00, Okt. Sa. – Mi., Nov. – März Sa., So. 10.00 – 16.00 Uhr; Eintritt 4,40 £

Aysgarth Waterfalls

Drei Wasserfälle, die Aysgarth Falls, gibt es bei Aysgarth. Einen guten Blick hat man von der Brücke über den Ure.
In **Hawes** kann man eine **Käsefabrik** besichtigen, die den berühmten Wensleydale-Käse herstellt. Von Hawes führt eine Bergstraße in vielen Windungen nach Muker im Swaledale. 3 km hinter Hawes kommt man am Hardraw-Force-Wasserfall vorbei, dann geht es weiter über den Buttertubs-Pass. Den Namen »Butterfass« trägt der Pass

Typische Landschaft der Yorkshire Dales bei Swaledale

nach fünf 15 – 30 m tiefen Höhlen, in denen die Bauern früher an heißen Tagen auf dem Weg zum Markt Rast gemacht und ihre Butter gekühlt haben sollen.
Wensleydale Creamery: tgl. 10.00 – 16.00 Uhr; Eintritt frei; www.wensleydale.co.uk

SWALEDALE UND TEESDALE

Richmond Das Swaledale ist überwiegend rau und wild. Guter Ausgangspunkt ist die hübsche Stadt ▶Richmond. Folgt man dem Swale auf seinem Lauf in westlicher Richtung, kommt man nach knapp 18 km nach Reeth, dessen Bleiminen schon von den Römern ausgebeutet wurden; die Old Gang Smelting Mill 6 km nordwestlich der Stadt ist ein typischer Schmelzofen vom Ende des 19. Jahrhunderts. Bei Reeth zweigt ein Weg ins einsame **Arkengarthdale** ab, durch Moor und Heide, durch winzige Orte und über steile Erhebungen.

Barnard Castle Über das Arkengarthdale kommt man nach Barnard Castle. Das alte Städtchen liegt sehr schön am Fluss Tee, oberhalb des Flusses steht ein verfallenes Castle aus dem 12. Jahrhundert. Im Osten der Stadt liegt das ****Bowes Museum**, das John Bowes und seine Frau Josephine Coffin-Chevalier 1869 – 1875 als Nachbildung eines Teils der Tuilerien in Paris bauen ließen für ihre hervorragende Kunstsammlung: Wandteppiche, wertvolle Keramikarbeiten, Porzellan, Manuskripte, Möbel und Gemälde, darunter alte Meister wie El Greco und Goya.

Bowes Museum: tgl. 10.00 – 17.00 Uhr; Eintritt 11 £;
www.bowesmuseum.org.uk

Raby Castle 6 km nordöstlich von Barnard Castle ist ein gut erhaltenes Castle aus dem 14. Jahrhundert. Die meisten Räume sind heute im Stil des 18. und 19. Jh.s eingerichtet; die Schlosskirche jedoch ist seit 600 Jahren nahezu unverändert geblieben. ***Raby Castle**

❶ Schloss Mai – Sept. So. – Mi., Juli, Aug. So. – Fr. 13.00 – 16.30, Garten Mai – Sept. So. – Mi., Juli, Aug. So. – Fr. 11.00 – 17.30 Uhr; Eintritt 10 £;
www.rabycastle.com

Von großem landschaftlichen Reiz ist das Teesdale oberhalb von Barnard Castle. Bei Forest-in-Teesdale stürzt ein Wasserfall 22 m in die Tiefe. Der 792 m hohe Mickle Fell im Upper Teesdale ist berühmt für seine vielfältige Pflanzenwelt: alpine, kontinentale und normalerweise nur weiter südlich wachsende Flora sind hier vereint. ***Teesdale, Mickle Fell**

PRAKTISCHE INFORMATIONEN

Basiswissen für die Reise: Wie komme ich über den Kanal? Wie war das nochmal mit dem Linksverkehr? Wird es wirklich immer regnen? Und wie vermeide ich es, in britische Fettnäpfchen zu treten?

Anreise · Reiseplanung

ANREISEMÖGLICHKEITEN

Mit dem Flugzeug Am schnellsten und günstigsten sind Flüge. Linien-Rückflugtickets gibt es je nach Abflugsort schon unter 100 €. Nonstop-Verbindungen haben alle größeren deutschen Flughäfen, von Österreich aus Innsbruck, Salzburg und Wien sowie von den Schweizer die Flughäfen Basel, Genf und Zürich. Wichtige Zielflughäfen in Großbritannien sind neben den vier Londoner Flughäfen Belfast, Birmingham, Manchester, Glasgow und Edinburgh. Billig-Airlines starten mitunter von relativ abgelegenen Flugplätzen und fliegen neben London eher kleinere Städte wie Coventry an.

Hinweis
Gebührenpflichtige Servicenummern sind mit einem Stern gekennzeichnet: *0180 ...

FLUGHÄFEN

London Heathrow
Lage: 24 km westlich der City
Tel. *0844 335 18 01
www.heathrowairport.com
Heathrow hat insgesamt fünf Terminals. Lufthansa, Austrian Airlines und Swiss International Airlines wickeln ihre Flüge über Terminal 1 ab, während Flüge mit British Airways von und zu europäischen Zielen in aller Regel über Terminal 5 gehen.

Weiterfahrt nach London
U-Bahn: Piccadilly Line alle 5–10 Min. (tgl. 5.02–23.35 Uhr, ab Terminal 5 5.23–23.35 Uhr); Fahrtzeit ca. 45 Min. Die günstigste Art der Weiterfahrt. Achtung: Es gibt drei U-Bahn-Stationen (für die Terminals 1, 2, 3 sowie je eine in 4 bzw. 5)!
Bahn: Heathrow Express von 5.10–23.25 Uhr alle 15 Min. von Heathrow Central bis Paddington (Hin- und Rückfahrt ca. 32 £) Heathrow Connect alle 30 Minuten zwischen Heathrow Central und London Paddington, Fahrzeit ca. 25 Minuten mit Zwischenstopps (Einfache Fahrt ca. 9 £).
Bus: Busse von National Express fahren zur Victoria Station, Fahrtzeit 40–70 Min.
Taxi: Eine Taxifahrt ins Zentrum ist teuer (ca. 50–60 £) und staugefährdet. Dies gilt auch für Fahrten zu den anderen Flughäfen.

London Gatwick
Lage: 40 km südlich
Tel. *0844 89 20 03 22
www.gatwickairport.com

Weiterfahrt nach London
Bahn: Gatwick Express (30 Min. bis Victoria Station), Connex South CSouthern Railways (bis Victoria Station; alle 15 bzw. 30 Min., nachts stündlich), First Capital Connect (ca. 30 Min. bis London Bridge; alle 15 Min.)
Bus: National Express 025 (ca. 65 Min. bis Victoria Station), EasyBus (ca. 65 Min. bis Earl's Court/West Brompton; alle 20 Min.)

Anreise · Reiseplanung • PRAKTISCHE INFOS

London Luton
Lage: 51 km westlich
Tel. 01582 405100
www.london-luton.co.uk
Bahn: First Capital Connect (ca. 30 Min. bis St. Pancras International)
Bus: Green Line 757 (ca. 75 Min. bis Victoria Station)

London Stansted
Lage: 55 km nordöstlich
Tel. *0844 3 351803
www.stanstedairport.com
Bahn: Stansted Express (45 Min. bis Liverpool Street Station)
Bus: EasyBus (ca. 75 Min. bis Baker Street; alle 20 Min.), National Express A6 (ca. 90 Min. bis London Victoria; alle 10 – 20 Min.)

London City Airport
Lage: 10 km östlich der City in den Docklands
Tel. 0207646 0088
www.londoncityairport.com
Docklands Light Railway (ca. 22 Min. bis Bank, U-Bahn-Anschluss)

Belfast International Airport
Lage: 24 km westlich
Tel. 02894 484848
www.belfastairport.com
Bus ins Stadtzentrum, nach Londonderry und umliegende Städte

Birmingham
Lage: 14 km östlich
Tel. *08712 220072
www.birminghamairport.co.uk
Air-Link von den Terminals zur Station Birmingham International
Es bestehen Bahn- und Busverbindungen in die City und zu Anschlussbahnhöfen.

Edinburgh
Lage: 13 km westlich
Tel. *0844 4818989
www.edinburghairport.com
Bus Airlink 100 ins Stadtzentrum und zu Zug- und Busbahnhöfen (25 Min.)

Glasgow
Lage: 16 km westlich
Tel. *0844 4815555
www.glasgowairport.com
First Service 500 (Glasgow Shuttle) und First Service 747 (Air Link) fahren in ca. 20 Min. ins Stadtzentrum

Leeds/Bradford Airport
Lage: 23 km nördlich
Tel. *08712 882288
www.leedsbradfordairport.co.uk
Busverbindung nach Leeds und Bradford und zu Anschlussbahnhöfen (ca. 30 Min.)

Liverpool
Lage: 9 km südöstlich
Tel. *08715 218484
www.liverpoolairport.com
Busverbindung ins Stadtzentrum und zu Anschlussbahnhöfen

Manchester
Lage: 16 km südlich
Tel. *08712 710711
www.manchesterairport.co.uk
Bus: ca. 60 Min. ins Stadtzentrum
B**ahn:** 15 – 20 Min.

FLUGGESELLSCHAFTEN
airberlin
www.airberlin.com
Tel. *08715 000737 (in GB)

Austrian Airlines
www.austrian.com
Tel. *08701 242625 (in GB)

British Airways
www.britishairways.com
Heathrow, Terminal 1, 4, 5
Tel. *0844 493 07 87 (in GB)

Germanwings
www.germanwings.com
Tel. *0906 2 94 19 18 (in GB)

Lufthansa
www.lufthansa.com
Heathrow, Terminal 1
Tel. *0871 9 45 97 47 (in GB)

Swiss
www.swiss.com
Heathrow, Terminal 1
Tel. *0845 6 01 09 56

Tuifly
www.tuifly.com
Tel. *0904 5 61 00 00 (in GB)

BAHNHÖFE IN LONDON

Euston
Euston Road (Züge nach Norden)

King's Cross
Euston Road (nach Norden)

St Pancras International
Euston Road
(nach Norden, bzw. Endstation der Eurostarzüge durch den Kanaltunnel)

Liverpool Street
Liverpool Street (nach Osten)
Endstation der Züge vom Fährhafen Harwich

Charing Cross
Strand (nach Süden)

Paddington
Praed Street (nach Westen)

Victoria
Victoria Street (nach Süden)
Endstation der Züge vom Fährhafen Dover

Waterloo
York Road
(nach Süden)

AUSKUNFT
Internet
www.nationalrail.co.uk
www.eurostar.com
www.eurotunnel.com

In Großbritannien
National Rail: Tel. *08457 48 49 50
Eurostar: Tel. *08432 18 61 86
Eurotunnel: Tel. *08443 35 35 35

In Deutschland
Eurotunnel-Autozug:
Tel. *01805 00 02 48

Mit der Bahn Bahnreisende steigen an der Kanalküste auf **Fähren** um, die in Hoek van Holland nach Harwich und im französischen Calais nach Dover ablegen. Die Anschlusszüge von Dover nach London kommen in der Victoria Station an, die von Harwich in der Liverpool Street Station. Die spektakulärste Bahnreise bietet der **Eurostar**, der in 35 Min. den Kanal im **Eurotunnel** (▶Baedeker Wissen S. 708) zwischen Calais und Folkestone unterquert. Abfahrt ist in Brüssel bzw. Paris (jeweils über Lille), in London kommt man in der St Pancras International Station an. Einige Züge fahren bis Kent (Ebbfleet und Ashford). Ab

Köln besteht eine Verbindung mit dem Hochgeschwindigkeitszug **Thalys** nach Brüssel, wo man in den Eurostar umsteigt (Fahrtzeit Köln – London: 5 Std. 40 Min.). Von Londons Bahnhöfen sind acht für Touristen als Abfahrtsbahnhof ins übrige Großbritannien und als Ankunftsbahnhof vom europäischen Festland wichtig.

Die **Europabusse** der Deutschen Touringgesellschaft fahren in Kooperation mit National Express/Eurolines von allen großen Städten Deutschlands aus zur Victoria Coach Station. Die Fahrt von Berlin nach London dauert ca. 17 Stunden., von Frankfurt nach London rund 12 Stunden.

Mit dem Bus

❶ Tel. 069 7 90 35 01, Am Römerhof 17, 60486 Frankfurt/Main, www.touring.de

Wer mit dem eigenen Auto nach Großbritannien fahren will, muss entweder **Fähren** oder den **Eurotunnel** benutzen. Durch den Eurotunnel fahren alle 15 Min. Autozüge. Man bleibt im Auto sitzen bzw. kann sich nur im Transportwaggon bewegen. Die Verladeterminals sind direkt mit der Autobahn verbunden; in Frankreich erreicht man sie über Abfahrt 42 von der A 16, in Großbritannien über Abfahrt 11a von der M 20. Von Harwich führt die Weiterfahrt auf der A 12 über Colchester und Chelmsford nach London (130 km). Von Dover aus erreicht man London auf der A 2/M 2 via Ashford (122 km). Von Newhaven aus ist London über Brighton auf der A 23/M 23 zu erreichen (103 km).

Mit dem Auto

Fähren: wichtiges Verkehrsmittel zu den Inseln vor der britischen Küste

Verbindung zum Festland

Eurotunnel

Seit 1994 verbinden täglich rund um die Uhr Hochgeschwindigkeitszüge durch einen Tunnel unter dem Ärmelkanal in nur 35 Minuten Calais/Coquelles mit Folkestone und nehmen dabei Fahrzeuge huckepack. Mehr als 300 Millionen Fahrgäste haben seit der Eröffnung dem längsten Unterwassertunnel der Welt den Vorzug vor den Fähren gegeben – das entspricht fast der vierfachen Bevölkerung von Frankreich und Großbritannien!

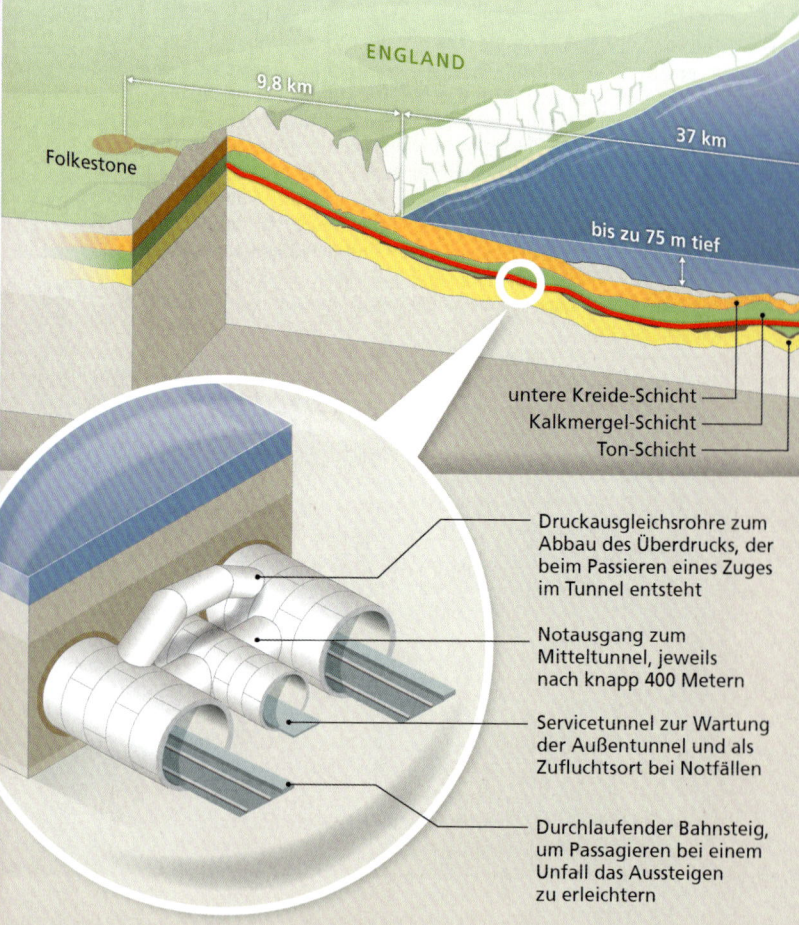

ENGLAND
9,8 km
Folkestone
37 km
bis zu 75 m tief

untere Kreide-Schicht
Kalkmergel-Schicht
Ton-Schicht

Druckausgleichsrohre zum Abbau des Überdrucks, der beim Passieren eines Zuges im Tunnel entsteht

Notausgang zum Mitteltunnel, jeweils nach knapp 400 Metern

Servicetunnel zur Wartung der Außentunnel und als Zufluchtsort bei Notfällen

Durchlaufender Bahnsteig, um Passagieren bei einem Unfall das Aussteigen zu erleichtern

▶ Das Eurotunnel-Projekt in Zahlen

Gesamtlänge der Strecke	50,5 km
Bauzeit	1987 bis 1993
Projektkosten	rund 15 Mrd. Euro
Anzahl der Röhren	3
Reisezeit	35 min.
Fahrgäste pro Jahr	ca. 7 Millionen

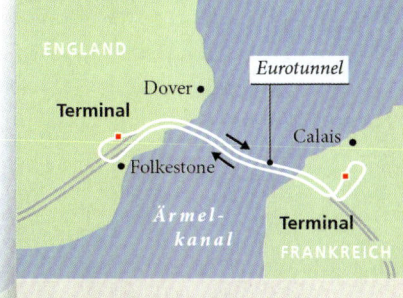

▶ Die längsten Tunnel der Welt

Gotthard Schweiz	57 km
Seikan Japan	53,8 km
Eurotunnel Frankreich/England	49,9 km
Lötschberg Schweiz	34,6 km
Guadarrama Spanien	28,3 km
Iwate-Ichinohe Japan	25,8 km
Lærdalstunnel Norwegen	24,5 km
Dai-Shimizu Japan	22,2 km

▶ Zur Entstehung des Eurotunnels

1802 Der französische Bergwerksingenieur Albert Mathieu legt einen ersten Entwurf für einen Verbindungstunnel zwischen England und Frankreich vor. Dieser sollte noch mit Pferdekutschen betrieben werden, war technisch aber nicht realisierbar.

1856 bis 1867 Die Pläne des Franzosen Thomé de Gamond werden von Napoleon III. zwar als realisierbar eingeschätzt, scheitern aber an politischen Differenzen. Vorschläge der Briten John Hawkshaw und William Low werden ebenfalls aus politischen Gründen nicht weiter umgesetzt.

1984 Nach zahlreichen gescheiterten Ansätzen wird das Thema 1984 wieder aktuell. 1985 erfolgt die Ausschreibung, im September 1987 beginnen die Bohrungen für den Schienenverkehrstunnel auf englischer Seite. Am 1. Dezember 1990 dann endlich der Durchstich – 15,6 km von Frankreich und 22,3 km von Großbritannien entfernt.

1993/ 1994 Der erste Testzug erreicht Großbritannien im Juni 1993. Am 6. Mai 1994 eröffnen Königin Elizabeth II. und François Mitterrand den Tunnel feierlich. Der Zugverkehr mit Passagieren startet am 14. November 1994.

PRAKTISCHE INFOS • **Anreise · Reiseplanung**

FÄHRGESELLSCHAFTEN
DFDS Seaways
Tel. *01805 30 43 50 (D)
www.dfds.de

Stena Line
Tel. *01805 91 66 66 (D)
www.stenaline.de

P&O Ferries
Tel. *01805 00 71 61 (D), www.poferries.de

ID Lines
Tel. 0033 2 32 14 52 09, http://ldlines.com

Brittany Ferries
Tel. 0033 8 28 82 88 28
www.brittanyferries.de

Condor Ferries
Tel. 0033 825 13 51 35
www.condorferries.fr/de

Northlink Orkney and Shetland Ferries Ltd.
Tel. *0845 6 00 04 49,
www.northlinkferries.co.uk

Transeuropa Ferries
Tel. 032 59 34 02 60
www.transeuropaferries.com

FÄHREN NACH SÜDENGLAND
Calais – Dover
P&O Ferries, DFDS Seaways

Dünkirchen – Dover
DFDS Seaways

Dieppe – Newhaven
ID Lines, DFDS Seaways

Le Havre – Portsmouth
ID Lines, DFDS Seaways

Caen – Portsmouth
Brittany Ferries

Cherbourg – Portsmouth
Condor Ferries, Brittany Ferries

St. Malo – Portsmouth
Brittany Ferries

Cherbourg – Poole
Brittany Ferries

St. Malo – Poole
Condor Ferries

Roscoff – Plymouth
Britanny Ferries

Ostende – Ramsgate
Transeuropa Ferries

ZU DEN KANALINSELN
St. Malo – Guernsey
Condor Ferries

St. Malo – Jersey
Condor Ferries

NACH OSTENGLAND
Hook van Holland – Harwich
(Stena Line)

Esbjerg – Harwich
(DFDS Seaways)

NACH NORDENGLAND
Zeebrugge – Hull
(P&O Ferries)

Rotterdam – Hull
(P&O Ferries)

IJmuiden/Amsterdam – Newcastle
(DFDS Seaways)

NACH NORDIRLAND
Cairnryan – Larne
(P&O Ferries)

Troon – Larne
(P&O Ferries)

ZU DEN SHETLAND ISLANDS UND ORKNEY ISLANDS
▶ dort

Weitere Informationen zu Fährverbindungen nach Großbritannien und Nordirland unter www.directferries.de

Wer kann, sollte **in London aufs Autofahren verzichten**. Es ist immer voll, und stressfrei den richtigen Weg zu finden, ist schwierig. Freie Parkplätze sind rar und teuer. Für Fahrten in der Innenstadt von London muss man werktags zwischen 7.00 und 18.00 Uhr eine **Gebühr** (»Congestion Charge«) von 10 £ pro Tag zahlen (u. a. an Tankstellen zu entrichten).

Für die Kanalüberquerung – ob per Fähre oder im Tunnel – empfiehlt sich eine Reservierung. Buchen kann man in jedem Reisebüro oder online.

Buchung

EIN- UND AUSREISEBESTIMMUNGEN

Zur Einreise nach Großbritannien genügt für Bürger aus Deutschland, Österreich und der Schweiz ein gültiger Personalausweis. Autofahrer müssen Führerschein, Kraftfahrzeugschein und internationale Grüne Versicherungskarte dabeihaben. Kraftfahrzeuge ohne Euro-Nummernschild müssen das ovale Nationalitätskennzeichen tragen.

Reisedokumente

Tiere dürfen mit folgenden Voraussetzungen mitgeführt werden: eingepflanzter Mikrochip zur Identifikation, Tollwuttest und -impfung in einem autorisierten Labor mindestens 21 Tage vor der Einreise, Zecken- und Bandwurmimpfung ein bis zwei Tage vor der Einreise.
❶ www.defra.gov.uk/animalh/quarantine/index.htm

Haustiere

Im **EU-Binnenmarkt**, zu dem auch Großbritannien, Deutschland und Österreich gehören, ist der private Warenverkehr weitgehend zollfrei. Innerhalb der EU-Länder gelten lediglich noch gewisse obere Richtmengen (z. B. für Reisende über 17 Jahre 800 Zigaretten, 10 l Spirituosen und 90 l Wein).
Für Reisende aus **Nicht-EU-Ländern** wie der Schweiz gelten folgende Freimengengrenzen: 200 Zigaretten oder 50 Zigarren oder 250 g Tabak, 2 l Wein oder andere Getränke bis 22 % Alkoholgehalt sowie 1 l Spirituosen mit mehr als 22 % Alkoholgehalt. Souvenirs dürfen in die Schweiz bis zu einem Wert von 300 SFr zollfrei eingeführt werden.

Zoll

Auskunft

IN DEUTSCHLAND
Visit Britain
www.visitbritain.com/de/DE
www.visitbritainshop.com/deutschland/home.html
Für England, Wales, Schottland, London, die Kanalinseln, Isle of Man, Nordirland

Tourism Ireland
Tel. 069 66 80 09 50 (Broschüren)
www.tourismireland.de
Für Irland inkl. Nordirland

IN ENGLAND
Visit England
1 Palace St., London SW1E 5HX
Tel. 020 75 78 14 00, www.visitengland.org

IN LONDON
Piccadilly Circus Travel Information Centre
Piccadilly Circus Underground Station
London W1D 7DH
www.visitlondon.com/de

IN WALES
Visit Wales
Brunel House
2 Fitzalan Rd.
Cardiff CF24 0UY
Tel. *0870 121 12 51
www.visitwales.com

IN SCHOTTLAND
Visit Scotland
Ocean Point One
94 Ocean Drive, Leith
Edinburgh EH6 6JH
Tel. *0845 859 10 06
www.visitscotland.com

IN NORDIRLAND
Causeway Coast and Glens
11 Lodge Rd.
Coleraine BT52 1LU
Tel. 028 70 32 77 20
www.causewaycoastandglens.com

Northern Ireland Tourist Board
59 North St.
Belfast BT1 1NB
Tel. 028 90 23 12 21
www.nitb.com

Derry Visitor and Convention Bureau
44 Foyle St.
Derry BT48 6AT
Tel. 028 71 26 72 84
www.derryvisitor.com

BRITISCHE BOTSCHAFTEN
Deutschland
Wilhelmstr. 70 – 71
D-10117 Berlin
Tel. 030 20 45 70 (D)
www.britishembassy.de

Österreich
Jauresgasse 12
A-1030 Wien
Tel. 01 71 61 30 (A)
www.britishembassy.at

Schweiz
Thunstr. 50
CH-3005 Bern 15
Tel. 031 3 59 77 00 (CH)
http://ukinswitzerland.fco.gov.uk

BOTSCHAFTEN IN GROSSBRITANNIEN

Deutschland
23 Belgrave Square
London SW1X 8PZ
Tel. 020 7824 1300
www.london.diplo.de

Österreich
18 Belgrave Mews West
London SW1X 8HU
Tel. 020 7344 3250
www.bmeia.gv.at/botschaft/london.html

Schweiz
16–18 Montagu Place
London W1H 2BQ
Tel. 020 7616 6000, www.eda.admin.ch

NATIONAL TRUST
The National Trust
P.O. Box 39
Warrington WA5 7WD
Tel. *0844 800 1895
www.nationaltrust.org.uk

The National Trust for Scotland
Hermiston Quay
5 Cultins Rd.
Edinburgh EH11 4DF
Tel. *0844 493 2100, www.nts.org.uk

ENGLISH HERITAGE
English Heritage Costumer Service Dep.
Tel. *0870 333 1181
www.english-heritage.org.uk

INTERNETADRESSEN
www.britishcouncil.de
In den Instituten erhält man Informationen über Kulturelles, Sprachschulen etc.

www.historic-scotland.gov.uk
Hier werden Klöster, Schlösser und prähistorische Stätten in Schottland betreut.

Elektrizität

Die Netzspannung beträgt 240 Volt Wechselstrom bei 50 Hz. In vielen Hotels gibt es Euro-Stecker, doch es ist trotzdem ratsam, einen Adapter mitzunehmen. Die meisten britischen Dreipol-Steckdosen haben einen Extra-Schalter zum Einschalten!

Etikette

»Nebel im Kanal – Kontinent abgeschnitten« – diese legendäre Schlagzeile kombiniert treffend die geografische Lage Großbritanniens mit dem **individualistischen Selbstverständnis** der Briten hinsichtlich ihrer europäischen Nachbarn. Winston Churchill setzte noch einen drauf: »Der Kanal ist keine Wasserstraße, sondern eine Weltanschauung«, konstatierte er. Und trotz Eurotunnel ist das so geblieben. Seien Sie bei einem Besuch auf den Britischen Inseln stets

> Briten sind keine Kontinental-Europäer. Und: Nicht alle Briten sind Engländer.

Auch bei einer Hausboottour wird man auf freundliche Briten treffen.

auf die Frage gefasst, ob Sie denn aus Europa angereist seien. Schnelle Anerkennung können Reisende übrigens finden, wenn sie sich in den Territorien der doch so **unterschiedlichen Inselbewohner** auskennen: Engländer, Schotten und Waliser sind zwar unter einer Queen vereint, doch wünscht weder ein Highlander noch ein Gebürtiger aus Aberystwyth mit einem Engländer verwechselt zu werden, ganz zu schweigen von dem Nord-Süd-Geplänkel dieser einzelnen Nationen! Sicherlich ist es am einfachsten, alles und alle im Zuge politischer Korrektheit als britisch zu bezeichnen.

Britische Höflichkeit

Freundlich sind sie, die Briten und, entgegen landläufiger Meinung, auch recht unkonventionell. Bringen Sie etwas Zeit, Geduld und Humor beim Schlangestehen an Bushaltestellen, Fahrkartenschaltern und Geschäften mit (oder üben Sie sich nach gutem britischen Vorbild darin), und schnell kann ein **freundlicher Smalltalk** übers Wetter, Warten und andere Widrigkeiten entstehen. Nach einem »How do you do« oder »How are you«, auf das kein wirklicher Tatsachenbericht erwartet wird, spricht man sich beim ersten Kennenlernen meist auch gleich mit **Vornamen** an. Eifriges Händeschütteln und ausschweifende Gebärdensprache gehen den eher auf physische Distanz bedachten Briten dann aber zu weit. Auch Titel und Dienstbezeichnungen spielen eine eher untergeordnete Rolle, wird doch in allen Lebenslagen das **Understatement** groß geschrieben: Selbst herausragende Talente, wie beispielsweise das Beherrschen von Fremdsprachen, werden nur zögernd und dann in aller Bescheidenheit zur Schau gestellt. Eine fundamentale Höflichkeit bestimmt den alltäglichen Umgangston, und schon die kleinsten britischen Pimpfe haben mit beschämender Schlagfertigkeit ein »Please« und »Thank you« in ihren Sprachgebrauch eingebaut. Es ist wirklich ratsam, immer ein »Sorry« oder »Excuse me« auf den Lippen zu tragen. Was nämlich so mancher Gast als übertriebene Höflichkeit definiert, ist für den Einheimischen gerade gut genug, und wer erst einmal in die »not very friendly«-Kiste gesteckt wurde, kommt da so schnell nicht wieder heraus. Wundern Sie sich bitte auch nicht, wenn die Person, der Sie auf den Fuß treten, sich zuerst bei Ihnen entschuldigt und sich dann auch noch bedankt, nachdem Sie Ihren Fauxpas korrigiert haben!

Besonders stolz sind die Briten aber auf ihren Humor. Sie sind sich vollkommen sicher, dass ihnen keine andere Nation darin den Rang ablaufen kann. Gute und schlechte Situationen werden **ironisch** oder mit schlichtem Witz gewürzt, der kollektiv belacht und verstanden wird.

Britischer Humor

Etikette in Restaurants und Pubs ▶ S. 100, 105

Essen gehen

Geld

Das EU-Mitglied Großbritannien gehört nicht der EU-Währungsunion an. Noch bleibt den Briten und all ihren Besuchern also das **britische Pfund** (Pound Sterling; £) zu je 100 Pence (p, Einzahl Penny) als Währungseinheit. Es gibt Banknoten zu 5, 10, 20 und 50 £ sowie Münzen zu 1 Penny, 2, 5, 10, 20, 50 Pence und zu 1 £.

Währung

Die **Ein- und Ausfuhr** von in- und ausländischen Zahlungsmitteln unterliegt keinerlei Beschränkungen.

Geldwechselstellen gibt es außer in Banken auch in **großen Hotels**; in größeren Städten kann man teilweise auch in Kaufhäusern, an U-Bahn-Stationen und Bahnhöfen wechseln. Meist tauscht man hier aber zu einem schlechteren als dem offiziellen Kurs und zahlt z. T. hohe Gebühren.

> **? BAEDEKER WISSEN**
>
> *Wechselkurse*
>
> 1 £ = 1,15 €
> 1 € = 0,87 £
> 1 £ = 1,40 SFr
> 1 SFr = 0,71 £
>
> Aktuelle Wechselkurse lassen sich über die Website www.xe.com ermitteln.

Banken haben in der Regel Mo. – Fr. 9.30 – 16.30 Uhr **geöffnet**, in Hauptgeschäftsstraßen bis 17.30 Uhr. Große Banken öffnen z. T. auch an Samstagen. Banken in Nordirland machen meist um 10.00 Uhr auf und schließen um 16.30 Uhr. Die Bankfilialen in den **Flughäfen** Heathrow und Gatwick sind rund um die Uhr geöffnet.

Banken

PRAKTISCHE INFOS • Gesundheit

Plastikgeld **Kreditkarten, Traveller-** oder andere **Reiseschecks** werden von den meisten Hotels, Restaurants und Geschäften akzeptiert. An den vielen **Geldautomaten** (cashpoint) kann man mit **Bank-** oder **Kreditkarten** Bargeld abheben. Bei Verlust von Bank- und Kreditkarten benachrichtigt man so schnell wie möglich den allgemein gültigen Sperrnotruf (**Tel. aus GB 0049 11 61 16**). Der Notruf gilt auch für Handys und weitere sperrbare Medien.

Gesundheit

Apotheken Apotheken (»chemist«, »pharmacy«) sind sehr oft nur Abteilungen einer Drogerie. Für Medikamente auf **Rezept** (»prescription«) wird eine Gebühr erhoben.

Ärztliche Hilfe Staatsbürger aus EU-Ländern sind beim Staatlichen Gesundheitsdienst (National Health Service) krankenversichert und erhalten Notfallbehandlungen kostenlos; eine europäische Krankenversicherungskarte sollte man dabeihaben. Seit 2005 gibt es die **Europäische Krankenversicherungskarte** (EHIC), die in die neue elektronische Gesundheitskarte in Deutschland bzw. die e-card in Österreich integriert ist. Nicht-EU-Bürger sollten eine Reisekrankenversicherung abschließen.

Literaturempfehlungen

Landeskundliches **Hans-Dieter Gelfert:** Typisch englisch. Wie die Briten wurden, was sie sind, München 1996. Umfassende Darstellung von Mentalitäts- und Kulturgeschichte der Briten.

Tagebücher, Reiseberichte **Heinrich Heine:** Englische Fragmente. Greifenverlag, Rudolstadt & Berlin 2009. Vierter Teil der 1828 erstmals erschienenen Reisebilder.

Samuel Pepys: Tagebuch aus dem London des 17. Jahrhunderts. Reclam, Stuttgart 2009. Pepys' Aufzeichnungen sind nicht nur ein Zeitzeugnis allererster Güte, sondern auch ein großer Lesespaß.

Romane und Erzählungen **Charlotte Brontë:** Jane Eyre. Klassiker der englischen Literatur, verfasst von einer der drei schreibenden Brontë-Schwestern. Die Originalausgabe erschien 1847 in London.

Sir Arthur Conan Doyle: Sherlock Holmes. Die Fälle des Detektivs spielen im viktorianischen England.

Joseph Conrad: Der Geheimagent. Fischer, Frankfurt 2007. Spionagegeschichte im anarchistischen Milieu.

Charles Dickens: Oliver Twist und Eine Geschichte aus zwei Städten. Niemand hat das literarische Bild des viktorianischen London so geprägt wie Charles Dickens.

Nick Hornby: High Fidelity. Droemer Knaur, München 1999. Zeitgeistporträt eines Londoner Mitdreißigers und Arsenal-Fans, der von seiner Freundin verlassen wird.

Colin MacInnes: Absolute Beginners. Metrolit, Berlin 2013. Kultbuch über die 1950er-Jahre in Notting Hill, 1959 erstmals erschienen und 1986 verfilmt.

George Orwell: Erledigt in Paris und London. Diogenes, Zürich 2007. Roman über die Armut eines Mannes im London der 1930er-Jahre.

Karina Urbach: Queen Victoria – Eine Biografie. Beck, München 2011. Geschichte einer Frau und ihrer Epoche. *Geschichte*

Donald Rumbelow: The Complete Jack the Ripper. Virgin Books, London 2013. Das Beste, das bisher über den berühmtesten Verbrechensfall in London geschrieben wurde in einer überarbeiteten und aktualisierten Fassung (Original von 1975).

Maße · Gewichte

Am 1. Oktober 1995 ist auch in Großbritannien das metrische System für Maße und Gewichte eingeführt worden. Zwei Ausnahmen allerdings werden aus Tradition beibehalten: das **Pint** für Bier und Milch und die **Meilenangaben** auf Verkehrszeichen. Auch die **Konfektionsgrößen** sind andere. *Metrisches System mit Ausnahmen*

ENGLISCHE MASSE
1 inch = 2,54 cm
1 foot = 30,48 cm
1 yard = 91,44 cm
1 mile (mi; Meile) = 1,61 km
1 pint (pt) = 0,568 l
1 pound = 453,59 g

KONFEKTIONSGRÖSSEN
D: 36 38 40 42 44
GB: 8 10 12 14 16

SCHUHGRÖSSEN
D: 38 39 40 42 43 44
GB: 5 6 7 8 9 10

Medien

Land der Zeitung

Laut Statistik sind die Briten das zeitungsfreudigste Volk der Welt: Drei Viertel aller Briten lesen regelmäßig eine oder mehrere Zeitungen. Manche der britischen Blätter gehören zu den traditionsreichsten der Welt, allen voran die 1785 gegründete **Times** oder der 1791 erstmals erschienene **Observer**. Älteste englischsprachige Zeitung der Erde ist jedoch der in Belfast seit 1737 herausgegebene **News Letter**.

Landesweite Zeitungen

Zu den seriösen »Quality Papers« zählt die konservative **Times** (Auflage 394 000) mit ihrer Sonntagsausgabe **Sunday Times** (1,3 Mio.). Auflagenkönig an Wochentagen ist der **Daily Telegraph** (634 000) mit dem **Sunday Telegraph** (501 000). Leib- und Magenblatt der Geschäftswelt ist die **Financial Times**. Dazu kommen **The Guardian**, **The Independent** mit Independent on Sunday und der nur sonntags erscheinende **Observer**.

Yellow Press

Ganz andere Auflagen erreichen die Blätter der Yellow Press. Sie erfreuen ihr Publikum mit Intimitäten über die Reichen und den Adel. Jede Zeitung hält sich eine eigene Truppe von Journalisten, die sogenannten »Royal Watchers«, die Schlösser und Wohnungen der Royals belagern und regelrecht ausspionieren. Dabei legen manche von ihnen eine solche Schamlosigkeit an den Tag, dass es selbst in dieser Beziehung hartgesottenen Briten zu viel ist. Die auflagenstärksten Blätter sind **The Sun** (2,6 Mio), **Daily Mirror** (1,1 Mio) mit **Sunday Mirror** (1,8 Mio), **Daily Mail** (1,9 Mio) mit **Mail on Sunday** (1,9 Mio) und **Daily Express** (625 000) mit **Sunday Express** (680 000). Nur am Sonntag ist **The People** (701 000) zu haben. Mit 1,3 Mio Exemplaren ist **Metro** die auflagenstärkste kostenlose Boulevardzeitung, die in verschiedenen Großstädten besonders an Verkehrsknotenpunkten verteilt wird.

Zu den großen **Regionalzeitungen** in **England** gehören der Londoner Evening Standard, Manchester Evening News, Birmingham Mail, Ex-

---

BAEDEKER WISSEN

Großbritannien im Film

- »Emma« (1996): Verfilmung des gleichnamigen Jane-Austen-Romans mit Gwyneth Paltrow – England in schönen Bildern.
- »Trainspotting – Neue Helden« (1996): Heroinabhängige in Edinburgh, dargestellt in einer Mixtur aus Humor und Horror.
- »Notting Hill« (1999): Julia Roberts und Hugh Grant beim Turteln. Den Reisebuchladen gibt es wirklich: No. 13-15, Blenheim Crescent.
- »Die Queen« (2006): Der Film gewährt einen Einblick in das britische Königshaus und beschreibt das Haltung Elisabeths II. nach dem Tod von Prinzessin Diana.
- »Die Eiserne Lady« (2011): Meryl Streep verkörpert die ehemalige britische Regierungschefin Margaret Thatcher.

Britische Lebensart: im Stammcafé in der Abendzeitung lesen

press and Star (Wolverhampton) und Liverpool Echo. In **Schottland** erscheinen sechs Morgen-, vier Abend- und vier Sonntagszeitungen, darunter The Scotsman (Edinburgh) und der Glasgow Herald. **Wales** besitzt nur eine tägliche Morgenzeitung, die Western Mail aus Cardiff; daneben gibt es auch zweisprachige und rein walisische Blätter. Die wichtigen Zeitungen **Nordirlands** erscheinen in Belfast, so der unionistische News Letter und die katholisch-nationalistischen Irish News.

Die ethnischen Minderheiten Großbritanniens haben ihre eigenen Zeitungen, teils englischsprachig, **teils fremdsprachig**, die allerdings nur wöchentlich oder vierteljährlich erscheinen. Zu den englischsprachigen gehören u. a. The Asian Today, Indiamail, Sikh Courier oder Jamaican Gleaner. An fremdsprachigen gibt es chinesische, arabische und Blätter in indischen Sprachen (Hindi, Punjabi, Urdu und Gujarati).

Zeitungen der Minderheiten

Museen

Die Öffnungszeiten von Museen, vor allem von kleineren, sind sehr unterschiedlich und ändern sich auch relativ häufig. Natürlich werden viele Museen auch immer wieder einmal umgestaltet und sind dann mitunter über längere Zeiträume ganz geschlossen. Wer genau planen möchte und wer sich ein ganz bestimmtes Museum ansehen möchte, sollte sich am besten schon im Voraus bei den jeweiligen Touristeninformationen vor Ort erkundigen. Die normalen Öffnungszeiten für

Öffnungszeiten

Museen liegen zwischen 10.00 und 17.30 Uhr oder 18.00 Uhr, letzter Einlass ist oft eine halbe Stunde vor der Schließzeit. Die meisten Museen sind täglich geöffnet. Viele kleinere Museen kann man nur nach Vereinbarung besuchen, die Touristeninformationen erteilen Auskunft und helfen weiter.

Notrufe · Notdienste

Pannenhilfe An Autobahnen und größeren Landstraßen stehen Notrufsäulen. Die Automobilklubs AA und RAC unterhalten Pannendienste, die man rund um die Uhr telefonisch erreichen kann. Im Notfall führen AA und RAC Reparaturen vor Ort durch oder schleppen den Wagen zur nächsten Tankstelle. Ein Abschleppdienst wird allerdings nur bei Vorlage des gültigen Mitgliedsausweises eines Partner-Automobilklubs aus dem Herkunftsland des Autobesitzers geleistet.

Allgemeiner Notruf
Tel. 999 oder 112 für Polizei (»police«), Feuerwehr (»fire brigade«), Krankenwagen (»ambulance«), kostenloser Service Polizei, Rettungsdienst, Feuerwehr

Pannenhilfe des AA
Tel. 0800 88 77 66

Pannenhilfe des RAC
Tel. 0800 82 82 82

ADAC Notruf
Tel. 0049 89 76 76 76 (D)

ÖAMTC Nothilfe
Tel. 0043 1 2 51 20 20 (AUT)

ACE-Notrufzentrale Stuttgart
Kranken-/Fahrzeugrückholdienst
Tel. *0049 1802 34 35 36 (D)

DRK-Flugdienst Bonn
Tel. 0049 228 23 00 23 (D)

Deutsche Rettungsflugwacht Stuttgart
Tel. 0049 711 70 10 70 (D)

Post · Telekommunikation

Post Postämter sind normalerweise von Montag bis Freitag von 9.00 bis 17.00 Uhr und Samstag von 9.00 bis 12.30 Uhr **geöffnet**. Postkarten und Briefe bis 20 g nach Kontinentaleuropa müssen mit 87 Pence frankiert werden. **Briefmarken** (»stamps«) erhält man in Postämtern und – mit weniger Wartezeit – in vielen Kiosken und Souvenirläden.

Telefonzellen Die meisten öffentlichen Fernsprecher von British Telecom (BT) funktionieren sowohl mit **Münzen** (10, 20, 50 Pence, 1 £) als auch

VORWAHLEN

Aus Deutschland, Österreich und der Schweiz
nach Großbritannien (inkl. Nordirland)
Tel. 0044

Aus Großbritannien
nach Deutschland: Tel. 0049
nach Österreich: Tel. 0043
in die Schweiz: Tel. 0041

SERVICENUMMERN

Vermittlung (Operator)
national: Tel. 100
international: Tel. 155

Auskunft (Directory Enquiries)
Tel. 118500

mit einer **Telefonkarte** (»phonecard«) im Wert von 5, 10 oder 20 £, die man in Postämtern und an Kiosken kaufen kann. Von Telefonzellen anderer Anbieter kann man mit Kreditkarten oder Telefonkarten der jeweiligen Firma telefonieren. Wer von einer BT-Telefonzelle ins Ausland telefonieren will, muss mindestens 1,20 £ einwerfen, damit eine Verbindung zustande kommt. Ermäßigte Tarife gelten wochentags zwischen 18.00 und 8.00 Uhr sowie am Wochenende.

Mobiltelefone (»mobile phones«) wählen sich automatisch über Roaming in das entsprechende Partnernetz ein. Eine vor Ort erworbene Prepaid-Karte kann günstiger sein. An sehr abgelegen Orten wie z. B. den schottischen Highlands hat man teilweise nur einen schlechten bzw. gar keinen Netzempfang. — Handy

Preise · Vergünstigungen

Großbritannien ist als Reiseland ziemlich teuer. London gilt als eine der teuersten Städte in Europa, anderswo im Vereinigten Königreich ist Übernachten und Essengehen zwar günstiger, aber auch nicht wirklich preiswert. Es gibt einige Tipps und Vergünstigungen, mit deren Hilfe man die Reisekasse entlasten kann. Wie man günstiger übernachten und essen gehen kann, steht im Kapitel ▶Übernachten bzw. ▶ Essen und Trinken. — Teures Reiseland

❶ www.smartsave.com/uk

Die Bahn bietet **BritRail- und Flexipässe** an, mit denen man in einem bestimmten Zeitraum unbegrenzt im ganzen Land mit der Bahn fahren kann. Die Busgesellschaften National Express und Scottish Citylink verkaufen u. a. **Brit Xplorer** für ganz Großbritannien und den **Explorer Pass** für Schottland, in manchen Städten gibt es Ermäßigungen im Nahverkehr (▶Verkehr). — Reisen im Land

PRAKTISCHE INFOS • Reisezeit

Eintrittsgelder Viele hervorragende britische Nationalmuseen und Nationalgalerien kosten keinen Eintritt, z. B. die meisten großen Londoner Museen, das Museum of Welsh Life in Cardiff und die Burrell Collection in Glasgow. Ansonsten sollte man nach Familientickets fragen oder sich spezielle Pässe besorgen – wie den **London Pass**, das **Scottish Explorer Ticket**, den **CADW Explorer Pass** in Wales –, mit denen man über verschiedene Laufzeiten einen günstigeren oder kostenlosen Eintritt zu zahllosen Sehenswürdigkeiten erhält. Mit einigen dieser Pässe bekommt man auch Vergünstigungen für Theaterkarten und bestimmte Ausstellungen oder auch in Restaurants. Der **English Heritage Overseas Pass**, der **National Trust Touring Pass** und der **Historic Scotland Explorer Pass** bieten freien Eintritt für Burgen, Schlösser, Landsitze, Gärten.

Alle genannten Pässe kann man online im VisitBritain Shop kaufen (▶ Auskunft).

> **? BAEDEKER WISSEN**
>
> *Was kostet wie viel?*
>
> 3-Gang-Menü: ab 30 £
> Einfache Mahlzeit: ab 10 £
>
> 1 Tasse Kaffee: ab 2 £
> 1 Pint Bitter: ab 3 £
>
> Einfaches Doppelzimmer: ab 35 £
> 1 Liter Super: ca. 1,50 £

Stadtbesichtigungen Stadtbesichtigungen in kleinen organisierten **Stadtrundgängen** sind oft gut und günstiger als touristische Stadtrundfahrten. Manche **Linienbusse** haben auch interessante Streckenführungen, so dass man auf eigene Faust mit dem Reiseführer in der Hand diverse Sehenswürdigkeiten abfahren kann. Wenn es solche Möglichkeiten gibt, geben die Touristenbüros vor Ort genaue Informationen.

Veranstaltungen **Tickets** für Konzerte, Theater etc. sind normalerweise sehr teuer. Mit den oben genannten Pässen gibt es mitunter **Ermäßigungen**. Ansonsten sind viele Festivitäten, Open-Air-Spektakel und Großereignisse ohnehin **gratis**, etwa das Cardiff Festival, der Notting Hill Carnival in London oder die viel gepriesene Straßenparty zu Silvester in Edinburgh.

Reisezeit

Wann ist Saison? Während London das ganze Jahr über Saison hat, wird das übrige Großbritannien vor allem in den Monaten Mai bis September besucht. Im Frühjahr und Herbst drängen sich nicht so viele Touristen vor den Sehenswürdigkeiten, der Verkehr ist entspannter, die Menschen haben mehr Zeit und die Preise sind günstiger. Im Winterhalbjahr ist das Angebot an kulturellen Veranstaltungen – Theater, Ballett und Konzerte – besonders groß.

Reisezeit • PRAKTISCHE INFOS

Fünf regionaltypische Klimastationen

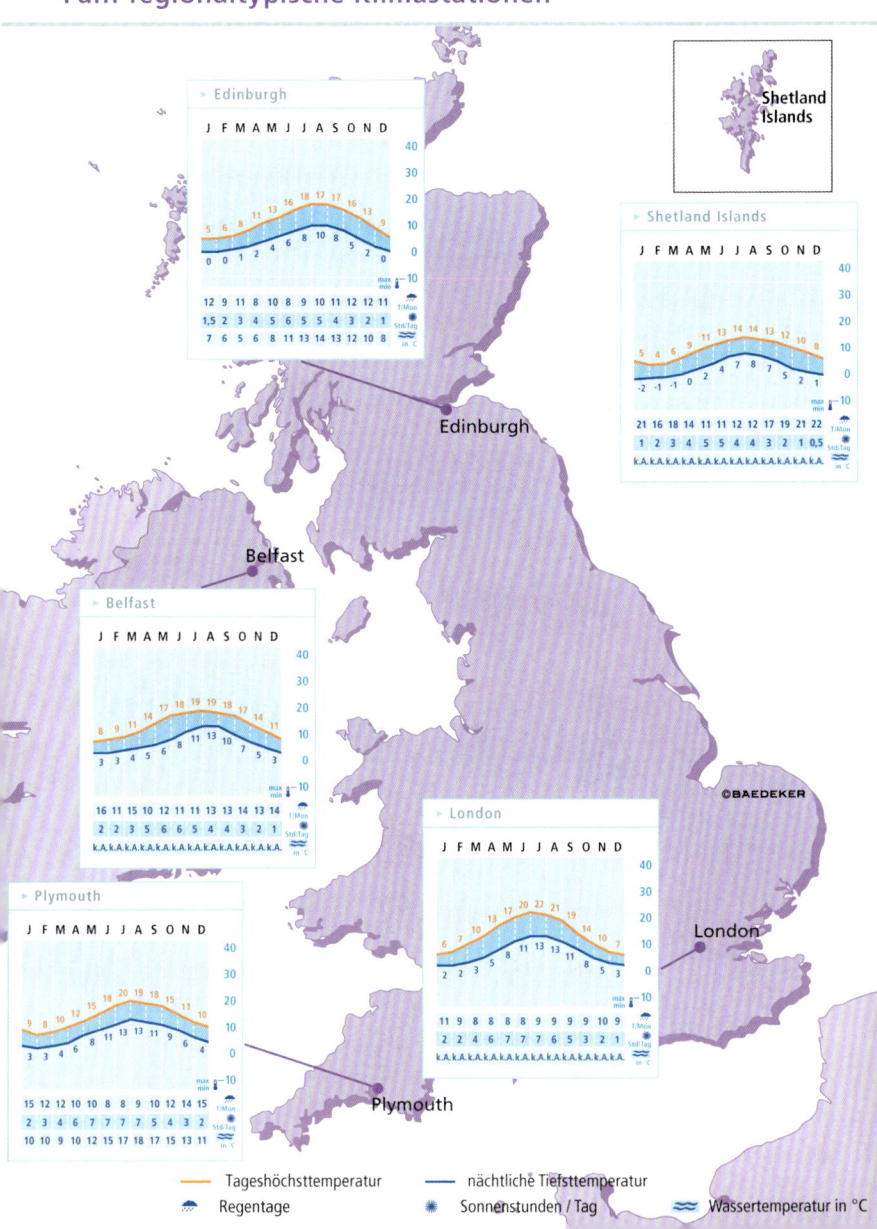

Wetter Großbritannien ist berüchtigt für sein schlechtes Wetter. Das Himmelsbild wechselt so häufig, dass das Wetter bei den Inselbewohnern mit Recht Thema Nummer eins ist. Tatsache ist aber auch, dass viele Regionen ebenso trocken und sonnig sind wie weite Teile Mitteleuropas. Etwa seit Beginn der 1980er-Jahre macht sich die globale **Klimaerwärmung** zunehmend auch in Großbritannien bemerkbar: Die Winter werden milder, niederschlagsreicher und stürmischer, die Sommer trockener und wärmer.

Die **beste Reisezeit** sind Frühjahr und Frühsommer. Dann sind die Chancen auf schönes Wetter am größten und die Regenwahrscheinlichkeit am geringsten. Mai und Juni bringen oft strahlenden Sonnenschein und ab dem letzten Maidrittel nahezu überall angenehme Temperaturen. Dies ist auch die beste Zeit für einen **London-Aufenthalt**. Aber auch der Herbst mit dem Altweibersommer – ab 20. September bis Mitte Oktober – hat seine schönen Tage. Auf Regenschirmwetter und deutlich niedrigere Temperaturen als im Süden sollte man sich bei einer Sommerreise ins **schottische Hochland**, auf die Hebriden, Orkney- und Shetland-Inseln einstellen. Mai und Juni sind aber auch hier bekannt für längere Schönwetterperioden. Badefreunde kommen im Juli und August in den **südlichen Seebädern** voll auf ihre Kosten. Anfang August ist das Wasser mit durchschnittlich 18 °C am wärmsten.

Sprache

Sprachführer Englisch

Auf einen Blick

Ja/Nein	Yes/No
Vielleicht.	Perhaps./Maybe.
Bitte	Please.
Danke./Vielen Dank!	Thank you./Thank youvery much.
Gern geschehen.	You're welcome.
Entschuldigung!	I'm sorry!
Wie bitte?	Pardon?
Ich verstehe Sie/dich nicht.	I don't understand you
Ich spreche nur wenig	I only speak a bit of ...
Können Sie mir bitte helfen?	Can you help me, please?
Ich möchte	I'd like ...
Das gefällt mir (nicht).	I (don't) like this.
Haben Sie ...?	Do you have ...?

Wie viel kostet es? . . . . How much is it?
Wie viel Uhr ist es? . . . . What time is it?

Kennenlernen
Guten Morgen! . . . . Good morning!
Guten Tag! . . . . Good afternoon!
Guten Abend! . . . . Good evening!
Hallo! Grüß dich! . . . . Hello!/Hi!
Mein Name ist ... . My name's ...
Wie ist Ihr/Dein Name? . . . . What's your name?
Wie geht es Ihnen/dir? . . . . How are you?
Danke. Und Ihnen/dir? . . . . Fine, thanks. And you?
Auf Wiedersehen! . . . . Goodbye!/Bye-bye!
Tschüs! . . . . See you!/Bye!

Auskunft unterwegs
links/rechts . . . . left/right
geradeaus. . . . . straight on
nah/weit . . . . near/far
Bitte, wo ist ...? . . . . Excuse me, where's ..., please?
... die Bushaltestelle . . . . the bus stop
... der Hafen . . . . the harbour
... der Flughafen . . . . the airport
Wie weit ist das? . . . . How far is it?
Ich möchte ... mieten. . . . . I'd like to hire ...
... ein Auto . . . . a car
... ein Fahrrad . . . . a bike/bicycle

Panne
Ich habe eine Panne.. . . . . My car's broken down.
Würden Sie mir bitte einen Abschlepp- Would you send a breakdown truck,
wagen schicken? . . . . please?
Gibt es hier in der Nähe eine Werkstatt? Is there a service garage nearby?

Tankstelle
Wo ist die nächste Tankstelle? . . . . Where's the nearest petrol station?
Ich brauche ... . I need...
... Liter ... . litres of ...
... Normalbenzin. . . . . unleaded
... Super. . . . . Super unleaded

... Diesel	... diesel
Volltanken, bitte.	Full, please.

Unfall

Hilfe!	Help!
Achtung!	Attention!
Rufen Sie bitte ...	Please call ...
... einen Krankenwagen.	... an ambulance.
... die Polizei.	... the police.
Es war meine/Ihre Schuld.	It was my/your fault.
Geben Sie mir bitte Ihren Namen und Ihre Anschrift.	Please give me yourname and address.

Essen

Auf Ihr Wohl!	Cheers!
Bezahlen, bitte.	May I have the bill, please?
Wo gibt es hier ...	Is there ... here?
... ein gutes Restaurant?	... a good restaurant?
... ein typisches Restaurant?	... a restaurant with localspecialities?
Gibt es hier eine gemütliche Kneipe?	Is there a nice pub here?
Reservieren Sie uns bitte für heute Abend einen Tisch.	Would you reserve us a tablefor this evening, please?

Einkaufen

Wo finde ich ... eine/ein ..?	Where can I find a ...?
Apotheke	chemist/pharmacy
Bäckerei	bakery
Kaufhaus	department store
Lebensmittelgeschäft	grocery store
Markt	market

Übernachtung

Können Sie mir ... empfehlen?	Could you recommend ... ?
... ein Hotel/Motel.	... a hotel/motel.
... eine Pension.	... a guest-house.
Ich habe ein Zimmer reserviert.	I've reserved a room.
Haben Sie noch ...?	Do you have ...?
... ein Einzelzimmer.	... a single room
... ein Doppelzimmer.	... a double room
... mit Dusche/Bad.	... with a shower/bath

... für eine Nacht.	... for one night
... für eine Woche.	... for a week
Was kostet das Zimmer.	How much is the room
... mit Frühstück?	... with breakfast?
... mit Halbpension?	... with half board?

Arzt
Ich brauche einen Arzt/Zahnarzt.	I need a doctor/dentist.
Ich habe hier Schmerzen.	I've got pain here.

Bank/Post
Wo ist hier bitte eine Bank?	Where's the nearest bank, please?
Ich möchte ... Euro (Franken) wechseln.	I'd like to change ...Euro (Swiss Francs).
Was kostet ...	How much is ...
... ein Brief ...	... a letter ...
... eine Postkarte ...	... a postcard ...
nach Deutschland?	to Germany?
nach Österreich?	to Austria?
in die Schweiz?	to Switzerland?

Speisekarte
Breakfast	**Frühstück**
coffee (with cream/milk)	Kaffee (mit Sahne/Milch)
hot chocolate	heiße Schokolade
tea (with milk/lemon)	Tee (mit Milch/Zitrone)
scrambled eggs	Rühreier
poached eggs	pochierte Eier
bacon and eggs	Eier mit Speck
fried eggs	Spiegeleier
hard-boiled/soft-boiled eggs	harte/weiche Eier
(cheese/mushroom) omelette	(Käse-/Champignon-) Omelett
bread/rolls/toast	Brot/Brötchen/Toast
butter	Butter
honey	Honig
jam/marmalade	Marmelade/Orangenmarmelade
yoghurt	Joghurt

Starters and Soups	**Vorspeisen und Suppen**
clear soup/consommé	(Fleisch-) Brühe
cream of chicken soup	Hühnercremesuppe

cream of tomato soup	Tomatensuppe
mixed/green salad	gemischter/grüner Salat
onion rings	frittierte Zwiebelringe
seafood salad	Meeresfrüchtesalat
shrimp/prawn cocktail	Garnelen-/Krabbencocktail
smoked salmon	Räucherlachs
vegetable soup	Gemüsesuppe

Fish and Seafood — **Fisch und Meeresfrüchte**

cod	Kabeljau
crab	Krebs
eel	Aal
haddock	Schellfisch
herring	Hering
lobster	Hummer
mussels	Muscheln
oysters	Austern
plaice	Scholle
salmon	Lachs
scallops	Jakobsmuscheln
sole	Seezunge
squid	Tintenfisch
trout	Forelle
tuna	Tunfisch

Meat and Poultry — **Fleisch und Geflügel**

barbequed spare ribs	gegrillte Schweinerippchen
beef	Rindfleisch
chicken	Hähnchen
chop/cutlet	Kotelett
fillet	Filetsteak
duck(ling)	(junge) Ente
gammon	Schinkensteak
gravy	Fleischsoße
ham	gekochter Schinken
kidneys	Nieren
lamb (with mint sauce)	Lamm (mit einersauren Minzsoße)
liver (and onions)	Leber (mit Zwiebeln)
minced meat	Hackfleisch
mutton	Hammelfleisch
pork	Schweinefleisch
rabbit	Kaninchen

sausages	Würstchen
sirloin steak	Lendenstück vom Rind, Steak
turkey	Truthahn
veal	Kalbfleisch
venison	Reh oder Hirsch

Dessert and Cheese — Nachspeisen und Käse

apple pie	gedeckter Apfelkuchen
chocolate biscuit	Schokoladenplätzchen
cottage cheese	Hüttenkäse
cream	Sahne
custard	Vanillesoße
fruit salad	Obstsalat
goat's cheese	Ziegenkäse
ice-cream	Eis
pastries	Gebäck

Vegetables and Salad — Gemüse und Salat

baked beans	gebackene Bohnen in Tomatensoße
baked potatoes	gebackene Kartoffeln mit Schale
cabbage	Kohl
carrots	Karotten
cauliflower	Blumenkohl
chips	Pommes frites
cucumber	Gurke
fritters/hash browns	Bratkartoffeln
garlic	Knoblauch
leek	Lauch
lettuce	Kopfsalat
mashed potatoes	Kartoffelpüree
mushrooms	Pilze
onions	Zwiebeln
peas	Erbsen
peppers	Paprika
spinach	Spinat
sweetcorn	Mais
tomatoes	Tomaten

Fruit — Obst

apples	Äpfel
apricots	Aprikosen

blackberries	Brombeeren		
cherries	Kirschen		
grapes	Weintrauben		
lemon	Zitrone		
peaches	Pfirsiche		
pears	Birnen		
pineapple	Ananas		
plums	Pflaumen		
raspberries	Himbeeren		
strawberries	Erdbeeren		

Beverages — **Getränke**

beer on tap	Bier vom Fass
shandy	Bier mit Zitronenlimonade
cider	Apfelwein
red/white wine	Rot-/Weißwein
dry/sweet	trocken/lieblich
sparkling wine	Sekt
soft drinks	alkoholfreie Getränke
fruit juice	Fruchtsaft
lemonade	gesüßter Zitronensaft
milk	Milch
mineral water	Mineralwasser

Zahlen

0	nought/zero/oh	17	seventeen
1	one	18	eighteen
2	two	19	nineteen
3	three	20	twenty
4	four	21	twenty-one
5	five	30	thirty
6	six	40	forty
7	seven	50	fifty
8	eight	60	sixty
9	nine	70	seventy
10	ten	80	eighty
11	eleven	90	ninety
12	twelve	100	hundred
13	thirteen	1000	(a) one thousand
14	fourteen	1/2	a half
15	fifteen	1/3	a third
16	sixteen	1/4	a quarter

Toiletten

Großbritannien ist mit **kostenlosen öffentlichen Toiletten** gut bestückt. An zentralen, viel besuchten Orten finden sich meist Toilettenhäuschen, in denen man nichts bezahlen muss. In Sehenswürdigkeiten, Museen, Galerien kann man die größtenteils sehr sauberen WCs ebenfalls kostenlos benutzen. Für Toiletten an Bahnhöfen muss man meist bezahlen.

Verkehr

AUTO

Auf den Britischen Inseln herrscht Linksverkehr, überholt wird rechts. Vor allem am Anfang sollte man erstmal vorsichtig fahren, andererseits ist Linksfahren auch nicht so schwer, wie man sich möglicherweise vorstellt. — Linksverkehr

Trotz des Linksverkehrs hat nicht automatisch der von links kommende Verkehr Vorfahrt. »Vorfahrt gewähren« wird durch die Schilder »Stop« oder »Give Way« angezeigt. An **Straßenmündungen** mit doppelter Linie muss man anhalten; an doppelte unterbrochene Linien muss man langsam heranfahren. Im **Kreisverkehr** (»roundabouts«) haben Fahrzeuge im Kreis Vorfahrt. — Vorfahrt

Die **Höchstgeschwindigkeiten** in Großbritannien und Nordirland ist auf Autobahnen und Straßen mit zwei Fahrspuren in jeder Richtung 70 mph (112 km/h), mit Anhänger 60 mph (96 km/h); auf anderen Straßen 60 mph (96 km/h), mit Anhänger 50 mph (80 km/h); innerhalb geschlossener Ortschaften 30 mph (48 km/h). Fahrzeuge mit — Tempolimits

AUTOMOBILKLUBS

The Automobile Association (AA)
Tel. 0800 58 77 87
www.theaa.com

RAC Motoring Services
Tel. 01922 43 70 00
www.rac.co.uk

PANNENHILFE

AA
Tel. 0800 88 77 66

RAC
Tel. 0800 82 82 82

ADAC
Tel. 0049 89 22 22 22 (D)

Linksverkehr

BAEDEKER WISSEN

Links vor Rechts

Mit dem Auto nach Großbritannien? Das ist gar nicht so schlimm, wie man befürchtet. Denn die Briten tun einiges, um Rechtsfahrer vom Kontinent sicher über ihre Straßen zu bringen. Wenn man einige heikle Situationen vorher durchspielt, fühlt man sich bald nicht mehr als Geisterfahrer.

▶ **Klebe-Erinnerung**
In Großbritannien kann man diesen Sticker erwerben, der an den Linksverkehr erinnert.

▶ **Woher kommt es? Linksverkehr ist nicht unlogisch!**

Rechtshänder steigen von links aufs Pferd, daher macht es Sinn, auf der linken Straßenseite zu bleiben.

Rechtshänder führen Fuhrwerke von links. Um sich vor Gegenverkehr zu schützen, gehen sie am linken Straßenrand.

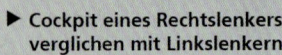

▶ **Cockpit eines Rechtslenkers verglichen mit Linkslenkern**
🟠 gespiegelt
🟢 gleich

Der Schalthebel befindet sich links vom Fahrer, die Anordnung der Gänge wird aber nicht verändert.

Handbremse links

Scheibenwischer und Blinker sind gespiegelt.

Das Zündschloss bleibt rechts.

Die Anordnung der Pedale entspricht der von Linkslenkern.

▶ **Markierung an Fußgängerüberwegen in Städten**

LOOK RIGHT →

▶ **Orientierung im Linksverkehr**
An den Linksverkehr muss man sich erst einmal gewöhnen. Hier einige heikle Situationen, die Anfänger besonders beachten sollten.

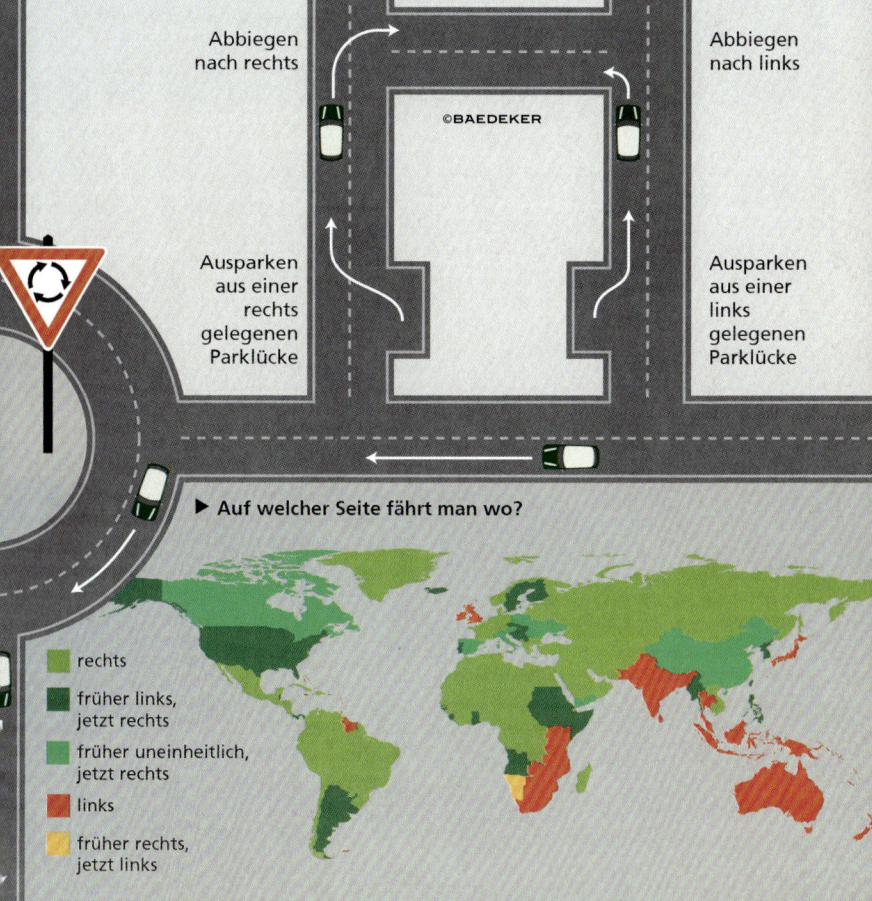

Abbiegen nach rechts

Abbiegen nach links

©BAEDEKER

Ausparken aus einer rechts gelegenen Parklücke

Ausparken aus einer links gelegenen Parklücke

▶ **Auf welcher Seite fährt man wo?**

- rechts
- früher links, jetzt rechts
- früher uneinheitlich, jetzt rechts
- links
- früher rechts, jetzt links

Anhänger dürfen auf dreispurigen Autobahnen nicht die äußere Überholspur benutzen – wegen des Linksverkehr ist das die Spur innen!

Sicherheit Es besteht Anschnallpflicht, auch auf den Rücksitzen. Für Motorrad- und Mopedfahrer besteht Helmpflicht.

Alkohol Die Höchstgrenze für den Blutalkoholgehalt beträgt 0,8 Promille.

Parken Im Zentrum der meisten Städte ist Parken nur an Parkuhren möglich. **Gelbe Doppellinien** bedeuten Parkverbot. Auf einer einfachen gelben Linie darf zu bestimmten Zeiten, die auf einem Schild angegeben sind, nicht geparkt werden.
Manche Parkplätze, vor allem im ländlichen Raum, werden von **privaten Firmen** betrieben. Das Entgelt muss im Voraus entrichtet werden – wie lange man sein Auto abstellen möchte, muss man also schon bei der Ankunft wissen. Die Parkscheinautomaten nehmen in der Regel nur Münzen an. Manche der Betreiberfirmen setzen **Radkrallen** ein, wenn man die bezahlte Parkzeit überzieht, und verlangen saftige Strafen (teils über 100 £).

Benzin An britischen Tankstellen werden bleifreies Benzin (Unleaded, 95 Oktan), bleifreies Super (Super Unleaded, 98 Oktan) sowie Diesel, Premium Diesel und Autogas (LPG) verkauft.

Fahrzeugversicherung In Großbritannien ist lediglich eine Haftpflichtversicherung für Personenschäden vorgeschrieben. Es ist daher ausgesprochen ratsam, für die Dauer der Reise für sein eigenes Fahrzeug eine Kaskoversicherung abzuschließen.

Mietwagen Der Mieter muss mindestens 12 Monate im Besitz eines Führerscheins sein und mindestens 21, bei manchen Vermietern 23 Jahre alt sein.

BUS

Großbritannien besitzt ein dichtes Netz von überregionalen Fernbuslinien, das von **National Express** in England und Wales und von **Scottish Citylink** in Schottland betrieben wird. Daneben gibt es einen gut funktionierenden Regionalbusverkehr, der von kommunalen und privaten Gesellschaften unterhalten wird. Eine Besonderheit stellen die **Postbusse der Royal Mail** dar, die in ländlichen Regionen auf ihren Postzustellungsfahrten auch Personen mitnehmen.

Ermäßigungen Wer viel mit Bussen fahren will, kann den **Brit Xplorer** kaufen, mit dem man in ganz Großbritannien unbegrenzt mit allen National Express Bussen fahren kann. Es werden drei Varianten für 7, 14 oder 28

Verkehr • PRAKTISCHE INFOS

INFORMATIONEN IM INTERNET
http://traveline.info

BUS
Royal Mail Postbusse
www.royalmail.com/you-home/your-community/postbus

National Express
National Express House
Birmingham Coach Station
Mill Lane, Digbeth
Birmingham B5 6DD
Tel. *0871 7 81 81 78
www.nationalexpress.com

Megabus
Buchanan Bus Station
Killermont St., Glasgow G2 3NW
Tel. *0871 2 66 33 33
http://megabus.com

BAHN
National Rail Enquiries
Tel. *0845 7 48 49 50
www.nationalrail.co.uk
Auskünfte zu Bahnverbindungen

The Royal Scotsman
Anfragen und Buchung
über Orient Express
Tel. 02 21 3 38 03 00 (D)
www.royalscotsman.com

MIETWAGEN
Hertz
Tel. *0 18 05 33 35 35 (D)
www.hertz.de

Avis
Tel. *0 18 05 21 77 02 (D)
www.avis.de

Europcar
Tel. *0 18 05 80 00 (D)
www.europcar.de

Sixt
Tel. *0 18 05 25 25 25 (D)
www.sixt.de

ROUTENPLANUNG
www.falk.de
www.theaa.com/route-planner/index.jsp

Tage angeboten. In Schottland gibt es ein entsprechendes Angebot der Scottish Citylink, das auch für die Northlink-Fähren nach Orkney und Shetland benutzt werden kann. Der **Scottish Explorer Pass** bietet übrigens auch Rabatte in Jugendherbergen.
In England, Wales und Schottland gibt es zudem **Discount Coachcards**, auf die Reisende im Alter von 16 bis 25 Jahren, Studenten, Senioren und Familien eine Ermäßigung von 30 % bekommen.
Besonders preiswert fährt man außerdem mit dem **Megabus**, der Strecken in ganz Großbritannien bedient.

BAHN

Es gibt ein weit verzweigtes Bahnnetz, Bahnreisen in Großbritannien sind bequem und schnell. Auf den Hauptstrecken fahren **Hochgeschwindigkeitszüge** mit mehr als 200 km/h. Von London nach

Schottland und nach Südengland gibt es eine Schlafwagenverbindung. Einzelfahrscheine und Rückfahrkarten kann man schon zu Hause kaufen, was den Vorteil hat, dass man die Fahrt beliebig unterbrechen kann. Bei den in Großbritannien verkauften Tickets sind dagegen Tage und Fahrzeiten festgelegt.

Ermäßigungen Stark ermäßigt sind so genannte Point-to-Point-Tickets für die 2. Klasse. Gruppen von sechs Erwachsenen erhalten generell 30 % Rabatt und eine zusätzliche Ermäßigung, wenn sie Point-to-Point-Tickets kaufen. Außerdem gibt es einige **BritRail-Pässe** mit unterschiedlichen Laufzeiten zwischen 4 und 22 Tagen, die in verschiedenen Regionen in England, Schottland und Wales gelten. Eingeschlossen sind auch der Heathrow Express, der Gatwick Express und der Stansted Express.

Der **Freedom of Scotland Travelpass** ist ein Kombiticket für alle Bahnstrecken in Schottland, die meisten Fährstrecken zu den Inseln an der Westküste, einige Fernbusstrecken und die U-Bahn in Glasgow; außerdem erhält man Ermäßigung für die Überfahrt zu den Shetland- und Orkneyinseln.

Mit dem **Explore Wales Pass** kann man alle Bahnstrecken in Wales und viele Busstrecken benutzen. Außerdem erhält man Ermäßigungen bei Fahrten mit historischen Eisenbahnen, bei einigen Sehenswürdigkeiten und Attraktionen und bei einigen Bustouren.

Die **London Travelcard** gibt es für den Innenstadtbereich oder das gesamte Groß-Londoner Stadtgebiet mit 1 oder 7 Tagen Gültigkeit. Größte Flexibilität bietet außerdem die **Oyster Card**, eine elektronische Fahrkarte, die mit einem Guthaben von 10, 20 oder 30 £ aufgeladen werden kann. Mit der Karte zahlt man automatisch immer den günstigsten Preis, zudem verfällt das Guthaben nicht und die Karte kann jederzeit wieder neu aufgeladen werden.

Der **VisitBritain Shop** (► Auskunft) verkauft die genannten Pässe für alle Strecken in Großbritannien online. Zudem erhält man die Tickets in Reisebüros mit Bahnagentur und an den Verkaufsstellen in allen größeren Bahnhöfen der Deutschen Bahn.

Royal Scotsman Der »Royal Scotsman« ist ein historischer **Dampfluxuszug**, mit dem u. a. fünftägige Fahrten ab und bis Edinburgh durch das schottische Hochland einschließlich Besichtigungen von Schlössern, Burgen und Landsitzen sowie Whiskydestillen gebucht werden können.

INLANDSFLÜGE

Den Inlandsflugverkehr bestreiten British Airways und eine Anzahl regionaler Fluggesellschaften. Sie bedienen neben den größeren Flughäfen (►Anreise) auch die kleineren Flugplätze Aberdeen, Cardiff und Inverness, die Kanalinseln Guernsey und Jersey, die Isle of Man, die Hebriden-Inseln Benbecula und Lewis, die Orkneys und die Shetlands. Die regionalen Fluggesellschaften wie Aurigny Air Service, British Midland International (bmi), Eastern Airways, Flybe, Jet2.com, Loganair, Manx2.com, Suckling Airways und Virgin Atlantic haben teilweise ihre eigenen Schalter an den Flughäfen.

FÄHREN

Die Kanalinseln, die Isle of Man, die Isle of Wight, die Hebriden, die Orkneys, die Shetlands und viele kleinere vorgelagerte Inseln sind mit Auto- oder Personenfähren zu erreichen. Angaben dazu sind unter den jeweiligen Punkten im Teil **Reiseziele von A bis Z** zu finden.

TAXI

Taxistände gibt es u. a. an Flughäfen und Bahnhöfen. In den Großstädten kann man ein freies Taxi – erkennbar an dem erleuchteten Schild »taxi« oder »for hire« auf dem Wagendach – heranwinken. Taxifahrer erwarten ein **Trinkgeld** von 10 – 15 % des Fahrpreises

Zeit

In Großbritannien gilt Greenwich Mean Time (GMT), also **MEZ – 1 Std.** Das bedeutet, die Uhren müssen bei der Einreise eine Stunde zurückgestellt werden. Von Ende März bis Mitte Oktober gilt die europaweit übliche Sommerzeit (Daylight Saving Time: GMT + 1 Std.). Die Stunden vor Mittag werden mit a.m. (ante meridiem), die nach Mittag mit p.m. (post meridiem) bezeichnet (z. B. 6 a.m. = 6.00 Uhr morgens; 6 p.m. = 18.00 Uhr).

Register

A

A la Ronde **347**
Abbey Dore **397**
Abbotsbury **637**
Abbotsford **499**
Aberaeron **512**
Aberdeen **180**
Abergavenny **648**
Aberystwyth **512**
Afternoon tea **95**
Albert von Sachsen-Gotha **49, 88**
Aldeburgh **278**
Alderney **265**
Ale **101**
Alfriston **229**
Alice in Wonderland **384, 520**
Alloway **493**
Alnwick **530**
Althorp House **523**
Alum Bay **410**
Ambleside **418**
Amlwch **186**
Anglesey **184**
Anne Hathaway's Cottage **662**
Anreise **704**
Antonine Wall **188**
Antony House **596**
Antrim **211**
Antrim Coast **309**
Apotheken **716**
Armagh **214**
Arran **189**
Artus **290, 292**
Arundel Castle **272**
Ascot **682**
Ashby-de-la-Zouch **433**
Athelhampton Hall **313**
Attingham Park **624**
Äußere Hebriden **394**
Auskunft **712**
Austen, Jane **202, 637, 673, 675, 676**
Auto **707, 731**
Automobilklubs **731**
Avalon **363**
Avebury **193**
Avebury Circle **193**
Avon **17**
Aylesbury **273**
Aysgarth Waterfalls **699**

B

Bacon, Francis **73**
Bahn **706, 735**
Baile Mor **392**
Balloch **374**
Balmoral Castle **378**
Bamburgh Castle **531**
Bangor **536**
Bank Holidays **113**
Banken **715**
Banksy **73**
Bannockburn **363**
Barfreston **251**
Barnard Castle **700**
Barnstaple **525**
Barock **67**
Barra **395**
Barry **641**
Bath **195**
Battle **633**
Beachy Head **633**
Beardsley, Aubrey **71**
Beatles **83, 440**
Beaulieu Abbey **521**
Beauly Priory **552**
Beaumaris Castle **185**
Becket, Thomas **243**
Bed & Breakfast **135**
Bedford **523**
Belfast **205**
Bell, Alexander Graham **75**
Bell, Vanessa **228**
Belvoir Castle **567**
Bembridge **409**
Benbecula **395**
Beningbrough Hall **693**
Ben MacDui **378**
Ben Nevis **370, 546**
Bere Regis **312**
Bergsteigen **141**
Berkeley Castle **368**
Berriedale **555**
Berwick-upon-Tweed **531**
Beverley **403**
Bevölkerung **24**
Bibury **294**
Bickleigh **347**
Bier **101, 421, 522**
Bignor **272**
Birkenhead, **448**
Birmingham **214**
Blackpool **424**
Blaenau Ffestiniog **538**
Blair Castle **375**
Blair, Tony **55**
Blaise Hamlet **234**
Blenheim Palace **586**
Boa Island **491**
Bodelwyddan Castle **533**
Bodiam Castle **667**
Bodmin **289**
Bodmin Moor **289**
Bodnant Gardens **536**
Bolsover Castle **616**
Bolton Abbey **696**
Bonnie Prince Charlie **257, 388**
Borrowdale **421**
Boston **349**
Botschaften **712**
Bournemouth **634**
Bowmore **392**
Bowood House **194**

Bradford **428**
Braemar **377**
Breakfast **94**
Brecon Beacons National Park **647**
Bressay **620**
Bridlington **526**
Brighton **222**
Bristol **229**
Britische Küche **93**
Britten, Benjamin **278**
Broadheath **684**
Broadstairs **251**
Broadway **294**
Broch of Carloway **394**
Brocks Hill Country Park **432**
Brontë-Schwestern **430**
Brora **554**
Brown, Gordon **55**
Brown, Lancelot »Capability« **68**
Bryher **412**
Bude **292**
Burghley House **592**
Burne-Jones, Edward **71**
Burns Country **493**
Burns, Robert **75, 114, 493**
Burton Agnes Hall **526**
Burton, Richard **76**
Burton-upon-Trent **305**
Bury St. Edmunds Abbey **242**
Bus **707, 734**
Buttermere **421**
Buxton **588**

C

Caerlaverock Castle **497**
Caernarfon **537**
Caerphilly Castle **255**
Caerwent **641**
Cairngorm Mountains **378**
Caledonian Canal **545**

Cambridge **235, 579**
Cameron, David **55**
Canna **393**
Canterbury **243**
Canterbury Tales **250**
Carbost **390**
Cardiff **252**
Cardiff Bay **254**
Cardigan **647**
Carisbrooke Castle **408**
Carlisle **255**
Carmarthen **642**
Carnassarie Castle **373**
Carningli **647**
Carrawburgh **386**
Carrickfergus Castle **212**
Carter Bar **498**
Castlebay **395**
Castle Combe **203, 296**
Castle Donington **433**
Castle Drogo **301**
Castle Haed **421**
Castle Rising **414**
Castle Stalker **373**
Castleton **589**
Castletown **405**
Cawdor Castle **552**
Cerne Abbas Giant **312**
Chagford **301**
Channel Islands **258**
Chaplin, Cahrlie **76**
Charlecote Park **663**
Charles, Prince **54, 72, 79, 481**
Charleston Farmhouse **228**
Charnwood Forest **433**
Chartwell House **666**
Chastleton House **294**
Chatham **607**
Chatsworth House **589**
Chaucer, Geoffey **250**
Cheddar Gorge **671**
Cheltenham **370**
Chepstow **639**
Chesil Beach **637**

Chester **265**
Chesterholm **387**
Chichester **270**
Chilham **251**
Chiltern Hills **273**
Chippendale, Thomas **68**
Chippenham **296**
Chipping Campden **294**
Chollerford **386**
Christchurch **634**
Christie, Agatha **77**
Churchill, Winston **51, 77**
Cirencester **293**
Clans **544, 548**
Clacton-on-Sea **277**
Clapper Bridge **302**
Cleethorpes **403**
Clevedon **234**
Clovelly **523**
Cobham **607**
Colchester **276**
Colonsay **393**
Commonwealth **29**
Compass Hill **394**
Coniston **418**
Conwy **535**
Cook, James **78**
Coombe Hill **274**
Cornish **280**
Cornwall **278**
Corsham Court **203**
Cotehele House **292, 596**
Cotswolds **293**
Coventry **296**
Cowes **408**
Coxwold **695**
Crathes Castle **183**
Cream Tea **345**
Crich **304**
Cricket **109**
Cromer **562**
Cromlechs **58**
Cromwell, Oliver **47, 242**
Cuillins **391**

Culloden **552**
Culross **340**
Curling **112**

D

Dale **646**
Dalmeny **339**
Dan-yr-Ogof **647**
Dartmoor **300**
Darts **113**
Darwin, Charles **78**
Decorated Style **62**
Deerhurst **368**
Delfine **512, 553**
Derby **303**
Derry **306**
Derwentwater **421**
Devenish Island **491**
Devil's Bridge **512**
Devisen **715**
Diana, Princess **54, 79, 128, 481, 523**
Dickens, Charles **80, 408, 600, 607, 608**
Dinner **95**
Discountpässe **721**
Dolgellau **539**
Dorchester **310**
Dornoch **553**
Douglas **404**
Dover **628**
Dracula **528**
Drake, Francis **47, 80**
Drum Castle **183**
Drumlanrig Castle **497**
Dryburgh Abbey **498**
Dudley **221**
Dufftown **379**
Dumfries **496**
Dundee **314**
Dunfermline **340**
Dunkeld **376**
Dunnottar Castle **183**
Dunollie Castle **373**
Dunrobin Castle **554**
Dunstable **275**
Dunstaffnage Castle **373**
Dunvegan Castle **391**
Durham **318**

E

Eardisland **397**
Early English Style **62**
Eastbourne **633**
Eastnor Castle **398**
Eden Project **159**
Edinburgh 321
–Airport **324**
–Calton Hill **337**
–Canongate **332**
–Castle **327**
–Charlotte Square **336**
–Grassmarket **334**
–Greyfriars Church **334**
–High Street **331**
–Lawnmarket **330**
–National Museum of Scotland **334**
–National Portrait Gallery **335**
–New Scottish Parliament Building **333**
–New Town **335**
–Palace of Holyroodhouse **332**
–Princes Street **335**
–Royal Botanic Garden **336**
–Royal Mile **330**
–Royal Scottish Academy **335**
–Scottish National Gallery **335**
–Scottish National Gallery of Modern Art **336**
–University **334**
–Zoo **337**
Egilsay **573**
Eigg **393**
Eisenbahnen **123**
Elan Valley **515**
Elektrizität **713**
Elgar, Edward **684**
Elgin **383**
Elizabeth I. **46, 81**
Elizabeth II. **52, 80, 460**
Ely **348**
Embsay **697**
Englische Riviera **637**
Enniskillen **490**
Essen und Trinken **92**
Etikette **713**
Eton **679**
Eurotunnel **341, 708**
Eventkalender **114**
Exbury Gardens **521**
Exeter **343**
Exmoor **526**

F

Fähren **710, 737**
Fair Isle **621**
Falkirk Wheel **188, 190**
Falkland Palace **340**
Familienurlaub **136**
Feiertage **106**
Fen District **347**
Fernwanderwege **141, 144**
Fife **340, 341**
Film **718**
Fingal's Cave **391**
Firth of Forth **339**
Fishbourne **271**
Fish & Chips Shops **96**
Fishguard Bay **646**
Flint **532**
Floors Castle **500**
Flughäfen **704**
Flugzeug **704, 736**
Folkestone **341, 631**
Forest of Bowland **425**
Forth Railway Bridge **339**
Fort Vindolanda **387**
Fort William **546**
Fountains Abbey **698**

Fowey 284
Freizeitparks 123
Freshwater 409
Furness Abbey 422
Fußball 108, 110

G

Gads Hill 608
Gainsborough, Thomas 69
Gardens of Rowallane 213
Gartenreisen 146, 156
Geld 715
Georg I. 48
Georgian Style 66
Geschichte 40
Gesundheit 716
Getränke 101
Gewichte 717
Giant's Causeway 309
Gigha Island 416
Girvan 495
Glamis Castle 377
Glasgow 349
−Airport 352
−Barras Market 358
−Botanic Gardens 361
−Burrell Collection 359
−Cathedral of St. Mungo 356
−Gallery of Modern Art 357
−George Square 356
−Glasgow School of Art 357
−Hampden Scottish Football Museum 361
−Hunterian Museum and Art Gallery 358
−Kelvingrove Art Gallery and Museum 358
−Necropolis 356
−People's Palace 360

−Pollok House 360
−Provand's Lordship 356
−Riverside Museum 358
−Scotland Street School Museum 358
−St. Mungo Museum of Religious Life and Art 356
−Tenement House 357
−The Hidden Gardens 360
−The Lighthouse 357
−University 358
Glastonbury 363
Glen Grant 383
Glencoe 376
Glendurgan Gardens 285
Glenkiln 497
Gloucester 366
Glorious Revolution 47
Godshill 409
Golden Valley 397
Golf 143, 652
Goodwood House 271
Gorey 261
Gosport 602
Gothic Revival Style 66
Gotik 62
Gouliot Caves 265
Grampian Mountains 370
Grantham 567
Grasmere 419
Great Yarmouth 561
Greene, Graham 585
Greenwich Mean Time 737
Gretna Green 257, 497
Grianan of Aileach 309
Grimsby 403
Guernsey 262
Guildford 383
Gurness Broch 571

H

Haddon Hall 589
Hadrian's Wall 385
Hampton Court Palace 489
Hannover 48
Hardwick Hall 566
Hardy, Thomas 310
Harewood House 429
Harlech Castle 538
Harris 394
Harris-Tweed 395
Harrogate 429
Harwich 277
Hastings 632
Hatfield House 652
Haustiere 711
Hawkshead 418
Haworth 430
Hay-on-Wye 648
Hebriden 388
Heinrich VIII. 46, 82, 275
Helensburgh 361
Helmsdale 554
Henryd-Fälle 647
Hereford 396
Herm 263
Hever Castle 666
Hexham 398
Heysham 425
Hickling Broad Wroxham Broad 561
Highland Clearances 545
Highland Games 112
High Tea 95
Hilliard, Nicolas 66
Hitchcock, Alfred 82
Hockney, David 73
Holy Island 186, 531
Hotels 135
House of Dun 377
Housesteads 387
Hoy 572
Hughenden Manor 275
Hull 400
Hunderennen 113, 680

Huntingdon **242**
Huntingtower Castle **316**
Huxley, Aldous **585**
Hythe **631**

I

Ightham Mote **666**
Ilfracombe **525**
Industrielle Revolution **48**
Innere Hebriden **388**
Inns **136**
Inveraray **373**
Inverness **551**
Iona **392**
Ipswich **277**
IRA (Irish Republican Army) **51**
Islay **392**
Isle of Man **403**
Isle of Purbeck **635**
Isle of Sheppey **251**
Isle of Wight **406**
Isles of Scilly **411**

J

Jarlshof **619**
Jedburgh **498**
Jersey **260**
Jervaulx Abbey **699**
John Lackland **44, 682**
John o'Groats **555**
Johnson, Samuel **434**
Jones, Inigo **67**
Jugendherbergen **138**
Jura **393**

K

Kedleston Hall **304**
Kelmscott Manor **293**
Kelso **500**
Kendal **421**
Keswick **420**
Kew Gardens **488**
Killerton Gardens **346**
Kilt **337**
Kinder **122**
King Arthur's Castle **292**
King's Lynn **413**
Kingston Lacy **635**
Kingston-upon-Hull **400**
Kingswinford **221**
Kintyre **415**
Kirk Michael **406**
Kirkoswald **495**
Kirkstall Abbey **430**
Kirkwall **569**
Knightshayes Court **347**
Knockando **379**
Knole **666**
Kultur **56**
Kunst **56**
Kunsthandwerk **132**
Küsten **18**

L

Lacock **203**
Lake District **416**
Lake Poets **416**
Lampeter **512**
Lancaster **422**
Land's End **287**
Lanercost Priory **258**
Laxey **406**
Ledbury **397**
Leeds **425**
Leeds Castle **668**
Leicester **430**
Leith **337**
Lennon, John **83**
Lennoxlove House **339**
Lerwick **619**
Lewes **228**
Lewis **394**
Lichfield **433**
Lincoln **435**
Lindisfarne Priory **531**
Linksverkehr **731, 732**
Linlithgow **340**
Literaturempfehlungen **716**
Little Moreton Hall **511**
Little Sark **265**
Little Sparta **501**
Liverpool 440
 –Airport **445**
 –Albert Dock **444**
 –Anglikanische Kathedrale **448**
 –Beatles **444, 446**
 –Centre Radio **447**
 –City Tower **447**
 –International Slavery Museum **446**
 –Merseyside Maritime Museum **446**
 –Museum of Liverpool **446**
 –Pier Head **447**
 –Römisch-katholische Kathedrale **448**
 –St. George's Hall **447**
 –St. John's **447**
 –Sudley House **447**
 –Tate Gallery **444**
 –UK Border Agency National Museum **446**
 –Walker Art Gallery **447**
 –World Museum **447**
Livet-Tal **379**
Llanberis **539**
Llandrindod Wells **515**
Llandudno **535**
Llanerchaeron House **512**
Llanfairpwllgwyngyllgogerychwyrndrobwllllantysiliogogogoch **187**
Llangollen **541**
Llangranog **512**
Lleyn Peninsula **537**
Loch Assynt **556**
Loch Awe **373**
Loch Coruisk **391**

Loch Fyne **373**
Loch Katrine **374**
Loch Linnhe **373**
Loch Lomond **374**
Loch Ness **547**
Loch Rannoch **376**
Loch Scavaig Elgol **390**
Loch Shin **555**
Loch Tay **376**
Lochnagar **378**
Lodore Falls **421**
London 450
 – Airports **704**
 – Albert Memorial **481**
 – Bank of England **462**
 – Banqueting House **473**
 – Big Ben **474**
 – Borough Market **484**
 – British Museum **469**
 – Buckingham Palace **477**
 – Carnaby Street **480**
 – Changing of the Guard **473, 477, 478**
 – Chelsea **482**
 – Churchill War Rooms **473**
 – City Hall **483**
 – Courtauld Gallery **467**
 – Covent Garden **467**
 – Cutty Sark **487**
 – Docklands **486**
 – Downing Street **473**
 – Fleet Street **461**
 – Globe Theatre **483**
 – Greenwich **487**
 – Greenwich Park **488**
 – Guildhall **462**
 – Harrods **482**
 – HMS Belfast **483**
 – Household Cavalry Museum **473**
 – Houses of Parliament **473**
 – Hyde Park **481**
 – Imperial War Museum **485**
 – Inner Temple Gardens **461**
 – Kensington **482**
 – Kensington Gardens **481**
 – Kensington Palace **481**
 – Knightsbridge **482**
 – Kulturzentrum South Bank **485**
 – Lambeth **483**
 – London Bridge Quarter **484**
 – London Eye **485**
 – London Transport Museum **467**
 – Mansion House **462**
 – Millennium Bridge **484**
 – Museum of London **462**
 – Museum of London Docklands **486**
 – National Gallery **468**
 – National Maritime Museum **487**
 – National Portrait Gallery **469**
 – Natural History Museum **483**
 – Nelson Column **468**
 – North Greenwich Arena **488**
 – Notting Hill **481**
 – Olympische Spiele 2012 **460**
 – Östliche City **462**
 – Oxford Street **481**
 – Piccadilly Circus **477**
 – Queen's House **487**
 – Routemaster **451**
 – Royal Academy of Arts **480**
 – Royal Albert Hall **481**
 – Royal Exchange **462**
 – Royal Naval College **487**
 – Science Museum **483**
 – SEA LIFE London Aquarium **485**
 – Soho **480**
 – South Bank **483**
 – Southwark **483**
 – Southwark Cathedral **483**
 – Speakers' Corner **481**
 – St. Bartholomew-the-Great **462**
 – St. James's Palace **476**
 – St. Katharine's Dock **486**
 – St. Margaret's Church **474**
 – St. Martin-in-the-Fields Gallery **468**
 – St. Paul's Cathedral **462**
 – Strand **467**
 – Tate Britain **474**
 – Tate Modern **484**
 – Temple **461**
 – Thames Flood Barrier **488**
 – The Shard **484**
 – Tower Bridge **463, 464**
 – Tower of London **463**
 – Trafalgar Square **468**
 – Victoria and Albert Museum **482**
 – Wachablösung **473, 477, 478**
 – Wellington Museum **481**
 – West End **477**
 – Westliche City **461**
 – Westminster Abbey **474**
 – Whispering Gallery **462**
 – Whitehall **473**

Long Man of Wilmington 228
Lost Gardens of Heligan 285
Lostwithiel 289
Lough Erne 490
Lough Neagh 211
Lovespoons 532
Lowlands 493
Ludlow 624
Lunch 95
Lundy Island 525
Lydford 302
Lyme Regis 637
Lymington 634
Lyndhurst 520
Lynmouth 525
Lynton 525

M

MacDonald, Flora 388, 395
Machynlleth 514
Mackintosh, Charles Rennie 70, 354
Maes Howe 571
Magna Charta 45
Maiden Castle 312
Mainland (Orkney Islands) 569
Mainland (Shetland Islands) 619
Malham 698
Malt Whisky Distilleries 378
Malvern 684
Manchester 503
– Castlefield 504
– Chetham's Hospital 508
– Chinatown 509
– Cornerhouse 509
– Gallery of Costume 510
– Imperial War Museum North 508
– Jewish Museum 509
– John Rylans Library 508
– Kathedrale 508
– Manchester Art Gallery 509
– Manchester Museum 511
– Manchester United 503, 504
– Museum of Science and Industry 505
– Museum of Transport 509
– National Football Museum 509
– People's History Museum 509
– Roman Fort 505
– The Lowry 507
– The Quays 507
– Town Hall 508
– University 510
– Waterways 507
– Whitworth Art Gallery 510
Manderston House 501
Marble Arch Caves 491
Margate 251
Maria Stuart 47, 83
Märkte 97
Mary Arden's Farm 663
Maße 717
Maurier, Daphne du 283
Medien 718
Megalithkultur 57
Melbourne 304
Mellerstain House 501
Melrose 499
Menhire 58
Mickle Fell 701
Middleham 699
Mid Wales 511
Mietwagen 735
Milford Haven 645
Milton Abbas 312
Monmouth 649
Montacute House 313
Montgomery 543
Montrose 377
Morecambe 425
More, Thomas 84
Moretonhampstead 301
Morwenstow 292
Mount Edgcumbe 595
Mousa 620
Mull 391
Mull of Kintyre 415
Mumbles 642
Museen 719

N

Nationalparks 18
Natur 17
Naturschutzgebiete 18
Nelson, Horatio 85
Neogotik 67
Nessie 551
Netley Abbey 627
Nevern 647
Newark-on-Trent 440
Newcastle-upon-Tyne 515
New Forest 520
New Lanark 501
Newport 408, 641
Newstead Abbey 565
Nightingale, Florence 85
Nordirland-Konflikt 51, 205, 307
Norfolk Broads 560
Normannen 44
Northampton 521
North Berwick 338
North Devon Coast 523
North East Coast 526
Northleach 294
North Uist 395
North Wales 532
Northwest Highlands 543
North York Moors 694

Norwich **557**
Noss **620**
Notrufe **720**
Nottingham **562**

O

Oban **372**
Oberhaus **33**
Offa's Dyke **542**
Old Bridge Wallace Monument **362**
Old Sarum **611**
Orford **277**
Orkney Islands **568**
Oronsay **393**
Orrest Head **418**
Oxford 573
–All Souls College **582**
–Ashmolean Museum **586**
–Balliol College **585**
–Bodleian Library **583**
–Brasenose College **583**
–Christ Church College **576**
–Cornmarket Street **586**
–Corpus Christi College **578**
–Hertford College **584**
–High Street **578**
–Holywell Music Room **584**
–Jesus College **585**
–Magdalen College **578**
–Martyr's Memorial **585**
–Merton College **578**
–Museum of Modern Art **578**
–Museum of the History of Science **584**
–New College **584**
–Oriel College **578**
–Pembroke College **576**
–Queen's College **582**
–Radcliffe Camera **583**
–Rhodes House **585**
–Sheldonian Theatre **584**
–Somerville College **586**
–St. Edmund Hall **582**
–St. Hilda's College **582**
–St. John's College **585**
–St. Mary the Virgin **583**
–University Botanic Gardens **582**
–University College **582**
–University Museum of Natural History **585**
–Wadham College **584**

P

Padstow **288**
Painswick **295**
Paisley **361**
Palladianischer Klassizismus **67**
Pannenhilfe **720**
Parlament **33, 34**
Parteien **36**
Peak District **587**
Peel **406**
Pembridge **397**
Pembroke **645**
Penshurst Place **667**
Pentre Ifan **646**
Penzance **287**
Perpendicular Style **62**
Perth **316, 377**
Peterborough **590**
Pferderennen **113, 680**
Pitlochry **375**
Plantagenet **45**
Plymouth **592**
Point of Ayr **533**

Politik **30**
Polo **113**
Polperro **284**
Poole **634**
Portchester Castle **602**
Portmeirion **538**
Portree **391**
Portsmouth **596**
Port St. Mary **405**
Port Sunlight **448**
Port Talbot **641**
Post **720**
Potter, Beatrix **368, 418**
Potteries Land **305**
Powis Castle **541**
Preise **721**
Preston **425**
Princetown **303**
Pubs **100**

Q

Queen Mum **53, 54, 377**
Queensferry **339**
Quiraing **391**
Quoits **112**

R

Raby Castle **701**
Raglan Castle **649**
Ragley Hall **663**
Rannoch Moor **376**
Regency Style **66**
Reisedokumente **711**
Reisezeit **722**
Reiten **143**
Religion **30**
Restaurants **96**
Rheidol Railway **514**
Richard II. **64, 567, 602**
Richard III. **431, 692, 699**
Richmond **602**
Rievaulx Abbey **695**
Ring of Brodgar **571**
Ripon **698**
Robert I. the Bruce **86, 363**

Robin Hood **563**
Robin Hood's Bay **528**
Rochester **605**
Rollright Stones **294**
Römer **59**
Romney Marsh **631**
Romsey Abbey **627**
Rosenkriege **46**
Roslin **337**
Rothes **383**
Rousay **573**
Royal Pavilion **224**
Royal Tunbridge Wells **665**
Rugby **109**
Rum **393**
Ruthwell Cross **497**
Rydal Water **419**
Ryde **409**

S

Sachsen-Coburg-Gotha **49**
Salisbury **608**
Saltburn-by-the-Sea **528**
Saltram House **596**
Sandown **409**
Sandringham House **414**
Sandwich **95**
Sark **264**
Scapa Flow **572**
Scarborough **526**
Schiehallion **376**
Schmuggel **282, 287**
Scilly-Inseln **411**
Scone Palace **317**
Scotney Castle **667**
Scottish Borders **498**
Scott, Walter **86**
Scourie **556**
Seaton Delaval Hall **528**
Selby **693**
Seven Sisters **634**
Shaftesbury **612**
Shakespeare, William **87, 659**

Sheffield 613
– Abbeydale Industrial Hamlet **616**
– Cathedral SS. Peter and Pau **613**
– City Hall **615**
– Cutler's Hall **614**
– Kehlham Island Museum **615**
– Millenium Galleries **615**
– Peace Gardens **615**
– Town Hall **615**
– Tudor Square **615**
– Winter Garden **615**
Sheldon Manor **296**
Sherborne Abbey **314**
Shetland Islands **616**
Shopping **130**
Shopping Malls **132**
Shrewsbury **621**
Silloth **258**
Silverstone **523**
Sissinghurst Castle **668**
Skara Brae **571**
Skibo Castle **553**
Skipton **697**
Skye **388**
Smuggling **282**
Snooker **113**
Snowdonia **539**
Southampton **625**
South Coast **627**
South Downs **227**
Southern Uplands **257**
Southport **448**
South Ronaldsay **572**
South Uist **395**
South Wales **639**
Souvenirs **132**
Spalding **349**
Speke Hall **448**
Speyside **378**
Sportveranstaltungen **108**
Sprache **724**

Sprachreisen **146**
St. Agnes **412**
St. Albans **649**
St. Andrews **652**
St. Austell **284**
St. Columba Stone **309**
St. David's **646**
St. Fagans **254**
St. Helier **260**
St. Ives **288**
St. Martin's **412**
St. Mary's **412**
St. Michael's Mount **286**
St. Ninian's Isle **619**
Staffa **391**
Stamford **592**
Standing Stones of Callanish **394**
Start Bay **639**
Stenness **620**
Sterne, Laurence **695**
Stirling Castle **362**
Stirling, James **72**
Stoke-on-Trent **305**
Stokesay Castle **624**
Stonehenge **655**
Stonypath **501**
Stornoway **394**
Stourhead Garden **204**
Stowe Gardens **274**
Stow-on-the-Wold **294**
Strände **124**
Stranraer **495**
Strata Florida Abbey **512**
Stratford-upon-Avon **659**
Stromness **571**
Stuart **47**
Sudbury Hal **305**
Sullom Voe **620**
Suprematsakte **275**
Swaledale **700**
Swansea **641**
Sweetheart Abbey **496**
Swindon **194**

Register ANHANG

T

Tain 553
Talylln Railway 515
Talisker Whisky 390
Tantallon Castle 338
Tarbert 394, 416
Tatton Park 511
Tavistock 303
Taxi 737
Tay Bridges 314
Tee 102
Teesdale 701
Telekommunikation 720
Tenby 644
Tennis 109
Tennyson, Alfred 398, 409, 410, 475, 580
Teppich von Bayeux 62
Tetbury 296
Tewkesbury 368
Thatcher, Margaret 51, 87
The Lizard 286
The Needles 410
Thirlestane Castle 500
Thomas, Dylan 644
Thurso 555
Tintagel 292
Tintern Abbey 640
Tobermory 391
Toiletten 731
Torquay 637
Touren 151
Tourist Trophy 404
Traquair House 500
Tregaron 512
Trelissick Garden 285
Tresco 412
Trinity 262
Trinkgeld 105
Trossachs 374
Tudor 46
Turner, William 71, 273
Two Bridges 302
Typische Gerichte 98
Tywyn 514

U

Übernachten 134
UDA (Ulster Defence Army) 29, 51
Uffington White Horse 195
Ullapool 553, 556
Ullswater 420
Unst 620
Unterhaus 33
Urquhart Castle 551

V

Vale of Conwy 536
Valley of Rocks 525
Veranstaltungskalender 114
Verfassung 30
Vergünstigungen 721
Verkehr 731
Victoria 49, 88

W

Wandern 141, 144
Wanlockhead 497
Warkworth Castle 528
Warwick 663
Wassersport 143
Wastwater 420
Watersmeet 526
Weald of Kent 665
Wechselkurse 715
Wein 101
Wellness 146
Wells 669
Wensleydale 698
West Wycombe 274
Wetland Centre 489
Wetter 724
Weymouth 636
Wharfedale 696
Whisky 380
Whitby 527
White Cliffs 628
Whiteheade 212
White Horse 195
Whitstable 251
Wick 555
Wickhambreux 250
Widecombe in-the-Moor 302
Wilhelm der Eroberer 44, 88, 258
Wilton 611
Wimbledon 488
Winchcombe 295
Winchelsea 632
Winchester 672
Windermere 417
Windsor 676
Windsors 50
Wirtschaft 36
Wisbech 414
Withernsea 526
Woburn Abbey 275
Wood, John 67, 197
Woody Bay 526
Wookey Hole 671
Woolf, Virginia 89, 228
Woolstorpe Manor 567
Worcester 682
Wordsworth, William 421
Wren, Christopher 67, 239
Wrexham 540
Wroxeter 624

Y

Yarmouth 411
Yeovil 314
Ynyslas 514
York 685
Yorkshire Dales 696
Yorkshire Wolds 693
Youth Hostels 138

Z

Zeit 737
Zeitungen 718
Zoll 711
Zugauskunft 706

BAEDEKER WISSEN

atmosfair

nachdenken • klimabewusst reisen

atmosfair

Reisen verbindet Menschen und Kulturen. Doch wer reist, erzeugt auch CO_2. Der Flugverkehr trägt mit bis zu 10% zur globalen Erwärmung bei. Wer das Klima schützen will, sollte sich nach Möglichkeit für die schonendere Reiseform entscheiden (wie z.B. die Bahn). Gibt es keine Alternative zum Fliegen, kann man mit atmosfair klimafördernde Projekte unterstützen.

atmosfair ist eine gemeinnützige Klimaschutzorganisation unter der Schirmherrschaft von Klaus Töpfer. Flugpassagiere spenden einen kilometerabhängigen Betrag und finanzieren damit Projekte in Entwicklungsländern, die den Ausstoß von Klimagasen verringern helfen. Dazu berechnet man mit dem Emissionsrechner auf **www.atmosfair.de** wieviel CO_2 der Flug produziert und was es kostet, eine vergleichbare Menge Klimagase einzusparen (z.B. Berlin – London – Berlin 13 €).

atmosfair garantiert die sorgfältige Verwendung Ihres Beitrags. Alle Informationen dazu auf www.atmosfair.de. Auch der Karl Baedeker Verlag fliegt mit atmosfair.

Verzeichnis der Karten und Grafiken

Top-Reiseziele **2**
Naturräume **19**
Großbritannien auf einen Blick (Infografik) **22/23**
Verwaltungsbezirke **25**
Parlament (Infografik) **34/35**
Britisches Weltreich um 1900 **49**
Fußball (Infografik) **110/111**
Tourenüberblick **153**
Tour 1 **158**
Tour 2 **163**
Tour 3 **167**
Tour 4 **169**
Tour 5 **173**
Tour 6 **177**
Aberdeen **180**
Antonine Wall **188**
Falkirk Wheel (Querschnitt) **190**
Falkirk Wheel (3D) **191**
Bath **197**
Royal Crescent (3D) **201**
Belfast **206**
Birmingham **215**
Birmingham Museum **218**
Brighton **222**
Bristol **230**
Cambridge **235**
Canterbury Cathedral **246**
Canterbury Cathedral (3D) **247**
Caerphilly Castle **255**
Channel Islands **259**
Chester **266**
König Artus (Infografik) **290/291**
Coventry **297**
Coventry Cathedral **299**
Durham Cathedral **319**
Edinburgh **322/323**
Edinburgh Castle (3D) **329**
Eurotunnel **341**
Eurotunnel Querschnitt **342**
Glasgow **350/351**
Burrell Collection **359**
Whisky (Infografik) **380/381**
Hadrian's Wall **385**
Fort Vindolanda **386**
Hexham Priory **399**
Hull **402**
Leeds **426**
Lincoln **437**
Liverpool **442/443**
London **452/453**
Tower Bridge (3D) **465**
Tower **466**
British Museum **470/471**
Westminster Abbey **475**
Wachablösung (Inforgrafik) **479/479**
Manchester **505**
Caernarfon Castle **537**
Snowdonia-Panorama **540/541**
Typisch Schottisch (Infografik) **548/549**
Norwich **557**
Norwich Cathedral **558**
Oxford **574**
Petersborough Cathedral **591**
Plymouth **593**
HMS Victory (3D) **599**
Shrewsbury **622**
St. Albans **650**
Stonehenge **657**
Stratford-upon-Avon **660**
Hunderennen vs. Pferderennen (Infografik) **680/681**
York **685**
York Minster **690**
Rievaulx Abbey **695**
Eurotunnel (Infografik) **708/709**
Klimakarte **723**
Linksverkehr (Infografik) **732/733**
Überblickskarte Großbritannien **U5/U6**

Bildnachweis

Agentur Bilderberg: Georg Fischer 7 (Mitte)
akg-images: 62
Baedeker Archiv: 45, 464, 465 (oben links)
467, 599 (unten rechts)
Bildagentur Huber: Olimpio Fantuz 20, 65, Dutton Colin 92, Justin Foulkes 140, Chris Warren 295, Spila Riccardo 336, Fantuz Olimpio 419, 547
B. Branscheid: 161, 346, 612, 632
U. Branscheid: U4 (unten), 598, 599 (links)
DuMont Bildarchiv/Franz Marc Frei: 145
DuMont Bildarchiv/Rainer Kiedrowski: 29, 37, 43, 112, 263, 264, 466, 476, 480, 679
DuMont Bildarchiv/Holger Leue: 3 (links oben), 4 (unten), 5 (links), 11, 56, 58, 97, 147, 199, 201 (rechts), 204, 224, 226, 228, 247 (alle außer oben rechts), 248, 249, 272, 279, 302, 313, 344, 345, 365, 407, 521, 524, 594, 601, 609, 611, 628, 635, 636, 638, 655, 668, 670, 707
DuMont Bildarchiv/David Lyons: 6 (unten), 38, 108, 124, 126, 142, 185, 186, 256, 268, 305, 320, 374, 387, 397, 401, 424, 429, 435, 441, 446, 509, 510, 513, 514, 517, 530, 534, 536, 542, 564, 566, 588, 604, 623, 643, 645, 648, 687, 692, 694, 699, 700, 714
DuMont Bildarchiv/Jörg Modrow: 7 (oben), 116, 119, 133, 201 (links unten), 325, 326, 328, 329 (unten links), 330, 331, 333, 339, 360, 376, 390, 394, 496, 499, 554, 556, 570, 616, 618, 653
DuMont Bildarchiv/Martin Sasse: 3 (rechts), 10, 450, 482, 485, 486
Dieter Fischer: 191 (unten und oben rechts)
fotolia/kmiragaya: 6 (oben), 489
getty images: Carole Drake U3 (unten), David Hughes 5 (rechts), Tim Graham 79, Alan Crawford 106, VisitBritain/Britain on View 115, UIG/Arcaid 139, Carole Drake 156, The Edge Digital Photography 213, Christopher Furlong 221, Guy Edwardes 420, David Clapp 449, SSPL 465 (oben rechts), Gary Cook 492, David C Tomlinson 503, David Hughes 664
GlowImages: U4 (oben), 16, 67, 74, 98, 99 (unten links), 465 (unten rechts)
iStockphoto: Nikada 8 und 26 (oben), fazon1 26 (unten)
Kirchgeßner: 12, 14, 54, 100, 357
laif: Gerald Hänel 7 (unten), Allpix/Ian Jones 32, Christian Heeb 90, Loop Images/Sebastian Wasek 134, Gollh. & Wieland 178, Christian Heeb 459, Loop Images/Paul Richardson 529, Loop Images/Jon Bower 581, Loop Images/Alex Hare 719
laif/Gonzalez: 200, 201 (links oben), 202, 233, 288, 410, 472, 600
laif/Krinitz: U8, 207, 285, 286, 329 (oben), 355, 393
laif/H.&D. Zielske: 4 (oben), 164, 217, 239, 240, 308, 573, 576, 579, 583, 584, 683
LOOK-foto: 456, age 550
MairDumont Bildarchiv: 599 (oben rechts), 674
mauritius images: United Archives U3 (oben), Lawrence 3 (links unten), Pigneter 9, ib/Jürgen Schwarz 27, 40, United Archives 53, ib/Richard Allen 150, Pigneter 317, Lawrence 372, United Archives 662, Photoshot 702
picture-alliance: dpa 31, CMI/Picture24/AQUILA 68, kpa 76, dpa 83 und 89,

Bildnachweis ANHANG

dpa/Stockfood 94 und 99 (oben), Food and Drink Photos 99 (unten rechts), akg-images/Rabatti-Domingie 201 (oben rechts), akg-images/Erich Lessing 247 (oben rechts), dpa 329 (unten rechts), dpa 465 (unten links)

Reincke: 1, 103, 104, 191 (oben links und oben Mitte), 192, 282, 283, 375, 382, 454, 455, 463, 468, 545

Vario Images: Ulrich Baumgarten 55, Juice Images 122, imagebroker 130, Loop Images 369, RHPL 689

Titelbild: picture alliance/empics/ Dominic Lipinski

Impressum

Ausstattung:
250 Abbildungen, 77 Karten und grafische Darstellungen, eine große Reisekarte

Text:
Stefanie Bisping, Eberhard Bort, Achim Bourmer, Helga Cabos, Rainer Eisenschmid, Prof. Dr. Wolfgang Hassenpflug, Martina Johnson, Dr. Reinhard Paesler, Dr. Madeleine Reincke, Brigitte Ringelmann, Thomas Rudolf, Reinhard Strüber

Überarbeitung:
Brigitte Ringelmann, Thomas Rudolf

Bearbeitung:
Baedeker-Redaktion (red.sign, Stuttgart; Dr. Eva Missler)

Kartografie:
Christoph Gallus, Hohberg; Franz Huber, München; Klaus-Peter Lawall, Untereisingen; MAIRDUMONT Ostfildern (Reisekarte)

3D-Illustrationen:
jangled nerves, Stuttgart

Infografiken:
Golden Section Graphics GmbH, Berlin

Gestalterisches Konzept:
independent Medien-Design, München

Chefredaktion:
Rainer Eisenschmid, Baedeker Ostfildern

13. Auflage 2013
Völlig überarbeitet und neu gestaltet

© KARL BAEDEKER GmbH, Ostfildern
für MAIRDUMONT GmbH & Co KG;
Ostfildern

Der Name Baedeker ist als Warenzeichen geschützt. Alle Rechte im In- und Ausland sind vorbehalten. Jegliche – auch auszugsweise – Verwertung, Wiedergabe, Vervielfältigung, Übersetzung, Adaption, Mikroverfilmung, Einspeicherung oder Verarbeitung in EDV-Systemen ausnahmslos aller Teile des Werkes bedarf der ausdrücklichen Genehmigung durch den Verlag.

Anzeigenvermarktung:
MAIRDUMONT MEDIA
Tel. 0049 711 4502 333
Fax 0049 711 4502 1012
media@mairdumont.com
http://media.mairdumont.com

Printed in China

Trotz aller Sorgfalt von Redaktion und Autoren zeigt die Erfahrung, dass Fehler und Änderungen nach Drucklegung nicht ausgeschlossen werden können. Dafür kann der Verlag leider keine Haftung übernehmen.
Kritik, Berichtigungen und Verbesserungsvorschläge sind jederzeit willkommen.
Schreiben Sie uns, mailen Sie oder rufen Sie an:

Verlag Karl Baedeker / Redaktion
Postfach 3162
D-73751 Ostfildern
Tel. 0711 4502-262
info@baedeker.com
www.baedeker.com

Die Erfindung des Reiseführers

Als **Karl Baedeker** (1801–1859) am 1. Juli 1827 in Koblenz seine Verlagsbuchhandlung gründete, hatte er sich kaum träumen lassen, dass sein Name und seine roten Bücher einmal weltweit zum Synonym für Reiseführer werden sollten.

Das erste von ihm verlegte Reisebuch, die 1832 erschienene **Rheinreise**, hatte er noch nicht einmal selbst geschrieben. Aber er entwickelte es von Auflage zu Auflage weiter. Mit der Einteilung in die Kapitel »Allgemein Wissenswertes«, »Praktisches« und »Beschreibung der Merk-(Sehens-)würdigkeiten« fand er die klassische Gliederung des modernen Reiseführers, die bis heute ihre Gültigkeit hat. Der Erfolg war überwältigend: Bis zu seinem Tod erreichten die zwölf von ihm verfassten Titel 74 Auflagen! Seine Söhne und Enkel setzten bis zum Zweiten Weltkrieg sein Werk mit insgesamt 70 Titeln in 500 Auflagen fort.

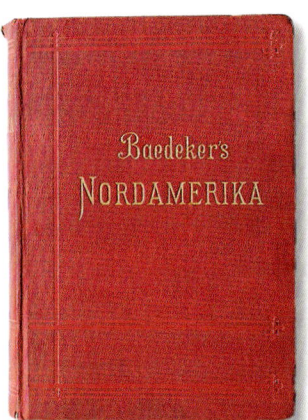

Bis heute versteht der Karl Baedeker Verlag seine große Tradition vor allem als eine Kette von Innovationen: Waren es in der frühen Zeit u. a. die Einführung von Stadtplänen in Lexikonqualität und die Verpflichtung namhafter Wissenschaftler als Autoren, folgte in den 1970ern der erste vierfarbige Reiseführer mit professioneller Extrakarte. Seit 2005 stattet Baedeker seine Bücher mit ausklappbaren 3D-Darstellungen aus. Die neue Generation enthält als erster Reiseführer Infografiken, die (Reise-)Wissen intelligent aufbereiten und Lust auf Entdeckungen machen.

In seiner Zeit, in der es an verlässlichem Wissen für unterwegs fehlte, war Karl Baedeker der Erste, der solche Informationen überhaupt lieferte. In der heutigen Zeit filtern unsere Reiseführer aus dem Überfluss an Informationen heraus, was man für eine Reise wissen muss, auf der man etwas erleben und an die man gerne zurückdenken will. Und damals wie heute gilt für Baedeker: Wissen öffnet Welten.

Baedeker Verlagsprogramm

- Ägypten
- Algarve
- Allgäu
- Amsterdam
- Andalusien
- Argentinien
- Athen
- Australien
- Australien • Osten
- Bali
- Baltikum
- Barcelona
- Bayerischer Wald
- Belgien
- Berlin • Potsdam
- Bodensee
- Brasilien
- Bretagne
- Brüssel
- Budapest
- Bulgarien
- Burgund
- China
- Costa Blanca
- Costa Brava
- Dänemark
- Deutsche Nordseeküste
- Deutschland
- Deutschland • Osten
- Djerba • Südtunesien
- Dominik. Republik
- Dresden
- Dubai • VAE
- Elba
- Elsass • Vogesen
- Finnland
- Florenz
- Florida
- Franken
- Frankfurt am Main
- Frankreich
- Frankreich • Norden
- Fuerteventura
- Gardasee
- Golf von Neapel
- Gomera
- Gran Canaria
- Griechenland
- Griechische Inseln
- Großbritannien
- Hamburg
- Harz
- Hongkong • Macao
- Indien
- Irland
- Island
- Israel
- Istanbul
- Istrien • Kvarner Bucht
- Italien
- Italien • Norden
- Italien • Süden
- Italienische Adria
- Italienische Riviera
- Japan
- Jordanien
- Kalifornien
- Kanada • Osten
- Kanada • Westen
- Kanalinseln
- Kapstadt • Garden Route
- Kenia
- Köln
- Kopenhagen
- Korfu • Ionische Inseln
- Korsika
- Kos
- Kreta
- Kroatische Adriaküste • Dalmatien
- Kuba
- La Palma
- Lanzarote
- Leipzig • Halle
- Lissabon
- Loire
- London
- Madeira
- Madrid
- Malediven
- Mallorca
- Malta • Gozo • Comino

- Marokko
- Mecklenburg-Vorpommern
- Menorca

Verlagsprogramm — ANHANG

- Mexiko
- Moskau
- München

- Namibia
- Neuseeland
- New York
- Niederlande
- Norwegen
- Oberbayern
- Oberital. Seen • Lombardei • Mailand
- Österreich
- Paris
- Peking
- Piemont
- Polen
- Polnische Ostseeküste • Danzig • Masuren
- Portugal
- Prag
- Provence • Côte d'Azur
- Rhodos
- Rom
- Rügen • Hiddensee
- Ruhrgebiet
- Rumänien
- Russland (Europäischer Teil)
- Sachsen

- Salzburger Land
- St. Petersburg
- Sardinien
- Schottland
- Schwarzwald
- Schweden
- Schweiz
- Sizilien
- Skandinavien
- Slowenien
- Spanien
- Spanien • Norden • Jakobsweg
- Sri Lanka
- Stuttgart
- Südafrika
- Südengland
- Südschweden • Stockholm
- Südtirol
- Sylt
- Teneriffa
- Tessin
- Thailand
- Thüringen
- Toskana
- Tschechien
- Tunesien
- Türkei
- Türkische Mittelmeerküste
- Umbrien
- USA

- USA • Nordosten
- USA • Nordwesten
- USA • Südwesten
- Usedom
- Venedig
- Vietnam
- Weimar
- Wien
- Zürich
- Zypern

BAEDEKER ENGLISH

- Berlin
- Vienna

Viele Baedeker-Titel sind als E-Book erhältlich: shop.baedeker.com

Kurioses Großbritannien

Großbritannien ist quasi das Mutterland der Kuriositäten. Haben Sie sich z. B. schon mal britische Briefmarken und Münzen näher angeschaut? Wenn Sie es allerdings lieber kurios im großen Stil mögen, besuchen Sie doch Sir Nils Olav II. in Edinburgh!

▶ Briefmarken ohne Namen
Großbritannien ist das einzige Land weltweit, das auf seinen Briefmarken keine Länderbezeichnung hat.

▶ Ritterlicher Vogel
Einer der Königspinguine im Zoo von Edinburgh ist Ehrenoberst der königlichen Garde Norwegens und wurde von König Harald V. zum Ritter geschlagen. Seitdem hört er auf den edlen Namen Sir Nils Olav II.

▶ Bare Münze
Auf britischen Münzen schauen aufeinanderfolgende Monarchen in unterschiedliche Richtungen. So schaut Elizabeth II. nach rechts, ihr Vater George VI. nach links. Eine Ausnahme bildete Edward VIII., der nach links blickend abgebildet war, obwohl auch sein Vorgänger George V. nach links schaute. Er war der Meinung, dass so seine bessere Seite zu sehen wäre. Allerdings dankte Edward VIII. wegen seiner Beziehung zur geschiedenen Amerikanerin Wallis Simpson ab, bevor diese Münzen in Verkehr gebracht wurden.

▶ j.w.d.
Der abgelegenste Pub auf dem britischen Festland ist »The Old Forge« in Inverie auf der Halbinsel Knoydart. Ort und Pub sind nur nach einem 29 km langen Fußmarsch oder einer 11 km langen Fährüberfahrt zu erreichen, da es keine Straßenverbindung dorthin gibt.

▶ Auf den Spuren der Römer
Im Frühjahr können Besucher auf den Spuren der Römer durch Südengland wandeln, wenn sie den weißen Blüten der wilden Kirschbäume folgen: Die Soldaten brachten Kirschen aus Italien mit und spuckten die Kerne auf ihrem Marsch an den Wegesrand.

▶ Eine feste Burg
In Wales soll es mehr Burgen auf einem Quadratkilometer geben als sonst irgendwo auf der Welt.

▶ Auf der Rolltreppe um die Welt
Die 409 Rolltreppen im Londoner U-Bahn-System legen jede Woche eine Strecke zurück, die gleich mehreren Reisen um die Welt entspricht.